Werner Pfister
Fritz Wunderlich

SERIE MUSIK
PIPER·SCHOTT
Band 8309

Fritz Wunderlich war *der* deutsche Tenor. Er starb 1966 auf dem Höhepunkt seiner Karriere an den Folgen eines Unfalls. In seiner umfassenden Biographie zeichnet Werner Pfister die einzelnen Lebensstationen des legendären Sängers nach – von den ersten, zaghaften Anfängen in der kleinstädtischen Provinz bis zu den beispiellosen Triumphen in den bedeutendsten Musikmetropolen. Pfisters Buch ist die objektive, engagierte, aber auch kritische Darstellung einer einzigartigen Karriere.

»Bewundernswert ist die Gründlichkeit, mit der Pfister der künstlerischen und privaten Persönlichkeit Wunderlichs nachgeforscht hat.«
Neue Zürcher Zeitung

Werner Pfister, geboren 1950 in Zürich, studierte Germanistik und Musikwissenschaft an der Universität Zürich. 1979 Promotion mit einer Arbeit über Hugo von Hofmannsthal. Er lebt in Zürich und arbeitet als Literaturredakteur und Musikpublizist.

Werner Pfister

Fritz Wunderlich
Eine Biographie

Mit 91 Fotos auf Tafeln, davon 13 in Farbe,
und 29 Abbildungen im Text

Piper München · Schott Mainz

SERIE MUSIK
PIPER · SCHOTT

ISBN 3-492-18309-3 (Piper)
ISBN 3-7957-8309-7 (Schott)
Februar 1993
R. Piper GmbH & Co. KG, München
Lizenzausgabe mit Genehmigung des Schweizer Verlagshauses
© 1990 by Schweizer Verlagshaus AG, Zürich
Umschlag: Federico Luci,
unter Verwendung eines Fotos von Eva Wunderlich
Foto Umschlagrückseite: Christoph E. Riess
Satz: Typobauer Filmsatz GmbH, Ostfildern
Druck und Bindung: Clausen & Bosse, Leck

Dankbar meiner großartigen Mutter
ELEONORA PFISTER-STRASSER

Inhalt

Prolog

»Das Schicksal hat uns alles genommen.« Ein einziger Satz die Todesanzeige, Sprachlosigkeit vor dem Unfaßbaren. Die Nachricht vom Tode Fritz Wunderlichs am 17. September 1966 erschütterte mit jener Kraft, die sonst nur Hinterhältigem eignet. Mitten aus einem jungen Leben wurde er herausgerissen, neun Tage vor seinem sechsunddreißigsten Geburtstag und auf halber Höhe einer ganz großen Weltkarriere – ein grotesker Unfall und ein so alltäglicher zugleich, nach menschlichem Ermessen. Unbegreiflich, und doch mußte man ihn zu begreifen versuchen, diesen unendlichen Widersinn.

Deutschland, die großen Opernbühnen Europas, die renommierten Festspiele, Salzburg und München voran, hatten einen singulären Künstler verloren und einen Menschen, der alle in seinen Bann zog. Ein Sänger, der keine Mühe zu kennen schien, der mit seiner Kunst ebenso selbstverständlich wie verschwenderisch umging – verschwenderisch im Geben – und gerade deshalb das Herz zahlloser Musikfreunde traf. Unmittelbarer und wohl auch tiefer traf, als große Kunst es sonst vermag. Eine ganze Welt trauerte um diesen begnadeten Sänger – denn Fritz Wunderlich gehörte längst der Welt. Der Verlust, den die Musikwelt erlitten habe, sei nicht abzusehen, hieß es damals. Heute, nach einem Vierteljahrhundert, wissen wir es: Er ist unabsehbar. Fritz Wunderlich ist ohne Nachfolger geblieben.

Es heißt, für einen Künstler sei es am schönsten, auf der Höhe seines Ruhmes von der Bühne abzugehen. Wenn aber der Tod vorzeitig ins Leben greift, plötzlich und gewaltsam, wird dieser Abgang von der Bühne des Lebens zum tragischen Schicksal. Unergründlich und unfaßbar.

Zum letzten Mal stand Fritz Wunderlich am 5. September 1966 als Tamino auf der Bühne – in einer *Zauberflöten*-Vorstellung im Rahmen eines Gesamtgastspiels der Württembergischen Staatstheater am Edinburgh Festival 1966. Damit hatte sich ein Kreis geschlossen: Mozarts Märchenprinz war Wunderlichs letzte und erste Rolle auf der Opernbühne. Am 21. Juli 1954 debütierte er als

Tamino – eine Aufführung der Staatlichen Hochschule für Musik im Freiburger Paulussaal, bestritten von Studierenden der Gesangsmeisterklassen. Für den Gesangsstudenten Wunderlich ein großer Erfolg – aber nicht mehr. Kein Anfängervertrag und schon gar keine sensationellen Angebote folgten, überhaupt keinerlei Zeichen eines kometenhaften Aufstiegs. Einzig die Städtischen Bühnen Freiburg meldeten sich: In ein paar *Bettelstudent*-Aufführungen durfte Fritz Wunderlich für einen erkrankten Sänger einspringen. Ein Agent hörte ihn und vermittelte ein Vorsingen an den Württembergischen Staatstheatern in Stuttgart. Keine Rede davon, daß Wunderlich bei diesem Vorsingen brilliert hätte.Vielmehr verlor er beinahe die Nerven. Dennoch bot ihm Generalmusikdirektor Ferdinand Leitner einen Fünfjahresvertrag an – nicht weil er einen erstklassigen Opernsänger entdeckt hätte, sondern weil er von Wunderlichs Talent dazu überzeugt war. Fünf Jahre wollte er ihm Zeit geben: daß aus dem begabten Gesangsstudenten ein veritabler Opernsänger werde.

Fünf Jahre blieb Fritz Wunderlich der Stuttgarter Oper treu – Lehrjahre, harte Jahre und auch Jahre voller Versuchungen. Vorerst sang er ausschließlich kleine Partien, Boten, Diener und andere Randfiguren. Seinen Durchbruch in einer großen Partie erlebte er am 18. Februar 1956, als er für einen erkrankten Kollegen als Tamino einsprang – wiederum die Rolle des Märchenprinzen, die ihn fortan wie ein zweites Ich begleiten sollte. Doch auch jetzt war es nicht der vielzitierte kometenhafte Aufstieg, der folgte, sondern harte Arbeit, Opernalltag Jahr für Jahr, durchzustehen nur mit eiserner Konzentration. Auch Niederlagen mußte Fritz Wunderlich einstecken lernen – als etwa Günther Rennert, der zu den wenigen Regisseuren gerechnet werden kann, die damals das musikalische Theater wegweisend beeinflußten, ihn kurzerhand aus der Besetzungsliste seiner *Wildschütz*-Neuinszenierung herausstreichen wollte. Weil er eine schiefe Nase habe und ein linkischer Schauspieler sei. Was im Klartext hieß, daß Wunderlich überhaupt kein Schauspieler war. Ferdinand Leitner mahnte damals zur Besonnenheit, und auch Generalintendant Walter Erich Schäfer hielt Rennert an, sich die Sache doch noch einmal zu überlegen. Rennert überlegte, zwang sich zur Geduld und formte in den nächsten paar Tagen aus dem Sänger Fritz Wunderlich einen Opernsänger und einen Schauspieler. Es schien ihm der Mühe wert, zumal sich Wunderlich mit einer geradezu überbordenden Intensität in diese Arbeit stürzte. Die Mühe machte sich auch bezahlt – nicht zuletzt in einigen maßstabsetzenden Rennert-Inszenierungen, unübertroffen bis heute, trotz aller nachgelieferten Konkurrenz.

Den internationalen Durchbruch erlebte Wunderlich im Sommer 1959 an den Salzburger Festspielen als Henry in Richard Strauss' Oper *Die schweigsame Frau*. Auch das eine Rennert-Inszenierung; Karl Böhm dirigierte. Einige Wochen zuvor hatte Wunderlich einen Vertrag mit der Münchner Oper abgeschlossen. München wurde nicht nur seine neue Wirkungsstätte, sondern viel mehr: seine Heimat. Hier fühlte er sich wohl, hier wollte er leben. Endlich ein geruhsameres

Leben? Das sprichwörtliche Ausruhen auf den Lorbeeren? Wunderlichs Terminkalender gibt andere Auskünfte. Bis zu siebzig Aufführungen pro Spielzeit hatte er in München zu singen – so schrieb es das Pflichtenheft vor. Hinzu kamen vierzig bis fünfzig Abende an der einstigen Stammbühne in Stuttgart. Und nicht zu vergessen die Festspielauftritte, die zahlreichen Gastspiele und Konzertverpflichtungen, in der deutschen Provinz und vermehrt auch in den bedeutenden Musikmetropolen Europas, dazu Rundfunk- und bald auch Schallplattenaufnahmen: Die Stufenleiter zum großen Erfolg wollte Sprosse für Sprosse einzeln erklommen werden. Geschenkt wurde nichts.

Am 26. September 1959, seinem neunundzwanzigsten Geburtstag, stand Fritz Wunderlich zum ersten Mal auf der Bühne der Wiener Staatsoper, als Tamino in einer *Zauberflöten*-Vorstellung. Ein einzelnes Gastspiel, mehr nicht. Dreieinhalb Jahre sollten vergehen, ehe Wunderlich als Mitglied des Wiener Ensembles in der Staatsoper Einzug hielt. Wien wurde zu seiner künstlerischen Heimat, das hat Fritz Wunderlich mehrmals beteuert; allein, leben wollte er weiterhin in München. Und längst gehörte er der ganzen Welt: Anfragen trafen von allen Kontinenten ein. Zu 95 Prozent mußte er absagen laut eines Berichtes aus dem Jahr 1960 zuhanden des Landesarbeitsamtes Südbayern – wollte er auch bewußt absagen, um seine künstlerische Entwicklung nicht zu gefährden. In dieser Hinsicht war er unnachgiebig und blieb er unnachgiebig, trotz aller verlockenden Angebote. Mindestens zehn Jahre wollte er noch singen, sagte der Fünfunddreißigjährige, und weitere zehn Jahre wären zweifellos hinzugekommen. Den Liedersänger Fritz Wunderlich hatte die Musikwelt ja gerade erst zur Kenntnis genommen – ihm vertraute Wunderlich in seinen paar letzten Lebensjahren am stärksten. Hier sah er seine eigentliche Zukunft. Lohengrin, Stolzing oder gar Tannhäuser – diese Fragen beschäftigten ihn weit weniger. Jedenfalls kein Thema für die kommenden zehn Jahre, meinte er. Eine Haltung, mit der sich letztlich auch Wieland Wagner und Bayreuth abfinden mußten.

»Die Tonkunst begrub einen reichen Besitz, aber noch schönere Hoffnungen.« Das Wort Franz Grillparzers auf den Tod Schuberts ist wiederholt auf Fritz Wunderlich angewandt worden. Mit einigem Recht, zweifellos. Denn allein der Gedanke, daß Wunderlich heute noch singen würde, ein sechzigjähriger, bestandener Sänger im Kreis seiner Kolleginnen und Kollegen von einst, Dietrich Fischer-Dieskau, Hermann Prey oder Walter Berry, Lucia Popp und Brigitte Fassbaender – dieser Gedanke hat etwas Faszinierendes. Er bietet und er bot seit je Raum für Spekulationen. Allein, über der immer wieder aufgeworfenen und neu diskutierten Frage, was wohl aus Wunderlich geworden wäre, ist zuweilen fast in Vergessenheit geraten, was und wer Wunderlich in der Tat war.

Die lebendige Erinnerung an den Sänger hat sich zum Bild verdinglicht, der Begriff Fritz Wunderlich ist zum Inbegriff geworden. Zum Inbegriff des Mozart-

Gesanges vor allem. Er war der Tamino, war der Belmonte seiner Zeit – und ist es geblieben, auch für unsere Zeit. Ein Mozart-Prinz, der im Vertrauen auf die unerschütterliche Strahlkraft seiner Stimme allen Schrecknissen und Prüfungen in Schikaneders *Zauberflöten*-Märchenwelt sieghaft gewachsen war, der mit seinem unvergleichlich sehnsuchtsvoll intonierten ersten »Konstanze«-Ruf die unzähligen Verwicklungen in der *Entführung aus dem Serail* in Gang setzte und zu einem selbstverständlichen Abenteuer eigener Standhaftigkeit machte, wiederum auf den sieghaft reinen Glanz seiner Stimme vertrauend. Wenn je einer den Beweis erbracht hat, daß Mozart für seine Tenorgestalten keinerlei Schatten duldet, keinerlei Zwiespältigkeit oder Anfälligkeit – keiner hat ihn überzeugender erbracht als Fritz Wunderlich. Seine Mozart-Gestalten waren Helden ohne alles Zwielichtige, sein strahlend klarer Mozart-Gesang war gleichsam die natürliche Form mozartischen Heldenlebens. Nachprüfbar nicht zuletzt an der Figur des Don Ottavio, die Wunderlich von ihrem Mauerblümchendasein erlöst hat: auch hier ein Mannsbild auf der Bühne, zum ersten Mal vielleicht ein echter Widerpart zu Don Giovanni, ebenso gewichtig, ebenso bedeutsam.

Wunderlich, der Mozart-Tenor: Dieses Bild ist bekannt. Kein falsches Bild und vom Lauf der Zeit auch nicht wesentlich verfälscht. Das zeigen Live-Mitschnitte von damals, von den Salzburger Festspielen oder der Wiener Staatsoper, heute in der legalen Grauzone des Schallplattenmarktes erst öffentlich gemacht und jedermann als kostbares Dokument zur Verfügung stehend. Dennoch, das Bild vom Mozart-Tenor hat sich vor vieles andere gestellt, das auch – und ebenso wesentlich – Wunderlichs Kunst und Karriere ausmachte. Allein ein Überblick über die Werke aus dem 20. Jahrhundert, die Wunderlich gesungen hat, zeitgenössische Musik nach herkömmlicher Wortwahl, kann einen das Staunen lehren. Werner Egk, Carl Orff, Leoš Janáček, dazu Pfitzner, Richard Strauss, Mahler und Alban Berg, Strawinsky, Günter Raphael, Hermann Reutter oder Luigi Dallapiccola – diese Komponistenreihe würde genügen, um Wunderlich, wiederum nach herkömmlichem Jargon, als Spezialisten für zeitgenössische Musik zu ehren.

Überhaupt greift die Rede vom Opernsänger zu kurz. Konzertsänger war er ebenso intensiv und ebenso tieflotend; daß Mozart und Bach die beiden Eckpfeiler seiner musikalischen Welt seien, hat Fritz Wunderlich nicht nur dahergeredet. Regelmäßig sagte er lukrative Opterntermine ab, um Jahr für Jahr Bachs Passionen zu singen. Auf einen bündigen Nenner gebracht: Der künstlerische Kontakt mit Karl Richter war ihm ebenso wichtig wie derjenige mit Herbert von Karajan, Rafael Kubeliks unorthodoxe Oratorienaufführungen bedeuteten ihm genausoviel wie Karl Böhms ausgezirkelte Operndirigate. Und zuletzt, so schien es, hatten die Dirigenten allesamt das Nachsehen, weil sie den begehrten Opern- und Oratoriensänger mit dem Liedersänger Wunderlich teilen mußten – ein Verlust für die Opernbühne und ein Verlust mehr noch für die Konzertgänger, zumal Wunderlich in den letzten Jahren seine Konzertverpflichtungen stark einschränkte.

Und dennoch, was für ein Gewinn: der Liedersänger Fritz Wunderlich! Nirgends läßt sich seine eminente Gesangskunst besser ablesen als beim Liedgesang. Die Worte müßten dem Sänger wie Kaviar im Munde zergehen, meinte einst die Gesangspädagogin Franziska Martienssen-Lohmann. Kaum einer hatte sich dieses kulinarische Ideal so zu eigen gemacht wie Fritz Wunderlich. Singen und Sagen waren bei ihm eines, vokaler Gestus und Textdeutung bedingten sich stets unmittelbar. Dazu die strahlende Leichtigkeit seiner metallglänzenden und dennoch weicher Schattierungen fähigen Stimme, elegant geführt bis in die extrem hohen Lagen – sie schien das Geheimnis des absoluten Gesangs in sich zu bergen. Faßbar wurde es für den Zuhörer als unbekümmerte Naivität, freilich im lautersten Wortsinne gemeint, ein Singen gleichsam ohne Kunst, ohne Allüre und ohne Manierismen. Und sicher ohne Künstelei. Kein Ringen wurde hörbar, weder um stimmliche Perfektion noch um tieflotende Grade des interpretatorischen Ausdruckes. All das war da, stand dem Sänger zu Gebot, ohne daß er es in der einen oder anderen Weise hätte herbeizwingen müssen. Daß dahinter unermeßlich viel Arbeit stand, harte Arbeit, Konzentration und eine Intensität bis zur existentiellen Gefährdung durch Selbstverausgabung – wer hätte es schon gemerkt? Vielleicht seine Kollegen, Brigitte Fassbaender etwa: »Fritz Wunderlich – der hat immer so gesungen, als ob es das letzte Mal wäre. Das möchte ich auch . . .«[1]

Ruhm ist die Summe der Mißverständnisse – auch diese Erfahrung blieb Fritz Wunderlich nicht erspart. Sein Name stand bald für mehr als nur seine Person, wurde zum Symbol für sängerische Perfektion schlechthin, für einen natürlichen, unverdorbenen, unaffektierten Gesang. Symbolen aber eignet keine faßbare Realität; sie stehen für sich selbst, entziehen sich jeder Verdinglichung. Zudem sind Symbole Allgemeinbesitz. Der Name Fritz Wunderlich war in aller Leute Mund, wurde mehrheitlich gar von Leuten gehandelt, die nie einen Fuß in ein Opernhaus oder einen Konzertsaal gesetzt hatten. Jeder kannte Fritz Wunderlich und hatte also auch ein Urteil über ihn – pauschal in den meisten Fällen, ein Urteil, das unbesehen zum Vorurteil wurde. Die unbekümmerte Naivität, die in Wunderlichs Gesang stets mitschwang, wurde in der Folge für bare Münze genommen: ein naiver Sänger, naturburschenhaft-jovial, stets zu einem Scherz aufgelegt, schulterklopfend im Kollegenkreis Witze reißend – die altbekannte Mär vom Götterjungen, dem alles in den Schoß fällt.

Ein fatales Mißverständnis – auch wenn sich Wunderlich nach außen hin so geben mochte. Daß es in seinem Innern vielfach anders aussah, daß diese ansteckende Lustigkeit, die er überall verbreitete, oft nur Fassade war, Selbstschutz, ließ er kaum einen merken. Außen und innen hatte er früh schon trennen gelernt. Vielleicht zu hart, unnachgiebig auch hier.

Ein einziges Mal habe ich Fritz Wunderlich gehört: Junifestwochen 1966, im Großen Saal der ehrwürdigen Zürcher Tonhalle, Gustav Mahler, *Das Lied von der Erde*. Hertha Töpper sang an der Seite Wunderlichs, Joseph Keilberth dirigierte. Bis auf wenige Randplätze in den vordersten drei, vier Parkettreihen war der Saal ausverkauft; ein kleines Glück für den jungen Gymnasiasten, der seit knapp zwei Monaten erst über einen Legitimationsausweis verfügte, welcher zum Bezug von preisgünstigen Studentenkarten an der Abendkasse berechtigte. Auf einem dieser Randplätze, Parkett links, saß ich also, hörte und sah ich Fritz Wunderlich. Unnötig zu betonen, daß die Erinnerung daran ziemlich verblaßt ist; und es wäre Eulenspiegelei, interpretatorische Details in Wunderlichs Gesang von damals heute noch einmal dingfest machen zu wollen. Haften geblieben ist nicht viel mehr als der Eindruck einer strahlkräftigen Stimme und eines sich mit kompromißloser Intensität verausgabenden Sängers. Noch sehe ich ihn, am Schluß seines ersten, heldischen Gesanges, mit vor Anstrengung hochrotem Kopf vor mir. Ein Sänger, der alles gibt, der alles gab. Auch an diesem Abend. Was ich nicht wissen, was überhaupt keiner ahnen konnte: daß es Wunderlichs letztes Konzert überhaupt sein sollte.

Keineswegs möchte ich behaupten, daß Fritz Wunderlich der »größte« Sänger sei, den ich je gehört habe – was immer das auch heißen mag. Ebensowenig vermöchte ich aus dieser einzigen Begegnung mit ihm irgendwelche Legitimation abzuleiten, seine Biographie zu schreiben – seinem Lebensweg nachzugehen von den letzten, großen Erfolgen in Wien, Berlin und Edinburgh zurück zum kräftezehrenden Opernalltag in München, zu den harten Lehrjahren in Stuttgart, zur entbehrungsreichen Studienzeit an der Freiburger Musikhochschule und letztlich zurück zu den Kinder- und Kriegsjahren im rheinpfälzischen Kusel.

Immerhin, in den Jahren seit diesem *Lied von der Erde* in der Zürcher Tonhalle hat sich zumindest ein wesentlicher Eindruck gefestigt – bestätigt im Hören und Wiederhören von Wunderlichs zahlreichen Schallplatten: daß der vielzitierte »Schleier der Interpretation«, der so häufig zwischen dem Hörer und der Musik hängt und also die Sicht auf das Wesentliche der Musik beeinträchtigt, bei Wunderlichs Gesangskunst fehlt. Sein Singen, seine künstlerische Botschaft, trifft direkt und unmittelbar, trifft tiefer und nachhaltiger. An diesem Eindruck hat sich für mich bis auf den heutigen Tag nichts geändert.

Zürich, Juni 1990

ERSTER TEIL

KUSEL
KAISERSLAUTERN
FREIBURG

1930–1955

ERSTES KAPITEL

»Emrichs Braustübl« und das Central-Kino:
Kinderjahre, Kriegsjahre

Kusel, ein ruhiges Städtchen in der Rheinpfalz, unauffällig und kaum bekannt, klein geblieben auch nach heutigen Maßstäben: Im Herbst 1929 kam dieses Städtchen plötzlich in die Schlagzeilen der internationalen Presse. Weltweit tickten Fernschreiber die Meldung vom dramatischen Abbruch der ersten deutschen Himalaja-Expedition. Am 23. Juni 1929 waren sie losgezogen, neun Freizeitalpinisten, allesamt Mitglieder des Akademischen Alpenvereins München. Ihr Ziel war das Himalaja-Massiv, der 8598 Meter hohe Kangchendzönga, den sie erstmals zu bezwingen gedachten. »Eine große Aufgabe«, hatte Paul Bauer, Initiant und Leiter der Expedition, damals betont, »vielleicht die letzte große Aufgabe, die die Bezwingung der Erde dem Menschen noch stellt.«[1] Nun waren sie an dieser großen Aufgabe gescheitert, das konnte man in den Zeitungen lesen. Aber auch einen stolzen Erfolg konnten sie verbuchen: nämlich einen neuen Höhenrekord. Am 3. Oktober hatten zwei Mitglieder der Seilschaft die Höhe von ungefähr 7300 Metern erreicht. Da war man noch zuversichtlich, den Gipfel in den nächsten Tagen ohne nennenswerte Schwierigkeiten zu erklimmen. Doch ein Wetterumschwung machte die kühne Hoffnung zunichte. In den folgenden Nächten fiel meterhoch Schnee, die Expedition mußte abgebrochen werden, und Bauer trat mit seinen Kameraden den Rückzug an.

Dennoch wurden sie als Helden des Vaterlandes gefeiert – auch im bayerisch-rheinpfälzischen Kusel. Und hier aus einem ganz besonderen Grund: Paul Bauer stammte nämlich aus Kusel, war hier 1896 geboren worden. Mit Stolz sprach das Städtchen von seinem berühmten Bergsteigersohn, dem nun die ganze Welt Aufmerksamkeit entgegenbringe, und es war beschlossene Sache, daß Kusel, unverhofft in den Brennpunkt weltweiten Interesses geraten, fortan mit gestärktem Selbstbewußtsein weltmännisch in die Zukunft blicken wolle. Noch im selben Jahr 1929 einigten sich die Stadtväter auf die Gründung eines Verkehrsvereins mit dem Ziel, künftig »den Fremdenverkehr zu fördern und den Umsatz für die Geschäftswelt zu steigern«.[2] Komme da, was kommen mag.

Kusel, eine der westlichsten Städte Bayerns: Das ist keineswegs als geographisches Verwirrspiel gemeint. Seit 1816, seit der napoleonischen Neuordnung Europas, gehörte Kusel zur Bayerischen Rheinpfalz, eine linksrheinische Provinz, weit abgelegen vom königlich-bayerischen Mutterland. Zudem galt die Bayerische Pfalz, zusammen mit den im Norden sich anschließenden Preußischen Rheinprovinzen, seit 1919 als Grenzland. Denn das westlich anliegende Saarland war, dem Versailler Vertrag gemäß, nach dem Ersten Weltkrieg aus Deutschland ausgegliedert und direkt dem Völkerbund unterstellt worden.

Kusel ist ein geschichtsträchtiger Ort in einem sagenumwobenen Landstrich, und seine historischen Wurzeln reichen weit in die Vergangenheit zurück. Der Ortsname Kusel ist wohl auf das keltische Wort *Cosla* zurückzuführen, eine Bezeichnung für fließendes Gewässer, ein Hinweis aber auch, daß der Ort schon in frühkeltischer Zeit besiedelt gewesen sein muß. Der Überlieferung nach hat sich König Chlodwig I., der legendäre Begründer des fränkischen Reiches, nach seinem Sieg über die Alemannen im Jahre 496 von Bischof Remigius von Reims taufen lassen und ihm zum Dank das Remigiusland geschenkt: ein Flecken Land mit den Orten Cosla (Kusel) und Gleni (die Nachbargemeinde Altenglan). Datum und Ereignis sind zwar umstritten, und die Historiker zögern denn auch nicht, beides in den Bereich der Sage zu verweisen. Dennoch haben die Kelten und Römer nachweislich ihre Spuren hinterlassen. Eine erste urkundliche Erwähnung datiert vom Jahr 952, und bis in die Gegenwart hinein ist die Bezeichnung Remigiusland für den engeren Bereich der Kuseler Umgebung geläufig geblieben.

Im Tal des Kuselbachs gelegen, inmitten von Wiesen, Wäldern und Feldern, zu Füßen der Burg Lichtenberg, der gewaltigsten mittelalterlichen Festung Deutschlands, und des Remigiusbergs hat Kusel seit 1347 ununterbrochen Stadtrechte. Der Kern des Städtchens, im barocken und klassizistischen Stil gebaut, hat mit seinem alten Marktplatz, mit den malerischen Treppengässchen und verwinkelten Innenhöfen die verträumte Stimmung aus früherer Zeit weitgehend bewahren können. Zweimal wurde der romantische Marktflecken eingeäschert: 1635 in den Wirren des Dreißigjährigen Krieges und 1794 auf Geheiß der französischen Revolutionsarmee.

Brauchtum und kulturelle Traditionen aber lebten weiter, vor allem das Musikantentum. Westpfälzer Musikantenland heißt der Landstrich seit alters. In den Notjahren nach der Französischen Revolution kam hier jenes Wandermusikantengewerbe auf, das so charakteristisch ist für die Westpfalz. Woher diese besondere Neigung und Begabung zur Musik stammt, ist ungeklärt. Daß die vielen Zuwanderer, die als Bergleute oder religiös Verfolgte in die Westpfalz kamen, dieses Brauchtum aus ihrer Heimat, aus Böhmen, Sachsen, aus Tirol und aus der Schweiz, gleichsam importiert haben sollen, ist zwar eine bestechende, aber nicht bewiesene Hypothese. Fest steht einzig, daß sich das Wandermusikantentum im Verlauf des 19. Jahrhunderts rasch entfaltete. Man tat sich zu Partien von 6 bis

14 Mann zusammen, spielte zunächst in Frankreich und in den anderen europäischen Nachbarländern, zog später dann durch die halbe Welt – als »Bayere« oder »Leebcher«, Blas- oder Streichmusikformationen, Westpfälzer Wandermusikanten, unterwegs in die berühmtesten Seebäder Europas, Zirkusmusikanten unter Zeltdächern in der Alten und Neuen Welt. In der Blütezeit um 1900 dürften etwa 2500 Westpfälzer Wandermusikanten unterwegs gewesen sein. Geschätzt wird, daß sie pro Jahr ungefähr eine Million Goldmark nach Hause brachten. Neben populären Opernmelodien spielten sie vor allem Tanzmusik: polnische Krakowiaks, ungarische Csárdás, irische Reels, englische Jigs, Hornpipes und Lancers sowie böhmische Polkas, in stets neuen, stets eigenen Arrangements. Und aus der Neuen Welt brachten diese Wandermusikanten neue Musik aus dem Umfeld früher Jazzvorformen mit: Cakewalk, Ragtime oder Turkeywalk – lange bevor John Philip Sousa an der Pariser Weltausstellung von 1899 mit dieser damals noch ungewohnten Musik die staunenden Europäer verblüffte.[3]

Die Neuordnung nach dem Ersten Weltkrieg wirkte sich auch in der Bayerischen Rheinpfalz aus. Nachdem die deutsche Westfront im Herbst 1918 zusammengebrochen war, marschierten schon Anfang Dezember die ersten französischen Besatzungstruppen in Kusel ein. Härten blieben in den folgenden Jahren nicht aus: Bald machte sich auch die Inflation, das Schreckgespenst der goldenen zwanziger Jahre, bemerkbar. Hier in Kusel waren es nicht Jahre des materiellen Wohlstandes. Allenfalls spürte man eine Aufbruchstimmung – dumpfe, undeutliche Visionen von einer neuen Lebensweise, Anzeichen einer neuen Weltsicht. Von den großen Ereignissen draußen in der Welt sowie jenen Neuerungen, die sich im Deutschen Reich anbahnten, war in Kusel vorläufig kaum etwas zu merken. Einschneidende und höchst willkommene Veränderungen gab es erst im Jahre 1930. Im Juni zogen sich die ersten Truppenverbände der französischen Besatzungsmacht aus Deutschland zurück. Alltag, deutscher Alltag, konnte nun wieder einkehren, auch in Kusel. Im Städtchen lebten damals ungefähr 3500 Einwohner, verteilt auf 900 Haushalte. Nur wenige Straßen waren gepflastert oder geteert; die wichtigsten erhielten nach und nach einen Belag: Vereinzelt wurden auch Gehsteige angelegt. Außerhalb des Städtchens aber säumten nach wie vor verwilderte Halden und unwegsame Böschungen die Hügel und Haine. Eine idyllische Landschaft; kaum eine industrielle Anlage, die den weitgebreiteten Flickenteppich aus Wäldern und Feldern, Wiesenhügeln und schattigen Tälern störend aufgerissen hätte.

Am 2. Oktober 1930 sprach der Inhaber der Gaststätte »Emrichs Braustübl« und des dazugehörigen Central-Kinos, Herr Kapellmeister Paul Edmund Wunderlich, beim Kuseler Standesbeamten vor. Er habe die Geburt eines Sohnes anzuzeigen. Friedrich Karl Otto, geboren am 26. September, »vormittags um siebenunddreiviertel Uhr«, wie es auf dem entsprechenden Formular handschriftlich vermerkt wurde. Im Städtchen wußte man schon längst von dieser Neuigkeit; der Vater hatte noch in den Morgenstunden ein improvisiertes Schild an die Tür seiner Gastwirtschaft gehängt:

Fritzchen ist heute angekommen.
Wirtschaft geschlossen!

Ein Jahr zuvor erst war Kapellmeister Wunderlich mit seiner Frau und der elfjährigen Tochter Marianne nach Kusel gezogen. Er war Thüringer, am 16. September 1892 in Mühlhausen als Sohn eines Schornsteinmaurers geboren, und hatte vor dem Ersten Weltkrieg seinen Lebensunterhalt als Cellist in verschiedenen Tanzmusikkapellen verdient. Gegen Kriegsende wurde er durch einen Bauchschuß schwer verletzt. Fortan mußte er Tag und Nacht harte Bandagen tragen; mit seiner Gesundheit stand es nicht zum besten.

Seine Frau hatte Wunderlich als deutscher Militärkapellmeister auf Zypern kennengelernt: Anna Malz, geboren am 11. Dezember 1888 in Köstelwald im Erzgebirge, einer ärmlichen Gegend damals, weit entfernt von den aufstrebenden Zentren der k. u. k. Monarchie. Man klöppelte Spitzen oder spielte in Tanzkapellen; auf solche Nebenverdienste konnte kaum eine Familie verzichten. Musiziert wurde in der Familie Malz oft und gern, wobei vor allem die Stimmen der drei Töchter auffielen. Daß daraus einmal Ernst, nämlich der vielzitierte Ernst des Lebens werden sollte, erfuhren sie nur zu schnell. Jede Tochter mußte in der Schule ein Instrument spielen lernen. Die beiden älteren, Anna und Fanny, entschieden sich für die Violine, Marie, die Jüngste, wählte die Flöte. Mit vierzehn Jahren verließen sie die Schule, und damit war auch die Kinder- und Jugendzeit vorbei. Nun hieß es seinen Lebensunterhalt selber verdienen. Anna wurde an eine Damenkapelle vermittelt, die in renommierten Kaffeehäusern aufspielte, und sogleich ging es auf die Reise, durch halb Europa: von Frankreich bis nach Polen, von der Ostsee bis hinunter nach Zypern. Wochenlang spielte die Kapelle jeweils am selben Ort und von der Umgebung hermetisch abgeschirmt, auf daß den jungen Mädchen nicht etwa der Sinn nach anderem erwache.

Dennoch, im letzten Kriegsjahr lernte Anna Malz auf Zypern den jungen Militärkapellmeister Wunderlich kennen. Gleich nach dem Krieg versuchte das frischvermählte Paar, in Mühlhausen, der Thüringer Heimat Wunderlichs, Fuß zu fassen. Beide waren sie ausgebildete Musiker; was also lag näher, als eine private Musikschule zu gründen? Anna erwarb sich eine staatliche Lehrbefähigung, doch vorläufig verdienten die beiden ihren Lebensunterhalt nach wie vor als Musikanten. Schon im ersten Nachkriegsjahr, am 19. Juli 1919, wurde ihnen in Landsberg an der Warthe, heute Polen zugehörig, die Tochter Marianne geboren. Mit der Verwirklichung ihrer beruflichen Pläne wollte es in den folgenden Jahren aber nicht so richtig klappen; zudem schien sich Anna in der Thüringer Heimat ihres Gatten und in dessen näherer verwandtschaftlicher Umgebung nie so richtig einzuleben und einzurichten. Jedenfalls griffen beide sofort zu, als sie über eine Zeitungsannonce erfuhren, daß in Kusel eine Gastwirtschaft mit angegliedertem Kinobetrieb zu pachten sei. So konnten sie ihrem angestammten Beruf treu bleiben, konnten musizieren, zum Tanz und zur Unterhaltung aufspielen, mußten aber nicht mehr auf Reisen gehen. 1929 siedelte die Familie nach Kusel über. Der Vater, laut Personenbeschreibung im Reisepaß, war von schlanker Gestalt, mit schmalem Gesicht, grauen Augen und mittelblonden Haaren. Und von Beruf Kapellmeister. Besonderes Kennzeichen: Augengläser. Auf dem Paßfoto trägt er einen Zwicker und einen feingestutzten Schnurrbart. Anna Wunderlich, Kapellmeisterin, wird im Paß ihres Gatten als Frau von mittlerer Gestalt beschrieben, mit ovalem Gesicht, braunen Augen und dunklem Haar. Das Paßfoto zeigt sie als Künstlerin, stehend und mit der Geige in der linken Hand. Ihre neue Adresse: Trierer Straße Nr. 27, die Gastwirtschaft »Emrichs Braustübl« samt angegliedertem Central-Kino sowie einer Wohnung im oberen Stockwerk.

Schon im Jahre 1920 war im Saal von »Emrichs Braustübl« ein erstes Kino eröffnet worden; doch bereits nach zwei Jahren wurde der Betrieb wieder eingestellt. Erst 1928 versuchte ein neuer Pächter sein Glück, doch er bekam bald Ärger mit der Baupolizei. Der Saal habe keinen rechten Notausgang und entspreche überdies auch nicht den Bestimmungen des Feuerschutzes. Statt ihn nun vorschriftsgemäß umzugestalten, ließ der Pächter Kino und Gastwirtschaft per Zeitungsannonce zur Pacht ausschreiben. Es heißt, daß er Wunderlich beim Pachtabschluß kein Wort von diesen baupolizeilichen Einwänden verraten habe. Jedenfalls beschwerte sich Wunderlich, kaum daß er als neuer Pächter in Kusel eingezogen war. Er sei betrogen worden. Kein verheißungsvoller Start für die Familie Wunderlich, soviel steht fest.

In den zwanziger Jahren erlebten Film und Kino, eben erst den Kinderschuhzeiten des Kurzfilms entwachsen, eine erste große Blüte. Das Publikum ergötzte sich an den frühen Streifen von Charlie Chaplin, interessierte sich für Wochenschauen und die neuen, abendfüllenden Kulturfilme. Stummfilme waren es, und die dazugehörigen Geräusche und Klangbilder wurden entweder von speziellen Schallplatten über eine Lautsprecheranlage übertragen, oder einige Instrumentalisten, manchmal gar zu einem veritablen, kleinen Orchester versammelt, steuerten nach genau vorgegebenem Arrangement die Filmmusik live bei. Als herausragendes Ereignis galt in Kusel die Erstaufführung des amerikanischen Fliegerfilms *Wings*, an Weihnachten 1929: »Man wird nicht nur sehen, sondern auch hören«, versprach die Filmreklame vielsagend, und tatsächlich konnten die begeisterten Zuschauer den Motorenlärm der Aeroplane sowie den Geschützdonner »naturgetreu« hören. »Da konnte man den Krieg erleben, wie er wirklich war«, resümierte anderntags die Zeitung in Kusel, was auch als Hinweis dafür gelten mag, daß viele der Kinobesucher den Ersten Weltkrieg nicht hautnah miterlebt hatten.[4] Vorläufig aber sah in Kusel der Kinoalltag noch anders aus: Stummfilme wurden vorgeführt, und Vater und Mutter Wunderlich steuerten die Musik bei, zusammen mit einer Pianistin, die speziell hinzuengagiert worden war. Und über das Wochenende, wenn der Besucherandrang in »Emrichs Braustübl« besonders groß war, spielte das Trio auch zum Tanz auf.

Es war absehbar, daß die Stadtbehörden ihre Einwände gegen die baulichen Unzulänglichkeiten des Kinosaales wiederholt geltend machen würden. Einige Zeit hatten sie zwar noch ein Nachsehen, doch im Februar 1931 wurde Ernst gemacht und das Central-Kino verfügungsrechtlich geschlossen. Vorübergehend, wie es amtlicherseits hieß. Doch der Kinobetrieb wurde nie mehr aufgenommen; Wunderlich verfügte nicht über die nötigen Mittel, um die verlangten baulichen Veränderungen vornehmen zu lassen. Man steckte mitten in der Wirtschaftskrise, zudem hatte sich die Familie ja erst kurz zuvor vergrößert – um das kleine Fritzchen, Friedrich Karl Otto. »Wenn ich nicht ab und zu meinen Reisepaß aufschlagen und darin nachlesen würde, daß ich Friedrich heiße, wüßte ich's gar nicht«, hat Fritz Wunderlich viele Jahre später in einem Rundfunkinterview bekannt. »Denn seit meiner frühesten Kindheit hat mich jeder Fritz genannt. Und so hat sich's halt eingebürgert, und ich nenne mich stets Fritz... Ich bin ein Spätankömmling, meine Schwester ist elf Jahre älter als ich; und wahrscheinlich aus Freude darüber, daß ich noch gekommen bin, haben mir meine Eltern lauter Kaisernamen gegeben.«[5]

Fritz also nannte ihn jedermann, mit einer einzigen Ausnahme. Wenn die Mutter böse auf ihren Jüngsten war und aufgebracht, rief sie ihn barsch Friedrich. Da wußte man genau, der Kleine hat irgend etwas angestellt und es könnte Prügel abgeben. Denn lebenslustig und voller Tatendrang war der Dreikäsehoch, und nicht immer zum Vergnügen der Familie. »Ich glaube, sein erster Atemzug enthielt schon all das energische Wollen, alles, aber auch wirklich alles, was es auf der Welt gibt, zu ergründen«, schrieb rückblickend seine Schwester Marianne.[6] Sie wußte das aus eigenem Erleben, denn die Sorge um den Kleinen war meistens ihr aufgetragen. Oft eine nervenaufreibende Pflicht, weil der kleine Fritz den ganzen Tag auf Trab war, stets auf Erkundungen aus, in der Wohnung, aber auch in der Gastwirtschaft. Dort stand ein Billardtisch, und der hatte es dem Kleinen besonders angetan. Die rollenden Kugeln, die gespannte Atmosphäre rund um diesen Spieltisch – da war Fritzchen nicht wegzukriegen. Schnell einmal begriff er, wo genau man seinen Groschen einzuwerfen habe, um dann mit diesen Kugeln spielen zu können. Drei oder vier Jahre alt mochte er gewesen sein, und er reichte mit der Nasenspitze kaum zum Ausschank hinauf. Aber er wußte genau, in welcher Schublade die Eltern das Geld verwahrten, zog sie in unbewachten Momenten dann auch auf und stibitzte seinen Groschen fürs Billard. Dann schob er einen Stuhl an den Billardtisch, warf den Groschen in den dafür vorgesehenen Schlitz, kletterte anschließend auf den Stuhl, fischte sich einen der Billardstöcke und stieß nun die Kugeln herum, erst spielerisch und ohne erkennbares Ziel, später dann zielsicher und mit einiger Fertigkeit. Eine respektable Anstrengung zweifellos, und sie verlangte auch Fritzchens totale Aufmerksamkeit, so daß er es nicht merkte, wenn auf dem Stuhl regelmäßig ein kleines Pfützchen entstand. Klar, daß ihm die Mutter dann jedes weitere Hantieren am Billardtisch verbot und, als Vorsichtsmaßnahme, die Geldschublade am Ausschank abschloß. Das mußte der Knirps zwar hinnehmen, aber nicht kommentarlos: Er wartete einen günstigen Moment ab, den Morgen oder den frühen Nachmittag, erschien wiederum in der nun leeren Gastwirtschaft, suchte sich irgendwelches Papier zusammen und verstopfte damit die Billardlöcher. Wollten die Gäste abends dann Billard spielen, so mußten sie den Tisch regelmäßig zuerst auf den Kopf stellen, um die Löcher freizukriegen.

Auch zu Hause in der elterlichen Wohnung war man vor Fritzchen nie sicher. In keinem Moment wußte man, zu welchen Operationen ihn sein kindlicher Entdeckerdrang verleiten würde. Der Teddybär seiner Schwester, der so aufregend brummen konnte, mußte seine Eingeweide lassen, weil Fritz dem Geheimnis dieser Bärenstimme auf die Spur kommen wollte. Und auch die Lieblingspuppe seiner Schwester faszinierte ihn. Die konnte nämlich ihre Augen öffnen und schließen, je nachdem, wie man sie gerade hielt. Auch dieses Geheimnis wollte ergründet sein, und so zerschlug der Kleine in einem unbewachten Moment den Kopf der Puppe... Alles wollte er erkunden, stets war er unterwegs. Wenn er die große Standuhr schlagen hörte, rannte er sofort ins Wohnzimmer, denn die schweren Bleigewichte, die unter dem Uhrwerk hingen, hatten es ihm besonders angetan. Einmal vergaß die Mutter, nachdem sie das Uhrwerk aufgezogen hatte, die Tür des Uhrkastens wieder zu schließen. Der Kleine ahnte sofort, welch herrliches Versteck das abgeben würde; zudem bestand Aussicht, daß man, einmal im Innern der Uhr, auch deren geheimnisvollem Ticken und Stundenschlagen auf die Spur kommen könnte. Mit emsigen Bewegungen krabbelte er in den großen Uhrkasten – und brachte damit die Standuhr zu Fall. Natürlich erschrak er und heulte; daß das Glas des Uhrkastens zerbrochen war, schien sein größter Kummer zu sein. Die Mutter hingegen war heilfroh, daß ihn die Bleigewichte der Uhr nicht verletzt hatten.

Nicht immer war die Mutter zugegen. Meistens mußte die Schwester auf den Kleinen aufpassen. Vor allem abends, wenn die Eltern in der Gastwirtschaft waren oder bei einer Tanzveranstaltung aufspielten. Vater Wunderlich hatte sich nach neuen Einkommensquellen umsehen müssen, nachdem ihm die Stadtbehörden die Weiterführung des Kinobetriebs untersagt hatten. Tagsüber unterrichtete er als Musiklehrer am Progymnasium, und oft einmal studierte er abends mit Laiendarstellern Schwänke oder Operetten ein. Er war ein versierter Praktiker, schrieb je nach Anzahl der zur Verfügung stehenden Orchestermusiker passende Arrangements und Begleitstimmen. Als Kapellmeister arbeitete Wunderlich auch mit dem Musikverein Kusel. Schon in früheren Jahren müssen dessen Leistungen beachtlich gewesen sein: Beispielsweise ist im Frühjahr 1930 eine Aufführung von

Robert Schumanns aufwendigem Oratorium *Der Rose Pilgerfahrt* durch den Musikverein nachgewiesen, unter Beizug des Protestantischen Kirchenchors Kusel sowie dreier Gesangssolisten.

Zumindest ein Erlebnis aus diesen frühen Kinderjahren sollte Fritz prägen für sein ganzes Leben. Wieder einmal waren die Eltern weg, spielten irgendwo in der Umgebung zum Tanz auf. Marianne sollte, wie stets in solchen Fällen, den Kleinen ins Bett bringen und auf ihn aufpassen. Daß sie, die nunmehr 15jährige Schwester, zunehmend auch andere Interessen hatte, liegt auf der Hand. Jedenfalls war sie an diesem Abend nicht zur Stelle, als der kleine Bruder plötzlich erwachte. Und wie Fritz merkte, daß er allein war, geriet er in Panik. Weinend kroch er aus seinem Bett, irrte durch die leere Wohnung, fand weder Schwester noch Eltern, rannte in verzweifelter Angst aus dem Haus und die Trierer Straße hinunter, mitten durchs Städtchen, im Nachthemdchen, fassungslos heulend, verlassen, allein.

Ein Erlebnis übrigens, das Fritz Wunderlich selbst Jahrzehnte später nur mit spürbarer innerer Erregung erwähnt hat. Nur nicht allein sein müssen! Das Alleinsein blieb ihm ein Leben lang ein Trauma, löste in ihm Angst aus und ein Gefühl elenden Verlassenseins.

»Hitler ist Reichskanzler.«

Diese Schlagzeile konnten die Kuseler am 31. Januar 1933 in ihrer Zeitung lesen, und zwar auf Seite zwei. Ein Hinweis dafür, daß man dieses Ereignis in Kusel nicht als außerordentlich wichtig einstufte? In der Tat hieß es im Kommentar lediglich, daß die anhaltende Regierungskrise nun wohl überwunden sei. Mehr und mehr hatte sich die Wirtschaftslage verschlechtert. In den Kuseler Tuchfabriken lag die Arbeit teilweise ganz still. Aus den Statistiken geht hervor, daß im Jahr 1932 in Kusel 210 Familien allein von der kargen Arbeitslosenunterstützung leben mußten, und das heißt: von der Hand in den Mund.[7] »Deutsches Hoffen«, von Mitgliedern der NSDAP erst kürzlich in Kusel angelegentlich einer eindrücklichen Demonstration mit Fackelzug, Reden und, zum Abschluß, mit sieben lebenden Bildern vorgeführt, hatte neuen Auftrieb bekommen. Doch aus solchem Spiel wurde nun, auf ganz unterschiedlichen Ebenen des dörflichen Alltags, zunehmend Ernst. Straßen wurden umbenannt; Politiker, die sich freiwillig aus ihrem Amt zurückzogen, wurden – ohne Wahlen – durch Parteizugehörige ersetzt. Die vordringlichste Sorge galt nach wie vor der galoppierenden Wirtschaftskrise, galt dem täglichen Leben. Ein Ende der Not war vorläufig nicht abzusehen.

Auch die Familie Wunderlich war davon betroffen. Die Einkünfte aus der Gastwirtschaft waren zurückgegangen; bald konnte der Vater das Geld für die Pacht nicht mehr aufbringen, geriet in Schulden und mußte es hinnehmen, daß seine Möbel gepfändet wurden. Fritz jedoch merkte von solchen Sorgen vorderhand nichts. Im Gegenteil, die jeden Tag in Kolonne aufmarschierenden Männer, die zum Arbeitsdienst abkommandiert waren, boten ihm ein erstes Mal Gelegenheit, seine Stimme auszuprobieren. Gegen Mittag zog die Marschkolonne jeweils singend durch die Trierer Straße, vorbei an »Emrichs Braustübl«. »Wir saßen um diese Zeit meistens in der Küche beim Essen«, erinnerte sich Marianne. »Und wie man die Kolonne von weitem singen hörte, warf Fritzchen seinen Löffel weg, rutschte vom Stuhl hinunter, rannte aus der Küche und durch den Wirtschaftsraum hinaus auf die Straße. Ungeduldig wartete er, bis die Arbeiterkolonne vorüberzog. Dann stellte er sich neben sie, oft sogar vor den Kolonnenführer, und versuchte, singend mitzumarschieren.« Richtig sprechen konnte er damals noch kaum. Aber mitsingen wollte er.

Bald wurde die Gastwirtschaft aufgegeben und Abschied genommen von der Trierer Straße. Um die Ecke, ein paar Gassen weiter, hatte die Familie eine neue Bleibe gefunden, in einem kleinen Mietshaus an der Schwebelstraße 13, unmittelbar neben einer Schlosserwerkstatt gelegen. Vater Wunderlich gab nun vermehrt privaten Musikunterricht. Er war ein verständiger Lehrer, auch in den theoretischen Fächern sattelfest. Die Mutter unterrichtete ebenfalls. Sie verfügte über ganz besondere pädagogische Fähigkeiten, konnte ihre Schüler gar in Instrumenten unterweisen, die sie selbst nicht beherrschte: Klavier und Gitarre. Ihrem pädagogischen Geschick ist es übrigens auch zu verdanken, daß Fritz Akkordeon spielen lernte. Denn vom Klavier oder gar von einer Geige wollte er nichts wissen.

Doch Ruhe wollte sich auch hier, an der neuen Bleibe, nicht einstellen. Die Zeit, die neuangebrochene Zeit, begann sich nun in ganz Deutschland bemerkbar zu machen. Aufgrund eines Erlasses der Reichsmusikkammer wurden alle Berufsmusiker registriert. Paul Wunderlich wurde zum Gründer und Leiter eines sogenannten Wertungsorchesters bestimmt. Doch seine Arbeit mit diesem Orchester weckte den Neid anderer, zumal jeder, der gegen Geld Musik machte, Mitglied der Reichsmusikkammer sein mußte. So setzten der Leiter der ortsansässigen SA-Kapelle sowie ein Lehrer der Volksschule, beides NSDAP-Parteifunktionäre, alles daran, um Wunderlichs Tätigkeit als Dirigent zu unterbinden. Er sei ein Verräter an der Partei, hieß es; und als »Beweis« führten sie an, Wunderlich habe im Nebenraum seiner früher betriebenen Gastwirtschaft das SPD-Parteibüro beherbergt. »Dabei hatten sich meine Eltern konsequent von jeder politischen Tätigkeit ferngehalten«, beteuerte Marianne später. Hinzu kamen die Kontrolluntersuchungen, mit denen das Versorgungsamt Landau ihn, den Kriegsbeschädigten, wiederholt quälte. War es damals schon erkennbar, daß Wunderlich den fortgesetzten Demütigungen und Anfeindungen auf die Dauer nicht standhalten würde? War es, außerhalb des engsten Familienkreises, spürbar, daß der Vater litt? Anna Wunderlich versuchte in ihrer resolut-entschiedenen Art zu steuern, was irgendwie weiterzusteuern war. »Feldwebel« oder »Generalin« nannte man sie in einer Mischung von bewunderndem Respekt und Furcht vor dieser manchmal sehr strengen, herben Frau. Dem Leben, wie sie es zu meistern hatte und schon als Halbwüchsige in spröder Fremde, weit weg von jedem Aufgehobensein im heimatlichen Familienkreis, gemeistert hatte – diesem Leben konnte nur mit entschiedener Härte begegnet werden. Solche vorwärtsdrängende, forsche Entschiedenheit fehlte dem Vater hingegen fast ganz. Er war ein feinfühliger, zurückgezogener und leiser Mensch, begabt nicht nur in musikalischen Dingen, sondern auch als Maler und Zeichner.

Ein Brief existiert aus jener Zeit, eine Antwort wohl auf ein Gesuch, das Wunderlich wiederholt behördlicherseits eingegeben hatte mit der Bitte, ihm eine feste, und das meint: eine regelmäßig und fest bezahlte Anstellung als Dirigent des Kuseler Musikvereins zu gewähren. Die Antwort, datiert vom 2. Oktober 1934, fiel negativ aus:

Mit u/Schreiben v. 9. 5. 34 haben wir der Landesmusikerschaft in Ludwigshafen bereits mitgeteilt, daß nach der einstimmigen Ansicht unseres Ausschußes, der die von Ihnen aufgeworfene Frage gewissenhaft geprüft hatte, vom Musikverein Kusel ein bezahlter Berufsdirigent nicht angestellt werden kann, weil die erforderlichen Mittel dazu fehlen. Es tut uns leid, Ihnen auch heute einen anderen Bescheid nicht geben zu können.

Heil Hitler
Musik-Verein Kusel

Heil Hitler. Ob unter dieser Grußformel eine Zukunft für Wunderlich noch denkbar war? Noch lebbar? Und noch lebenswert? Ein Jahr später, am 23. Oktober 1935, wurde Paul Wunderlich in einem Gehölz außerhalb des Städtchens gefunden. Er hatte sich das Leben genommen. Seine letzte, seine verzweifelte Antwort auf die neuangebrochene Zeit in Deutschland.

Eines Abends saß Fritz auf der Treppe vor dem Mietshäuschen in der Schwebelstraße. Noch war es nicht ganz dunkel, aber schon leuchtete der volle Mond am Himmel. Fritz hatte sich, wie viele der Nachbarskinder, eine Steinschleuder gebastelt, die er stets herumtrug – stets bereit, sie auf jedes erdenkliche Ziel zu richten. Einige Zeit betrachtete er staunend den Mond; plötzlich schien ihm dieses breit leuchtende Gesicht ein geeignetes Ziel für seine Schleuder zu sein. Gedacht, getan, und so spannte er die Schleuder und ließ das Steinchen in die Höhe schnellen. Im selben Moment verkroch sich der Mond hinter einer Wolke. Einen Moment lang staunte Fritz ungläubig, dann befiel ihn plötzlich ein jähes Entsetzen. »Mama, Mama!« rief er und rannte heulend ins Haus hinein, »Mama..., jetzt hab' ich den Mond abgeschossen!«

Im März 1936 stand der Familie Wunderlich erneut ein Umzug bevor. Noch zu Lebzeiten des Vaters hatte die Nationalsozialistische Kriegsopferversorgung das Gelände an der Gemarkung Holler zum Bau kleiner Siedlungshäuser freigegeben. Das Gelände befand sich am Rand des Städtchens, am Hang über dem Bahnhof gelegen. Man hoffte, mit diesem Projekt sowohl die Wohnungsnot zu lindern, als auch neue Arbeitsplätze zu schaffen. Kriegsversehrte hatten ein Vorzugsrecht für den Erwerb solcher Häuser, und so konnte die Familie Wunderlich unter günstigen Darlehensbedingungen eines dieser Grundstücke zu je tausend Quadratmeter erstehen und, teilweise in Gemeinschaftsarbeit mit anderen Siedlern, mit dem Hausbau beginnen. Nun lastete dieser ganz auf der Mutter. Mit ihrer schmalen Witwenbeihilfe von 89 Reichsmark mußte sie die Finanzierung des Hausbaus auf sich nehmen. In ihrer resoluten Art stellte sich Anna Wunderlich auch diesen Anforderungen; nie ließ sie ihre Kinder Unsicherheit oder Verzweiflung spüren, kaum je Trauer oder Verzagtheit. Sie unterrichtete nun anstelle ihres Gatten am Progymnasium, gab weiterhin privaten Musikunterricht und spielte nach wie vor bei festlichen Anlässen zur Unterhaltung auf.

Oft wurde sie nun von ihrer Tochter begleitet. Marianne war in die Fußstapfen des Vaters getreten, widerwillig zwar, denn sie haßte das Auftreten und Sich-Produzieren. »Wenn man bedenkt, daß wir damals keinerlei Elektronik zur Verfügung hatten, die heute den Unterhaltungsmusikern doch so viel Kräfteverschleiß erspart«, meinte Marianne später, »so war das reinste Schwerarbeit. Wir spielten oft drei Tage hintereinander, vom Nachmittag bis um Mitternacht.«[8] Zudem waren solche Auftritte verbunden mit stundenlanger Hin- und Rückreise – oft genug zu Fuß, vielfach auch mit einem Pferdefuhrwerk. Die Mutter trug ihre Geige im Rucksack mit, Marianne spielte Klavier, hatte es bei der Mutter gelernt. Tagsüber arbeitete sie zudem auf dem Büro einer Krankenkassenfiliale, doch die trockene Arbeit brachte ihr keine Befriedigung. Schon ein Jahr später verheiratete sie sich und zog dann zu ihrem Gatten. Fritz, mittlerweile ein ABC-Schütze geworden, lebte nun mit seiner Mutter allein im Holler-Häuschen. Platz hatten sie reichlich: Im Erdgeschoß befand sich die Küche, daran angrenzend ein geräumiges Wohnzimmer sowie ein weiteres kleines Zimmer; eine Holztreppe führte in die obere Etage mit zwei Schlafzimmern. Hinzu kamen im Keller Toilette und Bad sowie ein Schweinestall. Es war nämlich Bedingung, daß sich die Mieter Kleintiere hielten, und so zog man im Schuppen Hühner auf und hielt Stallhasen. Für Fritz war das Leben zwischen Hühnern und Hasen fast ein kleines Paradies. Zumal sich gegenüber dem Häuschen freies Wiesengelände erstreckte, wo sich der Junge mit den Nachbarskindern herumtummeln und seiner ersten richtigen Leidenschaft frönen konnte: dem Fußball. Eine einzige Angst nur sollte die Mutter die kommenden Jahre über unentwegt verfolgen: daß ihr vaterloser Fritz verwahrlosen könnte.

Das Jahr 1937 brachte erneut Aufregung in Kusel, eine zum Teil freudig begrüßte Aufregung. Im Mai zogen erstmals seit Ende des Ersten Weltkrieges wieder Soldaten im Städtchen ein; das linksrheinische Gebiet hatte seinen Status als entmilitarisierte Zone verloren, und schon im Juli 1938 wurde Kusel Garnison. Bedachte man die besondere geographische Lage des Städtchens, so nahe an der Westgrenze des Deutschen Reiches, so mußten Sinn und Zweck dieser Aktivitäten wohl auf der Hand liegen. Hellhörig war man schon seit einiger Zeit: Bereits 1934 war in Kusel ein Luftschutzbund gegründet worden, und zwei Jahre später konnte der erste Luftschutzraum geprüft und abgenommen werden – ausgerechnet in »Emrichs Braustübl«, wo Fritz Wunderlich seine ersten Kinderjahre verbracht hatte. Am 18. August 1939 schließlich erklärte Generalfeldmarschall Wilhelm Keitel, Chef des Oberkommandos der Wehrmacht, den Landkreis Kusel zum Operationsgebiet des Heeres: »Komme da, was kommen mag.«[9]

Der Ausbruch des Zweiten Weltkriegs brachte in Kusel vorerst kaum Veränderungen, da sich das Kriegsgeschehen auf die Ostfront konzentrierte. Selbst am Bau der neuen Heeresstraße, 1938 begonnen als eine nördliche Umfahrung des Städtchens, wurde weitergearbeitet. Sie sollte, allerdings erst Jahrzehnte später, in Fritz-Wunderlich-Straße umbenannt werden. Spürbar wurde zusehends ein Mangel an Arbeitskräften, da die Mehrheit der Männer in den Kriegsdienst einberufen worden war. In der Schule wurde deshalb in Großklassen unterrichtet, doch das war Alltag, war Schüleralltag für den, der nichts anderes kannte. Für Fritz war die Schule nie viel mehr als ein notwendiges Übel gewesen. Nicht, daß er ungern zur Schule ging. Und er war ein recht guter Schüler, in der Volksschule wie später, ab September 1941, in der Oberschule für Jungen. Hier wurde er in den Fächern Deutsch, Geschichte, Erdkunde, Kunsterziehung, Musik, Biologie, Mathematik, Englisch und Sport unterrichtet. In der dritten Klasse kam noch Latein hinzu, in der vierten Französisch und Physik und in der fünften Chemie. Dem Schüler Wunderlich wurde bescheinigt, daß er »brav ist und sein Fleiß und seine Leistungen im ganzen befriedigend sind«. In den Leibesübungen zeigte er besonderen Einsatzwillen. Aus dem Notenbild läßt sich insgesamt schließen, daß ihm die musischen Fächer und Sprachen mehr lagen als die mathematisch-naturwissenschaftlichen.[10]

Zu Hause wirkte und werkelte Fritz mit der für ihn typischen, oft geradezu obsessiven Energie. Alles andere vergaß er dann, hatte Augen und Sinn nur noch für seine momentane Beschäftigung. Immer noch gab es im Wohnzimmer jene Standuhr, die er als Dreikäsehoch einst zu Fall gebracht hatte. Nun wollte er diese Standuhr zu einem Wecker umfunktionieren. Auf dem Gelände der nahegelegenen Molkerei machte er jene Aluminiumdeckelchen ausfindig, mit denen man Sahnebecher zuzuschweißen pflegte. Er schnitt sich ein Streifchen zurecht, befestigte dieses am Zifferblatt der Standuhr und verband das Ganze in aufwendiger Kleinarbeit mit einem dünnen Leitungsdraht und einer Klingel, die er in seinem Zimmer im oberen Stockwerk des Hauses befestigte. Den Aluminiumstreifen konnte man auf dem Zifferblatt ganz nach Belieben verschieben: je auf die gewünschte Uhrzeit, zu der Fritz geweckt werden wollte. Rückte der kleine Uhrzeiger dann gegen die gewählte Zeit vor, so berührte er den kleinen Aluminiumstreifen. Dadurch wurde der Stromkreis geschlossen und ein elektrischer Kontakt ausgelöst – und im Zimmer von Fritz rasselte die Klingel. Zeit zum

Aufstehen. Die Mutter sah den Nutzen solcher technischer Einrichtung zwar ein, hatte aber nicht nur eitel Freude daran. Denn zeitweise sah es im Wohnzimmer wie in einer Bastelstube aus, mit überall herumliegendem Werkzeug und der Boden mit Materialresten übersät. Zudem hingen die Leitungsdrähte und Verbindungskabel, die Fritz von der Standuhr ins obere Stockwerk gespannt hatte, oft bedenklich durch und konnten für den, der nicht unentwegt auf der Hut war, zu ärgerlichen Schlingen werden. Entsprechend ereiferte sich die Mutter dann auch: »Friedrich . . . «, und das verhieß Unheil. Für solche Momente aber hatte Fritz längst ein eigentliches Beschwichtigungszeremoniell eingeübt: Regelmäßig fiel er dann vor der Mutter auf die Knie, erklärte ihr charmant und mit glühendsten Worten den doch augenfälligen Nutzen seiner eben installierten »Erfindungen« – und hatte damit bei der Mutter auch meistens den gewünschten Erfolg.

Zudem hatte die Mutter andere Sorgen – und weitaus ernstere. Zusehends fehlte es am Nötigsten, an Kleidern und vor allem an Lebensmitteln. Doch auch da wußte sie sich einzurichten. Einige ihrer Musikschüler kamen aus der ländlichen Umgebung Kusels. Statt sich von diesen nun mit Geld bezahlen zu lassen, bat sie deren Eltern um Nahrungsmittel, und so zog sie oft mit einem Handwagen in die umliegenden Dörfer, um Brot oder Kartoffeln, aber auch Holz heimzukarren. Fritz mußte sie jeweils begleiten. Nichts war ihm so verhaßt, denn es kam ihm wie Bettelei vor. Und er schämte sich auch vor den Leuten. Meistens setzte er sich deshalb am Dorfeingang auf einen Stein und ließ die Mutter allein herumfuhrwerken. Unbeirrt ging diese ihren Weg. Scham oder Rücksichtnahme auf andere Leute, das konnte sie sich beides längst nicht mehr leisten.

1942 setzten die Fliegerangriffe der Alliierten auf deutsche Städte ein. Sie wurden zuerst bei Nacht und, ab 1943, auch bei Tag geflogen. Kusel hatte vorläufig nicht darunter zu leiden. Erst während der letzten Kriegsmonate wurde auch das Pfälzerland Ziel der amerikanischen Jagdbomber. Fritz hatte ausgesprochen Angst vor diesen Überfällen, weil sie wie aus dem Nichts auf den Menschen herunterbrausten und ihn vernichten wollten, bevor er sich seiner Lage auch nur einigermaßen bewußt wurde und entsprechend handeln konnte. In seiner Angst begann er, zusammen mit einem Kameraden am Stadtrand einen eigenen Stollen auszuheben. Ein lächerliches Unternehmen, wenn man bedenkt, daß dieser unprofessionell ausgehobene Raum kaum nennenswerten Schutz geboten hätte. Doch nicht um solche realistischen Überlegungen war es Fritz damals zu tun, sondern nur um die pure Aktivität: etwas gegen diese lastende Bedrohung zu unternehmen.

Auch am 6. Januar 1945 waren die beiden Jungen morgens beim Stollenbauen. Am Mittag mußte Fritz allerdings zurück ins Städtchen; er sollte sich mit der Mutter treffen, und beide waren sie nach der Mittagspause bei Marianne verabredet. Anschließend wollte Fritz wieder hinauskommen und am Stollen weiterbauen helfen, so lautete die Abmachung. Über Mittag aber – Fritz war bereits bei seiner Schwester – explodierten etwa dreihundert Bomben, beinahe auf einen einzigen Schlag, abgeworfen von ungefähr dreißig größeren zweimotorigen Bombern. Anna Wunderlich war gerade auf dem Weg zu ihrer Tochter. Sie wurde vom Bomberangriff überrascht, flüchtete ins nächststehende Haus und wurde dort mit anderen Schutzsuchenden verschüttet. Später konnte sie wohlauf geborgen werden: Ein Türbalken über ihrem Kopf hatte standgehalten und die niederprasselnden Schutt- und Geröllmassen weggelenkt. Fritz ging, nachdem die Lage wiederum einigermaßen sicher schien, zurück zum Stollen. Seinen Kameraden fand er tot, getroffen von den Bomben des Fliegerangriffs.

Bereits am 6. Juni 1944 waren amerikanische, britische und kanadische Truppen in der Normandie gelandet. Doch die Offensive der Alliierten kam bald zu einem vorläufigen Stillstand, und so wurden im deutschen Grenzgebiet in den folgenden Monaten Volkssturmmänner und Hitlerjungen zum »Schanzen«, zum Ausheben von Schützengräben, an den Westwall beordert. In Kusel hatten sich sämtliche Jungen im Alter ab 14 Jahren beim HJ-Oberscharführer zu melden. Das ging auch Fritz an. Die Mutter packte den Rucksack, Fritz hängte sich das Akkordeon um die Schulter. Am Bahnhof sollten sich die Jungen treffen. Die Mutter begleitete Fritz, was ihm wegen der schon im Transportzug wartenden Kollegen peinlich war. Schnell verabschiedete er sich von der Mutter und sprang aufs Trittbrett – da riß sie ihn in plötzlicher Verzweiflung wieder herunter: »Du bleibst da! Die sollen mir den Sohn nicht nehmen dürfen; schließlich bin ich Witwe und auf meinen einzigen Sohn angewiesen.« Und nahm ihn wieder nach Hause. Ein Verwarnungsschreiben des HJ-Oberscharführers lag tags darauf im Briefkasten. Und ein Wiederaufgebot zum »Schanzen« folgte auch; diesmal mußte Fritz mit.[11]

Anfang März 1945 gelang es amerikanischen Truppen, im Bereich der Eifel die deutschen Linien zu durchbrechen; daß die Truppen bald auch in Kusel einmarschieren würden, war nur noch eine Frage der Zeit. Allerdings wurde man über Einzelheiten dieser Offensive nur unzureichend unterrichtet. Unsicherheit und Angst machten sich breit: Ob der Einmarsch der Amerikaner wohl Befreiung bringen würde? Oder den Anfang neuer Schrecken und Greuel bedeutete? Fritz hielt diese Spannung und Ungewißheit kaum mehr aus. Zunehmend verstärkte sich in ihm das Gefühl, daß der Tod um ihn sei. Ein früher Tod würde es sein, das schien ihm gewiß. Er verbrachte diese Tage in einem Luftschutzkeller, meistens ganz allein mit sich selbst. Was er an Eßbarem auffinden konnte, nahm er mit. Im Halbdunkel, in endlosen Stunden ungewissen Wartens, ritzte er in sämtliches Eßgeschirr, das er bei sich hatte, Blechteller und Becher, Aluminiumkesselchen und Getränkeflasche, seinen Namen ein. Wie eine verzweifelte Bestätigung seiner selbst.

ZWEITES KAPITEL

Vom *Rumpelstilzchen* zur *Winterreise*: Ein Sänger wird entdeckt

18. März 1945, Palmsonntag, ein sonniger, aber noch kalter Frühlingsmorgen. Für Fritz Wunderlich ein ganz spezieller Tag: Heute sollte er konfirmiert werden. Vorbei war es mit den Kinder- und Jugendjahren. Den Kinderschuhen war er längst entwachsen; die letzten, harten Jahre hatten ihn geformt, und nicht zuletzt hatte ihm seine Mutter eine strenge Schule des Lebens beispielhaft vorgelebt. Fast hatten sie über der Vorbereitung des Festes die bedrohliche Stimmung vergessen, die seit Wochen über allem Tun lastete. Der Mutter war es gelungen, von den Eltern eines ihrer Musikschüler einen dunklen Anzug für Fritz zu borgen, und auch Lebensmittel, Wurst, Fleisch und Kuchen, hatte sie organisiert. Ein würdiges Fest sollte die Konfirmation ihres Sohnes allemal werden.

Auf sechs Uhr in der Frühe war die Konfirmation in der evangelischen Stadtkirche angesetzt. Die täglichen Tieffliegerangriffe zwangen zu dieser frühen Morgenstunde, zudem erhärteten sich Gerüchte, wonach die amerikanischen Truppen bereits bis ins Saarland vorgedrungen seien. Schwester Marianne war vorübergehend zu ihrer Schwägerin in eine Nachbargemeinde gezogen. Um fünf Uhr in der Früh kamen auch Fritz und die Mutter nach, unter dem Arm ein Bündel mit den Köstlichkeiten fürs Festessen. Die Mutter wollte dableiben; Marianne dagegen lieh sich zwei Fahrräder und fuhr mit Fritz zurück nach Kusel zum Konfirmationsgottesdienst. Eine feierliche Stimmung wollte allerdings nicht aufkommen; es fehlte an der nötigen Konzentration; die Gedanken waren anderswo. Plötzlich hörte man draußen das Detonieren von Bomben. Kaum hatte sich der Morgennebel gelichtet, flogen amerikanische Jagdbomber ihren ersten Einsatz über Kusel. Flugzeuglärm brauste über der Stadt, und schließlich wurde durch Druckwellen detonierender Bomben die Kirchentür aufgerissen. Kurzentschlossen segnete der Dekan alle Konfirmanden, dann wurde der Gottesdienst abgebrochen, und die Menschen flüchteten in die Schutzräume. Fritz aber und seine Schwester radelten wieder in die Nachbargemeinde zurück, wo die Mutter wartete. Man beschloß, sich in den niedrigen Gängen eines nahegelegenen alten Kalkstollens zu verstecken und der Dinge zu harren, die da kommen sollten. Die Amerikaner rollten in ihren Panzern vorbei; bald wurde die Parole laut, es sei alles vorbei und keine Gefahr mehr zu befürchten. Zögernd nahm jeder seine Habseligkeiten wieder an sich, und erschöpft machte man sich auf den Weg nach Hause. An eine Familienfeier dachte keiner mehr.[1]

Schon im Juli 1945 legten die Alliierten für das besiegte Deutsche Reich vier Besatzungszonen fest. Kusel wurde – wie überhaupt der Verwaltungsbezirk Mittelrhein-Saar samt einigen rechtsrheinischen Gebieten Hessens und dem südlichen Teil des Landes Baden-Württemberg – von französischen Truppen besetzt. Die Situation von 1918 schien sich zu wiederholen: Als die Alliierten im darauffolgenden Februar das Saarland aus der Besatzungszone wieder ausgliederten, wurde das legendäre Remigiusland erneut Grenzland. Wie einst zog sich nur wenige Kilometer von Kusel entfernt die Zollgrenze hin.

In vielen Bereichen des öffentlichen Lebens gab es nach Kriegsende Schwierigkeiten. Die Schulen konnten ihren Betrieb nach einer fast einjährigen Unterbrechung nur reduziert aufnehmen. An den Unterricht in Großklassen war Fritz längst schon gewöhnt. Neu dagegen war ein Mangel an geeigneten Schulräumen und an Lehrbüchern; kaum die Hälfte der Fächer konnte planmäßig erteilt werden. Auch an Heizmaterial fehlte es, so daß die Schüler in den ersten Nachkriegswintern angehalten wurden, Heizmaterial selbst mitzubringen. War alles aufgebraucht, so mußten »Kohleferien« eingelegt werden. Das waren Probleme, doch für Fritz waren es nicht die vordringlichsten. Ihm und seiner Mutter fehlte es an Geld und Nahrungsmitteln. Wiederum sah man Anna Wunderlich mit ihrem Handwagen unterwegs. Die entbehrungsreichen Kriegsjahre hatten ihr besonders zugesetzt: Ihre Finger wurden langsam krumm, wohl die Folge einer Rheumaerkrankung, und das Geigenspielen bereitete ihr zunehmend Schwierigkeiten. Nur noch selten trat sie auf, am liebsten in den Offizierskasinos der französischen Besatzungsmacht, weil die am besten zahlten und manchmal sogar noch zu einem bescheidenen Essen einluden. Seit einiger Zeit mußte auch Fritz mit; mit dem Akkordeon konnte er sich mühelos profilieren, und auch auf der Trompete durfte er sich hören lassen. Ab und zu sang er einen Schlager; Bedürfnis nach solcher zumeist von den amerikanischen Besatzungstruppen importierten Unterhaltungsmusik war nach der jahrelangen kulturellen Gleichschaltung im Tausendjährigen Reich reichlich vorhanden.

Daß die Schule dabei zu kurz kam – wer wollte es Fritz verargen. Auch der damalige Schulleiter, Studienrat Julius Gerlach, zeigte Verständnis: »Nach dem Krieg war er ja in einer finanziell und wirtschaftlich schwierigen Situation. Und da hat er halt als Musikant in den Kapellen mitgespielt – halbe Nächte lang. Dann die ›Kermessen‹: Drei Tage hat er da gefehlt in der Schule.«[2] Gerne, wirklich gerne Tanzmusik gemacht hat Fritz damals kaum. Aber da war ein eiserner Zwang durch die Mutter. Sie bekam ja nur die 89 Reichsmark Rente, und ein paar Mark verdiente sie sich als Musiklehrerin am Gymnasium. Zuviel zum Sterben, zuwenig zum Leben. Also mußte ihr Sohn mithelfen, da gab es kein Pardon. Das gehörte zur Schule des Lebens. In Kusel galten sie so oder so nicht gerade viel. Musikanten waren sie und keine seriösen Künstler. Angestellte waren sie, Angeheuerte, die gegen Bezahlung aufzuspielen hatten und über die man nach Bedarf verfügen konnte. An der Festtafel aber hatten sie nichts zu suchen. Für sie gab es, wenn überhaupt, einen Musikertisch, draußen in der Diele oder in der Küche. Nach den herkömmlichen gesellschaftlichen Regeln gerechnet, standen sie im Abseits. Selbst ihre Wohnlage, das kleine Häuschen in der Holler-Siedlung, schien das zu bezeugen: außerhalb des Städtchens gelegen, an den Rand von Kusel gedrängt.

Fritz schien das allmählich zu spüren, auch wenn er nie davon gesprochen hat. Im Gegenteil, gegen außen hin war er der unternehmungslustige, friedfertige Kumpel, stets für einen Streich zu haben und zu allen Schandtaten bereit, zuvorkommend aber auch, wenn man ihn um Rat fragte. Und stets voller Energie und Tatendrang. Ein sonniges Gemüt, darin war man sich einig. Daß es in seinem Innern anders aussehen könnte und zeitweilig auch ganz anders aussah, daß diese ansteckende Lustigkeit oft nur Fassade war, das alles ließ er keinen merken. Außen und innen hatte er früh schon trennen gelernt, und oft trennte er zu scharf, ließ dann von seinen wahren Gefühlen nichts nach außen strahlen. Selbstschutz war das und Angst wohl auch vor der eigenen Emotionalität. Denn gerade hier erkannte er sich als seinem Vater sehr eng verwandt. Das Vaterbild aber war zerstört in ihm, ist zweifellos auch zerstört worden durch das vielsagende Schweigen so mancher anderer. Keiner hat mit ihm über den Vater gesprochen; keiner hat ihm auseinandergesetzt, weshalb er ohne Vater aufwachsen mußte. Auch hier gilt, nach der herkömmlichen Moral gerechnet, daß Fritz Wunderlich weitgehend im sozialen Abseits aufwuchs, am Rand der sogenannten Gesellschaft.

Unter all den aus dem Krieg Zurückkehrenden kam zumindest einer unerwartet nach Kusel. Joseph Maria Müller-Blattau hieß er, ein bekannter deutscher Musikwissenschaftler mit einer für die damaligen politischen Verhältnisse mustergültigen Vorzeigekarriere. Er stammte aus Colmar, studierte an den Universitäten von Straßburg und Freiburg i.Br., nahm Unterricht bei Hans Pfitzner, dem letzten aus der Gilde der deutsch-romantischen Komponisten des 19. Jahrhunderts, und promovierte 1920 in Freiburg bei Wilibald Gurlitt, dessen Assistent er anschließend wurde. 1922 habilitierte sich Müller-Blattau in Königsberg, am anderen Ende des großen Deutschen Reichs, und wirkte dort als Leiter des Instituts für Schul- und Kirchenmusik. 1935 übernahm er eine Professur an der Universität in Frankfurt am Main. Zwei Jahre später wurde sein ehemaliger Freiburger Lehrer Wilibald Gurlitt von den Nationalsozialisten seines Amtes enthoben, und Müller-Blattau übernahm dessen Nachfolge. Wie gesagt: eine der üblichen Karrieren – nur wertete man nach 1945 nach anderen Maßstäben.

Müller-Blattau dürfte es als ein Gebot dieser neuen Zeit erachtet haben, sich vorerst nicht nach einem Lehrstuhl an einer der großen deutschen Universitäten umzusehen, sondern seine musikwissenschaftliche und pädagogische Tätigkeit irgendwo in entlegener Provinz aufzunehmen.

Seine Wahl fiel auf Kusel. Hier war im Herbst 1946 eine Pädagogische Akademie eröffnet worden, übrigens die erste in der Pfalz. In verhältnismäßig kurzen Lehrgängen sollten hier Lehrer ausgebildet werden. Joseph Müller-Blattau erteilte den Musikunterricht. Darüber hinaus engagierte er sich, zum Teil auch mit seinen Kindern, in vielfältiger Weise für das Musik- und Theaterleben in Kusel. Zum Beispiel für die Theatergruppe des Kulturrings. In der Vorweihnachtszeit des Jahres 1947 wurde hier ein Weihnachtsmärchen einstudiert: *Rumpelstilzchen* von einer gewissen Trude Wehe. Müller-Blattau schrieb eine Bühnenmusik dazu, der eine Sohn, Michael, betätigte sich als Spielleiter, und der zweite Sohn, Wendelin, wirkte als Bratschist im Orchester mit. Tochter Christiane, auch das geht aus dem Programmzettel hervor, übernahm die Rolle einer Lore. Und dann gab es auch noch einen Hofarzt: Diesen mimte Fritz Wunderlich. Zum ersten Mal wohl überhaupt taucht hier sein Name auf einem Theaterzettel auf.

Fritz Wunderlich auf jenen vielbeschworenen Brettern, welche die Welt bedeuten! Dieser Anfang, in Kusel im Winter 1947/48, sah allerdings wenig heroisch aus. Mittun, Spaß haben im Kreise Gleichaltriger – das war es, was für ihn zählte. Schauspieler- oder Sängerallüren hatte er keine; an die sprichwörtliche »große Karriere« zu denken wäre ihm nie ernsthaft in den Sinn gekommen. Sicher, für die Musik hatte er eine besondere Vorliebe: »Es stand für mich eigentlich immer fest, daß ich auf irgendeine Art Musik machen würde im Leben«, erzählte er rückblickend. »Nur wußte ich eben nicht, daß ich singen würde … Ich bin sehr früh mit der Tanzmusik in Berührung gekommen, habe aber nie irgendwelche Ambitionen gehabt mit der Stimme.«[3] Eine große Aufbruchstimmung war damals spürbar, die alles zu erfassen und mitzureißen schien. Man war begeistert, ließ sich begeistern und anstecken: nämlich zu eigenem Tun. Nach den langen Jahren politisch verordneter Gleichschaltung, die sich lähmend auf das Kulturleben ausgewirkt hatte, war man glücklich, nun endlich wieder frei, gleichsam nach Lust und Laune agieren zu können. Im privaten Leben oder aber auf der Bühne. Kulturelle Veranstaltungen, Vergnügungsabende und Theateraufführungen, Dichterlesungen im improvisierten Kreis und Hausmusikabende bei Kerzenlicht: Alles stieß damals auf regen Zuspruch. Auch in Kusel. Zumal die großen kulturellen Metropolen fast ausnahmslos zerstört waren und Kunstschaffende vermehrt auf die entlegenen Gegenden, auf die Provinz setzten. Theatervereine wurden gegründet und Lesezirkel, neue Orchester formierten sich, Kammermusikgruppen fanden zusammen, Chöre entstanden. Irgendwo fand jeder seinen Platz: Mittun, wie gesagt, war die Hauptsache, war Freude und Befriedigung zugleich.

Fritz Wunderlich wollte hier nicht im Abseits stehen, im Gegenteil. »Er war

Programm

Weihnachtsmärchen
der Theatergruppe des Kulturrings Kusel

Rumpelstilzchen

von Trude Wehe

Der Müller	Lothar Hinkelmann
Die Müllerin	Luise Steller
Lore, ihre Pflegetochter	Christiane Müller-Blattau
Peter, Müllerbursche	Max Schnorr
Der junge König	Hans Sandmeyer
Prinzessin Mechtild, seine Schwester	Gerda Zimmer
Rumpelstilzchen	Gerd Wunsch
Der Zwergenkönig Winzigo	Herbert Stoß
Die Elfenkönigin Silberblüte	Emmi Steller
Der Riese Grausebart	Otto Cassel
Der Hofarzt	Fritz Wunderlich
Der Schatzmeister	Hans Schneider
Der Bauer Oppetmul	Karl Keller
Der Weihnachtsmann	Heinz Catharius
Ein Diener	Günther Steller
Zwei Hofdamen	Annemarie Lohnert
	Marianne Metzger
Der Bärenführer	Karl Keller
Der Bär	Hans Schneider
Mühlengeister, Goldkinder,	⎰
Zwerge, Waldgeister, Leibwache	Aus dem
Ein Esel	⎱ Kuseler Knabenchor

Musik: Prof. Dr. Josef Müller-Blattau
Spielleitung: Michael Müller-Blattau
Bühnenbild: L. Seiwerth, H. Pütter
Orchester: W. Müller, E. Kreuz, M. Beinzer, W. Müller-Blattau, H. Schmitt

immer schon ein theatralischer Mensch gewesen, improvisatorisch begabt. Aus dem Stegreif konnte er andere imitieren; gerne machte er den Kollegen auch etwas vor und hatte dann seine helle Freude, wenn die sich von ihm wirklich bluffen ließen.«[4] Sicher, die Bühne hat da ihre eigenen Gesetze: Improvisieren und Faxenmachen allein genügen nicht. Übrigens konnte Fritz bald selber erfahren, daß die urtümliche Spiellust, die ihn stets antrieb, durch ein ganz sonderbares Gefühl beeinträchtigt werden kann. Durch ein Gefühl, das einen, meistens erst kurz vor dem Auftritt, wenn es ernst gilt, in gleichsam existentielle Nöte bringen kann. Die Rede ist vom Lampenfieber. Da war ein Johann-Strauß-Abend, veranstaltet von der Westricher Volksbühne mit dem verstärkten Orchester der Westricher Volksbühne. Kein Laientheater also, sondern ein professionelles Konzert. Heinz Leopold Sulanke, musikalischer Leiter des Pfälzischen Landestheaters in Kaiserslautern, dirigierte. »Zuerst sang Fritz das ›Gondellied‹ aus der Operette *Eine Nacht in Venedig*«, erinnerte sich Sulankes Gattin, die Sopranistin Liselotte Walter, die als Hauptsolistin engagiert war. »Fritz kam in einem etwas improvisiert wirkenden schwarzen Anzug auf die Bühne; einen Frack hatte er selbstverständlich nicht.« Zum krönenden Abschluß des Konzerts war ein Duett programmiert: »Wer uns getraut« aus dem *Zigeunerbaron*. »Wie wir kurz vor unserem gemeinsamen Auftritt hinter der Bühne standen, merkte ich plötzlich, daß Fritz schrecklich zitterte. ›Was ist denn los mit dir?‹ fragte ich erstaunt. ›Du zitterst ja!‹ Bleich hauchte Fritz: ›Ja, glauben Sie denn, daß ich wirklich neben Ihnen bestehen kann?‹«[5]

Auch in der Kuseler Zeitung stieß man nun auf den Namen Fritz Wunderlich. Das erste Mal allerdings nur in einer ziemlich kärglichen Nebensatzkonstruktion und den Namen erst noch in Klammern gesetzt: »Nach dem Auftreten des jugendlichen Tenors (Fritz Wunderlich) entwickelte sich aus der Rahmenhandlung die zwerchfellerschütternde Szene des Astrologen und seiner entzückend doofen Klientin.«[6] Die Rede ist von einer sogenannten »Werbe-Revue«, dargeboten von der Westricher Volksbühne, wiederum unter der musikalischen Leitung von Heinz Leopold Sulanke. Fritz Wunderlich gab hier das Operettenlied »Immer wenn ich fern dir bin, muß ich traurig sein« von Karl Bette zum Besten. Für seinen Auftritt kriegte er fünf Mark. Von dieser »zwerchfellerschütternden« Angelegenheit hätte der Sprung zur nächsten Aufgabe nicht größer sein können: Fritz verwandelte sich nämlich kurzfristig vom jugendlichen Tenor zum Charakterbariton. In der Märchenoper *Hänsel und Gretel* von Engelbert Humperdinck sang er die Partie des Vaters, des Besenbinders Peter. Selbstverständlich hatte man das Werk, das trotz seiner Bezeichnung »Märchenoper« manchmal mit an Richard Wagner gemahnenden Orchesterfluten aufwartet und an die Sänger entsprechend hohe Anforderungen stellt, bearbeitet und den Verhältnissen der Westricher Volksbühne angepaßt. »Ein Märchenspiel mit Musik von Humperdinck« heißt es denn auch auf dem Plakat. Und noch etwas fällt dort auf: *Friedrich Wunderlich* steht auf der Liste der Mitwirkenden. Ein Zeichen dafür, daß Fritz nun mit vollem Namen, mit vollem Einsatz und gleichsam mit der Verantwortung eines erwachsenen Künstlers hinter seiner Leistung stehen wollte? Jedenfalls schien er die Frage nach einer sängerischen Zukunft erstmals ernsthaft ins Auge zu fassen. »Fritz sang den Besenbinder Peter mit ungeschliffener Naturstimme«, erinnerte sich Liselotte Walter. »Und nach der Aufführung ging er zu meinem Mann: ›Ach, Herr Sulanke‹, fragte er schüchtern, ›glauben Sie denn, es lohnt sich, meine Stimme ausbilden zu lassen?‹ Daraufhin mein Mann: ›Na, sag mal, bei wem soll es sich denn lohnen, wenn nicht bei dir!‹«[7]

»Die Aufführung bedeutet, nach der gelungenen ›Werbe-Revue‹, eine weitere Steigerung«, schrieb Joseph Müller-Blattau über die Kuseler Aufführung von *Hänsel und Gretel*. Wiederum einen Nebensatz widmete er in seiner Kritik auch »dem charakteristischen, schön singenden Vater (Fritz Wunderlich)«.[8] Anschließend ging die Westricher Volksbühne mit beiden Stücken auf eine kleine Tournee, die Kulissen alle auf einen Lastwagen gepfercht, und spielte in den umliegenden Dörfern. Fünf Mark erhielt Fritz pro Abend, ein herausragendes Ereignis inmitten eines sonst mühseligen Alltags. Die Oberschule für Jungen hatte er im Sommer 1948, nach Abschluß der siebten Klasse, verlassen und war an die Pädagogische Akademie übergetreten. Nicht zuletzt wegen seiner häufigen krankheitsbedingten Absenzen, denn nach wie vor machte er Tanzmusik. Oft spielte er in den amerikanischen Unteroffiziersclubs im benachbarten Baumholder, meistens zusammen mit vier Kollegen, alle mit schwarzem Hemd, schwarzer Hose und einer Fliege uniformiert. Auch eine eigene Band hatte er gegründet, »Die Hutmacher«, sieben bis neun Musiker, je nach Bedarf. Sie spielten zum Tanz auf, bei Festen und Wochenendveranstaltungen, gaben die neuesten amerikanischen Schlagermelodien zum besten, wobei Fritz abwechslungsweise Trompete spielte, zum Akkordeon griff oder auch sang. Ein eigentliches Multitalent. Und seit geraumer Zeit auch ein fotografisches Talent: Er hatte sich von einem Kollegen eine alte Kamera erstanden, fotografierte im Schwimmbad aus versteckten Hinterhalt die jungen Damen und verkaufte die Bilder an seine Kollegen.

Längst war der Mutter das außergewöhnliche musikalische Talent ihres Sohnes aufgefallen. Stolz war sie und unschlüssig zugleich, vor allem, wenn sie an die Zukunft ihres Sohnes dachte. Musik als Beruf? Damit hatte sie sich selber ein Leben lang abgemüht, und sie war auf keinen grünen Zweig gekommen. Zudem war es stets ein Leben am Rande der Gesellschaft gewesen: Was waren denn schon Musikanten, die zum Tanz, zur Unterhaltung aufspielten? Nein, ihr Sohn sollte es besser haben. In ihrer unnachgiebig forschen Art hieß sie ihn Bewerbungen schreiben. Eine Bürostelle auf dem Landratsamt, die würde ihm zumindest eine sichere Zukunft in Aussicht stellen. Folgsam, aber widerwillig schrieb er solche Bewerbungen, und er brachte sie anschließend auch zur Post. Oder genauer: bis zur Brücke über den Kuseler Bach. Dort vertraute er alle seine Bewerbungen dem davonsprudelnden Wasser an. Und die Mutter wartete zu Hause auf einen Bescheid. Wie es weitergehen sollte, wußten beide nicht.[9]

Kaiserslautern, 1949. Seit einem Jahr leitete Emmerich Smola, einer der bekanntesten deutschen Rundfunkdirigenten, in der hier stationierten Zweigstelle des Südwestfunks Baden-Baden das Große Unterhaltungsorchester. Sein künstlerisches Profil verdankte Smola nicht zuletzt der Originalität seiner Programme, die er als Produzent betreute und die, vom einfachen Volkslied über Volksmusiksendungen bis zur großen Oper reichend, ein weites Spektrum von Unterhaltung boten. Im Herbst dieses Jahres produzierte Smola eine Sendung »Hausmusik bei Zelter«, ein Porträt des kleinformatigen Berliner Komponisten und Goethe-Freundes Carl Friedrich Zelter, welches Einblick in das Berliner Musikleben zu Beginn des 19. Jahrhunderts geben sollte. Das Manuskript zu dieser Sendung hatte Joseph Müller-Blattau geschrieben; nun suchte Smola nach einem kleinen Chor, der die verschiedenen Lieder und Vokalsätze in dieser »Hausmusik bei Zelter« singen sollte. »Müller-Blattau, der seinerzeit an der Pädagogischen Lehrerakademie in Kusel unterrichtete..., sagte mir auf meine Ratlosigkeit hin, daß es dort einen entsprechenden Chor gäbe«, erzählte Smola später. »Ich solle ihn mir doch anhören. Also fuhr ich hin, und auf der Bühne eines Landgasthauses – in den Tannenkulissen einer vergangenen Laientheateraufführung – stand nun der Chor. Recht schmalbrüstige junge Männer; aber es wurde auffallend frisch gesungen. Ein Vorsänger fiel mir so stark auf, daß ich Müller-Blattau im Verdacht hatte, er habe mir einen echten Sänger untergeschoben. Dieser aber versicherte mir, daß es sich bestimmt um einen Anstaltsangehörigen handle, was mich wiederum zu der hier recht unbeliebten Bemerkung veranlaßte, daß es für so eine Begabung doch zu schade wäre, im Lehrerberuf unterzugehen...«[10]

Natürlich war es Fritz Wunderlich, und daß seine Stimme einem Kenner wie Emmerich Smola auffiel, hatte seinen Grund. Seit einigen Wochen nämlich nahm Wunderlich Gesangsunterricht. Sulankes Antwort von damals: »Na, sag mal, bei wem soll es sich denn lohnen, wenn nicht bei dir!« war ihm nicht mehr aus dem Kopf gegangen. Eine Lehrerin wurde bald gefunden. Sulanke beriet sich mit einer seiner Sängerinnen am Pfälzischen Landestheater, und die schlug ihm ihre eigene Gesangslehrerin vor, die immer noch in Kaiserslautern unterrichtete, Käthe Bittel-Valckenberg. Fortan radelte Fritz einmal die Woche von Kusel nach Kaiserslautern, auf Hartgummireifen selbstverständlich, hin und zurück je 40 Kilometer. Ein ganzer Tag ging drauf, und das hieß für ihn: ein Arbeitstag war verloren. Sein Tätigkeitsfeld hatte er mittlerweile ausgedehnt: In der Nachbargemeinde Ehweiler amtierte er neuerdings als Dirigent. Aufgrund seiner zahlreichen Auftritte mit den »Hutmachern« war er eine regionale Berühmtheit geworden, »und so fragte man ihn eines Abends, ob er denn nicht Lust hätte, die freie Dirigentenstelle in Ehweiler zu übernehmen. Bereits am Freitag der folgenden Woche kam er pünktlich zur Probe angeradelt. In Erinnerung geblieben ist noch die abenteuerliche Lenkstange seines Fahrrades, die mit unwahrscheinlich vielen Lampen und Glocken ausgestattet war. Für eine Mark fünfzig, ein paar Eier, Wurst-

und Butterbrote kam Wunderlich während der nächsten eineinhalb Jahre jede Woche zur Gesangsprobe nach Ehweiler.«[11]

Übrigens gab es zur Rundfunksendung »Hausmusik bei Zelter« noch ein kleines Nachspiel: »Etwa drei Wochen später meldete mein Vorzimmer den Besuch einer Dame mit Namen Wunderlich und eines dazugehörigen jungen Herrn«, erzählte Emmerich Smola. »Ich hatte Kusel schon längst vergessen und war überrascht, daß man sich meine Bemerkung von damals... durch den Kopf gehen ließ. Die Frage, wohin zum Studium, wurde schnell geklärt. Ich sagte ihm, er solle nach Freiburg gehen. Er solle aber nicht nur Gesang machen, sondern auch ein Instrument spielen.«[12] Ein zweites Mal wurde Fritz von berufener Seite, und das heißt: von einem Berufsmusiker, bestätigt, daß er wirklich eine Stimme und womöglich auch das Zeug zu einem Sänger habe. Bald gesellte sich noch ein drittes fachmännisches Urteil dazu: Auch Joseph Müller-Blattau war von den stimmlichen Qualitäten Wunderlichs überzeugt, und auch er empfahl Freiburg. Er ließ seinen Schützling aber nicht nur so auf gut Glück zur Aufnahmeprüfung hinfahren, sondern gab ihm ein Gutachten mit auf den Weg. Der Name Joseph Müller-Blattau hatte in der musikwissenschaftlichen Fachwelt Gewicht, nach wie vor; darauf konnte sich Fritz verlassen. Das Gutachten ist datiert vom 28. Februar 1950 und lautet:

> Der Musiker Fritz Wunderlich verfügt über eine Naturstimme von gutem Sitz und natürlichem Schmelz, ferner über eine ungewöhnliche musikalische Begabung. Die Ausbildung in Kaiserslautern, der er sich unter großen äußeren Schwierigkeiten unterzog (für eine Stunde etwa einen Tag Arbeitsausfall), hat ihn soweit gefördert, daß er die Mikrofonprüfung mit Erfolg ablegen konnte und im Rundfunk zu Nachwuchssendungen herangezogen wurde. Es wäre dringend erwünscht, daß ihm durch eine Ausbildungsbeihilfe die Möglichkeit gegeben würde, eine regelrechte Ausbildung durchzuführen ohne den ständigen Zwang, Tanzmusik machen zu müssen. – Es kann jetzt schon gesagt werden, daß Fritz Wunderlich nach abgeschlossener Ausbildung eine große Zukunft als Sänger hat.

Anfang Oktober fand die Aufnahmeprüfung an der Staatlichen Hochschule für Musik in Freiburg statt. Bis zuletzt hatte Wunderlich bei Käthe Bittel-Valckenberg in Kaiserslautern seine wöchentliche Gesangsstunde gehabt. Nun war er auf den Nachmittag zum Vorsingen bestellt. Das Fahrgeld nach Freiburg mußte er sich leihen, so viel Geld hatte man zu Hause nicht vorrätig. Mit Schubert-Liedern im Gepäck ging Wunderlich am frühen Morgen zum Bahnhof und setzte sich in den letzten Waggon des schon bereitstehenden Zuges. Pünktlich fuhr der Zug in Richtung Landstuhl–Kaiserslautern ab – allerdings ohne Fritz. Denn der letzte Waggon, in dem der Unglückliche saß, war abgekoppelt worden. Was sollte er nun tun? Den Vorsingtermin an der Hochschule in Freiburg durfte er auf keinen Fall verpassen. Guter Rat war teuer, zumal damals nur ganz wenige Züge verkehrten. In Kusel erzählte man deshalb immer wieder die Geschichte von einem

Mann, der sich das Leben nehmen wollte und sich aus diesem Grunde quer über das Bahngleis gelegt habe. Zwei Tage später habe man den Armen dann gefunden – aber nicht von der Bahn überfahren, sondern verhungert. Weil in der Zwischenzeit gar kein Zug vorübergefahren sei ...

Wie auch immer, plötzlich erinnerte sich Wunderlich, daß jeden Morgen um diese Zeit in der gegenüberliegenden Molkerei ein Lastwagen die Milch nach Kaiserslautern fuhr. Nichts wie los – und er erwischte den Wagen, der eben aus dem Gelände der Molkerei herauskurvte, gerade noch. Allerdings reichte es für den vorgesehenen Anschlußzug in Kaiserslautern nicht mehr, so daß er zu spät in Freiburg eintraf. Zu spät, aber gerade noch rechtzeitig, um als letzter der aufgebotenen Gesangsschüler vorzusingen. Dieses Vorsingen fand im Hauptgebäude der Staatlichen Hochschule am Münsterplatz statt, und zwar im Erdgeschoß im sogenannten ovalen Saal. Alle Hochschulprofessoren saßen versammelt da. Wunderlich sang zwei jener Schubert-Lieder, die er mit Käthe Bittel-Valckenberg einstudiert hatte – darunter den »Wegweiser« aus dem Liederzyklus *Die Winterreise*. »Und zwar mit einer schönen, aber noch ungepflegten Stimme«, erzählte Jahre später Margarethe von Winterfeldt, die damals die Meisterklasse für Gesang leitete und mit den Professorenkollegen im Auditorium saß. »Mit viel Gefühl sang er und aus warmem Herzen, aber etwas überschwenglich. Und als er fertig war, sagte er: ›War wohl schmalzig, was? Na, genau das will ich hier ja auch lernen: Wie man das anders macht.‹«[13] Mehr als die Hälfte der Sänger fiel bei dieser Aufnahmeprüfung durch; Wunderlich bestand und wurde für das kommende Wintersemester als Gesangsschüler angenommen. Als Leiterin der Meisterklasse hatte Margarethe von Winterfeldt die erste Wahl unter den neueintretenden Studenten. Daß sie Fritz Wunderlich sogleich in ihre Meisterklasse aufnahm, überraschte damals keinen: »Allen war eindeutig klar, daß er außergewöhnlich begabt war, trotz dialektaler Ungeschliffenheiten in seiner Aussprache, trotz seines etwas gar kitschigen, sentimentalen Singens.«[14]

Nun hatte Fritz Wunderlich freie Bahn. Ende Oktober begann das Semester, also mußte er sich sogleich nach einer Bleibe in Freiburg umschauen. Er fand ein Zimmer im Herzen der Altstadt, in der Rempartstraße 3. Ein Zimmer gar mit Klavier, so daß er problemlos üben konnte. Auch einen Lebenslauf mußte er zuhanden der Hochschule verfassen:

Freiburg, 2. Oktober 1950

Lebenslauf

Am 26. September 1930 wurde ich in Kusel als Sohn des Kapellmeisters Paul Wunderlich und seiner Ehefrau Musiklehrerin Anna Wunderlich geboren. Als ich fünf Jahre alt war, verlor ich meinen Vater. Nachdem ich vier Klassen Volksschule hinter mir hatte, trat ich in die Oberschule Kusel ein, wo ich sieben Klassen absolvierte, dann aber infolge finanzieller Schwierigkeiten das Studium abbrechen mußte. Früh schon mußte ich anfangen, die von meinen Eltern übernommene musikalische Begabung zum Broterwerb zu benutzen, indem ich auf Tanzmusiken spielte; meine jetzt 62jährige Mutter und ich waren auf diesen Verdienst angewiesen. Herr Prof. Dr. Joseph Müller-Blattau in Kusel erkannte als erster meine stimmliche Begabung und schickte mich nach Kaiserslautern zu Frau K.B. Valckenberg, wo ich meine erste 1jährige Ausbildung erfuhr.

Auf Tanzmusiken habe ich Akkordeon und Waldhorn gespielt. Auch im Orchesterspiel habe ich mir eine gewisse Routine angeeignet. Im Orchester der Stadt Kusel habe ich nur Waldhorn geblasen.

Hochachtungsvoll
Fritz Wunderlich

Zu Hause in Kusel wurde er mit großem Hallo empfangen. Es war beschlossene Sache, ihm eine würdige Abschiedsfeier zu bereiten. Gefestet wurde bei der Mutter zu Hause, zusammen mit den Kameraden aus dem Städtchen und den Kumpels von der Tanzkapelle. »Wenn Fritz mit seiner Tanzkapelle jeweils in den umliegenden Dörfern aufspielte, aß er stets unheimlich gerne Waffelbruch«, erzählte seine Schwester, »Abfälle von gefüllten Zuckerwaffeln, die an den Kirmessen in bunten Tüten verkauft wurden. Für das Abschiedsfest erstanden seine Musikerkumpels bei einem Großhändler einen ganzen Karton mit hundert solcher Waffeltüten und schenkten sie Fritz zum Abschied. Aus lauter Freude improvisierte dieser mit seinen Kollegen sogleich eine ›Waffelbruch-Oper‹. Jeder hatte ja sein Instrument bei sich, passende Texte wurden aus dem Stegreif ersonnen, und Fritz dirigierte das Ganze vom Klavier aus.«[15]

» ... die entscheidende Phase meines Lebens ... «:
Studienjahre in Freiburg

»Es ist merkwürdig, wenn man beim Eintritt in das alte, schöne Wenzingerhaus am Domplatz in Freiburg aus allen Ecken Musik von Strawinsky, Hindemith, Bartók und anderen neuen Komponisten hört. Und es scheint fast paradox, daß man in diesem alten Bau die modernste Musikhochschule Deutschlands finden soll. Hier gibt es keine modernen und zweckmäßigen Unterrichtsräume, keine Teppiche, keine gepolsterten und schallsicheren Doppeltüren und keine repräsentativen Professorenheiligtümer. Manche Räume sind nur mit einem Flügel, einer schlichten Holzbank und allenfalls noch mit einem Notenpult möbliert. Das ›Büro‹ des Direktors ist eine winzige Klause mit einem alten Schreibtisch und einem Sessel.« Zu lesen war das in der *Illustrierten Funkwelt*. Sie informierte ihre Leserschaft über eine bevorstehende Sendung des SWF mit dem Titel »Kunst, die nicht verdirbt«, und der Untertitel machte klar, worum es gehen werde: »Deutschlands modernste Musikhochschule in Freiburg«.

Staatliche Hochschule für Musik hieß sie offiziell, gleich neben dem Münster im Wenzinger-Palais untergebracht, einem der wenigen Häuser, die während des Krieges nicht beschädigt wurden. Daß die *Illustrierte Funkwelt* für dieses moderne Institut im alten, stilvollen Rokokogebäude voller Bewunderung war, hatte seine guten Gründe: »Bekannte Künstler ... bilden den Lehrkörper der Schule. Es sind alles Persönlichkeiten, die neben ihren großen fachlichen Qualitäten es vor allem verstehen, menschlichen Kontakt mit den Schülern zu bekommen. Die Zahl der Schüler darf 240 nicht überschreiten ... Die Auswahl der Studenten, die aufgenommen werden, geschieht nach außergewöhnlich strengen Maßstäben. Man vermeidet dadurch in diesem Beruf, zu dem sich immer noch viele junge Menschen drängen und der so wenigen materielle Existenz im späteren Leben bietet, den Zulauf von nur durchschnittlichen Begabungen.«[1]

Diesen gestrengen Maßstäben hatte Fritz Wunderlich standzuhalten vermocht. Nun schrieb er sich zum Studium ein: Im Hauptfach belegte er Gesang in der Meisterklasse Margarethe von Winterfeldts. Weiter schrieb er sich für das zweite Hauptfach bei Lothar Leonards ein, dem ersten Hornisten im Städtischen Orchester in Freiburg und Leiter einer Fachklasse für Horn. Als Nebenfach belegte er

Klavier bei Friedrich Finke. Das Nebenfach war, laut der auf Fritz Wunderlich ausgestellten Karteikarte der Freiburger Musikhochschule, gebührenfrei. Der Hornfachklassenunterricht kostete dagegen 100 Mark pro Semester, und für die Gesangsmeisterklasse mußte er gar 280 Mark hinblättern. Die Mutter hatte ihm zum Abschied eine ganze Monatsrente mitgegeben, 89 Mark. Nicht einmal für den Start in Freiburg würde dieses Geld ausreichen, bei weitem nicht. Also mußte sich Wunderlich schleunigst nach Verdienstquellen umsehen.

Die Freiburger Musikhochschule wurde im ersten Nachkriegsjahr, am 26. Februar 1946, gegründet. Initiator war Gustav Scheck, damals einer der führenden Flötisten. Bis 1945 hatte er als Dozent für Flöte an der Berliner Musikhochschule unterrichtet. Dann setzte er sich nach Überlingen an den Bodensee ab, um dort das Ende des Krieges abzuwarten – und zu überleben. Nach wiederholten Verhandlungen wurde Scheck im Februar 1946 mit der Gründung einer Musikhochschule in Freiburg beauftragt, und zwar in Zusammenarbeit mit Wilibald Gurlitt, damals Ordinarius für Musikwissenschaft an der Freiburger Universität. Der Oberbürgermeister hatte ihnen freie Wahl unter den wenigen geeigneten, heil gebliebenen Gebäuden der fürchterlich zerstörten Stadt angeboten, und so wählten sie das Palais »Zum Schönen Eck« am Münsterplatz, welches der Rokokobaumeister, Maler und Bildhauer Christian Wenzinger sich im Jahr 1761 errichtet hatte.

Am 1. Mai erfolgte die Berufung Schecks zum Direktor der Musikhochschule; am 6. Mai konnte der Unterricht beginnen. Scheck hatte eine imposante Reihe bedeutender Künstler und Musikhistoriker als Lehrkräfte für die Meisterklassen nach Freiburg geholt: Harald Genzmer (Komposition), Reinhold Hammerstein (Musikgeschichte und Formenkunde), Fritz Neumeyer (historische Tasteninstrumente), Carl Seemann (Klavier) und Margarethe von Winterfeldt (Gesang). Bis 1950 kamen Jahr für Jahr neue Lehrkräfte hinzu: unter ihnen Walter Kraft (Orgel), Edith Picht-Axenfeld (Klavier), Emil Seiler (Viola), Lothar Leonards (Horn), Ulrich Grehling (Violine) und Friedrich Finke (Klavier). Durchaus verständlich also, daß die *Illustrierte Funkwelt* in begeisterten Tönen von der modernsten Musikhochschule berichtete. Die Entwicklung in den ersten paar Jahren übertraf denn auch alle Erwartungen. Es kamen nicht nur Studierende aus Deutschland und den europäischen Nachbarländern, sondern auch aus den USA, aus Brasilien, Ägypten, England und aus der Türkei nach Freiburg. Ein erfolgreicher Start, was bald auch von staatlicher Seite anerkannt wurde: Am 1. April 1948 wurde die Musikhochschule von Baden-Württemberg übernommen und firmierte fortan als Staatliche Hochschule für Musik.[2]

Anfänglich kam sich Fritz Wunderlich recht verloren vor inmitten dieser illustren Gesellschaft von Studenten aus allen Himmelsrichtungen. »Ich hatte die Welt praktisch nur bis Kaiserslautern gesehen und kannte bis dahin keinen Menschen außer meinem engsten Freundeskreis«, erzählte er Jahre später. »Freiburg – für mich war das damals eine vollkommen neue Welt...«[3] Der Sprung von Kusel nach Freiburg machte ihm zu schaffen, löste in ihm eine Art Kulturschock aus. Weite Teile der Stadt waren im November 1944 zerstört worden; rundherum lagen immer noch Trümmer. Oft sehnte sich Wunderlich nach der ländlichen Geborgenheit seiner pfälzischen Heimat. Zum ersten Mal war er weg von zu Hause, herausgerissen aus der Umgebung seiner Kindheit. Neues stürmte auf ihn zu, drängte sich an den Platz der alten Lebensgewohnheiten. Verunsicherung machte sich breit. Zuweilen stieg er die unzähligen Treppen des Freiburger Münsterturms empor, um allein, in schwindelnder Höhe, einen Blick in Richtung Heimat zu werfen. Heimweh spürte er, und oft litt er an seiner Liebe zu dieser Heimat und zu den Erinnerungen, die ihn mit ihr verbanden. Aus einer solchen Stimmung heraus schrieb er, noch in den ersten Freiburger Monaten, hoch oben auf dem Münsterturm ein paar Verse auf, die Jahre später – und von ihm selbst vertont – ihre Reise rund um die Welt antreten sollten:[4]

Mein Kusel in der Pfalz

Wir saßen einst im Freundeskreis
im schönen Schwarzwaldort.
Der Abendwind sang draußen leis,
und keiner sprach ein Wort.

Der eine war vom Nordseestrand,
der andre kam aus Wien.
Der dritte kam vom Schwabenland,
der andre aus Berlin.

Das Heimweh war bei uns zu Gast,
schlich sacht sich ins Gemüt,
der Wind hat's Heimweh angefaßt,
trägt heimwärts auch mein Lied:

Ein Städtchen ist's im Pfälzerland,
ein Tal, so wunderschön –
Dort ist's, wo meine Wiege stand,
wo meine Träume gehn.

Die alte Burg schaut stolz ins Tal,
erzählt von alter Zeit,
sie sah mich schon so manches Mal
als Kind voll Fröhlichkeit.

Der Mühlberg sah unser frohes Spiel,
der Bach war unser Meer,
der Wald war unser liebstes Ziel,
ihn liebte ich so sehr.

Zieh in die Welt ich einmal fort,
dann bitt' ich Gott: »Erhalt's,
mein Städtchen, meinen Heimatort,
mein Kusel in der Pfalz!«

Es war in einer musikwissenschaftlichen Vorlesung bei Reinhold Hammerstein. Fritz Wunderlich war hier ein seltener Gast, die graue Theorie schien ihn nicht sonderlich zu interessieren. Viel lieber wollte er musizieren als über die Ursprünge und die Entwicklung der Musik in Geschichte und Gegenwart nachdenken. Dem gegenübersitzenden Studenten schien solche Reflexion an jenem Tag auch Mühe zu machen. Jedenfalls flüsterte er Fritz etwas von seiner mißlichen Wohnlage zu, worauf dieser impulsiv entgegnete: »Herr Kollege, suchen Sie ein Zimmer mit Klavier?« Selbst unter Studenten verkehrte man damals per Sie. »Fritz flüsterte, daß man in sein Zimmer noch ein zweites Bett reinstellen könne«, erzählte Hans-Martin Hackbarth, Schulmusiker und Gesangsstudent wie Wunderlich. »Und so wohnten wir, etwa ab Dezember 1950, zusammen, im Zimmer in der Rempartstraße, jeder für fünfzehn D-Mark im Monat.«

Man lebte zu zweit zwar recht eng aufeinander, konnte sich aber doch ausweichen. Oder einander aushelfen. »Fritz war ein herrlicher Langschläfer. Ich konnte am Morgen jeweils Klavier üben, und er schlief fröhlich weiter. Beim Morgenkaffee sagte Fritz oft: ›Du, Hackbraten, geh doch mal für mich zum Finke. Ich will heute nicht in den Klavierunterricht!‹«[5] Hackbraten war Hackbarths Spitzname – und damit hatte es eine ganz besondere Bewandtnis. Mutter Wunderlich konnte ihrem Sohn zwar nicht mit Geld helfen, aber hie und da bot sich Gelegenheit, zu günstigen Bedingungen Fleisch zu kaufen. »Mein Mann kannte damals den Metzger einer Nachbargemeinde«, erzählte Schwester Marianne, »und er bekam von diesem oft einen Tip: daß beispielsweise ein verunglücktes Tier zum Schlachten angeliefert worden sei und man also Fleisch bekommen könne.« Der Mutter waren solche unverhofften Fleischportionen ebenfalls willkommen. Stets verfertigte sie daraus einen Hackbraten, den sie umgehend ihrem Sohn zukommen ließ, damit dieser wieder einmal etwas Richtiges zum Essen habe. Lange Zeit über dankte Fritz auch regelmäßig für diesen Zustupf. »Doch eines Tages schrieb er der Mutter, sie solle doch bitte mal was anderes schicken als immer nur Hackbraten. Sein Zimmergenosse könne nämlich Hackbraten kaum mehr sehen, geschweige denn essen.«[6]

Morgens konnte es also vorkommen, daß Hackbarth für Wunderlich in den Klavierunterricht ging. Auch abends wußten sich die beiden zu arrangieren. »Wir hatten nur einen einzigen Hausschlüssel. Wenn nun einer abends länger weg war, so mußte der andere den Schlüssel aufs Fensterbrett legen, und zwar an einer langen Schnur festgemacht. Der Spätheimkehrer warf dann ein Steinchen gegen das Fenster, um den schon Schlafenden zu wecken. Dieser ließ den Schlüssel an der Schnur hinunter, und so konnte die Haustür aufgeschlossen werden.« Manchmal waren sie sich allerdings nicht einig, wer zu Hause bleiben sollte oder umgekehrt: wer ausgehen durfte. »Einmal wollte Fritz durchaus Skat spielen. Ich aber sagte: ›Nein, ich geh' zu meiner Freundin‹, und kam erst spät in der Nacht nach Hause. Fritz lag schon im Bett, ich suchte meinen Schlafanzug, doch ich suchte lange vergeblich – Fritz hatte ihn unter den Klavierdeckel geschoben. Nun wollte ich reinschlüpfen, kam aber nicht rein: Die Ärmel waren zugenäht und auch die Beine. Der entsprechende Kraftausdruck meinerseits ließ selbstverständlich nicht auf sich warten – und Fritz schüttelte sich vor Lachen. Dann warf ich mich aufs Bett, flog aber gleich wieder raus: Fritz hatte mir leere Bierflaschen unter die Matratze geschoben.«

Wie gesagt: Schon in den ersten Wochen sah sich Fritz nach einem Verdienst um. Für sein Studium und seinen Lebensunterhalt mußte er selber aufkommen, Unterstützung gab es keinerlei. Naheliegend war, daß er es wiederum mit Tanzmusik versuchte wie schon in Kusel; Erfahrungen hatte er ja genug gesammelt. Hackbraten wollte am Klavier mitmachen – warum es nicht einmal ausprobieren? Und zwar unten in ihrem Haus in der Rempartstraße, in der Gastwirtschaft »Breisacher Hof«. Das war zwar ein etwas verrufenes Lokal, und man hörte oft von nächtlichen Messerstechereien munkeln. Die Wirtin war einverstanden: Man könne das durchaus mal versuchen, am liebsten an Wochenenden. »Und so spielten wir sozusagen auf Abruf, oft schon am Freitag, meistens am Samstag und, wenn Betrieb war, auch am Sonntag. Stets von acht Uhr abends bis um Mitternacht.« Fritz spielte Akkordeon und, mit dem Fuß per Pedal, die große Trommel; Hackbraten begleitete am Klavier. »Um Mitternacht ging dann der Rausschmeißer in der Gaststätte von Tisch zu Tisch und sammelte Geld für uns. Fünf, manchmal sogar zehn Mark schauten da für jeden heraus. Und nachher saß man noch zusammen und spielte ein bißchen Skat.«

Auch zusammen gesungen haben die beiden. »Und wenn Fritz einen ganz tollen drauf hatte, imitierte er den Jazztrompeter Louis Armstrong, ›Blueberry Hill‹ zum Beispiel, und zwar mit seiner Trompete. Auch gesungen hat er dann wie Armstrong. Eine umwerfend komische Parodie.«[7] Einige Monate später vergrößerte sich das Duo zum Trio. Ein weiterer Schulmusikstudent, der im selben Haus ein Dachzimmer bewohnte, übernahm nun das Schlagzeug, Fritz spielte weiterhin Akkordeon und Trompete, und Hackbarth begleitete am Klavier. Nach ungefähr einem Jahr trennten sich dann ihre Wege als Unterhaltungsmusiker. Fritz fand Anschluß an eine andere Band, an »Die flotten Fünf«. Oft musizierte er übers Wochenende auch außerhalb von Freiburg, in den umliegenden Landgaststätten und Bierlokalen. Oder er spielte bei Abendveranstaltungen auf. Das muß recht professionell geklungen haben, denn bald kriegten sie fünf D-Mark Honorar pro Stunde.

Während der ersten drei Semester setzte Wunderlich vor allem auf das Hornstudium, denn sollte es mit dem Gesang nicht klappen, so wollte er zumindest ein guter Hornist werden. »Schon das erste Begegnen mit ihm war sehr erfreulich«, erzählte Fachklassenlehrer Lothar Leonards. »Er war hochmusikalisch und hatte schon ein wenig Horn geblasen... Die erste Begegnung mit ihm ist für mich unvergeßlich: Sein Horn sah so ›marmoriert‹ aus. Ich fragte ihn, was mit seinem Horn denn wäre, und da sagte er, da wäre eben ein Lastwagen drüber gefahren, und er habe das Horn anschließend wieder ausbeulen lassen ...«[8]

Interessanter und spannender war zweifellos der Gesangsunterricht. Zweimal die Woche stieg Wunderlich im Wenzingerhaus die Treppe hoch ins erste Stockwerk hinauf, wo Margarethe von Winterfeldt in einem Eckzimmer, das zum Münsterplatz hinausging, ihren Unterricht erteilte. Sie stammte aus Potsdam, war von Kindheit an blind, aber von einer unwahrscheinlichen Auffassungsgabe. Sie hatte Klavier und Gesang studiert und wirkte anschließend als Konzertsängerin. Früh schon widmete sie sich der pädagogischen Tätigkeit, anfänglich in Berlin und später, nach Kriegsende, in Freiburg, wo sie eine Meisterklasse für Gesang übernahm. »Sie war ein Mensch, der mit allen Sinnen einen anderen Menschen erfaßt«, erzählte später Dorothea Goesch. Sie hatte Margarethe von Winterfeldt kurz vor Kriegsende kennengelernt und war ihr dann, als persönliche Begleiterin und Betreuerin, nach Freiburg gefolgt, wo sie als Dozentin eine eigene Gesangsklasse unterrichtete. »Wir haben zusammen gewohnt, hatten ja auch denselben Beruf und dieselben Sorgen. Zudem habe ich sie auch zu ihren Konzertauftritten hinbegleitet; allein konnte die blinde Dame ja nicht reisen. Dennoch: Wenn man auch nur fünf Minuten mit ihr an einem Tisch saß, vergaß man völlig, daß sie blind war. Auffälligerweise hatte sie in ihrem Vokabular auch den Ausdruck: ›Das habe ich gesehen ...‹«[9]

Schon in den ersten zwei, drei Semestern fiel auf, daß Fritz Wunderlichs Gesang ausgesprochen natürlich klang, daß da nichts Gekünsteltes war und nichts angelernt wirkte. Genau darauf hatte es Margarethe von Winterfeldt in ihrem Gesangsunterricht auch abgesehen: »Das ist ja das Ziel, das wir alle gerne erreichen wollen ... Aber das heißt nicht, daß den jungen Sängern, auch wenn sie sehr begabt sind, alles sozusagen in den Schoß fällt. Sondern sie müssen arbeiten, und zwar streng arbeiten. Und das konnte Wunderlich, denn er war Arbeit gewöhnt von zu Hause her.«[10] Begabt war Wunderlich zweifellos, das war schon bei seinem Vorsingen aufgefallen. Später bestätigten das auch seine Kommilitonen: Fritz hätte ebensogut bei einem Schuster singen lernen können oder bei einem Schreiner, hieß es manchmal.[11] Dennoch war Margarethe von Winterfeldt außerordentlich wichtig für ihn. Sie gab ihm Rückenstärkung, und dies nicht nur in sängerischer und musikalisch-künstlerischer Hinsicht. Sondern sie ersetzte ihm in gewissen Bereichen auch seine Mutter, brachte ihm einigermaßen weltmännische Manieren bei und half ihm so, jenen Kulturschock zu überwinden, den die Übersiedlung von Kusel nach Freiburg ausgelöst hatte.

Zwei Dinge aber waren, rückblickend beurteilt, in Wunderlichs Gesangsausbildung von zentraler Bedeutung. Zum einen, daß Margarethe von Winterfeldt den jungen Sänger stets auf seinen ureigenen Instinkt verwies, ihm also Selbstbewußtsein einflößte und ihn auf seine Gefühle vertrauen lehrte. Und zum andern, daß sie ihn stets anhielt, sich alle Vorgänge beim Singen bewußt zu machen.

Gesang sollte ja etwas Natürliches sein. Also mußte er auch auf natürlichen Voraussetzungen basieren. Und Wunderlich sollte sich nun im Verlaufe des Unterrichts all dieser natürlichen Vorgänge bewußt werden und sie über das Bewußtsein auch kontrollieren lernen. Wenn er jeweils ins Unterrichtszimmer trat, saß die Lehrerin schon am Flügel. Gesprächsweise versuchte sie, zu Beginn jeder Gesangsstunde die momentane Alltagsverfassung ihres Studenten zu erspüren, auch seine Sorgen und Nöte. Wenn sie merkte, daß er keinen guten Tag hatte und innere Spannungen da waren, stellte sie sich darauf ein. Nie hätte sie sich in einem solchen Moment auf ein bestimmtes Unterrichtspensum versteift.

Ihr Unterricht war im wesentlichen ein technischer Unterricht: Intonations- und Resonanzübungen, Intervalle singen und immer wieder Atemübungen. Grundlage sollte die normale Atmung sein; also kein Stützatem oder Preßatem. Und beim Tiefatmen nicht die Schultern hochziehen. Denn das bewirkt augenblicklich eine Verspannung der Schultermuskulatur. Anschließend das Ausatmen: Langsam mußte Fritz, die Lippen zugespitzt, die Luft herausblasen und spüren lernen, wie sich, sobald man die Lippen stärker schürzt, in der Bauchgegend ein Gegenreflex einstellt. Eine Art von Gegendruck, der dem Sänger das Gefühl einer inneren Luftsäule vermittelt, die von der unteren Bauchgegend bis zu den geschürzten Lippen hinauf reicht. Wie wichtig es für einen Sänger ist, sich dieser Vorgänge bewußt zu werden, hat Fritz Wunderlich später wiederholt betont: »Eigentlich ist es so: Einen langen Atem hat man genau so, wie man eine Stimme hat. Aber man kann einen langen Atem dadurch verlängern, daß man *weiß*, wie man es gesangstechnisch anstellt, keine Luft zu verschenken zwischen den Tönen. Es wird da viel zu wenig darauf geachtet von seiten der Gesangslehrer. Langer Atem heißt zunächst einmal: Wie wird der Körper mit dem Stickstoff fertig, der sich dadurch ansammelt, daß man die Luft anhält? Man singt ja mit verbrauchter Luft und nicht mit frischer, und der Körper will eben nach einer gewissen Zeit Sauerstoff haben. Und langen Atem kann man trainieren, indem man Atemübungen macht. Wie ein Taucher.«[12]

Atmen und Singen, Atemführung und Stimmführung gehörten für Margarethe von Winterfeldt aufs engste zusammen. Entsprechend hielt sie ihre Gesangsschüler an, über das Ausatmen nach den Resonanzen zu suchen. Zum Beispiel durch ein langgezogenes W-w-w. Oder durch die Vokale U und Ü, die beide hervorragende Resonanzsucher sind. Gesucht und ausprobiert wurden diese Resonanzen zur Hauptsache beim Singen von Intervallen auf einzelnen Vokalen. Es kam darauf an, die Resonanzfarben in allen Tonhöhen möglichst gleichzuhalten. »Bewußt sprach die Winterfeldt dabei nie von Registern«, betonte Dorothea Goesch, »daß die Bruststimme von da bis da reiche, die Mittellage von da bis da und so weiter. Denn sie war der Ansicht, daß einer, der das mal so richtig eingetrichtert bekommen hat, innerlich sozusagen unüberwindliche Grenzen aufbaut: Zäune, die völlig künstlich sind. Und beim Singen steht dann ein einziger Gedanke unentwegt im Vordergrund: Wie komme ich jetzt über diesen Zaun?«[13]

Im ersten Studienjahr muß es gewesen sein, als der Postbote eines Tages bei Mutter Wunderlich in Kusel Sturm läutete. Ein Telegramm, aus Freiburg:

> Habe Radio gewonnen – stop – bin überglücklich – stop – dein Bub.

»Fritz hatte in einem Kaufhaus ein Überhemd im Sonderangebot gekauft«, erzählte seine Schwester Marianne. »Der Zufall wollte es, daß er der 500ste oder 1000ste Kunde war, der ein solches Überhemd kaufte, und auf diesen wartete als Geschenk ein kleines Radio, ein Volksempfänger, auf dem man mehrere Sender empfangen konnte. Und impulsiv, wie er war, hat er sofort ein Telegramm aufgegeben.«

Während der Semesterferien ging Fritz stets nach Hause. »Kaum eine halbe Stunde später standen jeweils schon seine Kumpels vor der Haustür. Fritz suchte schleunigst seine alten Fußballklamotten zusammen, und ab ging die Post.« Fritz kam gerne nach Hause, vor allem der Mutter wegen. Mit ihm erlebte sie im Kreis seiner Jugendfreunde gesellige Stunden, wo man oft bis spät in die Nacht beisammensaß. Seiner Lebensfreude, seiner prallen Vitalität konnte keiner widerstehen. Manchmal schien es, als vermöchte er damit alle Hindernisse, die ihm irgendwo in den Weg gelegt waren, mühelos wegzuschwemmen. Humor, zuweilen auch deftige Lustigkeit, verbreitete er überall, wo er auftauchte. Doch die Kehrseite war zuweilen genauso spürbar: Wenn Fritz, eben noch in lautstarker Ausgelassenheit mit den Kollegen herumalbernd, die gesellige Runde plötzlich verließ und allein sein wollte. Wenn man ihm nachging und ihn nach Gründen fragte, so gab er allenfalls zur Antwort: »Ach, es ist alles so traurig.«[14] Oft plauschte Fritz auch mit seinen beiden Neffen herum, den Söhnen von Schwester Marianne, baute mit ihnen einen Rennschlitten, der dann schon auf der Jungfernfahrt in Brüche ging, oder einen Drachen.

Zur Weihnachtsfeier 1950 brachte Fritz seiner Mutter ein besonderes Geschenk: eine selber komponierte Arie für Tenor und Klavier mit dem Titel *Mutterliebe*. Das Titelblatt, mit eigenhändig gezeichneten Weihnachtstannenästchen verziert, weist auch eine Widmung auf: »Meiner treusorgenden Mutter dankbar zugeeignet, Weihnachten 1950.« Ein großartiger Dank an die Mutter, weil sie ihn studieren ließ. Auch das Abschlußdatum dieser Weihnachtskomposition ist säuberlich vermerkt: »Freiburg, am 5. Dezember 1950, F. Wunderlich.« Das kleine Werk, drei Seiten Notenhandschrift umfassend, gliedert sich in ein einleitendes Rezitativ und ein anschließendes Arioso. Komponieren, Texten und Arrangieren: Darin hatte Fritz Wunderlich seit seinen frühen Auftritten mit den »Hutmacher«-Tanzmusikkumpels weitreichende Erfahrungen. Ganze Unterhaltungsprogramme hatte er damals zusammengestellt und arrangiert. Einiges ist handschriftlich von ihm überliefert: unter dem Titel *Frohsinn* etwa eine Folge »beliebter Walzerlieder«, wie es im Untertitel heißt, von »Kornblumenblau« über »Der alte Peter«, »Gib acht auf den Jahrgang«, »Einmal am Rhein« und »Trink,

trink, Brüderlein trink« bis hin zum großen Finale »Oh du wunderschöner deutscher Rhein« reichend, mit *Ritardando* und im *Fortissimo* zu beenden. Alle diese Walzerlieder hat Wunderlich mit einfachsten Akkorden harmonisiert. Eingeleitet werden sie mit einem achttaktigen Vorspiel; zwischen den einzelnen Liedern hat er knappe Überleitungen komponiert, um – harmonisch einigermaßen anstandslos – über die Runden, und das heißt: in die neue Tonart des nächstfolgenden Liedes zu kommen. Auch hier schien er der Devise zu vertrauen, daß es im entscheidenden Moment letztlich vor allem auf den eigenen Instinkt ankomme.

Übrigens fuhr Wunderlich schon in der zweiten Dezemberwoche nach Hause. Auf Mitte des Monats war nämlich die Premiere einer neuen Operettenaufführung angesetzt, und Wunderlich hatte die Hauptrolle übernommen. Allerdings mußte er sie noch lernen, hatte demnach für andere Dinge keine Zeit und war überhaupt über die Festtage voll ausgelastet mit Musizieren und Geldverdienen. Entsprechend bedauerte er es, als der Sekretär der Freiburger Hochschule, immer bemüht, armen Studenten einen Verdienst zuzuhalten, ihm für die Festtage ein Engagement anbot. Er mußte ablehnen und schrieb ihm am 15. Dezember 1950 von Kusel:

Sehr geehrter Herr Noeß!

Vielen herzlichen Dank für Ihre Hilfe. Es wird mir, leider, nicht möglich sein, die Stelle jetzt zu besetzen, da mir vorgestern mein Akkordeonbalg gerissen ist. Das Instrument muß in die Fabrik, was einmal viel Geld und das andere Mal viel Zeit kostet, da ich es wahrscheinlich erst Mitte Januar wieder vom Werk bekomme. Die ganzen Weihnachts-, Silvester- und Faschingsbälle muß ich hier mit einem geliehenen Instrument spielen. So dringend ich einen Verdienst in Freiburg brauche, kann ich, wie Sie mir glauben werden, schweren Herzens nur ablehnen, zumal ich mich auf Alleinunterhaltung spezialisiert habe.

Morgen abend ist hier die Premiere der Operette »Glück am Rhein«, in der ich die Hauptrolle singe. Hoffentlich klappt alles. Überhaupt gibt es für mich über Weihnachten sehr viel Arbeit. Von Ferien also keine Spur. Ich bin froh, daß ich acht Tage früher weggefahren bin, ich wäre mit meiner Partie nicht mehr zurechtgekommen. Nun wird es doch gehen.

Also nochmals recht vielen Dank für Ihre Hilfsbereitschaft, vielleicht haben Sie später Gelegenheit, mich irgendwo unterzubringen. Es ist nun einmal so: Wenn der Bettelmann nichts haben soll, verliert er das Brot aus dem Sack! Ich kann ja nichts dafür, daß ich nicht als Sohn eines Bankiers geboren bin. Aber ich werde meinen Platz im Leben einmal behaupten, darauf können Sie sich verlassen!

Nun wünsche ich Ihnen recht frohe Weihnachten und ein frohes, gesegnetes Neujahr! Nochmals alles Gute und Schöne!

Ihr
Fritz Wunderlich

Gleich in den ersten Wochen nach Neujahr gab es wiederum Probleme an der Hochschule. Nach bestandener Aufnahmeprüfung hatte er dem Direktorium erklärt, daß es ihm aus finanziellen Gründen nicht möglich sei, ein zweites Hauptfach zu belegen. Der Verwaltungsinspektor hatte ihm daraufhin versprochen, daß er für das Waldhornstudium eine Freistelle bekomme. Nun brachte ihm der Postbeamte eine Kostennachforderung über 100 Mark: die Gebühren für die Hornfachklasse. »Sie werden verstehen«, schrieb Wunderlich am 29. Januar 1951 an das Sekretariat der Hochschule, »daß diese Forderung das Ende meines Studiums bedeuten würde, und ich bitte sie darum, mir die Gebühr zu erlassen.« Aus den Akten der Hochschule geht hervor, daß Wunderlich zur Bezahlung der Gebühr einen Barscheck in Höhe von hundert Mark erhielt, ausgerichtet von der Studentenhilfe.

Noch andere Schwierigkeiten gab es im ersten Semester, Schwierigkeiten, mit denen keiner gerechnet hatte. In seiner Jugendzeit hatte sich Wunderlich in einem Boxkampf einst ein gebrochenes Nasenbein eingehandelt. Für gewöhnlich kam ihm das nicht in die Quere. Jetzt aber, beim Singen, gab es zusehends Schwierigkeiten, weil er nur durch die eine Nasenöffnung Luft bekam. Eine Operation war unumgänglich. Sie wurde in der Universitätsklinik in Ludwigshafen durchgeführt – ein kleiner Eingriff, der ihm dennoch fast zum Verhängnis geworden wäre. Nach der Operation lag Wunderlich mit einem Sterbenden im selben Zimmer. Eben erst hatte man ihm die Wattebäusche, die zur Stillung des Blutes gebraucht wurden, entfernt. Alles schien in bester Ordnung. In der folgenden Nacht bekam sein Bettnachbar plötzlich Anfälle. Die Nachtschwester kam, um ihm Linderung zu verschaffen, und sah dabei, daß Wunderlich blutüberströmt im Bett lag, bewußtlos. Die Wunden hatten nochmals zu bluten begonnen.

Im zweiten und dritten Semester, Sommer 1951 und Winter 1951/52, wählte Wunderlich als Hauptfach Waldhorn und stufte den Gesang zum zweiten Hauptfach zurück. Daß er im Gesang dennoch mächtig Fortschritte machte, bemerkte sogar sein Hornlehrer Lothar Leonards. »Eines Tages nahmen wir die Hornsonate von Hindemith durch, und Wunderlich verbog da einige Töne. Da sagte ich zu ihm: ›Ja, wenn Sie das nicht singen können, dann können Sie das auch nicht blasen.‹ Gemeint hatte ich folgendes: Wenn er sich den Ton nicht richtig vorstellt, dann wird er ihn auf dem Horn auch nicht erreichen. Prompt erwiderte Wunderlich: ›Ja, singen kann ich das schon.‹ Und ich wiederum sagte: ›Das möchte ich dann wohl einmal hören.‹ Und da fing er an zu singen: Arien aus dem *Freischütz* und aus *Aida*...«[15] In der Tat machte Fritz hörbar Fortschritte. Nach wie vor hatte er jede Woche zwei Gesangsstunden. Nicht nur Atem- und Bewußtseinsübungen standen auf dem Lehrprogramm. Jetzt wurde auch an der sängerischen Haltung gefeilt. Fritz lernte, daß die korrekte Haltung nicht zuletzt eine Sache der Augen ist: Wenn er den Blick beim Singen ununterbrochen nach oben richtete – wohl in der Meinung, daß die hohen Töne solcherart leichter zu erreichen seien –, so spürte er unweigerlich einen Zug hinten im Hals, eine Verkrampfung also. Richtete er den Blick dagegen nach unten, schaute er »zu tief« in die Noten, so spürte er sofort, daß dadurch ein Druck auf die Luftröhre entstand. Entspannen, immer wieder Entspannen hieß die Devise Margarethe von Winterfeldts. »Oft hat sie sich hinter den Schüler gestellt und die Schulter-, Hals- und Rumpf- partien sorgfältig abgeklopft: ›Wo sind da noch Verspannungen?‹ Wobei sie solche prüfenden Handgriffe im Normalfall kaum nötig hatte, denn sie hörte das alles; sie hatte ein unglaublich differenziertes Gehör. Für gewöhnlich konnte sie ruhig an ihrem Flügel sitzen, aufmerksam zuhören bei den Gesangsübungen und dann plötzlich sagen: ›Komm, mach mal dein Kinn locker!‹ Das hörte sie alles.«[16] So paradox es klingt: Auch wenn sie nicht sehen konnte, sah sie doch alles. Keinem wäre es in den Sinn gekommen, in ihrer Gegenwart Faxen zu schneiden oder sich über sie lustig zu machen. Unweigerlich hatte man das Gefühl, daß sie das sofort gespürt hätte.

Längst hatte sich Fritz in der Hochschule eingelebt. Man fühlte sich wie zu einer großen Familie gehörig, ging jeden Tag, auch wenn kein Unterricht auf dem Stundenplan stand, beim Schulgebäude vorbei – zum Üben vor allem, aber auch zu einem Schwatz mit Kollegen, zum Meinungsaustausch. »Fritz war immer umarmend, immer strahlend. Er konnte es mit jedem, fand immer den richtigen Ton. Er war eine echte Frohnatur, hat einen immer angestrahlt. Kein trübes Wölkchen schien seine Laune verderben zu können, so was ließ er ganz einfach nicht an sich herankommen. Die Herzen flogen ihm nur so zu; also auch die Frauenherzen.« Für manche seiner Kommilitonen mochte er deshalb etwas plump, etwas einfach wirken. Einige stuften ihn gar als primitiv ein, fanden, daß Fritz seine Zeit oft sinnlos vertue. »Zum Beispiel traf ich ihn eines Sonntags auf der Straße an: ›Eben habe ich mir zwei Filme im Kino angesehen‹, sagte er strahlend; ›nun geh' ich noch in einen dritten. Gehst du mit?‹«[17]

Selbst abends saß man oft noch in der Hochschule zusammen, hatte sich eine Flasche Milch mitgebracht oder trank ein Bier. Das Mittagessen nahmen die Hochschulstudenten für gewöhnlich in der benachbarten Universität ein, in der Mensa im Untergeschoß. Ein Essen für 80 Pfennig, mehr schlecht als recht. Zum Teil wurde da auch heftig diskutiert, über die Wiedereinführung der Armee in der Bundesrepublik etwa oder über die Heidegger-Vorlesungen. Martin Heideg- ger, der nach dem Krieg heftig umstrittene deutsche Philosoph, gab nämlich wieder Vorlesungen an der Freiburger Universität. Und auch der evangelische Theologe Martin Niemöller, der wegen seiner Opposition gegen die Kirchenpoli- tik des Dritten Reiches zu acht Jahren Konzentrationslager verurteilt gewesen war. Ihre Vorlesungen waren besondere Ereignisse; da pilgerten selbst Studenten der Musikhochschule hinüber in die Universität, um irgendwo, wenn auch nur am Boden des Auditoriums, noch einen Platz zu ergattern. Fritz Wunderlich konnte man dafür nicht begeistern; vielleicht hat ihn das tatsächlich nicht interes- siert. Sicher fehlte es auch an der nötigen Zeit. Immer noch mußte er sich den Lebensunterhalt und das Studiengeld mit Musizieren verdienen, und er spielte und sang abends oft bis nach Mitternacht in rauchigen Lokalen. Jeder Verdienst war willkommen, ja mehr noch: war lebensnotwendig. Doch forderte das zusehends seinen Tribut: Wunderlich kam wiederholt übermüdet und ziemlich lädiert in die Gesangsstunde. Daß auf dieser Basis das Studium kaum mehr optimal weitergeführt werden konnte, war ihm klar. Ein Brief aus jener Zeit hat sich erhalten, ein Gesuch um Studiengelderlaß, gerichtet an die Hochschule für Musik, datiert vom 25. Oktober 1951:

Ich studiere jetzt im 3. Semester Waldhorn und Gesang. Meine wirtschaftlichen Verhältnisse sind an der Hochschule hinreichend bekannt, sodaß ich darauf nicht besonders einzugehen brauche.
Durch Krankheit und einen Autounfall war ich den ganzen September nicht in der Lage, Tanzmusik zu machen und mir dadurch etwas Geld zu verdienen. Ich besitze gerade soviel, daß ich bis zu den Weihnachtsferien bescheiden existieren kann.
Aus diesen Gründen bitte ich um größtmöglichen Gebührennachlaß. Es ist mir unmöglich, weiterzustudieren, wenn ich Studiengebühren zahlen muß. Durch das ewige Tanzmusik machen – ich bin schon lange Jahre darauf angewiesen – ist meine Gesundheit nicht mehr die beste. So bin ich zur Zeit in Behandlung wegen eines Herzschadens, entstanden durch Überanstrengung und unregelmäßigen Lebenswandel.
Für alle die genannten Umstände kann ich jederzeit behördliche Belege beibringen.
Indem ich nochmals um größtmögliche Rücksichtnahme auf meine wirklich schwierige Lage bitte, grüße ich

Hochachtungsvoll
Fritz Wunderlich

Das Gesuch hatte einigen Erfolg. Gustav Scheck, Direktor der Hochschule, ließ Wunderlich wiederholt eine finanzielle Unterstützung zukommen. Andererseits wurde ihm das Studiengeld nicht vollumfänglich erlassen. Auf seiner Karteikarte der Musikhochschule sind weiterhin die Semestergebühren eingetragen: zwischen 140 und 280 Mark pro Semester und Fach. Selbst die entsprechenden Rechnungsnummern sind notiert, die Zahlungen also erfolgt und registriert worden. Weiter geht aus dieser Karteikarte hervor, daß Wunderlich Ende des Wintersemesters 1952/53 seinen Hornunterricht abschloß und sich fortan ausschließlich für die Gesangsmeisterklasse Margarethe von Winterfeldts einschrieb.

Auch andere Krisen mußte Wunderlich durchstehen lernen, anderen Verunsicherungen standhalten. Selbst gegen Zweifel an der Effizienz seiner eigenen Gesangsausbildung war er nicht restlos gefeit, obwohl er seine Gesangslehrerin außerordentlich schätzte und sie in Briefen stets als »liebe, verehrte Meisterin« oder als »hochverehrte Meisterin« anredete. »Ich erinnere mich noch gut, wie Fritz eines Tages zu mir kam«, erzählte Dorothea Goesch. »›Du, Goeschlein‹, fragte er, ›kann ich dich einmal alleine sprechen? Ich habe da ein Problem – der Harlan läuft mir nämlich hinterher; er will mich unbedingt als Schüler haben.‹« Fritz Harlan, erster Bariton an den Städtischen Bühnen in Freiburg, war an der Hochschule der vielbewunderte Opernmann; die Winterfeldt dagegen nur Konzert- und Oratoriensängerin. Zwar vermittelte sie ihren Schülern eine ungeheure

Menge an Musikliteratur: Lieder, Oratorienpartien, überhaupt geistliche Musik, dazu das ganze Spektrum der Alten Musik. Dieses vielfältige Nebeneinander zwang den Schüler, stilistisch genau unterscheiden zu lernen, wie man zu welcher Art von Musik den richtigen Zugang gewinnt. Das rein Stimmbildnerische hingegen, das Trainieren der Stimme auf Größe und Belastbarkeit hin, stand bei Margarethe von Winterfeldt nicht im Vordergrund. Sie war da wesentlich zurückhaltender als ihr Kollege Fritz Harlan. »Fritz war in einen echten Zwiespalt geraten; durchaus verständlich also, daß er mich um Rat anging: ›Goeschlein, du mußt mir helfen! Was soll ich nur machen?‹ Nun, das war keine leichte Sache für mich, zumal ich beide, die Winterfeldt und den Harlan, sehr verehrte. Dennoch riet ich ihm nach einiger Überlegung, er solle bei Margarethe von Winterfeldt bleiben; was er hier lernen könne, werde er sonst nirgends finden. Und das andere, die Bühnenausstrahlung und das Opernsingen, das werde er schnell noch haben, sowie er einmal auf der Bühne stehe.«[18]

Fritz Wunderlich blieb bei der Winterfeldt, befaßte sich dort weiterhin mit Liedern und Alter Musik, sang vor allem aus den berühmten *Arie antiche*, einer Sammlung mit italienischen Barockarien von Carissimi, Cesti, Bononcini, Händel, Lully und unzähligen anderen Komponisten. Und abends sang und spielte er auf irgendeiner Tanzveranstaltung die neuesten Schlager. Größer hätte der Kontrast kaum sein können. Und daß sich das nicht nachteilig auf ihn ausgewirkt hat, sondern im Gegenteil eine positive, wegweisende Erfahrung war, bestätigte Wunderlich später selbst: »In Freiburg kam ich gleich mit Alter Musik in Berührung. Scheck nahm mich in den bekannten, seit 1930 bestehenden ›Kammermusikkreis Scheck-Wenzinger‹ auf, der als erstes Barockensemble mit alten Instrumenten musizierte. Um mir mein Studium zu verdienen, machte ich nebenbei Tanzmusik. Ich habe Jazz gemacht, habe Trompete geblasen, habe Akkordeon gespielt und Jazz gesungen nachts, und am nächsten Morgen bin ich zum Studium gegangen und habe alte Arien gesungen. In erster Linie Monteverdi, Lully, eben die alten Meister. Das war, glaube ich, für meine spätere Entwicklung eine sehr wichtige Zeit, weil ich etwas gelernt habe, was für einen Sänger, überhaupt für jeden Musiker, ungeheuer wichtig ist: das Stilgefühl. Wenn man Stilgefühl hat und weiß, wie man die Dinge auseinanderhalten muß, dann kann einem praktisch nichts mehr passieren. Man kann dann jede Art von Musik machen, ohne sich dabei irgend etwas zu vergeben.«[19]

Diese Instinktsicherheit war es auch, die Wunderlichs Studienkollegen am meisten verblüffte. »Also Instinkt hat der Mann gehabt«, erinnerte sich Manfred Schuler, »unvergleichlich! Was andere in Jahren erst kapieren, das hat er auf einmal hingekriegt. Nicht nur stimmlich, sondern instinktmäßig. Zudem war Fritz ungeheuer zielstrebig. Es schien uns, daß er vom ersten Augenblick an genau gewußt hat, wohin die Reise gehen soll. Er war ganz einfach überzeugt davon. Und er hat auch hart an sich gearbeitet. Ich kann mich erinnern, daß er gesagt hat: ›Also diese zwei Töne müssen noch anders werden.‹ Das merkte er genau, und was das Singen anbelangt, war er hochintellektuell. Mit einem unwahrscheinlichen Gespür.«²⁰

Auch sein Wohnkollege Hans-Martin Hackbarth bestätigte das: »Fritz war unglaublich stilsicher. Aus dem Moment heraus konnte er Haydn, Bach oder Schubert singen und stilsicher gestalten. Das hatte bei ihm sicher nichts mit Intelligenz zu tun; er war ganz einfach ein subtil empfindendes Naturtalent. Er machte sich keine großen Gedanken, sondern wußte aus dem Augenblick heraus: So und so muß es sein und nicht anders. Und wie gesagt: Instinktiv, das war er. Aus dem Stand heraus brachte er jede Art von Musik stilsicher zur Geltung.«²¹ Seit einiger Zeit wohnten die beiden übrigens an einer neuen Adresse: Tellstraße 16, jenseits der Bahnlinie in Stühlingen. Ihre Wohnung nannten sie »Villa Heuboden«, unter dem Dach in der sechsten Etage gelegen. Wobei nur Hackbarth ein regelrechtes Zimmer bewohnte und Fritz sich in der Küche einrichtete. Die übrigen Wohnräume beanspruchte der Vermieter. Jeden Morgen kam er in die Küche, um sich Wasser für seinen Morgenkaffee aufzusetzen. Doch das störte Fritz keineswegs, denn für gewöhnlich verbrachte er mit Hackbarth den Morgen im Café »Schill« gleich um die Ecke. Jeden Tag setzten sie sich an denselben Tisch, bestellten den Frühstückskaffee, aßen oft auch ein Stück Torte dazu und spielten Schach. Später dann ging jeder seiner Beschäftigung nach, besuchte Vorlesungen oder hatte Gesangsunterricht. Und eines Tages beschlossen sie, nun jeden Abend eine Extraflasche Bier zu trinken – damit ihre Stimmen größer würden.

VIERTES KAPITEL

Bach-Passionen und Operettenschnulzen:
Die ersten Konzerte und Rundfunkaufnahmen

»Die Evangelienerzählungen meisterte Fritz Wunderlich mit dem durchgreifenden Metallglanz seiner hellen, kräftigen Stimme voll Musikalität.«[1] Diesen Satz, zugegebenermaßen kein Meisterstück deutscher Journalistenkunst, dürfte Fritz dennoch unzählige Male gelesen und wiedergelesen haben. Er stammt aus einer Kritik über sein erstes »großes« Konzert. Der Oratorienverein Esslingen am Neckar hatte ihn für eine Aufführung des *Weihnachts-Oratoriums* von Johann Sebastian Bach am zweiten Weihnachtsfeiertag engagiert. Von den insgesamt sechs Kantaten, die Bach unter dem Titel *Weihnachts-Oratorium* zusammengebündelt hat, standen vier auf dem Programm: die ersten drei als die traditionellen Weihnachtskantaten, worin die Geburt Christi erzählt wird, sowie die abschließende sechste Kantate mit der Anbetung durch die Hirten und der Flucht vor Herodes. Ein zweifellos anspruchsvolles Debüt für einen Tenor, der erst auf zwei Jahre intensives Gesangsstudium zurückblicken konnte; doppelt anspruchsvoll deshalb, weil Bach dem Tenor nicht nur die große Partie des Evangelisten zugeordnet hat, der den Bibelbericht rezitiert, sondern darüber hinaus noch zwei schwierige Arien. Daß Fritz diesen Anforderungen standzuhalten vermochte, erfüllte ihn zu Recht mit Stolz. Und eine Bestätigung hatte er nun ja in der Hand – wie gesagt: »Die Evangelienerzählung meisterte Fritz Wunderlich mit dem durchgreifenden Metallglanz seiner hellen, kräftigen Stimme voll Musikalität.«

Sein erstes »großes« Konzert! Zumindest einen Vorteil gegenüber anderen Neulingen hatte er: Seit Jahren schon trat er auf, spielte und sang er vor Publikum. Manchmal aus purer Freude am Mitspielen, mehrheitlich jedoch aus zwingender Not – weil er auf den Verdienst angewiesen war. Und früh schon hatte er auch jenes Gefühl kennengelernt, das einen Künstler urplötzlich, wie aus dem Hinterhalt, zu beschleichen pflegt, meistens erst kurz vor dem Auftritt, wenn es Ernst gilt: das Lampenfieber. Jetzt, bei diesen ersten professionellen Auftritten, befiel es ihn erneut: »Als ich angefangen habe zu singen, da habe ich festgestellt, daß ich aufgrund der Aufregung kaum mehr singen konnte. Diese Aufregung war so stark, daß es mir oben drei oder vier Töne weggenommen hat. Ich konnte vor Aufregung nicht singen ... Ich konnte einfach nicht, ich war unerfahren, wußte

ORATORIENVEREIN ESSLINGEN a. N.

Evangelische Stadtkirche Esslingen

2. Weihnachtsfeiertag, 26. Dezember 1952, 19.30 Uhr

JOHANN SEBASTIAN BACH

𝔚eihnachts=𝔒ratorium

(Kantaten 1-3 und 6)

Ausführende: Chor und verstärktes Orchester des Oratorienvereins
Sopran: Sophie Höpfel – Alt: Clara Oelschläger
Tenor: Fritz Wunderlich – Baß: Willi Blaicher

Einzelspieler: Gertrud Klepser, Violine – Elisabeth Mauz, Cello
Mechthild Deffner, Cello
Fritz-Georg Langer, Trompete
Walter Reinhard – Hans-Jörg Läpple, Oboe
Hermann Stephan – Theo. Kochendörfer, Oboe
und Englisch Horn – Helga Buschmann, Flöte
Karl Gerok, Orgel

Leitung: Hans-Arnold Metzger

Texte umseitig   Preis des Programms: 30 Pfg.

nicht, was ich tun soll.« Harte Erfahrungen eines Neulings; für den einen oder andern können sie das vorzeitige Ende einer vielversprechenden Karriere bedeuten, bevor diese eigentlich erst richtig begonnen hat. Denn nicht nur auf die Stimme kommt es an und auf die Musikalität eines Sängers, auf sein Durchhaltevermögen und seine Fähigkeit, neue Partien möglichst schnell und effizient zu memorieren. »Da kommen all die anderen Faktoren hinzu: das Publikum, das Scheinwerferlicht; da kommt der Dirigent, da kommt alles mögliche, was man nicht kennt als Anfänger. Und da ist mir aufgegangen: Wenn ich mit *dem* nicht fertig werde, werde ich niemals Sänger!«

Eine Patentlösung gibt es nicht; mit dem Lampenfieber muß jeder auf seine Weise fertig werden. Das Rezept Wunderlichs: »Man muß sich, bevor man anfängt zu singen, auf einen Nullpunkt bringen. Nur von da aus kann man weiter. Wenn man das nicht fertigbringt, ist ein Singen unmöglich, jedenfalls ein Kunstsingen. Der Gesangvereintenor braucht das nicht oder nicht so dringend. Doch auch da ist mir etwas aufgefallen: Ich habe während meiner Tanzmusikzeit in Kusel einen Gesangverein dirigiert. Im Nachbardorf Ehweiler. Mit denen sind wir dann wiederum auf ein Nachbardorf gefahren, an ein Sängerfest. Da stellte ich fest, daß meine Tenöre plötzlich oben geflackert haben. Das war toll! Nur weil sie aufgeregt waren. Also: Die Nerven sind eine ganz, ganz entscheidende Sache.«[2]

Ein Senkrechtstarter war Fritz Wunderlich kaum, jedenfalls nicht nach dem heute üblichen Gebrauch des Wortes. Große Konzerte waren vorläufig noch die Ausnahme. Aber er packte jede Gelegenheit zum Auftreten: Jede Abendmusik, jede musikalische Vesper konnten ihm neue Erfahrungen vermitteln. Zum Teil auch wenig erfreuliche, wie das aus einem Brief Wunderlichs an seine Gesangslehrerin hervorgeht. Er hatte an einer Konzertveranstaltung im Internat Birklehof in Hinterzarten im Schwarzwald mitgewirkt. Die Veranstalter sollen von einem »tiefen Erlebnis« gesprochen haben; Wunderlich dagegen war anderer Meinung und hat das in seinem Brief auch unmißverständlich präzisiert:[3]

> Nun, ich glaube, das Erlebnis wäre bestimmt ein tieferes geworden, wenn man nicht mittags nach der Probe schonenderweise 6 Mark für Fahrtunkosten in die Hand bekommen hätte, und ein Horst-Wessel-Honorar zahlte (marschiert im Geiste mit). Und dafür gehen volle 2 Tage flöten, sowie am Sonntag eine Tanzmusik, wo ich 30 Mark verdient hätte. Ich bin bestimmt nicht unverschämt, aber es hätte den Honoratioren nichts ausgemacht, mir 10–15 Mark zu geben. Aber so mit Dankeschön...

Ein Beitrag an die Fahrtkosten und ein Honorar, das nur »im Geiste« mitmarschiert – also kein Honorar. Eines war klar: Zu Starallüren bestand vorläufig kein Anlaß. Immer noch mußte Wunderlich seinen Lebensunterhalt mit Tingeln verdienen – was ihm gesundheitlich zwar nicht bekam, in musikalischer Hinsicht aber durchaus förderlich war. Jahre später hat er in einem Interview darauf hingewiesen, »daß er seinen ›langen Atem‹ nur der intensiven Bläserei zu verdanken habe und daß das Auswendiglernen von fast zweitausend Schlagern sein Gedächtnis dafür trainierte, sich später rund fünfunddreißig Opernpartien von Händel bis Egk und Orff anzueignen«.[4] Dennoch, die paar Konzerte, die er damals geben konnte, müssen Lichtblicke gewesen sein für ihn. Auch wenn sie finanziell nicht ergiebig waren. Am 28. Juni 1953 ist in seinem Terminkalender beispielsweise eine »Geistliche Abendmusik« vermerkt, veranstaltet von der Johann-Walter-Kantorei in der Freiburger Lutherkirche. Auf dem Programm stand – neben Orgelchorälen und Chorwerken – »Lobe den Herren, meine Seele« aus den *Psalmen Davids* von Heinrich Schütz: für vier Solostimmen und zwei vierstimmige Chöre. Auffallend die Solobesetzung: Katharina von Mikulicz, Andrea von Ramm, Fritz Wunderlich und Hans-Martin Hackbarth – alles Gesangsschüler an der Freiburger Musikhochschule. Man befand sich also in bestbekannter Gesellschaft.

Zum Teil führten ihn Engagements auch in seine Pfälzer Heimat – nach Rodalben etwa, wo Fritz am 19. April 1953 in einem Gemeinschaftskonzert des dort ansässigen Männergesangvereins und des Gesangvereins »Fröhlichkeit« als Solist mitwirkte. Schubert-Lieder trug er vor, insgesamt 15, verteilt auf fünf Gruppen, alles andere als leichte Kost. »Das Konzert war trotz der sich in dieser Woche in unserer Gemeinde überstürzenden Veranstaltungen außerordentlich gut besucht«, las man tags darauf im Lokalblatt. Und: »Der Tenor Fritz Wunderlich... bereicherte das Programm durch den Vortrag bekannter und beliebter Schubert-Lieder. Der Interpretierung Schuberts kam die geschmeidige Stimme des Solisten sehr zustatten.« Im Herbst, am 24. Oktober, sang er in Kusel, in einem Konzert des Gesangvereins »Erheiterung« und unter Mitwirkung eines Streichquartetts des Kuseler Musikvereins. In erster Linie konzertierte Fritz Wunderlich allerdings in Freiburg. Mehrmals war er Solist in den Konzerten der Freiburger Singgemeinschaft, die Ernst Scherer leitete. »Das Lied der Völker« hieß ihr Programm. Zur Gitarren- oder Klavierbegleitung wurden Volkslieder aus Deutschland, Frankreich, Italien, England, Skandinavien, Rußland und Amerika gesungen, und Wunderlich steuerte »zur Auflockerung des Programms«, wie in der Ankündigung zu lesen war, einige Solovorträge bei.

Im November, am Totensonntag, sang Wunderlich dann in erlauchtester Gesellschaft – in einem Konzert des renommierten Freiburger Bachchors und inmitten einer Auslese namhafter Gesangssolisten: Agnes Giebel, Marga Höffgen, Herbert Brauer und Paul Sandoz. Theodor Egel, der Gründer und Leiter des Freiburger Bachchors, dirigierte: das *Requiem op. 144* von Max Reger, die *Vier ernsten Gesänge op. 121* von Johannes Brahms sowie das Oratorium *In terra pax* des Schweizer Komponisten Frank Martin, damals Professor an der Kölner Musikhochschule. Wunderlich hatte nur im Oratorium Martins zu singen, die beiden einleitenden Werke dagegen waren zwei seiner Sängerkollegen vorbehalten.

FREIBURGER BACHCHOR

Sonntag, den 22. November 1953, 20 Uhr
im Paulussaal in Freiburg i. Br.

KONZERT ZUM

Totenſonntag

MAX REGER
„Requiem" für Altsolo, Chor und Orchester, op. 144 b

JOHANNES BRAHMS
„Ernste Gesänge" für Bariton und Orchester

FRANK MARTIN
„In terra pax", Oratorio breve für 5 Soli, Chor und
Orchester

AUSFÜHRENDE

Agnes Giebel - Essen, Sopran · Marga Höffgen, Alt · Fritz
Wunderlich, Tenor · Herbert Brauer - Berlin, Bariton · Paul
Sandoz - Basel, Baß · Leitung: Theodor Egel

Dennoch, die Aufmerksamkeit konzentrierte sich auf Frank Martin. »Nun hat uns in dankenswerter Weise der Freiburger Bachchor zum Totensonntag mit einem seiner Oratorienwerke bekannt gemacht«, hieß es zwei Tage später in der *Badischen Zeitung.* »Martins Konzeption ist einfach, aber seine Musik ist im besten Sinn des Wortes anspruchsvoll, das heißt, sie spricht den Hörer voll an.« Wunderlich hatte den wohl anspruchsvollsten, aber auch schönsten Teil dieses Werks zu singen, die Seligpreisungen im dritten Teil. Und er konnte sich neben seinen illustren Kollegen durchaus behaupten. Der Kritiker von der *Südwest-Rundschau* wagte gar eine kleine Rangliste aufzustellen: Wunderlich, Marga Höffgen und Herbert Brauer wurden »besonders hervorgehoben«, während die beiden anderen Sänger »farbloser blieben«.[5]

Drei Wochen später sang Fritz Wunderlich in einem weiteren Konzert des Freiburger Bachchores. Diesmal in der Freiburger Lutherkirche, wo Theodor Egel Bachs *Weihnachts-Oratorium* aufführte. »Ich war regelrecht ›geplättet‹, als Fritz den Mund aufmachte und sang«, erzählte Klaus Hertel, damals frischgebackener Referendar und Tenorsänger im Freiburger Bachchor. »Ich hatte ihn vorher noch nie gehört. Auch ich wollte ja Sänger werden. Wie ich dann aber Wunderlich gehört habe, dachte ich mir: ›Nun, vielleicht läßt du es doch besser bleiben.‹« Wunderlich kannte seine Partie, er hatte sie vor Jahresfrist ja schon einmal gesungen. Dennoch mußte er zu den Proben und wurde von Theodor Egel nicht gerade sanft angefaßt. Eines seiner letzten Rezitative erzählt von der Anbetung der Drei Könige und von ihrer Verbreitung der frohen Botschaft in aller Welt. Und es schließt mit den Bibelworten: »Maria aber behielt alle diese Worte und bewegte sie in ihrem Herzen.« Wunderlich schmetterte diese abschließende Phrase mit kräftigen Tönen in den leerhallenden Kirchenraum. Sofort klopfte Egel ab: »Na, hören Sie mal!« herrschte er den jungen Belcantisten an, »überlegen Sie sich gefälligst mal, was Sie denn da überhaupt singen!« Schließlich sei man nicht in der Oper, sondern in einem Oratorium.[6] Letztlich aber schien alles in schönstem Einklang geendet zu haben: »Fritz Wunderlich sang den Evangelisten und die Tenorarien mit erstaunlicher Bravour und sicherem musikalischem Instinkt«, attestierte die *Südwest-Rundschau,*[7] und auch der Kollege von der *Badischen Zeitung* bestätigte, daß Wunderlich »als Inhaber der anspruchsvollen Tenorpartie ... durch beseelte gesangliche Gestaltung und saubere Technik« bestach.[8]

Eines war für mich eigentlich klar«, erzählte Manfred Schuler. »Wenn Fritz solche Chancen hat, wenn er bei Egel mitsingen kann, dann muß er wirklich etwas können. Natürlich habe ich dieses *Weihnachts-Oratorium* gehört. Fritz und ich haben uns nach dem Konzert übrigens fast totgelacht. Denn ein eben neu an die Freiburger Hochschule engagierter Gesangsdozent mußte als Bassist einspringen. ›Wie ein röhrender Hirsch‹ habe er gesungen, witzelte Fritz. Wobei das nicht nur despektierlich gemeint war. Als ich die beiden damals hörte, ein Gesangsschüler und ein Dozent nebeneinander, merkte ich, obwohl ich selber ja nicht Gesang studiert habe, sofort: Das sind zwei ganz verschiedene Welten. Wieviel muß Fritz da können!«[9] Andere Studienkollegen bestätigten, daß Wunderlich an der Freiburger Hochschule bald einen »Meisterschülerstatus« hatte, daß er in vielem genial war, während die meisten seiner Kollegen hart zu arbeiten hatten. Auch im Gesangsunterricht, in der Meisterklasse bei Margarethe von Winterfeldt, fiel das den Kommilitonen auf. »Am Anfang habe ich das noch gar nicht so richtig mitgekriegt«, erzählte die Sopranistin Katharina von Mikulicz. »doch bald gab es gemeinsame Auftritte von uns beiden. Wenn man in einem Konzert neben Fritz auf dem Podium stand, merkte man sofort, daß da etwas Außergewöhnliches vor sich geht. Daß da bei ihm in der Tiefe Dinge sind, an die wir nicht rankommen. Wenn wir andern uns total verausgabt hatten, dann merkten wir: Fritz hat das gleichsam nur von der Oberfläche genommen; er hatte stets noch viele Reserven.«

Auch die Professoren an der Freiburger Musikhochschule wurden auf diesen heranwachsenden Tenor aufmerksam. Zuerst wohl Gustav Scheck, der Direktor. Das kam Fritz in einer ganz besonderen Art zugute: Scheck lud den jungen Sänger wiederholt ein, bei den Proben seines Freiburger Musikkreises für Alte Musik zuzuhören. Scheck war einer der namhaften Spezialisten für Alte Musik, hatte schon im Jahre 1930 – zusammen mit dem Gambenspezialisten August Wenzinger, dem späteren Mitbegründer der *Scola Cantorum Basiliensis* – einen ersten Kammermusikkreis für Alte Musik gegründet. Fünf Jahre später schloß sich der Cembalist Fritz Neumeyer dieser Musikergemeinschaft an. Sie waren damals die ersten, die in Deutschland Alte Musik auf historischen Instrumenten spielten und sich in zahlreichen Konzertreisen quer durch Europa, in die Sowjetunion und bis nach Indien bedeutende Verdienste um die Wiederbelebung Alter Musik erwarben. Wenzinger ging 1938 als Solocellist und Lehrer am Konservatorium zwar nach Basel; dennoch war er mit dabei, als Scheck und Neumeyer sich nach der Gründung der Freiburger Musikhochschule mit ungefähr einem halben Dutzend weiterer Professorenkollegen zum Freiburger Musikkreis für Alte Musik zusammenschlossen. Das eigentlich Neue ihrer Interpretationen bestand in der kleinen Besetzung. Zum Beispiel spielten sie die *Brandenburgischen Konzerte* von Bach in solistischer Besetzung, jede Stimme nur ein einziger Musiker. Bald durfte Wunderlich hier mitmusizieren. Zuerst mit dem Waldhorn, später dann sang er auch: Arien von Jean-Baptiste Lully, von Henry Purcell, von Philipp Heinrich Erlebach oder Adam Krieger. Musik des 17. Jahrhunderts hauptsächlich, die kaum einer aufführte und die damals recht eigentlich wiederentdeckt wurde. Diese Alte Musik begleitete Wunderlich sein ganzes Leben lang. Stets bewahrte er sich eine besondere Vorliebe für die großen Chorwerke Bachs und Händels, sie wurden seine ureigenen Wurzeln.

Zu Fritz Neumeyer fand Wunderlich bald einen besonders herzlichen Kontakt.

Er war fasziniert von Neumeyers gesanglichem Instinkt und seiner Phrasierungskunst, die Neumeyer ganz vom Gesanglichen her entwickelte. Als Dozent für historische Tasteninstrumente riet er seinen Studenten immer wieder, sie sollten auf ihrem Instrument singen. Die Artikulation der Phrasen müsse sängerisch sein. Das war damals, als man Cembalospiel meistens noch mit der starren Mechanik einer klappernden Nähmaschine assoziierte, etwas ganz Neues. Und Neumeyer setzte alles dran, seine Studenten von dieser starren, leblosen Spielmotorik wegzubringen. Er war übrigens ein humorvoller Lehrer, stets zu einem Witz aufgelegt. Schüttelreime waren seine eigentliche Spezialität, und jeder, der sie nur einmal gehört hatte, behielt sie im Gedächtnis. Zweizeiler zum Beispiel, oft auf seine Kollegen gemünzt. Aber auch anspruchsvolle Vierzeiler gab Neumeyer zum besten – etwa bei einem gemeinsamen Bier das Thema »Gaststätte« in einer besonders intrikaten Variation aufnehmend:

> Die Frau sich aus dem Felle hüllt,
> Während der Ober schon Helle füllt.
> Ob aber auch die Fülle hält,
> Wenn einmal die Hülle fällt?

In jenen Monaten wurde Fritz Wunderlich auch für eine ganz andere Sparte von Musik entdeckt. Willi Stech, der Leiter des Kleinen Rundfunkorchesters des Südwestfunks mit Sitz im Landesstudio Freiburg, wollte Aufnahmen mit Fritz machen: Schnulzen, Operettenlieder, Walzermelodien – U-Musik nach heutiger Klassifizierung. Mehrere Male schon hatte Wunderlich im Freiburger Landesstudio vor dem Mikrofon gesungen, allerdings ernste Musik, Motetten etwa von Heinrich Schütz oder Solomadrigale von Claudio Monteverdi. Das waren jeweils Beiträge für Schulfunksendungen, die Reinhold Hammerstein, der Freiburger Professor für Musikgeschichte und Formenkunde, für den Südwestfunk produzierte. Stets nahm er die besten Studenten der Hochschulgesangsklassen mit: Katharina von Mikulicz und Andrea von Ramm, Wunderlich und Hackbarth. »Das war für uns sehr wichtig, denn man verdiente recht schön Geld«, erinnerte sich Katharina von Mikulicz. »Zwanzig Mark kriegte man pro Auftritt. Das Geld mußte man sich Ende des Monats stets persönlich im Studio abholen. Auf dem Weg dahin war eine Metzgerei. Und auf dem Rückweg gingen Fritz und ich oft beim Metzger vorbei und legten unser Geld in Würste an ... «[10]

Nach diesen Madrigalen und Motetten sollte Wunderlich nun plötzlich U-Musik singen, begleitet von rund einem Dutzend Berufsmusiker. Bisher hatte er Unterhaltungsmusik in erster Linie unter dem Zwang des Geldverdienens gemacht: Tingeleien und Tanzmusik, vor allem übers Wochenende. Nun wurde daraus plötzlich Ernst: Am 8. Dezember 1953 wurde er für eine erste Aufnahmesitzung ins Aufnahmestudio geladen. »Fritz hatte damals kaum etwas Rechtes zum Anziehen«, erzählte Hackbarth. »Ganz aufgeregt kam er zu mir und sagte: ›Du, gib mir doch mal deine Kordjacke!‹ Auch passende Strümpfe hat er sich bei mir geliehen. Und dann ging er stolz ins Landesstudio.«[11] Die ersten Titel, die er dort aufnahm: »Veilchen, Liebe, Frühling und Du« von Emil Kaiser, und »Mädele« von Walter Jäger.[12] Offenbar hat diese Stimme, als sie über den Äther ging, Eindruck gemacht. Bereits einen Monat später stand Wunderlich schon wieder vor dem Mikrofon – diesmal aber nicht mehr im kleinen Freiburger Landesstudio, sondern in der SWF-Zweigstelle Kaiserslautern, und hier wurde er vom Großen Unterhaltungsorchester unter der Leitung von Emmerich Smola begleitet. Mehrere Aufnahmesitzungen waren anberaumt und auf zwei Tage verteilt worden. Robert-Stolz-Titel standen diesmal auf dem Programm: »Erst hab' ich ihr Komplimente gemacht« aus der Operette Venus in Seide sowie »Einmal hat mir zur Frühlingszeit das Glück gelacht« aus der Operette Prinzessin Ti-Ti-Pa. Am folgenden Tag kam die Sopranistin Ilse Hübner hinzu; gemeinsam nahmen sie die Duette »Zum ersten Mal allein« und »Mädi, mein kleines Mädi« aus der Stolz-Operette Mädi auf.[13] »Er war schon ein toller Musikant, dieser Fritz«, erinnerte sich Emmerich Smola an diese Aufnahmesitzungen. »Er verstand es, selbst aus der kleinsten Sache noch etwas zu machen. Sein Stilgefühl war untrüglich, und es war für ihn die natürlichste Sache der Welt, auch der leichten Muse jenen Stellenwert zuzumessen, den sie für ein breites Publikum eben hat. Für ihn bedeuteten diese Aufnahmen eine große Aufgabe und einen Mordsspaß zugleich.«[14]

Auffällt bei diesen Aufnahmen der perfekte Sitz von Wunderlichs Stimme, die in diesen frühen Jahren noch auffallend hell timbriert, aber in allen Lagen ebenmäßig durchgebildet ist. Und jedes Wort, das er singt, ist verständlich: Die typische Wunderlich-Diktion ist hier schon perfekt ausgebildet. Sein Stilgefühl zeigt sich vor allem im Maßhalten – keine Übertreibungen, keine Seichtheiten und kein Schmalz, dafür aber Charme. In rein vokaler Hinsicht hält sich Wunderlich auffallend zurück. Streckenweise tönt das fast wie ein frequenzbeschnittener Richard Tauber. Was aber ausnahmslos zu fesseln vermag: Wunderlich gestaltet jede Phrase souverän, er kennt seine Stimme und deren vorläufige Grenzen offenbar sehr genau. Er kommt ohne Druck auf die Stimme aus und ohne einen einzigen Drücker; kein angestrengter, kein verquälter Ton. Wie hat es Katharina von Mikulicz formuliert? »Wenn wir andern uns total verausgabt hatten, dann merkten wir: Der Fritz hat das gleichsam nur von der Oberfläche genommen, hatte stets noch viele Reserven.« Darauf ließ sich eine Zukunft bauen.

Neue Aufgaben warteten an der Hochschule. Ein Semester lang besuchten Wunderlich und Hackbarth den Italienischunterricht, der für Gesangsstudenten als Nebenfach erteilt wurde und also an den Rand des Stundenplans gedrückt war – nämlich einmal die Woche frühmorgens von halb acht bis neun. »Da lagen wir uns jeweils gegenüber in unseren Betten«, erzählte Hackbarth, »hatten den Wecker gestellt auf halb sieben. Er schellte pflichtgetreu, und wir schauten uns verschlafen an. ›Gehen wir?‹ ›Gehen wir nicht!‹ Und jeder zog sich seine Decke wieder über den Kopf.« Manchmal konnte Fritz noch hinzufügen: »Weißt du, Hackbraten, das einzig Anständige an mir bist du!«[15]

Fragte man Fritz, ob er mitgehe, es sei da ein interessantes Konzert in Freiburg, so konnte er sagen: Nein, er gehe nur noch in seine eigenen Konzerte. Überheblichkeit oder Selbstschutz eines Vielbeschäftigten? Gleich in zwei großen Chorwerken sollte er demnächst zum ersten Mal auftreten: am Palmsonntag in der *Johannes-Passion* von Johann Sebastian Bach, und zwar in einer von Hermann Meinhard Poppen geleiteten Aufführung in der Lutherkirche zu Worms, und am Karfreitag in der *Matthäus-Passion* in der Michaeliskirche in Hof. In Worms erwartete ihn ein besonders anspruchsvolles Pensum: Er sollte nicht nur die Partie des Evangelisten singen, sondern zusätzlich auch noch die Tenorarien. Sicher eine der größten Anforderungen, die es für einen Konzertsänger überhaupt gibt, zumal das Nebeneinander von rezitativischem Erzählbericht des Evangelisten und den weitausladenden Arien ein besonders breites Ausdrucksspektrum erfordert.

Das Engagement in Hof hatte ihm übrigens Klaus Hertel vermittelt – der Tenorist im Freiburger Bachchor, der ihn im vergangenen Dezember eben erst im *Weihnachts-Oratorium* erlebt hatte. »In einem kurzen, zerschlissenen Mäntelchen und mit einem Pappkoffer unter dem Arm kam Wunderlich am Bahnhof Hof an. Mein Freund, der Dirigent Hans Gebhard, holte ihn persönlich ab – und war entsetzt: ›Um Gottes willen, wen hat mir Hertel da nur als Evangelisten aufgeschwatzt!‹ In seiner Verwirrung fuhr er mit Fritz gar nicht erst ins Hotel, sondern direkt in die St. Michaeliskirche. Hier mußte Fritz probeweise erst einmal einige Töne von sich geben, um den Dirigenten zu beruhigen: daß er in der Tat singen könne.« Hertel übernahm in der Aufführung ebenfalls eine kleine Solopartie. »Bei dieser Gelegenheit hörte mich Fritz zum ersten Mal – wir hatten bis dahin ja noch keinen persönlichen Kontakt gehabt –, und er sagte sofort zu mir: ›Du mußt unbedingt Stunden nehmen. Und zwar bei meiner Lehrerin.‹ So kam ich als junger Referendar an die Freiburger Musikhochschule, und zwar in die Meisterklasse von Margarethe von Winterfeldt. Da war nicht nur Fritz drin, sondern auch meine spätere Frau: Katharina von Mikulicz.« Schnell wurde Hertel in die Gemeinschaft aufgenommen, absolvierte mit Fritz und seinen Kommilitonen unzählige Skatrunden in der »Villa Heuboden«. Übrigens war Fritz ein herrlicher Gastgeber, ein leidenschaftlicher Koch. Er hatte sich aus Brettern ein kleines Regal zusammengebastelt. Zuunterst war Platz für Schuhe, in der Mitte wurden ein paar Kochtöpfe verstaut, und oben stand sein kleiner Kocher. Da konnte er einen ganzen Abend lang brutzeln und braten. War Hertel mit dabei, so fragte Fritz unweigerlich nach den neuesten Gerichtsfällen, denn Hertel mußte als Referendar oft für die Staatsanwaltschaft vor Gericht plädieren. »Und dann kam jeweils die ganze Horde in den Verhandlungssaal, angeführt von Fritz; alle haben sie meinen Plädoyers zugehört und ihre Witze gemacht. Ich mußte den Amtsrichter vorher jeweils warnen.«[16]

»Jugendfrischer Mozart« – unter diesem Titel berichtete die *Freiburger Zeitung*, und zwar in leidenschaftlich begeisterten Worten, über eine recht außergewöhnliche Opernaufführung. Seit Monaten nämlich war man an der Freiburger Musikhochschule mit der Einstudierung von Mozarts *Zauberflöte* beschäftigt. Chor und Orchester wurden ausschließlich aus Hochschulstudenten rekrutiert, und die Leiter der beiden Gesangsmeisterklassen, Margarethe von Winterfeldt und Fritz Harlan, wählten unter ihren Studierenden die begabtesten aus für die anspruchsvollen Solopartien. Reinhard Lehmann, Intendant der Freiburger Städtischen Bühnen, übernahm die szenische Betreuung und führte die Gesangsstudenten in die Geheimnisse des Rollenspiels ein. Denn Bühnenerfahrung hatte keiner der Studenten, dramatischen Unterricht oder gar eine veritable Opernschule gab es in Freiburg nicht. Lehmann mußte sich in seiner Arbeit also weitgehend auf ein szenisches Arrangement beschränken, Auftritte und Abgänge einüben, Standorte festlegen, Gesten einstudieren. Fritz sang den Tamino, Katharina von Mikulicz war seine Pamina, Wolfgang Anheisser, damals ein junger Tenor aus der Meisterklasse Fritz Harlans, sang den Ersten Geharnischten, und Hackbarth profilierte sich als Sprecher und Zweiter Geharnischter. »Was haben wir gelacht während der Proben! Wenn ich mit Fritz auftauchte, sagte Lehmann stets: ›So, jetzt kommen die beiden Spaßmacher.‹«[17] Die Proben fanden in einem Nebengebäude der Hochschule in der Schusterstraße statt, aufgeführt wurde die *Zauberflöte* im Paulussaal.

»Die Proben mit Fritz waren herrlich«, bestätigte Katharina von Mikulicz. »Überhaupt war er in diesen Wochen sehr feinfühlend, merkte sofort, wenn ich irgendwelche Probleme hatte. Einmal lud er mich sogar zu sich nach Hause ein; er spürte, daß ich mit Schwierigkeiten zu kämpfen hatte, und wollte mich trösten. Er kochte für mich und steckte mich vorsorglich sogar in sein Bett.« In der *Zauberflöte* kommt bekanntlich ja alles zu einem guten Ende; Tamino gewinnt seine Pamina, nachdem die beiden zuvor etliche Prüfungen bestehen mußten. »Nun, wir beide hatten damals auch so einen Abend, wo wir uns über einiges in dieser Richtung aussprachen. Wir waren uns aber bald im klaren, daß zwischen Bühne und Leben ein Unterschied besteht, daß mit uns beiden also nie etwas werden wird. ›Leider, schade‹, sagte Fritz damals. Und dennoch blieb er, was er bis dahin war: ein durch und durch guter Kerl.«[18]

Am 21. Juli 1954, abends um acht Uhr fand die erste Aufführung statt. Lampenfieber, ein Nervenkrieg, Ängste unter den Sängern, wohin man nur schaute. Fritz hat seiner »lieben, guten Mutter« in einem ausführlichen Brief davon berichtet:[19]

> Vor der Aufführung befand ich mich in einem Zustande völligen Betäubtseins. Als dann die Ouvertüre vorbei war und ich auf die Bühne sprang, um das Stück zu eröffnen, da wußte ich, daß diese Aufführung über mein ganzes Leben entscheiden würde ... Als ich dann gleich am Anfang die Bildnis-Arie sang, hatte ich plötzlich alle Energie wieder; ich sah die 2000 Zuschauer nicht mehr, ich wußte nur noch, wenn Du Dich jetzt nicht

Staatliche Hochschule für Musik Freiburg i. Br.

Mittwoch, 21. und Freitag, 23. Juli 1954, 20 Uhr
im Paulussaal

DIE
ZAUBERFLÖTE

Oper in zwei Akten

von W. A. Mozart

(Text von Emanuel Schikaneder)

Programmpreis 20 Pfg.

PERSONEN

Sarastro	Jörg Brena
Königin der Nacht	Ingeborg Stühmer
Pamina, ihre Tochter	Kathar. v. Mikulicz-Radecki
Pamino, ein Prinz	Fritz Wunderlich
Papageno	Hans Janssen
Papagena	Senta Bau-Göttel
Monostatos, ein Mohr	Alfons Kowol
Erste Dame der Königin	Wanda Busse
Zweite Dame der Königin	Erika Korff
Dritte Dame der Königin	Barbara Hopkins
Erster Knabe	Marianne Hummler
Zweiter Knabe	Ingrid Bettag
Dritter Knabe	Eve Bruck
Priester	Wolfgang Anheisser
Sprecher	Hans Martin Hackbarth

Die Darsteller sind Studierende der Meisterklassen
Prof. M. v. Winterfeldt und Prof. F. Harlan

Chor und Orchester der Staatlichen Hochschule für
Musik Freiburg im Breisgau

fangen kannst, dann ist alles aus. Und als ich den letzten Ton gesungen hatte, dachte ich: Gott im Himmel, laß sie klatschen! Und als dann brausend der Applaus an mein Ohr drang, begeisterter Beifall von 2000 Hörern, da brach ich fast zusammen vor Freude. Ich wußte, ich hatte gesiegt. Und im Folgenden sang ich, getragen von dem Gefühl dieses Kontakts zum Publikum, wie noch nie in meinem Leben...

Als ich nach Schluß der Aufführung allein auf die Bühne kam, wurde der Applaus zum Orkan, mir wurden Blumen auf die Bühne geworfen, ich stand wie belämmert und wußte nicht, wie mir geschah. Ich konnte es nicht fassen, daß ich beim Freiburger Theater-Publikum so schnell anerkannt würde. Ich habe mit diesem Erfolg endgültig das Tor zu meinem über alles geliebten Beruf aufgestoßen! Alle Entbehrungen und alle Sorgen finden jetzt ihren Lohn. Immer wieder mußte ich auf die Bühne... Ich bin in tiefster Seele glücklich und auch ein bißchen stolz.

Und auch ein bißchen stolz... Fritz hatte dazu reichlich Anlaß, was ihm tags darauf von der Kritik bestätigt wurde: »Nun, da die erste Aufführung vorüber ist, muß man sagen: Es ist geglückt, sogar über alle Erwartungen hinaus geglückt... In erster Linie ist hier der Tamino Fritz Wunderlich zu nennen, ein Tenor von einer seltenen Weichheit und einem bestrickenden Timbre, geführt mit Geschmack und sicherer Musikalität, eine Stimme, die ohne Zweifel Zukunft besitzt.«[20]

Nach all dem ausgestandenen Lampenfieber und den Nervenkriegen rund um die *Zauberflöte* beschloß Wunderlich mit einigen Kollegen, seiner Gesangslehrerin zum Geburtstag nun noch eine »eigene« Version der *Zauberflöte* zu schenken. Und zwar eine Jux-*Zauberflöte*. In Zusammenarbeit mit Hertel und Hackbarth wurde Emanuel Schikaneders Operntext durch einen neuen ersetzt, der so ziemlich alles Ernsthaft-Erhabene durch den sprichwörtlichen Kakao zog. Noch in derselben Nacht wurde dieses neue *Zauberflöten*-Produkt aufgenommen, und zwar mit Wunderlichs brandneuem Grundig-Tonbandgerät. Dabei konnten sie auf frühere Erfahrungen zurückgreifen: Vor einiger Zeit hatten sie schon ein Hörspiel, »Mörder an Bord«, improvisiert – mit Morsezeichen, Schiffshupen, Wellenrauschen und verfremdeten Akkordeonklängen. Sogar im Hausflur hatten sie damals Aufnahmen gemacht, wegen des gespenstischen Halls. Diesmal ging es nicht weniger professionell zu. Hackbarth spielte die Juxoper am Klavier, Hertel und Wunderlich sangen die diversen Solopartien. Und während der Wasserprobe Taminos und Paminas ließ Wunderlich Wasser in die Badewanne plätschern, um diese Probe möglichst naturgetreu hinzukriegen... Eine halbe Nacht arbeiteten sie wie besessen an dieser *Zauberflöte* und spielten das Band dann ihrer Gesangslehrerin zum Geburtstag vor. Es soll eine Mordsgaudi gewesen sein.

Wenige Wochen später wurde Wunderlich erneut eine große Zukunft prophezeit – diesmal in Triberg, wo die Freiburger Musikhochschule mit einer *Zauberflöten*-Aufführung gastierte. »Von den Sängern darf wohl dem Tamino des Fritz Wunderlich mit Recht der erste Platz eingeräumt werden. Hier ist an allerbestem Material schon sehr viel gebildet worden. Sein strahlend schöner Tenor von fast italienischer Klangfärbung sitzt fest in allen Tönen, kommt in allen Lagen klar zum Klingen und beherrscht das Belcanto in einer Weise, die eine erfreuliche Zukunft verspricht.« Besonders erfreulich sah diese Zukunft vorerst aber nicht aus. Im Gegenteil: In gewisser Hinsicht war Fritz sogar enttäuscht. Seine Pamina, Katharina von Mikulicz, war aufgrund ihres Erfolgs in der Freiburger *Zauberflöten*-Aufführung als erste lyrische Sopranistin an die Freiburger Städtischen Bühnen engagiert worden. Und zwar schon für die kommende Saison. Mit Wunderlich schien die Intendanz zwar auch einiges vorzuhaben, doch zu einer verbindlichen Anfrage kam es vorerst nicht. Obwohl sich vor längerer Zeit schon sein

Hornlehrer Lothar Leonards diesbezüglich für ihn eingesetzt hatte: »Ich habe gesehen, daß es ihm damals wirtschaftlich nicht gut ging, und so bin ich zum Generalmusikdirektor gegangen und habe gesagt: ›Ich hab' da einen jungen Mann; ich glaube, der kann singen. Hören Sie sich den einmal an.‹ Wunderlich ging dann zum Theater und sang dort vor. Man hielt zwar sehr viel von seinem Gesang, hatte aber kein Geld, um ihn zu engagieren ... Es dauerte eine Weile, da war eine Erkrankung im Personal, und er wurde eingesetzt in einer Operette: in Millöckers *Bettelstudent*.«[21] Ein Engagement aber stand nach wie vor nicht zur Diskussion.

Auch sonst stand es mit Wunderlichs Aussichten nicht gerade gut. Erst kürzlich hatte es Ärger gegeben, weil er wiederholt mit Willi Stech im Freiburger Landesstudio Schnulzenaufnahmen gemacht hatte. Einige Hochschulprofessoren waren offensichtlich der Ansicht, daß solche Aktivitäten seiner Stimme nicht bekommen würden und, was weit schlimmer wog, seinem Ruf als »ernsthafter Künstler« – und auch dem hervorragenden Renommee der Freiburger Musikhochschule – schaden könnten. Man denke sich: ein Gesangsstudent, und erst noch der begabteste, erfolgreichste unter allen, der, statt seine Berufung zum seriösen Künstler wirklich ernst zu nehmen, in die Unterhaltungsbranche abdriftet und Schnulzen singt. »Das hat Ärger gegeben damals. Und zwar nicht nur für Fritz. Einer von seinen Studienkollegen, der als Geiger ab und zu ebenfalls Aufnahmen machte bei Stech, wurde gar von der Hochschule gewiesen. Auch Fritz war von dieser Sache betroffen. Zumal sich auch Theodor Egel einmischte und ihn vor ein Ultimatum stellte: ›Entweder du singst draußen beim Stech – oder bei mir.‹«[22] Das ließ sich nicht auf die leichte Schulter nehmen. Egel war ein einflußreicher Musiker, er beherrschte die Freiburger Musikszene und pflegte weitreichende Kontakte bis hin zu den renommierten Bachwochen in Ansbach. Mit ihm zu musizieren war wichtig: für junge Sänger ein eigentliches Sprungbrett.

Nun, Fritz sang weiterhin für Willi Stech: Am 14. September nahm er »Nacht überm See« von Hans Anders auf. Und er sang weiterhin unter Theodor Egel: ein Konzert mit Bach-Kantaten »am Vorabend des 27. November«, wie es speziell auf dem Programmblatt vermerkt steht. Zehn Jahre war es her, seit Freiburg – am 27. November 1944 – durch Luftangriffe der Alliierten weitgehend zerstört worden war. Ein Gedenkkonzert also, für das Freiburger Publikum von ganz besonderer Bedeutung. Drei der schönsten Bach-Kantaten hatte Egel aufs Programm gesetzt: »Komm, du süße Todesstunde«, anschließend die berühmte »Kreuzstabkantate« und, zum feierlichen Abschluß, »Gottes Zeit ist die allerbeste Zeit«. Neben Wunderlich sangen Marga Höffgen sowie der Bassist Franz Kelch, als Instrumentalsolisten hörte man den Oboisten Lothar Koch, den Gambenspezialisten August Wenzinger sowie Fritz Neumeyer am Cembalo. Wunderlich scheint sich ernsthaft, ganz ohne vordergründige Stimmprotzerei, in den Dienst dieser musikalischen Feierstunde gestellt zu haben – was ihm von der *Badischen Zeitung* prompt einen Vorwurf einbrachte: »Der Tenor hätte getrost viel mehr von seinem erst kürzlich wieder bewiesenen italienischen Opernschmalz in die Kirche hinüberretten dürfen.«²³

Opernschmalz in der Kirche? Belcantodemonstrationen bei geistlicher Musik? Ein Dilemma, aus dem der Konzertsänger Wunderlich fortan kaum mehr herausfinden sollte. Hielt er als Oratoriensänger nämlich mit dem Opernschmalz, mit der spezifischen Sinnlichkeit seiner Stimme bewußt zurück, so konnte er sicher sein, daß es tags darauf zumindest in einer Kritik hieß, er habe sich ungebührlich zurückgehalten, er habe sich geschont, habe fahl und ohne Stimmglanz gesungen, kurz: er hätte mehr geben dürfen. Und gab er dann wirklich mehr, sang er in den Passionen und Messen mit vollendetem belcantistischem Schmelz, so hagelte es unweigerlich entsprechende Verdikte: Es gehe ihm das Stilgefühl für geistliche Musik ab, er habe nur vokale Selbstinszenierung betrieben, statt der Musik zu dienen, er habe sich ungebührlich in den Vordergrund gesungen, habe die Kirche oder das Konzertpodium fatalerweise mit der Opernbühne verwechselt. Wie gesagt: ein Dilemma, aus dem kein Weg hinausführte, das sich im Gegenteil noch verschärfte, als zum Opern- und Konzertsänger Wunderlich noch der Liederinterpret hinzukam.

Tags darauf fuhr Wunderlich mit Katharina von Mikulicz nach Kusel. Der Musikverein rüstete zu einem Festkonzert anläßlich seines 65jährigen Bestehens und hatte seinen berühmten Musensohn als Solisten eingeladen. Auf dem Programm standen zwei Arien und ein Duett aus Mozarts Oper *Die Entführung aus dem Serail*; nach der Konzertpause spielte der Musikverein mit immerhin einem halben hundert Orchestermitgliedern Schuberts *Unvollendete*. Anschließend wurde das stolze Jubiläum mit einem festlichen Ball gefeiert. Knapp zwei Monate später, am 16. Januar 1955, absolvierte Wunderlich sein erstes Auslandsgastspiel. Weit über die Grenze Deutschlands hinaus ging die Reise allerdings nicht, sondern nur auf die andere Seite des Rheins hinüber, nach Colmar, 50 Kilometer von Freiburg entfernt. Für ein »Grand Concert« wurde er erwartet; auf dem Programm stand der erste Teil des Oratoriums *Der Messias* von Georg Friedrich Händel. Der Dirigent Rolf Ummenhofer war zuvor wiederholt nach Freiburg gekommen, um mit Fritz zu proben: »Wunderlich war durch Aufführungen an der Musikhochschule bekannt geworden, als Sänger mit einer besonders schönen Stimme. Um zu proben, suchte ich ihn gelegentlich in seinem Zimmer in der Tellstraße auf. Er pflegte lange zu schlafen, war aber nie unfreundlich oder gar mürrisch, wenn ich ihn weckte. Es war erstaunlich, wie schnell er lernte oder Anregungen aufnahm. Mir war bald einmal klar, daß ich es mit einem außergewöhnlichen Sänger zu tun hatte: probebereit, mit einer herrlichen Stimme und schneller Auffassungsgabe.«²⁴

Am 27. März sang Wunderlich erneut Bachs *Matthäus-Passion* – wiederum in der Lutherkirche zu Worms, mit dem Bachverein Heidelberg unter der Leitung von Hermann Meinrad Poppen. »Den Part des Evangelisten sowie die anfallenden Tenor-Rezitative und Arien gestaltete Fritz Wunderlich«, las man später in der *Allgemeinen Zeitung.* »Diese Partien stellen an den Solisten ja ganz besonders hohe Anforderungen... Fritz Wunderlich, begabt mit einem lyrisch temperierten Stimmorgan, löste diese Aufgabe in imponierender Weise. Besonders auffallend war die Vielseitigkeit seiner Ausdrucksgebung.«[25] Ein schönes Lob. Ob Wunderlich damals schon ahnte, wie stark er einst mit diesem Werk verwachsen würde? Zwei Wochen später, am Karfreitag, sang er in Schweinfurt Bachs *Johannes-Passion*, auch hier die Partie des Evangelisten sowie die Tenorarien. Wiederum erntete er ungeschmälertes Lob: »Von den Solisten verdient Fritz Wunderlich, der den technisch recht heiklen Evangelistenpart und die Tenorarien gestaltete, die höchste Anerkennung. Er führte seinen sehr durchgebildeten, beweglichen und wohlklingenden Tenor mit müheloser, heller Höhe und mit eindrucksvoller Leichtigkeit.«[26] Am 11. Juni gab es für Wunderlich gar eine Premiere: In der Freiburger Stadthalle sang er unter der Leitung von Rolf Ummenhofer zum ersten Mal die Partie des Lukas in Joseph Haydns Oratorium *Die Jahreszeiten.*

Höhepunkt und zugleich auch Abschluß dieser Saison: die Oper *Orfeo* von Claudio Monteverdi. Die traditionellen »Sommerlichen Musiktage« des Zonengrenzstädtchens Hitzacker an der Elbe feierten ihr zehnjähriges Bestehen mit einem denkwürdigen Ereignis und Wagnis zugleich. Monteverdis musikhistorisch einst revolutionäre »Favola in musica« sollte, beinahe 350 Jahre nach ihrer Uraufführung in Mantua, wieder möglichst originalgetreu dargeboten werden. August Wenzinger hatte die Partitur Monteverdis nach den Quellen erstmals in einer kritischen Edition für den Bärenreiter-Verlag bearbeitet. Das Originalinstrumentarium mit Blockflöten, Zinken und verschiedenen Posaunen, mit Streichern von den Violini piccoli bis zur Kontrabaßgambe, mit Harfe, Chitarronen und Theorben konnte zum Teil unter Mithilfe des Funkhauses Köln beschafft werden, mußte aber auch speziell für diese Produktion nachgebaut werden. Zwei Aufführungen fanden im Rahmen der 10. Sommerlichen Musiktage Hitzacker statt, am 23. und 24. Juli. Unter den Sängern:

Orfeo	Helmut Krebs
Euridice	Elisabeth Schmidt
Musica / Proserpina	Margot Guilleaume
Speranza / Messagera	Ulrike Taube
Pluto	Horst Günter
Caron	Peter Roth-Ehrang
Apollo / Pastore / Spirito	Fritz Wunderlich
Pastore / Spirito	Peter Offermanns

August Wenzinger dirigierte die Aufführungen. Im Orchester saßen einige Freiburger Hochschulprofessoren: Gustav Scheck (Blockflöte), Ulrich Grehling (Violine) und Fritz Neumeyer (Cembalo) – schönster Beweis, daß Fritz Wunderlich kein Student mehr, sondern ein professioneller Sänger und gleichwertiger Kollege geworden war. Im Beethovensaal in Hannover wurde die Oper anschließend von der »Archiv-Produktion« der Deutschen Grammophon Gesellschaft aufgenommen: die erste Einspielung einer Oper Monteverdis mit Originalinstrumenten und in authentischer Aufführungspraxis. Und Wunderlichs erste Schallplattenaufnahme. Sie beeindruckt auch heute noch, nach 35 Jahren.

Höhepunkt und zugleich auch Abschluß dieser Saison, wie gesagt. Und mehr noch: nämlich der Abschluß von Wunderlichs Studienzeit. »Fritz Wunderlich, der an der Musikhochschule in der Meisterklasse von Frau Professor Margarethe von Winterfeldt studiert, wurde von der Leitung der Württembergischen Staatstheater Stuttgart für drei Jahre als lyrischer Tenor verpflichtet«, hatte die *Badische Zeitung* schon am 4. April 1955 gemeldet. Und dabei leicht untertrieben: Einen Fünfjahresvertrag hatte man Wunderlich angeboten. Wie war es dazu gekommen? »Eines Tages berichtete man mir von einem jungen Mann aus der Pfalz«, erzählte Ferdinand Leitner, damals Generalmusikdirektor an der Württembergischen Staatsoper. »Ein junger Mann, der übers Wochenende Tanzmusik macht, Jazz singt und Trompete bläst. Das scheine eine besonders schöne Stimme zu sein, wurde mir versichert. Also sagte ich zu unserem Regisseur: ›Hören Sie sich den doch mal an.‹ Und er kam zurück und sagte mir: ›Wunderschön.‹«[27] Noch ein anderer hatte Wunderlich gehört: der Theateragent Felix Ballhausen. Und zwar an der Freiburger Oper, als Fritz in einer *Bettelstudent*-Aufführung eingesprungen war. Ballhausen empfahl ihn darauf nach Stuttgart. »So kam Wunderlich – ich sehe ihn noch genau vor mir – zum Vorsingen. Ganz langsam kam er auf die große Stuttgarter Bühne. Wahrscheinlich hatte er noch nie eine so große Bühne gesehen. Und dann sang er. Für alle, die anwesend waren, war eines sofort klar: Das war eine ganz außergewöhnliche Stimme, wenn auch noch mit sehr vielen Einschränkungen. Zum Beispiel kiekste er: Jedesmal, wenn es höher als f ging, dann kiekste er. Und er kiekste so oft, bis er zu weinen anfing, bekam dann einen Schrecken und wollte abgehen. Ich hatte mich längst mit dem Intendanten abgesprochen und sagte zu Wunderlich: ›Kommen Sie doch in mein Büro.‹ Dort begann ich: ›Also, Herr Wunderlich ...‹ Aber er fiel mir sofort ins Wort und sagte: ›Das eben war gar nichts!‹ Ich aber mahnte ihn zur Ruhe: ›Jetzt passen Sie mal auf! Sie mögen schon recht haben. Dennoch: Ich gebe Ihnen einen Fünfjahresvertrag.‹ Und da sagte er völlig entgeistert: ›So was können nur Wahnsinnige tun.‹ ›Na ja‹, gab ich zur Antwort, ›lassen Sie uns wahnsinnig sein. Sie kriegen vorerst auch nur einen kleinen Vertrag, und Sie müssen genau tun, was wir Ihnen sagen.‹«[28]

Wenige Wochen zuvor hatte Wunderlich auch von der Freiburger Oper ein Angebot bekommen. »Eigentlich war Fritz Feuer und Flamme gewesen für dieses Angebot aus Freiburg«, erinnerte sich Studienkollege Manfred Schuler; »und in gewisser Weise hatte er auch eine provisorische Zusage gegeben. Doch dann kam Stuttgart, und ich weiß noch genau, wie mir Fritz gesagt hat: ›Nun habe ich plötzlich zwei Angebote. In Freiburg könnte ich sofort die großen Rollen singen, in Stuttgart dagegen kriege ich nur einen kleinen Vertrag. Dennoch gehe ich lieber nach Stuttgart; in Freiburg würde ich zu schnell ausbrennen. Da müßte ich jeden Abend auf der Bühne stehen, und das ist nichts für einen Anfänger.‹«[29] Stuttgart also. Schon auf den 1. August wurde er erwartet. Das hieß: Abschied nehmen von Freiburg. Von den Kolleginnen und Kollegen, von seiner großartigen Lehrerin Margarethe von Winterfeldt und von den übrigen Lehrern an der Hochschule, aber auch vom Studentenalltag und überhaupt von seiner Lehrzeit. Fünf Jahre hatte sie gedauert – »die wertvollsten und schönsten meines Lebens«, wie er in einem Abschiedsbrief,[30] gerichtet an die Staatliche Hochschule für Musik, freimütig festhielt:

Betrifft: Bitte um Beurlaubung und Abschluß des Studiums an der Hochschule.

Ich bitte für den Rest des Semesters vom 1. Juli an um Beurlaubung, da ich durch Konzerte, Rundfunk- und Grammophonaufnahmen derartig in Anspruch genommen bin, daß es mir nicht möglich ist, meinen Unterricht ordnungsgemäß bis zum Semesterende zu absolvieren.

Wie an der Hochschule bekannt ist, beginnt am 1. August mein Vertrag mit dem Württembergischen Staatstheater in Stuttgart. Das bedeutet, daß mit dem laufenden Semester mein Studium an der Hochschule beendet ist.

Zum Wintersemester 1950/51 kam ich nach Freiburg, um auf Anraten von Herrn Professor Dr. Müller-Blattau, der am Gymnasium meiner Heimatstadt Kusel mein Musiklehrer war, Gesang zu studieren. Damals war es für mich nicht leicht, dieses Studium zu beginnen, von dem ich nicht einmal wußte, ob es mir das heiß ersehnte Ziel, Sänger zu sein, bringen würde. Wirtschaftliche Schwierigkeiten stellten mich häufig vor unlösbar scheinende Probleme. Gesundheitsschäden, bedingt durch die nächtelangen Tanzmusiken, die mir meinen Lebensunterhalt einbrachten, stellten sich ein. Oft war ich fest entschlossen, diesen mir sinnlos erscheinenden Kampf aufzugeben. Daß ich dieses nicht tun mußte, daß ich aus allen diesen tiefen Depressionen immer wieder herausfand, ist zuallererst das Verdienst meiner Lehrerin, Frau Professor Margarethe von Winterfeldt. Sie war es, die mich sängerisch denken und fühlen lernte, die mir in liebevollem, sorgfältigem Unterricht den Weg aufzeigte, den ich gehen mußte. In den langen Jahren meines Studiums war sie mir mehr als eine Lehrerin, sie war mir das Ideal und Vorbild des künstlerischen Menschen und wird dies für mich immer sein. Ihr gilt mein Dank und meine tiefe Verehrung, solange ich denken kann.

Jedoch auch der Hochschule möchte ich danken, ganz besonders Herrn Professor Dr. Scheck, für die wirtschaftliche Hilfe, ohne die es mir nicht möglich gewesen wäre, mein Studium zu vollenden. Ich möchte meinen Dank dadurch abstatten, daß ich alles daran setzen werde, das Vertrauen, das die Hochschule und alle meine Lehrer in mich setzten, zu rechtfertigen und ein guter Sänger zu sein.

Die nun hinter mir liegenden 5 Jahre meines Studiums waren die wertvollsten und schönsten meines Lebens. Sie haben aus mir einen Menschen gemacht, der weiß, wo sein Ziel ist und für den es nur eins gibt, dieses Ziel nun auch zu erreichen.

Lassen Sie mich noch einmal meinem tiefen Dank Ausdruck verleihen. Mögen alle jungen Menschen, die an der Hochschule studieren, soviel wertvolle Erfahrungen mit ins Leben nehmen, wie ich es nun darf.

Fritz Wunderlich

ZWEITER TEIL

STUTTGART

1955—1960

FÜNFTES KAPITEL

Traxel, Windgassen, Wunderlich:
Drei Tenöre und eine *Zauberflöte*

Was wußte Wunderlich von Stuttgart? Von den Württembergischen Staatstheatern, wie es offiziell und im Plural hieß? Der Betrieb umfaßte Oper und Schauspiel, Musiktheater und Sprechbühne. Und Tanz selbstverständlich: das Stuttgarter Ballett, auch wenn dieses im Jahre 1955 noch nicht weltweit von sich reden machte. Dennoch hatte Stuttgart, hatten die Württembergischen Staatstheater einen hervorragenden Ruf. »Winter-Bayreuth« nannte man das Große Haus, anspielend auf die großen Bayreuther Sängerdarsteller, die in Stuttgart zum festen Ensemble gehörten: der Heldentenor Wolfgang Windgassen, die Wagner-Tragödin Martha Mödl, dazu Gustav Neidlinger sowie die unvergleichlichen Sängerdarstellerinnen Res Fischer und Grace Hoffman. Inge Borkh sang hier als ständiger Gast, auch Leonie Rysanek, Ira Malaniuk und Karl Schmitt-Walter. Wieland Wagner inszenierte regelmäßig in Stuttgart – seit 1954, als er mit »Fidelio« seinen Einstand gegeben und Kontroversen, ja beinahe einen Skandal ausgelöst hatte. Stuttgart als heimliche Hochburg des modernen Musiktheaters – davon hatte man gehört, weit über die Grenzen Deutschlands hinaus. Zumal das Stuttgarter Opernensemble beinahe Jahr für Jahr zu ausgedehnten Gastspielreisen eingeladen wurde und sich längst das Renommee der weitaus begehrtesten deutschen Reiseoper eingehandelt hatte.

Stuttgart, so scheint es rückblickend, hatte Opernglück. Der vom Architekten Max Littmann konzipierte dreigliedrige Hoftheaterkomplex aus dem Jahr 1912 – mit Großem und Kleinem Haus samt Verwaltungsgebäude und Kulissentrakt – blieb während des Zweiten Weltkriegs zwar nicht unbeschädigt. Im September 1944 fiel das Kleine Haus, wo das Schauspiel einquartiert war, einem Bombenangriff zum Opfer, während das Große Haus, Heimstätte der Oper, als eines der wenigen Monumentalgebäude im ganzen Stadtzentrum der Zerstörung entging. Gleich nach dem Krieg konnte man den Opernbetrieb wieder aufnehmen, in einem intakten Haus und ohne auf Provisorien angewiesen zu sein. Und nun sollte es sich zeigen: Stuttgart hatte in der Tat Opernglück. Auch mit seinem Intendanten. Seit 1950 amtierte Walter Erich Schäfer, zuerst als »Sparkommissar«, der auf behördliches Geheiß die Betriebskosten zu reduzieren hatte. Mit der

Währungsreform war zwar das deutsche Wirtschaftswunder noch nicht ausgebrochen, waren aber immerhin die Grundlagen für einen neuen Aufschwung gelegt, und Schäfer verstand es, den Wind der Wirtschaftskonjunktur durch geschickt gesetzte Segel einzufangen. »Am besten spart, wer die Einnahmen erhöht«, hieß seine Devise.[1] Und er sollte recht bekommen: Bereits drei, vier Jahre nach seinem Amtsantritt spielten die Württembergischen Staatstheater beinahe die Hälfte der staatlichen Subventionen wieder ein.

Die Bedeutung Stuttgarts als einer ernstzunehmenden, keineswegs provinziellen Musikstadt beschränkte sich aber nicht nur auf die Staatstheater. Stuttgart konnte zu Recht den Rang der »geheimen Chorhauptstadt Deutschlands«[2] beanspruchen. Unzählige Chorgemeinschaften in und rund um Stuttgart traten Jahr für Jahr mit neuen Programmen an die Öffentlichkeit, opferten ihre Freizeit für die Einstudierung der großen Chorwerke: der populäre Stuttgarter Liederkranz, der traditionsreiche Philharmonische Chor, der Stuttgarter Oratorienchor sowie der Hymnuschor mit Knaben-Sopran- und Altstimmen. Zudem war eine Reihe bedeutender Orchester in Stuttgart zu Hause: das Württembergische Staatsorchester als Opernorchester, das Orchester des Süddeutschen Rundfunks, die Stuttgarter Philharmoniker sowie Karl Münchingers Stuttgarter Kammerorchester. Eine unüberblickbare Vielfalt an musikalisch-kulturellen Institutionen und Aktivitäten. Daß Fritz Wunderlich hier zahlreiche neue Aufgaben finden würde, lag auf der Hand.

Stuttgart 1955, eine Randbemerkung: Am 9. Mai, einem Sonntagmorgen, gelang es einem einzigen Mann, die gespannteste Aufmerksamkeit nicht nur der einheimischen Bevölkerung, sondern aller Deutschen auf sich zu lenken und Stuttgart für ein, zwei Tage ins Zentrum des weltpolitischen Interesses zu rücken. Der Deutschen Dichter, Thomas Mann, knapp vor seinem 80. Geburtstag stehend, war in die Württembergische Metropole gekommen, um zum 150. Todestag Schillers im Großen Haus auf Einladung der Deutschen Schillergesellschaft seinen Essay »Versuch über Schiller« vorzutragen. Unweit jener Stelle, wo der junge Schiller einst die Karlsschule erduldet und die *Räuber* entworfen hatte. Einige Tage später wiederholte Thomas Mann seinen Vortrag im anderen Deutschland, in Weimar. Glaubte er an einen Erfolg seiner symbolischen Reise in die beiden deutschen Staaten? In Stuttgart jedenfalls war sein Auftritt nicht überall auf Gegenliebe gestoßen: »Er und wir wurden mit Protestbriefen überschüttet«, erinnerte sich Generalintendant Schäfer, »weil wir einen Mann über unseren ›Nationaldichter‹ sprechen ließen, der sich im Ausland schriftlich und funkmündlich als eine Art Vaterlandsverräter erwiesen habe. Immerhin: 1955!«[3]

1955, am 1. August, begann Wunderlichs Vertrag mit den Württembergischen Staatstheatern. *Friedrich Wunderlich* – so steht sein Name zuunterst auf der alphabetisch gereihten Ensembleliste im Verzeichnis der Spielzeit 1955/56, gleich nach Wolfgang Windgassen. Und Windgassen war es auch, der den jungen Kollegen gleich in den ersten Tagen beiseite nahm, mit ihm in die Garderobe ging und sagte: »Ich will Ihnen gleich jetzt etwas sagen: Alkohol hat hier, in der Garderobe, nichts zu suchen. Und falls Sie hier einen Kollegen mit Alkohol antreffen, so merken Sie sich das genau: Dann wissen Sie, daß Sie länger singen werden als Ihr Kollege.«[4] Gestrenge Sitten und keine unbeschwert-leichtlebige Bühnenmoral – darauf achteten die erfahrenen Kollegen und arrivierten Kammersänger unerbittlich. Für Wunderlich war das, nach seinen im ganzen doch wohlgeordneten fünf Freiburger Lehrjahren, eine ganz neue Welt, mit neuen Gesetzen und neuen Ansprüchen, aber auch mit neuen Verlockungen und Versuchungen. Es war eine Welt für sich, mit Bretterboden und Kulissenpappe, mit dem Geruch von Schminke und Klamotten. Hier galten andere Gesetze, hier war man ganz anderen Empfindlichkeiten ausgesetzt. Extreme Freude herrschte unmittelbar neben extremer Angst. Erfolg und die ständige Furcht vor dem Versagen waren die beiden Pole, zwischen die ein jeder eingespannt war. Eine Belastung, Tag für Tag, und sie kann jedem Neuling gefährlich werden.

»Ich habe da einen neuen Tenor, frisch von der Hochschule weg engagiert«, sagte Generalmusikdirektor Ferdinand Leitner zu Beginn dieser Spielzeit zu seinem Solokorrepetitor und Übungsmeister Walter Hagen-Groll. »Kümmern Sie sich mal ein bißchen um den. Der ist nämlich gut.« Also wurde Wunderlich bei Hagen-Groll zum Korrepetieren eingeteilt. Richard Wagners *Meistersinger* standen auf dem Programm; Wunderlich hatte die kleine Rolle des Würzkrämers Ulrich Eisslinger zugeteilt bekommen. Eine kleine Partie, im ersten und dritten Aufzug fast ausnahmslos Ensembles, im Verein mit den anderen Meistersängern zu singen. Schwierig war allenfalls das große Finale des zweiten Aufzugs, die sogenannte »Prügelfuge«, wo auf der Bühne jeder auf jeden losschlägt und dabei stets genau mitzählen muß: auf daß er seine diversen Einsätze, manchmal nur kleinste Einwürfe, nicht verpasse. »Die erste Korrepetitionssitzung wurde anberaumt«, erzählte Hagen-Groll, »ich warte und warte, war recht gespannt auf den Neuen. Aber der kam nicht. Eine halbe Stunde vielleicht habe ich gewartet, dann bin ich zur nächsten Probe gegangen. Von Wunderlich habe ich den ganzen Morgen nichts gehört. Mittags ging ich dann nach Hause. Da sagte mir meine Frau: ›Du, da war ein gewisser Herr Wunderlich bei mir, ein netter Kerl übrigens. Und er war ganz außer sich und hat sich bei mir entschuldigt – er habe den Herrn Hagen-Groll in der Oper einfach nicht gefunden.‹ Am nächsten Tag war wieder eine Korrepetitionssitzung anberaumt. Diesmal erschien Wunderlich selbstverständlich, und Hagen-Groll merkte sofort, daß Ferdinand Leitner nicht übertrieben hatte. »Bei Wunderlich war einfach alles da. Da saß jeder Ton, die Stimme sprach sofort an, und zwar auf alles, was er zu machen sich vorgenommen hatte.« Für ihn schien es keinerlei gesangliche Schwierigkeiten zu geben. »Man hatte, so paradox das letztlich klingt, nie den Eindruck, daß er irgendeine Gesangstechnik hatte.«[5]

Am 30. September war es soweit: Wunderlichs Debüt an der Stuttgarter Staatsoper, in Wagners *Meistersingern* und in einer imponierenden Runde erlauchter Kollegen wie Wolfgang Windgassen, Otto von Rohr, Fritz Ollendorff, Lore Wissmann und Hetty Plümacher. Der Dirigent, der alles überwachte: Generalmusikdirektor Ferdinand Leitner. Keine Neuinszenierung, sondern eine Wiederaufnahme einer längst eingespielten Inszenierung. Wunderlich hatte man notdürftig eingewiesen: von wo er aufzutreten und wo er abzutreten habe und dergleichen mehr. Für einen Bühnenneuling jedenfalls ein schwieriger Start. Und er sollte doppelt schwierig werden – weil ihm einige Bühnenkollegen nämlich einen Streich spielten. Bei der Prügelszene am Ende des zweiten Aufzugs stellt die Bühne bekanntlich ein Abbild Nürnbergs dar, mit Gassen und Hausfassaden: links, rechts und hinten je den Bühnenraum begrenzend. Aus einem dieser Häuser, oben im zweiten Stockwerk durch das geöffnete Fenster, sollte Wunderlich seine Partie singen. Um dieses Fenster überhaupt zu erreichen, mußte er auf der Hinterseite der Kulisse, vom Publikum selbstverständlich nicht zu sehen, eine Leiter emporsteigen, die genau zur entsprechenden Fensteröffnung hinaufführte. Nun hatten sich ein paar seiner Kollegen einen Spaß daraus gemacht, diese Leiter etwas zu verschieben, nach links oder nach rechts. Jedenfalls, als Wunderlich im entscheidenden Moment die Leiter hinaufstieg, fand er oben, am Ende der Leiter, partout kein Fenster mehr, kein Loch und keine Öffnung, wo er seine paar Sätze auf die Bühne hätte hinaussingen können... Nach dem Aktschluß kam dann Generalmusikdirektor Leitner persönlich auf die Bühne und fragte den gänzlich Verzweifelten augenzwinkernd im breitesten Berlinerisch: »Na, Kleener, haste überhaupt jesungen?«[6]

Im Oktober kamen vier neue Rollen hinzu, kleine Rollen ausnahmslos, »Wurzen«, wie man sie im Theaterjargon nennt; aber gelernt werden mußten auch die und geprobt werden auf der Bühne ebenfalls. Zuerst sang Wunderlich den Kilian in Webers *Freischütz*, eigentlich eine Baß-Bariton-Partie. Sie beschränkt sich auf ein dreistrophiges Lied zu Beginn des ersten Aufzuges. Vier Tage später stand Richard Wagners *Tannhäuser* auf dem Programm; Wunderlich sang die Rolle Heinrich des Schreibers. Auch sie besteht vornehmlich aus Ensembles, zu singen im Verein mit anderen Rittern und Sängern, die – im zweiten Aufzug – am berühmten Sängerkrieg auf der Wartburg teilnehmen. Ganz sicher scheint er sich dabei nicht gefühlt zu haben. Jedenfalls zischte Kammersängerkollege Windgassen, der den Tannhäuser sang, während der Aufführung plötzlich: »Herr Wunderlich, das muß ich Ihnen sagen: Lernen Sie bitte mal Ihre Ensembles. So geht das nicht bei uns.«[7] Zwei Tage später wieder eine neue Oper: Giuseppe Verdis *Othello*, in deutscher Sprache gesungen, wie es damals an deutschen Opernhäusern üblich war. Wunderlich sang den Rodrigo. Neun Tage später ging Wunderlichs erste veritable Neuinszenierung über die Bühne, die über Wochen geprobt und auch musikalisch neu einstudiert worden war: *Boris Godunow* von Modest Mussorgsky. Gustav Neidlinger sang die Titelpartie. Von den einundzwanzig

Mitwirkenden, die der Besetzungszettel auflistet, steht Wunderlich als Leibbojar an viertletzter Stelle: auch das eine kleine Rolle.

Im November und Dezember wiederholte Wunderlich diese vier Partien in insgesamt zwölf Aufführungen. Einzige Abwechslung: das *Weihnachts-Oratorium* von Johann Sebastian Bach, ein Konzert mit den renommierten Stuttgarter Hymnus-Chorknaben, begleitet vom Sinfonieorchester des Süddeutschen Rundfunks. Aufgeführt wurden traditionsgemäß nur die ersten drei Kantaten des sechsteiligen Werks, »ergänzt durch die beiden letzten Nummern des sechsten Teils«, wie das aus dem Aufnahmeprotokoll des Süddeutschen Rundfunks genau hervorgeht. Denn der SDR war live mit dabei an diesem 18. Dezember in der Stuttgarter Markuskirche. Und selbstverständlich auch die Presse: »Aus dem Gesangsquartett (Friederike Sailer, Erika Winkler, Fritz Wunderlich, Hannes Swedberg) ließ der junge Tenor als Evangelist und ungewöhnlich koloraturengewandter Solosänger aufhorchen«, schrieb Kurt Honolka, Stuttgarts maßgebender Musikkritiker, in den *Stuttgarter Nachrichten*.[8] Ein respektabler Einstand mithin, auch als Konzertsänger.

Was auffällt: In drei dieser vier Opern – nicht im *Boris Godunow* – sang Wolfgang Windgassen die Hauptpartie. Und zwar in jeder Aufführung. Kein Startheater somit, jedenfalls nicht nach heutigem Wortgebrauch, sondern Ensembletheater. Obwohl Windgassen durchaus ein Star war und es an entsprechenden Angeboten von anderen Bühnen, von München, Wien oder Berlin, nie fehlte. »Der wichtigste Grund, weshalb ich in Stuttgart geblieben bin, ist der, daß ich hier sehr schöne Aufgaben hatte«, bekannte Windgassen rückblickend. »Ich halte es für richtig, daß man irgendwo ein Domizil hat, wo man immer wieder etwas erarbeiten kann... Unser Stuttgarter Generalintendant... hat es verstanden, uns, die wir plötzlich interessant wurden, einfach hier zu halten. Er hat uns die Freiheit gegeben, überall zu gastieren... Er hat unsere Tätigkeit außerhalb Stuttgarts dazu benutzt, das Stuttgarter Haus aufzuwerten... Mit ihm konnte man wie mit einem Vater reden. Was will man mehr?«[9]

Schäfer hat sie geliebt, die Mitglieder seines Ensembles. »In dieser Liebe (und der Gegenliebe) hat sich dieses Ensemble zu einer echten Familie zusammengeschlossen«, erzählte Schäfer später. »In einem Arbeitsgeist und einem Arbeitsklima, die von allen Hinzukommenden gespürt wurden. Dieser Ensemblegeist hat alle... durchdrungen und zu Gliedern der Familie gemacht.« Und besonders wichtig: »Dieser vielberufene Ensemblegeist war kein Veilchen, das im verborgenen blühte, sondern er dokumentierte sich... in den Vorstellungen, die von diesem Ensemblegeist getragen, von ihm durchtränkt waren und deshalb eine Einheit und eine Konzentration zeigten, die man nicht alltäglich nennen kann. Im extremen Gegensatz zum Startheater wollte sich nicht jeder nur selbst darstellen, sondern das Interesse aller war auf das Zusammenspiel... gerichtet.«[10]

Selbstverständlich war das alles nicht. Zumal Walter Erich Schäfer eigentlich kein Opernspezialist war, sondern vom Sprechtheater her kam, Bühnen- und Schriftstellererfahrungen mitbrachte und, von Natur aus, weniger ein handelnder, sondern mehr ein betrachtender Mensch war. Er konnte sehr hart sein – in seinem Urteil, seinen Reaktionen, aber auch in seinen Forderungen an die Künstler. Und an sich selbst. Im Umgang war er nicht immer leicht; zuweilen wirkte er fast schwäbisch bieder, vor allem im Vergleich zum mehr weltmännisch gewandten Generalmusikdirektor Leitner. »Ein introvertierter Denker«, resümierte Hagen-Groll, »und genau von dieser Eigenschaft her muß er auch als Intendant beurteilt werden. Er hatte eine unglaubliche Nase dafür, welche Leute an welchen Ort gehören, welche Sänger in welchem Moment ihrer Entwicklung mit welchen Partien betraut werden sollen. Oft habe ich ihn im Dunkel des Zuschauerraumes entdeckt, habe gesehen, wie er das Probegeschehen auf der Bühne aufmerksam beobachtete – still, ohne daß ihn einer bemerkt hätte. Er wußte genau, was ist – und er wußte ebenso genau, was sein könnte.«[11]

Nach und nach lernte Wunderlich die Stuttgarter Ensemblemitglieder kennen: Trude Eipperle mit ihrem hellen, strahlkräftigen Sopran, gefeierter Gast auf allen ersten Bühnen Europas. »Schon als er sich jedem einzelnen Ensemblemitglied vorstellte, fiel er vor der großen Kollegin Trude Eipperle auf die Knie und machte ihr Komplimente«, erzählte die Mezzosopranistin Hetty Plümacher später. »Er wußte, wie man die Herzen der Damen erobert.«[12] Dann die Sopranistin Lore Wissmann, die Gattin Windgassens, eine Darstellerin von unvergleichlicher Ausstrahlung, sowie Res Fischer, Altistin mit einer monumentalen Stimme. Auch sie eine imposante Darstellerin, Bayreuth-erprobt wie ihre Kollegen Gustav Neidlinger, Gerhard Stolze und Martha Mödl, die zwar nie ganz makellos sang, aber eine unerreichte Bühnenkünstlerin war. Neidlinger und Windgassen gastierten damals oft zusammen. Und jedesmal mußte Windgassen auf seinen Kollegen aufpassen: daß er nicht vorzeitig schon wieder nach Hause fuhr. Denn Neidlinger hatte stets Heimweh und wollte möglichst schnell wieder nach Stuttgart zurück. Überhaupt die Stuttgarter Tenorgarde: der heldische Windgassen, der lyrisch-dramatische Josef Traxel, der stimmstrahlende Eugene Tobin für das italienische Fach, dazu Gerhard Stolze und neu noch Wunderlich – diese Tenorgarde war zweifellos einmalig in ganz Deutschland. Und sie ist einmalig geblieben bis heute.

Zwischen den Stars und dem »Fußvolk«, den Arrivierten und den Jungen wurden keinerlei Rangunterschiede gemacht. Es gab einen Stammtisch in der Künstlerkantine, und da saßen sie alle nebeneinander: Hans Günter Nöcker, Wolfgang Windgassen, Hubert Buchta, Gustav Grefe und Walter Hagen-Groll. Auch Generalmusikdirektor Leitner kam oft in die Kantine, setzte sich an den Tisch und war zum jüngsten Eleven genauso freundlich wie zum Herrn Kammersänger. Wunderlich wurde von allen, speziell auch von den Bühnenarbeitern und den Orchestermusikern, geliebt wegen seines offenen, unkomplizierten Wesens.

Auch Leitner mochte ihn: »Unser privater Kontakt war so, daß wir uns alles sagen konnten. Wenn ich ihm technisch etwas zeigen wollte, hat er sich sofort dafür interessiert und hat das auch angenommen.« Ferdinand Leitner, 1912 in Berlin geboren, hatte einst selber Gesang studiert – nicht weil er Sänger werden wollte, sondern weil er sich damals an den Rat Bruno Walters gehalten hatte: daß ein guter Operndirigent singen können müsse. Und Leitner konnte sogar noch mehr: Er war ein ausgezeichneter Pianist, hatte sich, vor allem während des Zweiten Weltkriegs, einen hervorragenden Namen als Liedbegleiter gemacht, als Partner von Walther Ludwig, Erna Berger oder Margarethe Klose. Schon 1947 war er von der Münchener Oper nach Stuttgart gekommen; seit 1950 amtierte er als Generalmusikdirektor der Württembergischen Staatstheater. Für die Sänger war er ein idealer Dirigent. Selbst die »dicksten« Wagner- oder Strauss-Partituren legte er »schlank« an – und dies zu einer Zeit, als die vielbeschworene Transparenz noch kein abgegriffenes Modewort war. Ein eigentlicher Stimmenfachmann, was nun auch Fritz Wunderlich zugute kam. »Weil sein Vater ja so früh starb, hat er mir immer gesagt: ›Jetzt müssen Sie mich erziehen!‹ Das habe ich dann auch getan, oft mit einem nicht sehr angenehmen Nachdruck. Manchmal wußte er beispielsweise nicht, wie er sich auszudrücken hatte – und prompt kam es dann falsch heraus, ungewollt jovial oder gar verletzend. Nicht immer war seine Naivität reizend. Und noch eine Unart hatte er: Stets, wenn er sich irgendwo hinsetzte, machte er sofort seine Stiefel auf. Das machte mich nervös, denn so mit herabhängenden Schnürsenkeln – das war ja auch gefährlich für ihn und wurde ihm letztlich gar zum Verhängnis.«[13]

Bald freundete sich Wunderlich mit Hans Günter Nöcker an, Baßbariton, gleichaltrig, aber schon das zweite Jahr in Stuttgart. »Wir beide waren die Jüngsten und waren sehr schnell sehr gut miteinander. Auf der Probebühne haben wir jeweils Tischtennismatchs ausgetragen, und zwar mit den beiden ältesten Söhnen des Dirigenten Josef Dünnwald. Mit der Zeit fanden wir das allerdings etwas langweilig und haben dann Fußball gespielt. Immer mal ging wieder etwas kaputt, obwohl wir die Fensterscheiben mit Brettern vermachten. So mußten wir regelmäßig zum Verwaltungsdirektor Hans Dick. Er hat uns dann die Leviten gelesen: Wozu eine Probebühne da sei. Und wozu nicht.«[14] Auch auf der Bühne standen sie oft zusammen: im *Boris Godunow*, im *Tannhäuser* und im *Freischütz*. Hier mimte Nöcker den Samiel, eine Sprechrolle. Die beiden ältesten Söhne von Staatskapellmeister Dünnwald, der die *Freischütz*-Aufführungen gewöhnlich dirigierte, wirkten als Statisten mit, der jüngste Sohn sang im Kinderchor, so daß die Kollegen dann witzelten: vier Dünnwälder in einer Aufführung!

Im neuen Jahr, gleich in den ersten Januartagen, kam für Wunderlich wiederum eine neue Partie hinzu, auch sie klein und eigentlich kaum der Rede wert: der Bote in Verdis *Aida*. Ein einziger Auftritt nur, kurz nach Beginn des ersten Aktes, genau zwanzig Takte lang. Nicht der Rede wert? Zumindest eine gewisse Schwierigkeit ergab sich bei italienischen Opern dadurch, daß in einer gewöhnlichen Vorstellung die Oper in deutscher Sprache gegeben wurde, daß aber, wenn italienische Starsänger gastierten, wenigstens ein Teil des Stuttgarter Hausensembles ihre Partie ebenfalls italienisch sang. »Zebravorstellung« nannte man das: halb italienisch, halb deutsch. Für Wunderlich kein Problem: Mit Italienisch hatte er sich ja schon an der Freiburger Hochschule abgegeben, und seine zwanzig Takte lange Partie lernte er im Handumdrehn in beiden Sprachen. Gastierte nun ein italienischer Radames in Stuttgart oder eine italienische Aida, so sang Wunderlich seine Partie ebenfalls italienisch. Es muß in dieser Zeit gewesen sein: eine *Aida*-Vorstellung, Wunderlich wartete hinter der Bühne auf seinen kurzen Botenauftritt, alberte mit den Dünnwald-Söhnen noch herum – und eilte dann, aufs Stichwort genau, hinaus auf die Bühne und ließ dort seinen Botenbericht abspulen. In italienischer Sprache – nur leider mitten in einer rein deutschsprachigen, gewöhnlichen Repertoirevorstellung. Wie peinlich! Und wie er die Hälfte seines Textes hinter sich gebracht hatte, bemerkte er seinen Fauxpas und schaltete, nochmals peinlich, auf die deutsche Sprache um.

18. Februar 1956. Eine Repertoirevorstellung der *Zauberflöte* stand auf dem Programm. Die Sängerbesetzung war achtunggebietend: Otto von Rohr als Sarastro, Josef Traxel als Tamino und Friederike Sailer als Pamina, dazu Olga Moll als Königin der Nacht und unter den drei Damen Grace Hoffman und Res Fischer. Selbst kleine Partien waren namhaft besetzt: Die beiden Geharnischten sangen Wolfgang Windgassen und Hans Günter Nöcker. Josef Dünnwald dirigierte. Doch am Morgen schon rief man bei ihm an: Traxel habe leider abgesagt. »Ich bin dann hinüber ins Betriebsbüro gegangen, um zu hören, wer nun singt«, erzählte Staatskapellmeister Dünnwald. »Sofort schickte man nach Windgassen – er war im Haus auf einer Probe –, um ihn zu bitten, den Tamino zu übernehmen. Meistens sang Windgassen zwar heldische Partien, Lohengrin, Siegmund, Othello oder den Kaspar im *Freischütz*, aber er wurde regelmäßig auch noch für lyrische Partien angesetzt. Windgassen kam ins Betriebsbüro. ›Der Traxel hat abgesagt. Würden Sie so freundlich sein und den Tamino übernehmen?‹ ›Na klar, mach ich‹, sagte er bereitwillig und ging wieder auf seine Probe.«
   Ende gut, alles gut? »Nach zwei, drei Minuten kam Windgassen wieder zurück: ›Sagt mal, warum laßt ihr eigentlich nicht den Wunderlich singen?‹ Darauf meinte der Betriebsdirektor: ›Entschuldigung, Herr Kammersänger, aber wir können Ihnen doch nicht zumuten, daß ein Anfänger den Tamino singt und Sie nur die kleine Partie des Geharnischten!‹ ›Ja, warum denn nicht?‹ konterte Windgassen. ›Der muß doch auch mal ran. Ich weiß, daß er die Partie studiert hat. Also laßt ihn ruhig singen; das ist eine gute Gelegenheit.‹ Und doppelte nach: ›Selbstverständlich bleibt es dabei, ich sing' den Geharnischten.‹« Dünnwald willigte ein; man rief bei Wunderlich an, und Fritz sagte begeistert zu. Was auf

dem Betriebsbüro damals allerdings keiner gewußt hat: daß Wunderlich vor geraumer Zeit den Kammersänger Windgassen schon mal auf dieses Thema angesprochen hatte. Ob Herr Windgassen, falls er in nächster Zeit einmal als Tamino angesetzt werde, nicht ihn, den Neuling, »einspringen« lassen würde. Windgassen hatte damals zugesagt – und nun sein Versprechen gehalten.

»Ich habe dann eine kurze Verständigungsprobe mit ihm gemacht. Am Abend, kurz vor Vorstellungsbeginn, hat ihn der Abendregisseur in die Aufführung eingewiesen: von welcher Seite welcher Auftritt zu machen sei, wo er wann wie zu stehen habe. Fritz war ein kolossal musikalischer Mensch; er hat aufgepaßt, ich habe aufgepaßt, und so ging diese Vorstellung mühelos über die Runden.« Kollegen erzählten später, Wunderlich habe für seinen ersten Auftritt zehn oder gar fünfzehn Meter Anlauf genommen in der Gasse hinter der Bühne – damit er mit der richtigen Intensität auf die Bühne eile, immerhin auf der Flucht vor einer giftigen Schlange... Es wurde eine umwerfende Vorstellung. Wunderlich stürzte sich mit der ihm eigenen Intensität in diese Aufgabe – beeindruckend, ein Riesenerfolg im Publikum und auch bei seinen Kollegen. Kurz: ein einmaliger Durchbruch.[15]

Gleich am folgenden Tag gab es für Wunderlich ein neues Debüt: Erstmals sang er in München, in der Markuskirche, und erstmals unter der Leitung von Karl Richter. Drei Bach-Kantaten standen auf dem Programm: »Jesus nahm zu sich die Zwölfe« BWV 22, die berühmte Kreuzstabkantate BWV 56 sowie »Du wahrer Gott und Davidssohn« BWV 23. Seit 1951 wirkte der in Plauen im Vogtland geborene und in Leipzig in der Thomaskantorentradition ausgebildete Organist, Chorerzieher und Dirigent in München – als jüngster Dozent an der Staatlichen Musikhochschule, als Leiter des 1953 von ihm gegründeten Münchener Bach-Chores sowie des zwei Jahre später formierten Münchener Bach-Orchesters. Seit 1955 war er zudem Mitglied im Direktorium der Bachwoche Ansbach, der wohl renommiertesten Pflegestätte für Bachs Musik in Deutschland. In den wenigen Jahren seines Wirkens in München hatte Karl Richter die bayerische Metropole, die bis dahin ausschließlich für ihre römisch-katholische Kultur berühmt gewesen war, zu einem Weltzentrum evangelischer Kirchenmusik gemacht. Hier nun durfte Wunderlich seinen Münchner Einstand geben, im Kreise Bach-erfahrener Sängerkollegen: Antonie Fahberg, Hertha Töpper und Kieth Engen. Wunderlich scheint sich mit einer vorzüglichen Leistung eingeführt zu haben. »Der junge Tenor Fritz Wunderlich machte durch schöne stimmliche Mittel und Intensität seines Vortrags auf sich aufmerksam«, resümierte Karl Heinrich Ruppel am 22. Februar in der *Süddeutschen Zeitung*.

Seit Ende Januar weilte Wieland Wagner in Stuttgart, wo er die Erstaufführung von Carl Orffs Trauerspiel *Antigonae* vorbereitete. Volle vier Wochen Probezeit hatte er verlangt. Unerbittlich. Für Wunderlich, der einen der Thebanischen

Alten singen sollte, gab das unerwartete Probleme, wie er Margarethe von Winterfeldt, seiner »lieben, verehrten Meisterin«, schrieb:[16]

... Weil das Stück so irrsinnig schwer ist und er die 4 Wochen ganz braucht, sind alle Urlaube im Februar für die Beteiligten gestrichen worden. Das hat für mich zur Folge, daß ich 8 Februartermine auf März und April verschieben muß, das heißt, ich kann nur die beweglichen Termine wie Rundfunk und Schallplattenaufnahmen verlegen, die Konzerte gehen mir verloren ... Ich habe durch ein persönliches Gnadengesuch an Wieland Wagner erreicht, daß er mich für zwei Tage im Februar entläßt trotz des Urlaub-Verbotes unserer Intendanz ... ich bin diese beiden Tage also in Freiburg zu Stech-Aufnahmen.
Dazu kommt noch, daß ich 2 neue Partien für Konzert (Honegger: Johanna auf dem Scheiterhaufen, und Messias) sowie 3 Bach-Kantaten für die französische Schallplatten-Gesellschaft Discophile, ferner eine Lieder-Platte mit Friederike Sailer zusammen lernen muß. Das sind alles Dinge, die mir erstens viel Geld und zweitens neue Beziehungen einbringen ... Ich habe im Süddeutschen Rundfunk das Weihnachtsoratorium gesungen, und daraufhin hagelte es von Angeboten aus allen Richtungen, ich bin, ohne zu übertreiben, voll und ganz ausgelastet und muß nur aufpassen, daß ich mich nicht übernehme ... Manchmal habe ich Angst, richtige Angst. Ich bin doch noch nicht so gut, ich habe wenigstens das Gefühl, daß ich noch nicht so gut bin, um derartig von allen Seiten mit Angeboten überhäuft zu werden. Ich fürchte, daß ich, wenn das noch in dem Maße weitergeht, die Kontrolle eines Tages verlieren werde ...
Herrgott, wie war das alles so einfach damals, ich ging zu Ihnen und Sie wußten immer einen Rat. Als ich wegging, fühlte ich mich so stark und fertig. Nun, wo ich alles, aber auch jede Spannung, jede kleine und große Sorge und alle Angst mit mir allein, ganz allein abmachen muß, merke ich erst, was mir alles noch fehlt. Oh, es ist manchmal nicht einfach ...

Angst vor den Anforderungen, die plötzlich von allen Seiten an ihn gestellt wurden, und Angst vor Überforderung. Was auch verständlich ist: Tag für Tag *Antigonae*-Proben an der Oper, daneben Konzerte, Rundfunkaufnahmen bei Willi Stech in Freiburg, Schallplatteneinspielungen von Bach-Kantaten und eine Liedplatte zusammen mit Friederike Sailer: ein beachtliches Pensum für einen 25jährigen Sänger. Was am meisten erstaunt: Fritz Wunderlich mit Bach-Kantaten auf Schallplatte. Wer sucht, sucht tatsächlich vergebens: Den Namen Fritz Wunderlich wird er auf keiner Schallplattenhülle mit Bach-Kantaten finden. Geflunkert aber hat er auch nicht, sondern im Frühjahr 1956 tatsächlich drei Bach-Aufnahmen gemacht: die Kantaten BWV 31 »Der Himmel lacht« und BWV 249 »Kommt, eilet und laufet«, besser bekannt unter dem Namen *Oster-Oratorium*, dazu das *Magnificat*. Diese Aufnahmen sind auch veröffentlicht worden, und zwar auf zwei Platten. Nur sucht man auf den entsprechenden Schallplattenhüllen den Namen Fritz Wunderlich vergebens. Neben Friederike Sailer (Sopran), Margarete Bence (Alt) und August Messthaler (Baß), alles bekannte Stuttgarter Sänger, steht Werner S. Braun (Tenor). Man wird ihn in keinem Sängerlexikon finden – weil es ihn nicht gibt, nie gegeben hat: Es ist ein Pseudonym für Fritz Wunderlich. Wunderlich war nämlich seit kurzem beim Europäischen Phonoklub

Stuttgart unter Vertrag, und zwar exklusiv. Jeden Monat hatte er eine bestimmte Anzahl Aufnahmen zu machen, die nach Minuten genau berechnet und mit einem monatlichen Fixum honoriert wurden. Anderweitige Schallplattenaktivitäten waren ihm verboten – also blieb nur die Idee mit dem Pseudonym. Übrigens das einzige Mal, daß Wunderlich davon Gebrauch gemacht hat.

Für den Europäischen Phonoklub bestimmt war die im Brief ebenfalls erwähnte Liedplatte mit Friederike Sailer: Wunderlich sang Lieder von Beethoven, Brahms und Schubert sowie vier Schumann-Duette. Auch bei Willi Stech im Freiburger Landesstudio war er – am 20. und 21. Februar. Auf dem Programm standen fünf Titel: »Geh nicht fort« von Hans Moltkau, »O cara Maria« aus dem Film *Die vertagte Hochzeit* sowie »Der Duft, der eine schöne Frau begleitet« von Hans May, »Viele schöne Tage« von Hans Busch und »Kleiner Cowboy« aus Emmerich Kálmáns Operette *Arizona Lady*. 800 Mark Honorar kriegte er dafür. Das war fast doppelt soviel wie das Monatsgehalt, das ihm die Stuttgarter Oper bezahlte.

1949, im Rahmen der Salzburger Festspiele, war Carl Orffs *Antigonae* uraufgeführt worden; nun bereitete Wieland Wagner die Stuttgarter Erstaufführung vor. Orff war für die Stuttgarter so etwas wie ein »Hauskomponist«: »Seine Opern ... waren bei uns daheim«, erzählte Generalintendant Schäfer. »Wir gaben sie alle, mit Ausnahme des rein bayerischen Stücks ›Astutuli‹ ... Es waren die ersten und dauerhaftesten Erfolge, die wir mit der modernen Oper hatten.«[17]

Antigonae stellt im Gesamtwerk Orffs eine entscheidende Wendung dar: die Wendung zur Tragödie. Orff folgte dem unveränderten, unverkürzten Wort des Sophokles in Friedrich Hölderlins Übertragung. Eine Nachdichtung eher als eine Übersetzung; Verse wie in Stein gehauen, unnachgiebig, »mittelbar faktisches Wort« nach Hölderlins eigener Terminologie.[18] Orff ging es darum, dieses Wort neu, aus seiner eigenen Zeitgenossenschaft heraus, zu erfahren. Deklamation allein, Sprechtheater also, genügte ihm nicht. Seine Idee einer Wiedergeburt der antiken Tragödie ließ sich nur mit mimisch-musikalisch-deklamatorischen Mitteln realisieren, mit dem ursprünglichen Ineinander von Klang und Gestik, Wort und mimischer Bewegung. Übrigens eines der ältesten, immer wieder aufgegriffenen Anliegen der europäischen Musikgeschichte, reichend von den ersten Bemühungen der Florentiner Camerata im 16. Jahrhundert, aus denen die Kunstform der Oper überhaupt erst entstanden ist, über die Reformopern Glucks bis zu den romantischen Visionen Richard Wagners vom Musikdrama als einem Gesamtkunstwerk. Musik im ursprünglichen griechischen Wortverstand meint ja die Dreiheit von Wort, Klang und Tanz. Reden und Wechselreden, Botenberichte und Chöre: Sie bilden bei Orff das musikalische Formgerüst. In der *Antigonae* dominiert ein über weite Strecken auf dem gleichen Ton gehaltenes Psalmodieren, ein Gleichschritt langer Ostinati, durchsetzt mit kräftigen Akzenten, mit Intervallsprüngen, rhythmischen Verschiebungen und melismatischen Koloraturen. Diese neue Sangesart, zweifellos keine leichte Aufgabe für die Sänger, wird von einem Klangkörper ganz elementarer Art getragen und gestützt: an Streichern nur eine Gruppe von Kontrabässen, dazu vielfältig besetztes Schlagzeug, sechs Klaviere, vier Klaviere zu vier Händen, vier Harfen, Holzbläser, Trompeten, Xylophone, verschiedene Trommeln, Röhrenglocken und Glockenspiel, Gongs, Tamtams und Tamburine.

Um den Sängern eine erste Idee von dieser neuartigen Musik zu vermitteln, baute Walter Hagen-Groll, der Studienleiter, auf der Probebühne eine improvisierte Schlagzeuggruppe um seinen Flügel auf und bediente sie, wo immer er eine Hand oder einen Fuß frei hatte, auch selber. »Wieland Wagner kam mit einem volkommen intakten dramaturgischen Konzept zur ersten Probe«, erzählte Hagen-Groll, »und er hielt den Sängern eigentliche Einführungsvorträge. Alles war geistig und intellektuell untermauert, stand auf einem festen Fundament. Nicht ein einziges Mal habe ich es erlebt, daß ein Sänger daran gezweifelt und ihn beispielsweise gefragt hätte: ›Ja, meinen Sie wirklich, daß man das machen kann?‹ Besonders wichtig war für Wieland Wagner das Statuarische, die Bewegungsregie. Er konnte zu Martha Mödl – sie sang die Rolle der Antigonae – beispielsweise sagen: ›Bei dieser Stelle gehst du jetzt nicht wirklich, sondern nur innerlich auf deine Schwester Ismene zu und berührst sie. Dein Arm reicht zwar nicht über die fünf Meter Distanz, aber wenn du sie innerlich berühren willst und das ausdrückst, dann wächst dein Arm deiner Schwester entgegen.‹«

Für Wunderlich war das eine vollkommen neue Welt. Ungewöhnliche Theaterarbeit unter der Aufsicht eines genialen Erneuerers des Musiktheaters, und ungewohnte Musik auch. Er sang einen der fünfzehn Thebanischen Alten. »Die standen manchmal wohl eine halbe Stunde am selben Fleck. Wenn sie aber, auch einzeln, nur einen einzigen Schritt nach vorne traten, dann wichen die Zuschauer im Publikum innerlich gleichsam einen Schritt zurück – so intensiv und stark wirkte diese Bewegung.«[19] Der asketische Stil des Werks wurde von Wieland Wagner auch szenisch betont: mit einer vorhanglosen freien Bühne ohne irgendwelche Aufbauten, eingegrenzt einzig mit schwarzen Seidensoffiten. Und die Kostümierung der Solisten beschwor mit ihren blauen Plastikperücken und abenteuerlichen Gewändern eine archaisch-barbarische Antike: Der letzte Rest eines romantisierenden Illusionstheaters war getilgt. Für das Publikum alles andere als leichte Theaterkost. Aber es schien sie problemlos goutiert zu haben: »Ein Ausnahmewerk der Musikbühne unserer Zeit hatte sich, wie der anhaltende Schlußbeifall bezeugte, auf einer Repertoirebühne imponierend bewährt«, resümierte Kurt Honolka in seiner Kritik.[20]

Am Rande notiert: Während der *Antigonae*-Proben muß Wunderlichs Stimme in besonderer Weise aus dem Verein der fünfzehn Thebanischen Alten herausgeklungen haben. Einem zumindest fiel dieser Stimmklang auf – Wieland Wagner nämlich. Und was keiner gedacht hätte, geschah: Wagner lud den jungen Wun-

Freitag, 9. März 1956

Erstaufführung

Carl Orff:

Antigonae

Ein Trauerspiel des Sophokles von FRIEDRICH HÖLDERLIN

Musikalische Leitung: Ferdinand Leitner
Regie und Inszenierung: Wieland Wagner
Chor: Heinz Mende

Antigonae . . . . Martha Mödl
Ismene . . . . Hetty Plümacher
Kreon . . . . Hermann Uhde
Ein Wächter . . . . Gerhard Stolze
Hämon . . . . Helmut Schindler
Tiresias . . . . Josef Traxel
Ein Bote . . . . Otto v. Rohr
Eurydice . . . . Grace Hoffman
Die thebanischen Alten: . . . . Heinz Cramer
Fritz Wunderlich, Gustav Grefe, Hans Blessin, Hans Günter
Nöcker, Alfred Pfeifle, Frithjof Sentpaul, Gustav Brunheim,
Gerhard Fies Otto Härdtner, Erich Hummel, Willy Killinger,
Rolf Reinl, Paul Scheffler, Alfred Wohlgemuth

Beginn **20** Uhr
Ende gegen **22**½ Uhr

Keine Pause   *

Miete C 7

Preise von DM 2.50   Technische Einrichtung . . . . Adolf Aßmann
bis DM 10.50   Inspektion . . . . Wilhelm Zeiller

derlich ein, in Bayreuth den Lohengrin zu singen. Eine absurde Idee? Oder eine verlockende? Möglicherweise hätte er auf der Bayreuther Festspielbühne als konkurrenzlos junger Schwanenprinz in Silberrüstung einen fulminanten Einzug gehalten. Dennoch lehnte Wunderlich rundweg ab: Er sei noch zu jung, um solche Aufgaben zu übernehmen; das würde ihn von seinem eigentlichen Weg abbringen.

Übrigens waren das nicht die einzigen heldentenoralen Anfechtungen, denen Wunderlich damals ausgesetzt war. Am 14. und 18. Juni gastierte der weltberühmte italienische Tenor Mario del Monaco in zwei *Othello*-Vorstellungen an der Stuttgarter Oper. Zwei der sprichwörtlichen Zebravorstellungen – Wunderlich war in der kleinen Partie des Cassio ebenfalls mit dabei. Von vielen wurde del Monaco zwar als eindimensionaler Brüller abgetan, als ein Sänger, dem jedes Differenzierungsvermögen abgeht. Dennoch, Wunderlich war von der schieren Stimmgewalt und strahlkräftigen Italianità derart beeindruckt, daß er den großen Kollegen zu Hause nachzuahmen versuchte. Irgendwie müsse es doch auch ihm gelingen, solch herrliche und herrlich laute Töne herauszukriegen. Doch er stellte diese heldentenoralen Versuche bald wieder ein, weil er sich innerhalb kürzester Zeit hoffnungslos heiser geschrien hatte.

Gefahren, denen jeder junge Sänger irgendwann im Verlauf seiner Karriere einmal ausgesetzt ist. Wichtig ist, daß man diese Gefahren rechtzeitig erkennt. »Man muß eine ganz exakte und präzise Linie vorausberechnen«, meinte Wunderlich Jahre später in einem Gespräch mit Wolf-Eberhard von Lewinski. »Wenn man dieser Linie dann aufgrund von irgendwelchen Verlockungen zu früh aus dem Wege geht, führt das unweigerlich in die Katastrophe... Ich hatte das Glück, in Ferdinand Leitner einen hervorragenden Gesangsfachmann als Generalmusikdirektor zu haben, der mir seinerzeit Heldentenorallüren schon aus dem Kopf trieb... Wenn man mit fünfundzwanzig anfängt und mit siebenundzwanzig schon den Lohengrin singt, dann kann man mit Sicherheit rechnen, daß man mit fünfunddreißig fertig ist. Stimmbänder sind keine Fäuste, Stimmbänder sind ein Teil des menschlichen Organismus. Und es ist eine alte Erfahrungstatsache, von so vielen Sängern schon bewiesen, daß man erst mit fünfundvierzig auf dem Höhepunkt seiner Karriere steht.«[21]

SECHSTES KAPITEL

Neue Rollen auf der Bühne – und privat: Fritz Wunderlich heiratet

Carl Orff, Hölderlin, *Antigonae*, Wieland Wagner: Für Wunderlich waren das aufregende Begegnungen mit einer völlig neuen Theaterwelt. Anziehend und dennoch befremdlich, begeisternd und irgendwo auch ungeheuerlich. Und ganz am Rande dieser Welt hatte er etwas bemerkt, das sein Interesse bald vollständig beanspruchte. Vier Harfen schreibt Orff in der *Antigonae*-Partitur bekanntlich vor. Im Stuttgarter Opernorchester gab es aber nur zwei Harfenstellen; also mußten die restlichen mit Zuzügern besetzt werden. Mehrmals bewährt in dieser Funktion hatte sich die Tochter des ersten Flötisten im Opernorchester, Eva Jungnitsch. Als Harfenstudentin war sie oft schon für Bühnenmusiken beigezogen worden, auch im Schauspielhaus. Dem Opernbetrieb stand sie recht zwiespältig gegenüber. Vor allem fand sie, Sänger seien eigentlich ziemlich eingebildet, immer nur auf Bewunderung aus. Mit ihr sollte da keiner rechnen können, und entsprechend unauffällig schlich sie sich bei den Proben jeweils an den Sängern vorbei in den Orchestergraben hinunter. Staatskapellmeister Dünnwald sah sich eine dieser *Antigonae*-Proben an, und zwar von der Seitenbühne aus. »Plötzlich stand Wunderlich neben mir und sagte: ›Du, heute habe ich die Frau meines Lebens gesehen! Die heirate ich!‹ Ich war ziemlich verdattert: ›Sag mal, machst du einen Witz?‹ ›Nein, das ist kein Witz. Die heirate ich.‹ ›Ja, wen denn?‹ wollte ich wissen. Und da zeigt er verstohlen in den Orchestergraben hinunter, auf die Aushilfsharfenistin.«[1]

Eva Jungnitsch ahnte vorläufig nichts von ihrem Glück. »Bei einer der folgenden Proben mußte dann plötzlich unterbrochen werden; irgendwelche Heizungsrohre waren defekt, und der ganze Zuschauerraum füllte sich mit Dampf. Die Sänger kamen nach vorn an die Rampe und schauten neugierig in den Orchestergraben hinunter. Auch Fritz Wunderlich. Er hat direkt zu uns Harfenistinnen geblickt und scherzend gemeint, der Dampf müsse wohl aus den Harfen kommen.« Für solche Späßchen hatte Eva Jungnitsch allerdings kein Gehör: »Ich reagierte total ablehnend, und Fritz scheint denn auch instinktiv gefühlt zu haben, daß es nicht günstig ist, mich in der Oper auf diese Weise anzusprechen.«[2]
Auf der Bühne hatte Eva Jungnitsch den Stuttgarter Nachwuchstenor schon

einmal gesehen – beim Stuttgarter Opernball zwei, drei Wochen zuvor. Einen Superauftritt hatte sich Wunderlich ausgedacht, zum Vergnügen und Gelächter der Zuschauer: Auf den hehren Brettern der Stuttgarter Oper brillierte er mit seiner Paradenummer aus früheren Studententagen. Er packte seine Trompete aus dem mitgebrachten Etui und servierte dem verdutzten Publikum seine Louis-Armstrong-Parodie. Das war der einzige Eindruck, den Eva Jungnitsch bislang von Wunderlich hatte. Einige Tage später war ihr Vater ganz begeistert von der Oper nach Hause gekommen: Traxel habe für die *Zauberflöte* absagen müssen, und da sei ein junger Nachwuchssänger eingesprungen – endlich wieder einmal eine echte, schöne Tenorstimme.

Bald sollte Eva Jungnitsch erneut Gelegenheit bekommen, Wunderlich zu hören. Vorerst hatte dieser allerdings einige Konzertverpflichtungen wahrzunehmen. Am 18. März sang er, übrigens zum ersten Mal, Mozarts *Requiem* in der Stephanskirche in Konstanz. »Ebenbürtig neben Ursula Buckels hinreißend seelenvollen und klar strahlenden Sopran trat der helle Glanz und die fesselnde Ausdrucksgewalt der Tenorstimme Fritz Wunderlichs.«[3] Dann folgten zwei Aufführungen von Bachs *Johannes-Passion*, zuerst in Stuttgart mit dem Stuttgarter Kantatenchor, anschließend im Opernhaus Nürnberg als 5. Städtisches Philharmonisches Konzert. Hier hatte Wunderlich besonderen Erfolg: »Bei den Solisten... muß vor allem der Evangelist von Fritz Wunderlich gerühmt werden, dessen Tenor vom feinsten Piano bis zum strahlenden Forte so hervorragende Eigenschaften hat, daß man von einem glanzvollen Phänomen sprechen kann. Dazu kam ein inniger und einfühlsamer Vortrag, der eine begeisternde Gesamtleistung ergab.«[4]

Zwei Wochen später folgte Händels *Messias* mit dem Philharmonischen Chor und den Stuttgarter Philharmonikern unter der Leitung von Heinz Mende, Chordirektor der Württembergischen Staatsoper. Wunderlich sang an der Seite von Trude Eipperle, Margarete Bence und Ernst Denger. Dieses Konzert hörte sich auch Eva Jungnitsch an und wartete anschließend auf eine Freundin, die im Chor mitgesungen hatte: Man war verabredet. Wunderlich scheint sie während des Konzerts im Publikum entdeckt zu haben. Jedenfalls kam er nach Konzertschluß sehr schnell zum Künstlerausgang und entdeckte dort die wartende Eva. »Er kam auf mich zu und wollte wissen, wie es mir gefallen habe. Und bei der nächsten *Antigonae*-Vorstellung schickte er mir einen Korrepetitor in den Orchestergraben hinunter. Der hatte den Auftrag, mir zwei Karten anzubieten für das nächstfolgende Wunderlich-Konzert, Haydns *Schöpfung* in der Stuttgarter Eberhardskirche. ›Warum kommt er denn nicht selbst?‹ habe ich mich gefragt und den Korrepetitor unverrichteter Dinge wieder zurückgeschickt. Kaum war ich zu Hause, schellte das Telefon; Wunderlich meldete sich und fragte ziemlich aufgeregt: ›Ja, wollen Sie nun die Karten oder nicht?‹ Natürlich habe ich sie dann genommen.«

So kam ein Kontakt zustande. Vorerst sehr förmlich: Herr Wunderlich, Fräulein Jungnitsch. Mal ein Gespräch, mal ein kleiner Spaziergang.

SÜDWESTDEUTSCHE KONZERTDIREKTION STUTTGART

ERWIN RUSS in Verbindung mit der GESELLSCHAFT DER MUSIKFREUNDE

Samstag 21. April und Sonntag 22. April jeweils 20 Uhr

Eberhardskirche, Königstraße

JOSEPH HAYDN

Die Schöpfung

Ausführende: Friederike Sailer *Sopran*

Fritz Wunderlich *Tenor*

Otto von Rohr *Baß*

Heinz Schmucker *Orgel*

Die Stuttgarter Philharmoniker

Der Madrigalchor der Diözesanspielschar

Der Chor der Eberhardskirche

Leitung: HANS STADLMAIR

Am 25. April ging Bedřich Smetanas Oper *Die verkaufte Braut* in einer Neuinszenierung erstmals über die Bühne. Josef Traxel sang den Hans, Wunderlich war als Zweitbesetzung vorgesehen und konnte also Fräulein Jungnitsch zur Premiere einladen. »Da war ich schon ein bißchen nervös – was dann auch Folgen hatte. Ich fuhr meinen Vater mit dem Wagen zur Oper, mußte dort, um in den Parkplatz hineinzukommen, den Gegenverkehr kreuzen. Vielleicht habe ich nicht aufgepaßt – jedenfalls kollidierte ich mit einem Motorroller. Nichts Schlimmes, zum Glück; immerhin mußte die Polizei einen Rapport aufnehmen.« In der Oper sprach sich das unter den Musikern selbstverständlich sofort herum; auch Wunderlich hörte davon. Sofort ging er hinaus, um Eva Jungnitsch beim Erstellen des Polizeirapports behilflich zu sein. »Inzwischen hatte die Premiere der *Verkauften Braut* längst begonnen, doch hatten wir keine Lust mehr, noch hineinzugehen. ›Ich fahr' Sie noch ein bißchen mit meinem Wagen herum‹, schlug Wunderlich vor, ›damit Sie sich beruhigen können. Und dann kommen wir vor Vorstellungsschluß zurück und holen Ihren Vater ab.‹ Wir kurvten ungefähr eine Stunde in der Stadt herum; ich war ziemlich schweigsam. Und plötzlich sagte er, nun wolle er mich etwas fragen, aber ich dürfe bitte jetzt keine Antwort geben, sondern ich solle erst darüber nachdenken. Er wolle mich heiraten.«[5]

Bald folgten die offiziellen Vorstellungsbesuche, zuerst bei den Eltern Evas, anschließend bei Mama Wunderlich in Kusel. Bislang hatte Fritz seine Mutter regelmäßig zu Konzerten mitgenommen. Sie war dann stets sehr glücklich und genoß die Erfolge ihres Sohnes, empfand sie gleichsam als kleinen Lohn für all ihre aufopfernde Sorge in entbehrungsreichen Kriegsjahren. Nun würde Eva ihn begleiten, und sie mußte sich auf ein einsameres Leben einstellen. Aber sie blieb zuversichtlich.

Seit dem 1. Mai duzten sich Eva und Fritz; am 25. August 1956 wurde in Stuttgart im kleinen familiären Rahmen geheiratet. Die kirchliche Trauung, die Fritz sehr ernst nahm, fand in Kusel statt, am frühen Morgen und ohne einen einzigen Zaungast. Vollzogen wurde sie von jenem Dekan, der Fritz einst konfirmiert hatte. Anschließend bezogen die Neuvermählten eine kleine Mansardenwohnung im Haus von Evas Eltern in Stuttgart-Heumaden. Am Sonnenweg 48.

Seit längerer Zeit ließ sich Wunderlich durch die Theateragentur Felix Ballhausen vertreten. Bereits im April waren die bestehenden Verträge mit der Stuttgarter Oper revidiert worden. Schließlich sang Wunderlich nun Hauptpartien. Vorbei war es mit den »Wurzen«, den kleinen Rollen. Und das sollte künftig auch entsprechend honoriert werden: 12000 DM sollten Wunderlich in der Spielzeit 1957/58 ausbezahlt werden, so steht es im Vertrag – dreimal soviel wie seine Anfangsgage beim Antritt des Stuttgarter Engagements. Und für die Spielzeit 1958/59 wurde vertraglich gar ein Betrag von 13200 DM festgelegt.

Ende April sang Wunderlich erstmals den Pang in Puccinis letzter Oper *Turan-*

dot, eine mittelgroße Partie und nicht ohne Tücken, eine jener sechs Partien, die er in der laufenden Spielzeit noch einstudieren mußte. Am 14. Mai stand er zum ersten Mal als Hans in der *Verkauften Braut* auf der Bühne. Mit dieser Rolle, eigentlich für einen jugendlich-dramatischen Tenor geschrieben, kam er zweifellos an die Grenzen seiner stimmlichen Belastbarkeit. »Am Anfang hat er sich auch merklich schwer getan damit«, erinnerte sich Josef Dünnwald, der die Aufführungen dirigierte, »vor allem mit den dramatischen Stellen. Und schließlich ist es eine große Partie. Er hat sie später sehr gut gesungen und vor allem sehr gern.« Bereits eine Woche später, am 22. Mai, das nächste Rollendebüt: In Luigi Dallapiccolas Einakter *Nachtflug*, der in Stuttgart zum ersten Mal präsentiert wurde, sang Wunderlich die Partie des Piloten Pellerin. Ein publikumswirksames Werk, musikalisch nicht eigentlich »modern«, und es kam in Stuttgart entsprechend gut an. Der Komponist kam zur Premiere extra nach Stuttgart. »Im Orchester schmissen die Hörner einmal ziemlich arg«, erinnerte sich Staatskapellmeister Dünnwald. »Sie setzten zu früh ein, und es ging ein paar Takte ziemlich durcheinander – das klang dann wirklich ›modern‹. Am Schluß der Vorstellung kam Dallapiccola selbstverständlich zu uns auf die Bühne, um den Applaus des Publikums entgegenzunehmen. Ich entschuldigte mich bei ihm für den Patzer; er aber schien nicht begriffen zu haben und fragte, was denn los gewesen sei. Ich machte ihn auf die mißlungene Stelle der Hörner aufmerksam. ›Das habe ich überhaupt nicht bemerkt‹, war seine Antwort.«

Am 16. Juni, zwischen den beiden *Othello*-Gastspielen Mario del Monacos, sang Fritz Wunderlich zum ersten Mal den Belmonte in der *Entführung aus dem Serail*, seine zweite große Mozart-Rolle. Einige Klavierproben waren vorher angesetzt worden – Wunderlich mußte wie üblich in eine längst bestehende Inszenierung hineinspringen, ohne Proben mit einem Regisseur und auch musikalisch nur in knappstem Rahmen vorbereitet. Diesmal gab es allerdings Probleme: Die Koloratursopranistin Olga Moll, seit Jahren ein geschätztes Ensemblemitglied – sie sang die Konstanze –, weigerte sich, zusammen mit einem Anfänger zu proben. Dünnwald, der die Probe leitete, nahm sie ins Gebet: Wenn einer auf der Bühne eine vollwertige Leistung erbringe, sei er auch ein vollwertiger Kollege. »Sie ließ sich aber nicht belehren, sondern stellte sich teilnahmslos ans Fenster und guckte hinaus. Ich redete Fritz dann zu – er solle sich nichts daraus machen, solle seine Partie möglichst schön singen, dann sei die Schlacht für ihn sicher gewonnen. Und tatsächlich hielt er am Abend phänomenal durch und konnte einen großen persönlichen Erfolg buchen.«[6]

Das Jahr 1956 – für die musikalische Welt ein fast magisches Datum: 200 Jahre zuvor, am 27. Januar 1756, wurde in Salzburg Wolfgang Amadeus Mozart geboren. Mozart-Feiern und Festaufführungen waren demnach an der Tagesordnung. Die Württembergische Staatsoper präsentierte gleich zwei Neuinszenierungen von Mozart-Opern: am eigentlichen Geburtstag Mozarts den *Don Giovanni* und zum Saisonschluß, am 30. Juni, *Die Gärtnerin aus Liebe*. Und diese im stimmungsvollen Barocktheater des Schlosses in Ludwigsburg. Der siebenjährige Mozart war hier einst Gast gewesen, zusammen mit der Schwester Nannerl und dem Vater Leopold. Allerdings wurden sie von Herzog Karl Eugen von Württemberg nicht zur Audienz vorgelassen, sondern mußten mit dem Hofoberkapellmeister Niccolo Jommelli vorliebnehmen. Dieser zeigte sich vom Spiel des Siebenjährigen sehr beeindruckt und meinte, »daß es zu verwundern und kaum glaublich seye, daß ein Kind deutscher Geburt so ein Musikalisches genie und so viel Geist und Feuer haben könne«.[7]

In der *Gärtnerin aus Liebe*, diesem frühen Dramma giocoso Mozarts, sang Wunderlich den Belfiore, eine eigentümliche Mischung aus männlichen Tugenden und Eitelkeiten bis hin zur grotesken Persiflage eines Narziß und angeberischen Weiberhelden. An seiner Seite Trude Eipperle (Arminda), Hetty Plümacher (Ramiro), Olga Moll (Marchesa Violante Onesti) und Ellinor Junker-Giesen (Serpetta). Für den erkrankten Ferdinand Leitner sprang Staatskapellmeister Dünnwald ein. »Mozart in einer Traumresidenz«, titelte die *Welt* am 2. Juli 1956. »Im Wettbewerb um die Palme der deutschen Mozartstädte ist Ludwigsburg dieses Jahr der Preis zuerkannt worden ... Für die Festvorstellung hatte die Stuttgarter Staatsoper eine Überraschung parat: einen neuen Mozarttenor, Fritz Wunderlich, sehr jung und zu den glänzendsten Hoffnungen berechtigt. Er überragte das Ensemble der bewährten Stimmen ...« Auch die *Stuttgarter Zeitung* war des Lobes voll: »Die große Überraschung des Abends war der fünfundzwanzigjährige Fritz Wunderlich als Graf Belfiore. Er hatte aristokratische Delikatesse im Spiel und zugleich Gold in der Kehle. Wunderlich trat als ein geborener Mozart-Tenor auf – mit einer erstaunlichen Schmiegsamkeit distinguierten musikalischen Ausdrucks und verblüffender Schönheit der makellos reinen Höhe. Eine schlanke, edle lyrische Stimme, ein Geschenk und ein Instrument, das er jetzt schon ausgezeichnet beherrscht ...«[8]

Kaum wieder in Stuttgart zurück, begannen für Wunderlich die Proben zu einer letzten Neuinszenierung – nicht im Großen Haus der Württembergischen Staatstheater, sondern unter freiem Himmel auf dem Anlagensee. Drei Spielbühnen, insgesamt über 1500 Tonnen schwer, waren auf dem See aufgebaut worden; am Seeufer hatte man eine riesige Zuschauertribüne mit 4000 Sitzplätzen erstellt. Vom 12. Juli bis 15. August sollte hier Johann Strauss' Operette *Eine Nacht in Venedig* über die Bühne gehen. Die meisten Partien waren doppelt besetzt; Wunderlich sang alternierend mit Hans Blessin den Caramello. Neben dem hauseigenen Ensemble waren renommierte Operettenstars verpflichtet worden: Eva-Maria Duske von der Hamburger Staatsoper und Otto Falvay vom Gärtnerplatztheater in München – »doch bewegten sich«, wie in den *Stuttgarter Nachrichten* zu lesen war, »auch die hauseigenen Sänger erfreulich munter. An deren Spitze ist Fritz Wunderlich als quicklebendiger und weit über Operettenformat schön singender Caramello zu rühmen ...«[9]

1 Rechts im Bild Kapellmeister Paul Wunderlich und seine Frau Anna, die Eltern von Fritz Wunderlich; links Annas jüngere Schwestern Marie (sitzend) und Fanny (vor 1929).

Emrichs Braustübl, Saarpfalz

2 »Emrichs Braustübl«, das Geburtshaus von Fritz, an der Trierer Straße 27 in Kusel. 1929 übernahm Vater Wunderlich die Gastwirtschaft samt angegliedertem Kinobetrieb.

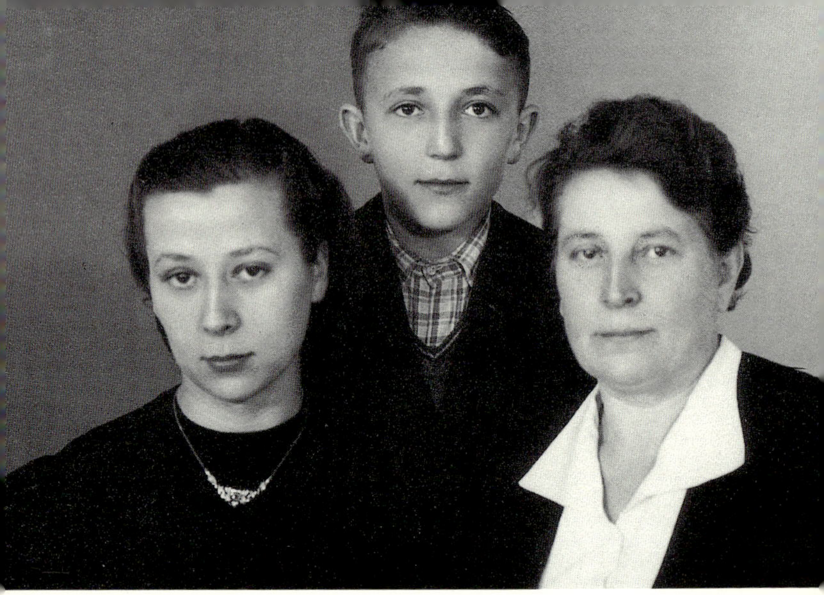

3 Fritz, der Konfirmand, zusammen mit seiner Schwester Marianne und ihrer Mutter (1945).

4 Fritz mit seiner Mutter im Garten ihres Häuschens an der Hollerstraße 9 (um 1940).

5 Noch muß er nicht zur Schule gehen: der Fünfjährige beim Wintersportvergnügen.

6 Der Konfirmand, 15 Jahre alt und noch in
kurzen Hosen, posiert zum »offiziellen« Foto.

7 Vor dem Häuschen in der Holler-Siedlung,
mit Marianne und der Mutter (1936).

8 Kinderjahre – für Fritz Wunderlich waren
das weitgehend auch Kriegsjahre, Jahre der
Not und voller Entbehrungen. Um so stolzer
war er auf alles, was er sich später aus
seinem Verdienst – er spielte bei
Festveranstaltungen, bei Kirchweihen oder in
den umliegenden amerikanischen
Offiziersklubs zum Tanz auf – leisten konnte.
Mit seinem ersten Fotoapparat lichtete er im
Freibad aus verstecktem Hinterhalt
sonnenbadende Mädchen ab und verkaufte
die Bilder anschließend an seine Kollegen. In
der Freiburger Studienzeit konnte er sich bald
ein kleines Tonband und später gar ein altes
Motorrad leisten. Auf dem Sattel an- und
steifgefroren sei er jeweils nach einer
nächtlichen Fahrt von Freiburg in der
pfälzischen Heimat angelangt, erzählte seine
Mutter wiederholt.

9 Fritz empfängt Gäste in der »Villa Heuboden«. Neben ihm der Vermieter, Manfred Schuler, Mama Wunderlich, Schulers Schwester sowie Hans-Martin Hackbarth (1954).

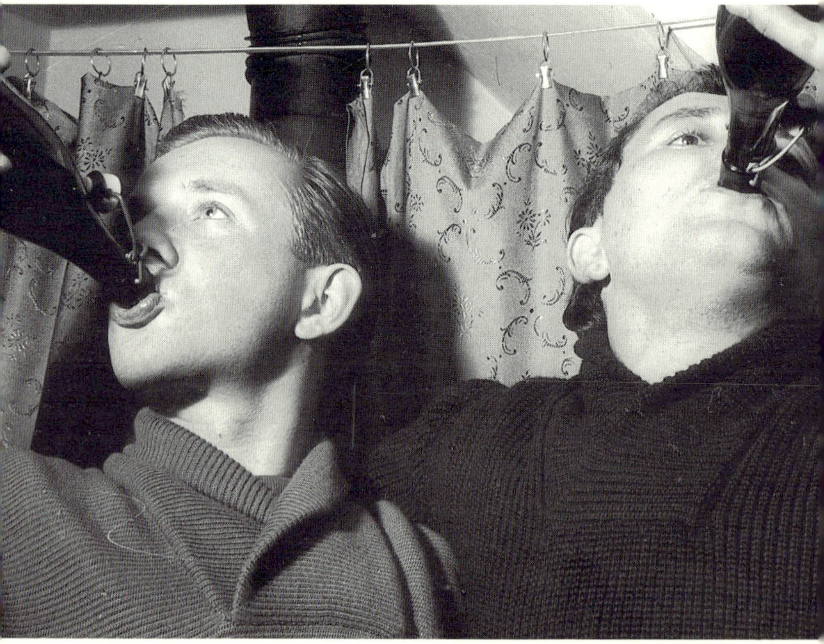

10 Mit dem Zimmer- und Studienkollegen Hackbarth. Eines Tages beschlossen sie, jeden Abend eine Flasche Bier zu trinken, auf daß ihre Stimmen größer würden.

11 Sein Studium in Freiburg verdiente Wunderlich mit Unterhaltungs- und Tanzmusik. Im Bild ein Auftritt der Band »Die Flotten 5«: Wunderlich spielte Trompete und Akkordeon.

12 Magarethe von Winterfeldt, Wunderlichs Gesangslehrerin. »Sie war es, die mich sängerisch denken und fühlen lernte, die mir den Weg aufzeigte, den ich gehen mußte.«

13 Wunderlichs Debüt als Tamino am 21. Juli 1954 in einer *Zauberflöten*-Studenten-
aufführung der Freiburger Musikhochschule. An seiner Seite: Katharina von Mikulicz
als Pamina.

14 Freiburger *Zauberflöte*, erster Aufzug, erster Auftritt: Tamino und die drei Damen, die mit ihren Speeren soeben die böse Schlange erlegt haben.

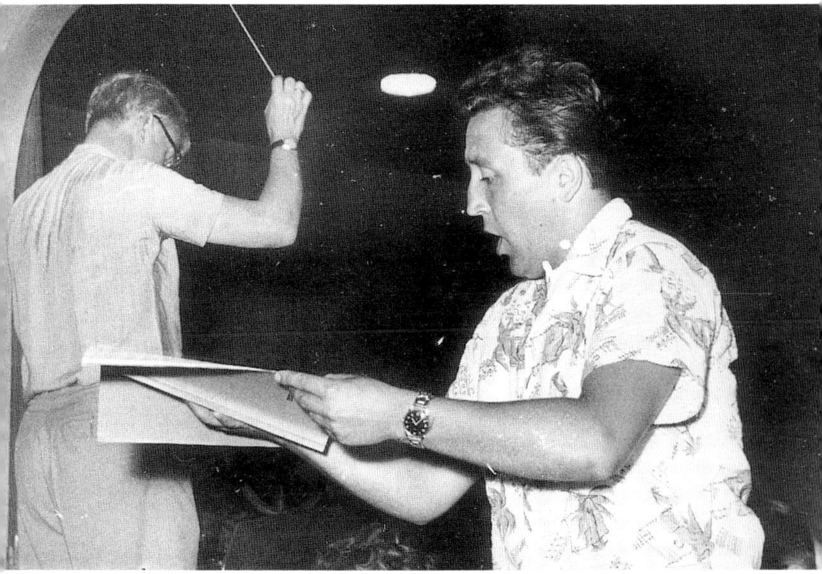

15 Schallplattenaufnahme von Monteverdis *Orfeo* unter der Leitung August Wenzingers im Anschluß an zwei Aufführungen der Oper an den »Sommerlichen Musiktagen« in Hitzacker 1955.

16 Wunderlichs umwerfend komische Louis-Armstrong-Parodie, eine effektvolle Nummer aus seinen früheren Tanzmusiktagen, nun am Stuttgarter Opernball 1956 erneut vorgeführt.

17 Wunderlich und Eva Jungnitsch,
frisch vermählt, auf der Hochzeitsreise
(August 1956).

18 Am 1. September 1955 begann Wunderlichs
Fünfjahresvertrag mit der Stuttgarter Oper.

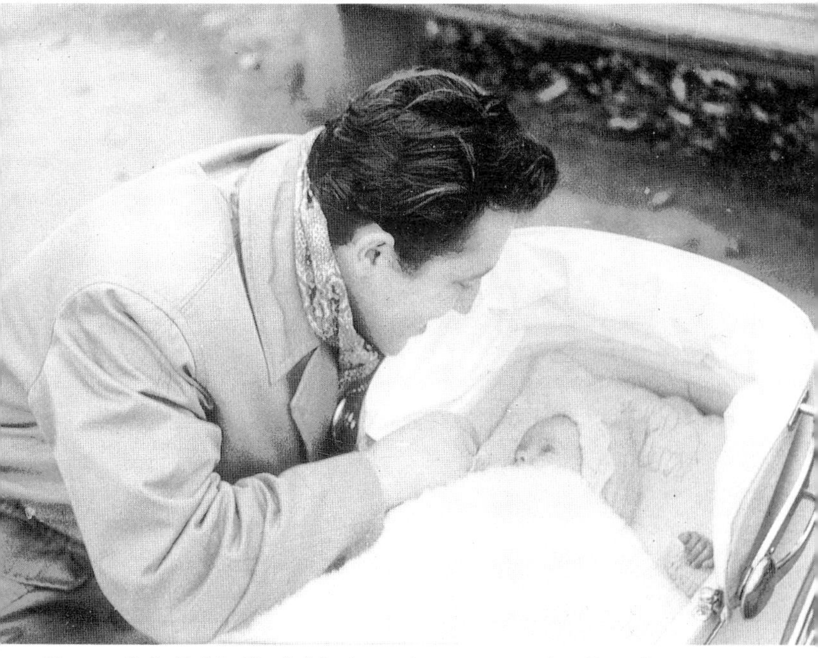

19 Eine neue Rolle für Fritz Wunderlich: Am 26. August 1957 wurde er Vater. Constanze
sollte die Tochter heißen – in Anlehnung an Wunderlichs Lieblingskomponisten Mozart.

20 Bachwoche Ansbach 1957. Von links nach rechts: Karl Richter, Marga Höffgen, Carl Weymar, Friederike Sailer, Horst Günter, Kieth Engen, Peter Pears und Fritz Wunderlich.

21 Nach einer Probe in Ansbach: Wunderlich mit Friederike Sailer und Kieth Engen.

22 Seite an Seite mit seinem renommierten Tenorkollegen: Wunderlich und Peter Pears.

23 Wunderlich als Andres *(Wozzeck)* trifft in der Garderobe Otto von Rohr als Wotan.

24 Wunderlich als Ferdinand in Schuberts Oper *Die Wunderinsel* (Premiere: 26. Januar 1958).

25 9. Mai 1957: Uraufführung von Egks *Revisor* in Schwetzingen. Zweiter von links: Wunderlich; sitzend Hetty Plümacher, rechts Gerhard Stolze, Fritz Ollendorff und Friederike Sailer.

26 Wunderlich (Baron Kronthal) mit Lore Wissmann (Gretchen) in Günther Rennerts
Wildschütz-Inszenierung an der Stuttgarter Staatsoper (Premiere: 12. März 1958).

27 Stuttgarter Opernball 1958: Wunderlich und Gustav Neidlinger treten als kurzbehoste Matrosen auf. Zwei Jahre später wiederholen sie das Spektakel: diesmal als Seemannsbräute.

28 Wunderlich und Horst Günter in Rennerts
Rossini-Inszenierung *Der Türke in Italien*.

29 Rossinis *Barbier*: Wunderlich mit Heinz
Cramer (Bartolo) und Eva Maria Rogner
(Rosine).

30 Wunderlich, Ruth-Margret Pütz und Fritz Linke in *Der Türke in Italien*, eine der
spaßigsten Stuttgarter Rossini-Inszenierungen von Günther Rennert (Premiere: 26. März 1961).

31 Stuttgart, 11. Dezember 1959: Uraufführung von Carl Orffs *Oedipus der Tyrann*.
Inszenierung: Günther Rennert; Bühnenbild: Caspar Neher; Musikalische Leitung: Ferdinand
Leitner. Seit Jahren waren Orffs Musikdramen in Stuttgart gleichsam zu Hause und erwiesen
sich als die wohl dauerhaftesten Erfolge, die diese Bühne mit modernen Opern überhaupt
hatte. Unvergleichlich Gerhard Stolze in der Titelpartie; Wunderlich sang den blinden Seher
Tiresias – »unerhört eindringlich im jähen Wechsel von meditativer Überlegung und
visionären Ausbrüchen«, wie ihm die Kritik bescheinigte.

32 *Don Giovanni* in Köln (Premiere: 20. März 1960). Inszenierung: Oscar Fritz Schuh; Bühnenbild: Caspar Neher; Musikalische Leitung: Wolfgang Sawallisch. »Als Ottavio war Wunderlich ein veritables Mannsbild auf der Bühne, nicht ein tenorales Mauerblümchen ... Wunderlich hielt stand, hielt jeder Donna Anna stand. Er war wirklich ein Gegenpol zum Don Giovanni, war dessen Gegenspieler, wie das Da Ponte im Libretto ja auch vorgezeichnet hat.«

33 Das legendäre Kölner *Don-Giovanni*-Ensemble: Wunderlich (Ottavio), Elisabeth Grümmer (Donna Anna), Hermann Prey (Don Giovanni) und Hildegard Hillebrecht (Donna Elvira).

Saisonschluß, Sommerpause im Opernbetrieb. Bereits am 1. August wurde Wunderlich für das Schlußkonzert der diesjährigen Bachwoche in Ansbach erwartet. Zwei weltliche Bach-Kantaten standen auf dem Programm: »Auf, schmetternde Töne« BWV 207a und »Tönet, ihr Pauken!« BWV 214. Werner Egk dirigierte, am Cembalo begleitete Karl Richter. Neben Wunderlich sangen Friederike Sailer, Sieglinde Wagner und Dietrich Fischer-Dieskau. »Nachdem Werner Egk den Eingangschor ›Auf, schmetternde Töne‹ geprobt hatte, erhob sich Fritz Wunderlich und sang«, erzählte Fischer-Dieskau von dieser ersten Begegnung. »Fast erschrak ich beim Hören, denn diese Stimme hatte einen berückenden Schmelz und dabei doch das notwendige Gran Metall im Klang, wie es so von deutschen Tenören schon seit langem nicht mehr zu vernehmen war. In der Probenpause fragte ich den still in einer Saalecke wartenden Mann, wo er denn herkomme und seit wann er sänge.«[10]

Zwei Monate später sang Wunderlich erneut Bach: diesmal die *h-moll-Messe*. Und zwar im Rahmen dreier Konzerte des Freiburger Bachchors, wie immer unter der Leitung von Theodor Egel. Als Orchester hatte er das Musikcollegium Winterthur gewonnen. Erste Station dieser kleinen Gastspielreise war Stuttgart: die neueröffnete Liederhalle mit dem rund 2000 Zuhörern Platz bietenden Beethovensaal. Wunderlich hatte offensichtlich nicht seinen besten Tag: »In den Arien hörten wir Maria Staders kostbaren Sopran, Marga Höffgens warme Altstimme, Fritz Wunderlichs etwas zurückhaltenden Tenor und Heinz Rehfuss' schönen Bariton.«[11] Daß Wunderlich zurückhaltend sang, hatte seinen guten Grund. Mit seiner Frau hatte er einige Urlaubstage im heimatlichen Kusel verbracht. Doch plötzlich kriegte er Zahnschmerzen, und er mußte einen Arzt aufsuchen. Ein retinierter Weisheitszahn machte ihm derart Probleme, daß der Arzt das Zahnfleisch über dem Weisheitszahn mit einem kleinen Schnitt eröffnete, um dem Zahn Raum zu schaffen. Zurückhaltung und Vorsicht beim Singen waren also geboten. Doch es sollte noch schlimmer kommen.

Tags darauf war ein Konzert in Frankfurt angesetzt, der zweiten Station auf dieser kleinen Konzerttournee, und zwar im Großen Sendesaal des Hessischen Rundfunks. Drei Werke standen diesmal auf dem Programm: *Totentanz* von Arthur Honegger, der dritte Teil von Frank Martins Oratorium *In terra pax* sowie Bachs *Magnificat*. Das Konzert wurde direkt im Rundfunk übertragen. Doch als das Konzert beginnen sollte, war Wunderlich nicht da. Zwar hatte er erst im zweiten Werk zu singen, doch wurde man unruhig, rief sicherheitshalber in seinem Hotel an und erhielt den Bescheid, er sei schon weg. Also war er unterwegs – zuversichtlich begann Egel mit dem Konzert. Um so größer sein Erstaunen, als er, nach dem einleitenden *Totentanz*, Wunderlich noch immer nicht in der Künstlergarderobe vorfand. Was sollte man tun? Die Übertragung am Rundfunk lief, das Publikum im Saal wartete, eine Unterbrechung des Konzerts war nicht denkbar. Also mußte man ohne Wunderlich auskommen. Die Solisten und Egel gingen ohne ihren Tenor zurück in den Sendesaal aufs Konzertpodium. Die Techniker und der Aufnahmeleiter im Kontrollraum blickten fragend durch die Glasscheibe. Egel deutete ihnen mit knapper Geste an, daß er die Tenorpartie selber singen werde. Entsprechend wurde der Galgen mit dem Mikrofon zum Dirigenten geschwenkt; dann gab dieser den Einsatz, und die Aufführung begann. Vor den Seligpreisungen des Tenors steht eine lange Passacaglia für Alt; Marga Höffgen sang sie mit warmer Expressivität – da plötzlich tauchte Wunderlichs Gesicht an der Glastür des Bühneneingangs auf. Egel winkte ihm ab: Er solle ja nicht hereinplatzen, zumal die Sendung lief und sein Mikrofon ja weggeschwenkt war.[12] Was war passiert? »Vor dem Konzert hatte er sich wie üblich im Hotel niedergelegt, um zwei, drei Stunden zu schlafen«, erzählte Eva Wunderlich. »Wie er erwachte, hatte er den Mund voller Blut. Der Schnitt, der dem Weisheitszahn hätte Raum schaffen sollen, war erneut aufgebrochen, und so mußte Fritz notfallmäßig zur Zahnbehandlung in die Kieferklinik, wo die Blutung gestillt wurde. Anschließend sind wir schnellstens ins Funkhaus hinübergefahren.«[13] Für die Seligpreisungen war es schon zu spät – immerhin konnte Wunderlich im abschließenden *Magnificat* noch singen, käseweiß im Gesicht und sehr erregt. Selbstverständlich wurde das von den Kritikern vermerkt: »Ein Husarenstück des Dirigenten verdient hier notiert zu werden«, las man am 1. Oktober in der *Frankfurter Neuen Presse*. »Kurzerhand übernahm er nämlich selbst das Tenorsolo, weil der Solist vorübergehend unpäßlich war, und zwar mit untadeligem Gelingen.«

Pausieren, Absagen war nicht möglich: Zwei Tage später schon fand das dritte Konzert statt: wiederum die *h-moll-Messe*, diesmal in Berlin – Wunderlichs erster Auftritt in dieser einst so bedeutenden Musikmetropole. »Die solistischen Vokalpartien hatten Elisabeth Grümmer, Marga Höffgen und Dietrich Fischer-Dieskau übernommen, Sänger, die sich in oratorischen Werken Bachs vielfach bewährt haben; zu ihnen trat für die Tenorarien der Stuttgarter Fritz Wunderlich, der sich seiner Aufgabe mit sicherem Stilgefühl und kultivierter Stimmbehandlung entledigte«, hieß es im *Telegraf*. Und das *Spandauer Volksblatt* betonte, daß man sich die solistische Besetzung nicht besser hätte wünschen können: »Neben Elisabeth Grümmer, Marga Höffgen und Dietrich Fischer-Dieskau ein Tenor aus Stuttgart, den man sich hier merken sollte: Fritz Wunderlich.«[14]

Noch eine weitere Mozart-Opernrolle bescherte ihm das Mozart-Gedenkjahr: Mitte Oktober produzierte der Süddeutsche Rundfunk Stuttgart in der Liederhalle das deutsche Singspiel *Zaide*. Mozart hatte es 1779, vor dem *Idomeneo*, komponiert, und zwar für eine böhmische Operntruppe, die damals in Salzburg gastierte. Zwei Akte – insgesamt 15 Musiknummern – hatte Mozart vollendet, dann ließ er die Arbeit liegen. Der Titel *Zaide* stammt übrigens nicht vom Komponisten, sondern vom ersten Herausgeber der Partitur. Mozart nannte das Singspiel, komponiert auf ein Libretto von Johann Andreas Schachtner, *Das Serail*. In der Tat kann man das Werk, auch von der Thematik her, als Vorstufe zur *Entführung aus dem Serail* betrachten. Die Musik bietet nicht viel mehr als eine herkömmliche Charakterisierung der Figuren; allerdings ist die Zeichnung des duldenden Liebespaares, Zaide und Gomatz, ungleich besser und differenzierter gelungen als die der übrigen Figuren. Vor allem der erste Akt, welcher Gomatz und Zaide praktisch allein gehört, offenbart echte Mozartsche Anmut und Zartheit in der Empfindung. Fritz Wunderlich und Maria Stader sangen dieses Liebespaar – zwei der kostbarsten Mozart-Stimmen. Auffallend die hell timbrierte Stimme Wunderlichs und seine schlanke, kontrollierte Tongebung. Sein außerordentlich leichtgewichtiges, sprachbewußtes Singen läßt zeitweise fast an einen Buffotenor denken.[15]

Fritz Wunderlich privat: Auch das war eine Rolle, die er neu lernen und die sich einspielen mußte. Erst noch hatte er seiner Lehrerin geklagt, daß er alles, die kleinen Sorgen und die großen Ängste, stets mit sich allein abmachen müsse und ihn die Angst, daß er dem allem gar nicht standhalte, immer von neuem wieder überfalle. Er, der das Alleinsein nie ertragen konnte, wußte nun, daß zu Hause ein Mensch war, der ihm unbegrenztes Vertrauen entgegenbrachte und Anteil nahm an seiner Arbeit, an seinen beruflichen Nöten und Selbstzweifeln. Allerdings erzählte er zu Hause nur recht selten von der Oper – die Arbeit, sosehr sie seine Welt war, sollte zu Hause nicht eine vorrangige Rolle spielen. Auch ein stundenlanges Einsingen im Musikzimmer, wie das andere Sänger vor einer Vorstellung zu praktizieren pflegen, lag ihm fern. Entweder sei die Stimme da oder nicht, sagte er stets, und das merke er schon am Morgen, wenn er aufstehe. Überhaupt dachte er zu Hause möglichst wenig ans Singen. Was nicht heißt, daß er im Familienkreis kaum gesungen und also Musik in seinem Privatleben keine Rolle gespielt hätte. Ganz im Gegenteil: Oft spielte er Horn – am liebsten Mozarts Hornkonzerte, wobei ihn seine Frau am Flügel begleitete. Wenn er zu Hause sang, dann waren es nie jene Partien, die ihn zur Zeit gerade auf der Bühne beschäftigten. Viel lieber probierte er ganz andere Musik aus: Arien aus *Tosca* und *Turandot* beispielsweise oder sogar Baßarien. Seine liebste Arie im *Don Giovanni* sei Leporellos »Register-Arie«, hat er wiederholt beteuert; und auch die große Christus-Szene »Nehmet, esset, das ist mein Leib« aus der *Matthäus-Passion* sowie das Baßrezitativ »Am Abend, da es kühle war« sang er oft und gerne, nicht ohne herzlich zu bedauern, daß Bach diese Musik nicht für den Evangelisten oder den Tenorsolisten – also für ihn – geschrieben habe.

Gerne lud er auch seine Kollegen ein, Hubert Buchta, Gustav Neidlinger oder Hans Günter Nöcker, in späteren Jahren auch Gottlob Frick, wesentlich ältere Kollegen zumeist; und von ihnen wollte er lernen. Oft war auch Margarethe von Winterfeldt zu Gast. Vor wichtigen Aufführungen holte Fritz Wunderlich nach Möglichkeit Rat bei ihr. Nicht, daß er abhängig von ihr gewesen wäre. Aber er spürte, daß sie sich nach wie vor für seine sängerische Entwicklung interessierte, zumal er jetzt, als Opernsänger, Erfahrungen machte, die ihr selber, der Konzertsängerin, versagt geblieben waren. Immer noch bewährten sich ihr phänomenales Gehör und ihr sicheres Gespür für die Stimme. Und stets sorgte sie sich, ob bei den unglaublichen Anforderungen, denen Wunderlich an der Oper ausgesetzt war, auch alles rund laufe, ob sich die Stimme ohne Verkrampfungen weiterentwickeln könne. Denn Gefahren lauerten überall, vor allem bei der zeitgenössischen Musik mit ihren ganz besonderen Anforderungen an die Stimme. Wunderlich, das fällt auf, hat damals schon überraschend viel zeitgenössische Musik gesungen. Opern vor allem, aber auch Oratorien und kleinere Kantaten. »Nicht immer hat er das gerne gemacht«, betonte Ferdinand Leitner später, »aber ich habe ihn damit besetzt, weil er so musikalisch war und gesangstechnisch so sicher. Ich wußte, daß ihm da nichts passieren konnte. Und er lernte unwahrscheinlich schnell, die komplizierteste Musik – ein richtiges Urviech. Er kannte keinerlei Schwierigkeiten, und ich habe es nie erlebt, daß er einmal gekommen wäre und gesagt hätte: ›Ich brauche da mehr Zeit zum Lernen.‹«[16]

Oft kamen auch andere Bekannte aus den Freiburger Studienjahren nach Stuttgart. Vor allem Klaus Hertel und Katharina von Mikulicz, Wunderlichs engste Freunde. »Einmal waren wir zusammen mit der Winterfeldt bei Fritz in seiner kleinen Dachwohnung im schwiegerelterlichen Haus«, erzählte Hertel. »Abends mußte Fritz in der *Entführung* singen, und die Winterfeldt arbeitete am Nachmittag noch mit ihm. Da war eine hochgelegene Phrase, und mir fiel auf, daß er sich die leichter machte, indem er statt des unterlegten Textes einfach a-a-a sang. Mir gefiel das natürlich nicht: ›Du Fritz‹, sagte ich, ›ich finde das unmöglich, das hast du doch nicht nötig.‹ Da fuhr mich die Winterfeldt an: ›Was erlaubst du dir eigentlich! Wie kannst du ihm zwei Stunden vor der Aufführung so was überhaupt sagen!‹ Vielleicht hatte sie recht; auf keinen Fall wollte sie, daß Fritz jetzt noch verunsichert werde. Am Abend in der Vorstellung – wir saßen alle drin – sang er diese Phrase dann prompt mit dem richtigen Text. Indirekt hat er seiner Lehrerin damit vielleicht auch zeigen wollen, daß er auf ihre Ratschläge nicht in jedem Fall mehr angewiesen war.«[17] Ebenfalls zu diesem Bekanntenkreis aus den Freiburger Jahren zählte der Pianist Kurt-Heinz Stolze. Auch er war an der Stuttgarter Oper engagiert, zuerst als Korrepetitor und Übungsmeister, später als Kapellmeister, vorwiegend fürs Ballett.[18] Oft hatte er Studierende in der Meisterklasse Margarethe von Winterfeldts begleitet und sie beim Rollenstudium angeleitet. Mit ihm studierte Fritz die ersten Liedprogramme ein: Schuberts *Schöne Müllerin* sowie Gesänge von Brahms, Richard Strauss und Hugo Wolf. Und er war stets von neuem fasziniert, wie Stolze alles ganz nach Belieben transponieren konnte, einen halben Ton oder gleich mehrere Töne, hinauf oder hinunter, und alles selbstverständlich vom Blatt.

Doch wie gesagt: Musik, der Sänger- und Opernberuf waren für Wunderlich zu Hause kaum ein Thema. Viel lieber bastelte er, zum Beispiel an seiner Modelleisenbahn, die er sich – ein langgehegter Kinderwunsch – als frischgebackener Ehemann zum ersten Weihnachtsfest gekauft hatte. Oft war er auch unterwegs, fuhr er mit seinem Volkswagen nach Kusel zu seiner Mutter. Damals eine recht mühsame Sache, denn die Straßen waren über weite Strecken immer noch voller Schlaglöcher. Zwei Dinge waren es, die ihn nach wie vor an seine Pfälzer Heimat banden: die Mutter und die Kindheitserinnerungen. Natürlich bestanden noch alte Freundschaften aus der Jugendzeit, und auch die Schwester lebte mit ihrer Familie nach wie vor in Kusel. Oft spielte Wunderlich mit den ehemaligen Kumpels Skat oder Schach, manchmal bis in die frühen Morgenstunden. Daß das der Mutter nicht sonderlich paßte, liegt auf der Hand, und es fehlte auch nicht an entsprechenden Vorwürfen. Doch die prallten an ihm ab. Bei all seinem Charme und seiner ansteckenden Offenherzigkeit setzte er seinen eigenen Willen unbeirrbar durch. Er war ein dominierender Mensch, auf der Bühne wie auch zu Hause im geselligen Kreis. Und noch etwas fiel auf: daß er alles, was er zu Hause in seiner Freizeit unternahm, mit derselben Intensität anging, die er auch für seinen Beruf mobilisierte. Halbherzigkeiten gab es für ihn keine. Und stets steckte er voller Pläne. Meistens waren es zu viele, als daß sie sich alle hätten realisieren lassen. Beispielsweise versprach er einigen Kollegen, sie am freien Wochenende zu besuchen, und sie stellten sich entsprechend darauf ein. Den ersten besuchte er dann auch, doch es wurde regelmäßig später als vorgesehen, und beim zweiten nochmals dasselbe – so daß er zum letzten gar nicht mehr kam. Das gab Ärger und führte zu Enttäuschungen. Enttäuschungen, die manch einer kaum mehr verwand.

Und zu Hause? »Natürlich hat sein Beruf unser Leben dominiert. Anders wäre das ja gar nicht möglich gewesen. Aber er hat doch die Familie ungeheuer an seinem Beruf teilnehmen lassen. Es war ihm auch ungeheuer wichtig, daß ich immer mit dabei war und praktisch noch zusätzliche Ohren für ihn mobilisierte. Er legte großen Wert auf meine Meinung. Durch meinen Beruf habe ich doch sehr gut geschulte Ohren, und er meinte manchmal, ich würde wirklich die allerkleinsten Dinge hören.«[19] Harfe spielte Eva Wunderlich allerdings längst nicht mehr, obwohl das ursprünglich nicht so vorgesehen war. Daß es mit zwei Musikern in einem Haushalt Probleme geben würde, weil jeder sein eigenes Revier verteidigen wollte, ließ sich eigentlich voraussagen. Dennoch waren es andere Beweggründe, die schließlich zum Entscheid gegen die Harfe führten. Ein neues Instrument hätte angeschafft werden müssen, und gleichzeitig brauchte Wunderlich einen Flügel. Da das Geld für beides nicht ausreichte, entschloß man sich für das Dringendere, für den Flügel. Nachgetrauert hat Eva Wunderlich der Harfe nicht sonderlich, denn aufgewachsen war sie eigentlich mit der Oper. Früh schon hatte sie ihr Vater in die Proben mitgenommen; später sang sie im Kinderchor mit. Der Oper sollte sie weiterhin verbunden bleiben: jetzt durch den Beruf ihres Gatten.

SIEBTES KAPITEL

Die harte Schule des Opernalltags:
Stuttgarter Saison 1956/57

Eine neue Opernsaison stand bevor. Seiner Lehrerin hatte Wunderlich berichtet, daß man ihn für drei lyrische Partien vorgesehen habe und daß er nebenher *Così fan tutte* studiere sowie den David in Wagners *Meistersingern*.[1] Nebenher – das heißt: ohne konkrete Aussicht, diese Partien demnächst auf der Stuttgarter Bühne singen zu können. Aber das Lernen von neuen Partien gehörte zum Opernalltag. Auch wenn Wunderlich keine Vorstellung hatte, traf man ihn regelmäßig in der Oper an: am Morgen auf den Proben, zwischendurch auch beim Korrepetieren. Hier, an der Seite eines erfahrenen Studienleiters und nicht etwa zu Hause am Flügel sitzend, lernte er seine neuen Partituren, Opernrollen zumeist, aber auch Oratorienpartien. Und abends dann die Vorstellungen, bis zu zwölf in einem einzigen Monat. »Wurzen«, kleine Partien also, gab es nur noch selten: der Bote in *Aida* oder der Leibbojar in *Boris Godunow*. Mehrheitlich wurde er jetzt als Tamino oder Belmonte angesetzt, wiederholt sang er auch den Hans in der *Verkauften Braut*.

Hinzu kamen Konzertverpflichtungen. Allein im Oktober 1956 bestritt er vier Chorkonzerte. Mit dem Philharmonischen Chor Stuttgart trat er, an der Seite von Friederike Sailer und Herbert Brauer, in Hugo Hermanns Oratorium *Jesus und seine Jünger* auf; mit dem Männergesangverein »Frohsinn 1852« von Mühlheim an der Ruhr sang er Strawinskys Oratorium *Oedipus Rex* – mit Res Fischer, der großen Sängerdarstellerin der Stuttgarter Oper, als Jokaste. Am 14. Oktober wurde er vom Augsburger Schlesierchor für eine Aufführung von Georg Friedrich Händels Oratorium *Judas Maccabaeus* erwartet. Wobei er, als Interpret der Titelpartie, offensichtlich einen Einsatz verpaßt hat: »Die Aufführung war gut ... nicht zuletzt durch ein vorzügliches Solistenquartett, an dessen Spitze man den Tenor Fritz Wunderlich nennen möchte. Das ist ein Oratoriensänger comme il faut. Hier ist alles da, von der kräftigen, geschmeidigen und in allen Lagen gutsitzenden Stimme bis zur technisch und rhythmisch präzisen Durchführung der einzelnen Figur und der musikalisch wie textlich vorbildlichen Deklamation. Daß er einmal um eine Nummer zu früh nach seinem Schwert zu rufen begann, verzieh man ihm in Anbetracht der im ganzen vorbildlichen Leistung gern.«[2] Am

25. November sang er Händels *Judas Maccabaeus* erneut, diesmal in Riedlingen. Genau einen Monat später folgte – in einem Konzert des Philharmonischen Chors Stuttgart unter der Leitung von Heinz Mende – *Belsazar*, ein weiteres Händel-Oratorium. Auch hier erntete Wunderlich Lob und Anerkennung: »In erster Linie ist Fritz Wunderlich zu nennen, der sich in der letzten Zeit erstaunlich entwickelt hat. Er war als Belsazar gesanglich und dramatisch gleich gut, besonders seine sauberen Koloraturen müssen gerühmt werden.«³

Auch einen Lieder- und Arienabend studierte Wunderlich ein. Der Verein ehemaliger Schülerinnen der Neustadter Höheren Mädchenschule hatte ihn eingeladen – und er präsentierte sich, am Flügel von Hans Gresser begleitet, mit einem wahrhaftig kühnen Programm. Im ersten Teil sang er Lieder von Brahms und Schubert; nach der Konzertpause wartete er mit einer Reihe anspruchsvoller Opernarien auf: »Wenn der Freude Tränen fließen« aus der *Entführung*, »Es muß gelingen« aus *der Verkauften Braut*, »Wie eiskalt ist dein Händchen« aus *Boheme*, »Keiner schlafe« aus *Turandot* sowie – und diesmal gar in der Originalsprache – »La donna è mobile« aus Verdis *Rigoletto*. Und nach dieser beispiellosen *tour de force* hatte Wunderlich gar noch Reserven für eine ähnlich schwierige Zugabe: für die »Bildnisarie« aus der *Zauberflöte*. Solche Lieder- und Arienabende waren übrigens sehr begehrt, beim Publikum wie bei den Künstlern. Zahlreiche Anfragen kamen von Firmen – geschlossene Veranstaltungen für geladene Gäste. »Fritz machte immer gerne mit«, erzählte Josef Dünnwald, der Wunderlich bei solchen Anlässen wiederholt begleitet hat, »denn das gab zusätzliches Honorar, und man konnte das eine oder andere Werk hier neu lernen und ausprobieren. Einmal haben wir zusammen in der Stuttgarter Liederhalle musiziert – auch ein Firmenabend, also eine geschlossene Veranstaltung. Ich habe mich am Nachmittag mit Fritz getroffen, bei ihm zu Hause, um die Lieder und Arien nochmals durchzunehmen. Plötzlich schaute er mit starrem Blick aufs Programm: ›Da sind ja noch zwei Lieder drauf… An die hab' ich gar nicht gedacht!‹ Zwei Schumann-Lieder waren es. ›Nun, so schlimm ist das auch wieder nicht‹, sagte ich, ›singst halt zwei andere Lieder.‹ Aber davon wollte er nichts wissen: ›Nein, nein, die machen wir jetzt schnell, die lerne ich schon noch!‹ Wir spielten sie ein paarmal durch, und am Abend hat er sie gesungen. Auswendig selbstverständlich und mit schönstem Ausdruck.«⁴

Die Opernsaison begann für Wunderlich mit einer Stuttgarter Erstaufführung: Günther Rennert inszenierte Alban Bergs *Wozzeck*, zweifellos eines der markantesten Zeugnisse des modernen Musiktheaters. Im Jahr 1914 hatte Berg das Schauspiel Georg Büchners kennengelernt – die Tragödie des Soldaten und Mörders Woyzeck, die Büchner im Sommer 1836 entworfen, aber unvollendet hinterlassen hatte. Das Drama, ein erratischer Block in der Literaturgeschichte des 19. Jahrhunderts, rätselhaft und von ungemeiner Anziehungskraft, wurde 1879 aus dem Nachlaß des Dichters erstmals veröffentlicht. Für seine Oper straffte Alban Berg den Ablauf der Handlung, indem er von den fünfundzwanzig Szenen

Büchners deren neun strich und zwei weitere in eine einzige Szene zusammen-schloß. Diese fünfzehn Szenen gruppierte er symmetrisch in drei Akte, mehr musikalischen als literarischen Gesichtspunkten folgend und, dem konstruktiven Kompositionsstil entsprechend, in erster Linie nach den Gesetzen der musikalischen Architektonik vorgenommen. Obwohl Berg die Grenzen der Tonalität weit hinter sich ließ, mied er nicht den Anschluß an die Tradition: Suiten- und Sonatensätze, Fugen und Inventionen, Variationen und Passacaglien sind alles herkömmliche Formen der absoluten Instrumentalmusik, die Berg im *Wozzeck* zum dominierenden Gestaltungsprinzip erhob. Die Uraufführung am 14. Dezember 1925 an der Berliner Staatsoper unter der Leitung von Erich Kleiber löste Erregung, ja fast einen Skandal aus. 1933 wurde das Werk in Deutschland verboten, und nach dem Zweiten Weltkrieg tauchte es nur ganz sporadisch auf den Spielplänen der führenden Opernhäuser auf. Immer noch war es ein Risiko, den *Wozzeck* auf die Bühne zu bringen – nicht nur ein künstlerisches Risiko, sondern auch ein kulturpolitisches. Sechs Jahre zuvor erst, im Sommer 1951, hatte man die Oper erstmals an den Salzburger Festspielen gezeigt. Vorangegangen waren erregte Politdebatten gegen den »Schmutz und Schund, wie das der *Wozzeck* ist...«[5]

Nun also die Stuttgarter Erstaufführung. Generalmusikdirektor Leitner besorgte die musikalische Einstudierung, Günther Rennert inszenierte. »Ich habe immer das Gefühl gehabt, daß alle glücklich waren, die mit ihm arbeiten durften«, erinnerte sich Ferdinand Leitner. »Er war ein leiser Choleriker, und er mußte sich in den Proben immer wieder zurückziehen, weil er unter Atembeschwerden der schwersten Art litt.« Rennert bestand darauf, daß volle vier Wochen geprobt werde. Wunderlich sang den Andres, naturburschenhaft, soweit das die höchst komplizierte Musik Bergs überhaupt zuläßt. Toni Blankenheim von der Hamburger Staatsoper gastierte als Wozzeck; Gerhard Stolze, ein unvergleichlich intensiver Bühnenkünstler, sang den Hauptmann. »Stolze hatte nicht die halbe Stimme von Wunderlich, aber er war ein sensationeller Sängerdarsteller«, erinnerte sich Ferdinand Leitner. »Sobald er auf die Bühne kam, zog der die gesammelte Aufmerksamkeit des Publikums auf sich.«[6] Und es darf zu den Glücksfällen der Schallplattengeschichte gezählt werden, daß Wunderlich und Stolze knapp neun Jahre später diese Partien nochmals sangen: für die *Wozzeck*-Schallplattenproduktion der Deutschen Grammophon Gesellschaft, die Karl Böhm dirigierte.

Zwölf Vorstellungen sang Wunderlich im November in Stuttgart: dreimal *Wozzeck* (Andres), einmal *Aida* (Der Bote), einmal *Boris Godunow* (Leibbojar), zweimal *Die verkaufte Braut* (Hans), zweimal *Die Entführung aus dem Serail* (Belmonte), einmal *Die Zauberflöte* (Tamino) und zweimal *Othello* (Rodrigo). Am 1. Dezember 1956 gastierte er zum ersten Mal an den Städtischen Bühnen in

Frankfurt am Main: als Belmonte in der *Entführung* in einer Inszenierung Leopold Lindtbergs. Am Pult stand Felix Prohaska, Colette Lorand war die Konstanze. Und keine zwei Monate später, am 23. Januar 1957, kam er ein zweites Mal nach Frankfurt: diesmal als Tamino. Übrigens das einzige Mal, daß Fritz Wunderlich unter der Stabführung von Georg Solti gesungen hat.

Auf Jahresende hatte er sich wiederum eine neue Rolle zu erarbeiten: den Beppo in Ruggiero Leoncavallos veristischer Meisteroper *Der Bajazzo*. Eine mittelgroße Partie. Die heldische Partie des Canio sang Eugene Tobin mit einer Stimme wie aus Stahl, Kollege Gustav Neidlinger mimte den Tonio, und Wilhelm Seegelken dirigierte. »Ein hochbegabter, ja ein höchstbegabter Dirigent«, betonte Hans Günter Nöcker. Er sang den Alfio in Mascagnis Einakter *Cavalleria rusticana*, den man, einer längst eingespielten und bewährten Tradition folgend, am selben Abend spielte. »Seegelken war ein besessener Arbeiter, der unentwegt gefeilt hat. Und der es dadurch sehr schwer hatte, weil er den Sängern und dem Orchester Höchstleistungen abforderte. Genau, wie das später auch Carlos Kleiber gemacht hat.«[7] Mit der Rolle des Beppo sind kaum Lorbeeren zu holen. Um so begeisterter muß Wunderlich über die Kritik in der *Stuttgarter Zeitung* gewesen sein, vor allem über die Klammerbemerkung: »Fritz Wunderlich als Beppo (man könnte sich ihn ohne weiteres auch als Canio vorstellen) war Tobin mit der Harlekins-Serenade durch schmiegsame, stimmlich tadelsfreie Diktion fast noch überlegen – welche Bühne Deutschlands besitzt heute einen solchen Reichtum an Tenören?«[8]

Am 4. Januar 1957 stand Wunderlich wieder einmal vor den Mikrofonen der SWF-Zweigstelle in Kaiserslautern. Anderthalb Jahre waren es her, seit Emmerich Smola die letzten Operettenaufnahmen mit ihm produziert hatte. Diesmal standen vier Duette auf dem Plansoll, die Wunderlich gemeinsam mit der Sopranistin Franzi Wachmann sang, sowie ein Solotitel – alles berühmte Melodien aus Operetten von Jean Gilbert.

»Seltsamer Fall«, schrieb Helmut Schmidt-Garre am 4. Februar 1957 im *Münchner Merkur*. »Während man bestrebt ist, die Oper dem Oratorium anzunähern, während man in Bayreuth den Schlußakt eines so im Realistischen verankerten Musikdramas wie der *Meistersinger* weitgehend statisch gibt, versucht man andererseits, das Oratorium zu dramatisieren. Will man die Kunstformen einander annähern, die Grenzen der Gattungen verwischen? Oder entspringen diese Versuche einem Überdruß, einem Mangel an Naivität, der Unfähigkeit zu normalem Kunstgenuß? Bleibt einer Zeit, die nicht mehr in der Lage ist, einen Stil zu bilden, als einziger Ausweg die Flucht in stilistisches Experiment übrig?« In der Tat: Stuttgart wagte ein Experiment. Rolf Badenhausen, der Referent des Generalintendanten, hatte bereits vor einigen Monaten den Übungsmeister Walter Hagen-Groll damit beauftragt, sämtliche Opern und Oratorien von Händel auf ihre Aufführbarkeit hin zu überprüfen. Denn die Händel-Pflege in Deutschland, stilbildend damals von Fritz Lehmann in Göttingen betrieben, beschränkte sich weitgehend auf das oratorische Schaffen. Opern wurden, wenn überhaupt, nur in konzertantem Rahmen aufgeführt – der dramaturgischen Effizienz dieser stilistisch auf die italienische Opera seria zurückgreifenden Bühnenwerke wollte damals kaum einer so richtig trauen. Ein Vierteljahr lang durchstöberte Hagen-Groll sämtliche Händel-Opern und -Oratorien, und zwar in der Staatsbibliothek Stuttgart, wo alle Partituren zur Verfügung standen. »Anschließend mußte ich Badenhausen in einem Referat die wichtigsten Ergebnisse meiner Forschungen vortragen, mußte ihm die Inhalte der Werke referieren und die dramaturgischen Perspektiven erläutern. Aufgrund dieser Analysen entschloß sich die Intendanz, *Jephta* zur Aufführung zu bringen« – keine Oper, sondern Händels letztes Oratorium, komponiert im Jahr 1751.[9]

Händels letztes Werk überhaupt: Während der Arbeit daran erblindete er. »Biss hierher komen den 13. Febr. 1751«, schrieb er mitten in den großen Chor am Schluß des zweiten Aktes, »verhindert worden wegen des gesichts meines linken auges.« Die Sehkraft des linken Auges hatte nachgelassen. Händel litt, wie übrigens auch Johann Sebastian Bach, am grauen Star, einer damals unheilbaren Augenkrankheit. Ein harter Schicksalsschlag für ihn, der ihn mitten in der Arbeit traf, ausgerechnet bei jenem Chor, der mit den geheimnisvollen Worten beginnt: »How dark, O Lord, are Thy decrees! And hid from mortal sight!« (Wie dunkel, o Herr, sind doch deine Ratschlüsse! Verborgen vor dem sterblichen Blick!) Mühsam nur konnte er diesen Chor in den folgenden Tagen beenden, dann aber mußte er die Partitur volle vier Monate liegenlassen. Erst Ende August schloß Händel das Werk ab – »*aetatis 66*«, im Alter von 66 Jahren, wie er, gleichsam Bilanz ziehend, am Schluß der Partitur notierte. Danach erblindete er vollständig.

Der Text, die Handlung, ist der Bibel entnommen, dem Buch der Richter. Jephta, Heerführer der Israeliten im Kampf gegen die Ammoniter, gelobt Gott im Falle einer siegreichen Heimkehr, ihm jenen Menschen zu opfern, der ihm aus seiner Haustür zuerst entgegentreten werde. Das Schicksal führt dem siegreich Zurückkehrenden seine eigene Tochter Iphis als erste vor Augen; an ihr hat er nun sein Gelübde zu erfüllen. Der alttestamentarische Chronist schließt seinen Bericht mit den kargen Worten: »Und er tat ihr, wie er gelobt hatte.« Händel und sein Librettist Morell hingegen fügten hier eine Wendung zum Guten ein – eine typisch spätaufklärerische Zutat, wie sie auch in Glucks Reformoper *Orpheus und Eurydike* und später in Mozarts *Idomeneo* noch anzutreffen ist: daß ein Engel, ein Gottesbote oder eine Orakelstimme das Ende dieser grausamen Prüfung verkündet. Durch diesen Auftritt des Engels wird der alttestamentarisch gestrenge, unnachgiebige Gott zu einem dem christlichen Ideal entsprechenden, liebenden und nachsichtigen Gott umgedeutet. Somit hat der Engel, obwohl er in Händels *Jephta* erst am Schluß auftritt, eine zentrale Bedeutung. Händel schrieb die Rolle traditionsgemäß für einen Sopran. Günther Rennert, der *Jephta* in

Samstag, 2. Februar 1957

Erste szenische Aufführung

Jephta

von GEORG FRIEDRICH HÄNDEL

Text von Thomas Morell

in 4 Akten (2 Teile)

Für eine szenische Darstellung eingerichtet

von Caspar Neher und Günther Rennert

unter Verwendung der Bearbeitung

von Hermann Stephani

Musikalische Leitung: Ferdinand Leitner

Inszenierung und Choreographie: Günther Rennert

Bühnenbild und Kostüme: Caspar Neher

Tänzerische Mitarbeit: Dore Hoyer

Chor: Heinz Mende

Jephta	Josef Traxel
Storge	Res Fischer
Iphis	Friederike Sailer
Hamor	Hans-Günter Nöcker
Zebul	Fritz Linke
Ein Prophet	Fritz Wunderlich
Technische Einrichtung	Adolf Aßmann
Inspektion	Friedrich Steigleder

Beginn **19½** Uhr

Ende gegen **22¼** Uhr

Außer Miete

Preise von DM 2.50

bis DM 12.—

Pause nach dem 1. Teil

Stuttgart auf die Bühne brachte, wagte einen weiteren Schritt, indem er aus dem Engel einen Propheten machte, »einen Künder des kommenden neuen Bundes zwischen Gott und den Menschen«, wie er im Programmheft mitteilte. Um dieser Partie noch stärkeres Gewicht zu verleihen, besetzte er sie mit einem Tenor: mit Fritz Wunderlich. »So glauben wir, Händels Umdeutung des Jephta-Geschickes ins Christlich-Neutestamentarische und ihre erhebende sittliche Macht auch szenisch überzeugender darstellen zu können.«

Die Musik der Solopartien in *Jephta* ist, gemessen an Händels übrigen Werken, für die damalige Zeit modern. In den Chören bewahrte der Komponist jedoch eine altertümliche Sprache, durchaus an die griechische Tragödie gemahnend, was dem Oratorium insgesamt eine eigentümlich feierliche Erhabenheit verleiht. Auf dieser Grundlage baute Rennert seine Inszenierung auf: Alle Darsteller waren von Anfang an auf der Bühne, agierten auf einer runden Spielfläche – eine einheitliche »Symbolbühne«, von Caspar Neher eingerichtet – oder saßen, wenn sie nicht in die Handlung eingriffen, mit dem Rücken zum Publikum im Bühnenvordergrund. Der Chor agierte zweigeteilt: Die eine Hälfte umrahmte die Spielfläche im Halbrund, die andere Hälfte saß, gleichsam als Zuschauer und solcherart das Geschehen kommentierend, auf einer Empore im Bühnenhintergrund. Symbolisches Theater also. Die Verbindung zur antiken Tragödie war evident: Absolute Formen herrschten vor, stilisierte Gesten und große, überhöhte Affekte. Immer wieder erstarrte die Aktion zum kühn gestellten lebenden Bild. Wie gesagt: Es war ein Experiment, und auch ein Wagnis. Entsprechend groß war die innere Spannung der Mitwirkenden bei der Premiere am 2. Februar 1957. »Unvergeßlich ist mir, wie Josef Traxel, der die Titelpartie sang, bei seiner Auftrittsarie plötzlich ausfiel«, erzählte Hans Günter Nöcker, der die Partie des Hamor sang. »Er stand vorn an der Rampe, Leitner gab ihm verzweifelt Einsätze – doch vergeblich. Wir alle auf der Bühne waren wie gelähmt. Und als unmittelbar daran anschließend Res Fischer aufstand und ihrerseits die erste Arie sang, merkte man, wie sie beim Singen buchstäblich zitterte.« Dennoch, *Jephta* wurde ein spektakulärer Erfolg. »Ich glaube, es war einer der glücklichsten Momente in Rennerts Leben. Weil er überhaupt nie an einen Erfolg geglaubt hatte. Er war völlig überwältigt.«[10] Auch die Kritik reagierte in begeisterten Tönen: »Die Stuttgarter Staatsoper, mutig und glücklich auf vielen Entdeckungsfahrten jenseits der eng gewordenen Repertoiregrenzen, suchte diesmal Neuland auf ganz abseitigen Wegen. Sie führten 200 Jahre zurück und von der Oper weg, und was gefunden wurde, erwies sich als ein Meisterwerk von packender Wirkung und verblüffender Modernität. Ja, Modernität«, resümierte Honolka in den *Stuttgarter Nachrichten*.[11]

Opernball 1957. Dieses Jahr ließ sich Wunderlich gleich zweimal auf der Bühne feiern. Zusammen mit den Damen und Herren des Stuttgarter Balletts bestritt er *Funiculi-Funicula* und *Granada*, zwei seiner italienischen Erfolgsschlager. Und mit sieben seiner Sängerkollegen fand er sich zur Schlußnummer des Programms zusammen, ein »hochpolitisches Finale«, wie es der Programmzettel versprach. Dann kehrte wieder Ernst auf der Stuttgarter Opernbühne ein. Die Wiederaufnahme der oratorischen Oper *Oedipus Rex* von Igor Strawinsky wurde vorbereitet – ein weiteres Beispiel des statuarischen Musiktheaters mit kühl objektivierten Ausdrucksformen im Sinne eines antikisierenden Klassizismus und darin nahtlos an Rennerts *Jephta*-Produktion anknüpfend. Im September 1953 war das Werk erstmals in Stuttgart aufgeführt worden, damals unter der Leitung von Generalmusikdirektor Ferdinand Leitner. Nun wurde es, zum Teil in neuer Besetzung, wiederum in den Spielplan aufgenommen. Kurt Puhlmann, Oberspielleiter der Stuttgarter Oper, frischte seine szenische Realisation auf, die musikalische Leitung übernahm diesmal Josef Dünnwald. Die Hauptpartien sangen Josef Traxel ˋ(Oedipus) und Res Fischer (Jokaste), unter den neu besetzten Sängern Fritz Wunderlich in der kleinen Partie des Hirten, was von der Kritik besonders vermerkt wurde: »Neu war Fritz Wunderlich, der sich mit seinem quellfrischen Tenor und seiner empfindungsreichen Musikalität im Ungewohnten zurechtfand.«[12]

Tags darauf gleich nochmals ein Rollendebüt: Erstmals sang Wunderlich die zwar kleine, aber sehr schwere und von allen Tenören gefürchtete Partie des Sängers im *Rosenkavalier* von Richard Strauss. Zu singen gibt diese Partie wenig mehr als drei Minuten. Also hat der Sänger kaum Zeit, um sich auf der Bühne einigermaßen in die Partie einzuleben – und genau darin liegt, abgesehen von der hohen Tessitura und den langen Kantilenen, die es zu bestehen gilt, ihre immense Schwierigkeit. Leitner, der die Aufführung dirigierte, hatte aber Vertrauen in Fritz Wunderlich. Er war überzeugt, daß er diese Partie, die durchaus einen heldischen Zug hat, meistern würde. Dieses Vertrauen war übrigens nicht selbstverständlich. Generalintendant Schäfer hätte Wunderlich lieber in leichteren Partien gesehen und versuchte wiederholt, Wunderlich ins Tenorbuffofach abzudrängen. Doch Leitner, der von Stimmen und ihrer Entwicklung einiges verstand, wehrte sich gegen solche Pläne. »Er hat den Wunderlich von Anfang an geliebt«, bestätigte Hans Günter Nöcker, »auch wenn das Wunderlich erst viel später begriff. Damals aber ärgerte er sich oft, weil Leitner ihn immer ›den Kleinen‹ nannte. Für uns Außenstehende war das klar eine Form von Zuneigung und hatte mit Geringschätzung überhaupt nichts zu tun.«[13]

Die Bilanz dieses Februars für Fritz Wunderlich: total zwölf Vorstellungen, drei davon waren Rollendebüts. Freie Zeit blieb kaum viel in jenen Jahren, und Freizeit war schon fast ein Fremdwort. Stets trafen neue Angebote ein, von Konzertveranstaltern, von Chorvereinigungen, aber auch vom Rundfunk. Wer weiterkommen wollte, mußte zugreifen; zudem gab es vorderhand noch viel Neuland zu entdecken, und das reizte Wunderlich. Am 14. Februar fuhr er nach Freiburg. Mit dem Kleinen Unterhaltungsorchester des Südwestfunks unter Willi Stechs Leitung nahm er fünf Titel auf: die beiden Frühlingslieder »Florentiner

Mai« und »Es gibt eine Zeit« von Toni Leutwiler, »Sonne über Capri« und »Übers Meer grüß' ich dich« von Hermann Krome sowie »Wenn mein Herz Heimweh hat« von Maurus Katt. Und ebenfalls im Februar fanden in der Villa Berg in Stuttgart die ersten Aufnahmesitzungen für eine Gesamteinspielung der Oper *Zirkus Carambas* von Heinrich Feischner statt, eine Produktion des Süddeutschen Rundfunks, die aber erst im April des folgenden Jahres beendet werden konnte. Unter Wunderlichs Kollegen: Horst Günter, Gisela Litz und Benno Kusche. »Ich bin ihm bei dieser Rundfunkaufnahme überhaupt zum ersten Mal begegnet«, erinnerte sich Kusche Jahre später, »ein zauberhafter, uneitler und fröhlicher Mensch. Seine Stimme war einmalig. Und ich sagte ihm damals: ›Sie werden mit Ihrer Stimme eine Weltkarriere machen.‹«[14] Was Wunderlich allerdings nicht wußte: daß Kusche, damals Ensemblemitglied der Bayerischen Staatsoper, unmittelbar nach diesen ersten Aufnahmesitzungen nach München zurückfuhr und dort die Intendanz auf diese herrliche Stimme aufmerksam machte. Das sollte bald Folgen haben.

Am 18. März war auf dem Spielplan der Stuttgarter Oper wiederum Strawinskys *Oedipus Rex* angesetzt, die dritte Vorstellung seit der Wiederaufnahme. Grace Hoffman sollte die Jokaste singen, Josef Traxel den Oedipus. Doch zwei Tage vor der Vorstellung sagte Traxel ab, und man fragte Wunderlich, ob er die Partie in der noch verbleibenden Zeit lernen könnte. Ein einziges Mal hatte er sie bisher gesungen, aber nur konzertant: im vergangenen Oktober in einem Konzert des Männergesangvereins »Frohsinn 1852« in Mühlheim. Dennoch wollte er es versuchen. »Tag und Nacht hat er gelernt. Den ganzen lateinischen Text mußte er büffeln, was eigentlich das Schwierigste war. Auf der Bühne war eine schiefe Ebene aufgebaut – es war damals die Zeit der schiefen Ebenen und Treppenfluchten auf den Opernbühnen –, und von dieser Ebene aus hatte Oedipus den größten Teil seiner Partie zu singen. Unter dieser Ebene befand sich ein Hohlraum, und da legte sich am Abend während der Vorstellung ein Korrepetitor hin, mit dem Klavierauszug in der Hand, um Fritz nach Bedarf sofort einflüstern und weiterhelfen zu können. Doch es war nicht nötig.«[15]

Ende März sang Wunderlich mit dem Madrigalchor der Diözesanspielschar und dem Chor der Stuttgarter Eberhardskirche Haydns Oratorium *Die Schöpfung*. Anfang April fuhr er, zusammen mit Karl Richter, dem Münchener Bach-Chor und Bach-Orchester sowie den Kollegen Friederike Sailer, Margarete Bence, Horst Günter und Donald Bell, nach Italien. Mit Bachs *Matthäus-Passion* gastierte das vielköpfige Ensemble in Mailand und in Triest. »Nicht zu vergessen Fritz Wunderlich«, resümierte *Il Piccolo* am 9. April, »der die Evangelisten-Partie und die Tenor-Arien sang und dem ganz besondere Anerkennung für seine prägnante Diktion und seine vielleicht schon fast zu überschwengliche Gefühlswärme gebührt.«[16] Kaum zurückgekehrt, wurde er in der Stuttgarter Liederhalle erwartet:

Johann Sebastian Bach: Johannes-Passion

Fritz Wunderlich (Evangelist und Arien)
Werner Ernst (Christus)
Agnes Giebel
Marga Höffgen
Otto von Rohr
Philharmonischer Chor und Philharmonisches Orchester Stuttgart
Dirigent: Heinz Mende

Ob sich Wunderlich, vor allem mit der Italienreise, nicht doch zuviel zugemutet hat? Vorbehalte meldete mindestens die *Allgemeine Zeitung* an: »Der sonst so treffliche Evangelist Fritz Wunderlich tat in seinem Bemühen, die lyrischen Stellen vollendet herauszuarbeiten, manchmal des Guten zu viel, und so war seine Leistung, zumal er an diesem Palmsonntag stimmlich nicht wie gewohnt disponiert schien, nicht ganz ohne Makel.«[17] Begeistertes Lob und einige sehr schmeichelhafte Vergleiche las man dagegen in der *Esslinger Zeitung*: »In Wunderlich wächst der Staatsoper ein zweiter Traxel heran (wenn nicht noch mehr!), ein Belcantist, bei dessen biegsamer Tongebung sich keine Stelle trocken ausnimmt. Er singt wie einst Ludwig oder, noch eher, Erb. Oder, heute, Krebs. Diese große Hoffnung heranblühen zu sehen ist nicht nur ein exquisites Vergnügen der Kenner, sondern in unserem Fall ein Kunstgenuß allererstem Ranges.«[18]

Gleichzeitig liefen in der Stuttgarter Oper die Vorbereitungen zu einer Welturaufführung. Am 9. Mai sollte Werner Egks Oper *Der Revisor* erstmals über die Bühne gehen, und zwar im stilvollen Schwetzinger Rokokoschloßtheater im Rahmen der Schwetzinger Festspiele. Eine komische Oper, ein Auftragswerk des Süddeutschen Rundfunks,[19] komponiert nach der gleichnamigen Komödie von Nikolai Gogol. Wunderlich übernahm die Partie des Privatiers Bobtschinskij, Günther Rennert, der bewährte Spezialist für Komödiantisches, inszenierte. Mit Gerhard Stolze stand ihm für die Hauptrolle des Revisors, des vermeintlichen Beamten aus Petersburg, ein Vollblutkomiker zur Verfügung, und die Aufführung sollte für ihn zu einem persönlichen Triumph werden. Werner Egk übernahm die musikalische Einstudierung und dirigierte auch die ersten Vorstellungen. »So glücklich sich die Komposition des *Revisors* angelassen hatte«, schrieb Egk später, »so begünstigt erwies sich auch die Verwirklichung des fertigen Werkes. Dr. Rennert arbeitete mit einer ausgesuchten Besetzung und stellte das Komische, die hinreißende Lebenswahrheit und die pralle Lebensfülle Gogols auf die Bühne. Das Kostbare an seiner Inszenierung aber war, daß die Gestalten nicht verlorene, von uns abgetrennte, nur Gelächter und Ablehnung herausfordernde Wesen waren, sondern gleichzeitig Mitleid, ja sogar Sympathie erweckten. In der Bewegung der Zuschauer war Gelächter, Erschütterung und Rührung gleichzeitig eingeschlossen und die Vergebung, die eine Seele der anderen schuldig ist.« Die Uraufführung wurde für den Komponisten zu einem großen Erfolg. Seine Begabung für das Heitere und Komische hat im *Revisor* wohl seine schönste Ausprägung gefunden. Zugegeben, Egks Neigung, mit den knappsten kompositorischen Mitteln drastische Aussagen herbeizuzwingen, mit prägnanten Motiven eine plastische Atmosphäre zu beschwören, führte ihn, vielleicht unbedacht, bis an den Rand eines billigen Operettenjargons. Meisterhaft aber gelang ihm die Straffung von Gogols Komödientext, und selbst vom luziden Kammerspielton dieser Meisterkomödie vermochte er etwas in seine Oper hinüberzuretten.

Im Anschluß an die Premiere waren die Mitwirkenden und einige Ehrengäste zu einem festlichen Empfang in den linken Flügel des Schlosses geladen.»Die Stimmung steigerte sich bei einem unerschöpflichen Büffet und einem ebenso unerschöpflichen Vorrat an Getränken zur unbeschwertesten Fröhlichkeit. Es wurden Reden gehalten – natürlich, wie immer bei solchen Gelegenheiten, nur wohlwollenden Inhalts. Die am meisten beachtete war die des Botschafters der UdSSR, Smirnow, der es sich nicht hatte nehmen lassen, einen deutschen Komponisten zu feiern, dem es gelungen war, eine russische Komödie zu komponieren.«[20]

Noch eine letzte Neuinszenierung stand Wunderlich bevor, und nochmals ein Rollendebüt. Am 18. Juli sang er erstmals den Fenton in Otto Nicolais Oper *Die lustigen Weiber von Windsor*. Eine deutsche Spieloper, nach herkömmlicher Begriffsbildung, ein biedermeierliches, betuliches Rührstück und nicht viel mehr. Die Spielopern Lortzings und Otto Nicolais standen und stehen auch heute nicht sonderlich hoch im Kurs. Wunderlich war da allerdings ganz anderer Meinung: »Das ist für mich ein besonders reizvolles Gebiet. Wir lyrischen Tenöre haben den dramatischen und heldischen Tenören voraus, daß wir auch leichte Opern und Operetten singen können. Und ich bin der Meinung, daß ein Komponist wie Lortzing einem Tenor die gleichen Probleme bietet wie Mozart. Auch da kommt es darauf an, präzise zu intonieren; und das ist nicht einfach. Außerdem verlangt gerade die Spieloper ein ausgeprägtes Stilgefühl.«[21] Wunderlich nahm die deutsche Spieloper genauso ernst wie Mozart, weil er intuitiv spürte, daß die technischen Anforderungen, die beide Komponisten an die Sänger stellen, groß sind – größer, als sie meistens veranschlagt werden. Wen sollte es also noch wundern, wenn sich Wunderlich, der erfolgreiche Mozart-Tenor, mit dem Fenton eine neue Paraderolle eroberte? »Ein Sonderlob gebührt Fritz Wunderlich«, resümierte die *Stuttgarter Zeitung* am 20. Juli 1957. »Sehr bestimmt und gemessen auftretend, gelang ihm darstellerisch und gesanglich der elegante junge Liebhaber.«

Der elegante junge Liebhaber. Bereits wenige Wochen später sollte er diese Rolle mit einer ganz anderen vertauschen. Am 26. August nämlich wurde er Vater. »Am 25. August haben wir noch unseren ersten Hochzeitstag gefeiert, in Berlin, nach der Ansbacher Bachwoche. Und einen Tag später ist sie dann zur Welt gekommen – die Tochter Constance.«[22] Gleich für zwei Konzerte hatte ihn

MATTHÄUS-PASSION

Sopran: Friederike Sailer
Alt: Marga Höffgen
Tenor: Peter Pears (Evangelist)
    Fritz Wunderlich (Arien)
Baß: Horst Günter (Christus)
    Kieth Engen (Arien)

Flöte: Aurèle Nicolet
Oboe: Horst Schneider
Oboe d'amore: Horst Schneider
    Wilhelm Cremer
Oboe da caccia: Harald Kaehne
    Wilhelm Cremer
Violine: Fritz Sonnleitner
Viola da gamba: Oswald Uhl

und die Generalbaßinstrumente:
Violoncello: Walter Biller
Kontrabaß: Franz Ortner
Fagott: Fritz Henker
Cembalo: Hedwig Bilgram
Orgel: Ekkehard Tietze

Der Münchener Bach-Chor

Cantus firmus: Die Thomaner

Die Solistengemeinschaft der Bachwoche Ansbach

Leitung: Karl Richter

Cembalo: J. C. Neupert   Orgel: G. F. Steinmeyer & Co.

JOHANNES-PASSION

Sopran: Friederike Sailer
Alt: Marga Höffgen
Tenor: Peter Pears (Evangelist)
    Fritz Wunderlich (Arien)
Baß: Horst Günter (Christus)
    Kieth Engen (Arien)

Flöte: Aurèle Nicolet
Oboe: Edgar Shann, Horst Schneider
Oboe da caccia: Harald Kaehne
    Wilhelm Cremer
Viola da gamba: Oswald Uhl
Laute: Julian Bream

und die Generalbaßinstrumente:
Violoncello: Walter Biller
Kontrabaß: Franz Ortner
Fagott: Fritz Henker
Cembalo: Hedwig Bilgram
Orgel: Ekkehard Tietze

Der Münchener Bach-Chor

Die Solistengemeinschaft der Bachwoche Ansbach

Leitung: Karl Richter

Cembalo: J. C. Neupert   Orgel: G. F. Steinmeyer &

Karl Richter diesmal nach Ansbach verpflichtet. Am 24. Juli wirkte Wunderlich im Eröffnungskonzert der Bachwoche in der Gumbertuskirche mit – Bachs *Matthäus-Passion* –, und eine Woche später stand die *Johannes-Passion* auf dem Programm. Wobei Wunderlich in beiden Aufführungen nur die Tenorarien sang; die Evangelistenpartie übernahm der englische Tenorkollege Peter Pears.

Daß Wunderlich mit seiner Frau anschließend einige Wochen in Berlin verbrachte, hatte seinen besonderen Grund. Zusammen mit Kurt-Heinz Stolze bereitete Wunderlich eine Schallplattenaufnahme von Schuberts Liederzyklus *Die schöne Müllerin* vor. Eine Produktion für den Europäischen Phonoklub, also nur für Klubmitglieder bestimmt und nicht für den regulären Schallplattenfachhandel. Dieser Hinweis ist deshalb wichtig, weil die Aufnahmen des Phonoklubs Jahre später von der Firma Ariola/Eurodisc aufgekauft und sogleich im regulären Fachhandel vertrieben wurden. Wunderlich war darüber alles andere als erfreut, und er versuchte wiederholt, den Verkauf dieser Aufnahmen zu stoppen. Zumal sie teilweise unter fast abenteuerlichen Umständen entstanden waren. Begonnen hatte es knapp ein Jahr zuvor. Wenige Wochen nach seiner Heirat wurde Wunderlich erstmals in Berlin vor den Mikrofonen erwartet: für eine Querschnittplatte von Puccinis Oper *La Bohème*. Viel Musik würde da nicht Platz haben, auf jeder Plattenseite vielleicht zwanzig Minuten, dachte Wunderlich. Für ihn, der die Partie des Rudolf sang, hieß das: die große Arie im ersten Akt sowie das anschließende Duett mit Mimi. So jedenfalls hatte er es sich ausgerechnet. Als er dann ins Studio kam – die Aufnahmen für den Phonoklub fanden stets in Berlin, meistens im ehemaligen Hotel »Esplanade« am Potsdamer Platz statt –, erfuhr er zu seiner Verblüffung, daß man wesentlich mehr von ihm wolle, vor allem Ensembleszenen. Und die mußte er dann mehr oder weniger vom Blatt singen …

Später folgten weitere Einspielungen: *Maske in Blau* von Fred Raymond, Puccinis *Madame Butterfly* und Mascagnis *Cavalleria rusticana*, stets Querschnittplatten, dazu einzelne Arienaufnahmen und eine Platte mit Wiener Operettenliedern. Und in diesem Sommer nun Schuberts *Schöne Müllerin*, Wunderlichs erste Auseinandersetzung mit diesem Liederzyklus. Neun Jahre später sollte er ihn ein zweites Mal einspielen, dannzumal maßstabsetzend: ein erfahrener Liedersänger. Im Vergleich dazu fällt bei dieser ersten Aufnahme vor allem eine gewisse gestalterische Unbekümmertheit auf. Die Stimme wird zwar in all ihrer Klangfarbenpracht souverän eingesetzt, doch es sind mehr diese rein vokalen Qualitäten als die interpretatorischen, die den Reiz der Aufnahme ausmachen. »Hier verströmt sich voller Naivität ein großes Talent«, hieß es in der Schallplattenfachzeitschrift *Fono Forum*.[23] Keineswegs abschätzig gemeint, sondern im Gegenteil darauf hinweisend, daß vom Liedersänger Fritz Wunderlich in naher Zukunft Außergewöhnliches zu erwarten sei.

»Der Schauspieler Wunderlich: ein behender und gewandter Pfiffikus erster Ordnung«

Ein Jahr lang hatte Wunderlich mit seiner Frau in der Mansardenwohnung im schwiegerelterlichen Haus gelebt. Für eine Familie reichte der Raum nicht aus. Im Herbst 1957 bezog die junge Familie eine neue, größere Wohnung in der Haußmannstraße 40, auf halber Höhe über Stuttgart gelegen, eine Etagenwohnung in einem Altbau mit riesigen Räumen. Sie bot genügend Platz für die ersten Krabbelversuche der kleinen Constanze, und ihr Vater konnte endlich seine Modelleisenbahn aufbauen und überhaupt seiner Bastelleidenschaft frönen. Für seine Goldhamster baute er eine ganze Anlage zusammen, Maulwurfsgänge aus Holz, gesägt, geschnitzt und aneinandergefügt, so daß die Tierchen gleichsam ihre unterirdischen Gänge hatten. »Die haben sich übrigens unheimlich vermehrt«, erzählte Kollege Nöcker. »Wir kamen einmal hin – unsere Tochter ist ja nur um wenige Wochen älter als die Constanze –, und da saßen die Hamster in jeder Ecke und hinter jeder Gardine, wo immer man auch hinschaute.«[1]

Am 8. September eröffnete der Philharmonische Chor unter der Leitung von Heinz Mende die Stuttgarter Konzertsaison 1957/58 mit einer Aufführung von Haydns *Jahreszeiten*. »Fritz Wunderlich hatte erneut Gelegenheit, bei all seiner vielseitigen Begabung seine spezielle Veranlagung für den Oratoriengesang zu beweisen«, las man tags darauf in der *Allgemeinen Zeitung*. »Einen nachhaltigen Eindruck hinterließ sein Vortrag der beiden Rezitative, die den Sommer und den Winter einleiten. Es sind fast Schubertsche Töne. Fritz Wunderlich brachte sie in wunderbar lyrischer Verdichtung, die auch von einem zukünftigen Liedersänger Wunderlich im Konzertsaal einiges erhoffen läßt...«[2] Wiederum die bekannte Prophezeiung: ein Liedersänger mit Zukunft. Zumindest vor dem Mikrofon hatte Wunderlich ja kürzlich erst bewiesen, daß er mit Schubert-Liedern auf gutem Fuß stand.

Die Stuttgarter Opernsaison wurde diesmal nicht in Stuttgart eröffnet, sondern – in Venedig. Im Rahmen der XX. Biennale gastierten die Stuttgarter Sänger am 14. und 15. September im ehrwürdigen Teatro La Fenice mit zwei Aufführungen von Egks *Revisor*. Die Proben mit dem Fenice-Orchester scheinen dem dirigierenden Komponisten, der schon ein paar Tage früher zur Einstudierung des

Werks nach Venedig gefahren war, einige Pein verursacht zu haben: »Der erste Oboer, offenbar mehr Pädagoge als Instrumentalist, ließ jede Stelle, die ihm selber Schwierigkeiten machte, durch den neben ihm plazierten Substituten ausführen, dem sie noch mehr Schwierigkeiten machte als ihm.« Einige Tage später erhielt Egk eine Karte zugesandt:[3]

> Bedaure sehr, Sie nicht gesehen zu haben und Sie gratulieren für die erfolgreiche Revisor-Aufführung. Vieles fand ich (Musik und Inszenierung) hochinteressant. Beste Grüße,
>
> Ergebenst,
> I. Strawinsky

Von der Lagunenstadt dürfte Wunderlich nicht viel gesehen haben: Zeit für touristische Extras hatte er keine. Denn schon zwei Tage später wurde er wieder in Stuttgart erwartet, erneut zu einem Rollendebüt. Erstmals sang er den Ferrando in Mozarts *Così fan tutte*. Ferdinand Leitner dirigierte, überwachte auch dieses Debüt – nach dem Tamino, Belmonte, Belfiore und Gomatz nun Wunderlichs fünfte Mozart-Partie. Daß er am glücklichsten sei, wenn er Mozart singen könne, hat Wunderlich später wiederholt bestätigt. Bach und Mozart, das waren für ihn die beiden Eckpfeiler der Musik.

Nun also zum ersten Mal *Così fan tutte*. Der italienische Operntitel mag täuschen: Auch diese Oper wurde in Stuttgart wie in allen anderen deutschen Opernhäusern in deutscher Sprache aufgeführt. Eine nicht unumstrittene Tradition. Gegen sie sprechen die oftmals schlechten, ja dilettantischen deutschen Übersetzungen, naiv poetisierend und darin die Grenze zum puren Wortkitsch leider nicht immer respektierend. Vielfach waltet da, neben einem fragwürdigen poetischen Sendungsbedürfnis, pure Nachlässigkeit – weil sich die Übersetzer nicht um den historischen Stand der jeweiligen Originalsprache kümmern. Dem spezifisch barocken Wortprunk eines Metastasio-Librettos kann man nicht mit einer an Richard Wagners raunende Opernverse gemahnenden deutschen Übersetzung gerecht werden. Aus dem *traduttore* wird so im Handumdrehen ein *traditore* – operndeutscher Schutt, soweit das Auge reicht. Ein fataler Hang zum Nichtssagenden, zum Unpräzisen und stilistisch Verquollenen macht sich in vielen Opernübersetzungen breit. Eherne Grundgesetze der deutschen Syntax werden dabei ebenso nichtsahnend übergangen, wie das lapidare Prinzip der Inversion für poesiegeschönte Verse garantieren soll. Wo der normale Mensch, auch der Deutschsprachige, haßt, liebt, bereut oder sich rächt, dort *weiht* sich der Operndeutsche dem Haß, der Rache und der Liebe. Manchmal sogar der flücht'gen.

Gegen eine Übersetzung spricht auch der Eigenwert einer jeden Sprache: die unterschiedliche Gewichtung von Vokalen, von betonten und unbetonten Silben. Ein Beispiel aus *Così fan tutte* – Wunderlich hat es in einem Gespräch mit Egloff Schwaiger selber erörtert: »Denken Sie an die Arie des Ferrando im ersten Akt: Im italienischen Original beginnt sie mit den Worten ›un aura amorosa‹. Diese

Worte sind alle auf einen Klang komponiert; zwischen u, au, a und o ist kaum ein Unterschied. Wenn ich die Arie in deutsch singe, dann muß ich versuchen, die sehr unterschiedlichen Vokale in den Wörtern ›der Odem der Liebe‹ auch auf einen Klang zu bringen...«⁴ Gerade dieses Beispiel ist besonders informativ. Mozarts Melodie zu diesem Vers betont unerwarteterweise nämlich die unbetonten Taktteile mit langgehaltenen Notenwerten. Im italienischen Original ergibt das: un aurā amorosā, wobei das auslautende A von »aura« nahtlos ins anlautende A von »amorosa« übergeht – alles gleichsam auf einen Klang komponiert. Singt man dagegen die deutsche Übersetzung, so fallen diese langgehaltenen Notenwerte ausgerechnet auf unbetonte, klangfarblich unattraktive Endsilben: Der Odēm der Liebē. Ein Sänger kann noch so bedeutsam deklamieren und sprachbewußt seine Akzente setzen – ein gewisses Mißverhältnis bleibt bestehen. Und das stört ein sensibles Ohr. Nachzuprüfen nicht zuletzt bei Wunderlichs eigenen Aufnahmen dieser Arie: Auch er hat das Problem nicht restlos zu lösen vermocht.

Entscheidet sich ein Intendant oder ein Regisseur für die deutsche Übersetzung statt für das fremdsprachige Original, so stellt sich sofort eine nächste Frage: welcher Übersetzung er den Vorzug geben soll. Keineswegs eine müßige Frage, was sich etwa mit einem Hinweis auf Mozarts *Don Giovanni* belegen läßt. Walther Dürr hat in seiner für den Bärenreiter-Verlag im Rahmen der Neuen Mozart-Ausgabe besorgten Neuedition die mittlerweile 61. Verdeutschung des italienischen Originaltextes vorgelegt. Daß an verschiedenen deutschen Opernhäusern entsprechend verschiedene deutsche Übersetzungen ein und derselben Oper gespielt wurden und immer noch werden, liegt somit auf der Hand – für den Sänger, der gerne gastiert, ein ärgerliches Hindernis. Auch Wunderlich hat sich darüber aufgehalten – wenn er bei der Neuinszenierung einer italienischen Oper, die er in einer bestimmten deutschen Übertragung längst schon drauf hatte, nun noch eine weitere deutsche Version zu lernen hatte.

Zweifellos gibt es gute Gründe, fremdsprachige Opern in deutscher Übersetzung aufzuführen. Fremdsprachen sind nicht jedermanns Sache, und gerade die historisch-zeitbedingten Sprachformen alter Opernlibretti stellen auch für den Sprachkundigen oft eine unüberwindliche Barriere dar. Meistens bleibt das Verständnis auf ein paar wenige Stichworte beschränkt – und der Regisseur hat sich entsprechend darauf einzurichten. Das Resultat kennt man: Aus dieser Notlage heraus erwachsen jene plakativen Inszenierungen, wo alles zeigefingernd visualisiert wird, weil es sonst, nur vom Text her, nicht verständlich wäre. Günther Rennert wies wiederholt darauf hin, »daß eine Oper nicht nur ein Stück Musik sei – daß sie auch verstanden und mitempfunden werden müsse. Und das sei nur in der Muttersprache, das heißt also bei fremdländischen Opern nur in der Übersetzung möglich.«⁵

Gleich zu Beginn der neuen Spielzeit wurde *Die verkaufte Braut* wieder aufgenommen und am 29. September *Wozzeck*. Einen Tag später wurde Wunderlich aus München angerufen. An der Bayerischen Staatsoper sei *Die Entführung aus dem Serail* angesetzt, doch Kurt Wehofschitz, der den Belmonte hätte singen sollen, habe kurzfristig abgesagt. Ob Wunderlich einspringen könne? Er konnte und sang am 30. September an der Seite von Erika Köth, Rosl Schwaiger, Friedrich Lenz und Gottlob Frick seine erste Opernvorstellung in München. Und zwar im Prinzregententheater, dem Ausweichquartier der Staatsoper, da diese während des Zweiten Weltkrieges bei einem Bombenangriff zerstört worden war. »Da kam ein junger Kollege aus Stuttgart mit Namen Fritz Wunderlich und sang«, erzählte Jahre später Erika Köth. »Er trat auf die Bühne, und nach seinen ersten zehn Takten, die er gesungen hatte, waren wir alle restlos begeistert. Besonders ich, denn er hatte eine einmalige, wunderschöne Stimme. Dieser Wohllaut seines Timbres – Gott, dafür kann man nichts, denn das hat ihm der liebe Gott und die Natur geschenkt. Aber seine Phrasierungskunst und seine Atemführung! Und die ganze Ausstrahlung seiner Person! Er stand wirklich da wie ein junger spanischer Grande, der eben seiner Konstanze nachgereist ist und sie befreien möchte.«[6]

Im Oktober standen wiederum zwölf Vorstellungen im Terminkalender Wunderlichs. Die kleinen Rollen hatte er fast ausnahmslos abgegeben – nicht zuletzt, weil er für so kleine Partien zu teuer geworden war. Nach seinen Erfolgen in den neuen, großen Partien ließ sich Wunderlich regelmäßig beim Generalintendanten melden, um Gagenerhöhung zu verlangen. »Wofür denn?« pflegte ihn Schäfer ebenso regelmäßig zu fragen und lakonisch zu bemerken: »So schön ist die Stimme nun auch wieder nicht.«[7] Dennoch: Im Dezember 1957 wurden die bestehenden Verträge erneut geändert. Für die kommende Spielzeit einigte man sich auf ein Jahreshonorar von 15000 DM; die Spielzeit 1958/59 wurde mit 18000 DM beziffert und die Spielzeit 1959/60 gar mit 24000 DM. Damit war Wunderlichs Fünfjahresvertrag in Stuttgart abgegolten. Daß es mit den Gagenerhöhungen geklappt hatte, merkten die Kollegen übrigens am schnittigen Mercedes Diesel, den Wunderlich seit einigen Wochen fuhr. Als Familienvater glaubte er sich das schuldig zu sein. Generalintendant Schäfer hatte ihm zwar mit einem Vorschuß aushelfen müssen, der dann ratenweise von der Gage abgezogen wurde. »Wenn Sie ein anderes Auto gekauft hätten«, meinte Schäfer damals vielsagend, »dann hätte ich Ihnen den Vorschuß sicher nicht gegeben. Aber ein Mercedes Diesel – so ein vernünftiges, so ein gemütlich langsames Auto...«[8]

Bereits Ende Oktober war Wunderlich erneut nach München gefahren. Mit Friederike Sailer und dem Orchester des Bayerischen Rundfunks unter der Leitung von Werner Schmidt-Boelcke nahm er im Bavaria-Studio eine Operettenplatte auf: »Grüß euch Gott, alle miteinander«, insgesamt sieben Musiknummern, auch dies eine Produktion für den Europäischen Phonoklub. Regelmäßig war Wunderlich auch für den Rundfunk tätig. Am 23. Oktober sang er in der Villa Berg in Stuttgart in einem vom Süddeutschen Rundfunk live mitgeschnittenen Konzert die *Palmström*-Sonate von Günter Raphael. Ein knapp zehnminütiges, höchst unterhaltsames, musikalisch-pfiffiges Werk, basierend auf fünf jener aberwitzigen Palmström-Gedichte, mit denen Christian Morgenstern im Jahr 1910 das literarisch interessierte Publikum schockiert hatte. Bereits einen Monat später stand Wunderlich erneut vor den Mikrofonen des Süddeutschen Rundfunks – diesmal an der Seite von Hans Günter Nöcker und zusammen mit dem Männerchor und dem Sinfonieorchester des Süddeutschen Rundfunks. Auf dem Programm stand einzig ein knapp siebenminütiges Chorwerk: der »Gefangenenchor« aus Beethovens Oper *Fidelio*. Bekanntlich sind in diesem Chor zwei kurze Solopassagen eingeflochten, des Ersten und des Zweiten Gefangenen, beide Passagen keine zwanzig Takte lang – mit Wunderlich und Nöcker wohl konkurrenzlos besetzt.

Daß sich die beiden vielbeschäftigten Künstler für solche kleinen Aufgaben nicht zu schade waren, zeigt, welch immense Bedeutung in jenen Jahren dem Rundfunk zukam. Vor allem in der Nachkriegszeit war es Ziel der öffentlichen Rundfunkanstalten, die zentralen Werke der Musikliteratur aufzunehmen und gleichsam zu einer universalen Hörbibliothek auszubauen: die großen Opern und Oratorien, ganze Sinfonienzyklen und ein breitgefächertes Spektrum an Kammermusik. Das Bedürfnis, diese Musik am Radio zu hören, war nach dem Krieg besonders groß, zumal kaum entsprechende Schallplatten zur Verfügung standen und sich die deutsche Schallplattenindustrie vorerst nur zögernd solchen größeren Projekten widmete. Man wollte erst einmal Erfahrungen sammeln mit der soeben lancierten Langspielplatte. Von dieser Zurückhaltung profitierten die Rundfunkanstalten. Zum Teil mit einem bewundernswerten Engagement, mit echtem Pioniergeist und unternehmerischem Flair. Bedeutende Künstler fanden hier Aufgaben, die ihnen vorderhand keine Schallplattenfirma anbieten konnte. So sang Martha Mödl, die große Bayreuther Wagner-Tragödin, ihre erste Kundry für den Westdeutschen Rundfunk: im April 1949. Ebenso konnte Dietrich Fischer-Dieskau seinen ersten Falstaff vor den Rundfunkmikrofonen ausprobieren oder Astrid Várnay ihre später vielgerühmte Interpretation der Elektra. Über den Äther ließen sich diese künstlerischen Leistungen gleichsam unbegrenzt verbreiten – Musik als Weltsprache war damals eine Vision, die in greifbare Nähe rückte. Daß man als Künstler an dieser Vision teilhaben und seine Stimme gleichsam in alle Welt senden wollte, lag auf der Hand.

November, Dezember und Januar: Jeden freien Termin nutzte Wunderlich für Konzerte und Gastspiele. Am 22. November trat er zum dritten Mal an den Städtischen Bühnen in Frankfurt auf, wiederum als Tamino. Anschließend ging die Reise gleich weiter in die heimatliche Pfalz. Die Liedertafel 1852 und der Musikverein Pirmasens erwarteten ihn am 24. November in der Städtischen Festhalle für Haydns Oratorium *Die Jahreszeiten*. Am 18. Dezember präsentierte er sich erstmals als Narraboth in Richard Strauss' *Salome*, eine mittlere Partie, jugendlich-heldisch angelegt und für einen lyrischen Tenor entsprechend anspruchsvoll. Im Januar lockte vor allem ein Termin in Köln: Am 27. dirigierte William Steinberg beim Westdeutschen Rundfunk ein Sonderkonzert – die dramatische Sinfonie *Romeo und Julia* von Hector Berlioz. Doch Wunderlich mußte absagen. Allein in diesem Monat Januar hatte er in Stuttgart zwölf Vorstellungen zu singen – und zwar in zehn verschiedenen Opern! Eine davon, Franz Schuberts *Wunderinsel*, mußte er gar neu lernen, mußten übrigens alle Mitwirkenden neu lernen: »Uraufführung der Neufassung« hieß es auf dem Theaterzettel. Kurt Honolka, der Stuttgarter Kritiker und vielbeschäftigte Opernübersetzer, hatte diese Neufassung besorgt.

Die Wunderinsel? Kein Schubert-Verzeichnis listet unter den zahlreichen musikdramatischen Versuchen Schuberts eine Oper mit diesem Titel auf. In der Tat: *Alfonso und Estrella* heißt sie im Original, komponiert auf einen Text von Franz von Schober. Nicht nur Schuberts Musik hatte Honolka bearbeitet, sondern der Oper auch einen gänzlich neuen Text unterlegt in der Hoffnung, das Werk solcherart für die Bühne retten zu können. Daß Schubert mit keiner seiner Opern einen nennenswerten Bühnenerfolg erzielen konnte, wird meistens den Libretti angelastet, im vorliegenden Fall also der Dichtung Franz von Schobers. Kein stichhaltiges Argument übrigens, denn viele zugkräftige, bühnenwirksame und populäre Opern sind auf völlig unzulängliche, dramaturgisch abstruse Libretti komponiert worden. Ein weiteres Argument: Schubert, der begnadete Liederkomponist, habe in seinen Opern Liedermelodien mit Orchesterbegleitung aneinandergereiht, statt dramaturgisch effektvolle Musik zu komponieren. Auch dieses Argument ist nicht in jeder Hinsicht stichhaltig. Gerade in seinen Liedern schrieb Schubert nämlich oft überraschend dramatische Musik – eine Musik, die dem Duktus des Wortes folgt und beispielsweise Unregelmäßigkeiten in der Periodenbildung des Verses aufnimmt. Entsprechend mußte Honolkas Versuch, Schuberts Musik mit einem »wertvollen« Libretto, nämlich mit einer Bearbeitung von Shakespeares Drama *Der Sturm*, auf die Beine zu helfen, scheitern: weil es die Einheit von Dichtung und Musik, von poetischen und musikalischen Strukturen, zerstörte. »Es war gewissermaßen ein totgeborenes Kind«, bestätigte Josef Dünnwald, der die Aufführungen dirigierte, »auch wenn manche schöne Musik drin ist. Aber zur Welt Shakespeares hat sie überhaupt nicht gepaßt« – schlechter gepaßt jedenfalls als zur romantisch-märchenhaften Welt, wie sie Franz von Schober gedichtet hat. Sieben Aufführungen kamen zustande, dann wurde das Werk vom Spielplan abgesetzt.[9]

Am Opernball 1958 produzierten sich Fritz Wunderlich und Kollege Gustav Neidlinger als kurzbehoste Matrosen mit Ringelstrümpfen und Seemannskäppi und sangen gemeinsam Seemannslieder, die Wunderlich mit herzzerreißenden

Heimwehtönen auf dem Akkordeon begleitete. Zehn Vorstellungen sang er im Februar, und beim Südwestfunk nahm er noch drei Ausschnitte aus Emmerich Kálmáns Operette *Kaiserin Josephine* auf. Ein beachtliches Pensum. Dennoch wollte er nicht absagen, als nur zwei Tage nach diesen Operettenaufnahmen Theodor Egel anrief: Sein Tenor sei krank, ob er nicht am Abend als Evangelist einspringen könne. Wunderlich sprang ein: Die Aufführung fand am 23. Februar in der Freiburger Stadthalle statt und wurde vom SDR live mitgeschnitten:

Johann Sebastian Bach: Johannes-Passion

Fritz Wunderlich (Evangelist)
Horst Günter (Christus)
Agnes Giebel
Marga Höffgen
Hans-Joachim Rotzsch
Heinz Rehfuß
Freiburger Bachchor   Südwestfunk-Orchester Baden-Baden
Dirigent: Theodor Egel

In Stuttgart hatte Günther Rennert inzwischen mit den Proben zu einer Neuinszenierung von Lortzings Spieloper *Der Wildschütz* begonnen. Dreimal schon hatte Wunderlich mit Rennert gearbeitet: in der *Antigonae*, im *Wozzeck* und in *Jephta*. Stets kleine Rollen, Randpartien, die nicht allzusehr ins Gewicht fielen. Zudem waren zumindest *Antigonae* und *Jephta* statuarische Inszenierungen, Symbolspiele auf einer völlig leergeräumten ovalen Bühnenscheibe. Nun aber stand der *Wildschütz* bevor, eine heitere Spieloper, nach Rennerts Konzept realistisch-komödiantisches Musiktheater. Theater, das am reinsten da ist, wo es nichts als unterhalten will. Und nichts ist bekanntlich schwieriger. Erstmals sollte nun Wunderlich in einer Rennert-Inszenierung eine Hauptrolle übernehmen, den Baron Kronthal, sängerisch absolut kein Problem für ihn. Hingegen mußte er bereits bei den ersten Proben erfahren, daß es mit dem Sängerischen allein diesmal nicht getan war. Rennert wollte mehr, viel mehr. Schauspielerische Aktion, komödiantische Spiellust und die mimische Ausdrucksintensität eines erfahrenen Sängerdarstellers. Diese Erfahrungen aber hatte Wunderlich nicht. Generalmusikdirektor Leitner, der die Neuinszenierung musikalisch betreute, hat erzählt, wie Rennert schon in den ersten Probentagen zu ihm gekommen sei: »Der Wunderlich, der ist nichts für mich. Der hat ja ein schiefes Gesicht.« Leitner mahnte ihn dann zur Geduld: »Doktor, lassen Sie den nicht aus den Händen! Sie werden noch an mich denken – der ist was für Sie.«[10]

Zu Hause erzählte Wunderlich nichts von den Schwierigkeiten mit Rennert. Daß er sich bis dahin vor allem als Sänger auf der Opernbühne profiliert hatte und nicht als Darsteller, fiel ihm erst jetzt, bei dieser Begegnung mit Rennert, auf. Eine Opernschule hatte er ja nie besucht, operndramatischen Unterricht nie gehabt. Kaum wußte er, was mit seinen Armen und Händen auf der Bühne machen, was übrigens Oberspielleiter Kurt Puhlmann schon gerügt hatte. »Als Fritz in Stuttgart die ersten kleinen Rollen übernahm«, erzählte seine Frau, »da hat er das entweder statuarisch gemacht, oder er ist wie ein Besessener auf der Bühne herumgerannt, über Bänke und Tische, in der Meinung, das habe mit dramatischer Intensität zu tun. Stand er aber still, so war es hoffnungslos. ›Wunderlich‹, seufzte Puhlmann einmal bei der Einstudierung der *Verkauften Braut*, ›Sie haben so kleine Hände und halten sie auch so unmöglich. Damit kann ich überhaupt nichts anfangen.‹ Was natürlich sehr kontraproduktiv war und Fritz einen Komplex eingejagt hat.«[11]

Auch für Rennert war es ein hoffnungsloser Fall. Also ging er zum Generalintendanten Schäfer: »Hören Sie, das hat keinen Sinn. Dieser Wunderlich schafft es nie. Den müssen wir umbesetzen.« Aber Schäfer mahnte zur Besonnenheit: »Lieber Doktor Rennert, haben Sie noch drei Tage Geduld. Wenn es dann nicht geht, dann, in Gottes Namen, besetzen wir um.«[12] Rennert gab Wunderlich nun nicht nur drei Tage Zeit, sondern er arbeitete mit ihm intensiv. Und zwar allein, damit Wunderlich nicht durch seine Kollegen verunsichert werde. Eigentlich von einem Tag auf den andern, wie Rennert später erzählte, schien Wunderlich zu begreifen, schien sich in ihm ein Lösungsprozeß anzubahnen. »Es gab da eine Woche, der ich mich genau entsinne, in der ich mehrere ernsthafte Unterredungen mit Wunderlich hatte, nachdem wochenlange Proben vorausgegangen waren. Und plötzlich schien mir, daß er – eigentlich von einem Tag auf den andern – die Dinge begriffen hatte, daß in ihm ein Lösungsprozeß anlief und sich Darstellungs- und Verwandlungsmöglichkeiten entwickelten, die stupend waren.«[13] Also ging Rennert wieder zum Generalintendanten: »Es ist alles in Ordnung. Er hat's gepackt. Er ist wie verwandelt.«[14] Was anläßlich der Premiere dann auch die Presse konstatierte: »Vor allem zwei Sängerdarsteller ... entwickelten erstaunliche Attitüden des Komisch-Parodistischen: Fritz Wunderlich als Baron Kronthal und Hetty Plümacher als Gräfin Eberbach«, hieß es in der *Stuttgarter Zeitung*. »Vom Stimmlich-Musikalischen des hervorragenden lyrischen Tenors ganz abgesehen gab der Schauspieler Wunderlich der seinerzeit viel bewunderten Leistung Gerhard Stolzes als Chlestakow in Rennerts *Revisor*-Inszenierung kaum etwas nach: ein behender und gewandter Pfiffikus erster Ordnung.«[15] Auch Kurt Honolka, der Unbestechliche, der Wunderlichs Weg in Stuttgart von seinen ersten Anfängen an aufmerksam mitverfolgt hatte, schwärmte: »Die Entdeckung des Abends aber war Fritz Wunderlich als lyrischer Komiker, wenn man so sagen kann: Was für eine köstliche Parodie eines Schmachtenors!«[16]

Jahre später hat Wunderlich dann von seinen zwei eigentlichen Lehrmeistern gesprochen: Margarethe von Winterfeldt habe ihm das Stimmliche beigebracht, Günther Rennert das Schauspielerische. Und beiden blieb er unendlich dankbar.

Vorbei waren die Zeiten, als Wunderlich mit Kollegen auf der Probebühne herumgealbert und vor verbarrikadierten Fenstern Fußball gespielt hatte. Längst war er Mitglied in der Stuttgarter Fußball-Theatermannschaft. Selbstverständlich kam für ihn nur die Mittelstürmerposition in Frage: Er wollte Tore schießen. Und er war ein ziemlich wilder Mittelstürmer, war überhaupt ein unverbesserlicher Fußballnarr. Gespielt wurde gegen andere Theatermannschaften, oft trat man aber auch zu einem Match gegen die Mannschaften vom Rundfunk oder von der Presse an. Noch ein anderes Hobby hatte Wunderlich entdeckt: das Billard. Wiederentdeckt seit seiner frühesten Kindheit, als er die ersten Spielversuche am Billardtisch in der elterlichen Gastwirtschaft in Kusel unternommen hatte. Nun war daraus eine bühnenreife Nummer geworden: Der zweite Akt des *Wildschütz* spielt bekanntlich im Billardsaal des gräflichen Schlosses, und der Akt kulminiert in einer hindernisreichen Billardpartie des Grafen und des Barons. Karl Schmitt-Walter sang den Grafen, und was lag näher, als ihn nach den Proben jeweils nach Hause einzuladen in die Haußmannstraße zur gemütlichen Fortsetzung der Billardpartie auf Wunderlichs neu erstandenem Tischbillard? Das konnte bis weit in die Nacht hinein dauern – Wunderlich ging nie früh ins Bett. Überhaupt schien er sich gegen das Schlafen zu wehren. Stets wollte er möglichst lang aufsein und wach bleiben. Dafür schlief er dann bis weit in den Vormittag hinein. Und wenn am Abend Vorstellung war, legte er sich auch nach dem Mittagessen noch für zwei, drei Stunden hin. Stets sagte er, Schlaf sei für ihn das beste Lebenselexier, dann sei er abends auch fit.

Natürlich hatte man sich zu Hause auf diese Lebensgewohnheiten einzustellen. Für Eva Wunderlich hieß das: Rücksicht nehmen, immer flexibel reagieren, immer eingehen auf eine schon definierte Situation. »Natürlich hatte das mit der Zeit zur Folge, daß meine eigene Initiative zusehends verkümmerte und schließlich vollständig verschüttet war. Weil ich gar nie selber die Initiative ergreifen konnte. Ich war vollständig aufs Reagieren getrimmt.« Wunderlich hat dominiert, auf der Bühne wie zu Hause. Nicht, daß er es darauf angelegt hätte, unentwegt im Mittelpunkt zu stehen. Er konnte auch andere gelten lassen, anderen zuhören, sich für andere Welten interessieren als nur für seine, die berufliche, die musikalische. Aber der Beruf hatte Vorrang, und das hinterließ Spuren auch in der knapp bemessenen Freizeit. So konsequent und konzentriert Wunderlich in seinem Sängerberuf war, so impulsiv lebte er in seiner freien Zeit. Da gab es keine Uhr, nach der er sich richtete, keine verbindlichen Abmachungen, an die er sich gehalten hätte. Er konnte sich zehnmal neu entscheiden: Verlaß gab es nie. Auch da galt für seine Frau das Prinzip des Reagierens: »Meine ureigene Persönlichkeit konnte ich in jenen Jahren nicht entwickeln. Ich konnte nur die Fähigkeit des Flexibel-Seins entwickeln, des Aufeinander-Eingehens, des Großzügig-Seins. Denn kleinlich sein, auf eigenen Wünschen beharren wollen – das war nicht drin. Mein persönlicher Wunsch wurde eben zu dem, für ihn alles zu machen. Und alles richtig zu machen. Das ist schon eine Art von Selbstverleugnung.«[17]

Ein bedeutendes Ereignis stand unmittelbar bevor: Am 2. April 1958 sollte Wunderlich auf Einladung der Konzerthausgesellschaft zum ersten Mal in Wien singen, in der sprichwörtlichen Welthauptstadt der Musik. Und zwar im Großen Konzerthaussaal an der Seite eines der bedeutendsten Tenorkollegen der älteren Generation:

Johann Sebastian Bach: Matthäus-Passion

Julius Patzak (Evangelist)
Walter Berry (Christus)
Mimi Coertse
Hilde Rössel-Majdan
Fritz Wunderlich
Frederick Guthrie
Wiener Kammerchor   Wiener Singakademie   Wiener Sängerknaben
Wiener Symphoniker
Dirigent: Hans Gillesberger

Drei Aufführungen waren vorgesehen, an drei aufeinanderfolgenden Tagen. Für Wunderlich ein wichtiges Debüt; wer weiß, vielleicht würden die Wiener Opernbühnen auf ihn aufmerksam. Zugleich waren diese Auftritte aber auch eine arge Belastung: Er würde neben Altmeister Julius Patzak, einem der bedeutendsten Bach-Sänger, der in jenen Tagen zudem seinen 60. Geburtstag feierte, auf dem Podium stehen und sich also einem unmittelbaren Vergleich aussetzen. Wunderlich *contra* Patzak: Konnte das überhaupt gutgehen? »Für einen Satz von Patzaks Evangelisten geben wir gerne zehn und mehr seiner Tenorkollegen«, schrieb Franz Endler in der *Presse*. »Ein einziges ›Da sprach Jesus zu ihnen‹ ist uns mehr wert als viele, viele Arien.« Wie gesagt: Wunderlich war einer dieser Tenorkollegen, und er sang die Arien. »Um so erfreulicher war es, daß Patzak in Fritz Wunderlich, einem jungen Tenor aus Stuttgart, intelligente und tonschöne Assistenz für die Tenor-Arien hatte. Wenn man auch nach drei kurzen Kostproben kein abschließendes Urteil abgeben kann; Wunderlich sollte man ehestens wieder engagieren – da Deutschland uns oft und oft die besten Sänger wegholt, könnten wir hier einmal Gelegenheit finden, uns zu revanchieren.«[18]

Zu Hause in Stuttgart wartete wiederum ein anspruchsvolles Pensum auf Wunderlich: elf Opernvorstellungen noch im April, dazu zwei Konzerte. In Bietigheim bestritt er, zusammen mit Kollegin Friederike Sailer, einen Lieder- und Arienabend, am Flügel begleitet von Staatskapellmeister Dünnwald. Das Konzert fand am Aurain-Gymnasium statt, mußte allerdings – »des geringen Zuspruchs wegen«, wie es vom *Neckar- und Enzboten* gerügt wurde – vom großen Festsaal »in den intimeren Musik- und Zeichensaal verlegt« werden. Damit mußte man sich abfinden lernen, auch wenn es die künstlerische Qualität der Darbietungen offensichtlich beeinträchtigte. Man stelle sich vor, wie Wunderlichs strahlkräftig gesungene *Rigoletto*-Arien oder Friederike Sailers »Nur der Schönheit weiht' ich mein Leben« aus Puccinis *Tosca* in diesem intimen Zeichensaal geklungen haben müssen. Der lakonische Kritikerkommentar: »Die Stimmen, die für die Dimensionen der Opernbühne geschult sind, müssen sich frei entfalten können, was in diesem Fall nicht möglich war.«[19] Zwei Wochen erst waren seit dem großartigen Wien-Erlebnis vergangen, und nun dieses Konzert im Zeichensaal in Bietigheim. Was für ein Abstand. Eine ganze Welt schien dazwischen zu liegen. Trost mochte das nächste Konzert bieten: Bereits zehn Tage später sang Wunderlich im Beethovensaal der Stuttgarter Liederhalle, wiederum von Staatskapellmeister Dünnwald begleitet, Lieder von Joseph Haas, Franz Schubert und Hugo Wolf.

Im Mai wurde Wunderlich in Florenz erwartet, am Maggio Musicale Fiorentino. Zum ersten Mal war er von einem der renommierten europäischen Festspielorte eingeladen worden. Drei Vorstellungen der *Entführung aus dem Serail* sang er und erlebte dabei, wie in Italien die Claque, das System mit den bezahlten Beifallspendern, funktioniert. Fritz Ollendorf, der den Osmin sang, ging vor der ersten Aufführung von Garderobe zu Garderobe: Der Chef der Claque habe mit ihm gesprochen. Wer wolle, daß sie Beifall klatsche, müsse Geld geben; das sei hier so üblich. Natürlich dachte keiner daran, für irgendeinen Sonderapplaus Geld zu geben. Das hatte man ja nicht nötig. Was in der Hitze des Gefechts, kurz vor Vorstellungsbeginn, aber keiner gemerkt hatte: daß Ollendorf als einziger Geld gab. Und das wirkte sich in der Vorstellung dann auch aus: Jedesmal wenn Ollendorf auch nur auf der Bühne erschien, brüllten die bezahlten Leute los, manchmal sogar noch in den gesprochenen Dialogen. Vor lauter Bravogerufe konnte Ollendorf kaum den Einstieg in seine nächste Arie finden.

Am 30. Mai gastierte Wunderlich in der Schweiz. Am Béla-Bartók-Festival in Basel sang er Bartóks Cantata profana »Die verzauberten Hirsche«. Am 22. Juni wirkte er in einem geistlichen Konzert in der Basilika Ottobeuren mit:

Wolfgang Amadeus Mozart:
Maurerische Trauermusik
Requiem

Agnes Giebel
Ira Malaniuk
Fritz Wunderlich
Otto von Rohr
Chor des Süddeutschen Rundfunks   Bach-Chor Stuttgart
Sinfonieorchester des Süddeutschen Rundfunks
Dirigent: Hans Müller-Kray

Der SDR schnitt das Konzert live mit. Wiederum zurück in Stuttgart, übernahm Wunderlich – ein einziges Mal nur während seiner ganzen Stuttgarter Zeit – die Rolle des jungen Seemannes in Wagners *Tristan und Isolde*. Bekanntlich tritt dieser auf der Bühne nicht in Erscheinung; zu hören ist nur seine Stimme – nach den Vorstellungen Wagners »aus der Höhe, wie vom Masten her, vernehmbar«. Also kann man die Partie zur Not ab Noten singen. Dennoch hat sie ihre

Tücken: weil man ohne Orchesterbegleitung, ohne die Stütze auch nur eines einzigen Instruments singen muß. Ferdinand Leitner, der Wagner-Spezialist, dirigierte, und die Besetzung hatte mit Wolfgang Windgassen (Tristan), Martha Mödl (Isolde), Gustav Neidlinger (Kurvenal), Grace Hoffman (Brangäne) und Otto von Rohr (Marke) echtes Bayreuther Format.

Im Juni reisten die Sänger der Stuttgarter Staatsoper zu einem Gastspiel ins Théâtre Sarah Bernhardt nach Paris, wo Werner Egks Oper *Der Revisor* erstmals dem französischen Publikum präsentiert wurde. Die Pariser stellten das Orchester zur Verfügung, und der Komponist besorgte die musikalische Einstudierung. Konflikte ließen sich dabei nicht vermeiden, wie Egk später erzählte: »Bei der Generalprobe aber gab es Krach im wörtlichsten Sinne. Vor jeder Vorstellung, teilte man mir mit, sei es Sitte, die Hymnen, in diesem Fall die französische und die deutsche, zu spielen. ›Wo‹, fragte ich, ›sind die Noten?‹ ›Sie liegen auf den Pulten.‹ Ich spielte die ersten Takte des Deutschlandliedes an. Es war eine Bearbeitung der Garde Républicaine aus der Besatzungszeit. Schon im Freien muß das Ding provozierend gewirkt haben... Im Sarah Bernhardt war es unerträglich. ›Das spiele ich nicht‹, erklärte ich, ›die Franzosen würden sagen: Jetzt sind sie schon wieder da.‹ ›Sie müssen das aber spielen.‹ ›Nein, ich muß nicht. Ich werde die Originalfassung von Haydn für Streichquartett spielen.‹«

Bekanntlich hat Joseph Haydn im zweiten Satz seines Streichquartetts op. 76 Nr. 3 die Melodie des späteren Deutschlandliedes verwendet. Sie ist seine eigene Erfindung, erstmals in einem *Volkslied* verwendet, welches Haydn – auf den Text »Gott erhalte Franz den Kaiser« von Leopold Haschka – zum Geburtstag des Kaisers am 12. Februar 1797 komponiert hat. Nun mußten in Paris nur noch die Noten zu diesem Haydn-Quartett aufgetrieben werden. »Boten wurden ausgeschickt, aber keiner konnte sich an die Opuszahl und die Nummer des gesuchten Quartetts erinnern. Im letzten Moment, kurz vor Beginn der Vorstellung, hatte einer der Boten das Gewünschte in einer verträumten Musikalienhandlung in der Banlieue aufgetrieben. So konnte ich Haydns Tonsatz mit Streichquartett spielen, und ich tat es auch im *pianissimo* und dazu noch *con sordino*.«[20]

Endspurt sodann an der Stuttgarter Oper: Bereits liefen die Proben zur letzten Neuinszenierung. der laufenden Spielzeit. Zum ersten Mal, beinahe zwanzig Jahre nach der Uraufführung in München, sollte nun auch in Stuttgart Orffs kleines Welttheater *Der Mond* über die Bühne gehen, und zwar in Anwesenheit des Komponisten. Ferdinand Leitner übernahm die musikalische Einstudierung, Günther Rennert inszenierte. Fritz Wunderlich führte in der Partie des Erzählers die Reihe der Solisten an, Gustav Neidlinger sang den Petrus. Zweifellos eine der lebendigsten, musikalisch natürlichsten und zugleich an Gegensätzen reichsten Partituren Orffs. Er hat sie auch mehrfach, zuletzt im Jahr 1957, überarbeitet. Das Werk trägt durchaus parodistische Züge. So haben sich, etwa in der Totenweltszene, Puccini- und Verdi-Zitate eingeschlichen. Triviale Schlager und Wiener Trinklieder werden ebenfalls zitiert, manchmal als unverhüllte Parodie, manchmal eher als artifizieller Kontrafakt. Die Poesie dieser Partitur wird am schönsten in der Rolle des Erzählers deutlich: Sie läßt sich mit den Evangelistenpartien in barocken Passionen vergleichen. Die hohe, gleichsam schwerelose Lage dieser Partie und die überwiegend ostinate Begleitung weisen auf griechischantike Vorbilder hin. Karl Erb, der unvergleichliche deutsche Tenor, hatte diese Rolle einst bei der Münchner Uraufführung kreiert. An dessen Leistung mußte sich nun Wunderlich messen lassen. »Mit Karl Erb, dem einstigen berühmten Vertreter des Erzählers, hatte Fritz Wunderlich die zarte, wunderbar reine und mühelose Stimme (Falsett) gemeinsam«, las man in der *Stuttgarter Zeitung*, »wenn auch die Diktion noch nicht gleich von innen her, aus dem ›Magischen‹ gestaltet war.« Auch die *Ludwigsburger Kreis-Zeitung* wollte auf den Vergleich nicht verzichten: »Fritz Wunderlich ist der Erzähler, der mit hoher Kultur des Gesangs – an Karl Erb erinnernd – die Geschehnisse kommentiert.«[21]

In die Fußstapfen Karl Erbs also war er getreten: Das wurde ihm gleich von zwei Seiten her bescheinigt. Und vor gut zwei Monaten hatte er den Vergleich mit Julius Patzak mühelos ausgehalten. Auf diese Bilanz durfte Wunderlich zum Saisonende stolz sein.

NEUNTES KAPITEL

Aix, Edinburgh, Brüssel:
Der erste internationale Festspielsommer

Aix-en-Provence, Festspielsommer in Südfrankreich. Hier verschrieb man sich seit einigen Jahren einer speziellen Mozart-Pflege – mit ganz und gar unkonventionellen Inszenierungen, gleichsam ein Gegenpol zu der Salzburger Mozart-Festspieltradition. *Die Zauberflöte* unter der Leitung von Georg Solti und *Don Giovanni* unter Hans Rosbaud standen diesen Sommer auf dem Programm. Am 2. Juli sang Fritz Wunderlich in Stuttgart seine letzte Vorstellung in dieser Spielzeit, anschließend fuhr er nach Aix. Für vier *Zauberflöten*-Vorstellungen hatte man ihn eingeladen. Die Aufführungsserie begann am 15. Juli, und zwar im Théâtre de la Cour de l'Archevêché. Wie gesagt, Georg Solti sollte dirigieren, und auch andere Bekannte traf Wunderlich an: Hilde Rössel-Majdan als Dritte Dame, Mimi Coertse als Königin der Nacht sowie Walter Berry als Papageno. Hinzu kamen Teresa Stich-Randall (Pamina), Ernst Wiemann (Sarastro) und Silvia Stahlman (Papagena). Zumindest eine Enttäuschung sollte Wunderlich erwarten: Georg Solti, den er von einem Frankfurter Gastspiel her noch in bester Erinnerung hatte, sagte ab, und an seiner Stelle übernahm dann Jonel Perlea die Leitung der vier *Zauberflöten*-Vorstellungen. Eine Inszenierung insgesamt »so weit entfernt vom Zelebralen wie nur denkbar; ein reines Märchenspiel, angesiedelt in der Landschaft von »La belle et la bête«, kommentierte Claus-Henning Bachmann.[1] Die Sänger wurden gelobt, insbesondere Walter Berry. Mit ihm und seiner Frau Christa Ludwig freundete sich Wunderlich bald an, zumal Berry stets zu Späßen aufgelegt war. Und zu kleinen Boshaftigkeiten: »Wenn ich die Randall singen höre, dann gibt's mir einen Stich.« Was auf die etwas gar dünnlich-spitzige Stimme der Kollegin Stich-Randall gemünzt war.

Am 3. August sang Wunderlich nachmittags in der Basilika in Ottobeuren. Karl Richter hatte ihn zu einem geistlichen Konzert eingeladen, welches ausschließlich Werken Bachs gewidmet war: vier Kantaten standen auf dem Programm, aufgelockert durch zwei große Orgelwerke. Gegen viertausend Bach-Verehrer kamen zu diesem Konzert in die ehrwürdige Basilika der Reichsabtei gepilgert. Richter dirigierte, und er spielte auch die beiden Orgelwerke. Doch damit nicht genug: Im Reichssaal der Abtei begleitete er am Abend den Flötisten

Aurèle Nicolet in einer Reihe von Bachs Flötensonaten. Für Wunderlich war dieses Bach-Fest gleichsam nur ein kleines Intermezzo auf heimatlich-deutschem Boden. Zwei weitere Destinationen hielt der internationale Festspielsommer für ihn noch bereit: Edinburgh und Brüssel. Mit vier Opern im Gepäck reiste das Ensemble der Württembergischen Staatsoper – und das waren insgesamt 230 Leute – per Schiff und mit Sonderflugzeugen nach Edinburgh. Ins »schottische Salzburg«, wie sich die Halbmillionenstadt wegen ihres traditionsreichen, renommierten Musikfestivals gerne nennen läßt. Es war dies die größe Expedition, welche die im Ausland so begehrte Stuttgarter »Reiseoper« unternahm. Fünfzehn Vorstellungen mußten in Edinburgh insgesamt bestritten werden. Wunderlich sang in zwei Produktionen: in der *Entführung aus dem Serail*, und zwar alternierend mit Kollege Josef Traxel, sowie im *Wildschütz*. Die einheimische Kritik war begeistert von Wunderlichs Bühnengewandtheit sowie von seiner leichtgeführten Stimme.

Wunderlich war damals ein begeisterter Angelsportler – eine Leidenschaft, die er mit einigen Kollegen von der Oper teilte. Und so sagten sie sich vor dem Abflug nach Edinburgh: Warum, wenn die Reise schon nach Schottland gehe, sollten sie nicht an einem der freien Tage schottische Lachse angeln? Also packten sie ihr Angelzeug ein und nahmen Würmer in Dosen mit. Natürlich wurden sie zum Gespött anderer Kollegen, und einer leistete sich einen besonderen Scherz. Er rief Wunderlich kurz vor dem Abflug zu Hause an: Es sei ihm zu Ohren gekommen, daß da Tiere ins Flugzeug mitgenommen werden sollten. Ob sich Wunderlich über die entsprechenden Beförderungsbestimmungen auch informiert und den Tierschutz konsultiert habe, wollte er wissen. Wunderlich aber fiel auf den Scherz nicht herein – die Würmer kamen also mit, und zum Angeln sind die Sänger offenbar auch gekommen: »Schwäbische Würmer für schottische Lachse« titelte ein Journalist seinen Bericht über das Stuttgarter Gastspiel in Edinburgh.

In der schottischen Metropole standen die Gäste aus Stuttgart im Zentrum der Festspiele. Das Gastspiel in Brüssel anläßlich der Weltausstellung war hingegen weniger spektakulär gedacht, denn die Hauptaufmerksamkeit richtete sich hier auf das Ensemble der Bayreuther Festspiele, welches sich mit Wagners *Parsifal* vorstellen sollte. Die Stuttgarter zeigten Carl Orffs *Antigonae*. »Bayreuth aber hatte die Schwierigkeit jeder Festspielbühne, sein Ensemble nicht im Griff zu haben«, erinnerte sich der Stuttgarter Intendant Walter Erich Schäfer. »So wurde nichts aus dem *Parsifal*, und wir standen plötzlich in vorderster Front. Es ging gut, wie ich glaube, jedenfalls schrieben alle Brüsseler Zeitungen von einem Triumph.«[2] Wunderlich fuhr übrigens im eigenen Mercedes nach Brüssel, mit Kollege Hans Günter Nöcker auf dem Beifahrersitz. »Dieselchen, Dieselchen, munter wie ein Wieselchen«, sangen sie um die Wette. Auf der Heimfahrt, kurz vor Stuttgart, wurde ihnen, wohl vom Reifen des vor ihnen hertuckernden Lastwagens, ein Steinchen in die Windschutzscheibe geschleudert. Die Scheibe wurde

vom Aufprall ganz durchrissen, in kleinste Teilchen, ohne jedoch auseinanderzu-
brechen.³

Die Stuttgarter Opernsaison begann wenig spektakulär: mit Wiederaufnahmen
von Orffs *Mond* und Händels *Jephta*, dazu Repertoirevorstellungen von der
Zauberflöte und der *Verkauften Braut*. Am 3. Oktober brachte der Postbote ein
Telegramm an die Haußmannstraße 40:

> Dr. Böhm erwartet Sie 16. Oktober um 12.30 Uhr Frankfurt Hessischer Rundfunk und
> bittet Sie eine Mozartarie nach Ihrer Wahl und eine italienische Arie die bis zum c geht
> ihm vorzusingen. Herzlichst Festspiele Salzburg.

Festspiele Salzburg. Was war geschehen? Karl Böhm hatte sich einen Herzens-
wunsch erfüllt: Im kommenden Festspielsommer sollte Richard Strauss' komische Oper *Die schweigsame Frau* in einer Neuinszenierung über die Bühne gehen,
szenisch betreut von Günther Rennert. Bei der Frage nach einer festspielwürdigen
Besetzung der äußerst anspruchsvollen Hauptpartien hatte Rennert den jungen
aufsteigenden Stern am Stuttgarter Opernhimmel ins Gespräch gebracht: daß
dieser nicht nur unvergleichlich singe, sondern neuerdings auch ein gewandter
Komödiant auf der Bühne sei. Böhm war nicht abgeneigt. Allerdings wollte er
sich den jungen Sänger vorerst einmal anhören und sich über dessen stimmliche
Voraussetzungen selber ein Urteil bilden. Deshalb also die telegrafische Einladung zum Vorsingtermin in Frankfurt am 16. Oktober. Daß es eine Arie sein
müsse, die bis zum hohen C hinaufreicht, verlangte Böhm übrigens mit gutem
Grund: Die Partie, die Wunderlich in der *Schweigsamen Frau* allenfalls zu singen
hätte, weist nämlich einige gefürchtete Spitzentöne auf. Zwei Tage nach dem
Vorsingen in Frankfurt brachte der Postbote erneut ein Telegramm an die Haußmannstraße:

> Einladen Sie herzlichst und verbindlich zur Mitwirkung bei Salzburger Festspielen 1959
> als junger Morosus stop Brief folgt Grüße. Festspiele Salzburg.

Wunderlich hatte es geschafft: Böhm hatte der Festspielleitung sein Placet mitgeteilt. In knapp einem Jahr würde er seinen Einstand geben in Salzburg, dem
Mekka der europäischen Sommerfestspiele. Wer hier mitwirkte, durfte sich mit
einigem Recht zu den Größten rechnen. Und daß er unter der Obhut Günther
Rennerts und Karl Böhms debütieren durfte, und das erst noch in einer Neuinszenierung, die weltweit Aufmerksamkeit erregen würde, freute ihn besonders.

Am 26. Oktober 1958 stand Stuttgart ein weiteres Mal im Zentrum weltweiten
musikalischen Interesses. Leoš Janáčeks Oper *Schicksal* sollte, mehr als ein halbes Jahrhundert nach ihrer Entstehung, erstmals über die Bühne gehen. Es war
eine doppelte Uraufführung: Gleichzeitig wurde das Werk auch jenseits des

Eisernen Vorhangs, in Brünn, uraufgeführt. Janáčeks Opern haben es auf deutschen Bühnen stets schwer gehabt. Daß sie nicht in der tschechischen Originalsprache aufgeführt werden, wiegt bei der spezifischen Musiksprache Janáčeks, deren Keimzelle der Wortrhythmus des vertonten Textes ist, doppelt schwer. In Stuttgart war man sich dieser Probleme selbstverständlich bewußt und entschied sich für eine entsprechend unkonventionelle Lösung. Kurt Honolka, der versierte Übersetzer von Opernlibretti, erstellte für die Uraufführung nicht nur eine deutsche Fassung, sondern lieferte auch eine dramaturgische Bearbeitung. Allerdings eine recht fragwürdige: Die Oper begann nun mit dem Schlußakt, und die beiden ersten Akte wurden als Retrospektive mitten in diesen Schlußakt hineinverpflanzt. Einschneidende Umstellungen, die Janáčeks musikalischen und dramatischen Intentionen zuwiderliefen. Die Inszenierung dieser Uraufführung besorgte Peter Stanchina in Bühnenbildern von Leni Bauer-Ecsy, Hans Schwieger dirigierte. Einen großen persönlichen Erfolg konnte Josef Traxel in der Partie des Komponisten Zinvy verbuchen, für Wunderlich als Sänger Lensky blieb diese Uraufführung eher eine Episode.

Entsprechend hatte er Zeit, zugleich Hans Pfitzners Eichendorff-Kantate *Von deutscher Seele* einzustudieren. Heinz Mende brachte das großflächige Werk mit dem Philharmonischen Chor Stuttgart am 26. und 27. Oktober zur Aufführung, vom Süddeutschen Rundfunk live mitgeschnitten. Diese selten zu hörende romantische Kantate, komponiert auf eine Reihe von Gedichten Joseph von Eichendorffs, dürfte – neben der Oper *Palestrina* – Pfitzners wichtigstes Werk sein, episch breit angelegt und in mehreren Überarbeitungen schließlich zu einem abendfüllenden, großbesetzten dreiteiligen Chorwerk gewachsen. Ein tiefgründiges Werk und deshalb wohl auch nicht sehr populär geworden. Die von Pfitzner selbst ausgewählten Eichendorff-Gedichte evozieren die Tages- und Nachtseiten der Natur wie auch der menschlichen Seele in gleichsam volkstümlicher, aber doch geheimnisvoll verdunkelnder Weise. »Nirgends besser als in diesem Chorwerk zeichnet sich der Gegensatz der Komponisten Strauss und Pfitzner als Vertreter der deutschen Musik um die Jahrhundertwende ab«, hieß es in der ausführlichen Konzertkritik der *Stuttgarter Nachrichten.* »Strauss, der weltgewandte, nach internationaler Anerkennung strebende Schöpfer wirkungsvoller und urbaner Werke, Pfitzner, der in sich gekehrte Musiker, dessen Weg die Stationen und Passionen des Deutschtums und der Deutschen sind.«[4] Den beiden Stuttgarter Aufführungen war ein nachhaltiger Erfolg beschieden. Der Philharmonische Chor und die Solisten – neben Wunderlich sangen Annelies Kupper, Margarete Bence und Ernst Denger – wurden mit langanhaltendem Applaus gefeiert: deutsche Romantik, wiederentdeckt.

Am 8. November wurde Wagners *Tannhäuser* wiederum in den Spielplan aufgenommen. Wunderlich, der als Anfänger einst die kleine Partie Heinrich des Schreibers gesungen hatte, war in der Hierarchie der mittelalterlichen Ritter und Sänger um einen Platz vorgerückt und stand nun als Walther von der Vogelweide auf der Bühne. Als Landgraf Hermann von Thüringen gastierte Gottlob Frick, Windgassen gab den Tannhäuser, Trude Eipperle sang die Elisabeth und Martha Mödl die Venus. Am 15. November wurde Wunderlich in seiner pfälzischen Heimat erwartet. Der Musikverein Pirmasens hatte Händels Oratorium *Herakles* einstudiert und, neben Wunderlich, auch dessen ehemalige Freundin aus den Freiburger Studienjahren engagiert: die Sopranistin Katharina von Mikulicz. Ein herzliches Wiedersehen, und dennoch: »Wie wir nebeneinander standen und sangen, merkte ich ganz klar, daß Welten uns trennten«, erzählte Katharina von Mikulicz. »Da mochte ich mich noch so anstrengen. Was Fritz in künstlerischer Hinsicht damals schon erreicht hatte, das würde mir nie gelingen. Beispiellos, wie er die Rezitative gestaltete, wie er die musikalische Botschaft in den Raum zu setzen vermochte.«[5] Vier Tage später sang Wunderlich in Aachen erneut Händel, diesmal den *Messias*. Einstudiert und dirigiert wurden die beiden Aufführungen von Wilhelm Pitz, dem begabten Chorerzieher. Er amtierte als Kapellmeister in

Aachen und war gleichzeitig als Chordirektor bei den Bayreuther Festspielen sowie, seit 1956, als Leiter des renommierten Philharmonia Choir in London tätig. Wunderlichs Kollegen auf dem Konzertpodium: Teresa Stich-Randall, Marga Höffgen und Hans Hotter. Übrigens das erste Mal, daß Wunderlich Seite an Seite mit dem stimmgewaltigen Bayreuther Wotan-Gestalter auftrat. Einschüchtern ließ er sich indes nicht, im Gegenteil: »Von den Solisten müssen Marga Höffgen (Alt) und Fritz Wunderlich (Tenor) an erster Stelle genannt werden: jene mit dem ergreifenden Timbre der Altstimme, die in voller Ausgeglichenheit alle Tonlagen bindet, Stimmung und Ausdruck im letzten Sinne vertieft, dieser mit einem schönen Schmelz der Tenorstimme, auch treffender Akzente fähig, den echten Typus des Oratoriensängers charakterisierend.«[6]

Auf Ende November waren die ersten Aufnahmesitzungen für Franz Schuberts Oper *Die Wunderinsel* anberaumt, eine Produktion des Süddeutschen Rundfunks Stuttgart. Josef Dünnwald studierte das Werk, dem auf der Opernbühne knapp ein Jahr zuvor bekanntlich nicht viel Erfolg beschieden gewesen war, nun mit dem Südfunk-Chor und dem Radio-Sinfonieorchester ein. Friederike Sailer und Wunderlich sangen erneut das Liebespaar Miranda/Ferdinand; sonst gab es gegenüber der Uraufführung einige Umbesetzungen. Am 28. November kam erneut ein verzweifelter Anruf aus München: Kurt Wehofschitz habe abermals für eine Vorstellung der *Entführung aus dem Serail* abgesagt, ob Wunderlich einspringen könne? Er konnte. Wobei diesmal die Aufführung nicht im Prinzregententheater stattfand, sondern im stilvollen Cuvilliés-Theater in der Alten Residenz. Und gleich am folgenden Tag erwartete ihn in Stuttgart eine besondere *Zauberflöte*: Erstmals dirigierte der junge Gerd Albrecht diese Mozart-Oper. Nach der Aufführung sagte ihm Wunderlich, er habe noch nie einen so unerbittlichen Dirigenten gehabt.

Seit Mitte November liefen in Stuttgart die Proben zu Rossinis *Barbier von Sevilla*. Günther Rennert inszenierte ein wahres Feuerwerk an szenischem Witz, und zwar in einem Einheitsbühnenbild: ein Haus, das sich in der Mitte öffnete und mit fortschreitender Handlung mehr und mehr kleine Innenräume freigab, in denen das Geschehen – über drei Etagen durch Wendeltreppen miteinander verbunden – abrollte. Vor diesem Haus ließ Rennert das spielen, was sich in Rossinis Musik abspielt. Zum Beispiel die berühmten, bis zu einem Perpetuum mobile ausufernden Crescendi in den witzigen Ensembles und Finali – ein dynamisches Auf und Ab bis zur Bewußtlosigkeit.[7] Ferdinand Leitner dirigierte, Horst Günter sang den Figaro und Eva Maria Rogner die Rosina. »Rennert war ein fabelhafter Regisseur, ich habe unerhört viel von ihm gelernt. Auch wenn er manchmal zuviel wollte oder zynisch wurde. Bei jeder Gelegenheit zog er mich wegen meiner dialektal gefärbten Aussprache auf: ›Die Rogner mit ihren schweizerischen Urlauten.‹ Doch Fritz hat mich dann beruhigt: ›Reg dich doch nicht auf! Der sagt manchmal noch viel Schlimmeres!‹ Rennert ging stets von einem festen Konzept aus, und auch von den Rollen, von den Typen, hatte er eine festumrissene Vorstellung. Ihr mußte man dann möglichst hundertprozentig zu entsprechen versuchen. Keine leichte Aufgabe, und dennoch: Es wurde ein absolut wegweisender, ein großartiger *Barbier*.«[8] Auch Stuttgarts Starkritiker Kurt Honolka teilte diese Meinung: »Und siehe da«, schrieb er in den *Stuttgarter Nachrichten*, »aus dem vermeintlichen Routineabend (wer nimmt denn den abgeklapperten *Barbier* schon ernst…) wurde so etwas wie ein kleines Opernfest. Ein Riesenerfolg. Eine Aufführung von ansteckender Lustigkeit. Ein Triumph des ewigen Mimus, der herrlichen Opernunlogik und des geheimnisvollen Wunders der Gesangsmelodie… Von den Sängern verlangte Rennert Außerordentliches an Beweglichkeit, sie sind fortwährend in Trab… Nur kein Stillstand! Keine Opernpose! Komödie mit Musik!… Eva Maria Rogner, die koloraturgewandte Gast-Rosina, und Fritz Wunderlich brachten das Kunststück fertig, bei aller komödiantischen Lebhaftigkeit mit edlem, federleichtem Ziergesang zu glänzen; sie repräsentierten das Belcanto-Niveau, das in Italien auch in der Opera buffa selbstverständlich ist.«[9]

Den Almaviva sang Wunderlich sehr gerne, er wurde zu einer seiner wichtigsten Glanzpartien. Rennert hatte in ihm, dem darstellerisch einst so Hilflosen, die Lust an komödiantischer Selbstinszenierung geweckt. Späße treiben auf der Bühne, manchmal gar in halbironischer Distanz zu sich selber stehen oder die eigene Gesangskunst an die Grenze zur Persiflage treiben – das waren Dinge, die Wunderlich nun über alles liebte. Und auf der Bühne bald wie kaum ein zweiter auch beherrschte. Selbstverständlich wurde der Stuttgarter *Barbier* in deutscher Sprache aufgeführt – ganz nach der Devise Rennerts, daß Oper ja nicht nur Musik, sondern auch Text sei und das Publikum also ein Anrecht darauf habe, diesen Text zu verstehen. Für seine Stuttgarter Neuinszenierung ging er gar noch einen Schritt weiter, indem er zum Teil eine neue Textfassung erstellte. »Zum Beispiel die zweite Arie der Rosina, die sogenannte Musikstunde im zweiten Akt der Oper, war ganz neu getextet«, erzählte Eva Maria Rogner. »Ich mußte diese Arie jeweils von einem Notenblatt singen, so wollte es Rennert. Ich war dann schlicht zu faul, den neuen Arientext auch auswendig zu lernen; ich konnte ihn ja in jeder Vorstellung vom Blatt lesen. Nur war in einer der folgenden Vorstellungen plötzlich ein anderes Notenblatt da – Fritz, der Schelm, hatte es ausgewechselt. Nun stand ich da, ohne den Arientext. Singen konnte ich die Arie zwar, aber den Text mußte mir die Souffleuse fast Wort für Wort zuzischeln. Und Fritz, der als vermeintlicher Musiklehrer meinem Gesang auf der Bühne ja zuhört, amüsierte sich köstlich.«[10]

Im neuen Jahr probierte Wunderlich eine neue Partie aus: den Don Carlos in der gleichnamigen Oper von Giuseppe Verdi. Für den Süddeutschen Rundfunk nahm er, zusammen mit dem Baritonkollegen Raymond Wolansky, die große Duett-szene aus dem ersten Akt der Oper auf – 11 Minuten Musik insgesamt, die ihm Lust darauf machten, bald einmal die ganze Partie auf der Bühne zu singen. Tags darauf stand er in Kaiserslautern vor den Rundfunkmikrofonen. Wiederum ging es um Opernausschnitte, wenn auch diesmal aus gänzlich unbekannten Werken: *Die gerechtfertigte Unschuld* von Christoph Willibald Gluck, *La Rosaura* von Alessandro Scarlatti, *La Molinara* von Giovanni Paisiello, *Brenno* von Johann Friedrich Reichardt und *Alcide al bivio* von Vincenzo Righi. Emmerich Smola bereitete eine Sendung über Opern aus dem 17. und 18. Jahrhundert vor; Musik, die kaum einer im Repertoire hatte. Entsprechend schwierig war es, einen Sänger für diese Aufnahmen zu finden: »Die Arie des Valerius aus Glucks Oper *Die gerechtfertigte Unschuld*, ein ziemlich schwieriges Stück, hatte ich vorher schon anderen Tenören angeboten«, erzählte Smola. »Aber keiner wollte so recht dran, weil es nicht gerade leicht ist und weil es sich nicht lohnt, so etwas für eine einzige Aufführung vor dem Mikrofon zu erarbeiten. Nicht so Wunderlich. Er war hell begeistert und sagte am Telefon: ›Endlich mal etwas, was es noch nicht gibt.‹ So war er immer, und seine Begeisterung für das Außergewöhnliche riß auch andere mit.«[11]

Am 2. Februar 1959 gastierte die Stuttgarter Oper in der Stadthalle Göppingen mit Mozarts *Così fan tutte*. Ein kleines Ereignis, vergleicht man es mit dem nächstfolgenden: Am 13. Februar wurde Fritz Wunderlich ein zweites Mal Vater. Diesmal ein Sohn, Wolfgang sollte er heißen. Daß darüber ein drittes Ereignis verständlicherweise etwas in den Hintergrund geriet, liegt auf der Hand. Für die zweite Februarhälfte hatte Wunderlich nämlich ein Engagement nach Rom, ans Teatro dell'Opera, wo er in einigen *Zauberflöten*-Vorstellungen als Tamino ga-stieren sollte. Erich Kunz, Baritonkollege von der Wiener Staatsoper, sang den Papageno: »Ich habe Wunderlich damals zum ersten Mal kennengelernt, nicht nur als Mensch, sondern auch als Künstler. Und er hat mir enorm gut gefallen.« Was Wunderlich allerdings nicht wissen konnte: daß Kunz, wiederum an die Wiener Staatsoper zurückgekehrt, mit seiner Begeisterung nicht zurückgehalten hat. »Ich bin mit dem Direktor sehr gut gestanden ... und ich habe ihn kurz nach unserem Gastspiel auf diesen bezaubernden Sänger Fritz Wunderlich aufmerk-sam gemacht.«[12] Da Eva Wunderlich nicht nach Rom mitfahren konnte, lud Fritz seine Mutter ein. Immer war es ihr Wunsch gewesen, einmal nach Rom zu kommen und eine Audienz beim Papst erleben zu dürfen. Beide Wünsche gingen ihr, der nunmehr Siebzigjährigen, in Erfüllung.

Immer noch gab es Monate, in denen Wunderlich zehn Vorstellungen zu singen hatte. Ausnahmslos große Partien nun: Tamino, Belmonte und Ferrando, den Baron Kronthal im *Wildschütz* und neu jetzt auch den Grafen Almaviva in Rossinis *Barbier*. Doch nicht nur der Stuttgarter Operntenor machte von sich reden, sondern auch der Konzertsänger. Keine Ostern, wo er nicht die Qual der Wahl unter den Angeboten für Bachs Passionen oder für ein Händel-Oratorium gehabt hätte. Dieses Jahr entschied er sich vorerst für Händels *Messias* – wiederum ein Konzert des Stuttgarter Philharmonischen Chors unter der bewährten Leitung von Chordirektor Heinz Mende, wobei der SDR die Aufführung live mitschnitt. Vier Tage später, am 24. und 25. März 1959, gastierte Wunderlich in Hamburg. Joseph Keilberth, der designierte Nachfolger von Ferenc Fricsay als Generalmusikdirektor der Bayerischen Staatsoper, hatte ihn für zwei Aufführungen von Bachs *Matthäus-Passion* verpflichtet. Die erste, gekürzte, fand in der St. Michaeliskirche statt, tags darauf folgte, nun in der Musikhalle, die zweite, ungekürzte Aufführung. An der Seite von Annelies Kupper, Maria von Ilosvay, James Pease, Heinz Hoppe und Toni Blankenheim sang Wunderlich beide Male ausschließlich die Evangelistenrezitative. Die Hamburger Kritiker schienen sich allerdings mit dem »Belcanto-Charakter des Evangelisten« nicht anfreunden zu können: »Fritz Wunderlich ist ein hervorragender Tenor«, resümierte die *Welt*, »und bei intensiv geraffter Gestaltung wäre er auch ein idealer Evangelist.«[13] Wieder einmal das alte Dilemma: die Frage nämlich, wieviel stimmlichen Schmelz ein Bach-Sänger überhaupt mobilisieren dürfe. Daß es die meisten seiner Evangelistenkollegen beim spröden Sprechgesang beließen, stimmlich sich vornehm zurückhielten, weil sie sich gar nicht verausgaben konnten, das wußte Wunderlich mittlerweile nur zu gut. Daß man diese schmalbrüstigen Evangelistentöne aber als maßstabsetzend einstufte und folglich kein Gehör hatte für Wunderlichs Belcantotöne, das wollte ihm nicht einleuchten.

Stuttgarter Opernalltag auch in den folgenden Wochen. Willkommene Abwechslung boten einige interessante Rundfunkproduktionen. Oft reichte es zwar nur für eine Arie oder einen Ausschnitt aus einem größeren Werk, manchmal aber wurden ganze Opern eingespielt. Nur in Ausnahmefällen waren es Werke, die Wunderlich schon auf der Bühne oder im Konzertsaal ausprobiert hatte. Meistens betrat er vor den Mikrofonen musikalisches Neuland – ganz im Gegensatz zu andern Künstlern, die nur das jahrelang Erprobte und unumstößlich Abgesicherte vor den Mikrofonen zu produzieren wagen. Am 31. März nahm Wunderlich für den Süddeutschen Rundfunk einen längeren Ausschnitt aus Wilhelm Kienzls kaum mehr aufgeführtem musikalischem Schauspiel *Der Kuhreigen* auf: das ganze Finale des ersten Aktes »Lug, Dursel, lug . . .«, die berühmte Szene des heimwehkranken Soldaten, der sehnsüchtig in seine fernliegende Schweizer Heimat blickt und zum Schluß des Aktes dann das Lied »Zu Straßburg auf der Schanz'« anstimmt. Alfons Rischner dirigierte den Männerchor und das Sinfonieorchester des Süddeutschen Rundfunks. Noch für eine zweite Aufnahme reichte die Zeit aus: für Händels berühmtes »Largo«, die Arie »Ombra mai fu« aus der Oper *Xerxes*.

Im April reiste Wunderlich in Rundfunkangelegenheiten gar nach Bern. Im Radiostudio des Schweizerischen Landessenders wurde Schuberts kaum je gespielte heroisch-romantische Oper *Fierrabras* aufgenommen, und zwar als Gemeinschaftsproduktion von Radio Bern und vom Süddeutschen Rundfunk Stuttgart. Hans Müller-Kray dirigierte das Berner Stadtorchester sowie den Südfunk-Chor aus Stuttgart. Wunderlich sang die Partie des Eginhard, und unter den weiteren Mitwirkenden waren einige Stuttgarter Kollegen: Otto von Rohr, Raymond Wolansky und Hetty Plümacher.

Der nächste Rundfunktermin war wiederum in Stuttgart angesetzt. Diesmal, so hätte man meinen können, eher eine Routineangelegenheit, denn Taminos »Bildnisarie« aus der *Zauberflöte* stand auf dem Programm. Daß daraus alles andere als pure Routine wurde, war auf den Dirigenten zurückzuführen. Erstmals – und überhaupt zum einzigen Mal – sang Wunderlich unter der Leitung von Altmeister Carl Schuricht, mit seinen 79 Jahren der Grandseigneur unter Deutschlands großen Dirigenten. Er dirigierte einen vergleichsweise nüchternen Mozart, ohne alles Weihevolle, welches sich gerade bei dieser Arie oft einschleicht. Zudem schlug er ein relativ bewegtes Tempo an: Larghetto, ganz nach Mozarts Vorschrift, und nicht Largo, wie es meistens langatmig zelebriert wird. Wunderlich ging die schwierigen Sext- und Septimen-Sprünge in dieser Arie mit bewundernswerter Sicherheit an, sang mit kernigem, aber nie breitem Ton. Eine gewisse stimmliche Anstrengung ist nicht zu überhören – zurückzuführen wohl auf jene Energie, welche für diese schwierige Arie stets mobilisiert werden muß, selbst wenn man sie zum hundertsten Mal singt.[14]

Nach dieser kleinen Mozart-Feststunde mußte Wunderlich sogleich nach Köln zum Westdeutschen Rundfunk. Am 18. und 19. April wurde im Funkhaus eine Melodienfolge aus Oscar Straus' Operette *Ein Walzertraum* aufgenommen, Teil einer Fernsehproduktion. Wunderlich kam hier als Retter in der Not. Denn eigentlich hatte man einen Singschauspieler verpflichtet, der sowohl singen wie später, bei den Filmaufnahmen, auch spielen sollte. Das war damals eine Novität. Normalerweise produzierte man mit Sängern zuerst die Tonaufnahmen und engagierte anschließend professionelle Schauspieler, die das vor den laufenden Kameras im Playback gleichsam »singend« nachspielten. Auch bei dieser *Walzertraum*-Produktion mußte auf das altbewährte Playback-Verfahren zurückgegriffen werden, weil sich nämlich herausgestellt hatte, daß die Stimme des Singschauspielers vor dem Mikrofon nicht ausreichte. In letzter Minute engagierte man Fritz Wunderlich für die Tonaufnahmen; später sollte Hans von Borsody die Partie vor der Filmkamera nachspielen. Wunderlich hatte auch ein Duett zu singen. Ernst Stankovski, sein Duettpartner, konnte zu diesen speziell für Wunderlich anberaumten Tonaufnahmen aber wegen anderweitiger Verpflichtungen nicht erscheinen. »Man hat mich dann später geholt, daß ich mit dem fertigen Band von Wunderlich nun gleichsam Duett singe«, erzählte Stankovski. »Das Lustige dabei war: Ich kam nicht einmal gegen das Tonband an, gegen die

Wunderlich-›Konserve‹. Seine Stimme war so strahlend – und so weit hinaufdrehen konnten sie meine Stimme kaum, daß das einigermaßen in die Waage gekommen wäre.«[15] Dennoch: Das Duett und überhaupt der Musiktrack zum Operettenfilm kamen schließlich zustande; Wunderlich ist mit insgesamt drei Nummern vertreten.[16]

Bereits in der zweiten Maiwoche fuhr Wunderlich erneut nach Köln. Diesmal zu einer großen Produktion. Zum Gedächtnis an Georg Friedrich Händels Tod vor genau zweihundert Jahren produzierte der Westdeutsche Rundfunk dessen Oper *Alcina*. Ferdinand Leitner studierte das Werk in der italienischen Originalsprache ein, und zwar mit einer Reihe namhafter Sänger – darunter der Italiener Nicola Monti, Partner von Maria Callas in zahlreichen Opernaufführungen, die englische Altistin und Händel-Spezialistin Norma Procter, der Bariton Thomas Hemsley und, in der Titelpartie, Dolores Perez. Fritz Wunderlich war für die kleine Partie des Feldherrn Oronte engagiert. Es sollte eine möglichst authentische Aufführung werden, weshalb sie mit der Cappella Coloniensis, dem Barockorchester des Westdeutschen Rundfunks, erarbeitet wurde. Eduard Gröninger hatte das kleinbesetzte Orchester 1954 gegründet mit dem Ziel, »alte Musik möglichst stil- und klanggetreu mit historischen Instrumenten wiederzugeben. Das Instrumentarium, das zum größten Teil eigens für die Cappella Coloniensis beschafft wurde, besteht aus Streichinstrumenten des 18. Jahrhunderts in alter Mensur und originalgetreuen Kopien der Blasinstrumente aus jener Zeit, die einen ganz anderen Klangcharakter haben als die modernen Instrumente mit ihren technischen Hilfsmitteln.«[17] Neue Töne, in der Tat – aber nicht für Wunderlich: Er kannte das authentische Musizieren auf Originalinstrumenten schon von seiner Freiburger Studienzeit her, von den gemeinsamen Konzerten mit den Hochschulprofessoren Gustav Scheck und Fritz Neumeyer. Beide traf er hier im Kölner Funkhaus wieder an, als Mitglieder der Cappella Coloniensis; und noch weitere Freunde aus der Freiburger Zeit entdeckte er in den Reihen des Orchesters: den Geiger Ulrich Grehling, Ulrich Koch an der Bratsche und Kurt-Heinz Stolze am Cembalo.

»Das waren lauter Leute, die viel von Alter Musik verstanden«, erzählte Dirigent Ferdinand Leitner. »Das waren tolle Tage. Man hat eigentlich nicht probiert, sondern hat sich besprochen, wie man das und jenes machen wolle. Man diskutierte, denn an wissenschaftlich geschulten Leuten fehlte es ja nicht, und die gaben entsprechende Ratschläge. Wobei jeder Akademismus vermieden wurde; wir wollten nicht trocken oder gar stur werden, weil wir alle der Überzeugung waren, daß man zu Händels Zeiten auch nicht trocken gewesen ist.«[18] So ideal sich die Orchesterproben anließen, so problematisch wurde es mit den Sängern. Bei der ersten Solistenprobe am 9. Mai stellte sich nämlich heraus, daß Nicola Monti fälschlicherweise die kleine Partie des Feldherrn Oronte studiert hatte. Und das, obwohl in den telefonischen Vorverhandlungen und später auch im Vertrag ausdrücklich von der großen Partie des Ruggiero die Rede gewesen war. Leitner erklärte sich bereit, den Ruggiero mit ihm nachzustudieren. Doch der Versuch mußte abgebrochen werden, weil die Partie für Monti zu tief lag. Was sollte man tun? Wunderlich willigte ein, die große Partie des Ruggiero in den wenigen noch verbleibenden Tagen zu lernen. »Es war selbstverständlich«, so heißt es lakonisch in einer entsprechenden Aktennotiz des WDR, »daß unter diesen Umständen das für Herrn Wunderlich ursprünglich vorgesehene Honorar erhöht werden mußte.« Und weiter: »Eine Verringerung des Honorars von Herrn Monti war nicht möglich, da es sich um eine erstklassige Kraft der Mailänder Scala handelt; außerdem lag ein Übermittlungsfehler... vor, für den der Künstler nicht verantwortlich gemacht werden konnte.«

Kaum waren diese Probleme erledigt, tauchte ein neues auf. »Dolores Perez sang schon in der ersten Klavierprobe manche Stellen ihrer gut studierten Partie zu tief. Sie markierte außerdem in den Klavierproben weite Strecken ihrer Partie, so daß ein endgültiges Urteil noch nicht abgegeben werden konnte.« In den ersten Orchesterproben wurde es dann allen Beteiligten klar: Das Zu-tief-Singen war so empfindlich störend, daß eine Direktübertragung dieser konzertanten Aufführung nicht zu verantworten war. Nur die Sängerin schien da anderer Meinung zu sein; jedenfalls wollte sie auf ihre Partie nicht verzichten. Man spielte ihr also Mitschnitte von den letzten Proben ab: Beweismaterial für die Unzulänglichkeit ihrer Leistung. »Sie mußte einsehen, daß an unserer Entscheidung nichts zu ändern war, und fand sich schließlich bereit, nach einer Anerkennungszahlung von 60 Prozent des vereinbarten Honorars abzureisen.« Noch schwieriger wurde es, in den noch verbleibenden zwei Tagen eine neue Sängerin für die Titelpartie zu finden: Wer schon hatte die Alcina im Repertoire und konnte problemlos einspringen? »Glücklicherweise konnte die Aufführung dadurch gerettet werden, daß Joan Sutherland (London), die einzige Sängerin, die diese schwierige Partie früher einmal in englischer Sprache studiert hatte, kurzfristig gewonnen wurde und bis zum Aufführungstag den italienischen Text nachlernte.«[19] Fazit: Das Sängertraumpaar Sutherland/Wunderlich, zum ersten Mal – und leider auch das einzige Mal – zusammen auf dem Konzertpodium, fand sich nicht aufgrund wohlkalkulierter Dispositionen zusammen, sondern durch puren Zufall.

Dennoch fiel das Ergebnis sensationell aus. »Das Ereignis des Händel-Jahres«, titelte die *Westfälische Zeitung*, »eine wirklich fürstliche Händel-Gabe« doppelte die *Kölner Rundschau* nach.[20] »Wieweit ich auch zurückdenke, eine stilreinere, eindringlichere und bewegendere Händel-Aufführung habe ich noch nie gehört«, las man in den *Düsseldorfer Nachrichten*. Große Begeisterung für Joan Sutherland – »man erlebte eine Primadonna von echt Händelschem Zuschnitt« – und für Wunderlich: »Es war eine Genugtuung, daß der deutsche Tenor Fritz Wunderlich in der Hauptrolle des Ruggiero die Virtuosität seiner Partner durch ungewöhnliche Musikalität ergänzte.«²¹ Großartige Anerkennung auch in der *Neuen Rhein-Zeitung*: »Das Ideal einer Händel-Interpretation von heute erfüllte Fritz Wunderlich ... Der spontane Arienapplaus, der auch den anderen Sängern verdientermaßen zuteil wurde, war hier besonders verständlich. In Geist, Stil, Stimme, in Lyrik und Dramatik erreichte Wunderlich eine einsame Höhe, sich dabei dem trotz aller Kontraste von Leitner großartig abgestimmten Ensemble makellos einfügend.«²²

Am 24. Mai stand Wunderlich noch einmal vor dem Mikrofon, zum letzten Mal in dieser Saison:

Joseph Haydn: Die Jahreszeiten

Agnes Giebel (Hanne)
Fritz Wunderlich (Lukas)
Kieth Engen (Simon)
Chor des Hessischen Rundfunks
Südfunk-Chor
Radio-Sinfonieorchester Stuttgart
Dirigent: Hans Müller-Kray

Eine Aufführung anläßlich der Schwetzinger Festspiele; der Süddeutsche Rundfunk schnitt das Konzert live mit. Genau eine Woche später stand Wunderlich in derselben Partie nochmals auf dem Podium: diesmal im Großen Haus der Württembergischen Staatstheater, wo Ferdinand Leitner die *Jahreszeiten* als 8. Sinfoniekonzert dirigierte. Friederike Sailer und Otto von Rohr waren diesmal Wunderlichs Partner.

Am 13. Juli, einem Montag, stand Wunderlich zum letzten Mal in dieser Spielzeit auf der Stuttgarter Bühne. Noch einmal sang er den Tamino in der *Zauberflöte*. Über fünfzigmal hatte er diese Partie mittlerweile in Stuttgart und auf den internationalen Bühnen verkörpert – in knapp dreieinhalb Jahren. In dieser Zeit und mit dieser Partie war er groß geworden, ein berühmter Sänger, ein bedeutender Künstler, der nun international gefragt war. Dennoch: Im Stuttgarter Ensemble, auch bei den Orchestermusikern, den Bühnenarbeitern und Technikern war er nach wie vor ein beliebter, umgänglicher Kollege. Ein unkomplizierter Kumpel, der jeden Abend, wenn er in seine Garderobe kam, zum Gruß rief: »Gott segne das ehrbare Künstlertum.« Längst hatte sein Garderobier diesen Spruch in der Malerwerkstätte auf einen Pappkarton schreiben lassen, und dieser Karton hing seither jedesmal, wenn Wunderlich eine Vorstellung sang, in seiner Garderobe.²³ Das ehrbare Künstlertum! Wie anders hatte er das von seiner Kindheit her noch im Ohr. Musiker waren sie damals gewesen und keine ehrbaren Künstler. Nach den herkömmlichen Regeln im sozialen Abseits, am Rande der sogenannten Gesellschaft.

»Gott segne das ehrbare Künstlertum.« Über fünfzigmal hatte Wunderlich mit seinem Tamino bewiesen, was ehrbares Künstlertum für ihn bedeutete. Eine *Zauberflöten*-Neuinszenierung hat die Stuttgarter Intendanz ihrem erfolgreichen Tenorsprößling in all diesen Jahren allerdings nie angeboten. Auch diese letzte Vorstellung zum Saisonschluß sang Wunderlich noch in jener alten *mise en scène* von Kurt Puhlmann, in die er einst mutig eingesprungen war. Sicher nahm er jetzt nicht mehr zehn oder gar fünfzehn Meter Anlauf hinter der Bühne, um seinem ersten Auftritt die richtige Intensität zu verleihen. Darin hatte er sich grundlegend geändert: Aus dem Sänger Wunderlich war ein Opernsänger geworden und ein Schauspieler, »ein behender und gewandter Pfiffikus erster Ordnung«.[24] Überhaupt hatte sich vieles geändert. Von all den Kollegen in seiner ersten Stuttgarter *Zauberflöte* sangen jetzt nur gerade noch drei: Friederike Sailer war nach wie vor Wunderlichs Pamina, und Gustav Grefe und Ellinor Junker-Giesen sangen die Papageno-Papagena-Spaßmacher. Die andern hatten andere Aufgaben übernommen, hatten anderen, jüngeren Kollegen Platz gemacht. Zeit also auch für Wunderlich, weiterzugehen?

Salzburg war als nächste Destination im Terminkalender vermerkt. Aber nicht nur Salzburg.

ZEHNTES KAPITEL

Salzburger Festspiele 1959:
Der internationale Durchbruch

Schon im Frühjahr 1959 fuhr Wunderlich zum ersten Mal nach Salzburg, und zwar zur Quartiersuche für die Festspiele. Im Hotel wollte er nicht wohnen; schließlich war es Sommer, man konnte mit den Kindern reisen, und so mietete er sich für die Festspielwochen in einem geräumigen Bauernhaus außerhalb von Salzburg ein, um möglichst allein zu sein. Auf der Fahrt nach Salzburg machte Wunderlich in München Station – im Betriebsbüro der Bayerischen Staatsoper, wo er bei Herbert List, dem Leiter des künstlerischen Betriebsbüros, einen Termin hatte. Grundsätzlich war es beschlossene Sache: Wunderlich sollte Mitglied der Bayerischen Staatsoper werden, und eigentlich standen nur noch Terminfragen zur Debatte. Nach wie vor war er vertraglich an Stuttgart gebunden, und seinen Fünfjahresvertrag gedachte er auch zu erfüllen. Doch bot sich jetzt die Möglichkeit, mit der Bayerischen Staatsoper einen relativ ausgedehnten Gastvertrag abzuschließen, und zwar gleich für die kommende Saison 1959/60. Mindestens zwanzig Vorstellungen sollte er in München singen, eingerechnet auch eine Neuinszenierung, und für die Münchner Opernfestspiele zum Saisonschluß würde man ihn erst recht brauchen. Als Abendgage wurden 800 DM festgelegt. Das aber war nur der eine Teil seiner vertraglichen Abmachung. In einem weiteren Passus wurde festgelegt, daß Wunderlich am 1. August 1960 festes Ensemblemitglied der Bayerischen Staatsoper werde. Und das vorläufig für drei Jahre. So weit in die Zukunft hinaus ließ er sich binden.

Für den 1. Juli 1959 wurde zudem ein Gastauftritt an der Bayerischen Staatsoper anberaumt: als Tamino in der neuen *Zauberflöten*-Inszenierung Rudolf Hartmanns, des Generalintendanten. Wunderlichs Partner in dieser Vorstellung waren Erika Köth (Königin der Nacht), Liselotte Fölser (Pamina), Kurt Böhme (Sarastro) und Horst Günter (Papageno). Damit waren die Weichen gestellt – ein neuer Lebensabschnitt konnte beginnen.

Salzburg, die traditionsreiche Stadt in der Mitte zwischen Süden und Norden, zwischen Bergen und der Ebene, zwischen Heroischem und Idyllischem, uralt und dennoch neuzeitlich, strahlend vor barocker Fürstenpracht und doch unmittelbar der ländlich-bäuerlichen Idylle benachbart: Die Gründer der Festspiele müssen um die einmalige Lage dieser Stadt und um ihren unvergleichlichen Zauber gewußt haben. Der Gedanke, hier Mozart-Musikfeste abzuhalten, tauchte erstmals nach der Enthüllung des Mozart-Denkmals am 4. September 1842 auf. Dieser Gedanke fiel übrigens auf fruchtbaren Boden. Bis 1910 fanden immerhin zehn solche Mozart-Feste statt. Auf Hans Richter, den Dirigenten der ersten integralen Bayreuther *Ring*-Aufführungen, geht der Vorschlag zurück, in Salzburg auf dem Mönchsberg – in Anlehnung an den »grünen Hügel« in Bayreuth – ein Festspielhaus zu bauen. Doch das blieben Illusionen eines Wagnerianers. Erst im Jahr 1917 wurden konkretere Festspielgedanken formuliert, und zwar in der »Denkschrift zur Errichtung eines Festspielhauses in Hellbrunn«, verfaßt von Max Reinhardt zuhanden der Generalintendanz der k.u.k. Hoftheater von Wien: »Abseits vom Alltagsgetriebe« sollte ein Festspielhaus gebaut werden, meinte Reinhardt, »und an einem Ort, der durch natürliche und künstlerische Schönheit so ausgezeichnet erscheint, daß die Menschen in sommerlichen Ruhetagen, befreit von ihren Sorgen und Mühen, gerne hinpilgern.« Hugo von Hofmannsthal, Österreichs Dichter Nummer eins, formulierte zwei Jahre später dann das Programm solcher Festspiele: »Oper und Schauspiel, und von beiden das Höchste... Salzburg will dem klassischen Besitz der Welt dienen.« Ein Jahr später war es bereits soweit: Reinhardt inszenierte in Salzburg Hofmannsthals *Jedermann*, das populäre »Spiel vom Sterben des reichen Mannes«. Am 22. August 1920 ging es erstmals vor der weißen Fassade des Domes in Szene – die Idee der Salzburger Festspiele war Wirklichkeit geworden.

Dem Einfluß und dem künstlerischen Wirken Max Reinhardts ist es zuzuschreiben, daß das Schauspiel in den ersten Jahren dominierte. Obwohl Hofmannsthal in seinem 1919 verfaßten Programm ausdrücklich auch von Opern gesprochen hatte – mit dem Werk Mozarts im Zentrum, dazu Beethovens *Fidelio* und weitere deutsche Opern von Gluck und Carl Maria von Weber. Auch auf Richard Strauss hatte Hofmannsthal hingewiesen: auf den Tonsetzer seiner Libretti *Elektra, Ariadne auf Naxos* und *Der Rosenkavalier*. Ein Neutöner, ein Komponist des 20. Jahrhunderts neben Mozart und Beethoven? In der Tat sollte Strauss, was die Salzburger Festspielaufführungen seiner Opern anbelangt, bald an zweiter Stelle, direkt hinter Mozart rangieren. In den ersten Jahren der Salzburger Festspiele wurden diese Aufführungen fast ausnahmslos vom Ensemble der Wiener Staatsoper bestritten, die in Salzburg eine Art »Sommertheater« einrichtete. Nach dem Zweiten Weltkrieg einigte man sich auf eine neue Besetzungspolitik: Für jede Operninszenierung sollten die jeweils weltbesten, für eine bestimmte Rolle besonders geeigneten Sänger nach Salzburg verpflichtet werden. Jedes Jahr kam also ein neues, internationales Ensemble zustande.[1]

Nun durfte sich auch Fritz Wunderlich zu diesen weltbesten Sängern rechnen. In seinem ersten Salzburger Festspielsommer standen insgesamt fünf Opernneuinszenierungen auf dem Programm: Mozarts *Zauberflöte*, Glucks *Orpheus und Eurydike*, *Die Welt auf dem Monde* von Joseph Haydn, dazu Heimo Erbses *Julietta*, die hier ihre Uraufführung erlebte, sowie die Richard-Strauss-Komödie *Die schweigsame Frau*, in der Wunderlich als Henry Morosus debütieren sollte. Günther Rennert führte Regie, Strauss-Spezialist Karl Böhm besorgte die musikalische Einstudierung. Ende Juli wurde Wunderlich zu den ersten Klavierproben erwartet, und zwar bei Heinrich Schmidt, dem langjährigen, bewährten Studienleiter an der Wiener Staatsoper, der auch die Solistenproben an den Salzburger Festspielen überwachte. Wunderlich erschien termingerecht – allerdings ohne seinen Klavierauszug. Heinrich Schmidt reagierte ziemlich konsterniert: »Na, sagen Sie, haben Sie denn keine eigenen Noten?« »Nein, brauch' ich nicht. Ich kann's«, konterte Wunderlich bündig. Bei der Probe stellte sich dann bald heraus, daß er nicht geflunkert hatte. Und Schmidt sagte ihm auch offen, daß er so was in den vielen Jahren, seit er die Einstudierungen in Salzburg leite, noch nicht erlebt habe.

Wunderlich lernte bekanntlich leicht. Dennoch, *Die schweigsame Frau* ist ein anspruchsvolles Werk, schwer zum Singen und unendlich lang, anstrengend auch in der vokalen Linienführung. Komponiert hat Strauss diese Komödie in den Jahren 1933 und 1934 auf ein Libretto von Stefan Zweig, der als Strauss-Librettist die Nachfolge des 1929 verstorbenen Hugo von Hofmannsthal angetreten hatte. Eine wirklich glückliche Hand hat Zweig kaum gehabt; zu vieles im Text kommt geschwätzig daher und nimmt sich in der Musik von Strauss auch geschwätzig aus – mehr nach geistigem Fitnesstraining oder nach Handgelenksübungen eines alternden Komponisten als nach Inspiration und genialischen Höhenflügen klingend. An Kritik hat es denn auch nie gefehlt: »Seine Musik ist eine des Überfliegens, doch in Erdnähe«, hat Theodor W. Adorno einst bissig kommentiert.[2] Kurz vor der Uraufführung schrieb Strauss seinem Librettisten optimistisch: »Sie können ganz beruhigt sein: die Oper ist ein Volltreffer, wenn vielleicht erst im 21. Jahrhundert.«[3] Eine Prophezeiung, die sich bis heute nicht erfüllt hat. Zu schwer ist das Leichte unter seiner Hand geworden, zu befrachtet das zart Schwebende, zu laut und vordergründig das unterschwellig Atmosphärische – jedenfalls über weite Strecken der Oper. Langeweile statt Lachen. Vor allem in den beiden letzten Akten, die nicht halten, was der erste insgesamt verspricht. Sowie auf der Bühne nämlich die große Komödie beginnt, das Versteckspiel von Sir Morosus im zweiten Akt, da beginnt auch ein Reigen falscher Gefühle.

Rennert inszenierte das Werk ganz im Stile der italienischen Buffo-Tradition, indem er das Ensembleprinzip ins Optische übersetzte, je nach den Erfordernissen des Bühnengeschehens die jeweils Agierenden zu geschlossenen Gruppen zusammentreten ließ und sie dann in leichtem Spiel wiederum separierte. Immer geschah etwas; nicht nur die Singenden agierten auf der Bühne, sondern auch die Angesprochenen, die Zuhörer und die Lauscher. Fast hatte man das Gefühl, Rennert habe Angst vor einem Zuviel an Musik, vor der Ruhe, welche die Musik stellenweise verbreitet, und vor ihrer Bedeutung. Waren die zahllosen Striche, mit der man die Oper auf eine Aufführungsdauer von knapp zweieinhalb Stunden zusammenkürzte, ihm zuzuschreiben oder Karl Böhm? Kaum fünf Partiturseiten konnte man vollständig durchblättern, und schon kam der nächste Strich – meistens dann, wenn die Musik zu weit ausschwingenden Melodien ansetzte. Doch davon hielt Rennert bekanntlich nicht viel. Eine kompakte Komödie sollte es werden, fast im Stile Rossinis. Hierfür hatte er eine auserlesene Sängerbesetzung zur Verfügung:

Sir Morosus	Hans Hotter
Haushälterin	Georgine von Milinkovic
Der Barbier	Hermann Prey
Henry Morosus	Fritz Wunderlich
Aminta, seine Frau	Hilde Güden
Isotta	Pierrette Alaire
Carlotta	Hetty Plümacher
Morbio	Josef Knapp
Vanuzzi	Karl Dönch
Farfallo	Alois Pernerstorfer

Hans Hotter, den Bayreuther Göttervater, kannte Wunderlich schon, mit Hermann Prey dagegen traf er bei den Proben zum ersten Mal zusammen. »Ich erinnere mich noch ganz genau an diese erste Begegnung«, erzählte Prey Jahre später. »Es war im Probenraum im Festspielhaus mit Karl Böhm eine musikalische Probe, und bevor er überhaupt gesungen hat – ich hatte natürlich schon von ihm gehört –, habe ich eigentlich gedacht: Das ist dein Mann! Wir hatten sofort, auf Anhieb, den allerbesten Kontakt... Er sang ja den Henry, eine ziemlich schwierige Partie. Und es stellte sich dann heraus, daß er das unheimlich souverän machte.«[4] Dieser Meinung war auch die internationale Kritik: »Die Überraschung des Abends war Fritz Wunderlich«, schrieb Joachim Kaiser unter dem Titel »Salzburger Wiedergutmachung an der *Schweigsamen Frau*«. »Um die Zukunft dieses jungen Tenors, der sich nach begreiflicher Anfangsbefangenheit immer leuchtender und müheloser mit der relativ dankbaren Partie identifizierte (Tenorrollen waren nicht Richard Strauss' Stärke), braucht man sich nicht zu sorgen.«[5] Auch in der Wiener *Presse* gab es Lob für Wunderlich: »Ein idealer Spieltenor mit einer gefälligen, geschmeidigen Stimme und einer höchst sympathischen Gesangsmanier.«[6]

Wunderlich hatte es in der Tat verstanden, in der schwierigen Partie des Henry zu brillieren. Und zu überzeugen, was ein weit größeres Verdienst ist. »Es war der große, der internationale Durchbruch für ihn«, bestätigte Wunderlichs Stuttgarter Kollegin Hetty Plümacher. »Dank intensivster Arbeit mit Rennert und Karl Böhm konnte er sich hervorragend profilieren.«[7] Nach der Premiere standen reihenweise Bewunderer vor Wunderlichs Garderobe, um ihm zu seinem Erfolg zu gratulieren. Auch Herbert von Karajan war unter ihnen. Er kam nicht nur, um zu gratulieren, sondern er kam auch in seiner Funktion als künstlerischer Leiter der Wiener Staatsoper und bot Wunderlich einen Vertrag für Wien an. Als Ensemblemitglied der Wiener Staatsoper.

Ein Angebot nach Wien – und Wunderlich konnte ihm nicht Folge leisten. Erst wenige Wochen zuvor hatte er sich für München entschieden. Ein voreiliger Entschluß? Zu ändern war das jedenfalls nicht mehr. Drei Jahre würde er dort bleiben, soviel stand fest. Aber dann wollte er sich freimachen von solchen Bindungen.

Fünf Vorstellungen der *Schweigsamen Frau* waren angesetzt. Doch damit war Wunderlichs Salzburger Festspielpensum noch nicht erfüllt. Am 16. August sang er in einem der traditionellen Konzerte mit geistlicher Musik, die alljährlich vom Salzburger Domchor und dem Mozarteum-Orchester unter der Leitung von Joseph Messner bestritten wurden. Auf dem Programm standen Mozarts *Regina coeli C-dur KV 276* und Joseph Haydns *Paukenmesse*. Ungleich gewichtiger aber war ein anderes Konzert. Am 19. August leitete Dimitri Mitropoulos, seit 1949 Chefdirigent der New Yorker Philharmoniker, im Festspielhaus eine Aufführung von Franz Schmidts Oratorium *Das Buch mit sieben Siegeln*. Außerhalb Österreichs hat sich dieses großbesetzte Oratorium, komponiert auf Verse aus der Offenbarung des Johannes, kaum durchzusetzen vermocht. Die apokalyptischen Offenbarungsvisionen, das Aufbrechen der sieben Siegel durch das Lamm und die endzeitlichen Bilder vom Jüngsten Gericht entziehen sich weitgehend dem direkten Verständnis, inspirierten den Komponisten aber zu kühnen musikalischen Fresken. Ein »endzeitliches« Werk auch im Hinblick auf seine Entstehung: Die Uraufführung erfolgte wenige Wochen nach dem Anschluß Österreichs, was dem Werk – dem sogleich kraftmeierische Aufbruchsstimmung im Morgendämmern des Tausendjährigen Reiches unterschoben wurde – für seine Verbreitung nach dem Kriege, in wiederum veränderter Zeit, hinderlich war.

Vielleicht bedurfte es eines Dirigenten wie Mitropoulos, um, ungehindert durch solche Vorbelastungen, frei an das Werk herangehen zu können; ihm jedenfalls war es zu verdanken, daß dieses großartige, eindrucksvolle Oratorium zum ersten Mal in den Programmen der Salzburger Festspiele auftauchte. Er dirigierte es ebenfalls zum ersten Mal – und auswendig. Alle, die unter Mitropoulos musiziert haben, bewunderten sein fast unheimliches musikalisches Gedächtnis. Selbst die kompliziertesten Partituren konnte er sich mit fotografischer Genauigkeit einprägen, so daß er nicht nur jede einzelne Stimme auswendig wußte, sondern auch die Buchstabeneinteilung der Partitur. Wunderlich war begeistert von ihm: Wie ein Hoherpriester der Musik amtiere er, ohne jedes Showgebaren, ein Diener an der Musik mehr als ein Herrscher über Musiker.

Beifallsstürme von selten erlebter Intensität durchbrausten das Festspielhaus, als Mitropoulos das letzte »Amen« zu überwältigendem Jubel emporgesteigert hatte. »Mitropoulos siegt für sieben Siegel«, titelte der *Neue Kurier* begeistert. »Mitropoulos hat ... keine Mühe gescheut und ist dem Mammutwerk mit staunenswerter Energie an den Leib gerückt, hat die Seele darin erschlossen und den Pulsschlag jenes Fühlens und inneren Schauens spürbar werden lassen, der Franz Schmidt einst zu diesen apokalyptischen Visionen inspiriert hat.«[8] Zum unvergleichlichen Eindruck, den diese Aufführung hinterließ, trugen die Solosänger wesentlich bei – allen voran Anton Dermota, dem Werk seit seiner Uraufführung am 15. Juni 1938 verbunden, damals noch in der leichter gewichteten Tenorpartie, jetzt als Evangelist, den er mit strahlend-kräftigen Tönen sang. Ihm stand nun erstmals sein junger Nachfolger zur Seite: »Strahlend hell ertönte der Tenor Fritz Wunderlich. Überhaupt zum erstenmal hörte ich das Duett der beiden Überlebenden (Wunderlich/Berry) richtig und schön gesungen.«[9] Daß Wunderlich in die Fußstapfen Karl Erbs getreten sei, war ihm verschiedentlich schon bescheinigt worden, und auch den Vergleich mit Julius Patzak hatte er ausgehalten. Nun hatte er hier, an den Salzburger Festspielen, neben Anton Dermota, dem wohl bedeutendsten lyrischen Tenor der fünfziger Jahre, mühelos zu bestehen vermocht. Darauf durfte er stolz sein.

Die neue Opernsaison begann für Wunderlich am 11. September, nicht in Stuttgart, sondern in Köln. Im Funkhaus produzierte der Westdeutsche Rundfunk eine Gesamtaufnahme von Leoš Janáčeks komischer Oper *Die Ausflüge des Herrn Brouček*. Sieben Tage standen für die Erarbeitung und Aufnahme zur Verfügung – übrigens die einzige satirische Oper, die Janáček komponiert hat. Ihr Held Brouček, dessen Name »Käfer« bedeutet, ist ein kleinbürgerlicher Hausbesitzer in Prag im zu Ende gehenden 19. Jahrhundert. Er trinkt zuviel Bier und macht dann, betrunken und träumend, zwei Ausflüge: zuerst auf den Mond, anschließend ins Prag des 15. Jahrhunderts, was dem Komponisten willkommene Gelegenheit bot, das zeitgenössische Prag zu verspötteln. Das idealistische Prag des gehobenen Bürgertums, das Prag der Literaten und Ästheten, das Prag Kafkas, Werfels und Max Brods. Sie alle hatten Janáček wiederholt bewiesen, daß sie, selbstgerecht in ihrer idealistischen Beschränkung, für seine neuartigen, kompromißlos realistischen Opern keinen Sinn hatten. Wer wollte es Janáček also verargen, wenn er es ihnen mit diesem satirischen Werk nun gleichsam heimzahlte? Was Brouček nämlich auf dem Mond antrifft, sind ebendiese kümmerlichen Ästheten, übersensibel und realitätsfern, nur an Malerei, Poesie und Blumendüfte denkend. Daß Brouček auf seinem zweiten Ausflug, dannzumal ins Prag des Jahres 1420, selber einen recht kümmerlichen Eindruck macht angesichts des heroischen Patriotismus der mittelalterlichen Tschechen – auch das läßt sich als Satire auf den zeitgenössischen Patriotismus der Tschechen verstehen, wie ihn Janáček in den ersten beiden Jahrzehnten des 20. Jahrhunderts erlebt hat.

Joseph Keilberth, Generalmusikdirektor der Bayerischen Staatsoper, betreute die Aufnahme. Jeder Sänger, jede Sängerin schwärmte von ihm, weil er sie wie kaum ein anderer Dirigent mit einer stupenden Sicherheit durch die Aufführungen steuerte, weil er sie gleichsam auf den Wogen seines Orchesterteppichs mittrug. »Dem Sänger blieben unter Keilberths Stock genügend Freiräume, sich ökonomisch, ohne zu forcieren, im gemächlichen Tempo zu verströmen«, erzählte Dietrich Fischer-Dieskau. »Als Mensch entzückte er seine Umgebung, dieser ruhige, fast nachdenklich anmutende Kopf (seine Lieblingslektüre stellten die deutschen Philosophen), dessen Nachsicht und erfahrungsreiche Bereitschaft seinen Sängern den absoluten Vorrang ließ.«[10] Eigentlich war diese Rundfunkproduktion gleichsam als ein Vorspiel gedacht. Im November sollte Janáčeks Oper erstmals in Deutschland über die Bühne gehen: in München und wiederum mit Fritz Wunderlich in der Rolle des Mazal. Die Titelpartie sang Tenorkollege

Samstag, den 26. September 1959

Die Zauberflöte

Oper in zwei Akten von E. Schikaneder

Musik von W. A. Mozart

Musikalische Leitung: Karl Böhm

Inszenierung: Günther Rennert

Bühnenbilder und Kostüme: Georges Wakhewitsch

Einstudierung der Chöre: Richard Rossmayer

Sarastro	Walter Kreppel
Königin der Nacht	Mimi Coertse
Pamina, ihre Tochter	Hilde Güden
Erste ⎱	Hilde Zadek
Zweite ⎰ Dame der Königin .	Elisabeth Höngen
Dritte ⎰ .	Georgine Milinković
Tamino . . . . ✱ ✱ ✱	
Papageno	Erich Kunz
Papagena	Emmy Loose
Sprecher	Otto Edelmann
Monostatos	Kurt Equiluz
Erster ⎱ Priester	Hugo Meyer-Welfing
Zweiter ⎰	Hans Schweiger
Zwei geharnischte Männer . . ⎰ Karl Friedrich ⎰ Alois Pernerstorfer	
Erster ⎱	
Zweiter ⎰ Knabe . . . . . ⎰ Wiener Sängerknaben	
Dritter ⎰	

✱ ✱ ✱ Fritz Wunderlich vom Staatstheater Stuttgart a. G.

Technische Einrichtung: Hans Felkel

Beleuchtung: Albin Rotter

Pause nach dem ersten Akt

Anfang 19 Uhr   Ende etwa 22 Uhr

Lorenz Fehenberger, seit 1946 Mitglied der Bayerischen Staatsoper. Die weiteren Kollegen bei dieser Rundfunkproduktion: Carlos Alexander, Wilma Lipp, Kieth Engen, Antonie Fahberg, Lilian Benningsen, Paul Kuen und Carl Hoppe.

Die eigentliche Opernsaison begann für Wunderlich am 17. September in Stuttgart mit einer Aufführung von Rossinis *Barbier*. Am 26. September konnte er Geburtstag feiern, seinen neunundzwanzigsten, aber nicht zu Hause in Stuttgart, sondern in Wien, auf der Bühne der Wiener Staatsoper. Erstmals hatte man ihn zu einem Gastspiel eingeladen, eine *Zauberflöten*-Aufführung, dirigiert von Karl Böhm. Erich Kunz sang den Papageno – wie neulich beim *Zauberflöten-*

Gastspiel in Rom, als er erstmals an Wunderlichs Seite gesungen und, nach Wien zurückgekehrt, dem Staatsopernintendanten begeistert von diesem neuen Tenor erzählt hatte. Am 5. Oktober flog Wunderlich nach Berlin. Er war nicht der einzige berühmte Tenor, der in dieser Maschine saß: Auch Rudolf Schock flog nach Berlin, auch er mußte ins evangelische Gemeindehaus in Berlin-Zehlendorf. Vor Jahren hatte dort die Schallplattenfirma Electrola ein Aufnahmestudio eingerichtet in einem Saal, der ungefähr dreihundert Menschen Platz bot. Für größere Aufnahmeprojekte war er demnach nicht geeignet, zumal er nur über einen Nachhall von zwei Sekunden verfügte. Meistens wurden dort Lieder aufgenommen, Klavier- oder Kammermusikwerke. Diesmal allerdings stand ein Werk der leichteren Muse auf dem Programm: ein Querschnitt durch Millöckers beliebte Operette *Der Bettelstudent*. Selbstverständlich mit dem führenden Operettentenor Deutschlands: mit dem vielumworbenen Rudolf Schock. Und erstmals jetzt auch mit Fritz Wunderlich. Überhaupt war es eine fürstliche Besetzung:

Gräfin Novalska	Hertha Töpper
Laura	Erika Köth
Bronislawa	Liselotte Schmidt
Ollendorff	Gustav Neidlinger
Symon	Rudolf Schock
Jan Janicki	Fritz Wunderlich
Enterich	Fritz Hoppe

Berliner Symphoniker   Günther-Arndt-Chor
Dirigent: Werner Schmidt-Boelcke

Electrola war damals eine der führenden, traditionsreichen Schallplattenfirmen in Deutschland. Sie hatte die bedeutendsten Künstler unter Vertrag und bot Chancen für lukrative Geschäfte. Beispielsweise hatte sie schon in den zwanziger und dreißiger Jahren über drei Millionen Exemplare von einem einzigen Richard-Tauber-Titel verkauft. Mit anderen deutschen Schallplatten-Labels – Imperial, Odeon, Columbia – gehörte Electrola seit einigen Jahren zum britischen EMI-Konzern mit Hauptsitz in London, der seinerseits so renommierte Labels wie Columbia und His Master's Voice unter Dach hatte. Hier waren die Weltstars der klassischen Musik unter Vertrag: Maria Callas und Giuseppe di Stefano, Otto Klemperer, Yehudi Menuhin und Herbert von Karajan, Elisabeth Schwarzkopf, Edwin Fischer, Claudio Arrau und Carlo Maria Giulini – die Liste ist endlos. Eine internationale Firma mit einem weltumspannenden Vertriebsnetz, eine erste Adresse also für klassische Schallplatten, soviel stand fest. Wer da unter Vertrag genommen wurde, der konnte darauf wetten, daß mit ihm auch etwas passieren würde. Den Kontakt zur Electrola verdankte Fritz Wunderlich, wenn auch nur ganz am Rande, einem anderen Electrola-Künstler: dem Sängerkollegen Dietrich Fischer-Dieskau. »1956, bei der Ansbacher Bachwoche, standen wir zwei ... zum ersten Mal nebeneinander ... In Berlin versäumte ich es nicht, dem Schallplattenproduzenten der Electrola, Fritz Ganss, von diesem Phänomen vorzuschwärmen, und vielleicht haben meine immer wieder fallengelassenen Bemerkungen das Zögern vor der ersten wichtigen Plattenaufnahme mit Fritz Wunderlich verkürzt.«[11]

Tatsächlich ließen sich die Verantwortlichen bei der Electrola Zeit. Zuerst nämlich erkundigte sich Fritz Ganss bei Josef Traxel, auch er ein Electrola-Künstler, was denn von seinem jungen Stuttgarter Tenorkollegen zu halten sei. »Traxel war ja ein so ehrlicher und guter Mensch«, erinnerte sich Christfried Bickenbach, damals Aufnahmeleiter bei der Electrola. »Er hat seinen jungen Kollegen selbstverständlich empfohlen. Ja, mehr noch: Er hat einen Konkurrenten empfohlen, der eigentlich besser sang als er selbst.«[12] Also wurde ein Vertrag abgeschlossen, ein Exklusivvertrag selbstverständlich. Für fünf Jahre hatte Wunderlich unterschrieben. Das entsprach der damals üblichen Geschäftspolitik: Wenn es einer Firma gelingen würde, ihren neuerworbenen Künstler wirklich groß herauszubringen, dann wollte sie anschließend auch vom Erfolg seiner Aufnahmen profitieren.

Opern- und Operettenquerschnitte waren damals bei den Schallplattensammlern sehr begehrt. Noch war man nicht der Manie verfallen – eine Manie übrigens hüben und drüben, bei den Plattensammlern wie bei den Produzenten und Schallplattenfirmen –, Gesamtaufnahmen am Laufmeter zu produzieren, gleichsam enzyklopädisch Schallplattenkassette an -kassette zu reihen. Dazu fehlte das Geld, bei den Schallplattenkäufern ebenso wie bei den Firmen, die sich vorderhand nur recht zögernd auf die umfangreicheren Projekte, auf Opern- oder Sinfoniengesamteinspielungen, einließen. Es wurden vorwiegend Einzelplatten produziert – eine Sinfonie, zwei oder drei Klaviersonaten oder eben Opern- und Operettenquerschnitte. Mit dem *Bettelstudenten* gab Wunderlich seinen Einstand bei der Electrola. Ein beachtliches Debüt an der Seite von Rudolf Schock. Und bereits fünf Wochen später, am 13. und 14. November, stand er in Berlin erneut vor dem Mikrofon. Diesmal allerdings nicht im Zehlendorfer Gemeindehaus, sondern in der geräumigeren Grunewaldkirche, wo Electrola ihre großbesetzten Aufnahmeprojekte zu realisieren pflegte. Diesmal galt es einem Opernquerschnitt: *Zar und Zimmermann* von Albert Lortzing. Wunderlich sang den Marquis von Chateauneuf, dessen Arie »Lebe wohl, mein flandrisch' Mädchen« seit eh und je zu den beliebtesten Ohrwürmern zählt. Seine Kollegen bei dieser Aufnahme: Gottlob Frick (Van Bett), Marcel Cordes (Peter I.), Manfred Schmidt (Peter Iwanow) und Helga Hildebrand (Marie). Berislav Klobucar dirigierte den Chor der Städtischen Oper Berlin und die Berliner Symphoniker.

Begonnen hatte die Spielzeit mit Repertoirevorstellungen in Stuttgart: *Die Zauberflöte, Jephta* und *Der Barbier von Sevilla, Die Entführung aus dem Serail* sowie *Die verkaufte Braut* standen in den ersten Wochen abwechslungsweise auf dem Spielplan der Württembergischen Staatsoper. Am 10. und 12. Oktober gastierte das gesamte Ensemble mit zwei Vorstellungen von Händels *Jephta* im Théâtre National in Paris – im legendären Palais Garnier. Bereits am 1. November war man erneut unterwegs, diesmal zu einem achttägigen Gastspiel an der Wiener Staatsoper. Wiederum mit *Jephta* im Gepäck sowie Janáčeks *Jenufa* und Wagners *Parsifal*, alles Stuttgarter Modellinszenierungen. Bei diesen Wiener *Jephta*-Aufführungen – Wunderlich sang nach wie vor den Propheten – ließ Rennert überraschenderweise die tänzerische Ausdeutung von Storges Arie »Szenen des Grauens« weg. In Stuttgart und auch noch anläßlich des Pariser Gastspiels war diese Versinnbildlichung des Arientextes durch Tänzer, die sich hinter einem durchleuchtbaren Teil des Aushangs bewegten, ein fester Bestandteil von Rennerts Inszenierung gewesen. In Wien aber ließ er diese Idee plötzlich fallen. Vielleicht, weil er ihr nicht mehr richtig traute. Weil die Musik Schreckensbilder, »Szenen des Grauens« malen kann, denen keine tänzerische Evokation gewachsen ist. Jedenfalls ein Zeichen dafür, daß für Rennert eine Inszenierungsarbeit nie zu Ende gedacht war, sondern daß er stets weiter daran arbeitete und feilte, auch mit den Sängern.

Das Jahr 1959 war ein dreifaches musikalisches Gedenkjahr. Händel war 1759 gestorben, also vor zweihundert Jahren, und Haydn 1805, vor hundertfünfzig Jahren. Im selben Jahr 1805 war Felix Mendelssohn-Bartholdy geboren worden. Händel, Haydn und Mendelssohn – allzuviel verbindet sie nicht, aber eines zumindest haben sie gemeinsam: Ihre wesentlichen Erfolge erreichten sie auf dem Gebiet des Oratoriums. Deshalb nahm der Süddeutsche Rundfunk dieses Gedenkjahr zum Anlaß, in einem sich über das ganze Jahr 1959 erstreckenden Sendezyklus die Entwicklung des Oratoriums von seinen Anfängen bis in die Gegenwart zu zeigen. Absicht war es, die berühmten Oratorien von Händel, Haydn und Mendelssohn in den Zusammenhang der Gesamtentwicklung dieser Werkgattung zu stellen. Elf Oratorien wurden insgesamt vorgestellt: neben den bekannten Werken Händels, Haydns und Mendelssohns beispielsweise *Das Paradies und die Peri* von Robert Schumann, *Das Buch mit sieben Siegeln* von Franz Schmidt sowie Strawinskys *Oedipus Rex*. Übrigens hatte Wunderlich im Rahmen dieser Oratorienserie bereits einmal vor den Mikrofonen des SDR gestanden: bei der Liveübertragung von Haydns *Jahreszeiten* anläßlich der Schwetzinger Festspiele. Am 14. Oktober wirkte er erneut in einer dieser Oratorienproduktionen mit, diesmal im Sendesaal der Villa Berg in Stuttgart. Ein öffentliches Konzert, das vom SDR live mitgeschnitten wurde. Auf dem Programm stand Igor Strawinskys *Oedipus Rex*, ein Werk, das Wunderlich sowohl auf der Stuttgarter Bühne schon dargestellt als auch im Konzertsaal schon gesungen hatte. Wiederum sang er die Titelpartie; neben ihm wirkten Marga Höffgen, Otto von

Rohr, Marcel Cordes und Georg Jelden mit. »Großartig die Aufführung, großartig die Mitwirkenden«, hieß es in den *Stuttgarter Nachrichten*, »allen voran Fritz Wunderlich als Oedipus, italienisches Belcanto mit moderner Sachlichkeit verschmelzend.«[13]

Fritz Wunderlich, der beispielhafte Strawinsky-Interpret! Das mag verwundern – wer weiß heute noch davon? In Erinnerung geblieben ist Wunderlich hauptsächlich als begnadeter Mozart-Sänger, als edler Tamino-Prinz, als jugendlich stimmstrahlender Belmonte oder als spaßig-komödiantischer Ferrando. Diese Mozart-Partien hat er sich der Reihe nach erarbeitet und mit ihnen auch die großen Erfolge errungen. Bald sollte noch der Don Ottavio in *Don Giovanni* dazukommen, interpretatorisch vielleicht die schwierigste Partie, die Mozart für einen Tenor geschrieben hat. Sie sollte dereinst Wunderlichs liebste Mozart-Partie werden. Und der Tamino sollte seine Schicksalspartie bleiben – so hat es Wunderlich selbst empfunden. Dennoch, das Etikett vom Mozart-Tenor ist nicht viel mehr als ein Etikett. Im nachhinein, aus der Distanz von nunmehr drei Jahrzehnten betrachtet, mutet es beinahe etwas ungerecht an. Fast ebensogut könnte man Fritz Wunderlich als den perfekten Interpreten von Musik des 20. Jahrhunderts bezeichnen. Orff, Strawinsky und Alban Berg, Richard Strauss und Werner Egk, Janáček, Hans Pfitzner und Günter Raphael hat er gesungen, hat er meistens auch gerne und wiederholt gesungen. Auf der Opernbühne, in Konzerten oder vor den Rundfunkmikrofonen – der perfekte Interpret moderner Musik.

Zahlreiche sängerische Eigenschaften haben ihn dazu prädestiniert; drei waren von herausragender Bedeutung. Zum einen lernte Wunderlich leicht und schnell und behielt das Gelernte auch lange präsent. Ebenso wichtig waren zum anderen sein sprachbezogenes, sprachbewußtes Singen und die Klarheit seiner Diktion. Nicht nur verstand man stets, was er sang, sondern man konnte es auch nachvollziehen, mitfühlen. Weil Wunderlich die ganze Intensität seines Gesangs aus der Sprache schöpfte, aus der Sprachmelodie und dem feinen Rhythmus der Wörter. Das war – in diesem ganz bestimmten Sinn des Wortes – kein Kunstgesang und also nichts Künstliches. Was Wunderlich auch immer gesungen hat, stets empfanden es seine Zuhörer als natürlich. Ja mehr noch: Die Natürlichkeit seines Gesangs wurde zu einem eigentlichen Markenzeichen, geprägt allein auf Fritz Wunderlich, weil es Vergleichbares nicht gab und auch heute nicht gibt. Gleichsam Voraussetzung für diese beiden sängerischen Eigenschaften war eine dritte: der perfekte Sitz von Wunderlichs Stimme. Da gab es kein Wabbern, kein Anschleifen der Töne, und selbst in der Intonation erlaubte er sich nicht das kleinste Ungefähr. Alles saß perfekt, von Anfang an. Zum Teil eine natürliche Begabung – darüber war sich schon die Freiburger Professorenrunde bei Wunderlichs Vorsingen im Herbst 1950 einig gewesen. Daß sich im Verlaufe der steilen Karriere dennoch keine Unkontrolliertheiten eingeschlichen haben, sei es durch stimmliche Überbelastung oder durch falsch verstandene Gemütlichkeiten, das war allein Wunderlichs Verdienst. Und war seine harte Arbeit, Tag für Tag. Maßhalten hieß seine Devise, und klaren Kopf bewahren. Selbst bei den verlokkendsten Angeboten: »Wenn man singen will, wenn man in der ersten Reihe steht und stehenbleiben will, dann muß man sich in Form halten, körperlich und nervlich... Man sollte als Sänger unserer Zeit versuchen, das rechte Maß zu halten. Das kann man am allerleichtesten, wenn man sich nicht versklaven läßt. Wenn man sich nicht vom Erfolg berauschen läßt – wenn es auch ein bißchen hochgestochen klingt, aber es ist so. Und wenn man zwischendurch einmal den Mut hat, auch stur nein zu sagen. Und das mache ich.«[14]

DRITTER TEIL

MÜNCHEN

1960–1963

ELFTES KAPITEL

Brouček und Oedipus:
Wunderlich singt Ur- und Erstaufführungen

»Ich war eine halbe Stunde auf dem Mond«, »Käferchens Mondfahrt«, »Spießerträume von der Mondfahrt«: Das Echo der einheimischen Presse auf die deutsche Erstaufführung von Janáčeks Oper *Die Ausflüge des Herrn Brouček* im Münchner Prinzregententheater fiel durchweg begeistert aus. »Welch eine Musik«, schwärmte der aus Wien angereiste Karl Löbl. »Eine saftige, dralle böhmische Musik, polkaselig und walzernah, dabei doch nie billig in ihren Effekten... Wie hat diese kostbare Musik so lange verborgen bleiben können?«[1] Vor allen anderen war es Joseph Keilberth, dem neu ernannten Generalmusikdirektor, zu verdanken, daß man diese Musik nun zum ersten Mal diesseits des Eisernen Vorhangs hören konnte. Keilberth wollte mit diesem Werk seinen Einstand in München geben. Ein Wunsch, den ihm Generalintendant Rudolf Hartmann gerne erfüllte, obwohl Schwierigkeiten vorauszusehen waren. Bereits die Einstudierung wurde von Protesten überschattet: Die tschechische Regierung wehrte sich gegen die deutsche Bearbeitung von Karlheinz Gutheim, welche der Münchner Erstaufführung zugrunde lag. Nicht ganz zu Unrecht übrigens, denn Gutheims Umdeutungen der originalen Vorlage waren zum Teil gravierend. So machte er aus Wunderlichs Rolle – im Original ein junger, schwärmerischer Maler – einen Ingenieur, der sich ausgerechnet mit der Konstruktion eines Weltraumschiffes abgibt. Das mochte 1959 im Hinblick auf die Weltraumpläne und Mondraketenprojekte der Sowjets – Stichwort »Sputnik« – aktuell sein. Dennoch war es einigermaßen begreiflich, daß die tschechische Regierung Einspruch erhob, zudem urheberrechtliche Forderungen geltend machte und auch verlauten ließ, daß sie grundsätzlich gegen Aufführungen dieses Werks im deutschen Sprachraum sei.

Wunderlichs erste Neuinszenierung in München. Man durfte gespannt sein, zumal er an der Seite von Lorenz Fehenberger auftrat. Seit 1946 war dieser großartige Tenor Mitglied der Bayerischen Staatsoper und längst zu einem besonderen Liebling des Münchner Publikums geworden. Verglichen mit Wunderlich gehörte er bereits einer älteren Generation an und hatte sich, als ursprünglich lyrischer Tenor, mittlerweile auch dramatische Partien angeeignet. Zudem war er ein begabter Sängerdarsteller und dominierte dementsprechend in der Titelpartie des Mathias Brouček: »Ein tenoraler Raunzer mit Sardellenfrisur, Schnurrbart und goldener Uhrkette über dem wohlgewölbten Bauch, von mißvergnügter Zufriedenheit, unanfechtbar in seiner zementierten Bürgerlichkeit«, bilanzierte Karl Heinrich Ruppel, »eine Figur von prägnantestem Charakterumriß, die an stimmlicher und mimischer Pointiertheit schwerlich zu übertreffen sein dürfte.«[2] Diesem Vergleich hatte sich nun Wunderlich zu stellen. »Nicht minder ideal die Besetzung von Broučeks Gegenspieler mit Fritz Wunderlich, der vernünftig und lebhaft agiert und mit leuchtender, makellos geführter, leicht in die Höhe steigender Belkantostimme hervorragend singt.« Der Wiener Kritiker Karl Löbl spendete dieses Lob – samt dem Nachsatz: »Da war München einmal schneller als Wien.«[3] Womit er recht hatte.

Mit der Musikstadt München war Wunderlich seit längerer Zeit schon vertraut, in den Opernbetrieb lebte er sich schnell ein. Gespielt wurde entweder im Prinzregententheater oder im Cuvilliés-Theater in der Alten Residenz. Das pompöse Nationaltheater war bekanntlich beim Luftangriff der Alliierten am 2./3. Oktober 1943 beinahe vollständig zerstört worden. Der Wiederaufbau war zwar längst eine beschlossene Sache, und die Arbeiten liefen seit einigen Jahren auch auf Hochtouren. Dennoch konnte mit der Wiedereröffnung des Nationaltheaters frühestens in zwei, drei Jahren gerechnet werden.

Vorderhand diente das Prinzregententheater als Ausweichquartier, benannt nach dem Prinzregenten Luitpold. Es hatte den Zweiten Weltkrieg nahezu intakt überstanden – ein traditionsreicher Theaterbau, einst als zweites Bayreuth auf einem der Isarhügel gedacht. Auch hier saß das Publikum in einem amphitheatralischen Halbrund auf stufenweise aufsteigenden Sitzreihen, jeder Platz mit gleich guter Sicht auf die Bühne. 1899 hatte Architekt Max Littmann, der ein Jahrzehnt später auch das Große und Kleine Haus der Württembergischen Staatstheater projektierte, die ersten Skizzen zum Prinzregententheater vorgelegt; im Frühjahr 1900 wurde mit dem Bau begonnen, und bereits am 20. August 1901 konnte er eingeweiht werden. Ein traditionsreiches Theater, wie gesagt. Am 22. Mai 1914 wurde hier unter der Leitung von Bruno Walter Wagners *Parsifal* erstmals aufgeführt, bisher schutzrechtlich allein dem Bayreuther Festspielhaus vorbehalten. Drei Jahre später folgte, wiederum unter Bruno Walters Stabführung, die Uraufführung von Hans Pfitzners Oper *Palestrina*. Auch dem Sprechtheater diente die Bühne. Höhepunkte waren die Uraufführungen von Franz Werfels dramatischer Legende *Paulus unter den Juden* im Jahre 1926 und, zwei Jahre später, von Hugo von Hofmannsthals letztem Theaterstück, *Der Turm*.

Nach dem Zweiten Weltkrieg blieb das Prinzregententheater ausschließlich dem Musiktheater vorbehalten. Bereits im Dezember 1946 übernahm Georg Solti den Posten eines Generalmusikdirektors. Ihm folgten Rudolf Kempe (1952–54), Ferenc Fricsay (1956–58) und, nun eben erst in sein Amt eingesetzt, Joseph Keilberth. Seit Juni 1958 war auch das Cuvilliés-Theater wieder bespielbar, das verschnörkelte Rokokoschloßtheater in der Alten Residenz. Ein regulärer Theaterbetrieb war hier allerdings nicht vorgesehen, zumal Theaterraum, Bühne und Orchestergraben zu klein dimensioniert sind und sich das Theater hauptsächlich für kleiner besetzte Opern, für Mozart oder Rossini, überhaupt für die italienische Opera buffa, aber auch fürs Schauspiel eignet. Die Sänger jedenfalls lieben die kammermusikalische Intimität dieser Bühne und das festliche Ambiente, welches jede Aufführung prägt.

Seinen Einstand auf der Münchner Opernbühne hatte Wunderlich schon drei Wochen zuvor im Cuvilliés-Theater als Graf Almaviva in Rossinis *Barbier von Sevilla* gegeben, und zwar an der Seite von Hans Hotter (Basilio), Erika Köth (Rosina) und Horst Günter (Figaro). Hier wurde allerdings die traditionelle deutsche Fassung gespielt und nicht Rennerts Neubearbeitung, was für Fritz Wunderlich hieß: dieselbe Partie ein zweites Mal studieren, zur längst bekannten Musik einen neuen Text lernen. Neben dem Almaviva sang er seine bewährten Mozart-Partien: Ferrando, Tamino und Belmonte. Zudem präsentierte er sich in einer von Rudolf Kempe geleiteten *Rosenkavalier*-Vorstellung als Sänger. Einige der neuen Kollegen und Kolleginnen kannte Wunderlich bereits: Eva Maria Rogner etwa, seine Stuttgarter Rosina in Rennerts *Barbier*-Inszenierung. In München nun war sie seine Konstanze und Königin der Nacht. »In der *Entführung* war Fritz großartig«, erzählte sie, »ein ungeheuer intensiver Belmonte. Und er war so kollegial. Bevor ich mit der schwierigen ›Marternarie‹ auf die Bühne mußte, machte er mir richtig Mut: ›Du singst so schön‹, sagte er, ›meine Lehrerin hat dich kürzlich gehört und war richtig begeistert von dir.‹ Das wollte schon etwas heißen, denn Fritz hatte eine stupende Technik und eine außergewöhnliche musikalische Intelligenz. Man merkte sofort, daß das ein ganz Großer werde – oder es eigentlich schon war.«[4]

Stuttgart, 11. Dezember 1959: Einmal mehr standen die Württembergischen Staatstheater im Zentrum der kulturell interessierten Öffentlichkeit. Im Rahmen einer Festwoche, die ausschließlich Bühnenwerken Carl Orffs gewidmet war, sollte sein neuestes Opus, die Tragödie *Oedipus der Tyrann*, zur Uraufführung kommen. Seit Jahren waren Orffs Musikdramen in Stuttgart gleichsam zu Hause. Vor allem jene Werke, die auf der Basis des griechisch-antiken Theaters entstanden sind, waren dem Generalintendanten Walter Erich Schäfer wichtig: »Es ist ja so, daß von den beiden Urformen des Dramas, von der griechischen und der Shakespeareschen, diese letztere heute die Bühnen beherrscht, soweit man überhaupt noch bei klassischen Dramen von einer Beherrschung der Bühne reden kann, während die andere Form, die griechische, heute weitgehend den Philologen überlassen ist. Carl Orff aber ist mit mir der Ansicht, daß diese griechische Dramenform nicht nur die höhere ist, sondern eine der höchsten Formen überhaupt, die es in der Welt gibt. Und dieser Form wieder einen Weg auf die

Bühne zu schaffen ist zweifellos einer der Gründe, die Orff zu diesen Stoffen geführt hat.«[5]

Nach *Antigonae* nun also *Oedipus der Tyrann*, wiederum ein griechisch-antiker Sagenstoff in der Überlieferung von Sophokles, wiederum in der deutschen Nachdichtung Friedrich Hölderlins und inhaltlich direkt mit *Antigonae* zusammenhängend. Oedipus, der Sohn des thebanischen Königs Laios und der Jokaste, wird, da er einem Orakelspruch zufolge seinen Vater töten und die Mutter ehelichen soll, als Kleinkind schon ausgesetzt, jedoch gefunden und im fernen Korinth aufgezogen. Wie er nach Theben zurückkommt, erschlägt er vor den Toren der Stadt seinen Vater und heiratet seine Mutter, ohne um seine Verwandtschaft mit ihnen zu wissen. Aus dieser Verbindung gehen vier Kinder hervor: die Söhne Eteokles und Polyneikes sowie die Töchter Antigonae und Ismene. Die Pest bricht in Theben aus; Tiresias, der allwissende blinde Seher, eröffnet Oedipus, daß er daran die Schuld trage: weil er den Vater gemordet und die Mutter blutschänderisch geehelicht habe. Jokaste erhängt sich, Oedipus blendet sich und verläßt dann Theben als blinder Greis, geleitet von seiner Tochter Antigonae.

Eine Randbemerkung zu Sophokles und Hölderlin. Beide Namen sind Fixpunkte an jenem geistigen Horizont, den wir das Abendland nennen. Den einen Namen, Sophokles, sah schon Hölderlins Zeit in dieser Perspektive; den andern hat erst das 20. Jahrhundert so zu sehen gelernt. In unserer Zeit aber, wo das Mißvergnügen an der Geschichte wächst, wo man sich vom Ballast bildungsbefrachteter Vergangenheit zu befreien und das oft schon totgesagte Abendland endgültig begraben will – was mag uns an dieser Bildung und an ihrem Selbstverständnis überhaupt noch gelegen sein? Eine Frage, die nicht nur Orff beschäftigte, eine Frage vielmehr, die auch Hölderlin geläufig war: »Es scheint wirklich keine andere Wahl offen zu sein, [als] erdrückt zu werden von Angenommenem und Positivem«, schrieb er mit Blick zurück auf das übermächtige Erbe der Antike, »oder, mit gewaltsamer Anmaßung, sich gegen alles Erlernte, Gegebene, Positive als lebendige Kraft entgegenzusetzen.«[6] Statt der Tradition, dem geistesgeschichtlichen Erbe, in einem Rundumschlag abzuschwören, soll man sich ihr als lebendige Kraft entgegensetzen. Das meint: Auseinandersetzung, individuelle, lebendige Auseinandersetzung mit dem Gewordenen. Hölderlins Sophokles-Übersetzungen sind nichts anderes als die Früchte einer solchen Auseinandersetzung. In ihr hat Hölderlin Einsicht sowohl in seine Herkunft als auch in die Zukunft seiner eigenen Dichtung gewonnen. Und Orffs musiktheatralische Renaissance der Antike hat ihre Wurzeln in einer vergleichbaren Auseinandersetzung mit dem Erbe der Antike.

Günther Rennert inszenierte – eine Arbeit, die in vielen Zügen das *Jephta*-Konzept übernahm und weiterführte, im Stil gebunden, karg und beherrscht. Dennoch herrschte in diesem *Oedipus* eine nur mühsam gezähmte Dramatik vor, eine innerliche Spannung, wie sie Wunderlich bislang nur bei Inszenierungen

Wieland Wagners erlebt hatte. Wiederum hatte Caspar Neher das Bühnenbild entworfen: das Halbrund einer Agora mit Sitznischen, flache Treppen, die rückwärts in den Königspalast münden. Dazu die Musik, über weite Strecken starr und karg, um plötzlich mit barbarischer Kraft dramatische Punkte zu überhöhen, um aber auch – wissend um die innere Musik in den Versen Hölderlins – ganze Dialoge und Chorlieder allein dem Dichterwort zu überlassen.[7] Generalmusikdirektor Ferdinand Leitner betreute die musikalische Einstudierung. Die Besetzung der Hauptpartien mit Gerhard Stolze (Oedipus), Astrid Varnay (Jokaste), Fritz Wunderlich (Tiresias), Willy Domgraf-Fassbaender (Ein Priester), Hans Bauer (Kreon) dürfte auch nach heutigen Maßstäben als einmalig gelten. Astrid Varnay sang auf besonderen Wunsch des Komponisten: »Ich erlebte Frau Varnay zum erstenmal in ihren großen Wagner-Rollen in Bayreuth«, erzählte Carl Orff, »und ich war von ihrer gesanglichen und schauspielerischen Leistung tief beeindruckt. So hatte ich verständlicherweise sofort den Wunsch, daß Frau Varnay eine der großen Gestalten in den Tragödien von Sophokles-Hölderlin verkörpern sollte... Ihre Jokaste war überwältigend und gehört zu den ganz großen Theatereindrücken meines Lebens.«[8] Uneingeschränktes Lob erntete auch der geniale Sängerdarsteller Gerhard Stolze in der wahrhaft stimmörderischen Titelpartie. Wunderlich, wie gesagt, sang den blinden Seher Tiresias – »unerhört eindringlich im jähen Wechsel von meditativer Überlegung und visionären Ausbrüchen«, attestierte ihm Antonio Mingotti in der *Abendzeitung*.[9]

»Als Seher Tiresias mußte Fritz quasi falsettieren«, erzählte Eva Wunderlich, »mit scharfen Fisteltönen und mit gleichsam verstellter, krächzender Stimme. Sicher hätte er diese schwierige Partie nicht unter beliebigen Umständen übernommen. Aber die Zusammenarbeit mit Rennert und mit Gerhard Stolze lockte ihn sehr, zumal sich die beiden so unterschiedlichen Tenöre bestens mochten. Die Partie reizte ihn ungeheuer, auch vom Schauspielerischen her. Er mußte ja einen Blinden spielen – einen von seiner Seherschaft durchdrungenen, aber auch verkannten und also zutiefst gekränkten Greis. Vom stimmlichen Ausdruck her war das ungeheuer anspruchsvoll, und es wäre ihm unmöglich gewesen, am nächstfolgenden Abend eine Mozart-Partie oder Lieder zu singen. Seine Stimme mußte sich erst wieder ausruhen und ›normalisieren‹.«[10] Immerhin: Auch an den folgenden Abenden stand Wunderlich auf der Bühne – in Stuttgart als Thebanischer Alter in Orffs *Antigonae* sowie als Erzähler in Orffs *Mond* und in München schließlich als Tamino in der *Zauberflöte*.

Am 21. Dezember stand im Alten Residenztheater in München erneut eine Vorstellung von Rossinis *Barbier von Sevilla* auf dem Spielplan. Diesmal gastierte Hermann Prey in der Partie des Figaro. Mit Wunderlich, Hotter und Erika Köth zusammen zweifellos eine Starbesetzung. Genauer besehen handelte es sich bei dieser Aufführung eigentlich um eine Generalprobe. Vier Tage später, am

Freitag, 11. Dezember 1959, Uraufführung
Dienstag, 15. Dezember (Miete E 3)

Carl Orff

Oedipus der Tyrann

Ein Trauerspiel des SOPHOKLES
von FRIEDRICH HÖLDERLIN

Musikalische Leitung: Ferdinand Leitner
Inszenierung: Günther Rennert
Bühnenbild und Kostüme: Caspar Neher
Chor: Heinz Mende

Oedipus . . . . Gerhard Stolze
Ein Priester . . . . Willy Domgraf-Faßbaender
Kreon . . . . Hans Bau
Tiresias . . . . Fritz Wunderlich
Jokasta . . . . Astrid Varnay
Ein Bote aus Korinth . . . . Hubert Buchta
Ein Hirte des Lajos . . . . Heinz Crame
Ein anderer Bote . . . . Willy Domgraf-Faßbaende
Chorführer . . . . Hans-Günter Nöcke

20 Uhr Beginn   Die Thebanischen Alten: . . . . Lothar Brünin
22 Uhr Ende   Alfred Pfeifle, Traugott Schmohl, Stefan Schwer,
                    Frithjof Sentpaul, Gerhard Fiess, Willy Killinger, Kurt Egon
Keine Pause   Opp, Conrad Spitzer, William Wahlert

Außer Miete

Preise von DM 2.50   Technische Einrichtung . . . . Adolf Aßman
bis DM 12.—   Inspektion . . . . Peter Schach

25. Dezember, stand die Oper nämlich erneut auf dem Spielplan, wiederum in identischer Besetzung, und jetzt mußte alles bis ins kleinste Detail klappen. Diese Weihnachtsvorstellung wurde nämlich live vom Bayerischen Fernsehen aufgezeichnet. Ein wertvolles Dokument, auch aus heutiger Sicht. Es gibt Aufschluß über den künstlerischen Standard damaliger Opernaufführungen, gibt zudem einen Eindruck von den Leistungen der einzelnen Sänger, von ihrer spieltechnischen Begabung, ihren gestalterischen Fähigkeiten und ihrer umwerfenden Spiellust, die eine ganze Aufführung lang ansteckend gewirkt haben muß. Allen voran ist Hermann Prey zu nennen: ein Tausendsassa und nimmermüder Komödiant, der mit Grimassen und Faxen die Bühne beherrscht und das Publikum stets im Griff hat, der mit baritonalem Wohlklang fast verschwenderisch umgehen kann und zuweilen gar mit pointierten Fisteltönen überrascht. Ähnlich witzig Göttervater Hans Hotter als Musiklehrer Basilio. Je ernster, würdevoller er sich gibt – in Gestalt und im Gesang, mit mächtig dröhnendem Wagner-Heldenbariton –, desto lächerlicher wirkt er. Beide Sänger werden vom Publikum entsprechend beklatscht und enthusiastisch gefeiert. Erika Köth und Wunderlich mögen es dagegen schwer gehabt haben. Jedenfalls neigt vor allem Erika Köth darstellerisch oft zur Schablone: Kammerkätzchen mit Soubrettencharme, manchmal auch gefährlich die Krallen zeigend. Zwar brilliert sie mit makellosen Koloraturgirlanden, wirkt aber in ihren Verzierungen weniger stilsicher als Wunderlich und singt in den allerhöchsten Regionen etwas seelenlos. Wunderlich dagegen stolziert in seiner Auftrittsarie wie ein aufgeblasener Hahn auf und ab. Ein Eindruck, der optisch durch sein unmögliches Kostüm – ein kurzgeschnittener, seitlich und nach hinten weit abstehender Rock – noch verstärkt wird. Er gefällt sich auch im Posieren: mal von der Seite, vom Profil, mal direkt ins Publikum. Ein spanischer Grande, zweifellos, aber mit einem deutlichen Schuß Humor. Gesanglich imponiert er Phrase für Phrase, schließt seine Auftrittsarie problemlos mit einem hohen C ab und singt seine Canzone zur Gitarrenbegleitung mit vollmundig-schmelzenden Tönen. Insgesamt eine imponierende, hervorragend gesungene Vorstellung und eine höchst vergnügliche dazu. Zeit, den triumphalen Erfolg voll auszukosten, hatte Wunderlich allerdings nicht. Er mußte nach Stuttgart zurück, wo gleich am folgenden Abend eine weitere Vorstellung des *Barbiers von Sevilla* auf dem Spielplan stand, hier allerdings in Rennerts neuer Textfassung. Und das hieß für Wunderlich: wiederum zurückbuchstabieren, was er eben erst für die Münchner *Barbier*-Aufführungen neu erarbeitet hatte.

ZWÖLFTES KAPITEL

Knappertsbusch, Karajan, Klemperer:
Ein Tenor und drei Dirigenten

München, 9. Februar 1960. Im Prinzregententheater war eine *Rosenkavalier*-Vorstellung angesetzt, eine geschlossene Vorstellung für die »Freunde des Nationaltheaters«, einen tatkräftigen Verein, der sich unbeirrbar für den Wiederaufbau dieses Hauses einsetzte. Sonst aber eine durchaus gewöhnliche Repertoirevorstellung, wäre sie nicht von einem außergewöhnlichen Dirigenten geleitet worden. Am Pult stand diesmal Hans Knappertsbusch, der Senior unter Münchens Operndirigenten. Nicht alle verehrten ihn, weil er mit seinem trockenen Witz oft anstieß und Ärger auslöste. Doch das war nur die sprichwörtliche rauhe Schale um einen weichen Kern. Wer Knappertsbusch verehrte – und das war weitaus die Mehrheit der Münchner Operngänger –, der liebte ihn auch heiß.

1922 hatte er, als Nachfolger Bruno Walters, das Amt des Generalmusikdirektors an der Münchner Oper übernommen. 1935 wurde er von den Nationalsozialisten mit Dirigierverbot belegt und mußte München verlassen. Als er nach Kriegsende wieder an der Isar Fuß fassen wollte, handelte er sich erneut ein Dirigierverbot ein, diesmal von den Alliierten. Trotzig, wie er war, verzichtete er auf Einspruch, zog sich zurück und wartete, bis man den Irrtum einsehen und sich für das bedauerliche Versehen entschuldigen werde. Das dauerte mehr als zwei Jahre, und erst im Jahr 1948 stand Knappertsbusch wieder am Pult der Münchner Oper. Eine feste Bindung wollte er allerdings nicht mehr eingehen, zumal er gerngesehener Gast an den führenden Opernhäusern Europas war und seit 1951 auch alljährlich bei den Bayreuther Festspielen dirigierte. Beethoven, Bruckner und Brahms gehörten zu seiner musikalischen Welt, und selbstverständlich die Opern von Wagner und Richard Strauss. Seine Abneigung gegen Proben war sprichwörtlich, seine überaus langsamen Tempi wurden von allen Sängern gefürchtet. Er war ein spontaner Gestalter, der es verstand, aus der momentanen Gefühlsstimmung heraus zu wirken. Er vertraute auf sein Können, setzte gleiches bei den Orchestermusikern als selbstverständlich voraus und erreichte in dieser virtuosen Form des Improvisierens eine Ausdrucksintensität, die unvergleichlich war und das nur Perfekte, welches einige seiner jüngeren Dirigentenkollegen in zahllosen Proben erarbeiteten oder erzwangen, in den Schatten stellte. Ihm war jede Repetition – und damit inbegriffen, leider, auch die Arbeit im Schallplattenaufnahmestudio – ein Greuel, weil sie ihm das spontane Musizieren verunmöglichte.

So laut und gewaltig Knappertsbusch zuweilen auf- oder dreinfahren konnte, so verborgen blieb sein Inneres, verschlossen in einem Bezirk, zu dem kaum einer Zugang hatte. Er konnte mit großer Gebärde dirigieren; um vieles eindrucksvoller aber war er, wenn er den Dirigierstab sinken ließ und der Musik gleichsam zuhörte. Ein einziger Blick aus seinen hellen Augen genügte dann, um einen Einsatz zu geben oder die Dynamik zu drosseln. Nun sollte Wunderlich zum ersten Mal unter dem mittlerweile 72jährigen Altmeister singen, ausgerechnet im *Rosenkavalier*, einem der bevorzugten Werke Knappertsbuschs. Auch die Umstände waren denkbar ungünstig. Zu einer Verständigungsprobe – selbst wenn sich Kna, wie man ihn nannte, ausnahmsweise dazu hätte bequemen wollen – konnte Wunderlich nicht kommen, da er auswärts beschäftigt war und erst in letzter Minute mit dem Flugzeug nach München zurückkehrte. Die Intendanz wußte das und hatte eine Funkstreife organisiert, die ihn vom Flughafen auf direktestem Wege ins Prinzregententheater fuhr.

Die Aufführung hatte schon begonnen, als Wunderlich ins Theater kam. Schnell ging er in seine Garderobe, sang sich kurz ein, ließ sich vom Maskenbildner in einen italienischen Tenor verwandeln und kam dann – mit der gesamten »Antichambre«, wie es die Marschallin anordnet – auf die Bühne. Der Haushofmeister führte ihn samt dem ihn begleitenden Flötisten sofort nach vorne an die Bühnenrampe. »Wie er da unten im Orchestergraben Knappertsbusch dirigieren sah«, erzählte Eva Wunderlich, »erstarrte er in Ehrfurcht. Kurz vor dem Einsatz zu seiner Arie, an einer intrikaten Stelle, kiekste einer der Hornisten. Kna, unbeirrt weiterdirigierend, schaute zu diesem hinüber und reagierte nur mit einem einzigen Wort: ›Arschloch!‹ Drei Reihen weit ins Parkett hinein hörte man das mindestens und selbstverständlich auch auf der Bühne. Dann sang Fritz seine Arie. Und wie er damit fertig war, salutierte ihm Kna, wiederum mit der Rechten unbeirrt weiterdirigierend, mit der Linken auf die Bühne hinauf. Eines der ganz seltenen Zeichen seiner Zufriedenheit.«[1] Nach Aktschluß ging Knappertsbusch noch kurz in Wunderlichs Garderobe, um sich bei dem Neuling persönlich zu bedanken. Brennend gern hätte Wunderlich diesen leicht verschrobenen, irgendwie geheimnisvollen und doch so gütigen Menschen näher kennengelernt. Doch nur ein zweites Mal noch, am 28. Februar, war es ihm vergönnt, unter der Leitung Knappertsbuschs zu singen, noch einmal als Sänger im *Rosenkavalier*.

Dreizehn Vorstellungen sang Wunderlich in den ersten neunzehn Januartagen. Vergessen die Devise, Maß zu halten? Gleich am 20. Januar wartete eine neue Aufgabe. Der Bayerische Rundfunk produzierte eine Aufnahme von Werner Egks Oratorium *Furchtlosigkeit und Wohlwollen*. Fritz Wunderlich, längst ein gesuchter Interpret für Musik des 20. Jahrhunderts, sang die Solopartie, begleitet vom Chor und Sinfonie-Orchester des Bayerischen Rundfunks unter der Leitung von Istvan Kertesz, damals Opernchef in Augsburg und ein junger, aufstrebender Dirigent. Zwei Tage waren für die Aufnahme reserviert, und am dritten wurde das Werk in einem öffentlichen Konzert in der Reihe der »Musica viva«-Veranstaltungen im Münchner Herkulessaal in Anwesenheit des Komponisten aufgeführt. Egk hatte sein Oratorium, das 1931 von Hermann Scherchen aus der Taufe gehoben worden war, vor Jahresfrist erst umgearbeitet – »und vornehmlich den gar grimmig wütenden Orchestersatz ausgelichtet«, wie Karl Schumann in der *Süddeutschen Zeitung* schrieb. »Besonders hervorzuheben sind die untermalenden Soli bei den Berichtszenen, die Fritz Wunderlich mit schlanker, makelloser Tenorstimme und der gebührenden Verhaltenheit sang.«[2]

Ende Januar wurde Wunderlich in Berlin im Konzertsaal der Hochschule für Musik erwartet. Das Berliner Philharmonische Orchester hatte ihn zu ihrem 4. Philharmonischen Konzert eingeladen: Mozarts *Requiem* an drei aufeinanderfolgenden Abenden, dirigiert von Herbert von Karajan. Für Wunderlich war es eine doppelte Premiere: sein erstes Auftreten mit den Berliner Philharmonikern und die erste künstlerische Begegnung mit Karajan.

Karajan 1960: Noch hatte sich sein Name nicht restlos von seiner Person gelöst, noch war er nicht vollständig zum Synonym seines Berufsstandes geworden. Legenden umrankten ihn zwar, umrankten vor allem seine künstlerischen Leistungen, seit er 1955, als Nachfolger Wilhelm Furtwänglers, Chefdirigent der Berliner Philharmoniker geworden war. Seit 1956 amtierte er als künstlerischer Oberleiter der Salzburger Festspiele und seit 1957 als künstlerischer Leiter der Wiener Staatsoper. Aufsehen erregten auch seine zahlreichen Schallplatteneinspielungen bei Columbia/Electrola: eine beispiellose Karriere, soviel stand immerhin fest. Angefangen hatte alles im Jahre 1938. Im Herbst dirigierte Karajan, damals Generalmusikdirektor in Aachen, erstmals an der Berliner Staatsoper: Im September Beethovens *Fidelio*, am 21. Oktober dann jene denkwürdige *Tristan*-Aufführung, die den Berliner Kritiker van der Nüll zur Schlagzeile »Das Wunder Karajan« nötigte. Den Weg nach Berlin hatte er sich zielbewußt – und das heißt auch: aufgrund wohlüberlegter Anpassung an das Naziregime – geebnet. Dagegen ist, aus heutiger Sicht und von Nachgeborenen, letztlich kaum etwas einzuwenden. Im Gegenteil, fast scheint es, als habe ihm die Nachkriegszeit recht gegeben. Karriere, Streben und Karrierestreben: Das waren die äußerlich wahrnehmbaren Konturen dieser singulären Künstlerlaufbahn. Vergleichbar mit der Umzäunung eines Feldes, die immer weiter, immer großflächiger, übergreifender gesteckt wird. Und das Feld selber ein Spielraum für die künstlerische Tätigkeit, ebenfalls weit gesteckt, übers Dirigieren immer wieder hinausgreifend.

Daß die Musik, die werkbezogene Interpretation von Musik, dabei zeitweilig das Nachsehen hatte, hatte sich längst herumgesprochen. »Diesmal kam Mozart zu kurz«, hieß es bezeichnenderweise im Presseecho auf Karajans Interpretation

BERLINER
PHILHARMONISCHES ORCHESTER
KONZERTSAAL DER HOCHSCHULE FÜR MUSIK

SONNABEND, DEN 30. JANUAR 1960, 20.00 UHR
SONNTAG, DEN 31. JANUAR 1960, 20.00 UHR
MONTAG, DEN 1. FEBRUAR 1960, 19.30 UHR

IV. PHILHARMONISCHES KONZERT

DIRIGENT
HERBERT VON KARAJAN

SOLISTEN
MARIA STADER · DOROTHEA VON STEIN
FRITZ WUNDERLICH · WALTER KREPPEL

MITWIRKUNG
RIAS-KAMMERCHOR · BERLINER MOTETTENCHOR

EINSTUDIERUNG GÜNTHER ARNDT

WOLFGANG AMADEUS MOZART
REQUIEM KV 626

REQUIEM	LACRIMOSA
DIES IRAE	DOMINE JESU
TUBA MIRUM	HOSTIAS
REX TREMENDAE	SANCTUS
RECORDARE	BENEDICTUS
CONFUTATIS	AGNUS DEI

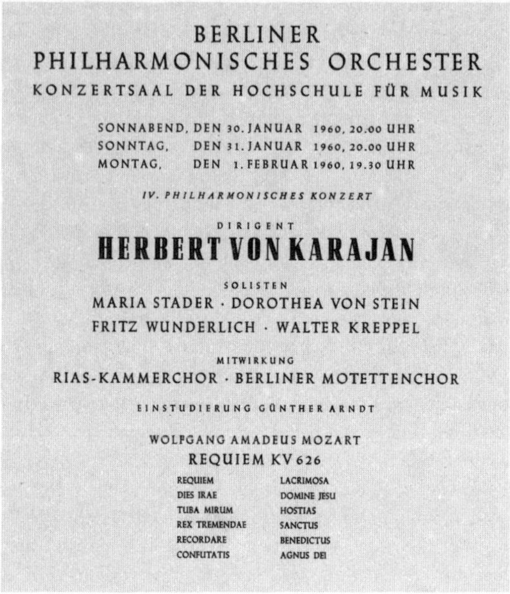

von Mozarts *Requiem.* Vorgeworfen wurde ihm, daß er bedingungslos einer »Ästhetik des Nichts-als-Schönen« huldige. Doch es blieb nicht nur beim Vorwurf. Wie man Mozarts Totenmesse interpretatorisch ausloten müßte, wie »auf diese mystischen Visionen eines Sterbenden ... einzugehen wäre, das offenbarte Fritz Wunderlich, der sein Tenorsolo tiefbewegt und zugleich mit makelloser Stimmschönheit und musikalischer Intelligenz sang«.[3] Ähnlich ging auch der *Kurier* mit Karajan ins Gericht: »Er musiziert die Totenmesse so distanziert und sachlich, wie es zur kühlen Atmosphäre des Hochschulsaales paßt ... Was die Philharmoniker mit rühmenswerter Klangkultur tönende Gegenwart werden lassen, rührt kaum an die letzten Dinge weder in diesem noch in jenem Sinne ... Eine einzige Stimme nur erhebt sich als beredter Wortführer Mozarts und seines ergreifbaren Abschiedsgesanges von der Welt: Fritz Wunderlichs beseelter Tenor, mit dem sich keiner der übrigen Solisten (Maria Stader, Dorothea von Stein und Walter Kreppel) an Kultur, Musikalität und Erfülltheit des Vortrages messen

kann. Ihn als Tamino in der Kantstraße zu hören wäre sicher eine ungetrübte Freude.«[4]

Wunderlich, der beredte Wortführer Mozarts: Welches Lob hätte ihn mehr freuen können? »Er hatte wirklich eine Jahrhundertstimme«, bestätigte Kollegin Maria Stader, »und er war ein lieber Kollege. Er machte gerne Witze, faule Witze, aber künstlerisch war er ganz seriös. Er konnte zwischen Arbeit und Spaß genau trennen, und beim Arbeiten verstand er absolut keinen Spaß. Wir waren damals oft zusammen; er aß gerne und trank auch gerne ein Glas Wein – genau wie ich. Nach einer Probe mit Karajan nahm er mich beiseite: ›Du, Maria, du verstehst dich doch auf Schmuck. Ich möchte meiner Frau etwas schenken. Kommst du mit mir und hilfst mir bei der Auswahl?‹ Wir sind dann zusammen in ein Juweliergeschäft gegangen, gleich vis-à-vis vom ›Kempinski-Hotel‹, und haben uns die Auslagen begutachtet. Schließlich haben wir uns für eine feine Goldkette entschieden.«[5] Der beredte Wortführer Mozarts. Genau sechs Jahre mußten die Berliner noch warten, bis sich Wunderlich zum ersten Mal als Tamino auf der Opernbühne vorstellte.

Gleich im Anschluß an die Aufführungen des *Requiems* wurde Wunderlich in der Berliner Grunewaldkirche erwartet, wiederum in Sachen Mozart: Electrola produzierte einen *Don-Giovanni*-Querschnitt, in deutscher Sprache selbstverständlich und mit einer hervorragenden Sängerbesetzung:

Don Giovanni	Hermann Prey
Donna Anna	Elisabeth Grümmer
Donna Elvira	Hildegard Hillebrecht
Don Ottavio	Fritz Wunderlich
Leporello	Karl Christian Kohn
Komtur	Ernst Wiemann
Masetto	Thomas Stewart
Zerlina	Erika Köth
Chor der Städtischen Oper Berlin	Berliner Symphoniker
Dirigent: Hans Zanotelli	

»Dieser Querschnitt wurde ein derart populärer Erfolg, daß sich damals die Absicht ankündigte, in noch zwei Langspielplatten zusätzlich die ganze Oper zu produzieren«, erinnerte sich der Dirigent Hans Zanotelli. »Leider waren die Sänger bereits so prominent, daß es trotz heftigen Bemühens niemals mehr gelang, gemeinsame Terminabsprachen herzustellen – so blieb es bei einem Torso.«[6] Was in der Tat zu bedauern ist, zumal Wunderlichs Arie aus dem zweiten Akt aus Platzgründen nicht aufgenommen werden konnte. Immerhin glänzt er mit seiner ersten Arie: »Nur ihrem Frieden weih' ich mein Leben«, makellos und mit großem Atem auf Linie gesungen, was bei den intrikaten Intervallsprüngen, die Mozart dem Tenor hier zumutet, zweifellos eine bemerkenswerte sängerische Leistung ist. Überhaupt demonstriert er in dieser Aufnahme, daß Don Ottavio absolut nicht jene bläßliche Figur ist, wie man sie üblicherweise von den Bühnenaufführungen her kennt, sondern ein Mensch aus Fleisch und Blut. Fulminant sein Duett mit Elisabeth Grümmer als Donna Anna. Dazu der jugendfrische Don Giovanni von Hermann Prey, zuweilen mit fast jungenhaftem Temperament vor dem Mikrofon in Szene gesetzt: eine Mozart-Interpretation der Superklasse.

Übrigens: Bei den Berliner Symphonikern handelte es sich nicht um eines der großen städtischen Orchester, sondern – wie es im Fachjargon der Schallplatten-produzenten hieß – um ein »Telefonorchester«. »Dieses Orchester mußte für jede Aufnahme zusammengetrommelt werden«, erzählte Aufnahmeleiter Christfried Bickenbach. »Wir hatten da unseren Kontaktmann; den rief man an und teilte ihm die vorgesehenen Aufnahmetermine sowie die gewünschte Orchestergröße mit. Und dieser griff wiederum zum Telefon und suchte sich aus den Reihen der bedeutenden Berliner Orchestermusiker beiderseits der Zonengrenze eine ent-sprechende Orchesterbesetzung zusammen.«

Vierzehn Tage später stand Wunderlich schon wieder vor den Mikrofonen in der Berliner Grunewaldkirche. Seine erste große internationale Produktion, Wag-ners *Fliegender Holländer*, und zwar eine Gesamtaufnahme. Wunderlich sang die kleine Partie des Steuermanns inmitten einer imponierenden Schar von Wag-ner-Spezialisten:

Holländer	Dietrich Fischer-Dieskau
Daland	Gottlob Frick
Senta	Marianne Schech
Erik	Rudolf Schock
Der Steuermann	Fritz Wunderlich
Mary	Sieglinde Wagner

Chor und Orchester der Deutschen Staatsoper Berlin
Dirigent: Franz Konwitschny

Keine Wagner-Partie ist so klein, als daß sie nicht ihre bestimmten Klippen hätte. Das gilt auch für den Steuermann. »Damals genau die Partie, die zu Wunderlich paßte«, erinnerte sich der Aufnahmeleiter, »und er hat sich stimmlich auch gut abgesetzt gegenüber dem schwereren Rudolf Schock. Eigentlich waren beide Partien eher zu leichtgewichtig besetzt. Aber da Wunderlich noch eine recht helltimbrierte Stimme hatte, ergab sich genügend Kontrast zwischen den beiden Tenören.«[7] Das helle Timbre fällt in der Tat auf, und auch die etwas substanz-lose Tiefe. Für einen jugendlich-lyrischen Tenor liegt die Partie zweifellos unbe-quem, und sie verleitet – vor allem in den tieferen Passagen, aber auch in den paar hohen Tönen – zum Drücken und Forcieren. Ganz ist auch Wunderlich dieser Gefahr nicht entgangen. Dennoch, auf seine Leistung durfte er stolz sein: »Der Steuermann Fritz Wunderlichs ist von jugendfrischer Natürlichkeit«, hieß es in der Schallplattenzeitschrift *Fono Forum*, »romantisch-poetisch (sein Lied vom

Südwind wirkt auf eine charmante Art sehnsüchtig und liebevoll) – ideale Verwirklichung der Rolle.«[8] Oder: »Fritz Wunderlich erfüllt als Steuermann geradezu die musikalischen Idealvorstellungen von dieser Partie.«[9]

Franz Konwitschny, vielbeschäftiger Dirigent am Gewandhaus in Leipzig und seit 1955 Generalmusikdirektor an der (Ost-)Berliner Staatsoper, dirigierte – ein Kapellmeister nach alter deutscher Tradition, ein ausgesprochen kooperativer Dirigent, ein temperamentvoller Musiker, der das Orchester zu imponierenden Leistungen führte. Wagners Opern lagen ihm besonders – hier war er in seinem Element, teilte die Orchesterfluten mit klarem Schlag und setzte immer wieder zu großartig aufgebauten, expressiven Steigerungen an. Auffallend mochten die relativ bemessenen Tempi sein, doch Konwitschny wußte sie für um so massivere Ausbrüche und Entladungen hervorragend zu nutzen. Fischer-Dieskau wagte sich erstmals an die heldische Partie des Holländers – für einen helltimbrierten lyrischen Bariton eine fast aussichtslose Sache, die Fischer-Dieskau aber mit einer für ihn typischen Überlegenheit, mit bemerkenswertem Kunstverstand und Stilgefühl anging und, alles in allem gerechnet, mit leidlichem Erfolg meisterte –, was die Fachpresse auch würdigte. Dennoch waren vorwurfsvolle Stimmen zu hören: Warum man eigentlich nicht einen der Bayreuth-erprobten Holländer-Darsteller für diese Einspielung geholt habe? Genau das war nicht möglich oder, genauer gesagt, war nicht mehr möglich. Denn Bayreuth rüstete damals selber zu einer Schallplattenaufnahme, die während der sommerlichen Festspielaufführungen live mitgeschnitten wurde – mit Franz Crass, Anja Silja und Josef Greindl in den Hauptpartien. Und noch weitere Konkurrenz war im Anzug: Decca bereitete ebenfalls eine Gesamtaufnahme vor, und zwar mit zwei Vertretern der älteren Bayreuther *Holländer*-Sänger-Garde, George London und Leonie Rysanek. Wichtig war also, daß man zuerst auf dem Markt war, zumal es sich um die erste Stereoeinspielung des *Fliegenden Holländers* handelte. Electrola schaffte das Rennen – mit einer Einspielung, die auch heute noch anregend wirkt.

Für den traditionellen Stuttgarter Opernball studierte Wunderlich erneut eine Spezialnummer mit Kollege Gustav Neidlinger ein: »Zwei Hummelreisende«. Nach wie vor war die Stuttgarter Bühne Wunderlichs wichtigster Wirkungsort; eine letzte Spielzeit gehörte er hier noch zum festen Ensemble. Meistens sang er seine großen Partien, Mozart, Rossini und die deutschen Spielopern, doch nicht ausschließlich. Die Idee vom Ensembletheater bewährte sich in Stuttgart ja gerade darin, daß namhafte Sänger ihr vielfach erprobtes Künstlertum auch einmal für mittlere oder kleine Rollen mobilisierten. Zum Beispiel Res Fischer, die unvergleichlich intensive Sängerdarstellerin, eine Tragödin ersten Formats: In Günther Rennerts *Barbier*-Inszenierung übernahm sie die Marzelline und mimte also eine komische Alte. »Das hat sie sehr gern gemacht«, erinnerte sich Eva Wunderlich. »Typisch übrigens für Rennert: Mit ihm haben das auch die großen

Sänger gerne gemacht, weil er die Fähigkeit hatte, selbst aus der kleinsten, unbedeutendsten Rolle eine interessante Figur zu entwickeln.«[10] Diesmal war die Reihe nun an Wunderlich. In einer Neuinszenierung von Gaetano Donizettis Erfolgsoper *Lucia di Lammermoor* übernahm er die kleine Partie des Lord Arthur, war also tenoraler Gegenspieler von Josef Traxel, der die große Partie des Edgar sang. Einiges Aufsehen erregten die Kostüme von Leni Bauer-Ecsy: etwas gar kurz geratene Schottenröckchen für die Männer, was im Publikum zu einiger Belustigung Anlaß gab. Ruth-Margret Pütz, die neu engagierte Koloratursopranistin, stellte sich erstmals in einer großen Partie vor. Mit nachhaltigem Erfolg übrigens, besonders in der heiklen »Wahnsinnsszene«.

Zwei Wochen später sang Wunderlich dieselbe Partie auch in einer *Lucia*-Aufführung im Münchner Prinzregententheater, diesmal an der Seite von Josef Simandy, Josef Metternich und Erika Köth. Eine gewöhnliche Repertoirevorstellung, jedoch von einem außergewöhnlichen Dirigenten betreut: Ferenc Fricsay stand am Pult des Bayerischen Staatsorchesters. Im Herbst 1956 hatte er hier, als Vorgänger Joseph Keilberths, das Amt des Generalmusikdirektors übernommen. Sich und den andern hatte er es nie leichtgemacht: ein detailversessener Orchestererzieher, ein Präzisionsfanatiker, der in den Proben oft pultweise oder gar einzeln spielen ließ, was beamtete Orchestermusiker bekanntlich nie sonderlich schätzen. Bereits im Sommer 1958 schied er als Generalmusikdirektor aus, was zum Bonmot Anlaß gab, wieder einmal habe ein Münchner Opernchef sein Amt quittiert, bevor das Publikum auch nur gelernt habe, seinen Namen richtig auszusprechen. Als Gastdirigent blieb Fricsay der Oper zwar erhalten, doch wurde seine künstlerische Tätigkeit bereits von seiner schweren Krankheit überschattet. »Seine Art, die Künstler mit konzilianter Strenge zu führen, tat ihre Wirkung«, bestätigte Generalintendant Rudolf Hartmann Jahre später. »Die Disziplin der Solisten, des Chores und des Orchesters war selbstverständlich und ungewöhnlich zugleich, da sich im ganzen Ensemble der Eindruck einer durch nichts zu beirrenden Gesamtkonzeption festigte, deren einziges Ziel größtmögliche Vollkommenheit der Aufführung war ... In Verbindung mit Herbert List brachte Fricsay Donizettis *Lucia di Lammermoor* zu ungewöhnlicher Wirkung, und der nachhaltige Erfolg bestätigte Fricsays Fähigkeit, eine Repertoireoper alten Stiles zu neuem Leben zu erwecken.«[11] Es sollte Fritz Wunderlichs einzige Begegnung mit Fricsay bleiben. Eine *Zauberflöten*-Produktion für die Salzburger Festspiele hätte sie im Sommer 1963 zwar wieder zusammenführen sollen, doch Ferenc Fricsay starb am 20. Februar desselben Jahres.

Im März und April pendelte Wunderlich zwischen Stuttgart und Köln. Die Oper der Stadt Köln hatte ihn für eine Neuinszenierung von Mozarts *Don Giovanni* eingeladen. Das bedeutete für ihn ein weiteres Rollendebüt: Erstmals sollte er auf der Bühne den Don Ottavio verkörpern. Wiederum in prominenter Besetzung:

Don Giovanni	Hermann Prey
Der Komtur	Franz Crass
Donna Anna	Elisabeth Grümmer
Donna Elvira	Hildegard Hillebrecht
Don Ottavio	Fritz Wunderlich
Leporello	Georg Stern
Zerlina	Edith Mathis

Inszenierung: Oscar Fritz Schuh
Bühnenbild: Caspar Neher
Dirigent: Wolfgang Sawallisch

»Das war eine ganz wunderbare Sache für mich als Anfängerin«, erzählte Edith Mathis später, »ich hatte so furchtbar Angst vor berühmten Sängern und habe stets gezittert, wenn sie auf die Probe kamen. Aber wenn Fritz Wunderlich da war, fühlte man sich völlig gelöst und brauchte überhaupt nicht irgendwie in Ehrfurcht zu erstarren; er hat einen als Kollegen sofort vollkommen akzeptiert. Er war ein so phantastischer Sänger und hat seine Arie im zweiten Akt so himmlisch gesungen, daß ich mir immer gedacht habe: Wenn ich einmal so singen könnte...«[12] Unter Mozarts vier großen Tenorpartien – Tamino, Belmonte, Ferrando und Don Ottavio – ist Ottavio zweifellos die anspruchsvollste und schwierigste, schwierig nicht nur in gesanglicher Hinsicht, sondern mehr noch, was den spezifischen Charakter dieser Figur anbelangt. Liebhaber ist zwar auch er, doch gönnt ihm Mozart kein Happy-End, kein einheiliges Liebesglück: »Laß dem Schmerz ein Jahr mich weih'n«, bittet ihn Donna Anna am Schluß der Oper – ein Jahr des Schmerzes um ihren erstochenen Vater. Was nach einem Jahr sein wird, bleibt offen. Überhaupt bleibt einiges unentschieden, auch im Charakter Don Ottavios. Einmal ist er der wild Dreinfahrende, dann der zögerlich Zurückhaltende, Entsagende; kein eindeutiges Mannsbild wohl und sicher nicht ein eindimensionaler feuriger Liebhaber.

Gerade die Unentschiedenheit in dieser Partie, das Vielsagende und Vielschichtige, faszinierte Wunderlich. Eine Herausforderung, die er dann auch beispielhaft meisterte und die seine andere Mozart-Meisterleistung, den Tamino, womöglich gar in den Schatten stellte. »Als Ottavio war er ein veritables Mannsbild auf der Bühne, nicht ein tenorales Mauerblümchen, wie man das sonst so oft sieht. Denn bei anderen Ottavios hat man als Zuschauer ja oft das Gefühl, daß die manchmal etwas resolute Anna ihn jederzeit fressen könnte. Vor allem, wenn die Anna das deftig ausspielt. Wunderlich dagegen hielt stand, hielt jeder Anna stand. Er war wirklich ein Gegenpol zum Don Giovanni, war dessen Gegenspieler, wie das Da Ponte im Libretto ja auch vorgezeichnet hat.«[13] Schuh entrümpelte seine *Don-Giovanni*-Bühne radikal: ein schmales Podest in der Bühnenmitte, strahlenförmig ausfächernde Laufstege, Vorder- und Hintergrund getrennt – eine karge, kalte, fast nackte Szenerie. Um so mehr trat das Spiel ins Zentrum, die Nöte, Niederlagen und immer wieder die Rachsucht – »die matriarchatssüchtige Donna Anna, das korrekte Ehrenkorsett Don Ottavios, die begattungsgierige Donna Elvira, die hübsch heiße Landkatze Zerline, der dumpfblütige Masetto und Leporello als Schatten seines nichts als frivolen Herrn und Vorbilds«.[14] Wer sich mit der abstrakten Szenerie nicht anfreunden konnte, hielt sich an die Musik: »Ein Fest der Stimmen und Gesänge«, titelte der *Generalanzeiger Bonn*. »Ein einziges geistiges Entzücken an dem kammerkonzertant musizierenden Gürzenichorchester, an Sawallischs Einverständnis mit Mozarts ›Diskretion der fallenden Pointe‹«, doppelte die *Deutsche Zeitung* nach. »Zauber der Perfektion nicht nur, Zauber der Inspiration.« Auch Wunderlichs Rollendebüt stand unter einem guten Stern: ein »Don Ottavio aus dem Nobilitätenkabinett spanisch-habsburgischer Herkunft... Ein Mozart-Tenor par excellence ist Fritz Wunderlich, schlank, lyrisch gereinigt, berückend...« Und: »Fritz Wunderlich bestätigte als Don Ottavio den ihm vorausgegangenen Ruf: ein ungemein feiner lyrischer Sänger von berückendem Wohlklang.«[15]

Vier Tage nach der Premiere brachte der Stuttgarter Postbote einen Brief aus Köln:

Lieber Herr Wunderlich!

Ich wollte Ihnen noch einmal sagen, daß es für mich eine sehr große Freude war, mit Ihnen zu arbeiten, und daß der sensationelle Erfolg, den Sie mit dem Oktavio hier errungen haben, Ihnen auch sicher Freude gemacht hat. Wenn Sie es einrichten könnten, unserem Haus als Gast verbunden zu bleiben und vielleicht gelegentlich wieder, wenn es Ihre Zeit erlaubt, eine Premiere bei uns zu singen, wären Herr Sawallisch und ich Ihnen sehr, sehr dankbar. Sie wissen, daß wir ein korrektes Theater sind, und daß deshalb die Verhandlungen mit uns nicht allzu schwer sein dürften.

Ich bin mit herzlichen Grüßen
Ihr sehr ergebener
O. F. Schuh

Bereits nach der zweiten Kölner *Don-Giovanni*-Vorstellung mußte Wunderlich nach Wien:

Johann Sebastian Bach: Matthäus-Passion

Anton Dermota (Evangelist)
Hermann Prey (Christus)
Wilma Lipp
Hilde Rössel-Majdan
Fritz Wunderlich
Tom Krause
Singverein der Gesellschaft der Musikfreunde Wien
Wiener Sängerknaben   Wiener Symphoniker
Dirigent: Heinz Wallberg

Zwei Aufführungen fanden statt, beide im Großen Musikvereinssaal. »Es war im ganzen eine würdige Aufführung«, resümierte Karl Löbl. »Keine Bach-Show, keine intellektuelle Gymnastik, keine orthodoxe Stilübung.« Einmal mehr mußte sich Wunderlich neben Anton Dermota, für die Wiener nach wie vor ein Favoritsänger, behaupten. »Bei den Solisten ließ Fritz Wunderlich seine Kollegen weit hinter sich: Er demonstrierte als einziger den richtig ›objektivierenden‹ Bach-Stil, und sein mit Metall legierter lyrischer Tenor war technisch und in der Intonation von makelloser Schönheit.«[16] Zehn Tage später sang Fritz Wunderlich die *Matthäus-Passion* nochmals, diesmal in Trier in der Konstantin-Basilika, seinem Freund und gelegentlichen Liedbegleiter Rolf Reinhardt zuliebe, der seit kurzem Generalmusikdirektor in Trier war und die Aufführung dirigierte. Hier sang Wunderlich die Arien und die Evangelistenpartie. Eben erst hatte er in Wien uneingeschränktes Lob bekommen, nicht zuletzt für seinen »objektivierenden« Bach-Stil – in Trier schien man da anderer Meinung zu sein. »Fritz Wunderlich, der den Evangelisten sang, verstand es, als Sänger durch seine stimmlichen Mittel ... zu imponieren. Allerdings haftet ihm eine kleine Neigung zum Romantisieren an.«[17] Wiederum das altbekannte Dilemma: ob ein ernsthafter Bach-Sänger überhaupt stimmlichen Wohllaut ins Feld führen dürfe. Oder umgekehrt: ob betörender Stimmschmelz ein sicheres Indiz dafür sei, daß der Sänger als Bach-Interpret keinesfalls ernst zu nehmen sei. Das christliche Dogma einer enthaltsamen Nüchternheit, angewandt auf die Musik. Auch hier stiftet es nur Unheil.

Bereits Anfang April hatte Wunderlich erneut Gelegenheit, seinen betörenden Stimmschmelz in den Dienst geistlicher Musik zu stellen. Unter der Leitung von Erich Leinsdorf nahm er in Berlin, wiederum für die Electrola, Franz Schuberts *Es-dur-Messe* auf im Team mit Pilar Lorengar, Betty Allen, Manfred Schmidt und Josef Greindl, unterstützt vom ausgezeichneten Chor der St.-Hedwigs-Kathedrale Berlin und den Berliner Philharmonikern. Fünf Solostimmen verlangt das Werk, weil sich Schubert etwas Einzigartiges einfallen ließ: Das »Et incarnatus est« wird als Terzett vom Solosopran und zwei Solotenören gesungen, wobei der erste Solotenor – in dieser Einspielung Fritz Wunderlich – die Führung übernimmt. Eine Musik übrigens, die unweigerlich an Rossinis Opernmelodien erinnert. Ein kostbares Juwel nicht nur im Gesamtschaffen Schuberts, sondern auch unter den Schallplattenaufnahmen Wunderlichs.

Zehnmal stand Wunderlich im April auf der Bühne, und zwar in acht verschiedenen Opern. Hinzu kam, am 16. April, ein *Zauberflöten*-Gastspiel an den Städtischen Bühnen Augsburg. Istvan Kertesz dirigierte; auf der Besetzungsliste fällt der Name eines eben frisch nach Augsburg engagierten Anfängers in der Rolle des Zweiten Geharnischten auf: Zoltan Kelemen. Am 15. und 16. Mai waren erneut Aufnahmesitzungen in der Grunewaldkirche anberaumt. Electrola produzierte eine Querschnittplatte von Friedrich von Flotows beliebter volkstümlicher Oper *Martha*. Was anderen deutschen Spielopern, von Lortzing oder Nicolai, nur mit Mühe gelang, das schaffte *Martha* spielend: den Sprung an New

Yorks Metropolitan Opera, wo sich berühmte Startenöre wie Giovanni Mario, Caruso und Gigli um die Partie des Lyonel rissen. Lyonels Arie »Ach, so fromm« – die Italiener singen sie auf den Text »M'appari, tutt'amor« – ist rund um die Welt gegangen. Nun hielt sie auch Wunderlich für die Nachwelt fest, begleitet von den Berliner Symphonikern unter der Leitung von Berislav Klobucar. Seine Kollegen im Aufnahmestudio: Anneliese Rothenberger (Lady), Hetty Plümacher (Nancy) und Gottlob Frick (Plumkett).

Noch war es kein Jahr her, daß sich Wunderlich gesagt hatte: Wer bei der Electrola unter Vertrag sei, könne darauf wetten, daß mit ihm auch etwas passieren werde. Tatsächlich war etwas passiert: Wunderlich hatte die Aufmerksamkeit der Schallplattenfachpresse erregt. »Da wird immer wieder geklagt, es gäbe keinen Sängernachwuchs mehr, vor allem keine Tenöre«, schrieb Friedrich Herzfeld im *Fono Forum*. »Kaum läuft diese Trauermelodie in voller Lautstärke, da wird ein neuer Sängername bekannt, ein Stoß Schallplatten widerlegt das weitverbreitete Gerücht, und im Stargarten glänzt ein neues Idol ... Daß Wunderlich heute nicht nur in Süddeutschland bekannt ist, sondern überall, wo Menschen mit wachem Sinn für Klangschönheit und Tenorzauber wohnen, ist das Werk der Schallplatte ... In Wunderlichs Tenorstimme schwingt jenes unverwechselbare Eigene mit, das die starke Wirkung verbürgt. Man vergißt seine Stimme nicht wieder, wenn man sie einmal gehört hat. Schon mit seiner vorzüglichen Aussprache verschafft er sich Sympathien. Unsere Sänger und Sängerinnen ahnen gar nicht, wie abträglich es ihrer Wirkung ist, daß sie Konsonanten als eine Mangelware betrachten. Vor allem aber besitzt Wunderlich jenen unerlernbaren Sinn für Kantilenen, der die Herzen bewegt.«[18]

Am 31. Mai gastierte er erneut in Trier, diesmal für einen Liederabend im Kurfürstlichen Palais. Am Flügel: Rolf Reinhardt. Im ersten Teil sang Wunderlich *Arie antiche* von Peri, Lotti, Scarlatti und Carissimi, einst seine wichtigsten Übungsstücke in der Freiburger Studienzeit, dazu drei Beethoven-Lieder, nach der Pause Lieder von Schubert – aus der *Schönen Müllerin*, dem *Schwanengesang* und der *Winterreise* – sowie fünf Gesänge von Richard Strauss. Bereits am folgenden Tag hatte Wunderlich erneut einen Aufnahmetermin: In der Villa Berg, im Aufnahmestudio des Süddeutschen Rundfunks, wurde Hermann Reuters *Triptychon*, komponiert auf drei Gedichte von Friedrich Schiller, produziert, zusammen mit dem Südfunk-Chor und -Orchester unter der Leitung von Hans Müller-Kray. Gleichzeitig hatten an der Stuttgarter Oper die ersten Proben zur Wiederaufnahme von Verdis *Traviata* begonnen, eine Inszenierung von Kurt Puhlmann aus dem Jahre 1950. Sie wurde neu und in neuer Besetzung – mit Wunderlich, Ruth-Margret Pütz und Raymond Wolansky in den Hauptpartien – wieder in den Spielplan aufgenommen. Ein nicht gerade glückliches Rollendebüt für alle drei Protagonisten, eine »mit der linken Hand wiederaufgenommene *Traviata*«, schrieb Kurt Honolka im Hinblick auf die arg bejahrte und nur flüchtig aufpolierte Inszenierung. Eine festumrissene, konzise Rollengestaltung durfte man unter diesen Umständen von den drei Protagonisten nicht erwarten: »Fritz Wunderlich hat die Rolle des Alfred noch nicht völlig in Besitz genommen, besonders im Spiel (die allzu jugendlich-pathetischen Bewegungen müßte eine führende Regisseurhand dämpfen). Aber die Frische seiner Stimme bezaubert auch hier, und die tenoralen Spitzentöne sind die italienischsten, die man heute überhaupt auf einer deutschen Bühne hören kann.«[19] Genau fünf Jahre sollte es noch dauern, bis Wunderlich diese Partie unter Anleitung eines erfahrenen Regisseurs von Grund auf erarbeiten konnte: in München mit August Everding. Und dannzumal ein triumphaler Erfolg.

Der wichtigste Termin der zu Ende gehenden Saison: Dienstag, 7. Juni. Im Rahmen der Wiener Festwochen 1960 sang Fritz Wunderlich im Großen Musikvereinssaal das Tenorsolo in Beethovens neunter Sinfonie. Eine mehr schwierige als dankbare Aufgabe und eigentlich nicht besonders erwähnenswert, zumal Wunderlich die Partie zuvor schon gesungen hatte – wenn sie ihn diesmal nicht mit Otto Klemperer, dem Nestor unter den großen Dirigenten, zusammengebracht hätte. Eine Legende war Klemperer längst. Ein Mahler-Jünger und -Bewunderer einst, in den ersten Jahren dieses Jahrhunderts, und von Gustav Mahler persönlich gefördert. Prag, Hamburg und Straßburg, anschließend Köln, Wiesbaden und schließlich Berlin hießen die Stationen seines Werdegangs als Operndirigent. Von Karriere zu sprechen wäre verfehlt; Klemperer war kein Mensch für Karrieren, war überhaupt nicht von jener Art, die zur Idealisierung taugt. Unausgeglichen war er, im künstlerischen Schaffen wie im Privatleben, schwierig im Umgang und schwer zugänglich, einst ein exaltierter Theaterpraktiker, in seinen künstlerischen und privaten Leidenschaften gleichermaßen unkontrolliert – letztlich ein allein schon durch seine hünenhafte Gestalt einschüchternder Dirigent, der mit seiner schroffen Art die Orchestermusiker tyrannisierte, der selber am Auf und Ab seiner manisch-depressiv gezeichneten Lebensphasen litt und immer wieder von neuem litt.

Legendär ist auch Klemperers Wirken an der Krolloper im vorendzeitlichen Berlin. Als Zentrum radikaler Neuerungsversuche ist dieses Haus in die Annalen der Operngeschichtsschreibung eingegangen. In Klemperers Krolloper wurde jenes innovative, zukunftsträchtige Musiktheater verwirklicht, welches nach dem Krieg wegweisend werden sollte für Generationen von nachwachsenden Regisseuren. Jürgen Fehling und Gustav Gründgens führten für Klemperer Regie, Ewald Dülberg und Theo Otto richteten ihm die Bühne ein – Operninszenierungen unter dem Stichwort »Neue Sachlichkeit«, im Dienst am Werk. Auch in späteren Jahren verehrte man Klemperer, nunmehr ein greisenhafter Gralshüter der sinfonischen Tradition, als kompromißlosen Verfechter der musikalischen Wahrheit *vor* aller interpretatorischen Selbstdarstellung. Ein letzter Überlebender aus einer Reihe einst hochbedeutender Dirigenten, und ein einsamer. Walter

Legge, der einflußreiche Schallplattenproduzent bei EMI/His Master's Voice, war es, der den bejahrten Mann in den fünfziger Jahren nach London holte und ihm den Chefdirigentenposten beim renommierten Londoner Philharmonia Orchestra anbot. Zahlreiche Schallplatteneinspielungen, die insgesamt den Großteil des klassisch-romantischen sinfonischen Repertoires abdecken, haben jenes Bild vom greisen Hüter der Tradition geprägt, der im Aufnahmestudio wie auch im Konzertsaal, zumeist sitzend, mit ehernen Fäusten schwerfällig dirigiert, als gälte es, die Musik mit einem Meißel aus Stein herauszuhauen.

Nun kam Klemperer nach Wien, um mit seinem Philharmonia Orchestra in insgesamt fünf Konzerten alle neun Beethoven-Sinfonien integral zur Aufführung zu bringen. Zum krönenden Abschluß stand selbstverständlich die Neunte auf dem Programm:

Ludwig van Beethoven:
Sinfonie Nr. 1 C-dur op. 15
Sinfonie Nr. 9 d-moll op. 125

Wilma Lipp
Ursula Boese
Fritz Wunderlich
Franz Crass
Singverein der Gesellschaft der Musikfreunde Wien
Philharmonia Orchestra
Dirigent: Otto Klemperer

Am 6. Juni wurde das Chorfinale probiert. Neben Wunderlich sangen Wilma Lipp, Ursula Boese und Franz Crass. Gleich beim ersten Soloeinsatz des Basses – »Oh Freunde, nicht diese Töne« – klopfte Klemperer ab; er schien nicht zufrieden, und Franz Crass mußte die Passage wiederholen. Aber auch der zweite Versuch mißlang, und Klemperer klopfte erneut ab. Crass war verständlicherweise verunsichert; aus seinem Respekt vor Klemperer schien mehr und mehr bare Furcht zu werden, und die Anstrengung stand ihm förmlich ins Gesicht geschrieben. Klemperer schaute ihn kurz an und fragte dann unvermittelt: »Was machen Sie denn für ein finsteres Gesicht? ›Freude‹, heißt es doch im Text, ›Freude, schöner Götterfunken‹. Also, lächeln Sie!«[20]

»Das beste Soloquartett, das ich je in einer *Neunten* hörte«, bilanzierte Karl Löbl in seiner Kritik. »Ich kann mich nicht entsinnen, in den letzten Jahren von einer *Neunten* so gepackt worden zu sein. Diesmal dirigierte Klemperer kaum. Er saß vor dem Orchester und Chor und markierte mit kleinen, knappen Gesten Akzente, Phrasierungen, Einsätze. Manchmal schien es, als höre er bloß zu. Doch: Welche Spannung, welche Intensität, welch starke männliche Kraft im organischen Wachsen der Sätze, welch hart akzentuierter Klang, welch klare Struktur, was für ein beseelter, ausdrucksvoller Gesang im langsamen Satz, welch interessante hymnische Ekstatik im Finale – und welch eine Präzision bei geringstem persönlichem Aufwand! Man hörte die *Neunte* gleichsam entschlackt, aller falschen Konventionen entkleidet, man hörte ihre Botschaft, und der wahre, echte Glaube fehlte nicht.«[21] Auch Wunderlich war von diesem rätselhaften, wortkargen Dirigenten beeindruckt. Noch in Wien kaufte er eine Schallplatten-gesamtaufnahme aller neun Beethoven-Sinfonien. Selbstverständlich mit Otto Klemperer und dem Philharmonia Orchestra.

Zwei neue Aufgaben hielten die Wiener Festwochen 1960 für Wunderlich noch bereit. Zweimal Gustav Mahler übrigens: die Tenorpartie im *Lied von der Erde* und in der *Sinfonie Nr. 8*. Herbert von Karajan hatte Wunderlich für das *Lied von der Erde* engagiert. Für gewöhnlich besetzt man dieses sehr anspruchsvolle Werk mit einem Heldentenor, was angesichts der entfesselten Orchesterwogen vor allem im ersten, aber auch im fünften Gesang durchaus gerechtfertigt ist. Der dritte Gesang hingegen ist liedhaft-lyrisch gehalten; hier stoßen heldische Stimmen, vor allem was ihre Beweglichkeit anbelangt, an Grenzen. Karajan konnte Wunderlich davon überzeugen, daß seine Stimme auch den heldischen Passagen durchaus gewachsen sei. Wunderlich mußte sich erst mit dem Werk auseinander-setzen und anfreunden, doch er sang es dann sehr gern und, auch in späteren Jahren, sehr häufig.

Diese Wiener Festwochenaufführung, die im Zeichen der hundertsten Wieder-kehr von Mahlers Geburtstag stattfand, war eine doppelte Premiere: nicht nur für Wunderlich, sondern auch für Karajan, der das Werk erstmals dirigierte. Die Altpartie übernahm Hilde Rössel-Majdan anstelle der erkrankten Rita Gorr. Ein Erfolg für alle Beteiligten: »Karajans *Lied von der Erde* war in einem bisher unerhörten Maß differenziert«, attestierte Karl Löbl, »der Philharmonische Or-chesterklang von luxuriöser Feinheit, Klarheit und höchster technischer Perfek-tion. Man hörte jedes Detail, jede Nuance, jede einzelne Stimme genau.« Und Wunderlichs heldentenorales Debüt? »Gegen den plastisch modellierten, domi-nierenden Orchesterklang konnte sich ... der Tenor nicht immer durchsetzen; trotzdem schien mir Fritz Wunderlich für alle drei Nummern seines Parts eine Idealbesetzung zu sein, weil er sie stilistisch, geistig und technisch vollkommen richtig beherrschte und auch das rechte Stimmtimbre dafür besaß.«[22] Zu einem ähnlichen Fazit kam auch Heinrich Kralik: »Das Tenorsolo sang Fritz Wunder-lich, dessen Stimme durchaus das richtige, einprägsame und poetische Timbre besitzt, wie es dem musikalischen und dichterischen Gehalt der Gesänge ent-spricht. Allerdings fehlt da und dort die volle Durchschlagskraft, vor allem für das erste Lied, dessen Klangballungen freilich auch das robusteste Heldenorgan kaum gewachsen ist.«[23]

Am folgenden Tag wurde die Aufführung wiederholt, und zwar morgens um 11 Uhr. Abends um 19 Uhr 30 stand Wunderlich erneut auf dem Konzertpo-dium:

Gustav Mahler: Sinfonie Nr. 8 Es-dur

Melitta Muszely   Gerda Scheyrer   Wilma Lipp
Hilde Rössel-Majdan   Ursula Boese
Fritz Wunderlich
Hermann Prey   Otto Edelmann
Singverein der Gesellschaft der Musikfreunde Wien
Wiener Singakademie   Wiener Sängerknaben
Wiener Symphoniker
Dirigent: Joseph Keilberth

Zwei anspruchsvolle Aufgaben an einem einzigen Tag. Und noch eine dritte, unvorhergesehene, übernahm Wunderlich: Kollegin Melitta Muszely litt an Genickschmerzen. »Dabei erwies sich Wunderlich als hilfreicher Kollege mit erstaunlichen heilgymnastischen Kenntnissen«, erzählte ihr Gatte. »Ich hatte meine Frau mit erkältungsbedingten starken Genickschmerzen nach Wien gebracht – er schaffte ihr mit einer kurzen Massage eine rasche Linderung.«[24] Die Aufführung von Mahlers achter Sinfonie wurde in Wien mit großer Spannung erwartet. Über die Gigantomanie dieses Werkes, das den Beinamen »Sinfonie der Tausend« nicht zu Unrecht trägt, wurde schon anläßlich der Uraufführung 1910 in München unter der Leitung des Komponisten gewitzelt: »In München spielt sich demnächst das größte Musikspektakel aller Zeiten ab«, berichtete damals die Berliner *Vossische Zeitung*. »Herr Gustav Mahler, der in einigen Kreisen einen gewissen Ruf genießt, welchen wir allerdings als zweifelhaft darzustellen uns nicht entbrechen können, hat eine Sinfonie geschaffen, in der fast eine ganze Stadt von Musikanten und Geräuschemachern mitwirken soll... Es wird Zeit, daß man mit diesen Scharlatanen endlich einmal gehörig ins Gericht geht. Herr Strauss hat schon viel verdorben, Herr Mahler setzt allem die giftige Krone des Ungeschmacks auf!«[25]

Auch in Wien bot dieses überdimensionierte, zyklopische Werk Anlaß für ein aufgeregtes Für und Wider. Nach dem ersten Teil der Sinfonie, der in einer unvergleichlichen, rauschhaften Fortissimo-Steigerung schließt, herrschte beklemmende Stille im Saal. »Als Keilberth den Taktstock weglegte, rührte sich keine Hand. Solisten, Symphoniker, Singverein, Singakademie und Sängerknaben, kurz alle 450 Mitwirkenden, verließen bei Stille den Saal.« Im zweiten Teil gab es dann ziemlich Vorbehalte: »Bei allem Respekt... bleibt ein Rest an Fassungslosigkeit (in des Wortes zweifacher Bedeutung): Man kann die Naivität des Komponisten nicht fassen und man mag vieles Triviale, etliche Banallyrismen, die erhabene Worte umspülen, nicht in sich aufnehmen...« Ausnahmslos Anerkennung und Lob gab es hingegen für die zahlreichen Mitwirkenden. »Drei Namen müssen herausgestellt werden: Prey als ekstatischer Schönsänger, Wunderlich seines tenoralen Metalls und seines Stils wegen und die Sopranistin Muszely für ihr genaues, schlankes und leuchtendes Singen...«[26] Auch Karl Löbl kam zu einem ähnlichen Fazit: daß das Werk unter der Leitung von Keilberth, der

»diesmal seinen hemdsärmeligen Tag« hatte, von »maximaler Beiläufigkeit« gewesen sei. »Unter den Solisten hervorragend Hermann Preys leidenschaftlicher Pater ecstaticus und Fritz Wunderlich (Doctor Marianus), der viel metallischer klang als am Vormittag und wieder durch Stimmkultur und klarste Diktion sehr beeindruckte.«[27] Für Wunderlich, den zweifachen Mahler-Debütanten in der Mahler-Stadt Wien, ein ehrbares Resultat zum Saisonende.

DREIZEHNTES KAPITEL

Salzburg, Stuttgart, London, Köln –
und in München zu Hause

Bereits auf Pfingsten hin hatte die Familie Wunderlich den Umzug von Stuttgart nach München in die Wege geleitet: nach Obermenzing an die Dorfstraße Nummer 1. Ein kleines Einfamilienhaus konnte gemietet werden, vorerst einmal für drei Jahre – genügend Platz für die beiden Kinder, im Haus und ums Haus herum im Garten. »Wir haben uns von der ersten Minute an in München zu Hause gefühlt. Das Klima, die Umgebung und auch die Toleranz der Menschen – leben und leben lassen –, ihre Naturverbundenheit und ihr Kunstinteresse, das hat uns allen auf Anhieb sehr gefallen.«[1]

Ende Juni flog Wunderlich wieder einmal nach Berlin: vier Tage lang Aufnahmen für die Electrola. Diesmal kein Opernquerschnitt und auch keine Gesamteinspielung, sondern Arienaufnahmen für ein Fritz-Wunderlich-Solorezital. Mozart und Verdi hatte er sich ausgesucht: »Der Odem der Liebe« aus *Così fan tutte,* »Konstanze, dich wieder zu sehen« aus der *Entführung* sowie die »Bildnisarie« aus der *Zauberflöte,* dazu »Ach, ihres Auges Zauberblick« aus der *Traviata* sowie »Freundlich blick' ich« und »O wie so trügerisch« aus dem *Rigoletto.* Ein bemerkenswertes Pensum, vielleicht gar zu groß, zu anspruchsvoll oder aber nicht auf die momentane stimmliche Verfassung maßgeschneidert. Jedenfalls ist eine gewisse Anstrengung bei den beiden *Rigoletto*-Arien nicht zu überhören, was bei Wunderlich, der seine Grenzen sonst so genau kannte, um so mehr auffällt. Er singt diese beiden relativ kurzen Arien unter Höchstdruck. Die Spitzentöne kommen zwar sicher – aber Charme oder eine gewisse verführerische Leichtigkeit im Gesang, beides ja dem Charakter des *Rigoletto*-Herzogs eminent zugehörig, fehlen fast ganz. Auch dem Aufnahmeteam der Electrola fiel das auf: »Ein paarmal hatten wir richtig Angst, daß er die Stimme überfordert. Wir dachten uns damals: Wenn er so weitermacht, dann hält die Stimme nicht mehr lange.«[2] Vorläufig also eine Grenzpartie für ihn; für die Erarbeitung auf der Bühne wollte er sich auch noch Zeit lassen. »Ich habe mir für die nächsten zehn bis zwölf Jahre die Grenze bei den leichteren italienischen Partien gesetzt, also etwa beim Rudolf in der *Bohème* oder beim Herzog im *Rigoletto*«, bekannte er in einem Interview. »Puccini ist ein Komponist, der dem Sänger entgegenkommt,

Verdi dagegen einer, dem der Sänger entgegenkommen muß. Bei Verdi sind die hohen Töne viel exponierter, weil sie oft aus großen Intervallsprüngen anzusetzen sind. Verdi stellt viel höhere Anforderungen an die Beweglichkeit und damit auch an die Leistungsfähigkeit der Stimme.«³

Noch andere Pläne hatte Electrola mit Wunderlich. Er sollte in einer Gesamtaufnahme von Richard Strauss' *Arabella* die Partie des Matteo übernehmen. Doch er refüsierte: Die Partie sei für ihn vorläufig noch zu schwer. Das Schallplattenprojekt wurde dann überhaupt fallengelassen. Hingegen wirkte er Ende Juni noch an einem weiteren Projekt mit: an einem Querschnitt durch die Strauss-Operette *Eine Nacht in Venedig*. Wiederum sang er an der Seite von Operettenkönig Rudolf Schock. Allerdings standen sie diesmal nicht gemeinsam vor dem Mikrofon. »Fritz Ganss hatte es tunlichst vermieden, die beiden auf denselben Termin zu bestellen«, erzählte Aufnahmeleiter Christfried Bickenbach. »Denn Schock neben Wunderlich, der nunmehr auch ein gefragter Operettenstar war – das war Ganss nicht so ganz geheuer.«⁴ Eine Vorsichtsmaßnahme, die ebenso unbegründet wie auch unnötig war, denn Schock war ein zuvorkommender Kollege, auch seinem jungen, nachwachsenden Konkurrenten gegenüber. Offen sprach er mit Wunderlich über Probleme in seiner eigenen Karriere. »Er hatte ja immense Erfolge in der Unterhaltungsbranche«, erzählte Eva Wunderlich, »aber er war damit offensichtlich nicht allzu glücklich. Irgendwie war er etikettiert. Er bekam das dann sehr zu spüren, als er wiederum ernste Dinge machen wollte, Opernaufnahmen zum Beispiel. Damals sagte er meinem Mann: ›Ich gebe Ihnen den guten Rat: Machen Sie es nicht so wie ich.‹ Und er riet ihm dringend ab, sich zu sehr auf diese Unterhaltungsbranche einzulassen. Nicht aus Aversion oder aus Geringschätzung dieser Branche gegenüber. Sondern wegen der Auswirkungen, die das auf die Karriere eines Opern- und Konzertsängers unweigerlich hatte.«⁵

Die letzten Opernvorstellungen in dieser Spielzeit sang Wunderlich in Stuttgart. Am 8. und 10. Juli gastierte er im Münchner Herkulessaal in einem Konzert der Münchner Philharmoniker, wo er erneut Werner Egks Kantate *Furchtlosigkeit und Wohlwollen* sang. Und am freien Tag zwischen diesen beiden Aufführungen gastierte er an den Ludwigsburger Sommerspielen, wo er, im Innenhof des Schlosses, vier Mozart-Arien sang, begleitet vom Stuttgarter Kammerorchester unter der Leitung von Karl Münchinger. Ende Juli übersiedelte die ganze Familie wiederum nach Salzburg, auf demselben Bauernhof Quartier nehmend wie im vorangegangenen Jahr. Am 25. Juli begann Rennert mit den Proben zur *Zauberflöte*, die er voriges Jahr als Neuinszenierung herausgebracht hatte und nun mit einer weitgehend neuen Besetzung einstudierte. Vierzehn Tage wurde gearbeitet; am 12. August ging die Aufführung im alten Festspielhaus erstmals über die Bühne. »Ein Raimund-Märchen im Konversationston«, schrieb *Express*-Korrespondent Karl Löbl; naives Volkstheater also mit Prospekten und Bühnenmaschinen, ohne symbolbefrachtete Deutungsprobleme und keineswegs zeigefingernd ideologiesüchtig. Dafür aber mit dem legendären Sternenhimmel der Königin der Nacht, den Karl Friedrich Schinkel im Jahre 1816 für eine *Zauberflö-ten*-Inszenierung im Berliner Königlichen Schauspielhaus entworfen hatte und der sich nun auch in Salzburg über das Bühnengeschehen wölbte.

Am Dirigentenpult stand Joseph Keilberth, bedächtig, breit und nicht eben spannungsvoll die Musik auskostend. In den Hauptpartien sangen Gottlob Frick (Sarastro), Eberhard Wächter (Sprecher), Erika Köth (Königin der Nacht), Walter Berry (Papageno), Graziella Sciutti (Papagena); Liselotte Fölser war kurzfristig für Hilde Güden als Pamina eingesprungen. Wunderlich debütierte in Salzburg in seiner Paraderolle als Tamino: »Elegant in Erscheinung und Auftreten, dezent und doch sehr bestimmt im Agieren, mit Noblesse in der Prosa und einem ungemein kultivierten, klaren Mozart-Stil, mit geschmeidigem, schlankem Tenor und klugem Aufbau seiner Solonummern – so präsentierte sich der sympathische junge Sänger bei seinem Salzburger Debüt als Idealbesetzung einer Partie, in der er große, renommierte Vorbilder hat, ohne daß sie ihm jedoch gefährlich werden konnten.«[6]

Zwischen den einzelnen Aufführungen machte die Familie Urlaub. Wobei sich Wunderlich nicht in den nächstbesten Liegestuhl lümmelte, um in Muße einmal richtig abzuschalten. Erholen konnte er sich nur, wenn er auch die Freizeit genauso intensiv nutzte, wie er im Berufsleben intensiv arbeitete. »Eines Tages hatte er die Idee, im Garten eine Spießbraten-Grillanlage zu mauern. Mit dem Bauern ist er auf dem Traktor an den nahegelegenen Bach gefahren; dort haben sie gemeinsam Steine geladen, und anschließend hat er eine Feuerstelle samt Sitzplatz gemauert. Abends konnte er stundenlang Schach spielen, meistens mit dem Bauern. Oder mit einem Bratschisten der Berliner Philharmoniker, der ebenfalls auf diesem Bauernhof Quartier genommen hatte. Oft waren sie zu dritt ins Spiel vertieft: Zwei spielten, und der Dritte machte seine Kommentare.«[7]

Am 26. Juli wurde das Große Festspielhaus, das zwischen 1956 und 1960 durch den Umbau des ältesten Teils der Hofstallungen von Clemens Holzmeister errichtet worden war, mit einer Neuinszenierung des *Rosenkavaliers* unter der Leitung Herbert von Karajans festlich eröffnet. Rund fünfzigtausend Kubikmeter Fels hatte man vom Mönchsberg abgetragen, um ausreichend Raum für die Bühne zu gewinnen, die auf dreißig Meter Breite und dreiundzwanzig Meter Länge berechnet war. 2200 Festspielbesucher sollten hier nun Platz finden: ein modernes Theater, trotz der barocken, von Fischer von Erlach entworfenen Fassade; ein neuzeitlicher Zuschauerraum, wie eine riesige Muschel geformt. Nicht nur Opernaufführungen sollten hier stattfinden, sondern auch Konzerte. Von der herrlichen Akustik konnte sich Wunderlich am 24. August gleich selber überzeugen: Im achten Orchesterkonzert sang er unter Herbert von Karajans Leitung Mozarts *Requiem* sowie – von Karajan erst in letzter Minute auch noch aufs Programm gesetzt – das *Te Deum* von Anton Bruckner. Das erste Chorkonzert im Großen Festspielhaus. »Die herausragenden Solisten waren Leontyne Price und Fritz Wunderlich«, resümierte Herbert Schneiber, »die Sopranistin durch die enorme Einfühlung, mit der sie ihren vitalen Sopran den musikalischen, geistigen und stilistischen Anforderungen ihres Parts dienstbar machte, und der Tenor durch den Glanz und die Biegsamkeit seiner gesunden Stimme, die vor allem im *Te Deum* Bruckners harte Proben der Bewährung zu bestehen hatte und bestand.«[8]

Festspiele nicht nur in Salzburg, sondern – für Wunderlich zum ersten Mal – auch in München. Seit 1950 waren die Münchner Opernfestspiele fester Bestandteil der zu Ende gehenden Spielzeit, Höhepunkt und Abschluß zugleich. Gastspiele internationaler Stars waren an der Tagesordnung, und unter den hauseigenen Sängern wurden die besten aufgeboten, um den Festspielaufführungen besonderes Gepräge zu geben. Was stets mit gewissen Schwierigkeiten verbunden war: Die Festspieltermine von Bayreuth, Salzburg und München überschnitten sich zumindest teilweise, so daß sich die Künstler jeweils für den einen oder andern Festspielort entscheiden mußten. Da Bayreuth für Wunderlich vorerst nicht in Betracht kam, konnte er flexibler sein bei der Verteilung seiner Termine auf Salzburg und München. Fünf Festspielvorstellungen sang er in jenem Sommer in München: zweimal *Rosenkavalier* im Prinzregententheater, beide Aufführungen unter Eugen Jochums Leitung, zweimal die *Entführung* im Cuvilliés-Theater unter Robert Heger sowie eine Vorstellung von Mozarts *Così fan tutte*. Damit war die Opernspielzeit 1959/60 zu Ende.

Anfang September mußte Wunderlich erneut nach Berlin: die letzten Aufnahmesitzungen für den Schallplattenquerschnitt von *Eine Nacht in Venedig*. Anschließend flog er direkt nach Hamburg. Drei Gastauftritte an der Staatsoper waren geplant: am 5. September in der *Entführung* sowie am 7. und 9. September in *Così fan tutte*. Doch es sollte anders kommen. Am 6. September mußte Ratko Delorko als Almaviva in einer Aufführung von Rossinis *Barbier* krankheitshalber absagen, und Wunderlich erklärte sich bereit, die Partie kurzfristig zu übernehmen, obwohl er gleich am folgenden Tag auch wieder auf der Bühne stehen mußte. Am 8. September stand erneut *Der Barbier von Sevilla* auf dem Programm, und Delorko war immer noch krank. Wunderlich übernahm auch diese Vorstellungen: fünf Tage, fünf Vorstellungen, fünfmal eine große Partie.

Zudem wirkte Wunderlich nebenbei als Arzt und übernahm die medizinische Betreuung seiner Kollegen. Immer wenn er auf Gastspiel- oder Konzertreisen war, hatte er sein Medizinköfferchen bei sich. Wunderlich litt in einem kaum vorstellbaren Maß an Angina und an Kieferhöhlenentzündung. Vor allem im Süden, im wärmeren Klima, war er solchen plötzlich aufflammenden Entzündungen hoffnungslos ausgeliefert. Mehrmals mußte er Gastauftritte in Italien von einer Stunde auf die andere absagen. Auch das Wiener Klima konnte ihm gefährlich werden, zumal bei ihm eine Stauballergie diagnostiziert wurde und er sich gegen Staubwinde fortan mit einem Schal schützen mußte. Längst hatte ihm sein Halsspezialist Rudolf Zimmermann ein ganzes Arsenal von Medikamenten zusammengestellt, so daß er sich unterwegs nun selber helfen oder Linderung schaffen konnte. Seine Kollegen profitierten regelmäßig von solchen Medizinerdiensten: »In Hamburg war damals das halbe Personal verschnupft und erkältet, und der Reihe nach kamen sie dann zu Fritz in die Garderobe, um sich behandeln zu lassen. Damit das gleichsam offiziell würde, schrieben sie auf einen Pappkarton mit großen Lettern ›Ordination Wunderlich‹ und hängten diesen an seine Garderobentür.«[9] Rudolf Zimmermann, Facharzt für Nasen-, Hals- und Ohrenkrankheiten, war übrigens der hilfreiche Ratgeber fast aller Sänger in München, ja weit darüber hinaus. Unzählige Male profitierte auch Wunderlich von dessen ärztlicher Kunst, so daß er – in Anlehnung an den berühmten Vers aus Schillers

Wilhelm Tell: »Die Axt im Haus erspart den Zimmermann« – den Spruch in die Welt setzte:

Ein Zimmermann im Lande erspart dir die Axt für den Rest der Ärzte.

Mit einer Aufführung von Verdis *Traviata* trat Wunderlich am 27. September 1960 seinen Münchner Dreijahresvertrag an. An seiner Seite sangen Erika Köth als Violetta und Marcel Cordes als Vater Germont. Kürzlich erst hatte Wunderlich in der Partie des Alfred in Stuttgart debütiert, seine erste große Verdi-Rolle. Auch in München wurde diese Oper in deutscher Sprache gesungen – aber in einer anderen Übersetzung. Was nichts anderes hieß, als daß Wunderlich auch diese Partie zum zweiten Mal studieren mußte. Und daß er sie noch ein drittes Mal studieren würde, dannzumal im italienischen Original, war jetzt schon absehbar.

Am 3. Oktober war Wunderlich wieder einmal im Funkhaus des Westdeutschen Rundfunks in Köln zu Gast, wo eine Melodienfolge aus Carl Zellers beliebter Operette *Der Vogelhändler* aufgenommen wurde. Er sang jene beiden Lieder des Adam, die er Jahre früher schon einmal für den Phonoklub eingespielt hatte, sowie zwei Duette, zusammen mit seiner Münchner Kollegin Antonie Fahberg. Im Vergleich zu den früheren Aufnahmen fällt auf, daß sich Wunderlich keinerlei Zurückhaltung auferlegt, sondern vollmundig und mit vollem Impetus singt. Die strahlenden Töne standen ihm zur Zeit seiner ersten Einspielung noch nicht in so verschwenderischer Fülle zur Verfügung, doch das machte er damals mit einigen interpretatorisch subtilen Zwischentönen mehr als wett. Diese wiederum fehlen nun bei den neuen Einspielungen des WDR: Das klingt mehr nach Routine, nach dem sprichwörtlichen Gold in der Kehle – woran es, zugegeben, nicht mangelt.[10]

Zwei Wochen später, vom 18. bis 20. Oktober, wirkte Wunderlich in der Berliner Grunewaldkirche in einer von der Electrola produzierten Gesamtaufnahme von Wagners *Tannhäuser* mit, zum Teil im Kreis altbekannter Kollegen:

Hermann, Landgraf von Thüringen	Gottlob Frick
Tannhäuser	Hans Hopf
Wolfram von Eschenbach	Dietrich Fischer-Dieskau
Walther von der Vogelweide	Fritz Wunderlich
Heinrich der Schreiber	Gerhard Unger
Elisabeth	Elisabeth Grümmer
Venus	Marianne Schech

Chor und Orchester der Deutschen Staatsoper Berlin
Dirigent: Franz Konwitschny

Ob sich Wunderlich noch an seine ersten *Tannhäuser*-Vorstellungen in Stuttgart, damals noch in der kleinen Rolle Heinrichs des Schreibers, erinnerte? Und an den Verweis von Heldentenorkollege Windgassen, er solle gefälligst einmal seine Ensembles lernen? Oder ob er schon an Zukünftiges dachte: daß er dereinst vielleicht einmal in Hans Hopfs Fußstapfen treten würde? Als deutscher Heldentenor, ein Tannhäuser, Lohengrin, Parsifal? Die Einspielung, übrigens der erste *Tannhäuser* in der neuen Stereotechnik, stieß auf begeistertes Echo. Hopf wurde als idealer Tannhäuser gefeiert und ist es wohl, aus heutiger Perspektive betrachtet, immer noch. Auch Wunderlich singt sein kleines Preislied im zweiten Aufzug mit kraftvoller Stimme und hörbar breiterer Mittellage. Daß er die letzten drei Tage vor diesem Berliner Aufenthalt bei seinem Halsspezialisten verbracht hatte, weil wieder einmal die Mandeln im Anschwellen begriffen waren, merkt man seiner Leistung nicht an.

Ende Oktober sang Wunderlich im Cuvilliés-Theater zwei Vorstellungen von Mozarts *Così fan tutte*, erstmals mit Hermann Prey als Partner in dieser Oper. Anschließend folgte eine Wiederaufnahme des umjubelten Kölner *Don Giovanni*, ebenfalls an der Seite von Prey. Wiederum dirigierte Wolfgang Sawallisch – eine seiner beglückendsten Opernproduktionen, wie er später meinte: »Wir hatten uns damals wirklich vorgenommen, das Beste, was zur Zeit überhaupt auffindbar war, zu engagieren. Ich erinnere mich, daß Hermann Prey damals seinen ersten Giovanni sang und daß Franz Crass seinen ersten Komtur sang. Wir hatten Elisabeth Grümmer als Donna Anna verpflichtet, wir hatten Frau Hillebrecht als Elvira und Fritz Wunderlich als Ottavio. Und das war dann auch für sämtliche Aufführungen, die ich dirigiert habe – eine über Monate gehende Zusammenarbeit. Und das zählt heute noch zu meinen glücklichsten Erlebnissen und Eindrücken.« Längst hatten sich Wunderlich und Hermann Prey angefreundet: »Wir haben ja unheimlich stimmlich zusammengepaßt; unsere Timbres mischten sich so phänomenal...« Auch von seiner Rollenauffassung des Ottavio war Prey begeistert: »Er war wirklich immer ein ganz harter Gegenspieler, ein glaubhafter Gegenspieler des Don Giovanni.«[11]

Am 2. November 1960 sang Wunderlich wieder einmal in der Stuttgarter Liederhalle:

Giuseppe Verdi: Messa da Requiem

Maria Stader
Marga Höffgen
Fritz Wunderlich
Gottlob Frick
Stuttgarter Lehrergesangverein   Stuttgarter Bach-Chor
Chor und Sinfonieorchester des Süddeutschen Rundfunks
Dirigent: Hans Müller-Kray

Das Konzert wurde vom SDR live mitgeschnitten. Bereits vier Tage später stand Wunderlich erneut vor den Mikrofonen – und auch vor laufenden Fernsehkameras. In der Bayernhalle veranstaltete der Bayerische Rundfunk ein Konzert, das zugleich vom Fernsehen aufgezeichnet wurde. Ausschnitte aus Richard Strauss'

Oper *Die schweigsame Frau* standen auf dem Programm. Hermann Prey sang den Barbier, Hans Hotter den Morosus – wie einst, im Sommer 1959, anläßlich der Salzburger Festspiele. Neu hinzu kamen Ingeborg Hallstein und Lilian Benningsen; Heinz Wallberg dirigierte das Sinfonie-Orchester des Bayerischen Rundfunks: »Meine Eindrücke über die Arbeit mit Fritz Wunderlich sind unvergeßlich. Seine Lockerheit bei den Proben und seine enorme Konzentration am Abend waren eine typische ›Wunderlich-Eigenschaft‹. Auch seine menschlichen Qualitäten waren so herrlich wie seine unvergessene Stimme.«[12] Drei Tage später bereits der nächste Rundfunktermin: Am 9. November begannen im Hessischen Rundfunk in Frankfurt die Proben zu Strawinskys *Persephone*, einem Melodram in drei Szenen, komponiert 1933/34 auf einen Text von André Gide. Wiederum ein öffentliches Konzert, das vom Rundfunk live mitgeschnitten wurde. Doris Schade sprach die Rolle der Persephone, Wunderlich sang die Solopartie des Eumolos, »sehr musikalisch«, wie es die FAZ festhielt.[13] Ergänzt wurde das Konzertprogramm mit dem *Requiem* von Mozart. Wunderlichs Mitstreiter hier: Graziella Sciutti, Oralia Dominguez und Walter Kreppel.

Jedem Intendanten, jedem Konzertveranstalter mußte Wunderlichs eminente Begabung für zeitgenössische Musik höchst willkommen sein. Wer wollte es Generalintendant Rudolf Hartmann also verargen, daß er seinen neu engagierten jungen Tenor gleich für die nächste Münchner Erstaufführung abkommandierte: für Rolf Liebermanns Opera buffa *Die Schule der Frauen*, komponiert auf ein Libretto von Heinrich Strobel nach der gleichnamigen Komödie Molières, uraufgeführt anläßlich der Salzburger Festspiele 1957? Drei Jahre später nun sollte das pfiffige Opus erstmals in München über die Bühne gehen – im stilvollen Cuvilliés-Theater. Die sehr anspruchsvolle Koloraturpartie der Agnes hatte in Salzburg einst Anneliese Rothenberger kreiert, in München nun sang sie Eva Maria Rogner. »Eine wunderschöne, entzückende Oper«, erzählte sie Jahre später, »ich habe sie leidenschaftlich gerne gesungen. Sicher: Es war keine leichte Partie und auch keine leichte Musik. Aber doch absolut eingängig. Fritz machte diese Oper allerdings nicht sehr gerne. Mit dieser Art von moderner Musik konnte er nichts anfangen. Aber er mußte – damals wurde man nicht lange nach seinen eigenen Wünschen gefragt.«[14] Um sich während der Probezeit zumindest einige Erholung zu verschaffen, sang Wunderlich nacheinander Vorstellungen von Rossinis *Barbier*, von der *Entführung*, der *Traviata* und *Lucia di Lammermoor*. In allen Opern stets an der Seite von Erika Köth: »Wir waren oft ein Dreigestirn: Hermann Prey, der Fritz und ich«, erzählte die gefeierte Koloratursopranistin. »Später kam noch Gottlob Frick dazu. Wo einer war, dort hat man meistens auch die andern drei gefunden. Damals gab es ja noch ein Ensemble am Theater; einer hat sich über den Erfolg des andern gefreut. Aber am meisten begeistert waren wir immer von den Arien vom Fritz. Er hat eigentlich als erster Mozart-Tenor – als Ottavio, als Belmonte und Tamino – Schluß gemacht mit dem üblichen Gesäusel, mit dem Schmalspurtenor. Er hat mir immer gesagt: ›Du muescht s'Maul voll Stimm habe.‹ Und was er auch gesungen hat: Immer hat er seine ganze Persönlichkeit mit gläubigem, echtem Herzen dahintergestellt. Er hat an das, was er gesungen hat, auch geglaubt. Er hat es echt empfunden und gefühlt.«[15]

Am 1. Dezember ging der Vorhang erstmals über die *Schule der Frauen* auf. Die musikalische Komödie stieß auf begeisterte Resonanz – ein Werk, das »dem Avantgardisten Spaß macht und den Abonnenten nicht verstört«, wie Karl Schumann leicht bissig anmerkte. »Der biedere Opergänger ergötzt sich hier an einer vertonten Molière-Komödie... Der gewitzte Musikfreund gewahrt einen aufgeklärten Zwölftöner beim munteren Schabernack, die gesamte Opernliteratur und die traditionellen Operngesten auf den Arm zu nehmen.«[16] Eine feine Parodie also, ein Jonglieren mit Stilen, Traditionen und mit der Erwartungshaltung des Publikums. Das ließ sich selbst Wunderlich nicht entgehen: Sowenig er sich anfänglich mit der Musik Liebermanns befreunden konnte, so sehr reizte ihn das parodistische Element in diesem Werk. Spielend »wurde Fritz Wunderlich als der triumphierende Liebhaber der süßen Agnes mit der Aufgabe fertig, nicht etwa direkt einen liebenswürdig-dümmlichen, sehr arglosen jungen Mann, sondern einen selbstgefälligen Tenor in dessen Rolle darzustellen. Seine schauspielerische und stimmliche Charakterisierung dieser Figur war ebenso amüsant wie zutreffend, und die Töne, die er ins Haus schmetterte, hatten nicht nur den Glanz der Stimme, sondern auch den der Ironie.«[17]

Ganz auf derselben Linie lag auch die nächste Aufgabe, die Wunderlich übernehmen sollte, diesmal an seinem einstigen Stammhaus in Stuttgart: den Alfred in Johann Strauß' unsterblicher *Fledermaus*. Vierzehn Tage probte Werner Düggelin mit den Stars des Stuttgarter Ensembles: Wolfgang Windgassen sang den Eisenstein, seine Gattin Lore Wissmann die Rosalinde, Gustav Neidlinger den Gefängnisdirektor Frank, Margarete Bence den Orlofsky, Karl Schmitt-Walter mimte den Dr. Falke und Ruth-Margret Pütz das Stubenmädchen Adele. Generalmusikdirektor Leitner besorgte die musikalische Einstudierung – und noch ein ganz neuer Name tauchte auf dem Programmzettel auf: Für die Choreografie zeichnete erstmals John Cranko verantwortlich. Vor allem auf Windgassen war das Stuttgarter Publikum gespannt: Wie würde sich der gefeierte Bayreuther Heldentenor in einer Operettenpartie ausnehmen?

Er wurde zum eigentlichen Träger der Aufführung. »Herr Tristan beschied sich dahin, die losen, munteren Lieder Maestro Johann Straußens vorzutragen. Als Gabriel von Eisenstein hatte er es mit einer ebenso bezaubernden wie stimmlich hochkultivierten Rosalinde zu tun: mit Lore Wissmann! Für die Stuttgarter ist das gemeinsame Auftreten des Sängerehepaares in der klassischen Operette eine Komödie in der Komödie. Daß auch die Schwaben Humor haben, beweist folgende entzückende Anekdote: Rosalinde Lore Wissmann verbirgt sich hinter der Maske, um ihren Gabriel Wolfgang Windgassen zu bezirzen und reinzulegen. Herr Eisenstein beurteilt die fremde Schöne... Stimme aus dem Publikum:

›Mensch, verstehste das? – Der kennt *ihr* doch doppelt!‹«[18] Düggelins Inszenierung stieß auf begeisterte Zustimmung; keinen Augenblick ließen Stimmung und Spannung auf der Bühne nach. Auch Wunderlich bewährte sich als Operettensänger – »als erotischer Konkurrent des Eisenstein mit einem Menjou-Bärtchen und einer großartigen Belcantostimme, die Dimensionen erreicht hat, welche Wunderlichs steilen Aufstieg verständlich machen«.[19] Und: »Was ließe sich von Fritz Wunderlichs italienisch schluchzendem Tenor Schöneres sagen, als daß uns, wie der angebeteten Rosalinde, ›vor seinem hohen B die (kritische) Kraft dahinschmilzt‹?«[20] Beim fünften oder sechsten Vorhang trat das gesamte Ensemble an die Rampe, Sektgläser in der Hand, und trank dem frenetisch applaudierenden Publikum ein »Prosit Neujahr« zu.

Weniger humvorvoll und sorglos, weniger entspannt und vor allem nicht so unproblematisch, wie das in der *Fledermaus*-Silvestervorstellung ausgespielt wurde, war für Wunderlich das Jahr zu Ende gegangen. Das Landesarbeitsamt Südbayern hatte sich bei ihm gemeldet; die Auflistung seiner Engagements, seiner Gastspiele und Konzerte, die er zuhanden seiner Steuereinschätzung vorgenommen hatte, schien amtlicherseits nicht vorbehaltlos akzeptiert worden zu sein. Fritz Wunderlich, ein Name mittlerweile in aller Leute Mund – da muß der Künstler doch zweifellos auch alle Abende irgendwo auftreten und Geld verdienen. Steuerpflichtiges Einkommen also. So jedenfalls lautete das Fazit, das sich ein Beamter des Landesarbeitsamtes ausdividiert hatte. In der entsprechenden Antwort der Theateragentur Robert Schulz & Harry Schmidt, die Wunderlich in allen vertraglichen Angelegenheiten vertrat, heißt es, adressiert an den Präsidenten des Landesarbeitsamtes Südbayern:

Wie ich Ihnen schon mitteilte..., haben wir für Herrn Fritz Wunderlich an der Staatsoper München einen Dreijahresvertrag getätigt, der ein 70maliges Auftreten pro Spielzeit vorsieht. Weiterhin hat Herr Wunderlich durch unsere Vermittlung noch einen Vertrag an seiner bisherigen Stammbühne, der Staatsoper Stuttgart, für 40 bis 50 Abende.

Herr Wunderlich ist also in jeder Spielzeit bereits für weit mehr als 100 Abende vertraglich gebunden. Daneben haben wir für Herrn Wunderlich wieder einen Vertrag für die Salzburger Festspiele getätigt, der inklusive Probenarbeit ebenfalls etwa vier Wochen in Anspruch nimmt.

Herr Wunderlich ist z. Z. der einzige deutsche lyrische Tenor, der internationale Geltung hat. Es ist daher erklärlich, daß er von den verschiedensten Seiten Anfragen wegen Gastspielen im In- und Ausland, Konzerten, Liederabenden und dergl. erhält. Unsere Tätigkeit neben den Opernverhandlungen erstreckt sich zu 95 % darauf, im Auftrag von Herrn Wunderlich Absagen auf die einzelnen Anfragen zu erteilen. Durch seine starke Theaterbeschäftigung ist Herr Wunderlich nur in der Lage, ganz wenige und besonders wichtige Gastspiele oder Konzerte anzunehmen...

Wenn man berücksichtigt, daß ein Tenor nöchstens 130 Abende im Jahr singen kann, werden Sie verstehen, daß Herr Wunderlich mit 120 Abenden im Jahr in München und Stuttgart, zuzüglich Salzburger Festspiele und Erholungsurlaub kaum in der Lage ist, noch zusätzliche Engagements anzunehmen.

130 Auftritte im Jahr in der vergangenen Spielzeit, auf den großen Operbühnen und in den Konzertsälen Europas, dazu die Verpflichtungen bei den Rundfunkanstalten und die Schallplattenaufnahmen: ein imponierendes Pensum. Und 95 Prozent Absagen auf Anfragen: ein gefragter Tenor. Die unlängst geäußerte Besorgnis des Electrola-Aufnahmeteams, daß Wunderlich seine Stimme überfordere, daß sie, wenn er so weitermache, wohl nicht mehr lange intakt bleibe, kam nicht von ungefähr.

Noch andere Probleme kamen hinzu. Allein im Dezember hatte Wunderlich sieben Termine bei seinem Hals-Nasen-Ohren-Spezialisten; im Januar 1961 waren es sogar acht. Sein Hals wollte nicht zur Ruhe kommen; auf kleinste Luft- oder Temperaturveränderungen reagierten die Mandeln gleich mit einer neuen Entzündungswelle. War das eine lästige, aber einzukalkulierende Folge der überdurchschnittlichen Beanspruchung des Halses, insbesondere des Kehlkopfs? Die Vermutung liegt zwar nahe und ist oft auch geäußert worden, doch sie zielt am eigentlichen Sachverhalt vorbei. Die Gaumenmandeln als Teil des lymphatischen Gewebes haben bekanntlich die Aufgabe, Fremdeinflüsse – Bakterien, Erreger – zu erkennen, üben also eine Kontrollfunktion aus. Sie haben eine durch Einsenkungen, Verklüftungen und sogenannte Krypten stark vergrößerte Oberfläche; ein idealer Ort für Bakterien, die sich in diesen Krypten einnisten und die Mandeln zu Abwehrreaktionen erregen, woraus die schmerzhaft-eitrigen Mandelentzündungen entstehen. Ob und wie gut sich Bakterien – unter ihnen die besonders widerstandsfähigen Streptokokken – in diesen Versenkungen einnisten können, hängt allein von der individuellen Ausformung der Mandeln ab, und die ist von Mensch zu Mensch verschieden.

Was also war zu tun? Immer wieder mußte Wunderlich seine Mandeln von diesen entzündungserregenden Streptokokken befreien lassen – mit Penicillin, der Therapie der Wahl, zumal es keine penicillinresistenten Streptokokken gibt. Oft genügte auch ein Pinseln der Mandeln: Mit Jod wurden die Mandeloberflächen Tag für Tag desinfiziert und so von Bakterien gereinigt. Entsprechend klang dann die Mandelentzündung auch wieder ab. Doch hielt das immer gerade so lange hin, bis eine nächste Infektion im Anzug war: bis sich neue Bakterien, neue Erreger, in den Verklüftungen der Mandeloberflächen eingenistet hatten und erneut eine Mandelentzündung auslösten. Ein Teufelskreis, zumal man ja nicht voraussagen konnte, wann eine solche Entzündung wieder fällig sei. Rücksicht nehmen oder Vorsorge walten lassen half nichts oder nicht viel – verständlich also, daß Wunderlichs Facharzt dringend zu einer Operation riet. Was für einen Sänger ein gefährliches Wagnis ist. Allein schon die Entfernung der Mandeln bringt eine Veränderung des Rachenraumes mit sich. Für einen Sänger heißt das: eine Veränderung seines Resonanzraumes, was sich ebenfalls auf das Gefühl beim Singen, im Extremfall sogar auf das Timbre der Stimme auswirken kann. Und noch eine weitere Gefahr kann hinzukommen: Bekanntlich werden die beiden Gaumenmandeln bei einem operativen Eingriff ja gleichsam herausgeschält, und zurück bleiben dann zwei offene Wundbetten, so groß etwa wie ein Daumennagel. Diese Wunden sind extrem stark durchblutet und können nicht genäht werden. Die Blutungen müssen mit Tampons, also gleichsam mit einem Druckverband, gestillt werden. Was Zeit und, für den pflegenden Arzt, einige Ausdauer braucht. Die Gefahr besteht nun darin, daß diese Wunden bei der Heilung allzu stark vernarben können – vor allem dann, wenn die Mandeln nicht ganz sorgfältig herausgeschält, sondern mehr herausgerissen worden sind. Und eine starke Vernarbung ist stets mit einer Schrumpfung verbunden, was zur Folge hat, daß es rund um die Mandeln einen Zug gibt und sich möglicherweise das Gaumensegel unter diesem Zug senkt. Im Extremfall verliert das Gaumensegel seine Beweglichkeit oder wird, aufgrund des ungleichen Zuges von den beiden Mandelwundnarben, asymmetrisch. So oder so zieht das eine Veränderung des Rachenraumes mit sich, des Resonanzraumes also, was wiederum einen Einfluß auf das Stimmtimbre haben kann.

Verständlich also, daß Wunderlich auf den dringenden Rat des Arztes zu einer Operation vorerst mit einem Zögern reagierte: Zuviel schien ihm auf dem Spiel zu stehen, zuviel war unabwägbar. Wiederholt versuchte er sich auch einzureden, daß er sich an diese Mandelentzündungen doch seit Jahren gewöhnt habe. »Mein Mann pflegte jeweils zu sagen: ›Das ist der Tribut, den ich bezahlen muß für den schönen Beruf, den ich habe.‹ Und äußerlich erweckte er ja den Eindruck von einem kerngesunden Menschen, der als Sänger mühelos ein Riesenpensum bewältigt. Aber das war eben nur scheinbar, war gleichsam die Rolle, die er als Sänger in der Öffentlichkeit einnahm, war die Seite, die man von ihm kannte.«[21]

Anfang Januar nahm Wunderlich für den Westdeutschen Rundfunk eine Melodienfolge aus Lehárs Operette *Das Land des Lächelns* auf. In Stuttgart sang er anschließend eine *Fledermaus*-Vorstellung. Dann mußte er vorläufig alle Verpflichtungen absagen: Angina, lautete der Befund, beinahe Tag für Tag hatte er einen Termin beim Halsspezialisten. In der letzten Januarwoche begannen in München die Proben für eine Neuinszenierung von Gaetano Donizettis beliebter Opera buffa *Don Pasquale*. Hausherr Rudolf Hartmann führte Regie, klar und konzise; jede Geste hatte ihre Bedeutung. Für Wunderlich, gewohnt an die quirligen Buffoinszenierungen Rennerts, war das neu, doch er lernte die künstlerische Zusammenarbeit mit Hartmann bald schätzen. Seine Kollegen: Kurt Böhme als köstlich komischer Pasquale, der junge, aus Nürnberg zu einem Gastspiel nach München gekommene Bariton Raimund Grumbach als Malatesta und Erika Köth als junge Witwe Norina. »Fritz war für jeden Unsinn, für jeden Ulk zu haben«, erzählte sie, »er war ein sehr heiterer, fröhlicher Mensch. Er konnte mit seiner Stimme alles machen. Er hat aus dem Stande heraus ein hohes D gesungen, und zwar morgens um zehn Uhr in der Probe. ›Herrschaft, Fritz‹, haben wir jeweils gesagt, ›jetzt hör doch endlich auf mit deinen hohen Cs! Der Herrgott hat sie dir gezählt. Heb sie dir besser auf für den Abend: wenn Publikum da ist, welches bezahlt hat und sie nun auch hören will.‹ Und was der alles erfunden hat! Meistens hat er in den Proben die Namen verdreht, aus Spaß selbstverständlich. Abends, wenn man dann auf der Bühne stand, hatte man die größte Mühe, weil man stets denken mußte: Hoffentlich versingst und versprichst du dich nicht wieder mit dem sein' Blödsinn, den er dir dauernd vorgesagt hat. Wir haben sehr viele lustige Stunden gehabt, haben auch immer etwas aufgestellt – und der Wein, der hat gut geschmeckt.«[22] Die Premiere wurde zu einem großen Erfolg: »Donizetti für den Fasching« oder »Meisterhafte Opera buffa« titelte die einheimische Presse. Schon während der Aufführung gab es wiederholt Szenenapplaus für die vier Protagonisten. Wunderlichs Rollendebüt als Ernesto – eine Partie, die bekanntlich den Bereich des rein Lyrischen oft überschreitet und entsprechend große Anforderungen stellt – löste in der einheimischen Presse ein begeistertes Echo aus: »Er war ein frischer, von vornherein keineswegs auf Entsagung gestimmter Ernesto, dessen Sentiment der heiter bejahten Konvention des Amoroso in der Opera buffa keineswegs der Verzagtheit des Herzens entquoll.«[23] Die Inszenierung hat sich übrigens bis 1974 auf dem Spielplan gehalten.

Im Februar sang Wunderlich insgesamt dreizehn Vorstellungen – zehn verschiedene Partien –, im März gar fünfzehn, stets verteilt auf München und Stuttgart. Eine neue Partie, klein zwar, aber höchst anspruchsvoll, weil unbequem hoch liegend, übernahm er bereits fünf Tage nach der *Pasquale*-Premiere: die Stimme eines Jünglings in Richard Strauss' großer Oper *Die Frau ohne Schatten*. Am 24. Februar gab er in Heidenheim ein Wohltätigkeitskonzert für das Deutsche Rote Kreuz. Aus dem Erlös konnte ein Krankenwagen angeschafft werden. Anfang März begann Günther Rennert in Stuttgart mit den Proben zu Rossinis kaum je gespielter Oper *Der Türke in Italien*, und beinahe gleichzeitig bereitete Heinz Arnold, Oberspielleiter in München, am Prinzregententheater die Münchner Erstaufführung von Carl Orffs *Oedipus der Tyrann* vor. Für Wunderlich hieß das, fast täglich zwischen Stuttgart und München hin- und herpendeln. Zwar hatte er konstatiert, daß ihm die Partie des blinden Sehers Tiresias nicht gerade gut bekam, weil das Falsettieren, das »künstliche Singen«, wie es Orff für diese Partie fordert, seiner Stimme schadete. Dennoch hatte er eingewilligt, diese schwierige Partie noch einmal zu übernehmen, zumal sie ihn schauspielerisch nach wie vor reizte. Hingegen lehnte er es kategorisch ab, in der Uraufführung von Hans Werner Henzes neuester Oper *Elegie für junge Liebende*, die am 20. Mai 1961 anläßlich der Schwetzinger Festspiele erstmals in Szene gehen sollte, mitzuwirken. Zum einen, weil ihm der Stoff nicht zusagte, aber auch, weil er, nach genauer Durchsicht der Partitur, überzeugt war, daß diese Musik seiner stimmlichen Entwicklung schaden würde.

München, immerhin Orffs Geburtsort und seine Heimatstadt, hatte große Mühe mit dem neuesten Werk seines genialen Musensohnes. »Oper ohne Musik«, »Orff verstört seine Landsleute« titelten die Zeitungen; »verstört und ratlos saßen die Münchner Landsleute Carl Orffs im Prinzregententheater, als nach der Erstaufführung von *Oedipus der Tyrann* langsam das Licht anging... Es gab Pfiffe und Buh-Rufe, als Orff auf der Bühne erschien«, rapportierte Karl Schumann. »Ob die von Orffs Entwicklung Enttäuschten allein das Pfeifkonzert bestritten haben, bleibe dahingestellt; gewiß machten sich auch... jene allzeit Protestbereiten von der radikalen Avantgarde bemerkbar, denen kaum etwas modern genug ist.« Die großen Orff-Sängerspezialisten aus Stuttgart hatte sich übrigens auch München gesichert: Gerhard Stolze als Oedipus, Astrid Varnay als Jokaste und Wunderlich. »Fritz Wunderlich exponierte als Tiresias einen Stentor-Tenor von fiebrig-visionärer Ausdruckskraft.«[24] Sechs Aufführungen sang er insgesamt in dieser Münchner Inszenierung.

Wie gesagt: Gleichzeitig liefen in Stuttgart die Proben zu Rossinis *Türken in Italien*, zu einer handfesten musikalischen Komödie also. Größer hätte der Unterschied wohl kaum sein können: Orffs Schicksalstragödie in der hart gemeißelten Sprache Hölderlins und daneben eine Rossini-Burleske. Ein Werk übrigens, das keiner kannte, zumal es auch in Italien kaum je aufgeführt wurde. Eindeutig stand und steht es noch heute im Schatten der großen Opernkomödien Rossinis: des *Barbiers*, der *Cenerentola* und auch der *Italienerin in Algier*. Nicht, daß es der Musik an zündenden Rhythmen fehlte oder an witzigen musikalischen Einfällen. Eher mutet die Handlung, die durchweg auf zwei verschiedenen Ebenen abläuft, befremdlich an – jedenfalls wenn man sie an den komödiantisch-pfiffigen Libretti zu den andern, populären Rossini-Opern mißt. Entsprechend nahm Günther Rennert einige entscheidende Eingriffe vor. »Nicht nur szenisch wurde bearbeitet, sondern auch musikalisch«, erinnerte sich Ferdinand Leitner, der die musikalische Einstudierung der Stuttgarter Erstaufführung betreute. »Wir mußten zusätzlich eine kleine Arie komponieren, selbstverständlich im Stil von Rossini. Das habe ich mit Wunderlich zusammen gemacht: Er hat mögliche Melodien vorgesungen, und ich habe sie aufgeschrieben. Überhaupt der Auftritt am Anfang: Wir kamen alle singend aus dem Orchestergraben hinauf auf die Bühne, und auch dafür mußten wir neue Musik schreiben.«[25] Mit seiner ersten Rossini-Partie, dem Almaviva im *Barbier*, hatte Wunderlich schon seine spezifische Neigung für Rollen entdeckt, die ironisch-augenzwinkernd angelegt sind. »Das war ausschlaggebend für den Entscheid Rennerts, nun den *Türken in Italien* auf die Bühne zu bringen«, erzählte Eva Wunderlich. »Alle Mitwirkenden sollten so ein bißchen neben den Schuhen stehen. Mein Mann hat die Rolle des Liebhabers gesungen, und er hat das zugleich persifliert. Mit allen Unarten, die man von italienischen Tenören her kennt: an der Rampe singen, mit viel Schmelz und Schmalz und auch nicht ohne Eitelkeit. Aber alles mit liebenswertem Charme und mit Ironie.«[26]

»Wer Erfolg hat, hat recht, auch im Theater«, kommentierte Carl Dahlhaus nach der Premiere. Auch wenn dieser Erfolg weniger dem Werk selbst als Rennerts genialer Regie zu verdanken war. Die Opera buffa wurde konsequent zur Farce stilisiert, wurde eine Parodie ihrer selbst; und was die Wirkung der Musik anbelangt, prägte Dahlhaus die Formulierung von der »in den Konjunktiv der Ironie versetzten Kantilene«. Ein Heidenspaß und spaßig serviert: »Fritz Wunderlich demonstrierte, daß auch ein Tenor, entgegen der Bosheit des Vorurteils, über seinen eigenen Schatten zu springen und den Glanz seiner Stimme in ironischer Brechung und Pointierung zur Schau zu stellen vermag.«[27] Auch Kurt Honolka schwärmte: »Ein Zauberer war am Werk. Er verwandelte ein Ensemble von Besitzern schöner Stimmen in hinreißende Sängerdarsteller... Der Zauberer heißt Günther Rennert, seine Zauberformel musikalisches Theater.«[28] Man lachte über den »in Belcanto-Wonnen schier zerschmelzenden Fritz Wunderlich«, lachte über den »unübertrefflich dämlich-schmachtenden Liebhaber... mit köstlich echten italienischen Allüren«[29], lachte über seine »Persiflage tenoraler Schmachtarien«[30].

Wunderlich, ein geborener Komödiant: So sah es aus. Zumindest für das Publikum, das sich vor Lachen bog. Wunderlich aber wußte es anders – wußte um den langen, steinigen Weg, den er einst Schritt für Schritt hatte bewältigen müssen. Ob er wohl zurückdachte: an die ersten *Wildschütz*-Proben vor genau drei Jahren, ebenfalls in Stuttgart und ebenfalls unter Günther Rennerts Leitung? »Der hat ja ein schiefes Gesicht«, hieß es damals kurz und bündig. Und damit wollte Rennert nichts zu tun haben: Umbesetzen wollte er ihn. Weil er kein geborener Schauspieler war, kein geborener Komödiant.

Aber Fritz Wunderlich hat das alles gelernt: den Sänger, den Schauspieler und den Komödianten.

Gleich nach der Premiere fuhr Wunderlich nach Hamburg:

Johann Sebastian Bach: Matthäus-Passion
Fritz Wunderlich (Evangelist)
Hermann Prey (Christus)
Clara Ebers
Maria von Ilosvay
Heinz Hoppe
Toni Blankenheim
Hamburger Singakademie   Philharmonisches Staatsorchester
Dirigent: Joseph Keilberth

Wiederum dirigierte Keilberth zwei Aufführungen: die erste in der Michaeliskirche, wo das Werk in gekürzter Form dargeboten wurde, und zwei Tage später in der Hamburger Musikhalle, diesmal eine strichlose Aufführung. Vom 5. bis 7. April hatte Wunderlich Aufnahmen in der Berliner Grunewaldkirche: Electrola produzierte einen Schallplattenquerschnitt von Puccinis Erfolgsoper *Madame Butterfly*. Für Wunderlich keine neue Aufgabe: Vor Jahren schon hatte er für den Phonoclub Stuttgart einen *Butterfly*-Querschnitt aufgenommen, damals an der Seite von Trude Eipperle. Nun lernte er eine neue Butterfly kennen, die spanische Sopranistin Pilar Lorengar, seit 1958 festes Ensemblemitglied der Berliner Oper. »Für mich war Fritz Wunderlich einer der vielversprechendsten Sänger überhaupt«, erzählte sie rückblickend. »Außerdem war er ein sehr guter Kollege und ein guter Freund. Die größten Erlebnisse waren die Platteneinspielungen der *Butterfly* und später dann der *Verkauften Braut*.«[31]

Am 12. April wurde Wunderlich in der Royal Festival Hall in London erwartet: Proben für das *Lied von der Erde* unter der Leitung von Otto Klemperer. Gustav Mahlers Musik aus erster Hand – so empfand Wunderlich die Zusammenarbeit mit Klemperer, dem einst feurigen Mahler-Jünger. Er wollte von Klemperer lernen, wollte vor allem vom Wissen dieses durch eine lang gewachsene musikalische Tradition geprägten Künstlers profitieren. Christa Ludwig, seine illustre Mezzosopranpartnerin, erinnerte sich Jahre später an diese Proben: »Wir saßen in London bei den Proben zum *Lied von der Erde* zusammen, und er erzählte mir sehr ausführlich über seine glückliche Ehe und die Liebe zu seiner Frau. Es machte auf mich einen so großen, unvergeßlichen Eindruck, weil fast alle Männer sich eher beklagen, daß ihre Frau sie nicht versteht... Ansonsten war er ›ein lustiger, netter Kerl‹ nach außen hin.«[32]

Vier Tage später hatte Wunderlich noch einen zweiten Konzerttermin in London, wiederum in der Royal Festival Hall, diesmal aber »under the Patronage of His Excellency the German Ambassador«, wie es der Programmzettel vermerkt. Herbert von Karajan gastierte mit den Berliner Philharmonikern an der Themse, und der deutsche Botschafter hatte das Patronat für dieses außergewöhnliche Konzert übernommen. Beethoven stand auf dem Programm: die achte und neunte Sinfonie. Für die Solopartien im Freuden-Finale der Neunten waren neben Wunderlich Wilma Lipp, Christa Ludwig und Franz Crass aufgeboten worden. Bei dieser Gelegenheit fanden zwischen Karajan und Wunderlich erneut Gespräche statt über eine Bindung Wunderlichs an die Wiener Staatsoper. Bereits Anfang März war eine Anfrage aus Wien gekommen – ob Fritz Wunderlich anläßlich der Wiener Erstaufführung von Orffs *Oedipus der Tyrann* nochmals die Partie des blinden Sehers Tiresias übernehmen würde. Wunderlich mußte jedoch ablehnen. Nun besprach man sich über die Möglichkeit eines ausgedehnten Gastvertrages mit der Wiener Staatsoper. Über sein Sekretariat ließ Wunderlich zwei Wochen später dem Sekretär Karajans, André von Mattoni, Mitteilung von diesen Londoner Gesprächen sowie von seinen Absichten bezüglich einer Bindung an die Staatsoper zukommen:

Wir sind dabei, mit den Staatsopern München und Stuttgart zu verhandeln, um die noch über die nächsten Spielzeiten laufenden Verträge dergestalt zu ändern, daß der Künstler in gewissem Umfang auch der Staatsoper Wien zur Verfügung stehen kann. Wir sind der festen Überzeugung, daß es uns gelingen wird, die jetzt noch bestehenden Verträge abzuwandeln. Herr Wunderlich könnte dann ab 1. September 1961 der Staatsoper Wien für jährlich zweimal vier Wochen durchgehend zur Verfügung stehen. Über die in Frage kommenden Monate müßte allerdings noch gesondert verhandelt werden. Für die Honorarregelung gibt es zwei Möglichkeiten: einmal die, daß Herr Wunderlich für die beiden Anwesenheitsmonate eine Gage von je DM 15000 erhält, für die er verpflichtet ist, bis zu achtmal zu singen. Die andere Möglichkeit ist eine Vergütung von DM 2000,– pro Abend...
Wenn sich bei den Verhandlungen mit München und Stuttgart Schwierigkeiten ergeben sollten, ist ein Vertrag mit der Staatsoper Wien für die Spielzeit 1962/63 auf jeden Fall sichergestellt, da dann der Stuttgarter Vertrag abgelaufen ist und nicht mehr erneuert wird. Es könnte also im ungünstigsten Fall passieren, daß Herr Wunderlich in der Spielzeit 1961/62 nur etwa vier Wochen durchgehend der Staatsoper Wien zur Verfügung stehen kann.

Im ungünstigsten Fall: Dieser Fall sollte tatsächlich eintreten. Erst im Februar 1963 sollte Wunderlich in Wien singen, weil weder München noch Stuttgart zu einer Änderung ihrer Verträge mit Wunderlich zu bewegen waren.

Am 3. Mai mußte sich Fritz Wunderlich der Mandeloperation unterziehen. Bereits nach acht Tagen konnte er die Klinik wieder verlassen, alles war problemlos verlaufen, unangenehme Folgen waren keinerlei zu befürchten. »Es findet sich in den Gaumenbögen und in der Uvula noch ausgetretenes altes Blut«, hieß es in der fachärztlichen Bestätigung Rudolf Zimmermanns. »Bis zur Aufsaugung dieser Ergüsse ist Herr Wunderlich in seinem Beruf als Sänger nicht einsetzbar. Die Resorption dürfte wohl erst um den 15. Juni 1961 abgeschlossen sein.« Das hieß, daß Wunderlich in der zu Ende gehenden Spielzeit als Opernsänger nicht mehr zur Verfügung stehen konnte. Umgehend teilte er das dem Stuttgarter Generalintendanten Walter Erich Schäfer mit. Und Schäfer schrieb auch gleich zurück:[33]

Lieber Herr Wunderlich!

Über Ihren Sonntagsbrief habe ich mich außerordentlich gefreut, zumal daraus hervorgeht, daß Sie Ihre Operation gut hinter sich gebracht haben…
Ich kann mir denken, welche Wohltat es für Sie und alle ist, wenn Sie eine Zeitlang den Mund halten müssen, aber ich fürchte, daß dieser erfreuliche Zustand schon wieder vorbei ist, und in meiner Eigenschaft als derzeitiger Leiter eines Unterhaltungs-Etablissements freue ich mich sogar recht herzlich darauf, bis Sie wieder singen können. Ich hoffe nur, daß durch das größere Lokal, das Sie jetzt im Halse haben, Ihre Stimme nicht in Synchronschaltung zum Heldentenor wird. Wir brauchen Sie zur Zeit noch so, wie Sie sind.
Also herzlichen Glückwunsch zum geglückten Verschnitt, rasche Genesung und auf baldiges Wiedersehen,

stets Ihr
W.E. Schäfer

Am 16. Juni fuhr Fritz Wunderlich nach Freiburg: In einer konzertanten Aufführung von Händels Oratorium *Jephta* wagte er sich erstmals wieder an die Öffentlichkeit. Selbstverständlich sang er nicht mehr wie einst in Günther Rennerts innovativer Stuttgarter Inszenierung dieses Werks die kleine Partie des Propheten, sondern die Titelpartie. Anschließend pausierte er eine Woche; Ruhe und Schonung waren angesagt. Denn bereits in der letzten Juniwoche warteten zwei große Aufgaben auf ihn, diesmal nicht in der Öffentlichkeit, sondern in der schützenden Abgeschirmtheit eines Aufnahmestudios.

Im Zehlendorfer Gemeindehaus produzierte die Electrola eine Gesamtaufnahme von Bachs *Johannes-Passion*. Renommierte Bach-Sänger waren verpflichtet worden:

Fritz Wunderlich (Evangelist)
Dietrich Fischer-Dieskau (Christus)
Elisabeth Grümmer
Christa Ludwig
Josef Traxel
Karl-Christian Kohn
Chor der St. Hedwigs-Kathedrale Berlin   Berliner Symphoniker
Dirigent: Karl Forster

»Als ich mich am *Fliegenden Holländer* Wagners unter Konwitschny versuchte«, erzählte Dietrich Fischer-Dieskau rückblickend, »sang Wunderlich frisch und hochmusikalisch den Steuermann, nicht lange darauf den Walther von der Vogelweide im *Tannhäuser* in gleicher Umgebung. Dann aber folgte der Evangelist in der *Johannes-Passion* als erste große Aufnahme. Mir imponierte die Gelassenheit, mit der der junge Mann mit dem Schalk im Auge und Nacken all die Proben- und Wiederholungsprozeduren über sich ergehen ließ. Der Dirigent Karl Forster, Abbé am Dirigentenpult und Leiter des Hedwig-Chores..., hatte leichtes Spiel mit ihm.«[34]

Gleich anschließend Aufnahmetermine in der Berliner Grunewaldkirche. Hier produzierte die Electrola eine Querschnittplatte von Puccinis *Bohème*. Wunderlich sang den Rudolf – mit edlem Timbre, verführerischer Kantilene und Spitzentönen von leuchtend-intensiver Strahlkraft. Unüberhörbar, mit welchem Impetus er sich in seine Aufgaben stürzte. »Er konnte alles, und man konnte mit ihm auch alles machen«, erinnert sich der Electrola-Aufnahmeleiter. »Die Stimme war unheimlich beweglich damals, und er war auffallend lernbegierig. Ein lebenshungriger Mensch auch, wißbegierig – und fast ein bißchen unstet; am liebsten hätte er immer alles gleich auf einmal gehabt.«[35] Übrigens hört man dieser Aufnahme die Freude am Spielen mit Raum- und Geräuscheffekten förmlich an – eine Sache, die erst im Stereozeitalter Bedeutung gewonnen hat. Jedenfalls klopft Mimi in ihrem ersten Auftritt bei Rudolf derart unüberhörbar an die Wohnungstür, als gälte es, Schwerhörige aus dem Schlaf zu reißen. Und ihren Wohnungsschlüssel läßt sie mit unverkennbar absichtsvoller Geräuschintensität zu Boden fallen. Beinahe irritierend ein paar Sekunden später auch das Gurgelgeräusch, wenn Rudolf, mit kühnem Griff zur Flasche, der hüstelnden Mimi stärkenden Wein ins Glas füllt...

Wunderlich hat den Rudolf nie auf der Bühne gesungen. Aber er spielte mit dem Gedanken, ihn früher oder später ins Repertoire aufzunehmen – obwohl es eine Grenzpartie sei. »Der Rudolf ist eigentlich schon eine Ausnahme, die man machen kann, weil es Puccini verstanden hat, seine Melodiebögen so in die Stimme hineinzukomponieren, daß eine scheinbare Belastung hörbar wird, die sich aber in Wirklichkeit als ganz natürliche Schwingung der Stimme erweist. Die hohen Töne liegen bei Puccinis Stimmführung einfach in der Stimme drin. Das beste Beispiel ist das hohe C am Schluß der Rudolf-Arie ›Wie eiskalt ist dein Händchen‹. Es ist einer der leichtesten Spitzentöne in der ganzen Tenorliteratur, weil er sich völlig selbstverständlich aus einem Melodiebogen ergibt. Man braucht nur den Mund aufzumachen, und er ist da.«[36] Das trifft theoretisch fraglos den Kern der Sache – und Wunderlich vermochte solche Theorie auch makellos in die Praxis umzusetzen: Sein hohes C auf der *Bohème*-Platte beweist es.

VIERZEHNTES KAPITEL

Tschaikowskys *Eugen Onegin:*
Wunderlich wird Bayerischer Kammersänger

Der Festspielsommer 1961 begann für Wunderlich in Freiburg. Vom 4. bis 18. Juli veranstalteten die Städtischen Bühnen eine »Italienische Festwoche«. Opern von Verdi, Puccini, Rossini und Donizetti standen auf dem Programm, in den Hauptpartien zum Teil mit illustren Gästen besetzt: Erika Köth als Lucia, Gottlob Frick als König Philipp, Sandor Konya als Cavaradossi, Josef Metternich als Jago – und Fritz Wunderlich in der Rolle des Almaviva in einer Aufführung von Rossinis *Barbier* am 9. Juli. Anschließend fuhr er mit seiner Familie nach Salzburg. Mitte Juli wurde er zu den Proben für eine Neuinszenierung von Mozarts *Entführung aus dem Serail* erwartet. Ursprünglich hatte ihn Oscar Fritz Schuh als Ottavio für seine *Don-Giovanni*-Neuinszenierung vorgesehen. Doch Wunderlich hatte abgelehnt und seinen Entscheid in einem Brief an Oscar Fritz Schuh auch begründet:[1]

> Zum »Don Giovanni« in Salzburg möchte ich Ihnen sagen, daß es keineswegs die Furcht vor der italienischen Sprache ist, die mich bewog, diese Partie abzusagen. Vielmehr fand zwischen Herrn Dr. Nekola und mir in Salzburg ein Gespräch statt, aus dem sich ergab, daß – wenn die »Entführung« als Neuinszenierung herauskommt – ich den Belmonte singen würde.
> Dazu kommt noch, daß die »Giovanni«-Termine in Salzburg sich mit den Münchner Festspielterminen überschneiden. Nicht zuletzt war ich auch nicht ganz sicher, ob mein Don Ottavio schon festspielreif ist, nachdem ich ihn erst fünfmal gesungen habe.
> Sosehr es mir leid tut, in Salzburg unsere so fruchtbar begonnene Zusammenarbeit ... nicht fortsetzen zu können, möchte ich Sie doch herzlich bitten, meinen Entschluß zu verstehen und mir nicht böse zu sein.

Also blieb es bei der *Entführung*. Hans Hartleb, Oberspielleiter an der Münchner Oper, inszenierte, Istvan Kertesz leitete die musikalische Einstudierung. Übrigens ein Salzburger Debütant, einer der vielumworbenen Senkrechtstarter unter den jungen Dirigenten, aus Budapest gebürtig und seit 1958 Generalmusikdirektor an den Städtischen Bühnen in Augsburg. Er kam gut vorbereitet nach Salzburg: Bereits vor einigen Wochen hatte er in Augsburg eine Neuinszenierung der *Entführung* erarbeitet. In Salzburg fanden die Aufführungen im Innenhof der Residenz statt, also unter freiem Himmel. Eine an sich hervorragende Idee, aber auch eine problematische, weil Salzburg im Sommer regelmäßig von dem schon fast sprichwörtlichen Schnürlregen heimgesucht wird. So auch dieses Jahr. Generalprobe und Premiere mußten kurzerhand in den Carabinieri-Saal verlegt werden, was engere Raumverhältnisse zur Folge hatte. Die Bühne wirkte dadurch arg verstellt – »mit zahlreichem, goldenen Gitterwerk, kunstgewerblichem Krimskrams und einem ungeschickt stilisierten, ebenfalls vergoldeten Feigenbaum sowie ... zwei halbmondverzierten Türmchen mit Wendeltreppen, über die fallweise die Sänger ihren Arien entgegeneilen müssen, was bei Bleistiftabsätzen und hohem Koloraturanspruch wahrscheinlich besonders unangenehm ist«. In der Tat mokierten sich die Sänger schon während der Proben, weil sie unentwegt irgendwelche Leitern hinauf- und andere hinunterklettern mußten; was als einfalls- und abwechslungsreiche Bewegungsregie gedacht war, erweckte in der szenischen Realisation zeitweilig den Eindruck von nahezu schülerhafter Unbeholfenheit.

Dennoch: Die Protagonisten schafften es, mit diesen Tücken einigermaßen zu Rande zu kommen. Die beiden Damen übrigens Debütantinnen in Salzburg: die Stuttgarter Kollegin Ruth-Margret Pütz als höhensichere, nie steif klingende Konstanze und Renate Holm als Blondchen ohne aufdringliche Soubrettentöne. Dazu Erwin Wohlfahrt, ein stämmiger Buffo mit einer markanten Stimme, ein wendiger, pfiffiger Pedrillo. Und Fritz Wunderlich: »Wunderlichs Belmonte versucht nicht, aus der rollenbedingten Passivität schauspielerisch auszubrechen«, schrieb Karl Löbl nach der Generalprobe. »Was ihm die Librettisten an Handlung versagt haben, drückt er durch noble Empfindung, Feuer und Wärme des Singens aus. Sein kultivierter, in der Höhe strahlender, im Legatovortrag ungemein geschmackvoller Tenor ist schon heute allererste Klasse ... Ohne die Gefährlichkeit eines solchen Vergleichs zu verkennen, getraue ich mich doch zu sagen, daß Deutschland in Herrn Wunderlich einen legitimen Nachfolger des unvergessenen Peter Anders gefunden hat.«[2] Ein hochgegriffener Vergleich; daß er nicht ganz zu Unrecht gewagt wurde, belegt etwa die immense Sicherheit, mit der Wunderlich die intrikat-schwierige »Baumeisterarie« im dritten Akt bewältigte, von anderen Sängern oft weggelassen. Gleichsam eine Konzertarie, die den musikalischen Rahmen eines Singspiels fast sprengt, durchaus an Konstanzes »Marten-Arie« erinnernd, in festlichem Es-dur komponiert, mit großen, über eine Oktave reichenden Intervallsprüngen und schwierigen Koloraturen. Wunderlich gelang das Kunststück, diese Arie gleichsam konzertant vorzutragen, auf der Grundlage einer ruhig-bemessenen Kantilene, die selbst in den Koloraturen nie aufgegeben wurde. Ein instrumentales Singen letztlich – allerdings mit dem betörenden Stimmenschmelz eines jungen Liebhabers.[3]

34 Salzburger Festspiele 1959: *Die schweigsame Frau* von Richard Strauss. Von links nach rechts: Hans Hotter (Sir Morosus), Wunderlich (Henry) und Hilde Güden (Aminta).

35 Wunderlich mit Hans Hotter, dem väterlichen Kollegen auch in späteren Jahren. Die Salzburger *Schweigsame Frau* brachte dem jungen Tenor den internationalen Durchbruch.

36 Salzburger Festspiele 1961: *Die Entführung aus dem Serail*. Inszenierung: Hans Hartleb; Musikalische Leitung: Istvan Kertesz. Fünf Vorstellungen sang Wunderlich insgesamt: »Sein kultivierter, in der Höhe strahlender, im Legatovortrag ungemein geschmackvoller Tenor ist heute schon allererste Klasse ... ein legitimer Nachfolger des unvergessenen Peter Anders.«

Rechts im Bild Wunderlich mit Ruth-Margret Pütz als Konstanze.

37 Bei den Proben zur Salzburger *Entführung aus dem Serail* 1961: Wunderlich im Gespräch mit dem Dirigenten Istvan Kertesz.

38 Ein sechswöchiges Südamerika-Gastspiel im September und Oktober 1961. Ankunft in Buenos Aires: Wunderlich mit Anneliese Rothenberger und Heinz Friedrich.

39 *Don Pasquale* in München: Erika Köth, Wunderlich, Kurt Böhme und Raimund Grumbach.

40 Wunderlich und Erika Köth: beliebte Partner in unzähligen Münchner Opernvorstellungen.

41 Mit Hermann Prey in Tschaikowskys *Eugen Onegin*, einem von Wunderlichs nachhaltigsten Opernerfolgen in München (Premiere: 22. Dezember 1961).

42 Wunderlich und Evelyn Lear in Egks Oper *Die Verlobung in San Domingo*, komponiert zur Wiedereröffnung des Münchner Nationaltheaters (Uraufführung: 27. November 1963).

43 *Der fliegende Holländer* in München (Premiere: 23. Oktober 1964). Wunderlich (Steuermann) mit Gottlob Frick (Daland), seinem väterlichen Kollegen und Jagdfreund.

44 Längst legendär: die Münchner *Traviata*, August Everdings erste Operninszenierung. Mit Hermann Prey (Germont) sowie, im Bild, Wunderlich (Alfredo) und Teresa Stratas (Traviata).

45 Verleihung des Kammersängertitels an Hermann Prey und Wunderlich am 9. März 1962.

46 Electrola-Schallplattenaufnahmen. Links mit Edith Mathis: *Die lustigen Weiber von Windsor* (1963); rechts mit Hermann Prey und Pilar Lorengar: *Butterfly*-Querschnitt (1961).

47 Bonn, Beethovenhalle, April 1964: Nach Mahlers *Lied von der Erde* unter Joseph Keilberth und mit Dietrich Fischer-Dieskau (links) ein Empfang durch Bundespräsident Lübke und Gattin (Mitte).

48 Viel Zeit widmete Wunderlich seinen Kindern. Wenn er zu Hause war, durften sie immer bei ihm sein – egal, ob er am Korrepetieren und Vorbereiten eines neuen Liederabends oder am Zusammenbasteln einer Stereoanlage war. Oft sang er mit seinen Sprößlingen und begleitete ihre Kinderlieder am Flügel. Am liebsten sang Constanze das »Wagen-Lied«, nämlich: »Will der Herr Graf ein Tänzchen nun wagen« – die Kavatine des Figaro aus Mozarts Oper *Figaros Hochzeit*. Der Vater sang jeweils die Melodie vor, allerdings ohne das letzte Wort – und im richtigen Moment fiel seine Tochter dann ein und lieferte das Stichwort: »...wagen«.

Abzählverse waren bei Constanze wie auch bei ihrem Brüderchen Wolfgang, geboren am 13. Februar 1959, besonders beliebt.

49 Filmen und fotografieren, Farbdias entwickeln, einen Empfänger basteln oder morsen: Seine Freizeit nutzte Wunderlich ebenso intensiv, wie er im Berufsleben stets alles zu geben bereit war. »Ein Alles-oder-nichts-Mensch«, meinte sein Begleiter Hubert Giesen; »einer von jenen, die ihre Kerze an beiden Enden anzünden.«

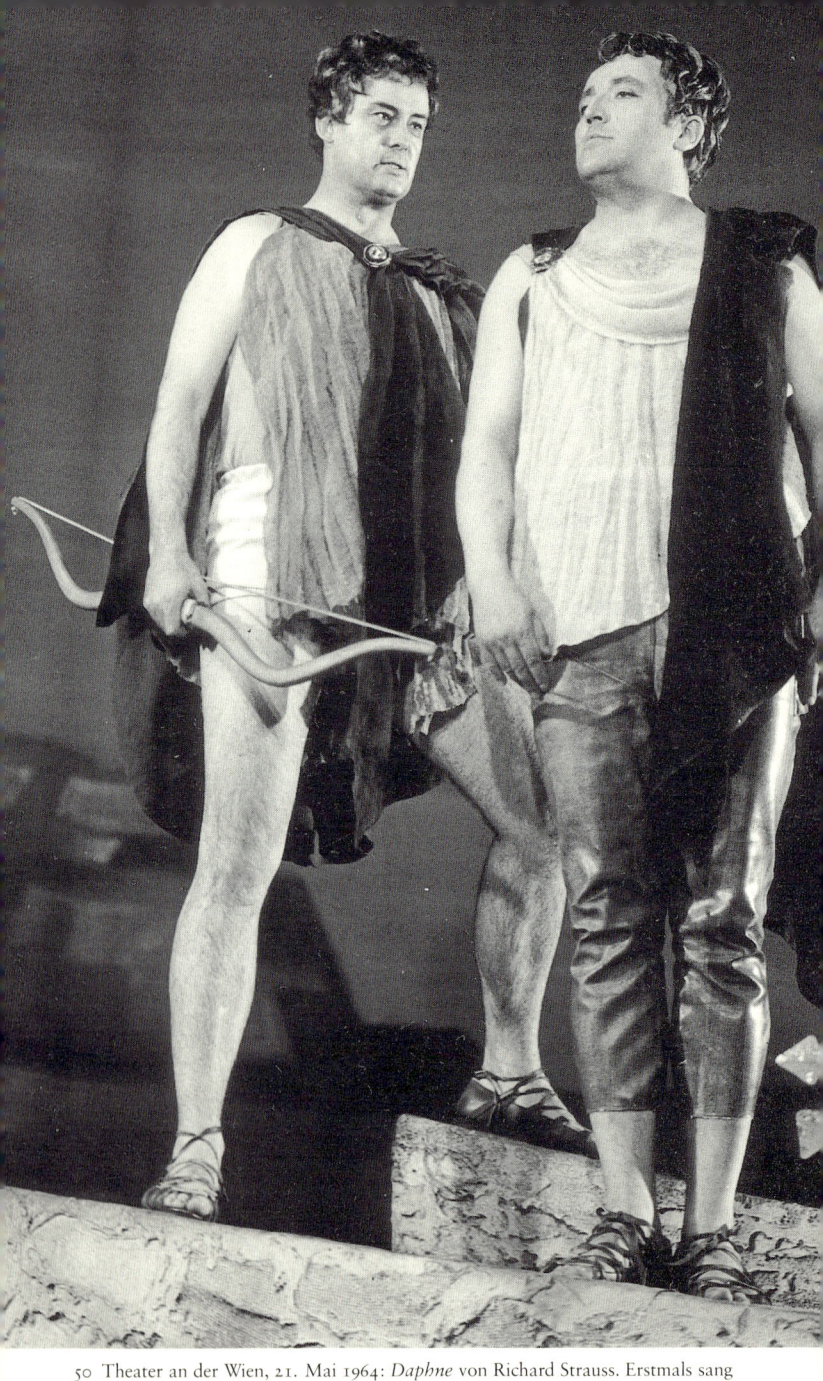

50 Theater an der Wien, 21. Mai 1964: *Daphne* von Richard Strauss. Erstmals sang
Wunderlich (Leukippos) an der Seite des Heldentenorkollegen James King (Apollo).

51 Das vorweggenommene Lebensalter: der 34jährige Wunderlich als alternder Palestrina. Eine Inszenierung Hans Hotters an der Wiener Staatsoper (Premiere: 16. Dezember 1964).

52 *Der Musikmeister* von Pergolesi – eine ORF-Fernsehproduktion, realisiert 1963 im Schloßtheater Schönbrunn. Wunderlich mit seiner »Gesangsschülerin« Graziella Sciutti.

53 Bei den Dreharbeiten zur *Daphne*-Verfilmung im Herbst 1964 in München. Regie: Rudolf Hartmann. Wunderlich, selbst ein passionierter Filmer, prüft eine Kameraeinstellung.

54 Selber Filmen macht mehr Spaß, als stundenlang vor den Filmkameras zu agieren. Wunderlich haßte Playback-Produktionen wegen ihrer Trennung von Musik und Szene.

55 Schallplattenaufnahmen zur *Entführung aus dem Serail* in München (1965). Von links nach rechts: Kurt Böhme, Friedrich Lenz, Lotte Schädle, Erika Köth und Wunderlich.

56 Im Abhörraum des »Bürgerbräukellers«, wo die *Entführung* aufgenommen wurde. Sitzend von links nach rechts: Wunderlich, Erika Köth (Konstanze) und Dirigent Eugen Jochum.

57 Schallplattenaufnahmen zu Pfitzners Kantate »Von deutscher Seele«. Links: Agnes Giebel und Hertha Töpper, bewährte Kolleginnen in vielen gemeinsam bestrittenen Konzerten.

58 Der Schallplattenkünstler Wunderlich: Seit Mai 1964 nahm er exklusiv für die Deutsche Grammophon Gesellschaft auf. Weit mehr als ein Dutzend Projekte realisierte sie mit Wunderlich in den ihm noch verbleibenden zwei Lebensjahren – darunter aufwendige Opern-gesamtaufnahmen wie *Die Zauberflöte*, *Wozzeck*, *Daphne* oder *Die Entführung*, dazu Opernquerschnitte, Liedaufnahmen und Platten mit Unterhaltungsmusik. Nicht zu vergessen die Chorwerke: Beethovens *Missa solemnis*, Haydns *Schöpfung* (beide mit Karajan) oder Bachs *Weihnachts-Oratorium* (unter Karl Richter).

Rechts im Bild: Kollege Otto Wiener bei den Aufnahmen zu Pfitzners Kantate »Von deutscher Seele«.

59 In München fühlten sich die Wunderlichs zu Hause. »Das Klima, die Umgebung, die
Toleranz der Menschen und ihre Naturverbundenheit, das hat uns auf Anhieb sehr gefallen.«

60 Im Wohnzimmer des Hauses an der Rauheckstraße. Wunderlich begutachtet mit seiner Frau
die soeben veröffentlichte Aufnahme des *Weihnachts-Oratoriums* unter Karl Richter.

Fünf Vorstellungen der *Entführung* waren in Salzburg über den Monat August verteilt; hinzu kamen vier Festspielaufführungen in München. Auch hier stand für Wunderlich ausschließlich Mozart auf dem Programm: zweimal *Don Giovanni*, wobei Wunderlich den Ottavio erstmals in italienischer Sprache sang, sowie zweimal *Così fan tutte*. »Schachspiel der Gefühle«, nannte Karl Schumann Rudolf Hartmanns *Così*-Inszenierung, die vor zwei Jahren erstmals über die Bühne gegangen war und nun in zum Teil neuer Besetzung – Claire Watson und Hertha Töpper als Schwesternpaar aus Ferrara sowie Fritz Wunderlich und Hans Günter Nöcker als deren Liebhaber – auf die Festspielbühne des Alten Residenztheaters kam. Eugen Jochum dirigierte, »von Kunstverstand und Herz zu gleichen Teilen geleitet«.[4] Bereits in Stuttgart hatten Wunderlich und Nöcker in mehreren *Così*-Aufführungen zusammen auf der Bühne gestanden. Daß sie sich nun auf der kleinen Bühne des Cuvilliés-Theaters trafen, war der Initiative Wunderlichs zu verdanken. »Fritz hat mich nach München empfohlen. Der Leiter des Betriebsbüros erzählte mir später, wie ihm Wunderlich wiederholt in den Ohren gelegen habe, daß man endlich den Nöcker einlade. Und zwar für eine Oper, in der wir gemeinsam auf der Bühne stehen konnten. Als es dann endlich klappte, entdeckten wir, daß aus Spielplangründen nur *Così fan tutte* in Frage kam. Was eigentlich nie mein Fach war, zumal ich damals schon schwere Partien sang. Trotzdem gastierte ich also in *Così*, an der Seite von Fritz. In der Pause kam dann Hartmann und fragte: ›Ja, Herr Nöcker, was würden Sie denn gerne singen bei uns?‹ Ich sagte nur: ›Bitte, auf keinen Fall *Così*!‹ Da meinte er: ›Ja, ich habe eben mit Keilberth gesprochen – genau das finden wir beide auch.‹«[5] Nöcker wurde dann für die Saison 1962/63 nach München verpflichtet, und wie erwartet für das schwerere Fach.

Mit weit größerer Spannung fieberte das Münchner Opernpublikum der *Don-Giovanni*-Aufführung vom 17. August entgegen:

Don Giovanni	George London
Der Komtur	Gottlob Frick
Donna Anna	Hildegard Hillebrecht
Don Ottavio	Fritz Wunderlich
Donna Elvira	Marianne Schech
Leporello	Benno Kusche
Zerlina	Anneliese Rothenberger
Masetto	Albrecht Peter

In der Titelrolle gastierte der weltweit umjubelte kanadische Baßbariton George London. Eine der markantesten Sängerpersönlichkeiten, seit 1951 bei den Bayreuther Festspielen tätig und bis 1956 dem legendären Mozart-Ensemble der Wiener Staatsoper zugehörig; ein gefragter Gastsänger zwischen Südamerika und Moskau, ein eindrucksvoller Wotan-Darsteller und ein intensiver Mozart-Gestalter, neben Cesare Siepi wohl der bedeutendste Don Giovanni. »Halb Raubtier, halb Dämon«, meinte Karl Schumann in der *Süddeutschen*, »Kavalier und

Dämon«, titelte die Wiener *Presse*. George London konnte, wie nicht anders zu erwarten war, einen triumphalen Erfolg verbuchen: »Festspielapplaus für ein Festspiel«, brachte es die Münchner *Abendzeitung* kurz auf einen Nenner. »Auch war in dieser Aufführung ein prächtiger Don Ottavio zu hören: Fritz Wunderlich. Ein Herr, der zwar in peinliche Situationen gerät, sich darin aber so aktiv wie möglich benimmt und auch so singt: edel, empfindend, aber durchaus männlich.«[6] Auch wurde ihm ein hervorragendes Italienisch attestiert, »während die Originalsprache – man hatte in München endlich darauf zurückgegriffen – anderwärts mit mehr oder minder starkem Touristenakzent versehen wurde. Was aber immer noch der moralinsauren deutschen Übersetzung vorzuziehen ist.«[7]

Am 29. August hatte Wunderlich nochmals einen Termin bei seinem Halsspezialisten: eine letzte Kontrolle, ob alles in Ordnung sei. Dann hieß es die Koffer packen. Für sechs Wochen ging es nach Südamerika, nach Buenos Aires, wo der Dirigent Heinz Wallberg am Teatro Colón die gesamte deutsche Saison leitete. Auf dem Programm standen *Die Entführung aus dem Serail, Die schweigsame Frau* – sie wurde überhaupt zum ersten Mal in Argentinien aufgeführt –, *Der Rosenkavalier, Parsifal* sowie zwei Aufführungen von Beethovens *Missa solemnis*. Ein anspruchsvolles Programm, auch für Wunderlich, denn nur im *Parsifal* war er nicht beschäftigt. Unter seinen Partnerinnen und Kollegen traf er alte Bekannte: Kurt Böhme als Sir Morosus, Baron Ochs und Osmin, Renate Holm als Blondchen und Isotta, Ingeborg Hallstein als Aminta sowie Anneliese Rothenberger als Konstanze und Sophie. »In München und Wien sind wir nicht allzuviel beisammengewesen«, erinnert sich Anneliese Rothenberger. »In Buenos Aires am Teatro Colón aber war das anders; da hockten wir viel beieinander, waren auch auf Estanzias von Großgrundbesitzern miteinander eingeladen. Nie werde ich vergessen, wie Fritz zum ersten Mal im Leben ein Pferd bestieg, einen vielleicht zweistündigen Ritt unternahm, das Pferd immer wieder mit ›vamos‹ anstachelte und andertags bei der *Missa solemnis* die größte Mühe hatte, zu seinen Soli vom Stuhl aufzustehen, weil ihm das Hinterteil entsetzlich wehtat und er ganz lahm war. Leute um mich herum murmelten, der Wunderlich lebe sich ja unwahrscheinlich in seinen Part ein, das sähe man an seinem verquälten Gesicht. Ganz abgesehen von seiner wunderschönen Stimme war er ja vor allem auch hochmusikalisch und theaterintelligent. Außerdem hatte er eine ganz spezielle Art von Humor, und wir haben nicht nur viel miteinander gesungen, sondern auch sehr viel miteinander gelacht . . . Er hatte herrliche Jugenderinnerungen und immer die neuesten Witze auf Lager.«[8]

Wunderlich, der umgängliche, lebenslustige, joviale Kerl, freundlich, hilfsbereit und immer zu einem Spaß aufgelegt, begabt mit einer Götterstimme und verwöhnt von ebendiesen Göttern: Das Bild ist hinlänglich bekannt. Und es ist so falsch, wie es jedes Bild zwangsläufig ist – weil es nur ein Bild ist. Wunderlich hat

Fundación Teatro Colón
de la Ciudad de Buenos Aires

TEMPORADA OFICIAL

VIERNES 22 DE SEPTIEMBRE DE 1961, A LAS 21

12⁹ Función de Gran Abono

LA MUJER SILENCIOSA

(Estreno Sudamericano)

Opera cómica en tres actos

Texto de Stefan Zweig, según Ben Jonson

Música de RICHARD STRAUSS

Sir Morosus	KURT BOEHME
Su ama de llaves	RUZENA HORAKOVA
El barbero	HEINZ FRIEDRICH
Henry Morosus	FRITZ WUNDERLICH
Aminta, su esposa	INGEBORG HALLSTEIN
Isotta	RENATE HOLM
Carlotta	NOEMI SOUZA
Morbio	GIULIO VIAMONTE
Vanuzzi	JUAN ZANIN
Farfallo	VICTOR DE NARKE

Comediantes y vecinos

Director de Orquesta
HEINZ WALLBERG

Regisseur
FRANK DE QUELL

Director del Coro
TULIO BONI

Escenografía y vestuario
ALVARO DURAÑONA Y VEDIA

ORQUESTA Y CORO ESTABLES DEL TEATRO COLON

DISPOSICIONES GENERALES DE ACCESO A LA SALA

En los conciertos no se permitirá el acceso a la sala durante la ejecución de las obras.
Igual temperamento regirá para los espectáculos líricos y coreográficos, donde se
consentirá únicamente durante la mutación de escenas.

sich daran allerdings kaum gestört, zumal er selber absolut keinen Wert darauf legte, die Diskrepanz zwischen dem, was er war, und dem, was er anderen galt, auszugleichen oder allenfalls aufzuheben. Im Gegenteil. Er hielt sich nicht ungern an dieses Bild; jedenfalls wenn er in der Öffentlichkeit war, auf der Bühne, auf einer Probe oder im Aufnahmestudio, lebte es Tag für Tag, wenn auch nur als Maske vor das eigentliche Gesicht gezogen. Nicht Betrug sollte das sein oder bewußte Vorspiegelung falscher Tatsachen, sondern mehr ein Schutz. Sein eigentliches Gesicht, den eigentlichen Menschen, wollte er schützen und mußte er schützen. Weil er verletzlich war.

Fritz Wunderlich privat: Diese Rolle wollte er allein spielen, im häuslichen Kreis und ohne Publikum. Wichtig war ihm die Familie, waren ihm die Kinder, mit denen er sich in freien Tagen stundenlang beschäftigte. Spielten sie zusammen im Garten, so kamen stets die Nachbarskinder hinzu. Wie in einem Kindergarten. Überhaupt durften die Kinder stets bei ihm sein: wenn er Liederprogramme studierte oder wenn er bastelte. Beides tat er eigentlich unentwegt und beides mit derselben Intensität, angestachelt von einer Neugier, allem auf den Grund zu gehen. Was er anpackte, wollte er möglichst professionell anpacken. Also bestand er beispielsweise darauf, seine Farbdias selber zu entwickeln – im Keller seines Münchner Hauses in einem eigens eingerichteten kleinen Labor, mit acht Bädern insgesamt und in drei speziellen Dosen. Die Temperatur mußte jeweils genau stimmen. Und die Zeit mußte ebenso genau gestoppt werden... Meistens begann Wunderlich damit, wenn er von einer Opernvorstellung nach Hause kam, gegen Mitternacht also. Müde sein galt dann nicht – bei ihm sowieso nicht, denn er war nach jeder Vorstellung stets hellwach, und auch nicht bei seiner Frau. Müdigkeit sei ihr schönster Charme, pflegte er allenfalls zu sagen, um ihren Widerstand zu brechen.

Auch seine erste Stereoanlage bastelte sich Wunderlich weitgehend selber: »Eines Tages schleppte er Holz und alles mögliche an und begann dann mitten im Wohnzimmer zu sägen. Selbstverständlich durfte man ihn nicht stören – auch wenn er störte. Zum Beispiel mit dem Dreck, den er machte. Wenn überall Drähte und Strippen herumlagen. ›Dann nimmst du halt den Staubsauger und saugst es nachher weg, und dann ist es wieder in Ordnung. Sei nicht so spießig.‹ Später fing er an, kleine Empfänger zu bauen, stundenlang. Wenn er dann von irgendwo weither einen Sender empfangen konnte, Polizeifunk zum Beispiel, kaum hörbar unter Knarren und Piepsen, dann war er überglücklich und konnte sich wahnsinnig freuen. Bald genügte ihm auch das nicht mehr: Er wollte nicht nur empfangen, sondern auch selber senden. Also lernte er Morsen, übte zu Hause mit der Morsetaste sein Morsealphabet. Wenn wir dann auf der Autobahn fuhren, nach Salzburg, Wien oder Stuttgart, morste er die Autonummern all jener Wagen, die wir überholten, übungshalber gleich einmal durch: piep-piiiiiiep-piep... Übrigens reichte dieses Interesse schon einige Jahre zurück. Noch gut erinnere ich mich an Köln, 1959, an die *Alcina*-Produktion. Ich kam da erst einige Tage später, zur Aufführung, nach. Wie ich ins Hotelzimmer wollte, stolperte ich zuerst einmal über Drähte ... Antennen sollten das sein, die er überall gespannt hatte, zwischen dem Bett und dem Wasserhahn und was weiß ich.«[9]

Eine betriebsame Freizeit, für die Umstehenden oft zu betriebsam, was im Kollegenkreis wiederholt zu Kopfschütteln und Ratlosigkeit führte: »Er war ein wilder Kerl«, bestätigte Kollege Hermann Prey rückblickend. »Er lebte aus dem vollen – in jeder Beziehung, kann man sagen. Ich habe stets das Gefühl gehabt, daß er alles in die wenigen Jahre hineingepreßt hat, die ihm überhaupt blieben; was ein anderer Mensch in vierzig Jahren erledigt, das wollte er in vier schaffen ... Er war so intensiv, daß ich mir immer dachte: Wie schafft er das, wie macht er das? Vollgeladen mit Energie, immer hundertfünfzigprozentig da ... Ich habe damals schon gesagt: ›Du kreiselst, du drehst dich langsam immer mehr um dich selber‹ – weil er irgendwie von etwas getrieben schien.«[10] Betrieb oder Getriebensein, das ist die Frage. Gestellt hat sie damals kaum einer, wagte es wohl auch niemand. Man hielt sich an das bewährte Bild vom Lebenskünstler und Vollblutmenschen, der seine Tage in ungebrochener Unternehmungslust genießt. Man ließ sich gerne anstecken und mitreißen von soviel Lebensenergie: im privaten Kreis, an der geselligen Tischrunde ebenso wie auf der Opernbühne, im Beruf.

Als Wunderlich Mitte Oktober von seinem Südamerika-Gastspiel nach Hause zurückkehrte, lag in seiner Post eine Anfrage des Dirigenten Carl Schuricht: ob er in einer festlichen Aufführung von Mozarts *Requiem* im Wiener Stephansdom mitwirken würde, und zwar im Juni des folgenden Jahres. Eine ehrenvolle Anfrage, eine unter vielen – von Chorvereinigungen, die Wunderlich als Tenorsolisten für ihre Oratorienaufführungen verpflichten wollten, von Opernhäusern, die immer wieder wegen Wunderlich-Gastspielen anfragten, sowie von Agenturen, die Wunderlich für Liederabende, manchmal für ganze Tourneen buchen wollten. Anfragen kamen von der Chicago Lyric Opera ebenso wie vom Adelaide Festival in Südaustralien, von Chorvereinigungen aus der deutschen und schweizerischen Provinz, aber auch von der internationalen Dirigentenprominenz: von Karajan, Böhm, Bernard Haitink oder Carlo Maria Giulini. Böhm etwa wollte Wunderlich für die kommenden Wiener Festwochen haben, für die österreichische szenische Erstaufführung von Alban Bergs Oper *Lulu*. Zu 95 Prozent Absagen – diese Devise galt nach wie vor. Absagen nicht zuletzt, weil die Münchner Oper alles andere als freizügig war im Vergeben von Urlauben, aber auch, weil Wunderlich sich nicht zu sehr verzetteln wollte. »Lieber im kleinen Fach König sein als im großen Fach einer unter vielen«, hieß sein Leitspruch. Daran hielt er fest.

Die neue Spielzeit begann für Fritz Wunderlich in Stuttgart. Am 26. Oktober wurde er für eine Wiederaufnahme von Rossinis *Barbier* in der Rennert-Inszenierung erwartet. Kurt-Heinz Stolze, Wunderlichs Liedbegleiter bei zahlreichen Gelegenheiten, übernahm die musikalische Einstudierung. Bereits in der zweiten Novemberwoche begannen in München die Proben für eine Neuinszenierung von Rossinis beliebter *Cenerentola*, der rührenden Geschichte vom Aschenputtel, damals selbstverständlich nicht im italienischen Original gesungen, sondern – wie es der Besetzungszettel vermerkt – »für die deutsche Bühne musikalisch neueingerichtet und textiert von Walter Panofsky«. Musikkritiker Panofsky beließ es jedoch nicht bei einer neuen Übersetzung des italienischen Librettos, sondern verpflanzte die Oper aus der typisch italienischen Buffatradition zurück in die deutsch-romantisierende Grimmsche Märchenwelt. Auch musikalisch flickte er Rossini am Zeug, indem er einzelne Sätze aus dessen frühen Streichersonaten in die Opernpartitur einschob. Dennoch: »Die Aufführung entzückte mit dem, was Rossini das Wichtigste war«, bilanzierte Helmut Schmidt-Garre. Mit den Sängern nämlich. Einmal mehr triumphierte das schon in Donizettis *Don Pasquale* so erfolgreiche Münchner Buffotrio: Erika Köth, Raimund Grumbach und Fritz Wunderlich, »dessen Gesang ein einziger herrlicher Wohllaut ist«.[11]

Am 12. November, in der ersten Probenwoche, bekam Wunderlich einen Tag Urlaub für einen kurzen Aufenthalt in Berlin. Im Gemeindehaus in Zehlendorf nahm er dort für die Electrola Bachs *Jagdkantate* auf – an der Seite von Annelies Kupper, Erika Köth und Dietrich Fischer-Dieskau. Wiederum dirigierte Karl Forster; Mitglieder seines Hedwigs-Kathedralen-Chors sangen die Chorsätze. Eine herrlich spontane Einspielung, überhaupt ein reizvolles Werk, komponiert höchstwahrscheinlich im Jahre 1713 zum Geburtstag des Herzogs Christian von Sachsen-Weißenfels. Da dieser ein leidenschaftlicher Jäger war, zog sich seine Geburtstagsfeier meistens über einige Wochen hin, und mehrere Jagden gehörten zum alljährlichen Festprogramm. Eine *Jagdkantate* als Geburtstagsmusik paßte demnach bestens in den vorgegebenen Rahmen. Bach hat sie besonders festlich instrumentiert: mit Hörnern, Oboen, Blockflöten, Englischhorn und Fagott als obligate Instrumente. »Bei der ersten Probe der Arien mit diesen obligaten Soloinstrumenten merkte Karl Forster, daß die Instrumentalisten das eigentlich auch ohne ihn konnten«, erzählte der Aufnahmeleiter. »Prompt sagte er: ›Ich bin überflüssig; ihr macht das allein viel besser‹, und zog sich unauffällig zurück. Beispielhaft! Wunderlich paßte besonders gut in diese Produktion hinein; seine Stimme war jung und hell, mit strahlenden Tönen. Und er sang diese Musik herrlich direkt.«[12] Zwei Tage später, am 14. November, gastierte Wunderlich als Ottavio an der Hamburger Staatsoper. »Es war wie stets eine unproblematische Zusammenarbeit«, erinnerte sich Ulrich Wenk, damals Spielleiter und verantwortlich für die Einweisung der Gastsänger in die jeweilige Inszenierung. »Leider hat Fritz Wunderlich nur sehr selten an der Hamburgischen Staatsoper gesungen. Er versuchte sich stets in das vorhandene Regiekonzept einzufügen und stellte nicht alles auf den Kopf, um seine eigenen Vorstellungen durchzusetzen. Bei allen

Kollegen war er sehr beliebt. Er trat nie als Gesangsstar auf; das Ensemble war für ihn wichtig.«[13]

Anfang Dezember begann Rudolf Hartmann mit den Proben für eine Neuinszenierung von Tschaikowskys Oper *Eugen Onegin*. Keine Repertoireoper und auch für Wunderlich Neuland. Bereits ein Jahr zuvor hatte er erstmals ein Angebot für eine Neuinszenierung bekommen – von der Wiener Staatsoper. Aus terminlichen Gründen konnte er damals nicht annehmen. Um so mehr freute sich Wunderlich auf die bevorstehende Münchner Produktion. Nicht einmal die Arie des Lenski hatte er bislang gesungen. Daß sie, daß überhaupt die ganze Partie ihm perfekt auf den Leib geschrieben war, entdeckte er im Verlauf des Rollenstudiums und der Proben mit Hartmann. »Eine sachliche, geradlinige Inszenierung«, erzählte Hans Günter Nöcker, der die Titelpartie sang, rückblickend. »Dem Stück wurde nichts aufgepfropft, was nicht drin war. Es war eine Inszenierung, die wesentlich von dem wunderbaren, überragend-stimmungsvollen Bühnenbild Helmut Jürgens' gelebt hat. Hartmann inszenierte das Werk ohne aufgesetzte Spitzfindigkeiten, klar auf die große Linie achtend. Zuweilen gab es Schwierigkeiten in der Zusammenarbeit zwischen ihm und Generalmusikdirektor Keilberth. Keilberth mochte das Stück nicht, weil er es zum letzten Mal in Prag dirigiert hatte und ihn diese Oper immer noch an die deutsche Besetzung in Prag, an die SS-Bonzen erinnerte. Dennoch, kein anderer Dirigent, bei dem wir uns so geborgen fühlten wie bei Keilberth. Man hatte das Gefühl des Getragenwerdens. Keilberth war nie ein Star; er hat der Musik gedient, und es war für uns ein ungeheures Vergnügen, unter seiner Leitung zu singen. Alle Kleinigkeiten, die nun mal während einer Vorstellung passieren, konnte er wunderbar auffangen und einrenken. Er ließ das Orchester stets leicht spielen, vor allem im Prinzregententheater mit seiner vorzüglichen Akustik, und dennoch klang es immer wunderbar groß.«[14]

Diese Inszenierung wurde mit zwei Besetzungen erarbeitet, und entsprechend gab es, an zwei aufeinanderfolgenden Tagen, eine festliche Doppelpremiere. In der ersten Besetzung sangen Georg Paskuda den Lenski und Hans Günter Nökker den Onegin. In der zweiten Premiere am 22. Dezember sangen in den Hauptpartien:

Larina	Ira Malaniuk
Tatjana	Gertrude Kirchner
Olga	Brigitte Fassbaender
Eugen Onegin	Hermann Prey
Lenski	Fritz Wunderlich
Fürst Gremin	Mino Yahia
Triquet	Friedrich Lenz

Unter den Tänzerinnen und Tänzern, die den Tscherkessentanz sowie die berühmte Polonaise zu Beginn des dritten Aktes bestritten, befand sich übrigens auch eine junge, vielversprechende Ballettelevin: Margot Werner.

Für einmal waren sich die Kritiker einig: daß die zweite Premiere die erste weit in den Schatten gestellt habe. »Der erlesenen Belcanto-Kunst Fritz Wunderlichs konnte in der ersten Aufführung der nicht einmal ganz intonationssichere Paskuda nichts Gleichwertiges gegenüberstellen, und ebenso wenig erreichte der allzu kühle Hans Günter Nöcker die byronhafte Gefühlsintensität Hermann Preys.«[15] Karl Heinrich Ruppel war derselben Meinung: »Fritz Wunderlich – die poetische Seele schlechthin, immer in hinreißender lyrischer Emphase; man versteht, daß Bagatellen wie Onegins lächerlich harmloser, nichts als routinierter Flirt mit Lenskis Braut Olga ihn außer sich und an den Rand der Verzweiflung bringen können. In seiner ›Wohin?‹-Arie schien sich der unstillbare Schmerz aller verratenen (oder sich verraten glaubenden) Liebenden zu verströmen. Ein Belcanto-Genuß ersten Ranges war das kanonische Duett der beiden verfeindeten Freunde vor dem Duell.«[16]

Wer Fritz Wunderlich in dieser Szene je gesehen hat – im Oktober 1962 wurde eine Vorstellung vom Bayerischen Fernsehen aufgezeichnet[17] –, wird sich einer gewissen Beklemmung nicht erwehren können. Da steht einer auf der Bühne, in einer winterlich öden Nebellandschaft mit entlaubtem Weidengesträuch im Hintergrund, steht allein und bewegungslos, seine ganze Erscheinung unter einem riesigen Umhängemantel verdeckt. Nicht eine einzige Geste, nur Gesang: Aufbegehren und Abschied. Als Mensch wurde er gleichsam immer kleiner, immer verlorener – in dem Maße, wie seine Emotionen stets größer, verzweifelter wurden. Die perfekt inszenierte Vereinsamung auf der Opernbühne.

Zweifellos entsprach die Partie des Lenski Wunderlich in besonderem Maße, nicht nur seinen stimmlichen Möglichkeiten, sondern auch seinem Naturell. »Eifersucht war eine Grundstimmung in seinem Leben – die Angst vor dem Verlassenwerden – und war eine Tendenz in seinem Charakter, die regelmäßig an die Oberfläche kam«, erzählte Eva Wunderlich später. »Das konnte er im *Onegin* hervorragend ausspielen. Hinzu kam allerdings noch ein anderes: das Todeserlebnis. All diese Gedanken an Vergangenes und an den bevorstehenden Tod, diese Gedanken über den Sinn und die Sinnlosigkeit des vertanen, verspielten Lebens, denen Lenski in seiner großen Arie nachhängt – alle diese Gedanken waren stets um meinen Mann herum.«[18] Ein ähnliches Fazit zog auch Hausherr Rudolf Hartmann, Jahre später zurückblickend und gleichsam die Bilanz seiner Intendantenjahre ziehend: »Eine Leistung hebt sich aus der Erinnerung hervor: der in seiner Liebe zu Olga so überschwenglich unglückliche Lenski, den Fritz Wunderlich mit allem Glanz seiner kostbaren Stimme wiedergab. Die von Todesahnung erfüllte Arie vor dem Duell hinterließ selbst bei den abgebrühtesten Opernhabitués tiefe Erschütterung. Die Gestaltungskraft eines Künstlers ging über Grenzen hinaus, die, geheimnisvoll und unerklärbar, den eigenen frühen Tod als mitschwingenden Klang einflochten.«[19]

Das neue Jahr sollte bald mit einer der größten Bewährungsproben für Wunderlich aufwarten: Auf Mitte Februar hatte er seinen ersten Liederabend in Wien festgelegt, im Brahmssaal des Musikvereinsgebäudes. Nun war der Liedgesang selbstverständlich nichts Neues für Wunderlich. Schon in der Freiburger Studienzeit hatte er sich intensiv mit dem herkömmlichen Liedrepertoire beschäftigt, und in den ersten Stuttgarter Jahren hatte er, an der Seite von Kurt-Heinz Stolze oder Staatskapellmeister Josef Dünnwald, wiederholt Liederabende gegeben. Mehrheitlich in der deutschen Provinz, einmal sogar in Kusel als Festkonzert zum Geburtstag seiner Mutter. Meistens wartete er mit einem abwechslungsreichen, gemischten Programm auf: im ersten Programmteil mit populären Liedern von Beethoven, Schubert und Brahms und nach der Konzertpause mit beliebten Opernarien.

Bislang war er stets unverkennbar ein Opernsänger gewesen, der auch Lieder sang: mit lobenswert gepflegter Stimmkultur, sicher, aber ohne besondere Affinität zum Liedgesang – die frühen Liedschallplatten beweisen das zur Genüge. Daß dem Liedgesang, dieser einzigartigen Verbindung von Dichtung und Musik, von Singen und Sagen, aber noch ganz andere Dimensionen eignen, kammermusikalisch intime, das wußte Wunderlich nur zu gut. Entsprechend umfänglich wollte er sich vorbereiten, wollte er vor allem ein perfekt auf seine interpretatorischen Fähigkeiten zugeschnittenes Programm zusammenstellen. Noch im alten Jahr, im November und Dezember, begann er mit der Arbeit, und zwar zusammen mit Hans Moltkau, einem Freund aus frühen Studienjahren, der jetzt als Kapellmeister am Bayerischen Rundfunk tätig war und mit Wunderlich Lied für Lied ausprobierte, anprobierte und in mehreren Korrepetitionssitzungen sorgsam erarbeitete, bis es gleichsam maßgeschneidert saß. Den Liederabend in Wien bestritt Wunderlich dann mit Heinrich Schmidt, dem erfahrenen Studienleiter an der Staatsoper, und zu ihm wollte er nur bestens studiert kommen. Gleichzeitig mußte sich Wunderlich auf eine Neuinszenierung von Donizettis *Don Pasquale* vorbereiten, die in Stuttgart am 5. Januar erstmals über die Bühne ging. Seine Partner: Ruth-Margret Pütz als Norina und Raymond Wolansky als Doktor Malatesta.

Am Donnerstag, 15. Februar 1962, war es soweit: Liederabend Fritz Wunderlich, im Brahmssaal des Wiener Musikvereins – eine Veranstaltung der Gesellschaft der Musikfreunde Wien, die in diesem Jahr ihr 150jähriges Bestehen feierte. Am Flügel: Heinrich Schmidt. Das Programm bestand aus vier Liedgruppen, je zwei in einer Programmhälfte, insgesamt genau zwanzig Lieder:

Beethoven	Mailied
	Ich liebe dich
	Adelaide
Hugo Wolf	Fußreise
	Heimweh
	Nimmersatte Liebe
	In der Frühe
	Der Musikant
	Storchenbotschaft
Franz Schubert	Der Musensohn
	Frühlingsglaube
	Ständchen
	Abschied
	Ihr Bild
	Liebesbotschaft
Richard Strauss	Sie wissen's nicht
	Wie sollten wir geheim sie halten
	Ach weh mir unglückhaftem Mann
	Sehnsucht
	Cäcilie

Ein ausgewogenes Programm und gut aufgebaut, stilistisch auf das romantische Klavierlied beschränkt. Beethoven gleichsam zum Einsingen, obwohl dieser Blick täuscht, denn spätestens *Adelaide* stellt an die Stimmführung wie an die Gestaltungskraft des Sängers große Ansprüche. Die sehr schwierigen Hugo-Wolf-Gesänge vor der Pause plaziert: mit gutem Grund, auch was die Aufnahmefähigkeit des Publikums anbelangt. Beide Programmteile enden übrigens mit einem effektvollen Lied, effektvoll auf einem hohen B abzuschließen. Ein klug berechneter, ein sicherer Effekt auch, jedenfalls beim Publikum. Blieb also die Frage, was die gestrengen Wiener Kritiker vom Debüt des Liedersängers Wunderlich halten würden.

»Ängstlich müßte er nicht sein«, titelte der *Kurier* vielsagend. Heißt das, daß Wunderlich einen ängstlichen Eindruck machte? Jedenfalls »erstritt der Sänger erst gegen Schluß mit dem Vortrag einiger Strauss-Lieder einen vollständigen Sieg... Vorher schien er einige Hemmungen vor den Klassikern des Liedes zu haben; sein Gesang wirkte befangen, unfrei, nur wenig nüanciert. Es war so, als ob er Angst hätte, man könnte ihm womöglich vorwerfen, er verwechsle das Konzertpodium mit der Opernbühne.« Diese Angst hatte Wunderlich in der Tat, und, wie sich im Verlaufe seiner weiteren Karriere als Liedersänger zeigen sollte, nicht ganz unberechtigt. Immerhin das Fazit: »Fritz Wunderlich hat eine Qualitätsstimme, die er technisch einwandfrei beherrscht.«[20] Diese Meinung – und entsprechende Vorbehalte – teilte auch Heinz Kralik: »Seine hübsche, helle Te-

norstimme, sein sympathisches Wesen, seine künstlerische Klugheit und Aufge-
schlossenheit begleiten ihn auch aufs Podium des Liedersängers... So erfreulich
das alles zusammenstimmen mag, wirkliches Liedersingen bietet der Künstler
allerdings nicht. Seiner Stimme, wenigstens in ihrer derzeitigen Verfassung, fehlt
eben jene Qualität für den Liedgesang, die es ermöglicht, betonte und unbetonte
Silben und Worte mit der gleichen Intensität zu erfassen und nebeneinanderzu-
stellen. So geschieht es, daß das Betonte obenauf schwimmt, während das Unbetonte untergeht, daß die lyrische Linie Stückwerk bleibt, und daß sie sich nicht
zusammenzuschließen vermag.«[21]

Noch eine dritte Kritikerstimme ließ sich verlauten: »Entdeckung eines Liedersängers«, titelte Karl Löbl seine Würdigung. Das waren ganz andere Töne. »Er
hat eine instinktive Sicherheit im Erfassen von Stimmung, Gehalt und Stil, und
sein Vortrag ist von einer Natürlichkeit und Frische, die sogleich für den jungen
deutschen Tenor einnehmen.« Fazit: »Ein Liedersänger wurde an diesem Abend
entdeckt. Der große, ehrliche Erfolg mag Herrn Wunderlich Anreiz sein, auf dem
eingeschlagenen Weg weiterzuschreiten.« Dazu noch eine Schlußbemerkung, von
Löbl wohlweislich in Klammern gesetzt: »(Es muß nicht unbedingt in Begleitung
von Heinrich Schmidt sein.)«[22] Fazit: Fritz Wunderlich, ein Liedersänger mit
Zukunft. Soviel stand fest. Daß er auf dem eingeschlagenen Weg weiterschreiten
möge, hieß auch, daß er das Ziel noch nicht erreicht hatte. Bei weitem noch
nicht. Ob er es, solange er diesen Weg gemeinsam mit Heinrich Schmidt beging,
überhaupt je erreichen würde, wurde von Karl Löbl zumindest in Frage gestellt.
Eine Frage, die Wunderlich in den kommenden Monaten und Jahren immer
dringlicher beschäftigen sollte.

Genau zehn Tage vor diesem außergewöhnlichen Liederabend in Wien geschah
auch in München Außerordentliches. Am 5. Februar 1962 setzte der Bayerische
Staatsminister für Unterricht und Kultus, Theodor Maunz, seine Unterschrift auf
eine Urkunde, die den Opernsänger Fritz Wunderlich zum »Bayerischen Kammersänger« ernannte. Eine »Dienstbezeichnung«, wie es nach offizieller Lesart
heißt, ein ehrenvoller Titel aber auch, von den Sängern und Sängerinnen heiß
begehrt. Am 9. März erfolgte die feierliche Verleihung des Kammersängertitels –
übrigens auch an den Sängerkollegen Hermann Prey: »Fritz war damals sehr
stolz. Ich glaube, er war der jüngste Kammersänger, der jemals diesen Titel
bekommen hat. Der ausschlaggebende Punkt, daß die Intendanz und das Kultus-
ministerium daran gingen, uns so zu beglücken, war die Inszenierung von *Eugen
Onegin*, die Hartmann damals machte mit Keilberth als Dirigenten.«[23] Bei der
Übergabefeier wurde denn auch auf diese Inszenierung Bezug genommen, wobei
der Redner aber offensichtlich nicht so sicher war, welcher Sänger nun welche
Rolle gesungen hatte. Jedenfalls ging er später, beim offiziellen Umtrunk, plötzlich auf Ferry Gruber zu – dieser hatte die kleine, aber dennoch effektvolle Partie

des französischen Tanzmeisters Triquet gesungen – und gratulierte ihm zu seinem wunderbaren Lenski...

Eine Woche später wurde der frisch gekürte Bayerische Kammersänger im Théâtre Municipal in Straßburg erwartet: Proben für eine *Zauberflöten*-Neuinszenierung. Sechs Aufführungen waren vorgesehen, die musikalische Einstudierung besorgte Ernest Bour. Dabei traf er alte Bekannte: Pilar Lorengar sang die Pamina, Eva Maria Rogner die Königin der Nacht, Benno Kusche den Papageno und Otto von Rohr den Sarastro. »Tamino war Fritz Wunderlich, in dieser Rolle bereits viel gerühmt in Deutschland und im Ausland. Man lernte in dem jungen Künstler einen idealen Mozart-Sänger von beispielhafter stilistischer Disziplin kennen, dessen schlanke, leuchtende Stimme mühelos in ›Feinstufentechnik‹ geführt wird. Seine Leistung braucht keinen Vergleich zu scheuen.«[24] Soviel Lob schien seinen Übermut zu wecken, jedenfalls trieb er in einer der nachfolgenden Vorstellungen wieder einmal Schabernack. Zusammen mit seiner Kollegin Eva Maria Rogner schmierte er Papagenos Glockenspiel mit Leim voll. »In letzter Sekunde vor seinem Auftritt ergriff Kusche das Glockenspiel – zu spät, als daß er den Leim noch notdürftig hätte abwischen können. Also mußte er mit diesem gräßlich-leimigen Glockenspiel auf die Bühne, sollte auf ihm spielen und brachte es jedenfalls kaum mehr aus seinen Händen, weil alles klebte.«[25]

Am 6. und 8. April sang Wunderlich auf der Bühne der Wiener Staatsoper, und zwar im Rahmen eines Gesamtgastspiels der Württembergischen Staatsoper unter der Leitung von Ferdinand Leitner. Fünf Vorstellungen waren angesetzt: dreimal Wolfgang Fortners *Bluthochzeit* und zweimal Rossinis *Türke in Italien* – beides übrigens Inszenierungen von Günther Rennert und beides imponierende Leistungsausweise für die Stuttgarter Bühne. »Wien erblaßte vor Neid«, »Triumph der musikalischen Regie«, »Stuttgarter Operngastspiel ein Triumph« titelte die einheimische Presse. Die Stuttgarter waren überrascht, zumal Stuttgart in den Augen der großstädtischen, opernverwöhnten Wiener als hoffnungslose Provinz galt. »Hingehen und ansehen, wie großstädtisch diese Provinz ist«, riet deshalb Karl Löbl. Besonderes Lob ernteten Ruth-Margret Pütz und »Fritz Wunderlich als schmelzreich-tenoraler Liebhaber mit dem Schluchzen der Leidenschaft und gleichzeitigem Augenzwinkern«. Wobei seine Persiflage der Unarten italienischer Tenöre bei Löbl Assoziationen zu bekanntesten Namen weckte, zu Giuseppe di Stefano, Mario del Monaco und Franco Corelli: »Sein Auftritt à la Giuseppe del Corelli und sein Arioso waren beinahe kabarettistische Glanznummern und dabei doch hinreißend gesungen.«[26] Auch Herbert Schneiber äußerte sich begeistert über Wunderlich – »weil er am meisten Humor und die schönste Stimme besitzt. Seine in Wien besonders gut placierte, überaus kunstvolle Karikatur eines italienischen Tenors löste Beifallssalven aus...«[27]

Am Tage nach der zweiten Vorstellung des *Türken in Italien* mußte Wunderlich nach Augsburg für eine Aufführung von Bachs *Matthäus-Passion*. An der Seite von Antonie Fahberg, Hertha Töpper, Kieth Engen und Max Proebstl sang er sowohl die Evangelistenpartie als auch die Tenorarien. Die Umstellung vom Komödianten, den er am Abend zuvor zur Belustigung des Wiener Publikums auf der Bühne gemimt hatte, zum biblischen Berichterstatter schien ihm keinerlei Mühe zu machen. Jedenfalls spendete die *Süddeutsche Zeitung* uneingeschränktes Lob: »Fritz Wunderlich ist ein hervorragender Gestalter Bachscher Evangelistenpartien. Wie seinerzeit im *Weihnachts-Oratorium* war sein hochentwickelter Sinn für den echten Berichtston zu bewundern. Sängerische Biegsamkeit verleitet ihn nie zur Überbetonung des Gefühlhaften oder zu sentimentalem Verbreitern.«[28]

Bereits am 18. und 19. April trat Wunderlich erneut in der Donaumetropole auf, diesmal im Großen Musikvereinssaal:

Johann Sebastian Bach: Matthäus-Passion

Fritz Wunderlich (Evangelist und Arien)
Otto Wiener (Christus)
Wilma Lipp
Christa Ludwig
Walter Berry
Singverein der Gesellschaft der Musikfreunde Wien
Wiener Sängerknaben   Wiener Symphoniker
Dirigent: Karl Böhm

Neben seinen Mozart-Rollen war ihm die *Matthäus-Passion* zu einem der zentralen Werke geworden; und besonders gern sang er es, wenn er die Evangelistenpartie sowie auch die Tenorarien übernehmen konnte, wenn er den impulsiven Interpretationsstil des biblischen Berichterstatters mit dem mehr kontemplativen des Ariensängers gleichsam kombinieren konnte. »Bach verlangt, noch mehr als Mozart, eine fast instrumentale Stimmführung«, bekannte Wunderlich in einem Interview, »bei der man sich nicht auf das Expressive und auf den Stimmausdruck, sondern auf die reine Interpretation der Komposition konzentrieren muß. Der Evangelist bei Bach ist eine der schwierigsten Partien. Daß Bach sie für einen Tenor schrieb, hat einen guten Grund: In der höheren Stimmlage versteht man im allgemeinen mehr vom Text als in der tieferen. Und beim Evangelisten kommt es in erster Linie auf das Verstandenwerden an, denn er erzählt etwas. Er ist aber nicht nur Erzähler, sondern zugleich auch Beteiligter. Diese schwierige Mischung aus sachlichem Erzählen und innerem Beteiligtsein ist das eigentliche Problem beim Evangelisten.«[29]

Am 2. Mai gastierte Wunderlich wiederum in Hamburg, und zwar in einer *Don-Giovanni*-Aufführung im Rahmen der »Festlichen Opernabende«. Hans Schmidt-Isserstedt dirigierte, George London verkörperte die Titelpartie. »Begeisterungsstürme in der Staatsoper«, titelte der *Hamburger Anzeiger*. »Wer es nicht gesehen hat, wird es sich kaum vorstellen können: Fritz Wunderlich war als Don Ottavio ein Widerpart zu Don Giovanni, der standhielt. Was den Beteuerungen moralischer Festigkeit und resignierter Güte versagt bleibt, erreicht er durch in sich gekehrte Ruhe, durch Augenblicke einer Versunkenheit und Stille im Tumult, in denen man kaum zu atmen wagte. Und zwischen Wunderlichs Don Ottavio und der Donna Anna Elisabeth Grümmers ereignete sich ein Drama verdeckter Verwirrungen des Gefühls.«[30]

Dann schienen sich die Ereignisse gleichsam zu überstürzen. Am 5. Mai sang Fritz Wunderlich für den Bayerischen Rundfunk zwei Lieder von Willy Mattes: »Deine Liebe ist mein ganzes Leben« und »Melodia con passione«. Am 6. Mai mußte er nach Köln ins Funkhaus des Westdeutschen Rundfunks, wo eine Produktion von Leo Falls Operette *Die Rose von Stambul* geprobt wurde. Bereits am 7. Mai stand er erneut im Bayerischen Rundfunk vor den Mikrofonen: Mit dem Münchner Rundfunkorchester unter der Leitung von Hans Moltkau nahm er drei Opernarien auf – aus *Das Glöcklein des Eremiten* von Aimé Maillart, aus Otto Nicolais *Die lustigen Weiber von Windsor* und Lortzings *Waffenschmied*. Und abends flog er nach Köln zurück: nochmals Proben für *Die Rose von Stambul*. In den folgenden drei Tagen fanden die Aufnahmen statt; Franz Marszalek dirigierte das Kölner Rundfunk-Sinfonieorchester. Daneben sang Wunderlich seine regulären Opernvorstellungen in München: insgesamt ein gewaltiges, kräftezehrendes Pensum. Mitte Mai bekam er dann auch die Folgen zu spüren: Kieferhöhlenentzündung. Wunderlich mußte einige Opernvorstellungen absagen. Für eine Woche nahm er sich Urlaub und fuhr nach Kusel, um fern der Münchner Hektik auszuspannen. Noch vor dem großen Sommerurlaub sah sein Terminplan nämlich ein paar wichtige Daten vor: eine Gesamtaufnahme von Bedřich Smetanas Oper *Die verkaufte Braut*, dazu eine Konzerttournee mit der Cappella Coloniensis sowie zwei Operngastspiele in Freiburg. Und anschließend stand die Festspielsommersaison vor der Tür. Grund genug, um zu sich Sorge zu tragen.

FÜNFZEHNTES KAPITEL

Film, Funk und Schallplatte:
Der vielgefragte Medienstar

Eine Doppelseite war es der Schallplattenzeitschrift *Fono Forum* immerhin wert: ein aktueller Bildbericht über die Aufnahme von Smetanas beliebter Oper *Die verkaufte Braut*. Sie fand nicht wie üblich in einem der Berliner Aufnahmeräume der Electrola statt, in der Grunewaldkirche oder im Zehlendorfer Gemeindehaus, sondern in Bamberg. Mit gutem Grund, denn als Orchester hatte man die Bamberger Symphoniker verpflichtet. Hinter dieser unauffällig deutschen Bezeichnung versteckt sich ein tschechisches Orchester: die ehemaligen Deutschen Philharmoniker aus Prag, das Konkurrenzorchester zur Tschechischen Philharmonie. Joseph Keilberth hatte dieses Orchester während des Zweiten Weltkrieges zu einem hohen Leistungsstand geführt, eine künstlerisch bemerkenswerte Aufbauarbeit, die allerdings unter den Vorzeichen der nationalsozialistisch verordneten Kulturpolitik bewußt als Gegengewicht zur Tschechischen Philharmonie vorangetrieben und in späteren Jahren entsprechend be- oder verurteilt worden ist. Nach dem Zweiten Weltkrieg formierten sich die Deutschen Philharmoniker in der Bundesrepublik als Bamberger Symphoniker. Zweifellos hatten sie den prallen, saftigen Klang von Smetanas Musik nach wie vor im Blut, und so konnte das Orchester bei dieser Schallplattenaufnahme gleichsam seine musikalische Muttersprache sprechen: das Böhmische.

Die Aufnahmen fanden im Kulturraum statt, einst eine ehrwürdige Dominikanerkirche. Die komplizierte technische Apparatur mußte mit speziellen Lastern von Köln nach Bamberg transferiert werden – kompliziert deshalb, weil die Electrola bei dieser Opernproduktion erstmals das neue Vierspurverfahren erprobte. Dieses sollte den Raumeffekt, wie man ihn von herkömmlichen Stereoaufnahmen her kannte, gleichsam verdoppeln: Der Klang sollte noch transparenter werden und mehr lebendige Theateratmosphäre vermitteln. Karl Schumann war bei den Aufnahmen dabei: »An sechs Aufnahmetagen bot die gotische Basilika einen kuriosen Anblick. Mikrofonanlagen im hohen Kirchenschiff, breit postiertes Orchester, nach einem ausgeklügelten, mit Kreide aufgezeichneten Schema aufgestellte Gesangssolisten, der rasch aus Berlin herbeigeholte RIAS-Kammerchor im Hintergrund, dazwischen eine Schar Bamberger

Buben, die im Finale die turbulenten Rufe ›Der Bär ist los!‹ auszustoßen hatten... Die bizarre Postierung der Mitwirkenden verlangt vom Dirigenten ein nicht geringes Maß an Umsicht und Gewandtheit. Im Opernhaus hat der Kapellmeister das Orchester und die Bühne vor sich; bei einer komplizierten Einspielung sieht er sich den ungewöhnlichsten Gruppierungen der Mitwirkenden gegenüber.«[1]

In der Tat: Vor sich hatte Rudolf Kempe das Orchester sitzen, zumindest die Streicher, während die Holzbläser und, in gebührender Distanz, das gesamte Blech zu seiner Linken saßen. Rechts im Hintergrund hatte sich der RIAS-Kammerchor aufgestellt, und unmittelbar vor dem Chor standen, im Halbrund um ein einziges Mikrofon geschart, die Solisten:

Marie	Pilar Lorengar
Hans	Fritz Wunderlich
Kezal	Gottlob Frick
Kruschina	Marcel Cordes
Kathinka	Nada Puttar
Micha	Ivan Sardi
Agnes	Sieglinde Wagner
Wenzel	Karl-Ernst Mercker

Für fünf Aufnahmetage war Wunderlich insgesamt nach Bamberg verpflichtet worden; am dritten mußte er allerdings für einen Abend nach München zurück, um im Prinzregententheater eine Vorstellung von *Eugen Onegin* zu singen. In Bamberg beeindruckte ihn vor allem die Arbeit mit Rudolf Kempe, seine erste Schallplattenproduktion unter diesem bedeutenden Dirigenten, der äußerlich kühl, ja fast distanziert wirken mochte, zumal er alles andere als ein Showdirigent war. Seine Arbeit war von sachlicher Strenge gekennzeichnet, und was er den Mitwirkenden abverlangte, nahm er auch für sich in Anspruch: ein Höchstmaß an Konzentration. »Bei ihm ging erst einmal alles über den Kopf und anschließend, wenn er auf dem Podium stand, über das Herz«, erzählte der Electrola-Aufnahmeleiter. »Bevor er dirigierte, überlegte er sich jedes Detail. Zudem verfügte er über eine phänomenale Schlagtechnik und kam mit ganz sparsamen Bewegungen aus. Manchmal genügte ein einziger Blick zu einem bestimmten Orchestermusiker, und prompt spielte dieser die Phrase genau so, wie sich Kempe das zurechtgelegt hatte. Übrigens erlaubte sich Wunderlich bei diesen Aufnahmen wieder einmal einen seiner Scherze: Während einer Abhörsitzung drehte er am Mischpult unbeachtet an einem Knopf herum – und prompt war die Einstellung futsch, nichts funktionierte mehr richtig. Horst Lindner, der Tonmeister, suchte und suchte, bis er endlich der Sache auf die Spur kam. ›Wer war denn das?‹ fragte er verärgert. ›Ich‹, meinte Wunderlich treuherzig und in bester Stimmung. Eine halbe Stunde Aufnahmezeit hat uns das sicher gekostet, und genau das wollte Wunderlich wohl auch: eine Pause für die Sänger.«[2]

Die Aufnahme wurde Anfang 1963 veröffentlicht und löste ein begeistertes

Echo aus. »Was da auf die fünf Plattenseiten gebannt wurde, ist eine der schönsten Aufführungen, die man je von dem Werke zu hören bekam«, schwärmte Walter Abendroth im *Fono Forum*. »Rudolf Kempe läßt sich von seiner fühlbaren Liebe zur Sache nicht dazu hinreißen, die musikalische Aufgabe für leichter zu halten, als sie ist, und eine vorzügliche akustische Raumdisposition sorgt dafür, daß die Illusion leibhaftigen Bühnengeschehens lebendig bleibt und dabei keine Feinheit der Partiturinterpretation verloren geht.«[3] In der Tat, diese *Verkaufte Braut* besticht auch heute noch durch ihre atmosphärische Dichte. Vitalität eignet ihr und poetischer Zauber, Schwung und innige Anmut. Herrlich das weit ausholende Duett Wunderlichs mit Gottlob Frick im zweiten Akt der Oper, welches zu einem echt humoristischen Kabinettstück aufgebaut wird. Daß Wunderlich in der Rolle des Hans einige Bühnenerfahrung mitbringt, merkt man; daß Frick hingegen den dummschlauen Kezal zum ersten Mal singt, will man kaum glauben. Vorbehalte mag man allenfalls gegen die Übersetzung Max Kalbecks haben, die damals gängige, bühnenübliche deutsche Version der Oper, voller Stilblüten und, was schwerer wiegt, den markigen böhmischen Volkston allzu bieder-bodenständig zur folkloristischen Idylle verdrehend. Dennoch, die Begeisterung über diese *Verkaufte Braut* hielt an: Noch ein Jahrzehnt später, anläßlich einer Wiederveröffentlichung der Aufnahme, meinte Hans-Klaus Jungheinrich in der *Opernwelt* über Fritz Wunderlich: »Der 1966 verunglückte Sänger ist ein schlechthin unüberbietbarer Hans (auch von seinen tschechischen Kollegen nicht annähernd erreicht). Die überaus heikle C-Dur-Arie im zweiten Akt entfaltet nicht nur aufs müheloseste das lyrische Potential seiner virilen, in allen Lagen gleichmäßig profunden Tenorstimme; sie zeigt Wunderlich auch als einen sensiblen, intelligenten Gestalter, der die dynamischen Steigerungsmöglichkeiten der Kantilenen exakt nachvollzieht. Eine überragende Leistung.«[4]

Wunderlich, der versierte Medienkünstler: Mehr als ein Jahrzehnt war es her, seit er erstmals vor einem Mikrofon gestanden hatte. Besondere Probleme schien ihm das nie zu machen, die sprichwörtliche Mikrofonangst war ihm unbekannt. Die nüchterne Öde eines Aufnahmestudios, die immer wieder erzwungene Rücksichtnahme auf die Technik, das oft endlose Probieren und Wiederholen – all das hatte auf die Impulsivität seiner künstlerischen Leistung keinen hemmenden Einfluß. Die Arbeit im Aufnahmestudio behagte ihm: jeder der Beteiligten, ob Künstler oder Techniker, ein Fachmann auf seinem Gebiet, eine Atmosphäre, die zu effizientem Arbeiten anspornte. Hinzu kam sein ausgesprochenes Flair für alles Technische. Nicht nur sein eigener Beitrag, seine künstlerische Leistung interessierten ihn, sondern auch die Arbeit der Tontechniker – was sie aus seiner Leistung machten. Ebenso wichtig war ihm das Urteil des Produzenten. Fritz Wunderlich war nicht einer, der mit festgefahrenen Konzepten ins Aufnahmestudio kam. Im Gegenteil wollte er andere Meinungen hören, mit anderen Ideen und Vorstellungen konfrontiert werden: Lernen konnte man immer, und lernen wollte er.

Am 5. Juni verabschiedete sich Wunderlich von den Kollegen in Bamberg; seinen Anteil zur *Verkauften Braut* hatte er beigesteuert. Tags darauf stand er bereits in einem anderen Studio wieder vor dem Mikrofon: im kleinen Allach-Studio in München für eine Filmproduktion der Strauss-Operette *Zigeunerbaron*. Die Orchesterbegleitung zu seinen Gesängen war längst aufgenommen worden, in Belgrad, und nun sollte Wunderlich im Synchronisationsverfahren noch den Gesang beisteuern. »Ich weiß noch, wie Fritz an einem schönen Sommermorgen ins Studio kam«, erinnerte sich Rolf Alexander Wilhelm, der Bruder des *Zigeunerbaron*-Filmregisseurs Kurt Wilhelm. »Zehn Uhr morgens, nicht gerade eine ideale Zeit für Sänger. Eigentlich wollte ich mit kleineren Dingen beginnen, damit er sich hätte einsingen können. Er aber meinte, wir sollten chronologisch vorgehen, und begann mit dem Entree-Couplet des Barinkay, das bekanntlich am Schluß zumindest ein A verlangt, wenn nicht gar ein hohes C – und das sang er natürlich, dieser begnadete, stets fidele, unkomplizierte Mensch.« In der Rolle des Barinkay sang Wunderlich übrigens für den Filmschauspieler Carlos Thompson; den Zsupan mimte Willy Millowitsch, und als Arsena hatte man Heidi Brühl vor die Filmkamera geholt.

»Eine weitere Erinnerung an diesen Tag: Wir mußten noch ein Stück Gesang aufnehmen, zu dem das Orchesterplayback bereits auf Perfoband überspielt war, um die Synchronität zum Bild zu gewährleisten. Nun hatte dieses kleine Studio, das in einem einfachen Ein- oder Zweifamilienhaus am Stadtrand untergebracht war – Aufnahmeraum in einer umgebauten Doppelgarage, die Aufnahmetechnik in einem engen kleinen Raum und die Perfobandmaschine gegenüber in der Besenkammer –, keine Vorrichtung, um lange Schleifen abzuspielen. Wir mußten also das vielleicht achtzig Meter lange Band abrollen und durch den Gang bei der Haustüre hinaus, das Treppchen hinunter bis zum Garteneingang per Hand laufen lassen, während drinnen die Gesangsaufnahme stattfand. Unser lieber Fritz war vollkommen selbstverständlich und mit großem Hallo bei dieser improvisierten technischen Hilfsaktion mit dabei. Er war ein wundervoller, hilfsbereiter, lebenslustiger Kollege, wohl der begnadetste Tenor unserer Tage, so urmusikalisch und musikantisch wie keiner nach ihm, stilsicher, von höchstem Geschmack, dabei ein Draufgänger und ·Vollblutkünstler.«[5]

Eine Woche später stand Wunderlich erneut vor dem Mikrofon, wiederum Operettenaufnahmen, diesmal mit dem Münchner Rundfunkorchester unter der Leitung von Hans Moltkau. Sechs Titel wurden eingespielt: von Eduard Künneke »Das Lied vom Leben des Schrenk« aus *Die große Sünderin* sowie »Ich träume mit offenen Augen« aus *Die lockende Flamme*, von Franz Lehár »Schön ist die Welt« aus der gleichnamigen Operette sowie »Freunde, das Leben ist lebenswert« aus *Giuditta*, dazu aus Karl Millöckers Operette *Die Dubarry* »Mein Weg führt immer nur zu dir« und »Wie schön ist alles, seit ich dich gefunden«.

Im Prinzregententheater hatte Hans Hartleb inzwischen mit den Proben zur *Schweigsamen Frau* von Richard Strauss begonnen. Mit dieser Neuinszenierung sollten die Münchner Opernfestspiele Mitte August eröffnet werden. Am 15. Juni leuchtete im Nationaltheater, in Münchens traurigster Ruine, zum ersten Mal festlicher Lichterglanz. Die »Freunde des Nationaltheaters« hatten zu einem Herrenabend im Königssaal und den angrenzenden Ionischen Sälen geladen. Noch mußten die Gäste über eine provisorische Holztreppe in die erste Etage steigen; rundum roch alles nach Kalk und Neubau. Aber wenige Schritte später umfing sie die Pracht der ersten wiederhergestellten Säle: eine Zimmerflucht in Weiß und mit kunstvollen Stukkaturen, die schon Proben der endgültigen Ausstattung zeigten, golden die Fassung der Ornamente, schimmernd blau die Wände. Sichtbarer Beweis für die Anwesenden, daß es mit dem Wiederaufbau des Nationaltheaters zügig voranging. Für sechs Millionen Mark Baukostenzuschuß hatten sich die »Freunde des Nationaltheaters« stark gemacht – darauf durfte man stolz sein und anstoßen. Auch Musik erklang an diesem Abend: Das Streichquartett der Bayerischen Staatsoper spielte einen Haydn-Quartettsatz, Ingeborg Hallstein sang eine Arie aus Walter Braunfels' Oper *Die Vögel*, und Kammersänger Fritz Wunderlich steuerte einige Lieder von Richard Strauss bei, am Flügel begleitet von Kapellmeister Meinhard von Zallinger. »Damit erklang erstmals nach der Zerstörung im Oktober 1943 wieder festliche Musik in dem geliebten Haus«, resümierte der *Münchner Stadt-Anzeiger*, »und wenn es auch keine ›vorweggenommene Premiere‹ war, wird doch jeder, der dabei sein durfte, das Glücksgefühl dieser Stunde nicht mehr vergessen. Es war ein Vorschuß auf jene Freude, die allen Freunden des Nationaltheaters bei der Eröffnung des Hauses im November 1963 zuteil werden wird.«[6]

Zwei Tage später flog Wunderlich nach Bielefeld: In der Oetkerhalle erwartete ihn Ferdinand Leitner zu einer Probe mit der Cappella Coloniensis, dem Barockorchester des Westdeutschen Rundfunks. Für einmal spielten diese Spezialisten nicht hinter verschlossenen Türen im Aufnahmestudio des WDR, sondern an der Öffentlichkeit. Eine kleine Konzerttournee stand bevor, Stationen waren Essen, Köln und Wien. Das Programm:

Georg Philipp Telemann	Ouvertüre in C-dur
Carl Stamitz	Sinfonia concertante D-dur Soli: Ulrich Grehling (Violine) Ulrich Koch (Viola)
Georg Friedrich Händel	Zwei Arien aus »Alcina« Solist: Fritz Wunderlich
Johann Sebastian Bach	Ouvertüre Nr. 3 D-dur

Vorsorglicherweise wurde noch eine Zugabe eingeübt: Händels populäres »Largo«, die Arie »Ombra mai fu« aus der Oper *Xerxes*. Orchester, Solist und

Dirigent wurden auf ihrer kleinen Tournee nach jedem Konzert lautstark akklamiert: »Kölner Orchester gefeiert«, »Ein Gesundbad der Seele«, »Zauberhaftes Klangbild des Barocks« titelte die Presse. »Drei Zugaben bei einem Programm mit Werken alter Meister aus dem Stilkreis des Barock und der Empfindsamkeit – das sagt mehr über Qualität und Erfolg dieses Abends, als Worte es vermögen.«[7] Mit den beiden Händel-Arien schien Wunderlich beim Publikum besonders gut angekommen zu sein: »Fritz Wunderlich ist ein ganz prachtvoller Sänger, der das Publikum im Sturm eroberte. Er besitzt ein warmes, schönes Timbre, strahlende Höhe und eine natürliche Art des Vortrages, die durch starke Musikalität besticht.«[8] Unnötig zu sagen, daß er in allen drei Konzerten das »Largo« zugeben mußte.

Am 3. Juli sang Wunderlich, nach vier Monaten Abwesenheit, wieder einmal in Stuttgart: eine einzige Vorstellung von Rossinis *Barbier*. Noch in der Nacht fuhr er nach München zurück; am Morgen hatte er Probe für die *Schweigsame Frau*. Abends ging es wiederum auf die Reise, diesmal nach Freiburg, wo er im Rahmen der »Freiburger Opernfestwoche« in einer Vorstellung der *Entführung aus dem Serail* gastierte. Tags darauf mußte er wieder in München singen: Orchesterprobe zur *Schweigsamen Frau* und abends eine Vorstellung von *Eugen Onegin*. Anschließend fuhr er noch einmal nach Freiburg, wo er in einer Vorstellung von *Così fan tutte* gastierte. Zeitungsberichten zufolge sollen Fans beinahe die Bühne gestürmt haben, um ihr Idol aus unmittelbarer Nähe zu erleben. »Fritz Wunderlich war ein idealer Belmonte... Die geschmeidige, leichte Führung seiner in allen Lagen ausgeglichenen Stimme und die hohe Kultur seines Vortrags prädestinieren ihn zum Mozartsänger par excellence. Dazu hat er eine außerordentliche Gewandtheit der Darstellung erworben, die ihm mühelos den so selten erzielten organischen Übergang vom gesprochenen zum gesungenen Wort ermöglicht.«[9]

Vier Wochen Salzburg sind im Terminkalender Wunderlichs im Sommer 1962 eingetragen. So verwirrlich es sich anhört: Wunderlich war in Salzburg, und er war auch nicht in Salzburg. Nämlich nicht an den Festspielen. Die *Entführung* vom vergangenen Jahr stand zwar wieder auf dem Spielplan, doch Wunderlich wollte dieses Jahr pausieren, wollte ausspannen und ausruhen. Warum sich nicht wieder, wie in den vergangenen Jahren, auf dem Bauernhof außerhalb Salzburgs einmieten? Vier Wochen Urlaub verbrachte er dort im Kreis seiner Familie; nicht ein einziges Mal zog es ihn in den Touristen- und Künstlerrummel der Festspielstadt. In jenem Sommer konzentrierte sich Wunderlich ganz auf die Münchner Festspiele. In sechs Festspielproduktionen wirkte er mit und sang insgesamt acht Vorstellungen. Besonders arbeitsintensiv war die Eröffnungspremiere: *Die schweigsame Frau* von Richard Strauss. Seit Ende Mai liefen die Proben, am 12. August ging Hans Hartlebs Neuinszenierung erstmals über die Bühne. Am

Pult stand Heinz Wallberg, neben Wunderlich sangen Kurt Böhme (Morosus), Raimund Grumbach (Barbier) und Ingeborg Hallstein (Aminta). »Wir haben eigentlich nicht allzu viele Berührungspunkte gehabt«, erzählte die Sopranistin später. »Fritz war ein phantasievoller Sänger, nicht nur vom Kopf gesteuert – wobei es einen Unterschied gibt zwischen Schulintelligenz und der Intelligenz, die ein Sänger haben muß. Diese Intelligenz hatte Fritz Wunderlich in großem Maße. Er hat alles gleichmäßig toll interpretieren und empfinden können. Und er stand voll hinter allem, was er gesungen hat. Ich habe eine wunderbare Erinnerung an die Schlußszene im zweiten Akt, an das große Liebesduett, das er mit einer umwerfenden Zartheit, Ausgeglichenheit und Liebe gesungen hat. Da habe ich Fritz echt geliebt, als Mensch, als Sänger.«[10]

Weniger geliebt haben die Münchner die *Schweigsame Frau*. Jedenfalls reagierten die Rezensenten zwiespältig bis angriffig – eine Art Haßliebe, nichts Neues in Sachen Richard Strauss. Die *Schweigsame Frau* nehme sich aus wie »ein verspäteter Beitrag zu einem Lexikon der Musikgeschichte, dessen Redaktion längst abgeschlossen war«, spöttelte beispielsweise Walter Panofsky. Und es sei ein skurriler, unbedachter und musikalisch letztlich auch unbedarfter Witz des Komponisten gewesen, den lärm- und geräuschempfindlichen Sir Morosus, den Mann ohne Trommelfell, ausgerechnet mit Hilfe eines blechgepanzerten Riesenorchesters zu illustrieren. »Denn die Welt der Buffa (der Strauss in der *Ariadne* einst so nah war) verlangt nach Aussparung und Transparenz.« Das trifft zweifellos den Kern der Sache. Vergleiche mit der Salzburger Festspielaufführung von 1959 wurden gezogen: »Fritz Wunderlich, der vor drei Jahren mit der Partie des jungen Henry seinen ersten großen Erfolg errang, erwies sich abermals als einer der besten, kultiviertesten lyrischen Tenöre unserer Tage. Von seiner Stimme wie seinem sehr diskreten und höchst intelligenten Spiel geht ein eigener Zauber aus. Hätte ihm Wallberg doch nur gestattet, so manche herrliche Kantilene ruhig auszusingen, wie es den Gesetzen der Italianità entspricht: die Beglückung wäre noch größer gewesen, als sie es ohnehin schon war.«[11]

Zwei Tage später eine *Don-Giovanni*-Festspielaufführung, wie schon im vergangenen Festspielsommer in italienischer Sprache und wiederum mit George London in der Titelpartie. Erstmals sang Wunderlich an der Seite von Sena Jurinac, die als Donna Anna gastierte. »Fritz war einer der seltenen deutschsprachigen Sänger, bei dem es wirklich nichts ausmachte, ob er deutsch oder italienisch oder welche Sprache auch immer sang. Es war einfach richtig gesungen. Die Stimme hatte einen Glanz, ein Timbre, das an jeden lyrischen Tenor herankam, und das war – ich meine diese Mischung von Klang und Sprache – ganz einfach in Ordnung. Es war ihm immer wichtig, daß es schön klingt. Man muß ja nicht weiß Gott was spielen, wenn man alles wirklich mit der Musik sagen kann.«[12]

Noch eine weitere neue Begegnung hatte Wunderlich auf der Münchner Festspielbühne. Am 19. August trat er wieder einmal als Sänger im *Rosenkavalier* auf. Wie er, inmitten der ganzen Antichambre, durch die Flügeltür ins Schlafzimmer der Marschallin kam, hatte er Gelegenheit, zum ersten Mal eine der großen, bereits legendären Gestalterinnen dieser Partie zu bewundern: Lisa Della Casa.

Ende des Festspielsommers – in München, aber auch in Salzburg. Ein letztes Mal ging dort im Alten Festspielhaus jene legendäre *Così-fan-tutte*-Inszenierung über die Bühne, die Günther Rennert und Karl Böhm einst für die Festspiele 1960 erarbeitet hatten. Drei Festspielsommer lang hatte sie sich gehalten, ein unerwarteter Publikumsfavorit, und jeden Sommer in derselben Besetzung: Elisabeth Schwarzkopf (Fiordiligi), Christa Ludwig (Dorabella), Hermann Prey (Guglielmo) und Waldemar Kmentt (Ferrando), Graziella Sciutti (Despina) und Karl Dönch (Don Alfonso). Im Anschluß an diese letzten Salzburger Aufführungen wollte die britische EMI/Columbia in London nun eine Gesamtaufnahme dieser *Così fan tutte* produzieren. Mit Karl Böhm, Elisabeth Schwarzkopf und Christa Ludwig. Bei den Herren sollten hingegen Italiener dominieren: Giuseppe Taddei wurde als Guglielmo und Luigi Alva als Ferrando unter Vertrag genommen. Alva mußte jedoch kurz vor Aufnahmebeginn absagen. Guter Rat war teuer, doch Heinrich Schmidt, der in London die musikalische Einstudierung der Sänger vorbereitete, wußte solchen Rat: Man solle Fritz Wunderlich engagieren. Telegrafisch wurde in München angefragt, ob er binnen acht Tagen die Partie des Ferrando übernehmen könne. Ein verlockendes Schallplattenangebot. Den Ferrando hatte er schon oft gesungen, aber ausschließlich in deutscher Sprache. Also die Partie neu studieren, was in acht Tagen zweifellos zu leisten war – aber nicht auf jenem hohen Niveau, das Wunderlich, unnachgiebig und kompromißlos, von seiner künstlerischen Arbeit forderte. Wenn schon eine Gesamtaufnahme der *Così*, so sagte er sich, dann wolle er auch eine optimale Leistung erbringen. Unter diesen Umständen sei das aber nicht möglich. Also sagte er ab – ein Entscheid, der ihm schwerfiel. Ein Entscheid, der um so schwerer wiegt, als Wunderlich ein ähnliches Angebot nicht mehr erhielt und sein Ferrando – eine Partie, die er außerordentlich gerne gestaltete – auf keiner Schallplattengesamtaufnahme dokumentiert ist.

Die neue Spielzeit begann für Wunderlich Ende September in Köln. Der Westdeutsche Rundfunk produzierte eine Gesamtaufnahme von Emmerich Kálmáns Operette *Gräfin Mariza*. Franz Marszalek dirigierte das Kölner Rundfunkorchester. Unter Wunderlichs Kollegen: Christine Görner, Benno Kusche und Gretel Hartung. Am 9. Oktober sang er erstmals wieder den Lenski in Tschaikowskys *Eugen Onegin* – eine außergewöhnliche Aufführung, weil sie vom Bayerischen Fernsehen aufgenommen wurde. Am Vortag hatte eine spezielle TV-Probe stattgefunden. »Ich weiß noch gut«, erzählte Kollege Hermann Prey rückblickend, »wie er kurz vor dem Auftritt, wo ich dann zum Duett erscheinen und ihn erschießen muß, kam und mich fragte: ›Sag mal, was soll ich mit meinen Händen machen bei der Fernsehaufzeichnung?‹ ›Laß sie einfach unter dem Cape‹, sagte ich, ›bleib einfach stehen. Je weniger du deine Hände bewegst und schon gar nicht hochnimmst, um so verlassener wirst du aussehen.‹ Das hat er dann auch gemacht. Und anschließend kam er zurück: ›War's recht so?‹ ›Phantastisch!‹«[13]

Am 18. und 19. November wurde Wunderlich in Wien im Großen Konzerthaussaal erwartet: Beethovens neunte Sinfonie mit den Wiener Symphonikern unter Karl Böhm. Bereits am nächsten Tag hatte er wieder einen wichtigen Termin in München: Korrepetition von Händels Oper *Xerxes*, eine neue Partie, die er für eine Gesamtaufnahme des Bayerischen Rundfunks erarbeiten mußte. Am 23. November begannen die Aufnahmen:

Xerxes	Fritz Wunderlich
Arsamenes	Naan Pöld
Amastris	Hertha Töpper
Romilda	Jean Cock
Atalanta	Ingeborg Hallstein
Ariodates	Karl Christian Kohn
Elviro	Max Proebstl

Chor und Symphonie-Orchester des Bayerischen Rundfunks
Dirigent: Rafael Kubelik

Xerxes, eine der letzten Opern, die Händel komponierte. Das berühmte »Largo« – die erste Arie in der Oper, von Händel als »Larghetto« bezeichnet – eroberte die ganze Welt; die Oper hingegen konnte sich nicht auf den Bühnen halten. Das hat stilistische Gründe: Xerxes und Arsamenes sind Sopranpartien, wurden von Händel für Kastraten komponiert und werden heute vornehmlich von Tenören gesungen, was Stimmlagenprobleme mit sich bringt. Vieles nämlich kommt für einen Tenor in die unkomfortable Mittellage zu stehen. Hängt es damit zusammen, daß Wunderlich in dieser Produktion nicht zu seiner gewohnten Form fand? Oder nahm er sich nicht genügend Zeit? Von den paar Aufnahmetagen, die Kubelik für die Arien des Xerxes eingeplant hatte, brauchte Wunderlich nur gerade ein Drittel; alles schien schnell und problemlos zu gehen. Imposant ist denn auch seine Atemkontrolle in der Koloraturarie »Finstre Furien«; man merkt kaum, ob und wo er atmet, und er gestaltet die Arie mit spürbarem dramatischem Impuls. Souverän wie stets ist auch seine Stimmführung. Allein, das berühmte Lächeln in seiner Stimme hört man in dieser Aufnahme kaum. Eine saubere und korrekte Leistung – aber nicht mehr.

Rundfunktermine, Aufnahmesitzungen, Schallplatten- und Fernsehproduktionen: Kein Zweifel, Fritz Wunderlich war zum vielbegehrten Medienstar avanciert. Fast hätte man darüber den Opernsänger vergessen. Immerhin hatte er im Oktober zehn Vorstellungen gesungen, in München und in Stuttgart, und im

November standen sechs bevor. Doch Rundfunk- und Schallplattentermine fielen auch in diesem Monat stärker ins Gewicht. Bereits am 2. November stand Wunderlich vor den Mikrofonen – diesmal im Studio Mainz, wo eine kleine Serie von Liedaufnahmen produziert wurde: Schubert, Strauss und Hugo Wolf. Am Flügel begleitete ihn Rolf Reinhardt. Am 6. und 7. November wirkte er in einer Gesamtaufnahme von Luigi Cherubinis einst vielgespielter Oper *Der Wasserträger* mit, die der Süddeutsche Rundfunk Stuttgart produzierte. Eine Funkfassung, eingerichtet von Günter Haußwald, subtil gekürzt und die einzelnen Musiknummern mit gesprochenen Zwischentexten verbunden. Immerhin wurden innerhalb zweier Tage achtzig Minuten Musik auf Band festgehalten. Wunderlich sang den Grafen Armand, Hildegard Hillebrecht die Constance und Marcel Cordes den Michaeli.

Drei Tage später wurde er in Frankfurt erwartet: Probe für Giuseppe Verdis *Messa da Requiem* unter der Leitung von Theodor Egel. Zwei Aufführungen waren in der Frauenfriedenskirche angesetzt. Neun Jahre waren es her, beinahe auf den Tag genau, seit Wunderlich, damals noch ein unerfahrener Gesangsstudent, erstmals in einem Konzert Egels aufgetreten war. Die Querelen von einst – entweder singe Wunderlich ernsthafte Musik bei Egel oder dann halt Schnulzen bei Willi Stech – waren wohl vergessen und auch begraben: Schließlich hatte Wunderlich seinen Weg ja gemacht. Mit ernsthafter Musik, aber auch mit Schnulzen. Egel war begeistert von Wunderlichs Leistung und versäumte es nicht, ihn gleich für sein nächstes Chorkonzert zu verpflichten: für Haydns *Schöpfung* am 1. Juli 1963.

In der zweiten Novemberhälfte hatte Wunderlich zwei Electrola-Termine. Neuerdings jetzt nicht mehr in Berlin, in der Grunewaldkirche oder im Gemeindehaus Zehlendorf, sondern in München. Der Mauerbau in Berlin hatte aller Kommunikation ein definitives Ende gesetzt. Der Beizug oder Austausch von Künstlern, vor allem von Orchestermusikern und Chorsängern, über die Sektorengrenze hinweg war nicht mehr möglich. Auf der Suche nach neuen Aufnahmeräumlichkeiten stießen die Tontechniker der Electrola auf den »Bürgerbräukeller« in München. Ein großer Biersaal, durch den unrühmlichen Hitler-Putsch vom November 1923 politisch arg in Verruf geraten, eines der größten Versammlungslokale in München. Dazu auch ein akustisch hervorragender Raum, wenngleich die Nachhallzeit nicht ganz so lang war wie in der großartigen Berliner Grunewaldkirche und auch nicht ganz so hell.

Vom 21. bis 23. November wurden hier jene acht Operettentitel aufgenommen, die dann, auf einer Electrola-Langspielplatte zusammengestellt, rund um die Welt gegangen sind: »Freunde, das Leben ist lebenswert.« Wiederum arbeitete Fritz Wunderlich mit dem Dirigentenkollegen Hans Moltkau zusammen, der diesmal das Orchester der Bayerischen Staatsoper zur Verfügung hatte. Daß ein Tenor, ein lyrischer Tenor, Operetten singen sollte, hat Wunderlich wiederholt bestätigt. Denn der Operettensänger ist nicht der Diminutiv des Opernsängers –

auch wenn das rein sprachlich so aussehen mag. Operette ist eine Kunstform, die sich in der zweiten Hälfte des 19. Jahrhunderts etabliert hat, und sie bewahrt auch später, im 20. Jahrhundert, bei Lehár oder Leo Fall, diese dannzumal bereits antiquierte ästhetische Verankerung im 19. Jahrhundert. Entsprechend groß sind die Anforderungen an die Sänger – Anforderungen, wie sie in der Musik aus den letzten Jahrzehnten des 19. Jahrhunderts üblich sind: durchschlagskräftiger Belcanto, eine Stimme mit individuellem Schmelz und Höhenglanz, dazu ein feiner Sinn für die schmiegsame Kantilene – mit Vorteil etwa bei Mozart zu lernen. Richard Tauber und Peter Anders heißen die entsprechenden Vorbilder.

»Wir lyrischen Tenöre haben den dramatischen und heldischen Tenören voraus, daß wir auch leichte Opern und Operetten singen können«, bekannte Wunderlich in einem Interview. »Auch da kommt es darauf an, ganz präzise zu intonieren; und das ist nicht einfach . . . Ein lyrischer Tenor muß Operette singen. Es macht auch eine Höllenfreude, wenn man sich zwischendurch wieder einmal stimmlich austoben kann. Aber auch hier muß man Stilgefühl beweisen. Man kann seine Stimme ruhig strömen lassen, doch darf man keine Faxen dabei machen.«[14] Genau diese Qualitäten zeichnen den Operettensänger Wunderlich vor aller Konkurrenz aus: daß er keine Faxen macht und sich nicht auf weichzeichnerische Sentimentalitäten einläßt.

Übrigens: Bei diesen Operettenarienaufnahmen sang Wunderlich nicht nur, sondern er pfiff auch die wunderbar schmalzige Refrainmelodie in der Arie »Zwei Augen, die wollen mir nicht aus dem Sinn« aus der *Rose von Stambul* von Leo Fall. Und es sollte nicht das letzte Mal sein, daß er mit seinen makellosen Pfeifkünsten vor versammeltem Orchester und einem ziemlich verdutzten Dirigenten brillierte.

Drei Tage später, vom 26. bis 28. November, waren die nächsten Aufnahmesitzungen anberaumt. Diesmal stand »ernsthafte« Musik auf dem Programm, einige der beliebtesten Opernarien aus Wunderlichs Repertoire, die zum Arienrezital »Komm, o holde Dame« zusammengestellt werden sollten. Wiederum begleitete das Orchester der Bayerischen Staatsoper, diesmal unter der Leitung von Hans Müller-Kray, Musikchef beim Süddeutschen Rundfunk in Stuttgart. Acht Titel hatte sich Wunderlich vorgenommen: das »Largo« aus Händels *Xerxes*, »Komm, o holde Dame« aus *Die weiße Dame* von Boieldieu, dann zwei Arien aus Donizettis *Liebestrank*, »Welche Huld und welche Reize« sowie »Wohl drang aus ihrem Herzen«, anschließend Mozarts »Folget der Heißgeliebten« aus *Don Giovanni* und »Vor deinem Fenster« aus Cornelius' *Barbier von Bagdad*. Hinzu kamen noch zwei Raritäten: die Arie »Ich schloß die Augen« aus Massenets Oper *Manon* sowie die große Chorszene »Selig sind, die Verfolgung leiden« aus Wilhelm Kienzls Oper *Der Evangelimann*, diese unter Mitwirkung des Münchner Kindersingkreises St. Wolfgang aufgenommen. Ergänzt wurde diese Arienfolge noch mit der *Traviata*-Arie, bereits im Juni 1960 aufgenommen, sowie mit zwei

Arien aus Operngesamtaufnahmen: aus der schon produzierten *Verkauften Braut* und aus den für Februar 1963 vorgesehenen *Lustigen Weibern von Windsor*.

Anfang Dezember mußte Wunderlich für zehn Tage sämtliche Verpflichtungen absagen. Eine Erkältung hatte sich breitgemacht und nötigte ihn, täglich nach Starnberg zu seinem Halsspezialisten zu fahren. Vorsicht war angesagt, denn noch im Dezember standen zwei weitere Schallplattentermine sowie eine Opernpremiere bevor. Am 12. Dezember wagte sich Wunderlich wieder auf die Bühne – in einer Aufführung von Mozarts *Così fan tutte* im Alten Residenztheater. Am folgenden Tag erschien er pflichtbewußt im »Bürgerbräukeller«, um für die Plattenfirma Electrola in einem Querschnitt aus Peter Tschaikowskys nur selten gespielter Oper *Pique Dame* mitzuwirken. »Diesmal kam er recht schlecht vorbereitet«, erinnerte sich Aufnahmeleiter Bickenbach. »Die erste Aufnahme, die wir mit ihm machten, taugte nicht viel. Wie Wunderlich dann zu uns in den Aufnahmeraum kam, sagten wir ihm ganz offen: ›Hör, Fritz, das ist nichts. Paß mal auf, so und so muß diese Musik gesungen werden.‹ Die Noten hatte er zwar einigermaßen richtig drauf, aber interpretatorisch konnte er mit dieser Musik nichts anfangen. Wir sagten ihm also, wie wir uns das etwa vorstellten. Wunderlich hörte genau zu, ging dann zurück in den Aufnahmeraum – und sang diese schwierige Partie perfekt, füllte die Rolle plötzlich mit Leben und gestaltete sie intuitiv aus dem Moment heraus. Da merkte jeder, was für ein genialer Sänger er eben war.«

Vier Tage später, am 17. Dezember, traf sich dasselbe Team erneut im »Bürgerbräukeller«: Wunderlich, Melitta Muszely, Hermann Prey und Gottlob Frick sowie das Orchester der Bayerischen Staatsoper unter der Leitung von Meinhard von Zallinger. Diesmal nahm man einen Querschnitt durch Tschaikowskys Oper *Eugen Onegin* auf, und die beiden Querschnitte sollten dann, jeder eine Schallplattenseite füllend, zusammen veröffentlicht werden. »Es war ein lustiges Männertrio«, schwärmte Aufnahmeleiter Bickenbach, »Frick mit toll-festem Grund, ein Förstersohn und selber ein passionierter Jäger, immer aus dem vollen schöpfend. Sein Wort galt – wogegen Prey manchmal bubenhaft wirkte und ab und zu sogar verletzend sein konnte. Wunderlich dagegen war immer gut Freund. Den Gattinnen der anwesenden Beteiligten hat er jeweils reihum Küßchen verteilt. Er war ja auch ein König. Stets wußte er, daß seine Stimme in Ordnung ist. Er hatte nie Angst, daß sie versagen könnte. Daran dachte er überhaupt nicht – die Stimme war einfach da, darauf war Verlaß. Natürlich brachte das auch Gefahren mit sich: Lebenshunger beispielsweise oder daß er aus purer Freude zuviel und zu laut sang. Es gab auch da Momente, wo wir dachten: Wenn der so weitermacht, dann hält die Stimme nicht mehr lange.«[15] Noch weitere Schallplattenprojekte waren damals im Gespräch: Opernquerschnittplatte von Boieldieus *Weißer*

Dame, Aubers *Fra Diavolo* und Lortzings *Undine.* Doch Wunderlich mußte aus Termingründen absagen, worauf Electrola alle drei Projekte fallenließ.

Seit einigen Wochen probte Generalintendant Rudolf Hartmann seine Neuinszenierung von Pfitzners *Palestrina.* Eine der personenreichsten Opern: Gegen 40 Partien sind zu besetzen, fast ausschließlich Männerpartien, was auch für ein großes, internationales Haus keine leichte Aufgabe ist. Hartmann hatte Wunderlich vor einiger Zeit schon den Novaggerio angeboten, eine wichtige Partie, perfekt zugeschnitten auf einen erfahrenen Charaktertenor. Wunderlich überlegte sich das Angebot, Briefe wurden zwischen ihm und dem Intendanten gewechselt, schließlich sagte er ab, weil er sich überfordert fühlte. Unter keinen Umständen aber konnte Hartmann auf ihn verzichten, und so bot er ihm die kleine, aber nicht uninteressante Partie des Abdisu an, des greisen Patriarchen von Assyrien. Wunderlich freute sich sehr auf diese Partie: für einmal keinen jugendlichen Liebhaber mimen, sondern einen Zittergreis!

Zwei Tage nach den Aufnahmen zur *Pique Dame* fand am späten Morgen im Prinzregententheater bereits die *Palestrina*-Generalprobe statt. Am Abend sowie am darauffolgenden Morgen hatte Wunderlich erneut Mikrofontermine: Für den Bayerischen Rundfunk nahm er fünf Lieder von Richard Strauss auf, begleitet vom Symphonieorchester des Bayerischen Rundfunks unter der Leitung von Jan Koetsier. Orchesterlieder von Strauss – Wunderlich war da in guter Gesellschaft: Auch Peter Anders und vor allem Julius Patzak hatten mit diesen Liedern Furore gemacht. Was etwas heißen will, denn sie sind eigentlich für eine Sopranstimme geschrieben, für die sprichwörtlich jubelnden Strauss-Stimmen von Maria Jeritza, Lotte Lehmann, Viorica Ursuleac oder Maria Reining. Eine Tenorstimme hat es da schwerer: Sie schwingt, selbst in höheren Lagen, nicht so problemlos über das Orchester hinaus, und einige Mühe bereiten einer großkalibrigen Männerstimme auch die zarten, lyrisch-verhaltenen Phrasen. Das alles eingerechnet, schlug sich Wunderlich achtenswert: mit famoser Stimmkraft und mit strahlendem Höhenglanz, ohne allerdings das interpretatorische Spektrum dieser Gesänge voll auszuschreiten.[16]

Am 21. Dezember ging Hartmanns *Palestrina*-Inszenierung erstmals über die Bühne. Wunderlich sang, wie gesagt, den Abdisu von Assyrien, der nur im zweiten Akt, im Tridentiner Konzil, aufzutreten hat. Offensichtlich kostete er die darstellerischen Möglichkeiten dieser Rolle voll, ja beinahe übermäßig aus – zum Gaudi der Kollegen auf der Bühne. »Wunderlich hat wirklich einen Tattergreis gespielt. Wie ein hilfloser Neunzigjähriger ließ er sich auf die Bühne führen, und zwar von Friedrich Lenz, der den Bischof von Budoja sang. Die beiden hatten an ihrem Auftritt unheimlich Spaß und machten den wunderbarsten Blödsinn. Wir Statisten durften überhaupt nicht hinschauen, wir hätten unweigerlich vor Lachen gebrüllt. Und wie Wunderlich seine kurze Passage sang, mit einer Mischung aus tenoralem Silbertimbre und einer alten, ›krächzenden‹, ganz hohen Fistelstimme – das war von umwerfender Wirkung. Überhaupt war es eine hervorragende Inszenierung, von Hartmann brillant gemeistert. Auch Keilberth am Pult machte uns allen großen Eindruck.«[17] Richard Holm sang den Palestrina. Er hatte berühmte Vorgänger in dieser Partie: Karl Erb, Fritz Krauß, Julius Patzak und auch Lorenz Fehenberger, doch er wußte sich mit einer eigenen Rollendeutung zu profilieren: intellektuell, verinnerlicht, ein weiser alter Mann. Fritz Uhl, ein Tristan-erfahrener Heldentenor, trompetete mit böser Kälte die kirchendiplomatischen Erwägungen des Drahtziehers Novaggerio – die Partie, die man ursprünglich Wunderlich zuhalten wollte. Hans Günter Nöcker beeindruckte als eiskalter, scharfer Luna. »Keilberth war da unvergleichlich«, erzählte Nöcker rückblickend, »*Palestrina* war für ihn etwas Heiliges. Ich erinnere mich noch an einen Moment – da dirigierte er plötzlich nur noch mit der Rechten weiter, und mit der Linken blätterte er die Partitur Seite für Seite zurück. Dann, nach einiger Zeit des Suchens, sah ich, wie er sich zu einem Hornisten neigte und ihm etwas zuflüsterte. Nach der Vorstellung fragte ich den Hornisten: ›Was hat denn der Alte zu dir gesagt?‹ ›Fis, nicht f.‹ *Palestrina*, das war wunderbar mit Keilberth, wie ein Gottesdienst.«[18] Von der einheimischen Presse wurde diese Neuinszenierung einmütig als Höhepunkt der Ära Hartmann/Keilberth gefeiert.

Das neue Jahr begann mit Absagen: wiederum eine Erkältung, wiederum die unangenehmen Konsultationen beim Halsspezialisten. Einen ausgefallenen Aufnahmetermin beim Bayerischen Rundfunk konnte Wunderlich am 9. Januar nachholen. An der Seite von Hermann Prey sang er das Duett Carlos/Posa aus dem ersten Akt von Verdis Oper *Don Carlos*. Ein Werk, das sie beide sehr mochten. Bereits vor zwei Jahren hatte Wunderlich dem Kölner Generalintendanten Oscar Fritz Schuh mitgeteilt, daß ihm und Hermann Prey *Don Carlos* eine Herzensangelegenheit sei und daß sie diese Oper gerne mit Schuh in Köln machen würden.[19] Zu konkreten Absprachen ist es allerdings nie gekommen. Am 10. Januar mußte Wunderlich nach Stuttgart: Verständigungsprobe für eine Vorstellung von *Così fan tutte*. Abends nahm er den Nachtzug nach Hamburg: Gastauftritt als Don Ottavio an der Hamburger Staatsoper. Gleich nach der Vorstellung per Nachtzug wiederum nach Stuttgart zurück: *Così fan tutte*. Zwei Tage später wiederum ein Opernduett vor den Mikrofonen des Bayerischen Rundfunks: Diesmals nahm Wunderlich mit Hermann Prey das berühmte Duett aus dem ersten Akt von Bizets sonst weitgehend unbekannter Oper *Die Perlenfischer* auf. »Wir beide hatten das noch nie gesungen«, erzählte Hermann Prey. »Ich bin ein etwas langsamer Lerner; ich muß mir das alles lange vorbereiten, auseinanderpflücken und dann wieder zusammensetzen, während Fritz immer sehr schnell lernte. Ich entsinne mich noch, daß er zu dieser Aufnahme kam und mir zuflüsterte: ›Du, ich hab' mir das noch gar nicht richtig angesehen!‹ Er hat es praktisch vom Blatt gesungen. Daran sieht man seine Begabung, seinen Instinkt: daß er auf Anhieb den richtigen Ton fand! Obwohl wir das Duett fast etwas aus dem Ärmel schüttelten, hat es etwas auf sich. Natürlich haben wir es nicht in der französischen Originalsprache gesungen; dennoch, Fritz hatte plötzlich dieses französische Parfum in der Stimme. Das konnte er irgendwie erzeugen; das klingt französisch, obwohl es deutsch ist.«[20]

Tags darauf vermerkt der Terminkalender: eine Stunde Korrepetition für *Columbus*. In der Tat, auch dieses Werk, von Werner Egk im Jahre 1942 auf einen selber verfaßten Text komponiert und 1951 in einer Neufassung vorgelegt, mußte Wunderlich noch lernen – wiederum für eine Produktion des Bayerischen Rundfunks. Drei Tage hintereinander arbeitete er zu Hause an der Partie Ferdinands, und abends sang er jeweils eine Opernvorstellung: *Die Zauberflöte, Die schweigsame Frau* oder *Der Barbier von Sevilla*. Die Aufnahmesitzungen zum *Columbus* fanden bereits am 21. und 23. Januar im Residenzsaal statt, und zwar unter der Leitung des Komponisten. Am 22. Januar ging Wunderlich vorsorglich zu einer Kontrolluntersuchung zum Halsspezialisten, denn bereits am 24. Januar wurde er in Stuttgart zu einer Probe erwartet:

Giuseppe Verdi: Messa da Requiem

Ingeborg Reichert
Hetty Plümacher
Fritz Wunderlich
Kurt Böhme
Gemischter Chor des Stuttgarter Liederkranzes
Stuttgarter Philharmoniker
Dirigent: Walther Schneider

Vierhundert Choristen waren insgesamt aufgeboten worden, »eine hochgestaffelte Chortribüne von einer Vielköpfigkeit, wie man sie sehr selten bei oratorischen Aufführungen erlebte«, berichtete Kurt Honolka. Am 25. Januar fand die Aufführung im restlos ausverkauften Beethovensaal der Liederhalle statt. »Fritz Wunderlichs Tenorsoli kann man ein Non plus ultra an Stimmschönheit nennen. Jedenfalls wird man heute in Deutschland keinen ›italienischeren‹, müheloser die Schwierigkeiten dieses Parts (Ingemisco, Hostias!) meisternden Tenor finden.« Ein großes Lob, wenn auch nicht ganz ohne Vorbehalt: »Im Vortrag selbst muß er die rechte Mischung zwischen opernhaftem Belcanto und Verinnerlichung (die vermißte ich etwas) noch finden.«[21]

Am 31. Januar traf er sich mit Kollegin Erika Köth vor den Mikrofonen des Bayerischen Rundfunks. Ein einziges Duett nur nahmen sie auf, »Hier nimm den Ring der Treue« aus dem ersten Akt von Vincenzo Bellinis Oper *Die Nachtwandlerin*. Zwei Tage später fuhr Fritz Wunderlich wiederum nach Stuttgart zum traditionellen Opernball, wie er Jahr für Jahr in sämtlichen Räumen der Staatsoper gefeiert wurde. Sieben Jahre war es nun her, seit er, Anfang 1956, hier erstmals seine Späße getrieben hatte. Seine Louis-Armstrong-Kopie, trompetenblasend und mit herzzerreißend-verdrückter Stimme imitiert, war noch allen

Stuttgartern gegenwärtig. Nun stand er als Bayerischer Kammersänger auf der Bühne seines ehemaligen Stammhauses. »Gott segne das ehrbare Künstlertum«: Auch diesen Abend hing das berühmte Pappschild von einst in Wunderlichs Sologarderobe. Erinnerungen an vergangene Zeiten? Zweifellos, aber auch eine Bestätigung dafür, daß das Stuttgarter Ensemble, die Sänger, die Bühnentechniker und Orchestermusiker ihn immer noch zu den ihren zählten: ein umgänglicher und ein hilfsbereiter Kollege.

Und sie gratulierten ihm: Denn morgen schon mußte er wieder weg. Wien wartete.

VIERTER TEIL

WIEN

1963–1966

SECHZEHNTES KAPITEL

Am Anfang lauter Pech:
Das Schicksalsjahr 1963 (1. Folge)

Wien wartete – seit dem Salzburger Festspielsommer 1959, als Herbert von Karajan nach der *Schweigsamen Frau* erstmals Kontakt mit Wunderlich aufgenommen und über eine allfällige Bindung des jungen Sängers an die Wiener Staatsoper gesprochen hatte. Wiederholt hatte sich der Maestro in den folgenden Monaten mit Wunderlich über die Möglichkeiten eines Vertrags unterhalten, doch erst nach langwierigen Verhandlungen mit der Münchner Oper kam ein erster Gastspielvertrag zustande. In der Saison 1962/63 sollte Fritz Wunderlich sechzehn Vorstellungen in Wien singen, verteilt auf insgesamt zwei Monate. Am 4. Februar wurde er erstmals in Wien erwartet, vorerst für drei Wochen. Einige Vorstellungen an der Staatsoper waren geplant, dazu eine Fernsehproduktion des ORF im Schloßtheater Schönbrunn: der Terminkalender Wunderlichs also jeden Tag randvoll.

Am 3. Februar, einem eiskalten Sonntag, bestieg er um vier Uhr den Nachmittagszug nach Wien. Flugzeuge verkehrten wegen der übermäßigen Schneefälle keine. Mit erheblicher Verspätung traf er morgens um drei Uhr in der Donaumetropole ein, stand dann eine dreiviertel Stunde am Westbahnhof, bis er endlich ein Taxi erwischte, das ihn zum Hotel »Sacher« fuhr. Bereits am Vormittag war eine erste Probe beim ORF angesetzt, und abends sollte Wunderlich mit einer Vorstellung in der *Entführung aus dem Serail* seinen Wiener Gastvertrag antreten. Doch im Laufe des Mittags wurde er hoffnungslos heiser und mußte seine erste Vorstellung absagen. Die Staatsoper rief bei Anton Dermota an: ob er als Retter in der Not einspringen könne. »Es war bereits zwei Uhr nachmittags, und ich hatte die Partie in dieser Inszenierung nie wirklich geprobt«, erinnerte sich Dermota später. »Dennoch sagte ich zu. Am nächsten Morgen, wir saßen gerade beim Frühstück, läutete die Hausglocke. Ein Bote brachte einen großen Blumenstrauß und dazu einen Brief mit den Worten:

> Ich danke Ihnen, meinem großen Vorbild, für die liebenswürdige Hilfe, indem Sie für mich in der gestrigen Entführung rettend eingesprungen sind.
>
> Ihr Fritz Wunderlich

Das war der seltene Fall eines Dankes, der mich darum besonders gefreut hat.«[1]
Ein mißglückter Start. Und es sollte noch schlimmer kommen. Am 6. Februar
sang Wunderlich eine Vorstellung der *Entführung aus dem Serail*, allerdings nicht
in der Staatsoper, sondern im Redoutensaal der Wiener Hofburg. Tags darauf
aber war es endlich soweit: *Der Rosenkavalier* in der Staatsoper. An der Seite
von Clara Ebers (Marschallin), Christa Ludwig (Octavian), Wilma Lipp (Sophie)
und Otto Edelmann (Ochs) sollte Wunderlich in der Partie des Sängers endlich
auf dieser traditionsreichen Bühne stehen. Und wiederum mußte er absagen, weil
er erneut stockheiser war. »Wegen plötzlicher Erkrankung von Herrn Kammersänger Fritz Wunderlich hat sich Herr Karl Terkal in liebenswürdiger Weise
bereit erklärt, die Partie des ›Sängers‹ zu übernehmen«, hieß es bündig auf dem
Theaterzettel. Am Anfang lauter Pech – zum zweiten Mal ein mißglückter Start
in Wien.

Vier Aufführungen sang Wunderlich in dieser ersten Wiener Periode. Zwei
davon an der Staatsoper: *Die Entführung aus dem Serail* und *Der Rosenkavalier*
sowie zwei *Zauberflöten*-Vorstellungen im Theater an der Wien. Am 19. Februar
lernte er hier eine junge Pamina kennen: Gundula Janowitz. Zwei Tage später
stand er mit Walter Berry und Graziella Sciutti als Papageno-Papagena-Spaßmacher gemeinsam auf der Bühne, beides Kollegen, mit denen er seit zwei Wochen
beinahe täglich zusammen war. Und zwar auf der kleinen Bühne des Schönbur-
ger Schloßtheaters, wo der ORF in Zusammenarbeit mit dem Bayerischen und
dem Schweizer Fernsehen eine Gemeinschaftsproduktion von Pergolesis reizender zweiaktiger Opera buffa *Der Musikmeister* realisierte. Eine fiktive Opernaufführung mit anwesendem und sich auch bemerkbar machendem Publikum, mit
einigen Einblicken auch hinter den Vorhang, wo sich vor und während der
Vorstellung bekanntlich einiges tut. Ein ambitiöses Projekt, zumal die ganze
Aufführung auch musikalisch perfekt einstudiert werden mußte, um dann, fern-
sehreif, möglichst in einem einzigen Durchlauf direkt aufgezeichnet zu werden.

Dem Medium Film im Opernbetrieb stand Wunderlich kritisch gegenüber,
weil er das übliche Playback-Verfahren – zuerst die Ton- und anschließend die
Bildaufnahmen – für unkünstlerisch hielt. Vor allem die aufwendigen Filmaufnahmen zu einem längst produzierten Soundtrack langweilten ihn. In Schönbrunn aber wirkte er mit sichtbarer Spiellust und Freude mit. Eigentlich war es ja
eine ganz gewöhnliche Opernvorstellung – nur daß sie vom Fernsehen aufgezeichnet wurde. Das erforderte ein Höchstmaß an sängerischer und schauspiele-
rischer Disziplin, zumal die drei Darsteller auf der Bühne oft in Großaufnahmen
gefilmt wurden und die Zuschauer also jede noch so kleine mimische Regung
perfekt auf die häusliche Mattscheibe geliefert bekamen. Ein Dauerstreß für den
Sängerdarsteller, der sich zudem lähmend auf seine Spontaneität auswirken
kann. Wunderlich dagegen schienen diese Voraussetzungen erst recht zu animie-
ren: Jedenfalls führt er ein beträchtliches komödiantisches Talent ins Feld und
mimt den Musikmeister mit unnachahmlicher Spiellust. Auch Graziella Sciutti

als seine kapriziöse Meisterschülerin und Walter Berry als Impresario Colagianni mit eindeutig zweideutigen Absichten wissen ihre Auftritte glänzend zu nutzen – insgesamt ein herrlicher Opernfilmspaß, den allein die etwas gar spröde, farb- und streckenweise gar lieblose musikalische Begleitung durch die Wiener Symphoniker unter Hans Swarowskys Leitung trübt.

A̲m 1. März wurde Wunderlich wiederum im Münchner »Bürgerbräukeller« erwartet, wo die Electrola eine Gesamtaufnahme von Otto Nicolais beliebter komisch-phantastischer Oper *Die lustigen Weiber von Windsor* produzierte. Die Besetzung, wohl konkurrenzlos geblieben bis heute:

Sir John Falstaff	Gottlob Frick
Herr Fluth	Ernst Gutstein
Herr Reich	Kieth Engen
Fenton	Fritz Wunderlich
Junker Spärlich	Friedrich Lenz
Dr. Cajus	Carl Hoppe
Frau Fluth	Ruth-Margret Pütz
Frau Reich	Gisela Litz
Jungfer Anna Reich	Edith Mathis

Chor und Orchester der Bayerischen Staatsoper München
Dirigent: Robert Heger

Drei Tage nur hatte man für die Aufnahmen zur Verfügung – und das will, bei insgesamt 145 Minuten Musik, etwas heißen. Wunderlich kam erst am letzten Aufnahmetag hinzu. Bei der ersten Fühlungnahme mit Robert Heger, dem mittlerweile 77jährigen Dirigenten, reagierte er nicht gerade erfreut; vor allem irritierten ihn die reichlich gemächlichen Tempi Hegers. »In der Tat waren die Tempi anfänglich etwas gar bedächtig«, erinnerte sich der Aufnahmeleiter. »Und so sagten wir regelmäßig zu Heger: ›Für die Schallplatte, Herr Professor, müßte das doch etwas schneller sein.‹ Und regelmäßig sagte Heger dann treuherzig zum Orchester: ›Für das Grammophon, meine Herren, machen wir es also ein bißchen schneller.‹ Bedächtig war es immer noch, aber der Charakter seiner Interpretation stimmte stets. Und das war ja die Hauptsache.«[2] Ähnlich urteilte auch die Schallplattenfachpresse: »Da sitzt jede Note ›am rechten Fleck‹«, las man im *Fono Forum*, »und nichts bleibt dem Ungefähr, dem bloßen Zufall überlassen ... Überschäumendes Temperament kann ja nicht Sache des reifen, hohen Alters sein; insofern mag man bisweilen einiges vermissen ... Dafür ist die künstlerische Sorgfalt, die Gewissenhaftigkeit zu rühmen, die hier das Musizieren beispielhaft adelt und auch der Bildung eines ausgesprochenen Ensemblegeistes zugute kommt.«[3]

Wunderlichs Terminkalender war in diesen Tagen voll. Beinahe Tag für Tag dasselbe Stichwort: Korrepetition. Zwei Stunden, drei Stunden; eine intensive Vorbereitung für seinen ersten Liederabend in München. Lange hatte er damit gezögert; die Erfahrungen in Wien hatten ihn nachdenklich gestimmt. Wirkliches Liedersingen biete er nicht, hatte es damals geheißen. Selbst Karl Löbl hatte Vorbehalte geäußert: daß Wunderlich den Weg zum bedeutenden Liedersänger nicht unbedingt an der Seite Heinrich Schmidts machen sollte. Die Frage war nur, wer ihn auf diesem Weg begleiten sollte, im Klartext: wer ihn bei seinen künftigen Liederabenden begleiten sollte. Ein erfahrener Liedgestalter mußte es sein, einer, der ihn nicht nur makellos begleitete, sondern ihn auch in die langgewachsene Tradition des Liedgesangs einzuweihen verstand. Und einer, zu dem er Vertrauen haben würde. Sein musikalischer Mentor von einst: Ferdinand Leitner – das war die perfekte Lösung des Problems. Einst hatte Leitner die ersten, zaghaften Schritte des Freiburger Hochschulabsolventen auf der Opernbühne überwacht; nun würde er aus ihm zweifellos auch einen praktikablen Liedersänger machen. In ersten Gesprächen mit Fritz Wunderlich zeigte sich Leitner in der Tat bereit, diese Aufgabe zu übernehmen. Erfahrung im Begleiten, in der Liedgestaltung, hatte er mehr als ausreichend. Wunderlich war heilfroh, und sogleich informierte er auch die Electrola: daß sie mit einem neuen Liederteam rechnen könne und erste Termine für Liedaufnahmen baldmöglichst festlegen möge. Wie das Datum für seinen ersten Münchner Liederabend definitiv feststand, schrieb Fritz Wunderlich an Leitner:[4]

Sehr verehrter, lieber Herr Professor!

Soeben teilt mir die Konzertdirektion Vedder mit, daß der Liederabend am 19. März 1963 in München endgültig stattfinden wird.

Ich möchte Sie nunmehr herzlich bitten, an diesem Tag meine seelische und musikalische Stütze zu sein.

Herr Ritter von Electrola wird Sie in den nächsten Tagen anrufen und versuchen, mit Ihnen Termine für Liedaufnahmen zu fixieren. Ich würde mich riesig freuen, wenn wir in absehbarer Zeit zusammen diese Aufnahmen machen könnten.

Darf ich Sie um eine kurze Nachricht an mich oder Herrn Vedder bitten, ob Sie das Konzert in München mit mir machen können.

Mit sehr herzlichen Grüßen bin ich bis dahin

Ihr
Fritz Wunderlich

Leitners Antwort traf auch umgehend ein: eine Absage. Nach reiflicher Überlegung habe er sich dazu entschlossen. Möglich, daß ihn, den renommierten Dirigenten, die Aufgabe eines Begleiters nicht mehr lockte. Immerhin empfahl er einen fähigen Begleiter: Kapellmeister Rolf Reinhardt, seinen ehemaligen Assistenten an der Stuttgarter Oper, nun Generalmusikdirektor in Trier.

Oft schon hatte Fritz Wunderlich mit Reinhardt musiziert, in Stuttgart, später bei Liedaufnahmen für den Phonoklub, und wiederholt hatte er auch schon unter seiner Leitung gesungen, zuletzt in Trier. Nun erarbeiteten sie gemeinsam das Programm für Wunderlichs bevorstehenden Münchner Liederabend:

Frühlings- und Liebeslieder

Johannes Brahms	Vor dem Fenster
	Ein Sonett
	Sonntag
	Minnelied
	Mainacht
	O liebliche Wange
Ludwig van Beethoven	An die ferne Geliebte
Hugo Wolf	Fußreise
	Heimweh
	Nimmersatte Liebe
	Der Musikant
	Storchenbotschaft
Richard Strauss	Sie wissen's nicht
	Wie sollten wir geheim sie halten
	Ich trage meine Minne
	Ach weh mir unglückhaftem Mann
	Ständchen

Ein ausgewogenes Liederprogramm, streng chronologisch aneinandergereiht die Liederfolge, insgesamt eine Mischung aus Alt und Neu. Die Wolf- und Strauss-Gruppe nämlich fand sich, nur unmerklich verändert, bereits auf Wunderlichs Wiener Liederabendprogramm vom Februar 1962. Dort allerdings den Schluß je eines Programmteils ausmachend, hier nun vereint zum zweiten Programmteil. Neu hingegen der erste Teil: Lieder von Brahms und erstmals ein Liederzyklus, wenn auch nur ein kleiner – Beethovens *An die ferne Geliebte*.

Am 19. März war es soweit: »Frühlings- und Liebeslieder« im Herkulessaal der Münchner Residenz, gerade richtig zum offiziellen Frühjahrsbeginn. »Es war ein großes Glück, dabei gewesen zu sein«, resümierte der *Münchner Merkur*. »Es ist ein neuer Stern am Himmel des Liedgesangs aufgegangen. Alles spricht dafür, daß dies ein Fixstern ist.«[5] Sprach wirklich alles dafür? Andere Rezensenten reagierten jedenfalls kritisch: »Es ging nicht immer gut«, titelte das *8 Uhr Blatt*, und die *Abendzeitung* verglich Wunderlichs Liederabend gar mit einem »Licht-bilderabend in ungenügend verdunkeltem Saal mit nicht sehr glücklich ausge-wählten Bildern«, so daß »der beste Projektionsapparat die aufkommende Lan-geweile nicht hindern« konnte.[6] Journalistisch nicht eben ein Meisterwerk, dieser Vergleich – darüber konnte man hinweglesen. Ernst nahm Wunderlich hingegen die ausführliche kritische Stellungnahme Walter Panofskys in der *Süddeutschen Zeitung*. »Ein Operntenor als Liedersänger« – der Titel verhieß nichts Gutes. »Ihm ist gewiß eine der schönsten Tenorstimmen unserer Tage eigen. Dennoch wurde der Abend nicht ganz zu dem, was man sich erhofft hatte...«, einmal, weil der Liedgesang für ihn, den noch so jungen Sänger, eine Sache der spontanen, ja leidenschaftlichen Aktion ist, zum andern, weil er ein sehr eigenwilliges, aber nicht eben publikumswirksames Programm bot. Bei seiner Vortragsmanier ver-

mag er seine Opernliebe, seine dramatische Begabung nicht soweit zu unterdrük-
ken, daß er auf jede Aktion, die über den notwendigen Reflex hinausgeht, verzichten könnte. Er, dessen darstellerische Intelligenz wir oft bewundert haben,
›gestaltet‹ das Dichterwort noch mehr als die Melodie. Es genügt ihm nicht, die
Töne sprechen zu lassen; er durchlebt vielmehr mit einer besonders für einen
Tenor ungewöhnlichen Intensität auch den einfachsten Liedertext. Das gibt seinem Vortrag eine Erregung, eine Nervosität, die dem Wesen des Liedes, wie es
unsere Zeit aufgefaßt wissen will, nicht ganz entspricht.« Gestalterische Unzulänglichkeiten wurden auch dem Liedbegleiter angekreidet: »Rolf Reinhardt vermochte nur sehr selten auf eine besondere Vortragsnuance intuitiv einzugehen.
Er spielte seinen Part ebenso etüden- wie mangelhaft, und glich weit eher einem
trockenen Korrepetitor als einem Liedbegleiter.«[7]

Ein ernstzunehmendes Verdikt. Wunderlich kam nicht los von dieser Kritik;
irgendwie spürte er, daß Panofsky den sprichwörtlichen springenden Punkt getroffen hatte. Was aber sollte er nun tun? Ein Liedersänger war er offensichtlich
nicht, das hatte ihm Panofsky bestätigt. Ein Liedersänger aber wollte er werden!
Guter Rat war teuer – ein Zufall sollte ihm weiterhelfen.

Am Anfang lauter Pech – auch als Liedersänger in München. Drei Tage nach
seinem etwas verunglückten Debüt wurde Fritz Wunderlich im Deutschen Museum erwartet:

Johann Sebastian Bach: Matthäus-Passion

Fritz Wunderlich (Evangelist und Arien)
Hermann Prey (Christus)
Evelyn Lear
Hilde Rössel-Majdan
Kieth Engen
Münchener Bach-Chor   Münchener Bach-Orchester
Münchener Chorknaben
Dirigent: Karl Richter

Zwei Proben hatte Karl Richter verlangt. Zum ersten Mal sollte sich Wunderlich
in München als Evangelist vorstellen. In einer Probenpause sprach er Hermann
Prey auf die Probleme an, die er mit dem Liedgesang hatte. »Geh doch zu
Hubsi«, lautete Preys Vorschlag. »Der bringt dir das schon bei.« Gemeint war
Hubert Giesen, der Pianist aus Stuttgart, renommierter Begleiter ebenso renom-
mierter Künstler wie Yehudi Menuhin und Jascha Heifetz, Adolf Busch, Julius
Patzak und Willi Domgraf-Faßbaender. Auch Hermann Prey hatte schon mit
Giesen gearbeitet; aus eigener Erfahrung wußte er, was man von diesem alten
Herrn, seit Jahren Professor an der Stuttgarter Musikhochschule für Klavier,
Liedgestaltung, Begleiten und Kammermusik, alles lernen konnte.

Hubert Giesen – kein unbekannter Name in den Familien Wunderlich und Jungnitsch. Wunderlichs Schwiegervater Fritz Jungnitsch hatte oft mit Giesen zusammen konzertiert; später ging Eva zuweilen als Zuhörerin in Giesens Klavierklasse. Wobei Giesen als Lehrer meistens nicht viel Federlesens machte: Schroff und ohne jede Komplimentiererei wies er seine Studentinnen an und zurecht; viele gingen jeweils weinend vom Podium. Überhaupt hatte Giesen zeitweilig ein irritierend-polterndes Auftreten, und er erzählte auch bedenkenlos seine flauen Witze. Dennoch: Auf einen Versuch konnte man es ja ankommen lassen. Jedenfalls wollte Wunderlich das nächste Mal, wenn er in Stuttgart war, mit Giesen Kontakt aufnehmen.

Zwei Wochen später sang Wunderlich erneut den Evangelisten in der *Matthäus-Passion* – diesmal in der Sachsenhäuser Dreikönigskirche in einem Konzert der Frankfurter Singakademie, begleitet vom Sinfonie-Orchester des Hessischen Rundfunks unter der Leitung von Ljubomir Romansky. Noch für eine dritte Aufführung hatte Wunderlich dieses Jahr Platz gefunden in seinem Terminkalender: Am Karfreitag sang er das großartige Werk erneut in München und wiederum unter der Leitung von Karl Richter. Diesmal im Kongreßsaal des Deutschen Museums, und Richter dirigierte nicht seinen eigenen Chor, sondern den Lehrergesangsverein und den Knabenchor des Theresiengymnasiums sowie das Bayerische Staatsorchester. An Wunderlichs Seite wirkten diesmal ausschließlich Kollegen von der Münchner Oper mit: Kieth Engen in der Christus-Partie sowie Antonie Fahberg, Hertha Töpper und Karl Christian Kohn.

Erneut war Fritz Wunderlich fasziniert vom Musizierstil Karl Richters. Ein singulärer Bach-Interpret, aber kein Mann der vorgefaßten Meinungen und Konzepte. Daß er das wissenschaftliche Fachgespräch meistens vermied, hing genau mit diesem Umstand zusammen: Lieber folgte er seinen spontanen Regungen, als daß er sich durch akademische Überlegungen einschränken ließ. Sein Gestalten aus dem Augenblick, seine Flexibilität und, bei allem Traditionsbewußtsein, seine unorthodoxe Einstellung gegenüber der musikalischen Tradition waren wohl der Grund, weshalb man sich in seinen Konzerten oft wie auf einer Entdekkungsreise fühlte, selbst nach dem zwanzigsten und dreißigsten Mal. Unbegrenzte Variabilität war eine auffallende Konstante in Richters Wirken. Die Voraussetzung dazu war ein eminentes Maß an technischem Können und intellektueller Souveränität. Wunderlich war fasziniert von diesem Musiker – und zwar vom ersten gemeinsamen Konzert an, in der Münchner Markuskirche im Februar 1956. Richter und Wunderlich: Sie verstanden sich auf Anhieb, stimmten vor allem in der schrankenlosen Intensität ihres Musizierens und ihrer ganzen Lebensart überein, auch in ihrer unerbittlichen Konzentration. Diese konnte man Richter beim Dirigieren direkt von den Augen ablesen – Wunderlich hat wiederholt begeistert davon erzählt. Wenn Richter dirigierte, konnte einem selbst jahrelang bekannte und vertraute Musik plötzlich wieder neu tönen. Dabei war es keineswegs seine Absicht, partout etwas Neues zu machen, um Routine zu vermeiden. Vielmehr gehörte er zu jenen Musikern, die nie aufhören, alles, was sie tun, stets von neuem zu überprüfen und in Frage zu stellen. Richter verstand sich nicht als Verwalter eines Stückes Musikgeschichte, sondern wollte mit jeder Aufführung ein musikalisches Ereignis erschaffen: hier und jetzt.

Wunderlichs Münchner Debüt als Evangelist stieß ausnahmslos auf Begeisterung. »Wortführer der frommen Betrachtung ist der Evangelist, der sich in Fritz Wunderlichs balsamisch ausschwingendem Tenorklang weder als kühler Zeuge noch als dramatisch befeuerter Erzähler, sondern als tiefergriffener Mitleidender gab, Berichterstatter und Meditierender in einer Person«, schrieb Karl Schumann über die erste Aufführung unter Karl Richters Leitung. »Wunderlich hat seine erste Interpretation des Evangelistenparts zu einer unverwechselbar persönlichen Leistung und zum bisher denkwürdigsten Abschnitt seines raschen künstlerischen Reifeprozesses gesteigert.«[8] Selbst Antonio Mingotti, der einen Monat zuvor Wunderlichs Liederabend mit einem »Lichtbilderabend in ungenügend verdunkeltem Saal mit nicht sehr glücklich ausgewählten Bildern« verglichen hatte, schien jetzt zufrieden zu sein. Über die zweite Aufführung der *Matthäus-Passion* unter Richters Leitung meinte er: »Eine hocherfreuliche Überraschung bot Fritz Wunderlich mit seinem Evangelisten, den er diesmal nicht nur herrlich sang, sondern auch deklamatorisch sehr ausdrucksvoll gestaltete. Wunderlich ist auf dem Wege, ein großer Evangelist zu werden, wenn er diese Partie weiter verinnerlicht.«[9]

Am 2. April fuhr Wunderlich nach Stuttgart – Proben für eine Wiederaufnahme von Carl Orffs *Oedipus der Tyrann*. Am 18. April vermerkt der Terminkalender erstmals: Probe Prof. Giesen. Der Kontakt war problemlos zustande gekommen. »Anfang April stand ich vor dem Künstlereingang der Oper und wollte gerade in meinen Wagen steigen, als von der gegenüberliegenden Tankstelle ein junger Mann auf mich zurannte«, erzählte Giesen. »Es war Wunderlich. ›Hubsie‹, rief er atemlos, ›ich suche dich wie eine Stecknadel. Deinetwegen bin ich nach Stuttgart gekommen.‹ ›Was ist los?‹ ›Du mußt ab heute mein Begleiter sein.‹ ›Hö‹, sagte ich zu ihm wie zu einem Pferd, ›was heißt das, ich muß dein Begleiter sein. Da könnte jeder kommen. Du bist jahrelang in Stuttgart gewesen, ohne dich um mich zu kümmern, warum soll ich dein Begleiter sein?‹« Zusammen gingen sie dann ein Stück die Neckarstraße hinunter, und Wunderlich rapportierte alles der Reihe nach: seinen Münchner Liederabend, die Kritik von Walter Panofsky, das Gespräch mit Hermann Prey sowie dessen Ratschlag: Geh zum Hubsie Giesen nach Stuttgart.

»Wir gingen in die Musikhochschule, nahmen uns Schumanns *Dichterliebe* vor und begannen zu üben. Nach der ersten Seite hörte ich auf zu spielen, er schaute mich an und fragte: ›Wie findest du das?‹ ›Soll ich ehrlich sein?‹ ›Du mußt ehrlich sein‹, sagte er. ›Deswegen bin ich ja hier.‹ ›Also dann... ich finde es ziemlich schlecht.‹ ›Siehst du‹, sagte Wunderlich erleichtert, als hätte ich ihm gerade ein großes Kompliment gemacht, ›das finde ich auch.‹ Wir begannen ernsthaft zu üben und hörten in den nächsten Stunden nicht auf damit. Schließlich hatten wir intensiv vier Takte durchgearbeitet, bei denen ich Aussprache, Tonfärbung und Legato so hörte, wie ich es hören wollte. Dann mußte er zurück nach München. Doch schon am anderen Morgen rief er an und teilte mir mit, er habe eine Operettenproduktion beim Kölner Rundfunk abgesagt, um weiterhin mit mir üben zu können. Ob ich die nächsten drei Tage nach München kommen könne. Ich kam, und wir übten weiter.«[10]

Schumanns *Dichterliebe*, ein ungefähr halbstündiger Zyklus von insgesamt sechzehn Liedern, komponiert auf Gedichte von Heinrich Heine, sollte den Kern ihres neuen Programms bilden. »Einen ganzen Tag lang arbeiteten die beiden ausschließlich an den ersten zwei, drei Phrasen: ›Im wunderschönen Monat Mai...‹«, erinnerte sich Eva Wunderlich. »Immer und immer wieder probierten sie. Wie dieser Anfang dann einmal stand, stand eigentlich der ganze Zyklus. Das war wie ein Durchbruch; ein Zeichen, daß er die Sache nun gepackt hatte. Mich erinnerte das sehr an Rennerts *Wildschütz*-Proben von einst: Auch damals hatte Fritz die Sache ja ganz plötzlich gepackt.«[11]

Bekanntlich zählt Schumanns *Dichterliebe* nicht zu den einfachen Zyklen. Im Gegenteil: Die einzelnen Lieder, oft nur eine oder zwei Seiten lang, gleichen leichten, zierlichen Miniaturen, sind – im Text wie in der Musik – mehr angedeutet als ausgedeutet und verstecken unter einer oberflächlich volksliedhaften, einfachen Form ein eminentes Maß an kunstvoller Ausarbeitung und Raffinement. Entsprechend schwierig ist es für einen Interpreten, die richtige Stimmung auf Anhieb zu treffen, zumal eine klarlinige, grobzeichnerische Deutung das zarte klangpoetische Raffinement dieser Liederfolge hoffnungslos zerstört. Hinzu kommt ein weiteres Problem, in diesem Liederzyklus besonders virulent: wie es der Sänger halten soll mit der interpretatorischen Gewichtung von Text und Musik. Heinrich Heine besingt eine Liebe, die neben ihrer Erfüllung gleichzeitig ein ungewohntes Maß an Entsagung, an Bitternis und Traurigkeit in sich faßt – und dies in Versen, deren pointierte Ironie nicht zu überhören ist. Raffiniert verfremdete Dichtermelancholie? Ein Lyriker, der seine dunklen Erfahrungen hinter der schillernd-lichten Maske des Volksliedersängers verbirgt? Zwielichtiges, wohin man blickt, und dennoch Verse von höchstem künstlerischem Rang – wie stets bei Heine. Hinzu kommt nun Schumanns Musik. Sie ist, wie jede Vertonung, eine Interpretation, eine Stellungnahme des Komponisten zum Dichterwort. Keine ideale, will sagen: einzig richtige musikalische Interpretation, sondern eine individuelle, eine von unzähligen möglichen. Denn das Gerede von einer einzigen »richtigen« Melodie für einen bestimmten Text ist nicht mehr als ein Gerede.

Für jeden Liedersänger stellt sich nun die Frage, ob er sich mit seiner Interpretation an das halten soll, was der Komponist als Interpretation des Textes vorgelegt hat: also an die Musik, oder ob er den Text interpretieren soll, das Dichter-wort. Denn in den meisten Fällen läuft beides nicht parallel; gerade aus der Diskrepanz zwischen Text und Musik – eine historische Diskrepanz zumeist – gewinnen zahlreiche Lieder ihren spezifischen künstlerischen Reiz. Fritz Wunder-lich wollte im Liedgesang künftig von der Musik ausgehen. An sie, an die Interpretation eines Textes durch den Komponisten, wollte er sich primär halten und nicht an den Text. Genau das hatte Walter Panofsky in seiner Kritik des Münchner Liederabends auch im Auge gehabt, als er bemängelte, Wunderlich »gestalte das Dichterwort noch mehr als die Melodie«. Falsch angegangener Liedgesang war das, falsch verstandene Liedkunst, zu Recht gerügt.

Zwei Tage arbeiteten Giesen und Wunderlich in München, anschließend zwei Tage in Stuttgart, wo Wunderlich nochmals Proben zu Orffs *Oedipus der Tyrann* hatte. Außergewöhnliches stand bevor: Am 21. April bestieg das Stuttgarter Ensemble, Solisten, Chor, verstärktes Orchester und die Bühnentechniker, den Zug nach Paris zu einem sechstägigen Gastspiel beim Festival »Théâtre des Nations« – mit je zwei Aufführungen von Orffs *Oedipus der Tyrann* und Wolf-gang Fortners *Bluthochzeit*, beide Werke in der Seine-Stadt noch unbekannt und sogleich Gegenstand lebhafter Diskussionen. Wunderlich genoß es, im Kreis seiner alten »Kämpen« Erinnerungen an vergangene Zeiten aufzuwärmen. Zum Beispiel an die Fußballwettkämpfe, die er mit Nöcker und den beiden älteren Söhnen von Staatskapellmeister Dünnwald auf der Probebühne der Stuttgarter Oper ausgetragen hatte. Achim, der jüngste Sohn Dünnwalds, war auch mit dabei in Paris; längst sang er nicht mehr im Kinderchor, sondern hatte in der *Bluthochzeit* eine Sprechpartie. »Die beiden sind jeden Tag stundenlang durch Paris gezogen und haben alles, die Museen und sämtliche Sehenswürdigkeiten, miteinander kennengelernt«, erzählte Josef Dünnwald. »Wunderlich war ja mei-stens ein sehr lustiger Mensch, immer in bester Laune, ein richtiger Optimist. Um so überraschter war Achim, als ihm Fritz eines Nachmittags auseinandersetzte, welche Versicherungen er für sich und seine Familie abgeschlossen habe. ›Na, hör mal, Fritz, du bist ja noch so jung. Wie kannst du denn jetzt schon an solche Dinge denken?‹ fragte Achim. Wunderlich wurde nachdenklich und meinte dann: ›Weißt du, Achim, seit einiger Zeit habe ich das Gefühl, daß ich schnell sterbe.‹«[12]

Am Tag vor der Abfahrt nach Paris hatte Wunderlich einen Brief nach Kusel geschrieben, an Julius Gerlach, seinen ehemaligen Lehrer am Gymnasium, der nun einen Liederabend Wunderlichs in Kusel organisierte:[13]

Sehr verehrter, lieber Herr Doktor Gerlach,

hier das Programm für den Abend vom 30. d.M.:

Beethoven:	An die ferne Geliebte
Brahms:	Vor dem Fenster
	Mainacht
	Sonntag
	Minnelied
Schumann:	Dichterliebe

Das ist das Programm für meinen Liederabend im Theater an der Wien am 26. Mai. Wie Sie sehen, ein sehr apartes!

Mein Begleiter wird nicht Rolf Reinhardt sein, sondern Professor Hubert Giesen aus Stuttgart, der berühmte langjährige exklusive Begleiter von Yehudi Menuhin. Ich arbeite seit einiger Zeit mit ihm an verschiedenen Liederzyklen, er hat eine Riesenerfahrung auf diesem Gebiet, alle namhaften Liedinterpreten hat er begleitet, unter anderen Erb, Anders, Schlusnus, Patzak. Er hat sich bereit erklärt, für ein Freundschaftshonorar von DM 300,– plus Reise und Aufenthalt den Abend mit mir zu machen. Ich bin persönlich darüber am glücklichsten; der Rolf Reinhardt wird in einigen Jahren ein sehr guter Begleiter sein, aber an die Erfahrung eines solchen Mannes kann er naturgemäß noch nicht heran. Ich als junger Sänger muß mir die wenigen Jahre, die diese alten, berühmten Liedexperten noch spielen können, zunutze machen, denn nur von den alten können wir lernen...

Wir kommen im Laufe des Nachmittages des 29. 4. an und bleiben mindestens bis 1. Mai. Es stünde also einem gemütlichen Beisammensein nach dem (hoffentlich schönen) Konzert nichts im Wege.

Grüßen Sie Ihre Familie sehr herzlich von mir und seien Sie selbst herzlich gegrüßt von ihrem

Fritz Wunderlich

Dies war gleichsam eine Hauptprobe für den Wiener Liederabend. Die künstlerische Partnerschaft Wunderlich/Giesen sollte sich hier ein erstes Mal in der Öffentlichkeit bewähren. In Wien würde allerdings Heinrich Schmidt begleiten – das war nicht zu ändern; ihn, den Ratgeber und väterlichen Freund, wollte Fritz Wunderlich nicht brüskieren.

Am Sonntag, 26. Mai 1963, war es soweit: Liederabend im Theater an der Wien im Rahmen der Wiener Festwochen; am Flügel: Heinrich Schmidt.

Ludwig van Beethoven	An die ferne Geliebte
Joseph Haydn	Sechs Schottische Volkslieder mit Begleitung von Violine, Cello und Klavier
	Mitwirkend: Walter Weller (Violine)
	Ludwig Beinl (Violoncello)
Robert Schumann	Dichterliebe

Der Beethoven-Zyklus war mehrfach schon erprobt worden, Schumanns *Dichterliebe* hatte Wunderlich mit Giesen neu erarbeitet. Überraschend die Haydn-

Lieder, ein Kuriosum innerhalb eines Liederabends und eine weitgehend unbekannte Perspektive einstiger Unterhaltungsmusik: Haydn als Arrangeur schottischer Volksmelodien. In Wien um 1800 war das eine sehr populäre und gutbezahlte Arbeit, der sich übrigens auch Beethoven nicht versagt hat. Haydn war dabei sehr produktiv: 250 schottische Lieder habe Haydn schon bearbeitet »und für jedes eine Guinee bekommen«, wußte Georg August Griesinger, damals bevollmächtigter Minister am Wiener Hof, dem Verleger Haydns im Jahr 1800 zu berichten. »Sie sind ganz kurz, öfters macht er sechs bis acht an einem Tage, zuweilen studierte er acht Tage über einem.«[14] Die Melodien sind in ihrer volkstümlichen Einfachheit weitgehend belassen worden; Haydn hat recht konventionelle Arrangements verfertigt, mit dominierendem Klavier und relativ tiefliegenden Streichern. Dennoch, eine unkonventionelle Programmgestaltung und, wie sich zeigen sollte, Wunderlich insgesamt auf den Leib geschrieben.

»Fritz Wunderlich, das rare Exemplar eines denkenden Tenors«, schrieb Franz Endler in der *Presse*, »die klassische Liebesandacht Beethovens und die romantisch überquellende, oft bewußt übersteigerte Poesie Heines und Schumanns wurden im einzelnen Lied wie auch in der Gesamtschau gleich wundervoll gedeutet.«[15] Ähnlich begeistert reagierte Karl Löbl: »Auch bei seinem zweiten Wiener Liederabend fand man es bestätigt: Fritz Wunderlich ist nicht nur ein außergewöhnlich geschmackvoller Tenor, sondern auch ein kluger, gefühlvoller und überzeugender Gestalter der Liedlyrik. Die Stimme ist in ihrer Ausgeglichenheit, kultivierten Eleganz, technischen Sicherheit und Frische heutzutage im deutschen Sprachraum vielleicht konkurrenzlos... Der Vortrag besticht durch intuitive Natürlichkeit. Da wird kein Effekt gesucht und kein Ausdruck erzwungen. Jedes Lied hat seine Stimmung, Charakterisierung und auch Emotion, die so echt wirkt, wie sie wohl tatsächlich ist.«[16] Fazit: Wunderlich hatte es geschafft. Aus dem Sänger, aus dem Opernsänger, war nun auch ein Liedersänger geworden. Einer, der sich sogleich in der vordersten Reihe der deutschsprachigen Liedkünstlerprominenz etablierte.[17]

Wunderlich war stolz auf seinen Erfolg – und auch glücklich. Die Arbeit mit Hubert Giesen hatte sich gelohnt, hatte Früchte getragen. Das sollte nun auch derjenige zu wissen bekommen, der einst mit seiner harten, aber den Kern der Sache genau treffenden Kritik die Selbstzweifel Wunderlichs an seiner Liedgesangskunst geweckt hatte: Walter Panofsky, der Münchner Musikkritiker. Also packte Wunderlich die Kritiken über seinen Wiener Liederabend samt einem herzlichen Dankeschön in einen Briefumschlag und sandte alles an Panofsky: zum Zeichen, daß dieser mit seinen Vorbehalten recht gehabt und Wunderlich sich diese Vorbehalte auch zu Herzen genommen habe. Panofsky war erstaunt und erfreut zugleich; in einem ausführlichen Antwortbrief begründete er seine damalige kritische Beurteilung von Wunderlichs erstem Liederabend in München:[18]

Lieber, verehrter Herr Wunderlich,

(...) Ihr Brief mit den Wiener Kritiken hat mich seinerseits so sehr beglückt, daß ich den Wunsch hatte, es Ihnen nicht schriftlich, sondern persönlich zu sagen... Kurz und gut: Ich muß Ihnen doch schreiben, was ich so gerne *gesagt* hätte. Denn Ihr Konzertabend in München war für mich – als Kritiker – ein arges Problem: Ich schätzte (und schätze) Sie so sehr, seit ich Ihnen vor Jahren in einer Fernsehaufzeichnung der Tamino-Arie und dann in Salzburg (»Schweigsame Frau«) zum ersten Mal auf der Bühne begegnet war. Unser guter Kontakt bei »Cenerentola« kommt noch hinzu, und meine Freude über andere Wunderlich-Rollen im »Don Giovanni« usw. Und dann war halt an jenem Liederabend der Eindruck nicht so, wie ich's gehofft, gewünscht hatte – und da ich, wie ich wohl sagen darf, mir meinen gewissen Namen wohl nicht zuletzt dadurch erwarb, daß ich immer offen war, auch – und vor allem – zu Künstlern, mit denen ich mich besonders verbunden fühlte, konnte ich auch im »Fall Wunderlich« nur das tun, was mir nicht leicht fiel – in der Hoffnung, Sie würden es richtig verstehen. Ich habe, offen gestanden, auf eine sofortige Reaktion – wie auch immer – von Ihnen gewartet (es wäre nicht das erste Mal, daß sich ein heftiges Diskussionsgespräch unter vier Augen an eine meiner Kritiken angeschlossen hätte), aber die blieb aus. Und dabei hatte ich Sie gerade von Ihnen um unserer persönlichen Verbindung willen sogar erhofft – nicht zuletzt, weil ich gefühlsmäßig von Anfang an überzeugt war, daß Sie, lieber Herr Wunderlich, *nicht* zu jenen Künstlern gehören, die mich dann irgendwelcher dunkeln Machenschaften oder der Undankbarkeit oder was weiß ich noch geziehen hätten, wie ich es auch schon mal in einem anderen Fall erlebt habe. Aber Sie schwiegen – und ich war, weil mir das Ganze mehr als gewöhnlich im Kopf herumging, sehr betrübt.
Und dann bekam ich Ihren Wiener Brief. Ich hatte also recht behalten mit meiner Einschätzung Ihrer Reaktion (und Ihrer Eigenart), ohne allerdings je zu ahnen, mit welchen Konsequenzen sie von Ihrer Seite aus verbunden sein würde. Und ich war, nicht zuletzt um meiner Verbundenheit mit Ihnen willen, sehr, sehr froh, ein bißchen stolz und sehr glücklich. Denn: ich habe immer an Sie geglaubt... Ich habe Fritz Wunderlich schon vor Jahren eine große, außergewöhnliche Karriere innerlich prophezeit, und wenn meine Kritik nun auch noch ein kleines Aufbaustündchen gewesen sein soll, macht's mich *um der Musik* willen glücklich – vom Kritiker, der da so manche leidvolle Erfahrung machen mußte, ganz zu schweigen. Ihr Brief wog sehr viel Negatives auf, das sich durch meinen Beruf bei mir angesammelt hat.
Das alles wollte ich, wie betont, Ihnen *sagen*. Jetzt kommt es schriftlich mit allen guten Wünschen von

Ihrem
W. Panofsky

Grund zum Feiern hätte Wunderlich nach seinem erfolgreichen Wiener Liederabend zweifellos gehabt, Zeit aber hatte er keine. Bereits am nächsten Tag wurde er im Münchner »Bürgerbräu« erwartet. Die Electrola hatte sich entschlossen, die Reihe ihrer beliebten Gesamtaufnahmen von deutschen Spielopern durch eine Neueinspielung von Lortzings *Wildschütz* zu ergänzen. Wiederum konnte für die Hauptpartien eine perfekte Besetzung aufgeboten werden:

Graf von Eberbach	Hermann Prey
Die Gräfin	Gisela Litz
Baron Kronthal	Fritz Wunderlich
Baronin Freimann	Anneliese Rothenberger
Baculus	Fritz Ollendorff
Gretchen	Lotte Schädle

Chor und Orchester der Bayerischen Staatsoper München
Dirigent: Robert Heger

Bereits am 26. Mai fanden im Kapellmeisterzimmer des Prinzregententheaters Klavierproben statt. Am 27. Mai sollten die Aufnahmen im »Bürgerbräu« beginnen – auch Fritz Wunderlich fand sich ein, er allerdings in arg lädiertem Zustand. Wieder einmal machte sich einer seiner Weisheitszähne bemerkbar, die ihm in regelmäßigen Abständen oft schwer zu schaffen machten. Doch absagen wollte er diesmal nicht. Aber singen konnte er auch nicht – das stand bald einmal fest. Eine Kieferoperation war unumgänglich: Am Anfang lauter Pech... Der akkurat angelegte Fahrplan über insgesamt 24 Aufnahmesitzungen war mit einem Schlag durcheinandergebracht: Dem *Wildschütz* drohte Gefahr. Doch zwei Tage später kam Wunderlich wieder, die Operation war überstanden, die Aufnahmen mit ihm konnten beginnen.

Klaus Umbach war mit dabei; er hat einige Marginalien zwischen Mikrofonen und Mischpulten festgehalten: »Am Mittwoch, 29. Mai, ist Großkampftag. Von zehn Uhr morgens bis nach Mitternacht (abzüglich drei Stunden Entspannung) stehen die Tonbandmaschinen nicht still... Das umfangreiche Programm dieses Tages zwingt alle Beteiligten, mehr noch als sonst auszuspannen. Minutenlanges süßes Nichtstun zwischen stundenlanger Arbeit. Fritz Wunderlich treffe ich vor einem Spielautomaten. Groschen fallen und verbleiben im klicksenden Kasten: Der *Roulamint* zeigt wenig Respekt vor dem prominenten Benutzer. Und auch, als Hermann Prey konkurrierend Münzen einwirft, wollen sich dicke Gewinne nicht einstellen. Aber das Spiel an Knöpfen und Tasten erfüllt dennoch seinen Zweck – abzulenken von den Kantilenen und Dialogen, um sich ihnen dann um so intensiver wieder widmen zu können. Anneliese Rothenberger und Robert Heger nutzen die Pause in der Musik, um – Musik zu hören. Wachsam prüfen sie Teile aus dem aufgestapelten Bandvorrat, an Selbstkritik nicht sparend und nicht an Freude daran, was ihnen besonders gut gelungen ist... Ein Platz an der Sonne ist das Motto für jede freie Minute, die der präzise Ablauf der Aufnahme gestattet. Der Vorgarten des Bürgerbräu... dekoriert sich ständig mit illustrer Prominenz, die hier, unerkannt von den Münchner Bier-Abonnenten, ihren Kaffee für 66 Deutsche Pfennige einschließlich rothaariger Bedienung einnimmt, Erfahrungen austauscht, Pläne schmiedet, Erinnerungen weckt. Aller Aufmerksamkeit gilt Leberknödelsuppe und Weißwürsten, dem bevorzugten Gaumenkitzel bayerischer Provenienz... Lotte Schädle ist gerade auf Feld 23 zurückgekehrt – auf eines jener 100 kleinen Quadrate, die als numeriertes Schachbrett die Bühne

›ersetzen‹ und eine genaue Ortung und Registrierung jeder einzelnen Szene samt Bewegung und Änderung ermöglichen ... Während der Aufnahme der Schlußszene öffnet sich plötzlich die durch warnende Schrift gekennzeichnete Flügeltür zum Zunftsaal, und hinein spaziert ein neugierig luchsendes und lauschendes Ehepaar, an der Hand arglos ein Kleinkind, das mit vollem Mund die Vorzüge einer Brezel preist. Orchester fortissimo, Chor mit aller Kraft, die Solisten vollzählig und in höchster Konzentration. Wird man sie hören? Wenn sich das unschuldige *enfant terrible* jetzt an einem Brezelkrumen verschluckt, müssen 200 mit letzter Präzision arbeitende Menschen ihre mustergültige Arbeit abbrechen. Aber das ungebetene Trio verläßt die tönende Zunft, ohne zu ahnen, in welch peinliche Not es uns gebracht hat ... Mitternacht rückt näher schon. In der Rosenheimer Straße 29 macht sich allgemein ehrenhafte Erschöpfung bemerkbar. Jeder, der Zeuge dieses Tages und seines Programms war, spürt, daß Schallplattenaufnahmen konzentriertes, geduldiges, hartes Arbeiten erfordern. Mikrofone verzeihen nichts, Bänder registrieren alles. Allein die Quantität dessen, was man an diesem Mittwoch geschafft hat, ist Beweis für die Anforderungen – physische Erschöpfung die redliche Folge. Frau Rothenberger zieht Bilanz: ›Ich habe heute mehr als drei komplette Opern gesungen!‹ Rien ne va plus.«[19]

»Eine weitere Pioniertat für das bisher so arg bestellte Feld der Spieloper«, las man nach der Veröffentlichung der Aufnahme im *Fono Forum*; in der Tat handelt es sich um die erste Gesamteinspielung von Lortzings *Wildschütz* überhaupt.[20] »Robert Hegers altmeisterliche Serenität schenkt uns einen *Wildschütz*, der von Spitzweg gemalt sein könnte. Warum auch nicht?« doppelte die *Opernwelt* nach. Was übrigens durchaus kritisch gemeint war: »In vieler Hinsicht gleicht der Meister der Spieloper dem Maler der Idylle. Sie sind biedermeierlich gleichgestimmt. Sie erfüllen die Träume kleinbürgerlicher Romantik. Sie sind sonnig und herzig. Trotzdem wird man ungeduldig, wenn man das munterbehäbige Bächlein dieser Aufnahme an sich vorüberplätschern läßt ... Das Liebenswerte hat doch mehr Geist, als Papa Heger uns einreden möchte.« Immerhin, die perfekte Sängerbesetzung wurde ausnahmslos gelobt: allen voran Anneliese Rothenberger, Hermann Prey und »Fritz Wunderlich, der selbst den Weltschmerz zu spielen vergessen hat (obwohl ihm dieser und die Heilung davon in der Rennertschen Inszenierung so gut gestanden hat) ...«[21]

Fünf Jahre war das her: Stuttgart, Günther Rennert, der *Wildschütz*. Eine Probenarbeit, die Wunderlich bis an den Rand der Verzweiflung gebracht hatte. Und ein Erfolg, der wegweisend wurde für seine spätere Opernsängerkarriere. Die Erinnerung daran war offensichtlich immer noch lebendig.

SIEBZEHNTES KAPITEL

»Fritz Wunderlich erkrankt«:
Das Schicksalsjahr 1963 (2. Folge)

Dunkle Wolken zogen über dem häuslichen Frieden in der Dorfstraße Nummer eins in Obermenzing auf. Der Mietvertrag für das Häuschen wurde nicht mehr verlängert, der Vermieter machte Eigenbedarf geltend, so daß sich die Familie Wunderlich eine neue Bleibe suchen mußte. Eines stand fest: In München wollte man bleiben, obwohl Wunderlichs Vertrag mit der Münchner Oper Ende der Saison auslief und er ab kommender Spielzeit als Ensemblemitglied der Wiener Staatsoper angehören sollte – und dies gleich für mehrere Monate pro Saison. Singen in Wien bedeutete ihm alles – »in Wien ist jeder Abend eine Festspielaufführung«, sagte er wiederholt, »eine Neuinszenierung in München dagegen ist wie ein Urlaub« –, leben in Wien aber wollte er nicht. Somit ging man in München auf Wohnungssuche. Wiederum ein Einfamilienhaus mußte es sein. Zeit zum Suchen hatte Fritz Wunderlich allerdings kaum, denn schon zwei Tage nach der letzten *Wildschütz*-Aufnahmesitzung wurde er an der Wiener Staatsoper erwartet: Den ganzen Monat Juni, so sah es sein Gastvertrag vor, sollte er der Wiener Oper zur Verfügung stehen.

Einen einzigen Abstecher nach München leistete er sich dennoch. Am 6. Juni sang er eine Vorstellung von *Così fan tutte* im Alten Residenztheater, und am Vorabend wurde er als Ehrengast in einer Aufzeichnung von Robert Lembkes beliebter Fernsehsendung »Was bin ich?« erwartet. Zum heiteren Beruferaten hatte sich das vertraute Team eingefunden. Vor dem Empfang des Ehrengastes setzten die vier Beruferater wie üblich ihre Masken auf, um anschließend anhand von zehn Fragen den prominenten Gast blindlings zu erraten. Das Ratespiel zog sich allerdings nicht lange hin; bald einmal hatten die vier Ratefüchse den Ehrengast als Herrn Kammersänger Wunderlich identifiziert. Nun durften sie die Masken herunternehmen, und Robert Lembke forderte den Ehrengast auf, ihnen und den Fernsehzuschauern doch etwas über sich zu erzählen. In seiner unpathetisch-direkten Art wandte sich Wunderlich an die Beruferaterin Annette: Er habe seinerseits nun eine Frage zu stellen – was wohl KUS sei? Etwas verlegen gab sie zur Antwort, sie wisse es approximativ, also annähernd. Was im Klartext heißen sollte, daß sie es überhaupt nicht wußte. Also klärte Wunderlich auf: KUS stehe auf den Nummernschildern der Kuseler Autos, und Kusel, sein Geburtsort, sei »ein kleines Nest in der Pfalz«. In durchaus familiär-herzlichem Ton dahergesagt.

Als die Sendung dann am 26. Juni ausgestrahlt wurde, löste dieser Satz in einigen Kuseler Wohnstuben helle Empörung aus. »Ein kleines Nest in der Pfalz!« Das habe man absolut nicht nötig, daß der Herr Kammersänger, der offensichtlich für sein Kusel nur noch Spott übrig habe, ihre Gemeinde als »Nest« bezeichne. Eine Verleumdung sei das und nichts weniger, und man werde sich gegebenenfalls Schritte vorbehalten. Selbstverständlich bekam das Wunderlich gleich anderntags zu Ohren, von seinen Kuseler Verwandten brühwarm nach München telefoniert. Seine Reaktion? Noch am selben Tag setzte er sich hin und schrieb einen Brief, um die Kuseler Gemüter bis hin zum honorigen Kuseler Verkehrsverein zu beruhigen:

Liebe Kuseler,

zu meiner tiefen Betrübnis habe ich vernommen, daß Ihr Euch ein wenig geärgert habt über das Wort »Nest«, das ich gestern abend während meiner Fernsehsendung bei Robert Lembke gebraucht habe.

Dabei hatte ich mir den Anfang dieses Interviews genau zurechtgelegt, ich wollte eigentlich sagen »süßes Nest«. Was doch so ein kleines Wörtchen ausmacht!

Zu meiner Rechtfertigung kann ich nur sagen, daß ich aus Wien, wo ich in der Staatsoper Proben hatte, zu dieser Sendung fast zu spät gekommen wäre, weil das Flugzeug wegen einer Gewitterfront über dem Münchner Flughafen nicht landen konnte. Nachdem wir eine geschlagene Stunde vor dieser schwarzen Wand im Kreis herumgeflogen waren, setzte die Maschine trotz des Wetters zur Landung an. Wer schon einen Gewitterflug mitgemacht hat, kann sich den Zustand meines Magens unschwer vorstellen! Unter Mißachtung sämtlicher Geschwindigkeitsbeschränkungen fuhr mich ein Taxi vom Flughafen nach Freimann ins Fernsehstudio, wo ich gerade noch zur rechten Zeit ankam. So kam es, daß ich nicht ganz frei von Nervosität war und meine schön ausgedachte Rede etwas in die Binsen ging.

Aber sagt einmal ehrlich, ist es so schlimm, unser schönes Kusel mit »Nest« zu bezeichnen? Wie anders liegt es denn eingebettet zwischen den drei Hügeln? Ist ein Nest nicht etwas, in dem man sich geborgen fühlt, in dem man glücklich ist? Ich bin sicher, daß ich im Leben nicht so weit gekommen wäre, hätte ich nicht während meiner Kindheit diese Nestwärme genießen dürfen, und Ihr dürft mir glauben, mein Beruf ist nicht leicht.

Wer mich kennt, der weiß, es war nur die Liebe und ein bißchen Heimweh nach unserer gemeinsamen Heimat, die mich dieses Wort gebrauchen ließen, wer mich nicht kennt den bitte ich hiermit herzlich um Verzeihung!

Tut Ihr mich nun in Acht und Bann, oder darf ich wiederkommen in das »süße Nest« das ich vielleicht mehr liebe als Ihr, denn ich kann mich nicht oft dorthinein verschlüpfen!

Euer Fritz Wunderlich

An der Wiener Staatsoper wurde eine neue *Don-Giovanni*-Produktion vorbereitet. Oscar Fritz Schuh inszenierte in Bühnenbildern von Teo Otto, Herbert von Karajan dirigierte. Selbstverständlich wurde die Oper im italienischen Original einstudiert: »Ich habe nie eingesehen, warum eine Oper schlecht übersetzt gesungen werden muß«, ließ Karajan verlauten, »vor allem, weil man ja keine guten Sänger bekommt, die bereit wären, italienische Opern auf deutsch zu singen. Die Italiener haben nun einmal die besseren Stimmen für ihre Opern und sind auch gar nicht bereit, ihre Partie auf deutsch zu lernen. Wahrscheinlich wird auch mit der Zeit unser Publikum diese Opern gar nicht mehr auf deutsch hören wollen.«[1] Karajans Rechnung ging allerdings nicht restlos auf, zumal sich ein Großteil des Wiener Opernpublikums von solchen selbstherrlichen Entschlüssen des Staatsoperndirektors nicht bevormunden lassen wollte. An entsprechenden Querelen hatte es in den vergangenen Monaten und Jahren auch nicht gefehlt; die Wiener Staatsopernkrise schien als Thema ein Dauerbrenner zu sein. Gut ein Jahr zuvor, am 5. Februar 1962, hatten diese Auseinandersetzungen einen vorläufigen Höhepunkt erreicht, als Karajan dem Bundesministerium seine Demission als Künstlerischer Leiter der Staatsoper überbrachte. Doch einigte sich das Ministerium mit Karajan damals auf eine neue Lösung der Staatsopernkrise: Walter Erich Schäfer, der Generalintendant der Württembergischen Staatstheater, sollte die Funktion des Staatsoperndirektors übernehmen und Karajan nur mehr für die künstlerische Leitung des Instituts zuständig sein. Am 10. Juli wurde der Vertrag ratifiziert. Schon für den Saisonbeginn 1962/63 siedelte Schäfer nach Wien über; vier Inszenierungen, so wurde beschlossen, sollte Karajan in dieser Saison musikalisch betreuen: Wagners *Tannhäuser*, wobei er hier auch Regie führte, Claudio Monteverdis *Krönung der Poppea*, Puccinis *Bohème* sowie, als Übernahme von den Salzburger Festspielen, Mozarts *Don Giovanni*.

Als Fritz Wunderlich zu den *Don-Giovanni*-Proben kam, hatte sich das Klima an der Oper bereits wieder verschlechtert. Schäfer hatte in seinem Büro einen Schlaganfall erlitten und mußte in die Klinik überführt werden. In der Folge ließ er erklären, daß er aus gesundheitlichen Gründen die Direktion der Wiener Staatsoper abgeben müsse und sich wiederum auf seine Aufgaben in Stuttgart konzentrieren werde. Wer sollte Schäfers Nachfolger werden? Gerüchte machten die Runde: Hermann Juch, Direktor des Zürcher Stadttheaters, wurde wiederholt genannt, zumal Juch in seinem Zürcher Vertrag eine Klausel eingebaut hatte, daß ein Ruf nach Wien Grund für eine Auflösung dieses Vertrags wäre. Diese Gerüchte wurden selbstverständlich auch in Zürich laut – davon konnte sich Wunderlich am 9. Juni gleich selber überzeugen. Im Rahmen der Internationalen Juni-Festwochen gastierte er als Tamino in einer *Zauberflöten*-Aufführung. Josef Greindl sang den Sarastro, und als dritte Dame – eine Altpartie – stand die Elevin Gwyneth Jones auf der Bühne. Eine bejahrte Inszenierung Rudolf Hartmanns, die man mit einigen gastierenden Sängern notdürftig festspielreif aufgebügelt hatte. »Vorab gestaltete Fritz Wunderlich einen Tamino, der wohl weniger in der schauspielerischen Darstellung, um so mehr aber in der gesanglichen Ausführung den lyrischen Gehalt der Partie mit einem deutlichen Schuß heldendramatischer Bewegtheit durchsetzte«, rapportierte die *Neue Zür-*

cher Zeitung. »Hierin das gute Maß zu halten befähigte ihn die souveräne Beherrschung seiner metallglänzenden Tenorstimme, die zwar in der Bildnisarie noch dem von expressivem Pathos ausgehenden Druck auf die Intonation nach oben fühlbar nachgab, sich aber dann in dieser Beziehung durchaus festigte.«[2]

Tags darauf stand Wunderlich bereits wieder als Ottavio auf der Wiener Probenbühne – und erfuhr die überraschende Neuigkeit: Egon Hilbert, damals Intendant der Wiener Festwochen, war zum Direktor der Wiener Staatsoper ernannt worden. Die Wiener Opernkrise schien damit beigelegt zu sein. Am 22. Juni ging die neue *Don-Giovanni*-Produktion erstmals über die Bühne:

Don Giovanni	Eberhard Wächter
Der Komtur	Walter Kreppel
Donna Anna	Leontyne Price
Don Ottavio	Fritz Wunderlich
Donna Elvira	Hilde Güden
Leporello	Walter Berry
Zerline	Graziella Sciutti
Masetto	Rolando Panerai

»Was hat Wien an Karajan?« fragte Reinhold K. Peter im *Münchner Merkur* demonstrativ – zumal sich die gesamte musikalische Welt über die singuläre Bedeutung des Künstlers Karajan einig zu sein schien und nur die Wiener auch hinter diesen Sachverhalt regelmäßig ein Fragezeichen zu setzen pflegten. Aus Münchner Perspektive war dieser *Don Giovanni* jedenfalls eine Festvorstellung: »Es war natürlich Star-Theater, doch das ist kein Vorwurf und kein Einwand ... Daß Primadonnen wie Hilde Güden, die zum ersten Male und in herzbezwingender Weise die Donna Elvira sang, und Leontyne Price, deren Donna Anna ein Urbild der Rache und Leidenschaft war, sich zu *einem* Musizierstil zusammenfanden, scheint eben doch nur in der Wiener Staatsoper möglich.« Überhaupt wurde der Wiener Mozart-Stil gelobt – auch bei Fritz Wunderlich, »bei dem spürbar wurde, wie sehr dessen Stimme und musikalische Intelligenz der Gestaltung Karajans entgegenkommt. Hier war nicht Zwang und direktoriale Gewalt: Hier fanden sich Musiker, die gemeinsam musizierten.«[3] Auch die Wiener Kritik zeigte sich begeistert: »Ein Muster an Vornehmheit im Auftreten und an Noblesse in der Gesangsführung bot Fritz Wunderlich als Don Ottavio. Die B-dur-Arie gelang ihm schlechthin vortrefflich.«[4] Das wollte etwas heißen, denn ausgerechnet bei dieser Arie hatte Wunderlich an der Premiere Blut geschwitzt. »In der Generalprobe bat mich Herr von Karajan, vor der Reprise in der Arie ›Folget der Heißgeliebten‹ an einer anderen Stelle zu atmen, als ich es gewohnt war. Ich habe das in der Probe auch getan, aber in der Premiere darauf einfach vergessen. Ich mußte mich, nachdem ich es gemerkt hatte, im Bruchteil einer Sekunde entscheiden, ob ich den Koloraturfluß unterbrechen oder riskieren sollte, die ganze Phrase auf einem Atem zu singen. Ich habe es versucht, und es ging gut. Herbert von Karajan, dem nicht entgangen war, warum ich alles auf einen Atem genommen hatte, kam dann zu mir auf die Bühne und sagte lachend: ›Sie sehen, wie einem gelegentlich der Zufall zeigt, was man kann.‹ Ich habe von da an diese Arie nur noch so gesungen.«⁵

»Erkrankte Tenöre« – unter dieser Schlagzeile sorgte eine Agenturmeldung quer durch Europa für Aufregung: »Die Tenöre Franco Corelli und Fritz Wunderlich haben ihre Mitwirkung bei den Salzburger Festspielen 1963 wegen Erkrankung absagen müssen. Corelli war für die Wiederaufnahme der Karajan-Aufführung von Verdis *Troubadour* und Fritz Wunderlich für die *Zauberflöte* engagiert.«⁶ Was war passiert? Wunderlich hatte in der Wiener Staatsoper eine *Rosenkavalier*-Vorstellung unter der Leitung von Josef Krips. Am Vormittag mußte er zu einer Verständigungsprobe; alles ging wunderbar, und er fühlte sich ausgezeichnet. Nach dem Mittagessen legte er sich wie üblich hin. Wie er aber, nach zwei oder drei Stunden, aufstand, war der ganze Hals zugekleistert. Wieder einmal war während des Liegens Eiter aus den Kieferhöhlen ausgeflossen, und der Kehlkopf war entsprechend verschleimt. Natürlich war er total heiser; an Singen war nicht zu denken, und so mußte er die *Rosenkavalier*-Aufführung in letzter Minute absagen.

Kieferhöhlen sind der wichtigste Resonanzraum für die Stimme. Sie liegen hinter den Wangen, beidseits der Nase, luftgefüllte Hohlräume, mit Nasenschleimhaut ausgekleidet und durch einen feinen Kanal mit der Nasenhöhle kommunizierend. In diesen Kieferhöhlen kann sich regelmäßig Flüssigkeit ansammeln, und diese ist ein idealer Nährgrund für Bakterien, die ihrerseits zu eitrigen Entzündungen Anlaß geben. Sobald man sich hinlegt, kann dieser Eiter aus den Kieferhöhlen abfließen – den Rachen hinab, durch den Kehlkopf und die Stimmritzen bis hinunter in die Bronchien. Die Folge ist ein total verschleimter Kehlkopf, was oft zu einer Kehlkopfentzündung führt, manchmal gar zu einer Bronchitis. Bislang hatte sich Wunderlich die vereiterten Kieferhöhlen jeweils mit Penicillinlösung ausspülen lassen – die einzige Gewähr, daß diese Bakterien abgetötet wurden. Doch war damit nicht die Ursache dieser Entzündungen, sondern nur deren Auswirkung bekämpft. Eine Operation sollte nun ein für allemal Linderung schaffen – so hoffte Wunderlich wenigstens.

Seine Wiener Verpflichtungen erfüllte er in vollem Umfang, und am 28. Juni sang er in München noch eine Vorstellung von Richard Strauss' *Schweigsamer Frau*. Dann aber folgten die Absagen: in Freiburg für die *Schöpfung* unter Theodor Egel sowie für zwei Gastauftritte als Tamino und Ferrando im Rahmen des Freiburger Festlichen Sommers; dann in Ansbach, wo er, einmal mehr unter Karl Richters Leitung, in der *Johannes-Passion* hätte mitwirken sollen. Am 12. Juli wurde Wunderlich operiert. Zweimal pro Tag fuhr seine Frau nach Starnberg in die Klinik, denn ausgerechnet während Wunderlichs Krankenhausaufenthalt mußte die Frage nach einer neuen Bleibe in München entschieden werden. Die ganze Wohnungssuche lastete auf seiner Frau; auch den Umzug mußte sie Ende Juli allein in die Wege leiten. Man hatte sich für ein Einfamilienhaus, Rauheckstraße Nummer vier, in Sendling entschieden. Heute geht da bekanntlich die Bodensee-Autobahn weg, die Ammerseestraße; damals waren rund um das Haus Weiden und Wiesen, Getreidefelder und ein Bauernhof. Es war ein geräumiges Haus mit einem großzügigen Musikzimmer, zwei weiteren Räumen und einem Gästezimmer im Erdgeschoß sowie zwei Kinderzimmern, einem großen Schlafzimmer und einer Einliegerwohnung für die Hausangestellte im oberen Stockwerk. Und um das Haus herum ein großer Garten mit Geräteschuppen.

Am 20. Juli wurde Fritz Wunderlich aus dem Krankenhaus entlassen; fünf Wochen Singverbot waren ihm jetzt auferlegt. Schwer fiel ihm vor allem die Absage für Salzburg: Hier hätte er, in einer Neuinszenierung von Otto Schenk, sechs *Zauberflöten*-Vorstellungen sowie die drei von Karajan dirigierten *Rosenkavalier*-Vorstellungen singen sollen. Auf die Zusammenarbeit mit Otto Schenk hatte er sich seit Monaten sehr gefreut – nun übernahm Tenorkollege Waldemar Kmentt diese Aufgabe. Auch für die Münchner Festspiele mußte Wunderlich absagen. Als Fixpunkt für seinen Wiedereinstieg visierte er den 1. September an: Da war eine Liedmatinee im Alten Residenztheater angesetzt – auf diese wollte er sich behutsam vorbereiten. Sein Festvertrag mit der Bayerischen Staatsoper lief bekanntlich Ende dieser Saison aus, und Wunderlich wollte ihn nicht mehr erneuern. Fest band er sich künftig nur noch an die Wiener Staatsoper. Für die kommende Spielzeit war eine Anwesenheit von vier Monaten vorgesehen, in denen er insgesamt 32 Vorstellungen singen sollte. Der Münchner Oper blieb er mit einem ausgedehnten Gastvertrag verbunden, und auch mit der Stuttgarter Bühne hatte er einen Gastvertrag vereinbart. Neu hinzu kam noch ein Gastspielvertrag mit der Hamburger Oper, und zwar für zehn Abende in dieser Saison. Wichtig war für Wunderlich, daß er künftig das Reisen vermehrt einschränken und seine Tätigkeit an den verschiedenen Opernhäusern gleichsam blockweise planen konnte.

Ein Hauch von Nostalgie lag über den diesjährigen Münchner Festspielen. Zum letzten Mal fanden Opernaufführungen im Prinzregententheater statt, denn für November stand die Eröffnung des wiederaufgebauten Nationaltheaters bevor. Die Festspiele standen ganz im Zeichen von Richard Strauss: Fünf seiner Opern wurden in mustergültigen Aufführungen präsentiert, und zum Festwochenschluß dirigierte Strauss-Spezialist Rudolf Kempe am 8. September ein Konzert ausschließlich mit Werken von Richard Strauss. Auch an großartigen Liederabenden fehlte es nicht: Erika Köth, Hermann Prey, Dietrich Fischer-Dieskau und Hertha Töpper stellten sich mit neuen Liedprogrammen dem Münchner Publikum vor, und Wunderlich schloß diese Serie mit einer Matinee am 1. September im Alten Residenztheater ab. Er sang beinahe dasselbe Programm wie im vergangenen Mai in Wien; einzig Beethovens Zyklus *An die ferne Geliebte* hatte er gegen drei Beethoven-Lieder vertauscht: »Mailied«, »Ich liebe dich« und

»Adelaide«. Wiederum sekundierte Heinrich Schmidt am Flügel, bei Haydns Schottischen Liedern wirkten Kurt Gurtner (Violine) und Adolf Schmidt (Violoncello) mit.

»Der reine Liedklang« titelte Antonio Mingotti seine Kritik. Noch vor einem halben Jahr hatte er an Wunderlichs Liedgesang kaum Lobenswertes entdeckt; nun schrieb er: »Fritz Wunderlich singen zu hören ist ein reiner Genuß... Denn Wunderlichs Stimme ist so edel, seine Art zu singen so leicht und natürlich, daß man versucht ist, seinem Gesang als einem Klangphänomen zu lauschen. Dieser Stimmzauber, der die Melodie durchleuchtet, hebt die Lieder aus ihrem Zeitstil in einer Weise heraus, daß sie über jeglicher Manier und Gattung, ja selbst über dem dichterischen Vorwurf zu schweben scheinen und... von geradezu arkadischer Wirkung waren.«[7] Walter Panofsky war diesmal nicht unter den Zuhörern. Dafür aber meldete sich Münchens Kritikerpapst Joachim Kaiser zu Wort: »Fritz Wunderlichs Tenor strömt und hat sinnlichen Schmelz; lyrische Melodien fangen gleichsam leichthin an zu blühen, wenn er sie vorträgt, und die Eleganz seines kantablen Parlando scheint fast unfehlbar... Dies war die eine, höchst schätzenswerte Voraussetzung von Fritz Wunderlichs Liedmatinee... Die andere, nicht weniger bemerkenswerte bildete das klug zusammengestellte Programm.« Gewisse Vorbehalte wurden allerdings nicht verschwiegen: In der Tiefe sei die Stimme nicht ganz so ausgeglichen, »zum Nachteil mancher Auftakte und Anfänge«. Und in der *Dichterliebe* habe Wunderlich zwar die ganz verhaltenen Gesänge meisterlich interpretiert, die lauteren, Tragik, Enttäuschung oder Wut ausdrückenden Lieder hingegen grimmig vorgetragen, »wie wenn es um die *Götterdämmerung* ginge... Die Ruhe indessen, mit der Wunderlich den Schluß der *Dichterliebe* vortrug, wird nicht so leicht zu vergessen sein.«[8]

Die neue Spielzeit begann für Wunderlich mit einem vollen Terminkalender:

2. 9. Bayerischer Rundfunk: Columbus
3. 9. München, Altes Residenztheater: Entführung aus dem Serail
4. 9. München, Prinzregententheater: Palestrina
5. 9. Bayerischer Rundfunk: Columbus
6. 9. Bürgerbräukeller: Electrola-Schallplattenaufnahmen
7. 9. Bürgerbräukeller: Electrola-Schallplattenaufnahmen
8. 9. Bürgerbräukeller: Electrola-Schallplattenaufnahmen
9. 9. Bayerischer Rundfunk: Columbus
10. 9. Bayerischer Rundfunk: Columbus
11. 9. Bayerischer Rundfunk: Columbus
     Abends Stuttgart: Probe Wildschütz
12. 9. Bayerischer Rundfunk: Columbus
13. 9. Stuttgart: Probe Wildschütz
14. 9. Stuttgart: Probe Wildschütz
     Abends: Probe mit Hubert Giesen

15. 9. Stuttgart: Probe mit Hubert Giesen
16. 9. Stuttgart: Probe Traviata
17. 9. Stuttgart: Generalprobe Wildschütz
18. 9. Stuttgart: Wiederaufnahme Wildschütz
19. 9. frei
20. 9. frei
21. 9. Stuttgart: Wildschütz
22. 9. frei
23. 9. Stuttgart: Probe Traviata
24. 9. München, Altes Residenztheater: Barbier von Sevilla
25. 9. Stuttgart: Probe Traviata
26. 9. München, Altes Residenztheater: Entführung aus dem Serail
27. 9. Stuttgart: Probe Traviata
28. 9. Stuttgart: Probe Traviata
      Abends Süddeutscher Rundfunk: Aufnahme von Mozart-Arien
29. 9. München, Altes Residenztheater: Così fan tutte
30. 9. Stuttgart: Probe Traviata
      Abends Süddeutscher Rundfunk: Aufnahme von Mozart-Arien

Drei freie Tage im September. Und in diesem Tempo ging es weiter: Die beiden nächsten aufeinanderfolgenden freien Tage, die in Wunderlichs Terminkalender zu orten sind, fallen auf den 23. und 24. Dezember 1963. Das heißt: drei Monate Verpflichtungen, eigentlich Tag für Tag. Fragen mögen sich aufdrängen: wie das ein Sänger, ein Mensch, überhaupt aushält. Ob das insgesamt die Früchte einer großen Karriere sind, die nun zu genießen wären – oder aber die Opfer, die man einer großen Karriere zuliebe bringen muß. Eher sieht es nach Opfer aus, zumal Wunderlich beileibe nicht von allen diesen Aufgaben begeistert war. Gleich die erste Verpflichtung, die Verfilmung von Werner Egks *Columbus* für den Bayerischen Rundfunk, wurde für ihn zu einer herben Enttäuschung. Die Musik hatte man ja schon zu Beginn dieses Jahres eingespielt; nun sollte das ganze Opus, ein Mittelding zwischen szenischer Kantate und Oper, noch verfilmt werden. Dieses Playback-Verfahren, bei dem der Sänger das Singen nur noch mimt – und zwar sekundenbruchteilgenau zum Ton, welcher gleichzeitig zur laufenden Filmkamera über Lautsprecher kommt –, lag Wunderlich nicht. Mit lebendigem Musiktheater, mit dem Ineins von Wort und Ton, von sängerischem, mimischem und gestischem Ausdruck hatte das kaum mehr etwas zu tun. Das Auseinanderdividieren des musikalisch-szenischen Gesamtkunstwerks in eine musikalische und eine szenische Ebene schien ihm verfehlt und erzeugte in ihm, dessen wichtigste künstlerische Triebfeder das spontane, impulsive Agieren war, nur mehr pure, ja manchmal geradezu verzweifelte Langeweile.

Vom 6. bis 8. September war Wunderlich mit Schallplattenaufnahmen beschäftigt. Im »Bürgerbräu« produzierte die Electrola eine Reihe von Operettenquerschnitten: *Die Rose von Stambul* und *Der fidele Bauer*, beide von Leo Fall, sowie *Der Zarewitsch* von Franz Lehár. Die Aufnahmen wurden musikalisch von Carl Michalski betreut; er dirigierte das Symphonie-Orchester Graunke und die

Singgemeinschaft Rudolf Lamy. Übrigens: Rudolf Schock, noch vor drei Jahren der Star solcher Operettenaufnahmen, war diesmal nicht mehr dabei. Auch Fritz Ganss firmierte nicht mehr als Produzent. Beide hatten kürzlich erst zur Schallplattenfirma Eurodisc übergewechselt. Das hieß, daß dieses Feld nun frei war für Fritz Wunderlich. Die Frage war nur, ob die Electrola das in absehbarer Zeit auch nutzen werde.

In München waren die Vorbereitungen zur Eröffnung des Nationaltheaters in vollem Gange. Nach den Festspielen hatte das Prinzregententheater seine Pforten endgültig geschlossen; bis zur Eröffnung des Nationaltheaters am 21. November stand demnach nur die Bühne des Cuvilliés-Theaters für Opernaufführungen zur Verfügung. Generalintendant Rudolf Hartmann hatte hierfür eine eigene kleine Saison eingerichtet, wobei Wunderlich – nunmehr Gastsänger in München – nur ausnahmsweise mit von der Partie war und demnach bis Mitte Oktober der Stuttgarter Bühne zur Verfügung stehen konnte. Hier bereitete Arno Aßmann eine Neuinszenierung von Verdis *Traviata* vor; gleichzeitig liefen die Proben für eine Wiederaufnahme von Rennerts berühmter *Wildschütz*-Inszenierung. Drei von Wunderlichs ehemaligen *Wildschütz*-Kollegen waren immer noch mit dabei: Hetty Plümacher, Fritz Linke und Hubert Buchta.

Aßmanns neue *Traviata*-Inszenierung wurde mit besonderer Spannung erwartet. Erstmals sollte in Stuttgart die neue deutsche Übertragung von Walter Felsenstein zu hören sein. Was für sämtliche Mitwirkenden hieß, ihre Partien einmal mehr neu zu lernen. Kontroversen blieben nicht aus – und kontrovers fielen auch die Publikumsreaktionen aus. »Fast ein Verdi-Fest« titelten die *Stuttgarter Nachrichten*, »Vom rechten Weg abgekommen« hieß es dagegen in der *Stuttgarter Zeitung*. Hier las man abfällige Bemerkungen zur Regie und zur Felsenstein-Übersetzung (»Wer sich erhofft hatte, daß zugleich mit der Felsensteinschen Neufassung des Textes – die kaum anders als eine Inspirationsquelle für zeitgemäße Regieanstrengungen aufgefaßt werden kann – eine Probe ernsthaften Musiktheaters zu sehen sein würde, wurde bitter enttäuscht«), dort lobte man ebendiese Neuübersetzung und auch Aßmanns Regie. Einmütiges Lob hingegen gab es für die Sänger – für Ruth-Margret Pütz, Raymond Wolansky und auch für Fritz Wunderlich, »der die Mischung aus lyrischem Schmelz und heroischem Aplomb, die das realistische und das theatralische Ambiente erfordern, meisterhaft beherrschte und darüber hinaus mit sparsamer Geste und beherrschtem Ausdruck die dramatischen Wechsel seiner Rolle voll ausspielte.«[9] Kurt Honolka doppelte gleichsam nach: »Fritz Wunderlich, herrlich bei Stimme, bewegte sich mit der Schlaksigkeit eines jungen Burschen, die Hände in den Hosentaschen, wenn er lächelnd der Geliebten – zweifellos seiner ersten – gedenkt, und sein Jungentrotz macht dann die Unflätigkeit seiner Beleidigung erst recht glaubhaft.«[10]

Bald ein Jahr war es her, daß sich eines Abends Besuch gemeldet hatte, noch an Wunderlichs alter Adresse in der Dorfstraße. Der Komponist Werner Egk wollte mit Wunderlich eine neue Oper besprechen. Er hatte eben erst mit der Komposition begonnen: *Die Verlobung in San Domingo*, basierend auf der gleichnamigen Novelle Heinrich von Kleists. Nun wollte er Wunderlich für die Hauptpartie des Christoph von Ried interessieren. Im Verlaufe des Abends gelang ihm das auch – zumal er dem Sänger versicherte, daß Günther Rennert die Einstudierung der Uraufführung übernehmen werde. Sie sollte einer der wichtigsten Beiträge zur Eröffnung des Nationaltheaters darstellen. Zweifellos eine interessante Oper, ein starkes Libretto, realistisch, klar und in den Proportionen gut bemessen. Die durchaus theatermäßigen Dimensionen der Kleist-Novelle hatte übrigens vor einem Jahrhundert schon der deutsche Romantiker Theodor Körner bemerkt: Ein Jahr nach Kleists Tod goß er dessen Novelle in ein reißerisches Drama mit dem Titel *Toni* um, allerdings mit wenig künstlerischem Erfolg.

Mitte Oktober begann Rennert mit den Proben; der Komponist leitete die musikalische Einstudierung. Wunderlichs Partnerin Jeanne: Evelyn Lear. »Frau Lear arbeitete wie eine Wilde und verbrauchte pro Tag zwei bis drei Korrepetitoren«, erinnerte sich Werner Egk. »Es machte ihr nichts aus, von 10 Uhr bis 15 Uhr ohne Pause zu proben. Das hält kein Klavierroß aus. Wunderlich dagegen hatte wegen der Unmenge seiner Verpflichtungen bis zur ersten Bühnenklavierprobe kaum Zeit gehabt, einen Blick in den Klavierauszug zu werfen. Dank seiner stupenden Musikalität lernte er seine Partie während der Proben. Ich sah ihn in jeder freien Minute in einer Ecke mit dem Klavierauszug stehen. Wunderlich war nicht nur ein Stimmwunder, sondern auch ein Wunder an Musikalität.« Während der Proben stellte sich heraus, daß Egks Instrumentation oft zu dick war, so daß man die Sänger kaum mehr hörte und – für Rennert besonders gravierend – die Textverständlichkeit darunter litt. »Jedesmal wenn der unerbittliche Rennert, beherrscht, aber dezidiert, von der zehnten Reihe aus rief: ›Stopp! Ich verstehe kein Wort mehr‹, war das für mich ein Signal, das Orchester aufzulichten«, erzählte der Komponist rückblickend, »nicht nur durch Umbezeichnungen, sondern auch durch Weglassen von Gegenstimmen und ähnlichem, bis jedes Wort klar verständlich war.«[11]

Rennert, das wußte jeder, war in dieser Beziehung unnachgiebig. Jede musikalische Phrase, und war es auch nur die eines einzelnen Instruments, wurde für ihn eine Zumutung, sobald sie den Text unverständlich machte. Unweigerlich führte das zu Spannungen mit den Dirigenten. »Rennert hat Dirigenten eigentlich nie geliebt. Auch nicht die begabtesten«, erzählte Hans Günter Nöcker, der die Partie des Negers Hoango sang. »Er fand sie immer zu laut, und zwar alle. Während der Proben rief er immer wieder: ›Bitte, halt!‹, ging dann nach vorn und beugte sich über den Orchestergraben zum dirigierenden Egk hinunter. ›Das ist alles zu laut, das geht so nicht, also zweite Flöte an dieser Stelle weg ...‹ Das wiederholte sich unzählige Male. Die Musik wurde dadurch immer lichter, und das hat dem

Stück insgesamt gut getan. Auch wenn Egk das nicht immer einsehen wollte.«¹²
Dem Ohr, aber auch dem Blick Rennerts schien überhaupt nichts zu entgehen.
»Er war ein Augenmensch. Er war nie laut, er konnte es sich leisten, leise zu
sprechen... Wenn etwas nicht perfekt war, wurde probiert, bis es ging. Am
nächsten Tag fing er wieder mit den ›virtuosen‹ Stellen an.« Nur noch aufs
Szenische sollten sich die Sänger konzentrieren; ein einziger Blick auf den Dirigenten, um einen noch nicht sicher sitzenden Einsatz abzuwarten, war Rennert
ein Dorn im Auge: »Der Kapellmeister geht euch nichts an. Wenn ihr nach so
vielen Proben euren Part nicht beherrscht, dann geht ab vom Theater.«¹³ Einmal
saß Dietrich Fischer-Dieskau im Zuschauerraum: »Ich war Zaungast bei der
Hauptprobe von Werner Egks *Verlobung in San Domingo* in der Bayerischen
Staatsoper«, erzählte er später, »und sah in all der rennenden und gackernden
Hühnerhofatmosphäre Wunderlich völlig gesammelt abwarten, was sich denn
wohl sonst noch ereignen würde. Diese äußere Ruhe bereicherte zwar seine
Bühnendarstellung nicht sonderlich, sicherte aber seinem Organ den Schutz für
schlakenlose Tonproduktion. Noten und Vortrag waren diesem Erzmusikanten
rasch und zuverlässig verfügbar, und gelegentlich, wenn auch sehr selten, ließ er
einen Verbesserungsvorschlag einem Kollegen gegenüber hören.«¹⁴
     Neben den *Domingo*-Proben sang Wunderlich Opernvorstellungen im Cuvil-
liés-Theater und vereinzelt auch in Stuttgart. Hinzu kam eine Produktion des
Bayerischen Rundfunks:

Georg Friedrich Händel: Judas Maccabaeus

Agnes Giebel (Israelitin)
Fritz Wunderlich (Judas Maccabaeus)
Julia Falk (Bote)
Naan Pöld (Israelit)
Ludwig Welter (Simon)
Chor und Sinfonie-Orchester des Bayerischen Rundfunks
Dirigent: Rafael Kubelik

Zwei Solistenproben verlangte Kubelik; anschließend, am 24. und 25. Oktober,
fanden die Aufführungen im Herkulessaal der Residenz statt, vom Bayerischen
Rundfunk live mitgeschnitten. Daß Kubelik ein eigenwilliger Dirigent war, hatte
sich längst herumgesprochen. Auf die Frage, weshalb er, der schüchterne, stets
zurückhaltend-zuvorkommende Mensch, so rigoros mit Händels Partitur umging, fanden allerdings tags darauf auch die Kritiker keine einleuchtende Antwort. Insgesamt fast die Hälfte von Händels Musik hatte Kubelik weggestrichen
und damit zwar eine dramaturgisch vielleicht begründbare Konzentration der
Handlung auf das Schicksal von Judas erreicht, dieser aber durch ein romantisierendes, verweichlichtes Musizieren jede innere Überzeugungskraft genommen.
»Der Maestro hatte sich offenbar zu sehr in die Partitur vertieft«, schrieb Walter
Panofsky. »Er deutete sie und dirigierte sie kaum, er setzte fast romantische,
jedenfalls lyrische Effekte, blieb aber dem großen Affetuoso Händels ebensoviel

schuldig wie dem Pomposo.« Wunderlich seinerseits hielt mit diesem Affetuoso nicht zurück und sang die anforderungsreiche, mit vielen Koloraturen vollgepackte Partie mit imponierender Brillanz: »Er war der einzige, der Händels Stil vollendet traf, der sang, nicht zelebrierte, und der aus den vertrackten Arien wahre Bravourstücke machte, ganz im Sinn der Händel-Zeit.«[15] Ähnlich auch das Urteil im Münchner *Merkur*: »Einzig Fritz Wunderlich riß das Steuer in stürmenden Koloraturen an sich und siegte auf der ganzen tenoralen Linie.«[16]

Vier Tage später, am 29. Oktober, starb Wunderlichs Mutter. Die Nachricht kam nicht überraschend; dennoch traf sie. Bereits zwei Jahre zuvor war sie in München mehrmals operiert worden. Ohne Aussicht auf Heilung. In Kusel wurde sie zur letzten Ruhe geleitet; zwei Tage später, am 2. und 3. November, sang Wunderlich in Wien, im Großen Saal des Musikvereins:

Wolfgang Amadeus Mozart: Requiem
Anton Bruckner: Te deum

Wilma Lipp
Hilde Rössel-Majdan
Fritz Wunderlich
Kieth Engen
Singverein der Gesellschaft der Musikfreunde Wien
Wiener Symphoniker
Dirigent: Herbert von Karajan

Aus trüben Gedanken riß ihn in den nachfolgenden Tagen der allgemeine Trubel um die Eröffnungsfeierlichkeiten für das wiederaufgebaute Nationaltheater. In vier Produktionen wirkte Fritz Wunderlich mit: in der Uraufführung von Egks *Verlobung in San Domingo*, in einer italienischen Produktion des *Don Giovanni*, in einer Neueinstudierung von Händels selten gespielter Oper *Julius Cäsar* sowie im *Don Pasquale*, der am Silvesterabend über die Bühne gehen und damit die Festwochen abschließen sollte. Als Eröffnungsvorstellung – ein Ehrenabend, ausschließlich für Gäste der Staatsregierung – hatte Generalintendant Rudolf Hartmann ein äußerst komplexes Werk angesetzt: Richard Strauss' Oper *Die Frau ohne Schatten*. Ursprünglich sollte Wunderlich hier die Stimme des Jünglings singen, ein Plan, der wegen Überbelastung dann fallengelassen werden mußte.

Am 21. November 1963 war es soweit: Über zwanzig Jahre nach der Zerstörung konnte das Nationaltheater wieder seiner Bestimmung übergeben werden. Am Vormittag war auf zehn Uhr dreißig ein Festakt anberaumt. Zu Beginn dirigierte Hans Knappertsbusch, Ehrenmitglied des Hauses, Beethovens Ouvertüre *Die Weihe des Hauses*. Anschließend folgten Ansprachen von der politischen und kulturellen Prominenz; auch Generalintendant Hartmann richtete das Wort an die versammelten Gäste. Zum Abschluß sang der Staatsopernchor unter Robert Hegers Leitung zwei Chöre aus Händels Oratorium *Der Messias*. Abends versammelten sich Gäste der Staatsregierung sowie das gesamthaft geladene Personal der Staatsoper zur Eröffnungsvorstellung. Um achtzehn Uhr hob sich der Vorhang erstmals über der Bühne des Nationaltheaters; Joseph Keilberth konnte den Einsatz zur Festvorstellung der *Frau ohne Schatten* geben. Auch Fritz und Eva Wunderlich waren unter den Gästen, blieben allerdings nur bis zur Pause. Denn aus dem obersten Rang, wohin man sie verbannt hatte, war das komplizierte Geschehen auf der Bühne kaum zu verfolgen. Zudem hielt es Wunderlich nie lange unter den Zuschauern aus: Er war sich gewohnt, die Oper von der anderen Seite des Vorhangs her zu betrachten...

Am 27. November fand die Uraufführung von Egks *Verlobung in San Domingo* statt, und zwar vor einem nur zu knapp drei Vierteln besetzten Haus – große Lust auf eine zeitgenössische Oper scheinen die Münchner nicht gehabt zu haben. Die Reaktionen fielen moderat aus: eine regelrechte Nummeroper, wo sich Arien, Ensembles und Szenen aneinanderreihen. Was dem Publikum recht sein mochte, war – immerhin schrieb man das Jahr 1963 – zumindest einigen Kritikern suspekt. Fazit: Nicht viel Neues von Egk, nichts Epochemachendes, aber eine durchaus brauchbare, wirkungsvolle Oper. Und wirkungsvoll in Szene gesetzt: »Welche Sänger«, schrieb Karl Heinrich Ruppel, »aber auch, dank Günther Rennerts großartig suggestiver Personalregie, welche Darsteller!«[17] Evelyn Lear, Margarete Bence und Fritz Wunderlich: drei eminente Künstler in den Hauptpartien, drei großartige Leistungen. Als sich die drei für den Schlußapplaus zusammen mit Werner Egk vor den Vorhang begeben wollten, kam Günther Rennert auf sie zu und feixte zum Komponisten: »Wissen Sie was, Egk? Nächstes Mal bringen Sie uns nur leeres Notenpapier. Wir machen das dann schon.«[18]

Am 11. Dezember hielt auch Mozarts *Don Giovanni* – in der bejahrten Inszenierung von Heinz Arnold – im neueröffneten Nationaltheater Einzug: einmal mehr mit George London in der Rolle des Frauenverführers. »Lorbeer über Lorbeer für Fritz Wunderlichs herrlichen Ottavio«, las man in der Münchner *Abendzeitung*, und die Begründung für soviel Lob lieferte gleichsam die *Schwäbische Zeitung*: »Denn bei seinem Ottavio gab es ohne Zweifel eine der denkwürdigen Tenorentdeckungen, wie der Kenner sie in der Oper vielleicht, wenn's gut geht, alle fünfzig Jahre miterlebt. Seit den Zeiten, als der junge Richard Tauber noch als reiner Mozartsänger an den Bühnen Europas gefeiert wurde, hat es unter den deutschen lyrischen Tenören kaum einen Sänger mit solch berückendem Schmelz in der Stimme, mit solch einem beseelten Mezzavoce, mit einer so schlackenfreien Voix mixte in allen Lagen gegeben.«[19] Am 14. Dezember gastierte Wunderlich als Sänger im *Rosenkavalier*. Eine typische Münchner Festbesetzung: mit Marianne Schech (Marschallin), Hertha Töpper (Octavian) und Erika Köth (Sophie), dazu Kurt Böhme (Ochs), Gerhard Stolze (Valzacchi) und Hetty Plümacher (Annina). Eine Wiederaufnahme mit dem »Glanz einer Festaufführung, in dem Fritz Wunderlichs bravourös gesungene Tenorarie beim Lever der Marschallin besonders hell strahlte«.[20]

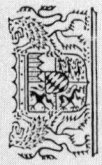

BAYERISCHE STAATSOPER
NATIONALTHEATER MÜNCHEN

ERÖFFNUNGSFESTWOCHEN
IM WIEDERAUFGEBAUTEN NATIONALTHEATER

Sonntag, 22. Dezember 1963

Neueinstudierung

JULIUS CÄSAR

Oper in drei Akten
Text von Nicola Haym

Musik von

GEORG FRIEDRICH HÄNDEL

Für die Bühne übersetzt und neugestaltet von Oskar Hagen

Musikalische Leitung: Joseph Keilberth · Inszenierung: Rudolf Hartmann
Bühnenbild: Helmut Jürgens † · Kostüme: Rosemarie Jakameit

Anfang 19 Uhr   Pause nach dem 1. Akt   Ende 22 Uhr

PERSONEN

Römer

Gajus Julius Cäsar .... Hermann Prey
Cornelia, Gattin des Pompejus .... Ira Malaniuk
Sextus Pompejus, ihr Sohn .... Fritz Wunderlich
Curio, römischer Tribun .... Bernhard Henninger

Ägypter

Cleopatra, Königin von Ägypten .... Lisa Della Casa
Ptolemäus, ihr Bruder, König von Ägypten .... Benno Kusche
Achillas, ägyptischer Feldherr, sein Berater . Albrecht Peter
Nirenus, Vertrauter der Cleopatra .... Georg Wieter

Römische und ägyptische Große, Kriegsleute, Sklaven, Frauen der Cleopatra

Der Schauplatz der Handlung ist Ägypten zur Zeit nach der Schlacht bei Pharsalus 48 v. Chr.

Das Ballett der Bayerischen Staatsoper
Choreographie: Alan Carter
Einstudierung: Joan Harris
Solisten: Hannes Winkler – Wolfgang Reuter

Orchester: Die Bamberger Symphoniker

Am 15. und 20. Dezember sang Wunderlich erneut *Don-Giovanni*-Vorstellungen – diesmal mit Lisa Della Casa als Elvira, allemal eine der glänzendsten Erscheinungen auf der Opernbühne. Seit einigen Tagen probte sie Seite an Seite mit Wunderlich: als verführerische Cleopatra in einer Neueinstudierung von Händels Oper *Julius Cäsar*. Hausherr Rudolf Hartmann polierte seine vor rund acht Jahren für das Prinzregententheater geschaffene Inszenierung neu auf; Joseph Keilberth besorgte die musikalische Einstudierung. Deutsche Händel-Tradition, Prachtentfaltung, Pomp und Prunk auf der Bühne, aber auch im Zuschauerraum: Der ersten Vorstellung wohnte der am 13. Oktober frisch inthronisierte Bundeskanzler Ludwig Erhard bei. »Die Oper als festliche Repräsentationskunst«: Karl Schumann mochte recht haben, jenseits aller implizierten Zweideutigkeiten. »Römisch-ägyptische Historie erscheint dreifach gefiltert: durch Händels Bizepsmusik, durch den Pomp des Barocktheaters und durch die statuarisch-edle Nachahmung des heroischen Stils von 1724. Jede Menschenähnlichkeit der Gestalten ist geschwunden. Figuranten des Prunks singen sich an... Oper um ihrer selbst willen.«[21] Schwierig war es für die Sänger, in einer solchen zum bildungsbürgerlichen Denkmal versteinerten Händel-Aufführung lebendig, und das meint: menschlich interessant und nicht wie edle Gestalten aus dem Lateinbuch, zu wirken. »Zwei Künstler bestanden glanzvoll vor solchen Anforderungen«, bilanzierte Joachim Kaiser: »Lisa Della Casa (Cleopatra) und Fritz Wunderlich (Sextus Pompejus).«[22] Zu einem ähnlichen Ergebnis kam auch Karl Schumann: »Der Cleopatra-Mythos erfüllte sich in Lisa Della Casa. Jugendliche Unbedingtheit ist Fritz Wunderlich nachzurühmen. Eine Tenorstimme, wie sie alle Jubeljahre einmal zu finden ist, erfaßt noch die leiseste Regung des Melos.« Und: »Prey und Wunderlich sind Brüder im künstlerischen Geiste: beide durchdrungen von einem ganz und gar unzeitgemäßen, unroutinierten Gefühl für die Würde der Kunst.«[23]

Am 31. Dezember wurden die Eröffnungsfestwochen im wiederaufgebauten Nationaltheater mit einer Aufführung von Donizettis *Don Pasquale* beschlossen. Zwölf Festvorstellungen hatte Wunderlich insgesamt gesungen – eine stolze Bilanz. Und, alles in allem, ein glänzender Schlußpunkt hinter das Schicksalsjahr 1963.

Das neue Jahr begann für Fritz Wunderlich mit Schallplattenaufnahmen im »Bürgerbräu«: ein Querschnitt von Lehárs Operette *Das Land des Lächelns*. Konsequent baute Electrola ihr Repertoire an Operettenquerschnitten aus. Wunderlich galt längst als einer der zugkräftigsten Stars unter den Sängern der leichteren Muse. Und, seit Altstar Rudolf Schock zu Eurodisc hinübergewechselt hatte, ohne hauseigene Konkurrenz bei der Electrola. Um so größere Verblüffung löste Ende Januar eine Agenturmeldung aus: »Fritz Wunderlich hat bei der Deutschen Grammophon Gesellschaft einen Exklusivvertrag unterzeichnet, der im Herbst

1964 in Kraft tritt.« Das kam überraschend – eigentlich für alle, die Wunderlichs Karriere als Schallplattenkünstler bei der Electrola mitverfolgt hatten. War Wunderlich nicht einer der populärsten Electrola-Künstler?

Wer nüchtern Bilanz zog, kam zu einem anderen Ergebnis. Operettenquerschnitte lagen einige vor, auch Opernquerschnitte sowie je ein Solorezital mit Operetten- und Opernarien, und fünf Operngesamtaufnahmen waren im Verlauf der Jahre ebenfalls zusammengekommen. Wobei die beiden Wagner-Einspielungen kaum ins Gewicht fielen: Hier wirkte Wunderlich in Nebenrollen mit. Blieben also, unter dem Strich summiert, drei Opern – zwei deutsche Spielopern und Smetanas *Verkaufte Braut*, maßstabsetzende Einspielungen alle drei. Und dennoch: Auf fällt auch, was fehlt. Mozart-Opern zum Beispiel: keine *Zauberflöte*, obwohl Wunderlich seit Jahren als berühmtester Tamino weltweit gefeiert wurde; kein *Don Giovanni* und keine *Così fan tutte*. Auch kein Händel-Oratorium, kein Verdi-Requiem. Selbst vom Liedersänger Wunderlich schien Electrola vorläufig keine Notiz genommen zu haben. »Das ist in der Tat ein Jammer, daß ich mit Wunderlich nicht an Lieder herangekommen bin«, meinte Electrola-Aufnahmeleiter Christfried Bickenbach Jahre später. »Schubert hätte keiner so schön singen können. Das ging zu Herzen; das konnte er wie kein anderer.« Aber mit Schubert-Liedern war die Electrola schon eingedeckt: Dietrich Fischer-Dieskaus frühe Einspielungen mit dem unvergleichlichen Gerald Moore am Flügel machten weltweit Furore.

Ähnlich lag das Problem bei den Mozart-Opern: *Don Giovanni* und *Così fan tutte* lagen bei Electrola ebenfalls schon in neuen Stereoaufnahmen vor, beide in London von EMI/Columbia produziert; und eine neue *Zauberflöte* sollte unter der Leitung von Otto Klemperer demnächst eingespielt werden – ebenfalls in London, aber nicht mit Wunderlich. Sondern mit Nicolai Gedda, dem bedeutenden schwedischen Tenor. Er hatte einen Vertrag mit der englischen Columbia und sang für sie das ganze lyrische Fach: von Bach und den Mozart-Partien über die leichteren italienischen Opern bis hin zur Operette. Selbst ein so eminent der österreichischen Musiziertradition verhaftetes Werk wie Franz Lehárs Meisteroperette *Die lustige Witwe*, welche EMI/Columbia im Juli 1962 in London mit erfahrenen Operettensängern wie Elisabeth Schwarzkopf, Hanny Steffek und Eberhard Wächter aufgenommen hatte, wurde mit Nicolai Gedda besetzt und nicht mit Fritz Wunderlich. »Nun sangen Gedda und Wunderlich ja nicht ausschließlich dasselbe Fach«, gab Electrola-Aufnahmeleiter Bickenbach zu bedenken. »Geddas Stimme war entschieden größer, reicher an Volumen auch. Zudem hätte sich Wunderlich erst einmal ein internationales Publikum ersingen müssen. Soweit war er damals noch nicht; die Zeit dafür war noch nicht ganz reif. Das wäre bei der Electrola alles erst gekommen – wenn Wunderlich hätte warten können.«[24] Noch entschiedener bezog Tonmeister Wolfgang Gülich Position: »Eigentlich ist es doch ganz klar: Wenn zwei Tenöre da sind und der eine ist der internationale und der andere ein nationaler, dann werden auch entsprechende

Prioritäten gesetzt. Zudem war Wunderlich damals noch ein junger Sänger; sehr gut zwar, aber absolut nicht top. Das wurde er erst – bei der Deutschen Grammophon Gesellschaft.«²⁵

Bei der Deutschen Grammophon mußte er in der Tat nicht warten, bis die Zeit für ihn reif würde. Konkurrenz gab es hier kaum; Walther Ludwig oder Helmut Krebs, beides bedeutende lyrische Tenöre, hatten zwar einige hervorragende Aufnahmen gemacht – aber noch im Monozeitalter, was demnach nicht mehr ins Gewicht fiel. Ernst Haefliger, auch er ein von der Deutschen Grammophon Gesellschaft oft beschäftigter Tenor, konnte allenfalls im Lied- und Oratoriensektor als Konkurrent von Wunderlich einige Geltung beanspruchen, aber nicht im Opernfach oder als Sänger der leichteren Muse. Türen und Tore standen für den Schallplattensänger Fritz Wunderlich demnach offen.

Übrigens sollte er bei der Deutschen Grammophon bald in bester, will sagen: in illustrer, Gesellschaft sein. Anfang März schloß auch Herbert von Karajan mit der Grammophon einen Exklusivvertrag ab – Startpunkt zu einer Schallplattentätigkeit, die, allein, was ihren künstlerischen Anspruch und ihre zweifellos revolutionären medienpolitischen Folgen anbelangt, ohne Vergleich bleiben sollte.

ACHTZEHNTES KAPITEL

Wunderlich, der Liedersänger:
»Am Lied erkenne ich, ob ich singen kann«

Am Sonntag, 12. Januar 1964, schrieb Wunderlich seinem ehemaligen Kollegen aus weit entlegener Freiburger Studienzeit, Hans-Martin Hackbarth:

Mein lieber Hans-Martin,

es hat mich Deine traurige Nachricht vom Tod Deines Vaters erreicht.

Ich kann es Dir nachfühlen, wie Dir zumute ist, habe ich doch selbst vor kurzer Zeit meine Mutter verloren..., ich bin jetzt ganz ohne Eltern, und wie sehr ich an meiner Mutter gehängt habe, weißt Du ja.

Wir haben in der letzten Zeit öfter von Euch gesprochen. Vor einigen Tagen war Mauz hier zu Besuch, und wir haben das Band abgespielt, welches wir damals zu ihrem Geburtstag aufgenommen haben. Du erinnerst Dich bestimmt daran. Und die Bilder, die wir damals gemacht haben, als meine Mutter in Freiburg war, haben wir angeschaut. Ein kleines bißchen Wehmut ist immer dabei, wenn ich an diese Tage denke in der Villa Heuboden. Es ist nur schade, daß wir so ganz den Kontakt verloren haben, aber das ist nun einmal so im Leben, wenn jeder von der Schulbank aus auf seine eigene Bahn geht...

Morgen fahre ich nach Turin, wo ich eine Italientournee mit der Cappella Coloniensis beginne, ich sehe die alten Kämpen wieder, Fritzchen Neumeyer usw.

Vielleicht können wir uns doch einmal sehen. Bis dahin denke ich viel an Dich und an unsere gemeinsamen Studienjahre!

In Liebe Dein Fritz

Das Wiedersehen mit den »alten Kämpen« – die Vorfreude auf dieses Wiedersehen ist gepaart mit den Erinnerungen an die Tage und Jahre in der »Villa Heuboden«, an seine Freiburger Hochschulprofessoren, die er nun an den Pulten der Cappella Coloniensis wieder antreffen würde. Daß ihm an einer lebendigen Vergegenwärtigung dieser Erinnerungen im Kreis seiner ehemaligen Freiburger Lehrer viel lag, steht fest. Wie sehr ihn gerade aus diesem Grund der Tod seiner Mutter getroffen haben muß, läßt sich erahnen: Mit ihr starb ein lebendiger Teil seiner eigenen Erinnerungen an die Kindheit.

Mitte Januar fuhr Wunderlich nach Turin. Im Konservatorium traf er mit den Mitgliedern der Cappella Coloniensis zu einer Probe zusammen. Wiederum dirigierte Ferdinand Leitner, und zwar beinahe dasselbe Programm wie vor zwei Jahren: Orchesterwerke von Johann Christian und Johann Sebastian Bach sowie von Telemann und Carl Stamitz; Fritz Wunderlich sang wiederum zwei Händel-Arien. Am 15. Januar fand im Teatro Comunale dell'Opera in Genua das erste Konzert statt. Die weiteren Stationen: Rom, Academia Nazionale di Santa Cecilia; Aquila, Teatro Comunale; Mailand, Teatro Nuovo; Triest, Teatro Comunale Giuseppe Verdi; Florenz, Teatro della Pergola. Am 26. Januar kehrte Wunderlich wieder nach München zurück.

Am 2. Februar begann er mit den Proben für eine Aufnahme von Schuberts Liederzyklus *Die schöne Müllerin* für den Süddeutschen Rundfunk. Drei Tage arbeitete er mit Hubert Giesen Lied für Lied durch; dann wurde der Zyklus an einem einzigen Tag aufgenommen. Am 7. Februar gastierten Wunderlich und Giesen in Heidenheim. Einmal mehr gaben sie ein Wohltätigkeitskonzert zugunsten des Deutschen Roten Kreuzes. Ende Februar fuhr Wunderlich für zwei Tage nach Freiburg zur Stimmkontrolle bei Margarethe von Winterfeldt. Er wollte gut gerüstet sein: Bereits Anfang März sollte er sich dem Wiener Publikum mit der *Schönen Müllerin* vorstellen. Daß der Liedgesang künftig nicht mehr nur eine beiläufige, sondern eine der Opern- und Konzerttätigkeit zumindest gleichwertige, ja nach Möglichkeit gar eine dominierende Rolle spielen sollte, war für Wunderlich beschlossene Sache. »Ich bin sehr spät erst zum Lied gekommen«, bekannte er in einem Interview. »Aber nicht deshalb, weil ich vorher keine Beziehung dazu hatte, sondern weil ich wußte, daß ich nur dann Lieder singen kann, wenn ich meine Stimme absolut beherrsche. Das ist die wichtigste Voraussetzung für das Lied: Man darf unter keinen Umständen auch nur die geringste gesangstechnische Schwierigkeit haben. Am Lied erkenne ich, ob ich singen kann.«[1] Liedersingen sei für ihn gleichbedeutend mit Kammermusik: eine Reduktion auf das Wesentliche, zugleich eine Konzentration auf die Form, wo die feinste Nuance schon ausschlaggebend ist. Gerade die Form wurde für ihn in dieser Zeit zunehmend wichtig. »Er wollte alles auf eine bestimmte Form bringen, nicht mehr wie ein Vulkan drauflossingen, sondern mit einer feinen Reflexion. Nicht distanziert oder gar unbeteiligt, aber doch überlegt. Die Stimme nahm er bewußt zurück und konzentrierte sich auf feinere, differenziertere Ausdrucksmittel. Die Zeit schien dazu nun reif zu sein, und daß sich die Stimme in diesen Jahren ja noch veränderte, ausgeglichener wurde, belegen die Schallplattenaufnahmen.«[2]

Für die zweite Aprilhälfte hatte Wunderlich eine kleine Liedtournee geplant: von Stuttgart bis nach Graz. Und eine weitere sollte Anfang 1965 folgen. Zwei ausgedehnte Liedtourneen pro Jahr – so wollte er es künftig halten. Vorläufig aber erwartete ihn die Bühne: Richard-Strauss-Spezialist Rudolf Hartmann begann in Wien mit den Proben zu seiner Neueinstudierung von Strauss' letzter Oper *Capriccio*. Erstmals übernahm Wunderlich die Partie des italienischen Sängers, keine wirklich große Partie, aber sängerisch wie darstellerisch eine sehr anspruchsvolle. Überhaupt sollte er in diesem Jahr, einem Richard-Strauss-Gedenkjahr anläßlich der hundertsten Wiederkehr seines Geburtstags, vermehrt Opern von Strauss singen und zumindest zwei von den drei für ihn vorgesehenen neuen Partien kreieren.

März 1964, Opernkrise in Wien: Herbert von Karajan und Egon Hilbert, die beiden Operndirektoren, verkehrten seit einigen Wochen nur noch telefonisch miteinander. Wem die Schuld für welches Vergehen anzulasten sei, war eine Frage, die in der Presse täglich mit Wollust diskutiert wurde – und nicht immer in den feinsten Tönen. Im Gegenteil. Am 8. März unterstellte Musikkritiker Lothar Knessl unter dem reißerischen Titel »Karajan schädigt Philharmoniker« dem Maestro, er führe sich auf »mit Sitten, die man an ihm längst überwunden glaubte und die nicht anders als mit Balkansitten bezeichnet werden können«.[3] Was Knessl acht Tage später prompt eine Privatklage Karajans einbrachte. Ursache dieser heftigen Presseangriffe war Karajans Exklusivvertrag mit der Deutschen Grammophon Gesellschaft, den er Anfang März unterzeichnet hatte. Die Wiener Philharmoniker hingegen waren seit Jahren exklusiv an die Schallplattenfirma Decca gebunden. Im Klartext hieß das, daß in Zukunft eine Zusammenarbeit Karajans mit den Wiener Philharmonikern auf Schallplatte nicht mehr möglich war. Es sei denn, die Philharmoniker würden sich ebenfalls um einen Vertrag mit der Deutschen Grammophon bemühen. Böswillige stellten umgehend auch die Behauptung auf, Karajan habe die Philharmoniker bereits zu einem entsprechenden Vertragsbruch mit der Decca überredet...

An einem gänzlich anderen Streit war Wunderlich in jenen Tagen beteiligt: an der Streitfrage zwischen Wort und Ton, will sagen: an der Frage, ob in einer Oper der Musik oder der Dichtung Vorrang gebühre. *Prima la musica, dopo le parole?* Abgehandelt wird diese Frage bekanntlich in Richard Strauss' letzter Oper, *Capriccio*, einem »Konversationsstück für Musik«, wie es der greise Komponist genannt hat. Den Text dazu lieferte ihm der Dirigent Clemens Krauß – nach Hofmannsthal, Stefan Zweig und Joseph Gregor der nunmehr vierte Strauss-Librettist und sicher nicht der wortsensibelste. Das alte Thema vom Primat des Tons oder des Wortes wird anhand einer gefälligen Dreiecksgeschichte durchgespielt; sie findet statt in einem Schloß in der Nähe von Paris zur Zeit, als Gluck dort sein Opernreformwerk begann. Daß in dieser letzten Strauss-Oper insgesamt ein Verlust an schöpferischer Originalität, ja ein qualitatives Absinken des musikdramatischen Niveaus unüberhörbar sei, ist ein altbekannter Vorwurf: Musik am Gängelband dünnflüssiger Poesie. Ein Vorwurf übrigens, der mit einiger Berechtigung auf allen späten Opern von Richard Strauss lastet.

Gewisse Anleihen im *Capriccio* an frühere Strauss-Opern, vor allem an den *Rosenkavalier*, sind unüberhörbar. So trägt die Figur der Gräfin Madeleine auffällig Züge der Marschallin, und die einst erfrischend geniale Idee mit dem Sänger, welcher der *Rosenkavalier*-Marschallin eine italienische Arie vorträgt und ihr damit seine Dienste als Musikus anbietet, wird im *Capriccio* erneut strapaziert. Wobei Strauss hier gleichsam doppelt dick aufgetragen hat: Jetzt ist es ein italienisches Sängerpaar – selbstverständlich ein Sopran und ein Tenor –, welches den Anwesenden auf der Bühne, aber auch im Parkett den Unsinn aller konventionellen italienischen Opernmusik vor Augen und Ohren führen soll. Eine Glanzrolle für gewandte Komödianten; stimmlich wird allerdings viel gefordert, nicht zuletzt einige der in der italienischen Oper bekanntlich unentbehrlichen hohen Cs. Eine neue Partie für Wunderlich und eine, die er besonders liebte. Sie kam seiner Spiellust hervorragend entgegen. Indem er die Rolle spielte, empfand er sich stets ein bißchen neben der Rolle stehend, im Spielen gleichsam augenzwinkernd das Spiel thematisierend. Ein mehrschichtiges Wechselspiel, welches er nun unter der Anleitung des Strauss-Spezialisten Rudolf Hartmann erarbeitete, der das Werk schon bei der Uraufführung in München im Oktober 1942 szenisch betreut hatte.

8. März 1964. Liederabend Fritz Wunderlich im Brahmssaal des Musikvereins. Auf dem Programm lauter Schubert-Lieder: die drei Gesänge des Harfners aus Goethes *Wilhelm Meister* sowie der Zyklus *Die schöne Müllerin*. Am Flügel: Hubert Giesen. »Die wunderschöne Müllerin«, las man tags darauf fettgedruckt im *Express*, und: »Nach diesem Abend gibt es wohl keinen Zweifel mehr: Unter den wenigen, die zum Liedgesang berufen sind, ist Fritz Wunderlich ein Auserwählter.« Karl Löbl spendete dieses vorbehaltlose Lob und wußte es auch zu begründen: »Das Wort ›Gefühl‹, das allzuleicht die fatale Nebenbedeutung des Sentimentalen erhält, kommt bei Wunderlich zu seiner ursprünglichen Bedeutung: Er *fühlt* die Emotionen und Gedanken, die Freude und das Leid, wie sie in einem Lied komprimiert sind, und er fühlt auch richtig, wie man sie zum Ausdruck bringt. Er stellt sie nicht dar und dramatisiert sie nicht. Er spricht sie aus. Mit Wort und mit Musik... Und das scheint mir ein weiterer Vorzug zu sein: daß Wunderlich jedes Lied von der Musik und vom Text her gleichermaßen empfindet, daß er beide Teile sorgsam ausbalanciert, die stets vorbildlich klare Deklamation nie über die musikalische Phrase dominieren läßt... Ein vollkommener Liederabend.«[4] Für Fritz Wunderlich ein Beweis, daß er als Liedersänger auf dem richtigen Weg war.

Am 21. März ging Hartmanns *Capriccio*-Neueinstudierung erstmals über die Bühne. Am Pult der Wiener Philharmoniker stand Georges Prêtre – übrigens auch er mit dem Werk bestens vertraut, hatte er doch schon die französische Erstaufführung von *Capriccio* 1950 an der Opéra comique in Paris dirigiert. Ein festlicher Auftakt zum Richard-Strauss-Jahr und – mit Lisa Della Casa, Christa Ludwig, Waldemar Kmentt, Walter Berry sowie Lucia Popp und Wunderlich als italienischem Sängerpaar – auch festlich besetzt. »Das ebenso gescheite, in der musikalischen Struktur ungemein geistreiche, in seiner Ausarbeitung außerordentlich gekonnte und als theatralische Aktion völlig undramatische Stück, in dem bekanntlich darüber geredet (respektive gesungen) wird, ob das Wort oder die Musik Vorrang auf der Bühne... haben soll, war diesmal sehr sorgfältig und gut besetzt worden«, attestierte Karl Löbl. »Doch war es Zufall oder Absicht – die im Stück aufgeworfene Frage wurde vom Publikum nach seiner Weise (›prima la musica‹) beantwortet«, hieß es weiter, Bezug nehmend auf offenbar Unerwartetes: »Den weitaus größten, heftigsten und lautstarksten Beifall hatten Lucia Popp und Fritz Wunderlich als italienisches Sängerpaar, deren zwei Duette fabelhaft gesungen waren – mit kräftiger, geläufiger Soprankoloratur und kultivierten, in der Höhe strahlenden Tenortönen, stilvoll und wirkungssicher.«[5]

Am 24. März sang Wunderlich im Großen Saal des Wiener Musikvereins:

Johann Sebastian Bach: Matthäus-Passion

Fritz Wunderlich (Evangelist und Arien)
Hermann Prey (Christus)
Teresa Stich-Randall
Christa Ludwig
Otto Wiener
Singverein der Gesellschaft der Musikfreunde Wien
Wiener Sängerknaben   Wiener Symphoniker
Dirigent: Karl Richter

Eine Aufführung, die musikalisch faszinierte, geschlossen und bis ins kleinste Detail ausgefeilt, aber das Wiener Publikum offensichtlich bis an die Grenzen des Erträglichen forderte. »Das Werk wurde ungekürzt aufgeführt. Das dauerte vier Stunden. Der Sauerstoff im Saal war restlos verbraucht, und die Sitze schienen sich in Nagelbretter verwandelt zu haben. Eine junge Dame wurde zu Beginn des zweiten Teils ohnmächtig hinausgetragen.«[6] Erneut bewunderte Wunderlich die faszinierende Intensität von Richters Musizieren, ruhig, überlegen und in klare Formen gegossen. Unerhört das Gewicht, welches Richter dem religiösen Gehalt des Werkes gab. Fragen des musikalischen Stils, des authentischen Stils schienen ihm sekundär. Er wollte den Verstand seiner Zuhörer wachrütteln und deren Gefühle aufwühlen – was ihm letztlich auch gelang. Bewegt verließen die Zuhörer nach dieser strapaziösen Aufführung den Saal, schweigend und in sich gekehrt. Keiner dachte daran, zu applaudieren.

Anschließend fuhr Wunderlich nach Bamberg, wo er, zusammen mit Kollege Dietrich Fischer-Dieskau und den Bamberger Symphonikern unter der Leitung von Joseph Keilberth, Gustav Mahlers *Lied von der Erde* einstudierte. Fünf Aufführungen waren insgesamt geplant, eine kleine Konzerttournee durch Deutschland. Für Wunderlich eine Partie, die er sehr gerne sang. Die dunkle, schwermütige Stimmung, die über dem ganzen Werk lastet, Ahnung und quälerische Angst vor dem Tode, Abschiednehmen und, in plötzlich erwachtem Lebensdurst, ekstatisch die Schönheiten der Welt besingend: Dieser Dualismus von Todesbefangenheit und Weltenlust, von Mahler mit einer neuartigen harmonischen Textur zu ungeheurer Expressivität gesteigert, war Wunderlich zeitlebens nie fremd gewesen und die Musik ihm deshalb besonders teuer. Daß er das Werk wiederum an der Seite Fischer-Dieskaus singen konnte, freute ihn besonders. Kein Superlativ war ihm zu hoch gegriffen, um dessen Gesangskunst, vor allem sein unnachahmliches Legato, zu preisen. Jedesmal hörte er gebannt zu, bis Fischer-Dieskau seinen halbstündigen Schlußgesang mit dem leise verklingenden »Ewig, ewig« beendet hatte – fassungslos und zutiefst beeindruckt, ganz im Banne dieser für ihn unvergleichlichen künstlerischen Leistung.

Fischer-Dieskau hat später von den Proben erzählt: »Bamberg empfing mich verschlafen wie eine kleine Ausgabe von Prag. In der Kirche, die durch Umbau zum Konzertsaal viel von ihrer Schönheit eingebüßt hatte, wehte bei der Probe trockene Heizungsluft, die die Kehle belästigte. Ich kam, da Keilberth leise, aber lebendig begleitete, trotzdem gut über die Runden. Aber danach drohte die Frage: ›Muß nun eine Erkältung folgen?‹ Ich sagte mir: Das Naturell des frischfröhlichen Fritz Wunderlich, der die Tenor-Partie sang, sollte man haben!«[7] In Bamberg fand am 2. April auch die erste Aufführung statt. »Dieser Abend ließ niemanden, der dabei war, zur Ruhe kommen«, las man zwei Tage später im *Bamberger Volksblatt*. »Sollte es einer Gewißheit hierzu bedürfen, so erinnere man sich dankbaren Herzens, Dietrich Fischer-Dieskau und Fritz Wunderlich in den sechs Teilen dieser sinfonischen Ode gehört zu haben... Das Bamberger Konzertpublikum zeigte sich wie kaum zuvor, es brach aus in einen Taumel der Begeisterung.«[8] Und: »Fritz Wunderlich hatte für seine dreiteilige... Tenorpartie neben der Tonfülle und dem edlen Kern seiner Stimme auch die notwendige Wandlungsfähigkeit einzusetzen. Das ›Trinklied vom Jammer der Erde‹ gelang ihm in seinem Wechsel von herber Schwermut und Lebensgier ebensogut wie das Jubilieren in der Idylle ›Von der Jugend‹, ein tönender Farbholzschnitt von poetischem Reiz. Ohne Anzeichen von Ermüdung entfaltete sich der sieghafte Tenorglanz im Gesang ›Vom Trunkenen im Frühling‹, den Wunderlich mit einem an Jung-Siegfried gemahnenden Übermut über den Tonwogen des Orchesters hinausschmetterte.«[9]

Nächste Station war die Meistersingerhalle in Nürnberg. »Nachdem das ›Ewig, ewig‹ des zweiten Konzerts in Nürnberg verklungen war«, erzählte Fischer-Dieskau, »umarmte mich Keilberth und weinte.« Am 6. April gastierte man im Beethovensaal der Stuttgarter Liederhalle, am 9. April in der Beethovenhalle in Bonn. Diesem Konzert wohnte auch Bundespräsident Heinrich Lübke bei, und er ließ wissen, daß er nach dem Konzert die drei Künstler gerne begrüßen würde. »Er zeigte sich leutselig und erzählte mir gleich, wie schnöde ihn doch die Zeitungen behandelten, indem sie behaupteten, man hätte ihm sein dreizehntes Monatsgehalt gestrichen. Das gäbe es für ihn ja gar nicht. Über den Mahler kein Wort.«[10] Tags darauf gastierte man in Düsseldorf, wo die *Neue Rhein-Zeitung* Wunderlich die »Qualitäten eines Lohengrin- und auch Tannhäuser-Tenors« zuschrieb.[11] Am 13. April traf man sich zum letzten Mal – im Kuppelsaal der Stadthalle Hannover, wo dreieinhalbtausend Menschen dem *Lied von der Erde* zuhörten. Hier hatte Wunderlich übrigens Gelegenheit, mit Fischer-Dieskau ein »Lippen-Horn-Duett« zu blasen. »Bevor wir in Hannover aufs Podium der Stadthalle stiegen, hörte ich Fritz in seiner Garderobe den ›Jägerchor‹ aus dem *Freischütz* summen. Gleich fügte ich, ein Horn imitierend, die zweite Stimme dazu, und es folgte ein Gang durch die entsprechende Hornliteratur, dem dann auch der aufmerksam gewordene Keilberth zuhörte, sich vor Lachen biegend.«[12]

Von Hannover aus flog Wunderlich direkt nach Stuttgart: Proben mit Hubert Giesen für die bevorstehende kleine Liederabendtournee. Zwei Tage wurde gearbeitet, dann stellten sich die beiden im Mozartsaal der Liederhalle dem Stuttgarter Publikum vor. Das Programm:

Ludwig van Beethoven	An die ferne Geliebte
Franz Schubert	Frühlingsglaube
	Ständchen
	Ständchen
	(Leise flehen meine Lieder)
	Heidenröslein
	Im Abendrot
	Der Musensohn
Robert Schumann	Dichterliebe

War es die sprichwörtliche Geringschätzung, mit der man einen Einheimischen zu taxieren pflegt – und als solcher mochte Wunderlich in Stuttgart zu Recht gelten –, daß sich der Stuttgarter Chefkritiker Kurt Honolka so schwer mit einem Lob tat? »Seit dem Tode Karl Erbs, seit Julius Patzaks besten Tagen haben wir in Deutschland keinen tenoralen Liedersänger vom Range des Engländers Peter Pears hervorgebracht. Wird Wunderlich es werden? Er ist Operntenor, als junger Belcantist wohl der beste in Deutschland ... Daß er auf den Glanz seiner stählernen Spitzentöne, also auf alles Opernhafte verzichten muß, liegt beim Liedgesang in der Natur der Sache. Aber auch in diesem Rahmen kann sich, Fischer-Dieskau beweist es, bei entsprechender Werkwahl die Persönlichkeit eines Sängers in ihrer ganzen Fülle entfalten ...« Zudem rügte Honolka das allzu einseitige Programm, ausschließlich »romantische Lieder von Liebe, von Sehnsucht, Glück und Wehmut, empfindsame Jünglings-Lyrik ... Man wird auch die tiefer, tragischer gestimmten Saiten hören müssen, um abschätzen zu können, ob der heute schon hervorragende Liedersänger Wunderlich berufen ist, ein großer zu werden.«[13]

Nächste Station der kleinen Liederabendtournee: am 22. April im Kammermusiksaal des Bruchsaler Schlosses. Das Programm hatten Wunderlich und Giesen leicht abgeändert: Anstelle des zweiten Ständchens (»Leise flehen meine Lieder«) und des »Heidenrösleins« nahmen sie Schuberts drei Harfnergesänge aus Goethes *Wilhelm Meister* aufs Programm. Vielleicht, weil Wunderlich mit diesen düsteren Liedern zeigen wollte, daß sein Instrument auch über »die tiefer, tragischer gestimmten Saiten« verfüge? Am 24. April wiederum dasselbe Programm, diesmal in Memmingen, und tags darauf in Ulm, wo die *Schwäbische Donau Zeitung* unter dem Titel »Fritz Wunderlich stürmisch gefeiert« dem Sänger bescheinigte, daß er sich bei den Gesängen des Harfners »fast bis zur Selbstverleugnung in das Werk versenkt« habe.[14] Am 28. April beschlossen sie ihre kleine Tournee im Stephaniensaal in Graz, wobei hier das Publikum zu einem interessanten Vergleich Gelegenheit bekam: »Nicht bald wieder wird man den Schumann-Zyklus *Dichterliebe*, den auch Nicolai Gedda – mehr auf den schönen Klang bedacht als von der Liebe berührt – in seinem vorletzten Grazer Konzert gesungen hat, so empfunden und auch so geistig konzentriert hören«, lautete das Fazit der *Kleinen Zeitung*.[15] Die Begeisterung muß groß gewesen sein. Schon vor der Konzertpause erklatschte sich das Publikum eine Zugabe, »begreiflich, daß am Schluß des Liederabends im vollbesetzten Stephaniensaal ein Jubel losbrach, der Zugaben über Zugaben forderte. Bezeichnend für den ernsten Künstler: Fritz Wunderlich, der berühmte Tenor, tat alles ab, was an den Opernsänger gemahnen mochte. Er stand ruhig da, ließ die Arme hängen, gab lediglich kleine Gesten andeutend mit dem Kopfe – alles andere machte seine Stimme, sein bis ins Letzte durchgestalteter Vortrag. Mit unvergleichlicher Genauigkeit, mit souveräner Sicherheit des Gedächtnisses, hervorragender Wortdeutlichkeit erklangen die Lieder, gesangstechnisch beispielhaft, mit erstaunlich langem Atem gesungen, dynamisch feinst nuanciert, musikalisch und intellektuell durchleuchtet.«[16] Fazit: Fünf Lieder mußten Wunderlich und Giesen am Schluß noch zugeben. Ein schöner Beweis, daß ihre Zusammenarbeit auf gutem Fundament stand.

Richard-Strauss-Tenöre, jugendlich-heldische Stimmen mit strahlender Leuchtkraft, mit Höhenglanz, dramatischem Impetus und lyrisch-funkelnder Klangfarbenpracht – es mag sie geben, alle paar Jahre oder Jahrzehnte einen, der herausragt. Um so dreister von Richard Strauss, in seiner einaktigen Oper *Daphne* gleich zwei solche Tenorpartien zu schreiben: Leukippos, ein jugendlich-vitaler Hirtenjüngling, und Apollo, Griechengott mit Richard-Wagner-Aura. Wo soll man zwei solche Strauss-Tenöre finden, wo es kaum einen gibt? Für die Wiener Festwochen 1964 hatte man sie gefunden: Fritz Wunderlich als Leukippos und James King, damals die junge Heldentenorentdeckung, als Apollo. Dazu Hilde Güden in der Titelpartie – insgesamt eine fürstliche Besetzung für die Festwochen-*Daphne*, die Rudolf Hartmann im Theater an der Wien als Beitrag zum Richard-Strauss-Jahr neu inszenierte. Die musikalische Einstudierung besorgte

Karl Böhm – er hatte schon die Uraufführung dieser Oper am 15. Oktober 1938 in Dresden dirigiert; ihm ist die Partitur auch gewidmet. Gleichsam aus erster Hand bekam Wunderlich während der Proben den Stil und spezifischen Duktus dieser Musik vermittelt. Eine authentische, auch in künstlerischer Hinsicht maßstabsetzende Aufführung, was sich heute noch nachprüfen läßt: Die Aufführung im Theater an der Wien wurde von einem Team der Deutschen Grammophon Gesellschaft mitgeschnitten und ein Jahr später als erste Schallplattengesamtaufnahme dieser Oper veröffentlicht.

Das Textbuch zur *Daphne* stammt vom Wiener Theaterwissenschaftler und Schriftsteller Joseph Gregor, einst Regieassistent bei Max Reinhardt, später Begründer und Leiter der Theatersammlung an der Österreichischen Nationalbibliothek und nun, nach Hofmannsthal und Stefan Zweig, der dritte Strauss-Librettist. Für seinen *Daphne*-Text zog er verschiedene mythologische Quellen bei, allerdings ohne besonderes Schriftstellerglück. Statt mit der Seele hat er das Land der Griechen mit der Brille gesucht und seine Bücherwurmfunde in einen Richard-Wagner-verliebten Wortprunk umgegossen. Die Handlung ist nicht klar genug herausgearbeitet; Daphnes Verwandlung in einen Lorbeerbaum am Schluß der Oper ist psychologisch kaum motiviert, was das Verständnis der Oper erschwert und schon immer zu Witzeleien Anlaß gegeben hat. Anton Dermota hat die Geschichte wiederholt erzählt: daß 1939, bei der Münchner Erstaufführung von *Daphne*, ein Beteiligter den anwesenden Komponisten treuherzig gefragt habe, worum es in dieser Oper eigentlich gehe. »Für mich – um Tantiemen...«, lautete dessen Antwort. Ebenso treuherzig.

Musikalisch hingegen zählt *Daphne* zweifellos zu den wertvollen Strauss-Opern. Drei Wochen probte Rudolf Hartmann mit den Sängern. »Jedesmal wenn ich mit Fritz Wunderlich zusammen war, war es für mich ein Spaß und eine große Freude«, erzählte Tenorkollege James King später. »Er hat mir übrigens auch ein paar gute Tips gegeben für mein Singen, und das, obwohl er ja ein bißchen jünger war als ich. Er hat mir zum Beispiel gesagt, ich solle nicht soviel hohe Töne singen ganz am Anfang beim Einsingen. ›Du strapazierst dich zuviel‹, meinte er. Und ich habe mir gedacht: Vielleicht hat er recht. Denn er hatte eine große Erfahrung, und er war so musikalisch. Rhythmisch war da nie ein Fehler. Und er hatte strahlende Kräfte in seiner Stimme.«[17] Am 14. Mai hatte Karl Böhm für alle Sänger eine Orchesterprobe angesetzt. In einer Pause kam ein Bühnenarbeiter zu Wunderlich: Er sei zum dritten Mal Vater geworden, eine Tochter, Barbara – die Meldung sei soeben von München aus herübertelefoniert worden. Natürlich machte die Neuigkeit sofort die Runde, gelangte auch zu Böhm; der stand plötzlich auf, hob seinen Dirigentenstab und gab den Einsatz zu einem mächtigen Orchestertusch. Klingende Gratulation für Fritz Wunderlich. Am 21. Mai fand die Hauptprobe statt; sie wurde vom Team der Deutschen Grammophon Gesellschaft bereits mitgeschnitten, ebenso die Generalprobe einen Tag später sowie die ersten beiden Aufführungen. »Großer Abend der Güden und ihrer Partner«, titelte der *Express* nach der erfolgreichen Premiere. In der Tat hatte Hilde Güden mit der Daphne, die sie übrigens zum ersten Mal sang, einen ihrer nachhaltigsten Erfolge errungen. Bejubelt wurden aber auch die Tenöre: »Fritz Wunderlich, der Lyriker, ist ein leidenschaftlicher, nobler Liebhaber Leukippos, und James King, der Held, ein metallisch legierter Apollo von auch stimmlich imponierendem Wuchs.«[18] Ein großartiger Auftakt zu den Richard-Strauss-Feierlichkeiten der Wiener Festwochen: »Kein Wunder auch, daß das Publikum am Ende an die zehn Minuten sitzen blieb. Und daß Böhm, der schon anfangs herzlich und lange begrüßt, zuletzt persönlich gefeiert wurde. Kein Zweifel also: Die Wiener wollen Karajan nicht verlieren und Böhm zurückgewinnen.«[19]

Diese Rechnung ist bekanntlich nicht aufgegangen: Böhm ließ sich nicht mehr an Wien binden, und Karajan hatte seine Bindung schon gelöst. Am 12. Mai stand es schwarz auf weiß in der Zeitung: »Was seine Freunde seit Wochen und Monaten befürchtet, was seine Feinde seit noch längerer Zeit gewünscht und betrieben haben, ist eingetreten: Herbert von Karajan hat die künstlerische Leitung der Wiener Staatsoper, die er acht Jahre lang innehatte, zurückgelegt. Die seit Monaten schwelende Opernkrise hat damit in einer Hinsicht ein Ende genommen. Die Situation an der Oper, mitunter mehr als verworren, ist nun geklärt. Aber um welchen Preis! Man wird zwangsläufig an jene für die Tradition des Hauses beschämenden Episoden erinnert, die den Abgang eines Gustav Mahler, das Ausscheiden eines Richard Strauss begleitet haben.«[20] Eine Chance immerhin ließ Karajan den Wiener Behörden: Falls sie ihm entsprechende künstlerische Voraussetzungen garantieren würden, könnte er sich bereit erklären, der Staatsoper auch in Zukunft als Dirigent und Regisseur zur Verfügung zu stehen.

Was nun folgte, war ein einzigartiges Kräftemessen zwischen Karajan und den Wiener Behörden. Aus der einst sachlich geführten Diskussion um Karajans Persönlichkeit war längst ein emotionales Seilziehen geworden. Auf der einen Seite die unbequeme große Persönlichkeit, auf der anderen Seite die dem gangbaren, bequemen Mittelmaß verpflichteten Politiker: Es ließ sich an den Fingern abzählen, daß in diesem Konflikt letztlich der Weg des geringsten Widerstandes gewählt würde. Karajan behielt dabei eine bewundernswerte Ruhe: Seine Demission sollte erst auf Ende der laufenden Spielzeit in Kraft treten, und nichts hielt ihn davon ab, seinen eigenen Beitrag zum Richard-Strauss-Gedenkjahr an der Staatsoper vorzubereiten: eine Neuinszenierung der *Frau ohne Schatten*, dem Opus magnum aus der Zusammenarbeit von Strauss und Hugo von Hofmannsthal, welche Karajan szenisch und musikalisch betreute.

Karajan hatte Wunderlich längst fest in dieser Neuproduktion eingeplant – und zwar für die große heldische Partie des Kaisers. Sie hätte seine dritte neue Strauss-Rolle in diesem Jubiläumsjahr werden sollen, doch er sagte ab, weil er sich den Anforderungen dieser Partie noch nicht gewachsen fühlte. In diesem Punkt war Wunderlich nach wie vor unerbittlich. Mit sicherem Instinkt für das Machbare überprüfte er solche Angebote, überprüfte sie nicht nur auf ihre gesanglichen und künstlerischen Anforderungen, sondern auch auf die zeitlichen Voraussetzungen hin: ob der Terminkalender überhaupt genügend Freiraum biete für solche neuen Angebote. Und meistens war der Terminkalender bereits voll – so voll, daß an weitere Aufgaben nicht mehr zu denken war. Zu 95 Prozent Absagen: Dieser Bescheid aus dem Jahr 1960 an das Landesarbeitsamt Südbayern galt nach wie vor – so verlockend die einzelnen Anfragen auch sein mochten. Die Boston Opera wollte ihn für die Saison 1964/65, Karajan für seine spektakulären Berliner Aufführungen von Benjamin Brittens *War Requiem*, Klemperer ließ wegen Beethovens *Missa solemnis* in London anfragen, Giulini wegen einiger Aufführungen von Verdis *Messa da Requiem*, ebenfalls in London, und unter der Stabführung von Charles Münch hätte er Ende November Hector Berlioz' immenses *Requiem* in der Berliner Philharmonie singen sollen. Auch EMI/Columbia-Schallplattenproduzent Walter Legge meldete sich aus London: ob Wunderlich an der Seite von Elisabeth Schwarzkopf Mozarts *Requiem* aufnehmen könne... Zu 95 Prozent Absagen.

Immerhin erklärte sich Wunderlich bereit, statt der Partie des Kaisers die kleine, wenn auch unbequem hoch liegende Partie des Jünglings zu übernehmen. Für den weltberühmten, ersten lyrischen Tenor Deutschlands nicht unbedingt mehr eine passende Partie, jedenfalls um einige Nummern zu klein. Doch Wunderlich zögerte nicht: Die Zusammenarbeit mit Karajan faszinierte ihn. Zudem wurde er mit Proben nicht sehr belastet, denn nach den Anweisungen des Komponisten soll der Sänger dieser Partie vom Souffleurkasten aus oder jedenfalls hinter der Szene singen, während auf der Bühne ein Tänzer die Erscheinung des Jünglings verkörpert. Am 11. Juni, dem Geburtstag von Richard Strauss, ging die neuinszenierte *Frau ohne Schatten* erstmals über die Bühne der Wiener Staatsoper. Die Besetzung der Hauptpartien:

Der Kaiser	Jess Thomas
Die Kaiserin	Leonie Rysanek
Die Amme	Grace Hoffman
Geisterbote	Walter Kreppel
Hüter der Schwelle /	
Stimme des Falken	Lucia Popp
Stimme eines Jünglings	Fritz Wunderlich
Barak, der Färber	Walter Berry
Sein Weib	Christa Ludwig

Wie gesagt: das Opus magnum aus der Zusammenarbeit von Strauss und Hofmannsthal. Doch nur wenige kannten es wirklich, weil es nur sehr selten aufgeführt wurde. »*Die Frau ohne Schatten* ist jenes Werk von Richard Strauss, das von Kennern stets als die schönste seiner Opern bezeichnet wird, ohne daß man im Theater von der Richtigkeit dieser Ansicht bisher überzeugt worden wäre«, schrieb Karl Löbl entsprechend. »Die Neuinszenierung der Wiener Staatsoper... glich einer aufregenden Entdeckung, und diese verdankt man dem Bühnenbild-

Montag, den 23. März 1964

Im Abonnement XIII. Gruppe. Beschränkter Kartenverkauf
Preise II

Capriccio

Ein Konversationsstück für Musik
von Clemens Krauss und Richard Strauss

Dirigent: Georges Prêtre
Inszenierung: Rudolf Hartmann
Bühnenbild: Robert Kautsky
Kostüme: Charlotte Flemming
Einstudierung der Tänze: Willy Fränzl

Die Gräfin	Lisa Della Casa
Der Graf, ihr Bruder	Robert Kerns
Flamand, ein Musiker	Waldemar Kmentt
Olivier, ein Dichter	Walter Berry
La Roche, der Theaterdirektor	Otto Wiener
Die Schauspielerin Clairon	Christa Ludwig
Monsieur Taupe	Peter Klein
Eine italienische Sängerin	Lucia Popp
Ein italienischer Tenor	Fritz Wunderlich
Eine junge Tänzerin	Erika Zlocha
Ein junger Tänzer	Ludwig M. Musil
Der Haushofmeister	Alois Pernerstorfer
	August Jaresch
	Ljubo Pantscheff
	Fritz Sperlbauer
Acht Diener	Hans Christian
	Herbert Lackner
	Erich Majkut
	Siegfried Rudolf Frese
	Harald Pröglhöf

Ort der Handlung: Ein Schloß in der Nähe von Paris, zur Zeit,
als Gluck dort sein Reformwerk der Oper begann

Etwa um 1775

Technische Einrichtung: Hans Felkel – Beleuchtung: Albin Rotter

Nach dem ersten Teil eine größere Pause

Anfang 19.30 Uhr   Ende nach 22 Uhr

Preis des Programms S 5,–

Samstag, den 13. Juni 1964

Sehr beschränkter Kartenverkauf – Preise IV

Gedächtnisaufführung anläßlich der 100. Wiederkehr
des Geburtstages von Richard Strauss

Der Rosenkavalier

Komödie für Musik in drei Aufzügen
von Hugo von Hofmannsthal
Musik von Richard Strauss

Dirigent: Heinz Wallberg
Inszenierung: Josef Gielen
Bühnenbilder und Kostüme unter teilweiser Verwendung
Entwürfe von Alfred Roller: Robert Kautsky

Die Feldmarschallin Fürstin Werdenberg	Elisabeth Schwarzk
Der Baron Ochs auf Lerchenau	Otto Edelmann
Oktavian, genannt Quinquin, ein junger Herr aus großem Haus	Sena Jurinac
Herr von Faninal, ein reicher Neugeadelter	Erich Kunz
Sophie, seine Tochter	Anneliese Rothenk
Jungfer Marianne Leitmetzerin, die Duenna	Judith Hellwig
Valzacchi, ein Intrigant	Gerhard Stolze
Annina, seine Begleiterin	Hilde Rössel-Majd
Der Haushofmeister bei der Feldmarschallin	Harald Pröglhöf
Der Haushofmeister bei Faninal	Siegfried Rudolf F
Ein Notar	Ljubo Pantscheff
Ein Sänger	Fritz Wunderlich
Ein Polizeikommissär	Alois Pernerstorfe
Ein Flötist	Ludwig Mikura
Ein Friseur	Wilfried Fränzl
Eine adelige Witwe	Hansi Träumer
	Annelies Hückl
Drei adelige Waisen	Edith Leuko
	Johanna Herndl
Eine Modistin	Laurence Dutoit
Ein Tierhändler	Erich Majkut
Ein Wirt	Karl Friedrich
Ein Arzt	Konstantin Zajetz
Leopold, Diener des Barons	Karl Caslavsky
Ein Hausknecht	Rudolf Zimmer
Ein kleiner Mohr	Waltraut Heueise

Vier Lakaien der Marschallin: Fritz Mayer, Rudolf Stumpf
Harald Buchsbaum, Alois Buchbauer
Vier Kellner: Fritz Sengl, Ludwig Fleck, Ferdinand Settmo
Raimund Herndl
Lakaien, Lauffer, Heiducken, Küchenpersonal, Gäste, Musika
Kutscher, zwei Wächter, vier kleine Kinder, verschiedene
dächtige Gestalten

In Wien in den ersten Jahren der Regierung Maria Ther
Technische Einrichtung: Ferdinand Jaschke
Beleuchtung: Albin Rotter

Nach dem ersten und zweiten Aufzug eine größere Pau
Anfang 18.30 Uhr   Ende etwa 22.15
Preis des Programms S 5,—

---

ner Günther Schneider-Siemssen, dem Regisseur Herbert von Karajan, dem Dirigenten gleichen Namens und einem Idealensemble.«[21] Tags darauf sang Wunderlich die Partie des italienischen Tenors in *Capriccio*. Wiederum sang Lisa Della Casa die Gräfin, und Kollege Hermann Prey gastierte in der Partie des Olivier. Am folgenden Abend gleich noch einmal Richard Strauss: Diesmal brillierte Wunderlich als Sänger im *Rosenkavalier*, zum Vergnügen von Feldmarschallin Elisabeth Schwarzkopf.

Abschied von der zu Ende gehenden Saison nahm Wunderlich hingegen nicht in einer Richard-Strauss-Oper, sondern auf dem Konzertpodium: Im Großen

Saal des Musikvereins sang er am 14. Juni unter der Leitung von Josef Krips noch einmal Gustav Mahlers *Lied von der Erde*, wiederum an der Seite von Dietrich Fischer-Dieskau. Tags zuvor war eine Probe anberaumt: »Josef Krips, den alle Welt dreist als ›Froschkönig‹ zu bewitzeln liebte (seiner etwas hervorstehenden Augen wegen), probte... zweimal das ganze *Lied von der Erde* durch und begründete diese Ordnungsliebe damit, daß ich doch neu für ihn sei«, erzählte Fischer-Dieskau Jahre später. »Der Celloengel auf dem Dach des Musikvereins... stand mir bei, in dem zum Umfallen heißen, golden glänzenden Saal überhaupt zu singen. Das wurde auch durch Krips' zurückhaltende Lautstärkengestaltung und das über sich hinauswachsende Orchester der Wiener Philharmoniker möglich... Wunderlich fand sich noch besser mit der Hitze und den Orchesterfluten des Anfangsliedes zurecht.«[22]

Dann hieß es Abschied nehmen von Wien: Die Münchner Festwochen warteten auf Fritz Wunderlich. Abschied von Wien aber auch für Herbert von Karajan: »Nach 18jährigem Wirken im Konzertsaal, nach 16 Jahren in Salzburg, 8 Jahren Künstlerischer Leitung an der Wiener Staatsoper beende ich am 31. August meine Tätigkeit in Österreich.« Am 23. Juni machte diese Mitteilung die Runde um die ganze Welt. Wien hatte Karajan verloren. Für lange Zeit, wie sich herausstellen sollte.

Am 18. Juni 1964 wurde Wunderlich zum ersten Mal in der Jesus-Christus-Kirche in Berlin-Dahlem erwartet, dem bevorzugten Aufnahmeraum der Deutschen Grammophon Gesellschaft, um in einer neuen Gesamtaufnahme von Mozarts *Zauberflöte* mit den Berliner Philharmonikern unter der Leitung von Karl Böhm den Tamino zu singen. Erstmals konnte Wunderlich diese für ihn nach wie vor wichtigste Partie vollumfänglich auf Schallplatte dokumentieren – praktisch auf den Tag genau zehn Jahre nach seinem Tamino-Debüt im Rahmen der Freiburger *Zauberflöten*-Hochschulaufführung. Ein großartiges Sängerensemble stand zur Verfügung: Franz Crass (Sarastro), Hans Hotter (Sprecher), Èvelyn Lear (Pamina) und Dietrich Fischer-Dieskau (Papageno); dazu Hildegard Hillebrecht (Erste Dame), Friedrich Lenz (Monostatos) und James King (Erster Geharnischter). Als Zweiter Geharnischter debütierte der finnische Bassist Martti Talvela, und für die Partie der Königin der Nacht hatte man die amerikanische Koloratursopranistin Roberta Peters verpflichtet, gefeierte Primadonna an der Metropolitan Opera New York. In Berlin vor den Mikrofonen versagten ihr allerdings zuweilen die Nerven – und die hohen Töne, so daß ihre beiden Arien aus zahllosen einzelnen Takes mühsam zusammengeschnipselt werden mußten.

Wie gesagt: Karl Böhm dirigierte. Kein umgänglicher Künstler, zumal er bei kleinsten Unstimmigkeiten mit unverhältnismäßig grantigem Tadel reagierte und exorbitante Forderungen an die Gefolgsbereitschaft derer zu stellen pflegte, die mit ihm arbeiteten. Doch das störte Wunderlich kaum – obwohl auch er sich

WIENER FESTWOCHEN

GESELLSCHAFT DER MUSIKFREUNDE IN WIEN

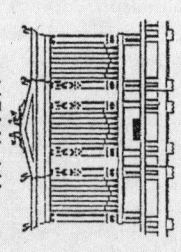

Sonntag, 14. Juni 1964

WIENER SYMPHONIKER

Dirigent:

JOSEF KRIPS

Solisten:

Dietrich Fischer-Dieskau
Fritz Wunderlich

Franz Schubert

Mitglied des ehem. Repräsentantenkörpers der Gesellschaft der Musikfreunde in Wien

Geb. 31. Jänner 1797 in Wien (Lichtenthal) — gest. 19. Nov. 1828 in Wien

8. Symphonie h-moll ("Unvollendete")

Allegro moderato
Andante con moto

— PAUSE —

Gustav Mahler

Geb. 7. Juli 1860 in Kalischt (Böhmen) — gest. 18. Mai 1911 in Wien

"Das Lied von der Erde"

Eine Symphonie für eine Alt-, eine Tenorstimme und großes Orchester

(Nach Hans Bethges "Die chinesische Flöte")

1. Trinklied vom Jammer der Erde
2. Der Einsame im Herbst
3. Von der Jugend
4. Von der Schönheit
5. Der Trunkene im Frühling
6. Der Abschied

Solisten:

Dietrich Fischer-Dieskau
Fritz Wunderlich

besonders anstrengen mußte. Böhm nahm das Tempo zur »Bildnisarie« nämlich über Gebühr langsam. Doch Wunderlich wehrte sich nicht gegen dieses Tempo, sondern faßte es als eine besondere Herausforderung auf. Vielleicht war es genau das, was Böhm im Sinn hatte: daß der weltberühmte Tamino hier keine Routineleistung abliefern solle. Was Wunderlich unter diesen Umständen letztlich geschafft hat, ist in der Tat bewundernswert und maßstabsetzend geblieben bis heute: genau kalkulierte Phrasen, formbewußtes, schlankes Singen, ebenmäßig in allen Lagen und mit einem schier unendlichen Atem den Intentionen des Dirigenten folgend.

Am 21. Juni, mitten in den Aufnahmen, flog Wunderlich für einen Tag nach Hamburg: ein Gesamtgastspiel der Württembergischen Staatstheater Stuttgart in der Hamburger Staatsoper. *Oedipus der Tyrann* von Carl Orff stand auf dem Programm; noch einmal mußte Wunderlich die stimmlich so anstrengende Partie des Tiresias bewältigen. Tags darauf ging es wieder nach Berlin zurück: Noch mußten die Sprechdialoge aufgenommen werden, und zwar unter der Regie von Gustav Rudolf Sellner. Genau an diesen Dialogen schieden sich später dann auch die Meinungen der Schallplattenkritiker. Daß eine Operngesamtaufnahme ausgerechnet anhand des gesprochenen Dialogs beurteilt werden soll, mag befremden, liegt aber in der damaligen Situation begründet. Einige Monate vor der Böhm-Aufnahme hatte nämlich EMI/His Master's Voice ebenfalls eine neue *Zauberflöten*-Gesamtaufnahme herausgebracht: unter der Leitung von Otto Klemperer. Die erste Stereoeinspielung des Werks – aber gänzlich ohne Sprechdialoge, nur auf die Musiknummern reduziert. Ein Schrei der Entrüstung hallte damals durch den feuilletonistischen Blätterwald: ein Sakrileg! Wie konnte Klemperer nur! Mit der Böhm-Einspielung stand nun auch Schikaneders Text zur Verfügung, wenn auch nicht in jener Ausführlichkeit, wie sich das die meisten Schallplattensammler wohl gewünscht hatten.

Auch musikalisch mußte sich die Böhm-Aufnahme den Vergleich mit der Klemperer-Konkurrenz gefallen lassen. Mehrheitlich kam sie besser weg. Klemperers kanonisch strengen Altersstil ließ man sich in Sachen Mozart nicht gefallen; als spröde Altersstarrigkeit wurde abgetan, was in der Tat oft innovativ war. Mehrheitlich fühlten sich die Schallplattenrezensenten bei Böhms federnder Leichtigkeit wesentlich besser aufgehoben. Hinsichtlich der Sängerbesetzung fielen die Urteile nicht so einmütig aus. »Selten hat es eine so stabile, strahlende Tamino-Stimme gegeben wie die von Fritz Wunderlich«, las man im *Fono Forum*. »Die Makellosigkeit seiner Kantilene, die Festigkeit seines männlichen Willens, die Unbezweifelbarkeit seiner Liebe – das muß Mozart, Sarastro und Pamina gleichermaßen wohlgefällig sein.« Bei Klemperer sang Nicolai Gedda den Tamino: »Ein wundervoller Mozartsänger ist aber nicht weniger Nicolai Gedda, vielleicht noch geschmeidiger, mit einer Spur mehr bel canto-italianità...«[23] Wem die Palme nun zu reichen sei, blieb unentschieden.

BAYERISCHE STAATSOPER
NATIONALTHEATER MÜNCHEN

MÜNCHNER FESTSPIELE 1964

Sonntag, 26. Juli

Neuinszenierung

DIE ZAUBERFLÖTE

Oper in zwei Aufzügen von Emanuel Schikaneder

Musik von

WOLFGANG AMADEUS MOZART

Musikalische Leitung: Fritz Rieger

Inszenierung: Harry Buckwitz

PERSONEN

Sarastro	Karl Christian Kohn
Tamino	Fritz Wunderlich
Königin der Nacht	Erika Köth
Pamina, ihre Tochter	Anneliese Rothenberger
Erste Dame	Hildegard Hillebrecht
Zweite Dame	Dagmar Naaff
Dritte Dame	Ira Malaniuk
Papageno	Hermann Prey
Papagena	Gertrud Freedmann
Monostatos	Ferry Gruber
Der Sprecher	Kieth Engen
Ein Priester	Franz Klarwein
Drei Knaben	Mitglieder des Tölzer Knabenchores
Erster Geharnischter	Claude Heater
Zweiter Geharnischter	Albrecht Peter

Orchester: Die Münchner Philharmoniker

Chöre: Wolfgang Baumgart

Zauberföte auf Schallplatte, *Zauberflöte* auch auf der Bühne. Eine Neuinszenierung der Oper durch Harry Buckwitz, Generalintendant in Frankfurt, im Rahmen der Münchner Festspiele. Am 1. Juli begann er mit den Proben. Kollege Hermann Prey sang erstmals den Papageno, Anneliese Rothenberger stellte sich als Pamina vor. Auf der Probebühne herrschte oft pure Ratlosigkeit: Blöcke und Kuben des Bühnenbildners Michel Raffaelli standen überall herum und versperrten den Sängern die Wege. Eine märchenhaft-spielerische *Zauberflöten*-Volkstheaterstimmung wollte sich jedenfalls nicht einstellen, und die Sänger hatten Mühe, sich in das geistige Konzept dieser Neuinszenierung hineinzufinden. Bald amüsierte Wunderlich sämtliche Kollegen mit seinem neuesten Witz: »Kennst du den kürzesten Witz? – Buckwitz!« Daß dieser dem märchenhaften, farbig-sinnenfälligen Theater ganz abschwor, wurde bald einmal klar. Statt in einer mythischen Phantasiewelt setzte er die *Zauberflöte* in einem wüsten, öden, bösartig kalten Tibet an, von einem blutverkrusteten Mond fahl beleuchtet. Assoziationen zu Brechts epischen Lehrstücken drängten sich auf, zumal Buckwitz in dieser Welt ja ein erfahrener Theatermann war. Erika Köth, bewährte Königin der Nacht, hatte besonders Widerwärtiges zu erdulden: Eulengleich in einen aufklappbaren Baumstamm verbannt, mußte sie ihre so heiklen Arien aus schwindelerregender Höhe herab singen, was ihr auf den Proben kaum gelang, weil es ihr in solcher Höhe regelmäßig übel wurde. Das konnte ja gut werden...

Abwechslung boten einige Festspielvorstellungen, die während dieser Probezeit angesetzt waren. Am 19. Juli wurde Händels *Julius Cäsar* wieder aufgenommen, für die während der *Zauberflöten*-Proben arg strapazierten Sänger ein willkommenes Labsal: »Hermann Prey in der Titelrolle und Fritz Wunderlich als Sextus beherrschen den so oft instrumental behandelten Vokalstil des Barock virtuos... Wie schön Cäsars Schatten- und Aschenarie am Grabmal des Pompejus, wie eindrucksvoll der Gesang von Fritz Wunderlich am Ende des zweiten Aufzugs!«[24] Zwei Tage später sollte Wunderlich wieder einmal als Sänger im *Rosenkavalier* auftreten. Lisa Della Casa gastierte als Feldmarschallin. Ihr Gatte stand in der seitlichen Gasse auf der Bühne, als er plötzlich Wunderlich kommen sah. »Es war kurz vor seinem Auftritt. Ich war, wie immer, auf der Bühne, sah ihn etwas nervös auf- und abgehen, begrüßte ihn und sagte: ›Sie sind doch nicht etwa nervös?‹ ›Und ob. Das ist eine Scheißpartie...‹«[25]

»Skandal im Nationaltheater« titelte die *Abend-Zeitung* mit fetten Lettern, »Mozarts Zwangsverschickung nach Tibet«. Was war geschehen? »Wütende, langanhaltende Buhrufe und Pfiffe richteten sich gegen Inszenierung und Bühnenbild der gestrigen Festspielpremiere der *Zauberflöte* im Nationaltheater. Ein großer und streitbarer Teil des Publikums empfand den Einfall widersinnig, Mozarts Oper in ein kahles, bösartiges Tibet der fernen Sage zu verlegen.« Und weiter: »Der lautstärkste Skandal, den das wiedererrichtete Nationaltheater gesehen hat, richtete sich auch gegen einige Sänger, gegen den aus Korsika stammenden Bühnenbildner Michel Raffaelli und den Dirigenten Fritz Rieger.«[26] Rieger hatte mit seinen Münchner Philharmonikern musiziert, weich, zerdehnt und so undramatisch wie nur möglich. »Schon während der Proben hatten wir gespottet: daß das Stück eigentlich nicht *Die Zauberflöte*, sondern *Die Zauberposaune* heißen müßte«, erzählte Hermann Prey. Was Wunder, daß auch Rieger in das Buhkonzert mit einbezogen wurde. Bereits während der Vorstellung hatte ein Teil des Publikums mit Mißfallenskundgebungen gestört. Als Erika Köth wie eine Eule im Baum oben erschien, begannen die Leute zu lachen, was die Sängerin erst recht irritierte. Entsprechend sang sie nicht in Bestform, was am Ende ihrer »Rachenarie« mit Buhrufen quittiert wurde. »Für Erika Köth war das der große Bruch«, erinnerte sich Hermann Prey. »Ich sehe sie noch, wie sie von ihrem Solovorhang zurückkam, bleich und grau durch die Schminke hindurch und total zertrümmert. Das war ein Erlebnis für mich, wie ich es auf der Bühne nie wieder gehabt habe.«[27] Erika Köth, seit einem Jahrzehnt eine der gefeiertsten Sängerinnen in München und nun wegen eines mißglückten Tones erbarmungslos ausgebuht: Das wollte Wunderlich nicht akzeptieren. Er, der wie Anneliese Rothenberger und Hermann Prey vom Publikum mit Applaussalven überschüttet wurde, weigerte sich demonstrativ, allein vor dem Vorhang zu erscheinen.

Übrigens sang Erika Köth schon in der zweiten *Zauberflöten*-Vorstellung nicht mehr die Königin der Nacht, sondern debütierte in der Rolle der Pamina. Mit sensationellem Erfolg: »Beifallsstürme deklarierten die Vorkommnisse bei der Premiere als ein ihr angetanes Unrecht«, hieß es zwei Tage später im *Münchner Merkur*. Für Wunderlichs Belcantoleistung fand der Rezensent hingegen genau drei Worte: »Tamino auf italienisch.«[28]

Am 27. und 28. Juli stand Wunderlich in der katholischen Schloßkirche in Ludwigsburg vor den Mikrofonen. Nicht für die Electrola und nicht für die Deutsche Grammophon Gesellschaft, sondern für Decca, die eine Gesamtaufnahme von Johann Sebastian Bachs *Matthäus-Passion* produzierte. Zur Verfügung stand eine imposante Schar ausgewiesener Bach-Spezialisten:

Peter Pears (Evangelist)
Hermann Prey (Christus)
Elly Ameling
Marga Höffgen
Fritz Wunderlich
Tom Krause
Stuttgarter Hymnus-Chorknaben   Stuttgarter Kammerorchester
Dirigent: Karl Münchinger

»Ich erinnere mich noch ganz lebhaft an die Zusammenarbeit mit Fritz Wunderlich«, schrieb Dirigent Karl Münchinger Jahre später. »Er war in jener Zeit so unglaublich lebendig und für viele musikalische Angebote sehr zugetan. Und was besonders anziehend war: Wir hatten keine Verständigungsschwierigkeiten. Wunderlich war ein ausgesprochen natürlich veranlagter Musiker, der keine Experimente liebte und bei Oratorien seine Parts vom Text her darzustellen versuchte. Ich glaube, man kann sagen, daß in den Tenorarien dieser Passion diese seine Vorstellungen exemplarisch dargestellt wurden.«[29]

Noch eine letzte große Aufgabe war zu bewältigen: ein Liederabend im Cuvilliés-Theater, am 10. August im Rahmen der Münchner Festspiele. Sieben Liederabende standen während dieses Festspielsommers insgesamt auf dem Programm: von Ira Malaniuk, Hertha Töpper, Hans Hotter, Erika Köth, Hermann Prey, Kieth Engen – und jetzt noch von Fritz Wunderlich. Am Flügel begleitete ihn Hubert Giesen. Ein reines Schubert-Programm: als Einleitung die drei *Gesänge des Harfners*, anschließend der Zyklus *Die schöne Müllerin*. In lebendiger Erinnerung waren noch Walter Panofskys kritische Erwägungen zum Liederabend vom vorigen Jahr: »Ein Opentenor als Liedersänger«. Wunderlich hatte Panofskys Einwände damals ernst genommen. Wie würde er diesmal reagieren? »Fritz Wunderlich hat schon früher Lieder gesungen«, schrieb Panofsky in einer Rezension, die an Einfühlsamkeit, an kritischer Reflexion und auch an detaillierter Ausführlichkeit das übliche Maß weit übertraf. »Aber zum Liedersänger ist er doch erst geworden, als er den Opemtenor daheimlassen lernte und den rechten Weg zum Liedgestalter fand. Er ist heute in der kleinen Schar der großen Liedersänger wohl der einzige deutsche Tenor.« Und zum Schluß: »In Hubert Giesen hat ein noch so junger Sänger den rechten, alterfahrenen Mentor gefunden. Die innere Konkordanz der Auffassung war stets spürbar ... So zählte der Abend zu den großen Köstlichkeiten, ja zu den Kostbarkeiten der Festwochen.«[30] Mit dieser Würdigung durfte Wunderlich zufrieden sein. Daß er dem Liedgesang künftig eine bevorzugte Stellung im Rahmen seines künstlerischen Schaffens beimaß, verrät sein Terminkalender. Für das kommende Jahr hatte er gleich zwei Liederabendtourneen geplant: eine zweiwöchige im Januar und eine vierwöchige im Oktober und November. Aufgaben, auf die er sich ausnehmend freute.

NEUNZEHNTES KAPITEL

Das vorweggenommene Lebensalter:
Wunderlich als Palestrina

Ruhm ist die Summe der Mißverständnisse, die sich im Leben um einen Künstler häufen. Das hatte Wunderlich in den letzten paar Jahren hautnah erfahren. Der Name Fritz Wunderlich war zum Begriff geworden – ein Begriff für schmelzende Tenorlyrik, für ein ungekünstelt natürliches Singen, für eine unaffektierte Gesangskunst, umworben von Agenten und Schallplattenproduzenten, von Medienmachern und anderen Besserwissern. Längst stand der Name Fritz Wunderlich für mehr als nur für seine Person. Er war zum musikalischen Gütesiegel schlechthin geworden, ein Symbol für vokale Perfektion. Symbolen aber eignet keine faßbare Realität. Sie stehen für sich selbst und entziehen sich jeder Verdinglichung. Symbole sind zudem Allgemeinbesitz. Beinahe jeder kannte den Namen Wunderlich; er war in aller Leute Mund, wurde mehrheitlich sogar von Leuten gehandelt, die nie einen Fuß in ein Opernhaus oder einen Konzertsaal gesetzt hatten. Jeder kannte ihn und hatte also auch ein Urteil über ihn: pauschal in den meisten Fällen und nur ausnahmsweise auf den wirklichen Menschen, auf den Künstler und die Qualität seiner Leistung Bezug nehmend.

Reaktionen blieben nicht aus. Er schirmte sein Privatleben zusehends ab. Wenigstens einen kleinen umfriedeten Bezirk wollte er sich erhalten, einen Bezirk, in dem kein Erwartungsdruck auf ihm lastete. Längst hatte sich die Öffentlichkeit ein Bild von ihm gemacht und dieses mit entsprechenden Erwartungen verknüpft, beruflichen wie privaten. Die Mißverständnisse häuften sich, das war vorauszusehen. Man lud Wunderlich ein und gab sich brüskiert, wenn er ablehnte – wo man doch so genau zu wissen schien, daß er feucht-fröhliche Feste im ungezwungenen Kollegenkreis über alles schätzte. Man wollte ihn über Musik, über interpretatorische Probleme und persönliche Ansichten ausfragen und reagierte mit Verstimmung, wenn er auf solche Gespräche nicht freudig einging – wo man doch mit Sicherheit annehmen konnte, daß Musik sein Lebensinhalt war, im beruflichen wie im privaten Bereich. »Alle wollten etwas von ihm, wollten ihr Fritz-Wunderlich-Bild bestätigt haben. Das waren neue Anforderungen – Anforderungen, die er nicht erfüllen konnte und auch nicht erfüllen wollte. Vermehrt setzte in jener Zeit eine Reflexion ein: auf solche Anforderungen, aber auch insgesamt auf das eigene Leben. Manchmal schien es mir, als hätte er die bislang so sicher bewahrte innere Einheit verloren.«¹

Die neue Spielzeit begann für Wunderlich in Stuttgart mit einer Wiederaufnahme von Günther Rennerts erfolgreicher Inszenierung von Rossinis *Türken in Italien*. Der Erfolgsschlager von einst verfehlte auch diesmal seine Wirkung nicht: »Das ist eine der geistreichsten, witzigsten Operninszenierungen, die Günther Rennert je angerichtet hat«, hieß es in der *Süddeutschen Zeitung*, »Rennerts Inszenierung ist ein Musterbeispiel, wie aus einem nichtigen Operchen höchster Nutzen für zwei Stunden hochgestochener theatralischer Freuden gezogen werden kann.« Klar, daß Wunderlich wiederum seine berühmte Komödiantenshow abgezogen hat: »Dieses Nicht-ernst-Nehmen selbst der betörendsten Belcanto-Passage, selbst der bravourösesten Koloratur und des strahlenden hohen C – sie haben es allesamt köstlich demonstriert: voran Ruth-Margret Pütz in der überaus komödiantischen Studie der Fiorilla und Fritz Wunderlich in den schluchzenden Tenor-Allüren des Narciso (das Stuttgarter Publikum geriet nach seinem Auftritt und seiner Arie im zweiten Akt förmlich aus dem Häuschen).«² In München erwartete ihn anschließend eine zu Rossinis köstlichen Lustigkeiten diametral entgegengesetzte, nämlich weihevoll-hehre Aufgabe: eine Neuinszenierung von Richard Wagners *Fliegendem Holländer*.

Generalintendant Rudolf Hartmann hatte für den neuen Münchner *Holländer* ein imponierendes Ensemble von bewährten Wagner-Stimmen aufgeboten: Gottlob Frick und Wolfgang Windgassen, dazu die tschechische Sopranistin Ludmila Dvořáková, Fritz Wunderlich und den altbewährten Hans Hotter. Eine Besetzung, die Außergewöhnliches versprach. Und Außergewöhnliches war in der Tat vorprogrammiert: Hans Hotter, der legendäre Bayreuther Göttervater, sang diesmal nicht, wie schon so oft, den Holländer, sondern führte Regie. Ein neues Tätigkeitsfeld des gefeierten Heldenbaritons, erstmals 1961 am Royal Opera House Covent Garden in London erprobt, und zwar in einer vollständigen Produktion von Wagners *Ring des Nibelungen* unter der musikalischen Leitung von Georg Solti. »Auch die Münchner Opernleitung hat mir mit dem *Holländer* Gelegenheit gegeben, mich im Rahmen der prächtigen Möglichkeiten des neuen Hauses in meiner neuen Tätigkeit zu erproben. Das war mehr als beglückend, zumal es sich in meiner eigentlichen Heimatstadt zutrug! Schneider-Siemssen, selbst ein Münchner und ehemals Schüler von Preetorius und Assistent der Ära Strauss-Hartmann-Sievert, konnte für die szenische Ausstattung gewonnen werden. Ein Glücksfall.«³ Und dennoch ein getrübtes Glück: Hans Knappertsbusch, der die musikalische Einstudierung hätte übernehmen sollen, war auf unglückliche Weise gestürzt und hatte alle seine Verpflichtungen absagen müssen. An seiner Stelle übernahm Hans Gierster, Generalmusikdirektor in Freiburg, die musikalische Leitung.

Eindeutig den schwierigsten Stand in dieser Inszenierung hatte der »Nachfolger« Hotters – Hans Günter Nöcker also, der die von Hotter einst so großartig gestaltete Partie des Holländers sang. Vergleiche konnten nicht ausbleiben, und zwar von beiden Seiten aus gezogen. »Die Proben verliefen nicht sehr gut«, erzählte Nöcker Jahre später, »wobei das primär an mir lag, denn ich war relativ unerfahren. Aber Hotter verstand es damals nicht, irgendwelche in mir vorhandenen Seiten anzusprechen und darauf dann die Figur des Holländers aufzubauen. All das, was er mir versprochen hatte zu tun, auch hinsichtlich der sängerischen Gestaltung der Holländer-Partie, wurde hinfällig, und so gedieh seine erste Münchner Inszenierung nur recht selten über ein rein szenisches Arrangement hinaus.«[4] Auch Wunderlich hatte seine kleinen Schwierigkeiten – aber nicht mit Regisseur Hotter, sondern mit seiner Partie. Er sang den Steuermann, nichts Neues für ihn und sogar schon auf einer Schallplattengesamtaufnahme des Holländers verewigt. Eine kleine Rolle zudem: Zur Hauptsache beschränkt sie sich auf das »Steuermannslied« im ersten Aufzug: »Mit Gewitter und Sturm aus fernem Meer...« Ein Strophenlied, und genau darin liegt seine Tücke: daß man die Anfänge der einzelnen Liedstrophen verwechselt. Wie gesagt: eine kleine Rolle. So klein, daß sie Wunderlich – was den Text anbelangt – gar nie richtig lernte und er sich vor jeder Aufführung in der Garderobe die einzelnen Strophenanfänge auf den Handrücken kritzeln mußte.

Während der Holländer-Proben waren Wunderlich und Gottlob Frick noch an einem weiteren Projekt beteiligt: Das Fernsehen des Bayerischen Rundfunks produzierte eine Gesamtaufnahme von Richard Strauss' Oper Daphne. Eine letzte Reverenz an das Strauss-Gedenkjahr. Noch einmal sang Wunderlich den Leukippos und wiederum an der Seite von James King als Gott Apollo; Stefania Woytowicz gestaltete die Titelpartie, und Hertha Töpper und Gottlob Frick standen als Gäa und Peneios zur Verfügung. Joseph Keilberth dirigierte den Chor und das Symphonie-Orchester des Bayerischen Rundfunks. Rudolf Hartmann führte Regie, seine erste Fernsehregie übrigens. Vierzehn Tage lang wurde gefilmt – wiederum das Wunderlich so verhaßte Playback-Verfahren, zumal pro Arbeitstag kaum mehr als zehn Minuten abgedreht werden konnten.

Daneben sang er einige Vorstellungen im Nationaltheater: Zauberflöte und Eugen Onegin. Repertoirevorstellungen, die dennoch rezensiert wurden. Seit einem Jahr gab es die Zeitschrift Oper und Konzert, die es sich zur Aufgabe gemacht hatte, in monatlicher Folge Kritiken aller Aufführungen an der Bayerischen Staatsoper, der Premieren am Gärtnerplatztheater und der wichtigsten Konzerte zu bringen. Über die Eugen-Onegin-Vorstellung vom 9. Oktober hieß es beispielsweise: »Das Ereignis des ersten Teils der Oper war Fritz Wunderlich als Lenski, auch wenn er statt einer Träne einen kleinen Salzsee in der Stimme hatte. Sein Timbre, seine Gesangskultur, sein Erfassen der Emotionen Lenskis: Wer kommt ihm gleich?« Tags darauf folgte die Zauberflöte: »Fritz Wunderlich ist ein edler, männlicher Tamino. Da er mit Recht als einer der besten –

wenn nicht als der beste – Mozarttenöre unserer Zeit gilt, erwartet man von ihm stets vollkommene Leistungen, die er auch fast immer bietet; diesmal jedoch nicht durchweg: Die Höhe klang angestrengt, die Tiefe teilweise dumpf.« Überanstrengung? Oder zu hoch geschraubte Erwartungen von seiten des Publikums? Einwände wurden auch gegen seine komödiantische Spiellust laut, der er in einer Aufführung des *Don Pasquale* (allzu?) freien Lauf ließ: »Fritz Wunderlich sang wieder einmal – trotz einer kleinen Erkältung und anstrengender Probenarbeit am *Holländer* – einen herrlichen Ernesto. Seine Arie ›Armer Ernesto‹ sowie sein Ständchen gelangen hervorragend. Es stört jedoch, wenn er, wie im zweiten Akt, aus purem Übermut (?) Phrasen mitsingt, die einem Kollegen ›gehören‹ oder ihn begleiten.«[5]

Am 23. Oktober hob sich der Vorhang erstmals über Hotters *Holländer*-Neuinszenierung. »Schon etwas nervös geworden nach dem vielen Buh in letzter Zeit und dem erregten Widerhall, den es in anschließenden Diskussionen fand, sah man mit großer Erwartung dem Münchner Debüt Hans Hotters als Regisseur entgegen«, schrieb Helmut Schmidt-Garre. »Nehmen wir vorweg: wir erlebten eine handfeste Aufführung; und natürlich war der Sänger und Regisseur Hotter auch ein Sängerregisseur, der seinen Kollegen in jeder Weise entgegenkam.« Was sich so positiv anhört, war andern ein Dorn im Auge: An Neu-Bayreuth, an Wieland Wagners visionäre Inszenierungen, durfte man jedenfalls nicht denken. Ein Sängerregisseur also. »Unter den Sängern seien an erster Stelle zwei genannt, die nicht eigentlich führende Rollen spielten, aber ihre Partien mit einer kaum zu überbietenden Vollendung singen: Gottlob Frick und Fritz Wunderlich. Fricks Daland ist ganz auf behäbiges, philiströses Spiel und den Ton halbkomischer Biederkeit abgestimmt; breit und frei strömt sein herrlicher Baß. Und der Steuermann Fritz Wunderlichs nimmt einen prächtigen Kurs auf die Poesie seines heimatsehnsüchtigen Südwind-Liedchens und auf wunderbaren tenoralen Schmelz.«[6] Andern hingegen mißfiel das arg: »Der Steuermann heuerte in Neapel an: Fritz Wunderlich stattete sein Steuermannslied mit ebenso vielen wie überflüssigen Santa-Lucia-Schluchzern aus.«[7]

Am 28. Oktober gastierte Wunderlich mit einem Liederabend in Freiburg. »Wer den Aufstieg Fritz Wunderlichs vom Scholaren der Freiburger Musikhochschule bis zur Spitzenklasse der Tenoristen verfolgt hat, der weiß, daß diese märchenhafte Karriere dem Sänger nicht in den Schoß gefallen ist. Viel Fleiß und planmäßige Arbeit ohne frühzeitiges Sichverausgaben waren notwendig, um den Erfolg zu festigen.« Verständnis spricht aus diesen Kritikersätzen und auch ein gewisser Stolz auf den großen Sänger, den die Freiburger mit Recht als einen der ihren reklamieren mochten. Begleitet von Hubert Giesen sang er im ersten Teil Lieder von Beethoven und Schubert, nach der Konzertpause Schumanns *Dichterliebe*. Fazit: »Fritz Wunderlichs großartiger liedgesanglicher Auftritt in Freiburg

wurde vom Publikum mit heller Begeisterung aufgenommen, einem Applaus, in
den auch der Begleiter am Flügel, Professor Hubert Giesen, gleichermaßen mit-
einbegriffen war...«[8]

Von Freiburg aus fuhr Wunderlich direkt nach Zürich:

Giuseppe Verdi: Messa da Requiem

Eva Maria Rogner
Oralia Dominguez
Fritz Wunderlich
Heinz Rehfuß
Sängerbund Uster   Stadtorchester Winterthur
Dirigent: Hans Rogner

Zwei Aufführungen waren anberaumt, eine im Großen Saal der Zürcher Tonhalle, die andere in Uster, einer Vorortsgemeinde. Dort leitete Hans Rogner,
Vater der Sopranistin Eva Maria Rogner, einen Chor, und dies seit genau 25 Jahren. Grund genug also für ein Jubiläumskonzert.

Eine Woche später flog Wunderlich nach London: In der Kingsway Hall
erwartete ihn das Team der englischen EMI/His Master's Voice für eine Neuaufnahme von Gustav Mahlers *Lied von der Erde*. Otto Klemperer, mittlerweile
79 Jahre alt, dirigierte. Bereits im Februar hatten mit Christa Ludwig die ersten
Aufnahmesitzungen stattgefunden. Im September sollte Wunderlich seine drei
Gesänge aufnehmen, so war es geplant. Doch bereits im März entschied sich
Walter Legge, der Gründer des Philharmonia Orchestra, das Orchester aufzulö-
sen. Auf Ersuchen der plötzlich stellenlos gewordenen Musiker übernahm
schließlich Chefdirigent Otto Klemperer das Präsidium des Orchesters, welches
fortan als New Philharmonia Orchestra firmierte. Neue Aufnahmesitzungen für
Wunderlich konnten auf den 7. bis 9. November fixiert werden. Allerdings wäre
seine Mitwirkung beinahe an einer zu hohen Gagenforderung gescheitert. Er ließ
sich letztlich aber auf einen Kompromiß festlegen, allerdings nur unter der Bedingung, daß mit dieser Aufnahme sämtliche Verpflichtungen, die er der Electrola
gegenüber vertraglich noch hatte, vollends abgegolten seien. Man willigte ein.

Zum Glück, möchte man aus heutiger Perspektive sagen, denn unter Klemperers Leitung entstand in der Tat eine singuläre Aufnahme, die längst Schallplattengeschichte gemacht hat. Daß sie erst 1967 veröffentlicht werden konnte – und
fälschlicherweise oft als Wunderlichs letztes Schallplattendokument bezeichnet
wurde –, hing mit dem Umstand zusammen, daß Christa Ludwig im Februar
1964 nicht alle drei Gesänge aufnehmen konnte. Das noch Fehlende wurde im
Juli 1966 nachgeholt. Bei ihrer Veröffentlichung ein Jahr später stieß die Neuaufnahme ausnahmslos auf begeisterte Resonanz. »Fritz Wunderlich war der ideale
Mahler-Tenor«, schrieb Karl Schumann im *Fono Forum*, »auf herrlicher Höhe
seiner jugendlich-lyrischen Strahlkraft und zugleich sensibel für den Weltschmerz
der Li-Tai-Pe-Verse. Er ›sang aus‹, wie man sagt, ohne Verkürzung der langen
Notenwerte in der exponierten Höhe, frisch und entschieden in jedem Ton, frei

von Manieriertheiten und Nachlässigkeiten... Allein schon als Erinnerung an Fritz Wunderlich wäre die Aufnahme denkwürdig. Sie gewinnt noch an Wert durch Christa Ludwigs herrlich sonoren Alt, der mit soviel Poesie und so mühelos geführt ist, daß man nie die peinliche Empfindung hat, die Sängerin dunkle ihre Stimme bewußt nach, um doch ja die tiefen Töne voll zum Klingen zu bringen. Der dramatische Impuls Christa Ludwigs entspricht dem inneren Brio Wunderlichs... Sie verwirklichen Klemperers Absicht, statt einer Kollektion von Orchesterliedern eine im Aufbau strenge und herbe, im Klang kammermusikalisch klare Ausdeutung einer Vokalsinfonie zu geben. Klemperer kennt kein Alfresco; straffe Tempi und minutiös ausgefeilte Details verhindern ein koloristisches Verwischen der Konturen. Das Wesentliche Mahlers, das große, schmerzliche Espressivo, setzt sich überall durch.«[9] Mit einem Wort: Die gültige Einspielung vom *Lied von der Erde*, Mahler gleichsam aus erster Hand. An diesem Fazit hat sich bis heute, trotz aller nachgelieferten Konkurrenzeinspielungen, nichts geändert.

Am 9. November flog Wunderlich zurück nach München. Im Herkulessaal wurde er von Joseph Keilberth zu einer Verständigungsprobe erwartet: noch einmal Mahlers *Lied von der Erde*, zwei Aufführungen, am 11. und 12. November, diesmal Seite an Seite mit Hertha Töpper.

Am 15. November ließ sich Wunderlich in einer *Palestrina*-Vorstellung noch einmal als greisenhaft-vertrottelter Abdisu auf die Bühne führen. Wiederum verwechselte er die Silben, sang statt vom Sänger Palestrina von Trinaspales (so schreibt es Pfitzner vor) und schlief anschließend wieder ein, auch dies nach den Regievorschriften des Komponisten. Am Tag darauf flog er nach Wien: Hans Hotter erwartete ihn zu den Proben für seine erste Neuinszenierung an der Wiener Staatsoper: Pfitzners *Palestrina*. Fritz Wunderlich sollte hier allerdings nicht mehr den Abdisu mimen, sondern erstmals die Titelpartie gestalten: Giovanni Pierluigi Palestrina, Kapellmeister von Santa Maria Maggiore in Rom.

Ein 34jähriger lyrischer Tenor, auf der vollen Höhe seiner stimmlichen Kunst, ja womöglich noch nicht einmal auf ihrem Zenit angelangt, sollte sich tatsächlich auf eine Partie einlassen, die traditionsgemäß älteren Sängern vorbehalten bleibt? Das rief Erstaunen hervor. Als jugendlicher Tenor, als feuriger oder verspielter Liebhaber, als schmachtender Prinz oder pfiffiger Schlaumeier auf der Opernbühne war Wunderlich allen Leuten ein Begriff. Nun sollte er die Partie des Palestrina übernehmen, eines alten, auch eines vorzeitig gealterten Mannes? Das konnte doch nicht gutgehen und war doch, genau besehen, eine Anmaßung! Urteile, Vorurteile – und Kopfschütteln über die Besetzungspolitik von Staatsoperndirektor Hilbert. »Dabei ist alles ganz anders gelaufen damals«, erzählte Hans Hotter. »Egon Hilbert hatte mir die *Palestrina*-Neuinszenierung angetragen. Im ersten Gespräch mit ihm habe ich ihm gleich gesagt, daß ich für die

Hauptpartie sehr gerne Fritz Wunderlich haben würde. Hilbert war gar nicht erbaut: Das sei doch eine Partie für ältere Sänger, da müsse einer ein reifer Mensch sein – und verwies auf Anton Dermota. Doch ich ließ nicht locker, denn das ist eine falsche Einstellung zu dieser Rolle. Pfitzner selbst hat das stets betont – daß es völlig falsch sei, den Palestrina ausschließlich mit Tenören zu besetzen, die schon über ihren stimmlichen Zenit hinaus seien.« Letztlich gab Hilbert seinen Segen, und Hotter konnte Wunderlich anfragen. »Zunächst reagierte er ablehnend, und zwar mit genau denselben Argumenten. Ich erinnere mich noch, wie wir erst am Telefon lange darüber sprachen und uns später dann in München trafen. ›Die ganze Reihe der Palestrina-Darsteller, Patzak, Fehenberger, Karl Erb, Richard Holm, auch Dermota‹, sagte Fritz, ›sind doch alles Sänger, die zwar noch im Besitze ihrer Stimme, aber doch jenseits des Zenits sind. Und ich, als noch junger Sänger, möchte nicht plötzlich so abgestempelt werden.‹ Natürlich verstand ich sein Argument. Dennoch versuchte ich mit allen Mitteln, ihn zu überreden: Es sei die perfekte Rolle für ihn, weil er doch ein ausgesprochenes Gefühl für das Konzertante habe, für das Liedersingen und das Oratorium. Schließlich sagte er zu, eigentlich aus Freundschaft zu mir. Die Proben mit ihm in Wien waren höchst erfreulich, eine großartige Zusammenarbeit.«[10]

Wunderlich wohnte in dieser Zeit mit seiner Frau in der Wiener Hofburg bei Kammersänger Alfred Jerger. »Wir hatten ein Zimmer direkt auf den Heldenplatz hinaus, mit Stuckdecken und geschnitzten Türen. Im anliegenden Badezimmer stellte er sein Mikroskop auf, züchtete Kieselalgen und machte in seinen freien Stunden unablässig Pflanzenschnitte. Ein Ausruhen, ein Hinlegen nach den Proben hat es für ihn nie gegeben. So intensiv er auf den Proben arbeitete, so intensiv wollte er sich anschließend auch seinem Hobby widmen. So konnte er sich am besten entspannen. Zudem faszinierte es ihn, unter dem Mikroskop gleichsam in einen anderen Kosmos hineinschauen zu können.«

Schneller, als er gedacht hatte, und viel tiefergreifend, als es irgendeiner vorauszusagen gewagt hätte, identifizierte sich Wunderlich mit der Partie des Palestrina. Der alternde Renaissancekomponist und Kapellmeister, der rückblickend nun die schiere Nutzlosigkeit der von ihm geschaffenen Werke erleben muß, weil sie nicht zeitkonform sind; der im Alter müd gewordene Mann, der den Verlust seiner Frau auch nach Jahren nicht überwinden kann: Das alles faszinierte Wunderlich auf eine bislang ungekannte Weise. »Gerade die Todesthematik – daß Palestrina nach dem Verlust seiner Frau seine Schaffenskraft verloren hat – berührte ihn unheimlich stark. Vor allem im ersten Akt. Da gibt es eine Stelle, kurz vor der Erscheinung der Meister:

Lukrezia! – Als du mir noch im Leben,
War ich geborgen. Ja, da sprang der Quell.
Und weil er sprang, war mir das Leben wert.
Warum war stark genug mein Lieben nicht,
In meiner Nähe ewig dich zu halten?

Diese Stelle hat er nie ohne besondere innere Betroffenheit gesungen, wie ein leises Zwiegespräch mit sich selbst, mit einer Beklemmung, die sich auf eigenartige Weise mitteilte.«[11]

Am 16. Dezember fand im Beisein von Österreichs Bundespräsidenten und Bundeskanzler die Premiere statt. Robert Heger dirigierte die Wiener Philharmoniker; in den Hauptpartien sangen:

Papst Pius IV.	Gottlob Frick
Giovanni Morone	Walter Berry
Bernardo Novaggerio	Gerhard Stolze
Kardinal Madruscht	Walter Kreppel
Carlo Borromeo	Otto Wiener
Graf Luna	Robert Kerns
Der Bischof von Budoja	Gerhard Unger
Theophilus, Bischof von Imola	Erich Majkut
Giovanni Pierluigi Palestrina	Fritz Wunderlich
Ighino, sein Sohn	Sena Jurinac
Silla, sein Schüler	Christa Ludwig
Die Erscheinung der Lukrezia	Hilde Rössel-Majdan
Drei Engelsstimmen	Mimi Coerte
	Lucia Popp
	Gundula Janowitz

Der Aufführung war ein großartiger Erfolg beschieden – für Regisseur Hotter, der kurz zuvor vom Unterrichtsminister mit dem Professorentitel geehrt worden war, insbesondere aber für Fritz Wunderlich. Seine Gestaltung des Palestrina löste überwältigende Begeisterung aus. »Sein kostbarer Tenor hat sich den Part ganz zu eigen gemacht«, schrieb Herbert Schneiber, »sein Verstand und sein Gefühl besiegeln diesen Besitz in einer Weise, die das Faktum eines Partiendebüts geradezu unglaubwürdig erscheinen läßt. Es ist aber doch so, und das Publikum, applausfreudig wie schon lange nicht mehr, feierte Wunderlich zu Recht ganz besonders.«[12] Ähnlich begeistert reagierte auch Karl Löbl: »Herr Wunderlich hat an diesem Abend seinen ersten Palestrina gesungen und vermochte nicht nur die Erinnerung an Patzak zu bestehen, sondern auch wirklich zu überzeugen. Obwohl er für die Rolle zu jung sein müßte, was die Jahre betrifft, hat er sich die Stimmung, die Resignation, die Weltferne des Palestrina so wunderbar zu eigen gemacht, daß er wirklich wie ein müder, vom lauten Getriebe der Umwelt abgestoßener alter Mann auf der Bühne steht und sitzt. Seine Gesten sind knapp, ruhig, und sein Gesang ist von einer milden Abgeklärtheit, fast liedhaft schlicht, keinen Moment opernhaft arios, eher aus einem leisen Zwiegespräch mit sich selbst entstanden. Eine ergreifende Gestaltung der schwierigen Partie.«[13]

Fazit: Mit vierunddreißig Jahren, fast noch ein Jüngling nach herkömmlicher Lesart, identifizierte sich Fritz Wunderlich mit einer Partie, die gemeinhin älteren, lebenserfahrenen Sängern zusteht, die einen gereiften Künstler und Menschen voraussetzt. Diese Identifikation gelang Wunderlich in einem Ausmaß, das betroffen machte. Es sollte Wunderlichs letzte neuerarbeitete Rolle bleiben.

Das neue Jahr begann für Wunderlich in einem Aufnahmestudio – in einem nüchternen früheren Kinosaalbau in der Keillerstraße in München, den die Schallplattenfirma Polydor akustisch ein- und hergerichtet hatte für Aufnahmen von Unterhaltungsmusik. Vom 4. bis 8. Januar produzierte Polydor, das renommierte Label für Unterhaltungsmusik und unter demselben Firmendach wie die Deutsche Grammophon Gesellschaft beheimatet, mit Wunderlich eine erste populäre Langspielplatte: »Fritz Wunderlich singt Welterfolge großer Tenöre« – eine Produktion, die übrigens vom Magazin *Stern* unterstützt wurde. »Diese erste von mir für Polydor produzierte LP«, erzählte Produktionsleiter Franz Josef Breuer später, »sollte Fritz Wunderlich als den Tenor der Zukunft herausstellen, und da sich seine Vorgänger mit bestimmten Melodien in die Herzen der großen Masse gesungen hatten, wählten wir die bekanntesten Lieder vergangener Tenöre aus... Wir knüpften an Enrico Caruso, an Benjamino Gigli, Joseph Schmidt und Jan Kiepura an... Es galt, Herrn Wunderlich im Rahmen der Grammophon erstmals herauszustellen.«

Für die Begleitung waren das Symphonie-Orchester Graunke und die Singgemeinschaft R. Lamy unter der Leitung von Hans Carste verpflichtet worden. Carste war ein Kenner dieses Fachs. Seit 1949 leitete er die Abteilung für Unterhaltungs- und Tanzmusik und amtierte gleichzeitig als Erster Kapellmeister des Unterhaltungsorchesters beim RIAS Berlin. Der Aufnahmeplan sah wie folgt aus:

4. Januar O sole mio
Santa Lucia
Mein Herz ruft immer nur nach Dir, o Marita
Ein Lied geht um die Welt

5. Januar La Danza
Faniculi Fanicula
Mattinata
Ob blond, ob braun, ich liebe alle Frau'n

7. Januar Ave Maria
Tiritomba
Heute nacht oder nie
Vergiß mein nicht

8. Januar Schlafe, schlafe, holder süßer Knabe
Gute Nacht, mein holdes süßes Mädchen

Die ersten zwölf Titel wurden, wie geplant, auf der LP »Fritz Wunderlich singt Welterfolge großer Tenöre« veröffentlicht. Hinzu kamen am letzten Aufnahmetag noch die beiden Schlafliedchen – das erste ein Schubert-Lied, das zweite eine populäre Rokokoweise, beide von Franz Josef Breuer arrangiert. »Ich nehme an«, meinte Breuer, »daß der Wunsch Herrn Wunderlichs, diese Wiegenlieder zu singen, ein Geschenk an seine Familie war. Ich hatte ihn in seinem Haus besucht, hatte seine reizende Frau und seine Kinder kennengelernt und somit seinen Gesangswunsch gerne erfüllt, obwohl diese Lieder kein Bestandteil unserer ersten LP sein konnten.«

Noch mit einem anderen Wunsch überraschte Wunderlich seinen Produzenten. »In Gesprächen ... haben wir oft von seiner Heimatstadt in der Pfalz gesprochen, von seiner Kindheit, von seiner Mutter. Dabei sagte er einmal, er möchte gerne ein Lied für seine Heimat schreiben, und ich bat ihn, das auch zu tun ... Im allerletzten Moment vor der obengenannten Produktion bekam ich dann eine Melodie und einen Text dazu von ihm.« Es waren jene Verse, die Wunderlich einst in Heimwehstimmung auf dem Freiburger Münsterturm geschrieben hatte. Für sein Lied verzichtete er allerdings auf die ersten beiden Strophen und schlug ein zweiteiliges Lied vor, beginnend mit dem Vers »Ein Städtchen liegt im Pfälzerland«. Dazu hatte er eine eingängige, volksliedhafte Melodie komponiert mit genauen Hinweisen für die Begleitung, die man nun noch für die einzelnen Orchesterinstrumente und den Chor ausschreiben mußte. »Er ließ mir jede Freiheit, was ich daraus machen würde. Ich bearbeitete das Lied, ergänzte und änderte Kleinigkeiten ...« Für Wunderlich sollte das Ganze eine kleine Überraschung werden: »Ich hatte Herrn Wunderlich etwas später bestellt, weil ich zuerst mit Chor und Orchester proben wollte. Beim letzten Durchlauf betrat Fritz Wunderlich das Studio, ich ging auf ihn zu, um ihn zu begrüßen, während Chor und Orchester spielten und sangen. Er war so gerührt, seine Komposition in einem ihm so gut gefallenden Kleid zu hören, daß ihm die Tränen in die Augen traten.«[14]

Nach diesem Ausflug in die Welt der leichteren Muse stand eine kleine Liederabendtournee bevor, von Aschaffenburg bis in den Norden Deutschlands, nach Kiel, führend. Acht Abende waren innerhalb von vierzehn Tagen geplant, je mit einem Ruhetag dazwischen. Im Stadttheater Aschaffenburg trat Wunderlich nochmals mit seinem früheren Begleiter Rolf Reinhardt auf. Das Programm:

Ludwig van Beethoven	Adelaide
	Resignation
	Der Wachtelschlag
	Mailied
	Der Kuß
Franz Schubert	Der Einsame
	An die Laute
	Ständchen
	Lied eines Schiffers an die Dioskuren
	An Sylvia
	Die Forelle
Robert Schumann	Dichterliebe

»Das schönste Instrument: Die Stimme« titelte das *Aschaffenburger Volksblatt* seine Besprechung des Liederabends; »Fritz Wunderlich lieferte dafür den besten Beweis... Er besitzt einen ausgezeichneten Tenor, leicht, locker in der Tongebung, von bestem Klang in allen dynamischen Graden, von einem verblüffenden Umfang auch nach der Tiefe.« Gerügt hingegen wurde Rolf Reinhardts »Kapellmeisterklavierspiel«.[15] Immerhin mußten die beiden drei Zugaben spenden.

Nächste Station: der Gartensaal des Kurhauses in Baden-Baden. Hier traf Wunderlich mit Hubert Giesen zusammen, der ihn an den verbleibenden sieben Abenden begleitete. »Die Liedvorträge Fritz Wunderlichs fanden begeisterte Anerkennung... Im Vortrag gibt Wunderlich einen fein durchgearbeiteten vornehm dezenten Liedstil, der nicht nur das Wesen des einzelnen Liedes im Kern erfaßt, sondern auch die besondere Ausdruckssphäre des jeweiligen Komponisten bestimmt zu gestalten vermag... Starken Anteil an der fesselnden künstlerischen Gestaltung hatte... die Ausführung der Klavierpartie, die Hubert Giesen als überaus anschlagsfeiner Pianist und sensibler musikalischer Gestalter hervorragend durchführte.«[16] Wiederum funktionierte das bewährte Team. Der nächste Liederabend, im BASF-Feierabendhaus in Ludwigshafen, war im voraus bereits ausverkauft. »Ein Pfälzer kam, sang und siegte«, bilanzierte die *Rheinpfalz*, »die herzlichen Ovationen des Dankes und der Anerkennung wurden mit zehn Zugaben belohnt.«[17]

Die nächste Station war Hamburgs Musikhalle. Kurz vor dem Konzert traf sich Wunderlich erneut mit dem Polydor-Produzenten Franz Josef Breuer, um das Programm für eine weitere populäre Schallplatte zu besprechen. Man einigte sich wiederum auf zwölf Titel: eine Mischung von altbewährten Melodien, von »Plaisir d'amour« über Robert-Stolz-Melodien bis hin zur »Toselli-Serenade«. »Du bist die Welt für mich« – ein Liedtitel von Richard Tauber – sollte diese Platte heißen. Aufnahmetermine wurden provisorisch für den Frühsommer festgelegt. Anschließend der Liederabend, Wunderlichs Debüt als Liedersänger in Hamburg. Zunächst empfing ihn eine herbe Enttäuschung: Zahlreiche Reihen in der Großen Musikhalle waren leer geblieben. »Im nächsten Jahr wird das anders sein!« prophezeite tags darauf das *Hamburger Abendblatt*. »Der junge Künstler verstand es, seine Zuhörer von Anfang an zu fesseln, zu überzeugen, zu begeistern. Eine wunderbare Stimme, man darf wohl ohne Übertreibung sagen: eine der schönsten lyrischen Tenorstimmen unserer Zeit!... Das Publikum lauschte atemlos. Beifallsstürme veranlaßten den Künstler, trotz leichter Indisposition noch fünf Zugaben zu verschenken.«[18] Auch in Hamburg also ein Sieg.

Am 25. Januar wurden die beiden im Stadttheater Hildesheim erwartet. »Welch ein Wandel innerhalb weniger Jahre«, las man später in der *Hildesheimer Allgemeinen Zeitung*. »Während es noch vor einem Dezennium Sänger gab, die mit einem Dutzend bravouröser Arien im Reisegepäck auf Konzerttournee gingen, sozusagen auf einen Sprung mal eben die Opernbühne mit dem Podium vertauschten, während Konzertdirektoren nicht glaubten, ihrem Publikum einen reinen Liederabend anbieten zu dürfen, haben sich inzwischen sowohl die Künstler als auch die Hörer eines Besseren besonnen. Das Lied als selbständige Kunstform hat eine Renaissance erlebt, wie man sie kaum vorauszusagen wagte.«[19] Wunderlichs Bemühungen um das Lied, seit Monaten sein wichtigstes Anliegen, standen ganz im Dienst dieser Renaissance. Eine künstlerische Pioniertat, auch noch in den sechziger Jahren: Die Hildesheimer Rezension beweist es nachdrücklich.

Noch drei Liederabende standen bevor: in Stade, Kiel und Trossingen. Vier Zugaben in Kiel, zwei in Trossingen. Der *Schwarzwälder Bote* widmete der Besprechung des Trossinger Konzertes beinahe eine halbe Zeitungsseite, über sämtliche vier Spalten ausgebreitet, die *Trossinger Zeitung* ebenso. Nur Lokalereignisse? »Zunächst muß jedem Musikliebhaber, der dieses einzigartige Konzert nicht besuchte, gesagt werden, daß er etwas Unwiederbringliches versäumt hat! Wir stehen nicht an, den Liederabend mit Fritz Wunderlich von den Staatsopern München, Wien und Stuttgart als einen der größten Höhepunkte zu bezeichnen, den das Konzerthaus bisher erlebte.«[20]

Am 16. Februar flog Wunderlich nach London: Das Royal Opera House Covent Garden hatte ihn als Ottavio für eine Wiederaufnahme von Franco Zeffirellis spektakulärer *Don-Giovanni*-Inszenierung verpflichtet. Die Inszenierung stammte aus dem Jahr 1962 und erregte damals, vor allem wegen Zeffirellis an Watteau- oder Fragonard-Gemälde erinnernden, spektakulären Bühnenbilder, einiges Aufsehen. Für die Wiederaufnahme wurden einige der üppigsten Romantizismen gemildert. Kurios immerhin die Idee, die Bühne auf ihrer Hinterseite mit einer Reihe von Spiegeln abzuschließen, so daß sich ein Großteil des Publikums andauernd gespiegelt sah. Rudolf Kempe dirigierte die Wiederaufnahme, in den Hauptpartien sangen:

Don Giovanni	Eberhard Wächter
Donna Elvira	Evelyn Lear
Donna Anna	Pilar Lorengar
Don Ottavio	Fritz Wunderlich
Leporello	Geraint Evans

Fünf Tage lang wurde geprobt; oft waren die Sängerkollegen auch privat noch zusammen. »Er war im Privatleben wirklich ein lustiger Kerl«, erzählte Eberhard Wächter. »Beide aßen und tranken wir ja sehr gern. Ich kannte da ein Lokal, das sehr berühmt ist; ein typisch englisches Lokal. Unten dürfen nur Männer hinein, ins obere Stockwerk hingegen darf man auch Frauen mitnehmen. Nun, dieses Problem hatten wir nicht; wir wollten ganz einfach zusammen essen gehen. Wir freuten uns schon die ganze Probe darauf, hielten es kaum aus und stürzten nach der Probe sofort zu diesem Lokal. Ich hatte einen Pullover übergezogen, ohne Krawatte; er trug einen Rock, ebenfalls ohne Krawatte. Wie wir ins Lokal hinein wollten, machte man uns höflich darauf aufmerksam, daß man hier ohne Krawatte und Rock nicht eingelassen werde.«[21] Den beiden blieb nichts anderes übrig, als unverrichteter Dinge wieder in ihr Hotel zurückzufahren. Allerdings hatte dieser Ausflug reichlich Zeit beansprucht – jedenfalls wurde im Hotel, als sie zurückkehrten, kein Mittagessen mehr serviert, und sie mußten ebenso hungrig, wie sie seit Stunden schon gewesen waren, zurück auf die Probe.

Die Premiere am 23. Februar schien für Wunderlich nicht unter dem besten Stern gestanden zu haben. »Fritz Wunderlich, der hier zum ersten Mal sang, war nicht in bester Verfassung«, schrieb *The Financial Times*. »Denn wenn er optimal bei Stimme ist, darf man ihn zweifellos als den besten deutschen Tenor bezeichnen mit einer Stimme, die frei strömt und voll tönt, männlich und doch empfindsam ist. Obwohl er nicht seinen besten Tag hatte – Unebenheiten in der Tonproduktion sowie einige Intonationstrübungen waren nicht zu überhören –, wurde er vom Publikum, vor allem nach seiner Arie ›Il mio tesoro‹, dennoch mit großem Applaus bedacht.«[22] In einer einzigen Vorstellung übernahm Elisabeth Schwarzkopf die Partie der Donna Elvira: »Ein bißchen enttäuscht waren wir in der Tat«, erzählte sie später, »weil wir dachten, nun singt der Wunderlich und der müsse doch vollkommen sein. Aber wie wir alle nicht vollkommen sind, so war er halt auch nicht vollkommen an jenem Abend. Er hat lauter Hs gesungen bei den Koloraturen. Und wir haben gedacht: warum nur? Denn auf den Platten singt Wunderlich mit wundervollem Legato, alles schön auf einer Linie. Dennoch: Das war eine himmelschöne Stimme, und sehr tragfähig. Nicht einen einzigen Ton habe ich ihn je forcieren gehört. Und er war ja so musikalisch. Ein Musiker von Gottes Gnaden.«[23]

Am 6. März sang Wunderlich die letzte *Don-Giovanni*-Vorstellung am Covent Garden; tags darauf stand er schon wieder auf der Bühne des Münchner Nationaltheaters. Georg Paskuda hatte eine Vorstellung von *Eugen Onegin* abgesagt, und so übernahm Wunderlich den Lenski – an der Seite von Teresa Stratas und Hermann Prey. Seit der Übernahme des *Onegin* ins neueröffnete Nationaltheater sang Teresa Stratas, die schnell berühmt gewordene kanadische Sopranistin griechischer Abstammung, die Partie der Tatjana; eine Sängerin, die wegen ihrer außergewöhnlichen schauspielerischen Fähigkeit besonders faszinierte. Bereits zwei Tage später begann dieses Dreierteam mit den Proben für eine Neuinszenierung von Verdis *Traviata*, zum ersten Mal nun in der italienischen Originalsprache. Regie führte – ebenfalls zum ersten Mal auf einer Opernbühne – August Everding, damals Intendant der Münchner Kammerspiele. »Eines Tages rief mich plötzlich mal Rudolf Hartmann an«, erzählte Everding später, »und fragte mich: ›Wollen Sie nicht mal eine Oper bei mir machen?‹ Ich war sehr überrascht, zumal ich zur Oper keine große Beziehung hatte. Wir Männer vom Schauspiel, wir waren damals so progressiv; von der Oper wollten wir nichts wissen. Da sagte Hartmann, es handle sich um die *Traviata*. Nun begann mich die Sache zu interessieren, und ich fragte nach der Besetzung. Wunderlich, Stratas und Prey, lautete die Antwort. Ja, und dann habe ich mir die Oper während der Nacht angehört. Mein Gott, dachte ich mir, das ist doch ein aufregendes Stück. Ich sagte also zu, fragte Hartmann aber auch, warum er gerade auf mich gekommen sei. Da sagte er: ›Ja, ich wollte mal jemand ganz Neuen haben, einen jungen...‹ Heute, nach so langer Praxis, weiß ich: Er hat vor mir zumindest schon acht gefragt, und alle haben ihm abgesagt...«

Die Proben ließen sich gut an. Zwar konnte Everding seine Herkunft vom Schauspiel nicht leugnen. Oft wollte er, daß die Sänger mit dem Rücken zum Publikum stehen, meistens ausgerechnet dann, wenn sie einen schwierigen Einsatz hatten und auf Blickkontakt mit dem Dirigenten angewiesen waren. Die Sänger ließen ihn dann bald wissen, daß so was keinesfalls zu machen sei. Ähnlich auch bei Hermann Preys großer Arie im dritten Bild der Oper, wo er, als Vater Germont, seinen Sohn Alfredo zu überzeugen versucht, daß er von Violetta lassen und nach Hause, zurück in den Schoß der Familie, kehren solle. »Prey stand hinter Wunderlich bei dieser großen Arie«, erzählte Everding. »Ich rief: ›Prey, Sie müssen den Wunderlich davon überzeugen, daß er von dem Mädchen läßt...‹ Da sagte Prey: ›Nein, den muß ich nicht überzeugen. Ich muß mein Publikum überzeugen...‹ Das waren die ersten Zusammenstöße zwischen Musiktheater und Oper.«[24] Everding probte intensiv – und fraß dabei Krawatten. »Stets hatte er die Krawattenspitze im Mund«, erinnerte sich Grischa Asagaroff, der als Statist einen Solodiener der Violetta zu mimen hatte. »Bald einmal machte unter den Künstlern ein entsprechender Witz die Runde: Everding gehe zum Herrenausstatter; er wolle, bitteschön, eine neue Krawatte. Ja, welche Farbe es denn sein dürfe: grün, blau, grau? Das sei ganz egal, die werde eh verspeist...«[25]

Neben den Proben zur *Traviata* wirkte Wunderlich an der Seite von Hermann Prey, Sena Jurinac und Kieth Engen an einer Gesamtaufnahme von Christoph Willibald Glucks *Iphigenie auf Tauris* für den Bayerischen Rundfunk mit. Rafael Kubelik dirigierte den Chor und das Symphonie-Orchester des Bayerischen Rundfunks. Wunderlich sang die Partie des Pylades, klanglich ganz auf klassisches Ebenmaß gerundet, mehr Konzert- als Opernsänger. Dennoch war selbst Schauspielregisseur Everding einigermaßen verblüfft von Wunderlichs darstellerischen und mimischen Fähigkeiten auf der Bühne. »Er war nicht ein Sänger, der so stolz auf seine Stimme war, daß er meinte, er könne alles überdecken, was er darstellerisch nicht mitbringe. Sicher hat er das Schauspielerische immer etwas mit der leichten Hand genommen und ließ sich nicht allzu sehr beunruhigen. Aber er kam immer und fragte, ließ sich nicht nur Vorschläge machen, sondern versuchte auch, sie darstellerisch zu realisieren. Er war kein eitler Tenor; man konnte ihn motivieren. Einmal kam er zu spät auf eine Probe. Ich regte mich auf; er hingegen stellte sich vorn an die Rampe: ›Non plaza di parco‹ hat er mit strahlender Stimme gesungen – er habe keinen Parkplatz gefunden. Da konnte man ihm nicht mehr böse sein.«

BAYERISCHE STAATSOPER
NATIONALTHEATER MÜNCHEN

Sonntag, 28. März 1965

Neuinszenierung

LA TRAVIATA
(in italienischer Sprache)
Oper in 3 Akten (4 Bildern)
Text von Francesco Maria Piave

Musik von
GIUSEPPE VERDI

Musikalische Leitung: Giuseppe Patanè
Inszenierung: August Everding

Bühnenbild und Kostüme: Jörg Zimmermann

Violetta Valéry	Teresa Stratas
Flora Bervoix	Marie Luise Gilles
Annina, Dienerin Violettas	Brigitte Fassbaender
Alfred Germont	Fritz Wunderlich
Georg Germont, sein Vater	Hermann Prey
Gaston Vicomte von Letorières	Friedrich Lenz
Baron Douphol	Josef Knapp
Marquis von Obigny	Hans Bruno Ernst
Doktor Grenvil	Günter Missenhardt
Joseph, Diener Violettas	Heinrich Weber
Ein Diener bei Flora	Ernst Buder

Ort der Handlung: Paris und seine Umgebung

Das Werk ist erschienen im Verlag G. Ricordi & Co., Frankfurt am Main

Technische Leitung: Emil Buchenberger   Chöre: Gregor Eichhorn
Beleuchtung: Ulrich Eckert   Masken: Georg Rauche
Anfertigung der Dekorationen: Inspektion: Hurst Wrsak und Hermann Frieß
Eigene Werkstätten

Anfang 19½ Uhr   Pause nach dem 2. Bild   Ende gegen 22½ Uhr

Everding verlangte viel von seinen Sängerdarstellern. Er wollte gleichsam jeden Takt Musik umsetzen. Das führte zu vielen unnötigen, oft gar sinnlosen Läufen und Gängen auf der Bühne. Im ersten Akt, beim Fest im Salon von Violetta, rannten die Kellner treppauf und treppab, und dies mit einem Tablett voller Sektgläser in der Hand. In der Eile brachten sie ihren Sekt bei den Festgästen meistens gar nicht los, fielen dafür mit all den Gläsern über die Treppenstufen. Auch Wunderlich hatte da ein ganz spezielles Problem. In den Sektgläsern sprudelte nämlich kein Sekt, sondern irgendein Apfelsaft mit schalem Mineralwasser vermischt – wie das so üblich ist auf der Bühne. ›Ach, schon wieder diese Pferdepisse‹, rief Wunderlich jedesmal indigniert. Für die Premiere gab es dann veritablen Sekt: Da knallten die Korken lautstark – was wiederum Maestro Giuseppe Patané am Dirigentenpult verärgerte...

Am 28. März ging der Vorhang zum ersten Mal über der neuen *Traviata* auf. »Ich stand im obersten Rang«, erzählte Everding, »und als Wunderlich dann sang – ich bin selten gerührt –, da war ich tief betroffen. Was man mit einer Stimme singen und ausdrücken kann! Und daß Ausdruck *und* Stimme zusammenkommen, das geschieht ja nicht sehr oft in der Oper.«[26] Das Publikum reagierte am Schluß der Oper mit einer dreiviertelstündigen Ovation, die Presse mit Lobeshymnen: »Triumph des italienischen Belcanto«, »August Everdings wegweisende Inszenierung von Verdis *Traviata*«. Einen Sondererfolg konnte Teresa Stratas als unvergleichlich intensive Violetta verbuchen. »Eine Elisabeth Bergner der Opernbühne« wurde sie von der *Schwäbischen Zeitung* genannt. Und Wunderlich? »Der Sänger des Alfredo, ein deutscher Tenor, wie ihn die Welt wohl seit der Glanzzeit Benjamino Giglis nicht mehr gehört haben dürfte. Damit ist über den lyrischen Wundertenor Fritz Wunderlich, wie er an diesem Abend in strahlendstem Forte und im seraphisch schönen, silbrig glänzenden Mezzavoce die Partie in akzentfreiem Italienisch sang, alles gesagt.«[27] Karl Heinrich Ruppel kam zum selben Fazit: »Ich wüßte keinen italienischen Tenor zu nennen, der ihn in dieser Partie überträfe.«[28]

Gleichsam über Nacht war ein italienischer Tenor geboren, wie man ihn seit Gigli nicht mehr gehört hatte. Ein hochgegriffenes Wort – und dennoch keine Phrase. Das akzentfreie Italienisch, der idiomatische Verdi-Gesang, die strahlenden Spitzentöne und die betörenden Kantilenen: Das alles läßt sich überprüfen anhand eines Live-Mitschnittes dieser Aufführung, vor Jahresfrist in Italien als Compact-Disc-Set in der Opernreihe »Giuseppe di Stefano presenta« veröffentlicht. Ausgerechnet der große italienische Fachkollege hielt diese künstlerische Leistung der Veröffentlichung würdig. Nur einen habe es gegeben, sagte Giuseppe di Stefano in einem Interview, der als Nichtitaliener mit den größten Tenören der Welt habe konkurrieren können, der italienische Opern wie Italiener gesungen habe: Fritz Wunderlich. »Er war einer der Besten, und die sterben immer viel zu früh.«[29]

ZWANZIGSTES KAPITEL

Festspiele in Salzburg, Edinburgh, München – auch Bayreuth meldet sich

Anfragen über Anfragen und Absagen über Absagen. Mitte April wandte sich Hans Werner Henze an Wunderlich: ob er in seiner neuen Oper *Die Bassariden* die Partie des Dionysos übernehmen würde. Die Uraufführung sei für Juni 1966 geplant. Für Wunderlich ein längst schon ausgebuchter Monat, also mußte er absagen. Kurz darauf kam ein Angebot von Karajan: Mozarts *Requiem* der Mailänder Scala. Dieselbe Antwort: aus terminlichen Gründen leider nicht möglich. Die Deutsche Grammophon wollte Wunderlich für eine Neuaufnahme von Charles Gounods berühmter *Cäcilienmesse* haben, die Igor Markevitch im Juni 1965 mit dem Prager Philharmonischen Chor und Orchester machen sollte. Irmgard Seefried und Herman Uhde hatten bereits zugesagt; Wunderlich konnte nicht, wiederum aus Termingründen. Für ihn sprang dann Kollege Gerhard Stolze ein.

Bei einem anderen Projekt der Deutschen Grammophon Gesellschaft war Wunderlich hingegen beteiligt. Im Berliner UFA-Studio wurde eine Gesamtaufnahme von Alban Bergs *Wozzeck* unter der musikalischen Leitung von Karl Böhm produziert, übrigens die erste Stereoeinspielung dieses komplizierten Werks. Bereits am 24. März hatte Böhm mit den Proben begonnen. Wunderlich traf am 4. April im UFA-Studio ein, nachdem er am Vorabend in Hamburg einmal mehr Gustav Mahlers *Lied von der Erde* gesungen hatte. Diesmal an der Seite von Nan Merriman und zusammen mit dem Sinfonieorchester des Norddeutschen Rundfunks unter der Leitung von Hans Schmidt-Isserstedt, wobei das Konzert vom NDR live mitgeschnitten wurde. Nun schlüpfte er in die Rolle des Andres, eine Partie, die er in Stuttgart ja wiederholt gesungen hatte. Vor den Mikrofonen traf er mit alten Bekannten zusammen: Dietrich Fischer-Dieskau (Wozzeck), Evelyn Lear (Marie), Helmut Melchert (Tambourmajor), Gerhard Stolze (Hauptmann), Karl Christian Kohn (Doktor), Kurt Böhme (Erster Handwerksbursch) sowie Walter Hagen-Groll, einst Korrepetitor an der Württembergischen Staatsoper und nun Leiter des Chors der Deutschen Oper Berlin.

Böhm nahm es mit der Arbeit sehr genau. Daß die Oper seit ihrer Uraufführung vor nahezu vierzig Jahren nicht einfacher geworden sei, war für ihn eine Binsenwahrheit: »Das Schwierigste an Alban Berg ist seine Notation, die aber eben zum Wesen seiner Musik gehört. Man könnte ja – und ich würde mich dazu anheischig machen – die Partitur, ohne einen Ton oder eine dynamische Bezeichnung zu verändern, so umschreiben, daß die Oper bedeutend leichter zu lesen wäre; dann wäre sie allerdings aber nicht mehr der Bergsche *Wozzeck*.«[1] Elf dreistündige Aufnahmesitzungen waren insgesamt anberaumt. Ein Detail machte Böhm besonders zu schaffen. An zwei Stellen in der Partitur, in der vierten und fünften Szene des zweiten Aktes, gibt es eine genau auskomponierte Melodie, die gepfiffen werden soll. Normalerweise übernimmt ein Orchestermusiker diese Aufgabe, doch für eine Schallplattenaufnahme war das Böhm zu ungenau, weil sich mit einem Instrument diese Pfeifmelodie nicht realistisch genug imitieren ließ. Was also sollte man tun? Wunderlich bat den Dirigenten, ihn das mal machen zu lassen, er habe im Pfeifen einige Erfahrung. Böhm schaute ihn ungläubig an, ließ sich dann aber auf das Experiment ein – und es gelang. Böhm wußte sich vor lauter Begeisterung kaum zu fassen; im Moment, so schien es jedenfalls, war er von Wunderlichs Pfeifkünsten noch mehr angetan als von seinem Gesang...

Die Aufnahme stieß in der Fachpresse auf große Begeisterung. »Das Ergebnis ist eine Aufführung von einer Perfektion und Intensität, wie sie auf der Bühne oder im Konzertsaal niemals erzielt werden können«, schrieb Franz Willnauer in der *Opernwelt*. Ob Fischer-Dieskau die Titelpartie zu intelligent gestalte, ob ihm das Dumpfe und Getriebene für den Wozzeck nicht doch fehle – darüber konnte man diskutieren. Daß er die Partie in musikalischer Hinsicht jedoch exemplarisch gestaltete, wurde ihm ausnahmslos zugebilligt. Und das besondere Ereignis dieser Aufnahme: »Endlich einmal sind alle Nebenrollen so großformatig und farbenkräftig besetzt, wie es Berg sich vorgestellt hat: Andres wächst durch die überwältigende Stimme Fritz Wunderlichs endlich zur runden Figur; der Erste Handwerksbursch gerät durch Kurt Böhmes sonoren und textdeutlichen Vortrag endlich in den Mittelpunkt der Wirtshausszene; der Doktor wird durch Karl Christian Kohn genau in Büchners aufklärungskritischem Zynismus charakterisiert; und Gerhard Stolze verewigt hier eine seiner eindrucksvollsten Menschenstudien...«[2] Anerkennung aber auch von anderer Seite: Gleich nach ihrer Veröffentlichung wurde die Aufnahme mit dem begehrten Grand Prix du Disque Paris ausgezeichnet.

Anschließend wurde Fritz Wunderlich in Wien erwartet. Die erfolgreiche *Daphne*-Inszenierung, die Rudolf Hartmann vor Jahresfrist für das Theater an der Wien geschaffen hatte, sollte am 17. April Einzug in die Staatsoper halten. Anlaß für die einheimischen Kritiker, sich erneut Gedanken zu machen über das Thema Kunst und Kunsthandwerk, Künstlertum und Kunstgewerblichkeit – ein im Zusammenhang mit Richard Strauss offenbar unerschöpfliches Thema. Neuerdings wurde auch der Inszenierung Hartmanns schablonenhaftes Kunsthandwerk attestiert: Gustav Schwabs *Sagen des klassischen Altertums* nachempfunden, akademische Antike aus zweiter Hand. Die Sängerbesetzung blieb mit Hilde

Güden in der Titelpartie, Vera Little, Paul Schöffler, Wunderlich, James King und Rita Streich unverändert – immerhin ein musikalischer Genuß. Rechtzeitig auf den Premierentermin hatte die Deutsche Grammophon Gesellschaft auch ihren im Vorjahr produzierten *Daphne*-Mitschnitt aus dem Theater an der Wien vorgelegt: »Erste Schallplattenveröffentlichung auf dem Weltmarkt«, wurde stolz annonciert. »Als ich die Kassette in den Händen hielt«, schrieb To Burg im *Fono Forum*, »war ich glücklich, bevor ich sie auch nur aufgemacht hatte . . . Endlich ist es also wirklich und wahr, daß im Strauss-Repertoire des Diskomanen auch dieses schöne Werk stehen wird, jederzeit bereit, real mit Klang zu füllen, was meist und so lange nur ein Traum sein durfte, genährt mit Erinnerungen.«[3] Auch diese Schallplatteneinspielung erhielt umgehend den begehrten Grand Prix du Disque Paris. Die Begründung: das beste Opernensemble des Jahres.

An der Staatsoper folgen *Rosenkavalier*- und *Capriccio*-Vorstellungen sowie eine Wiederaufnahme von Pfitzners *Palestrina*, wobei Regisseur Hans Hotter in einigen der Vorstellungen die große Partie des Carlo Borromeo übernahm. Am 29. April stand Wunderlich erneut auf dem Liedpodium im Brahmssaal des Musikvereins. Am Flügel: Heinrich Schmidt. Wiederum boten sie das längst erprobte Programm: je eine Auswahl an Beethoven- und Schubert-Liedern, gefolgt von Schumanns *Dichterliebe*. »Ein Liederabend mit dem Tenor Fritz Wunderlich gehört heute schon zu den großen Ereignissen der Musiksaison. Dieser außerordentliche Sänger hat sich trotz seiner wunderbaren technischen Fähigkeiten (Tonbildung, Atmung, Phrasierung, Intonation und Diktion), über die er gleich Fischer-Dieskau mit der Selbstverständlichkeit eines Souveräns gebietet, eine Unmittelbarkeit des Gefühls, des Erlebens und Empfindens bewahrt, ohne die der Liedgesang nur eitles Tun bleibt.«[4] Ein großes Lob, ein denkwürdiger Vergleich auch.

Festspiele in Salzburg, in München und in Edinburgh. Der Festspielsommer begann für Fritz Wunderlich jedoch in Mannheim: Am 13. Mai gastierte er mit Anneliese Rothenberger im Rahmen der Mannheimer Festlichen Opernabende in einer *Zauberflöten*-Vorstellung. In der Presse war die Rede von einer »kurpfälzischen Allianz« – Wunderlich stammte bekanntlich aus Kusel, Anneliese Rothenberger aus Mannheim. »Fritz Wunderlich: Ist es zuviel gesagt, ihn zu diesem Zeitpunkt als besten Tamino der deutschen Oper zu bezeichnen?«[5] Dieselbe Frage stellten sich drei Tage später erneut einige Musikkritiker, allerdings nicht mehr in Mannheim, sondern in Prag. Im Rahmen des Prager Frühlings hatte man Wunderlich für ein Gastspiel als Tamino ins historische Prager Thyltheater eingeladen. Bereits zwei Tage vor dem geplanten Auftritt flog er in die tschechische Metropole. Das Bayerische Fernsehen hatte es sich nicht nehmen lassen, ihn während eines Rundgangs durch die verwinkelte Prager Altstadt ausgiebig zu filmen und zu interviewen. Selbstverständlich wurde die *Zauberflöten*-Aufführung samt den Sprechdialogen in tschechischer Sprache gegeben; nur Wunderlich sang und sprach im deutschen Original. Es war vorauszusehen, daß auf der Bühne keiner den andern verstehen würde. Also ließ sich Wunderlich extra eine Version des tschechischen Dialogs zusenden, damit er diesen studieren und sich vor allem aber über gestrichene oder zusammengeraffte Stellen informieren konnte. Und das alles wegen einer einzigen Aufführung! Immerhin wurde er in der einheimischen Presse auch entsprechend gefeiert: »Wunderlich ist ein Tamino mit einer schön gefärbten, weichen und groß angelegten Stimme, über die er mit meisterlicher Souveränität verfügt. Überhaupt ist er ein vollkommener Mozart-sänger. Er hat ein unheimliches Gefühl für die Mozartsche Kantilene, die durch seinen Vortrag eine sinngemäße Schönheit und schwungvolle Natürlichkeit gewinnt. Dabei erlebt er Mozart ungemein dramatisch, ganz natürlich und mit einem richtigen Maß für die klassische Form.«[6]

Drei Tage später, am 19. Mai, stand im Rahmen der Schwetzinger Festspiele ein Liederabend mit Hubert Giesen auf dem Programm. Wiederum die bewährte Liedfolge: je eine Beethoven- und Schubert-Gruppe im ersten Teil und nach der Konzertpause Schumanns *Dichterliebe*. »Mutet sich Wunderlich nicht von vorn-herein... zuviel zu?« fragten tags darauf die *Stuttgarter Nachrichten*. »Eben noch hatte er in Mannheim den Tamino gesungen, war dann nach Prag geeilt zum Gastspiel mit der gleichen Partie, kam dann nach Schwetzingen, um am nächsten Morgen wieder zum Engagement nach München zu eilen.« Und die Folge davon: »Ein anfängliches Forcieren in den oberen Registern ließ sich nicht überhören... In Wunderlichs Mittellage entfaltet sich freilich sogleich sein Vor-zug: der seidenweiche, biegsame Klang.«[7] Daß sich der Künstler mehrheitlich auf ein gepflegtes Mezza voce beschränkt habe, wurde ihm ebenfalls vorgeworfen. Doch das tat er mit gutem Grund: Rund um ihn herum standen nämlich höchst empfindliche Mikrofone − der Liederabend wurde vom Rundfunk live mitge-schnitten.

Zwei Tage später hatte Wunderlich in der Tat ein Engagement in München, und zwar ein außergewöhnliches. Hätte er um das bevorstehende Ereignis nicht längst gewußt, so dürfte er das ihm so wohlvertraute Nationaltheater kaum wiedererkannt haben. Überall waren Sicherheitsbeamte aufgestellt, eilten Gen-darmen dienstfertig umher; eine Atmosphäre der Spannung, die Außerordent-liches verhieß. Überhaupt sah es aus, als ob sich Münchens politische und gesell-schaftliche Prominenz − oder was sich halt dafür hielt − hier ein Stelldichein geben würde. Ungewohnt war auch das Programmheft der Bayerischen Staats-oper, für einmal in englischer Sprache abgefaßt:

GALA PERFORMANCE
IN HONOUR OF
HER MAJESTY QUEEN ELIZABETH II
AND
HIS ROYAL HIGHNESS
THE PRINCE PHILIP
DUKE OF EDINBURGH

Den *Rosenkavalier* hatte sich die britische Queen anläßlich ihres Besuches in München gewünscht. Der Generalintendant hatte dem königlichen Wunsch nicht nur entsprochen, sondern für die Hauptpartien auch eine veritable Münchner Starbesetzung aufgeboten:

Feldmarschallin	Claire Watson
Baron Ochs von Lerchenau	Kurt Böhme
Octavian	Hertha Töpper
Herr von Faninal	Otto Wiener
Sophie	Erika Köth
Valzacchi	Gerhard Stolze
Annina	Brigitte Fassbaender
Ein Sänger	Fritz Wunderlich

Dirigent: Joseph Keilberth

Selbstverständlich eine geschlossene Aufführung, ausschließlich für geladene Gäste. Um so ausführlicher berichteten die Zeitungen, zumal jeder Bayer im Grunde seines Herzens nach wie vor ein bißchen Monarchist ist. »Dies ist der Abend, der alle bisherigen Opernabende überstrahlen wird. Stehend erwarteten im Münchner Nationaltheater 1700 geladene Gäste den hohen Besuch. Stehend wartete auch das Orchester mit seinem Dirigenten Joseph Keilberth. Als Königin Elisabeth an der Seite von Ministerpräsident Goppel die Königsloge betrat, war es wie immer, wenn sie in einen Raum tritt: alles sehr still, sehr heiter und sehr hell... Die Königin scheint im ersten Augenblick überwältigt von der strahlenden Pracht des erst vor zwei Jahren wiedereröffneten Nationaltheaters. Beide königlichen Gäste benutzen sehr viel das Opernglas. Prinz Philip läßt es mit gleichem Wohlgefallen auf der Marschallin, auf dem bezaubernden Octavian und der entzückenden Erika Köth wie auf den burlesken Szenen, die vor allem Kurt Böhme heute abend in einer nie gekannten fröhlichen Meisterschaft und Breite ausspielt, ruhen. Die Königin nimmt das Glas nicht von den Augen, als Fritz Wunderlich im ersten Akt seine lyrische Arie singt.«[8]

Am 31. Mai wurde er erneut im Polydor-Studio an der Kreillerstraße erwartet. Eine ganze Woche lang war das Studio für ihn reserviert: für die Aufnahmen zu seiner neuen Populär-LP »Du bist die Welt für mich«. Wiederum dirigierte Hans Carste das Symphonie-Orchester Graunke und die Singgemeinschaft R. Lamy, und Franz Josef Breuer überwachte die Produktion. »Wunderlich hatte am Anfang unserer Beziehungen... immer gesagt: Wenn wir zehn Jahre zusammen gearbeitet haben, dann bin ich über den Berg und so bekannt wie meine großen Vorgänger, deren Lieder ich nachgesungen habe.« Ein zweiter Kiepura, ein zweiter Joseph Schmidt, ja gar ein zweiter Richard Tauber oder Peter Anders – nichts Geringeres wollte er werden, jedenfalls nach Maßgabe von Erfolg und Popularität gerechnet. Ob er wirklich daran glaubte? An diesen Erfolg, aber auch daran, daß er dann »über den Berg« sei? Ist es nicht im Gegenteil so, daß mit jedem Berg, den man erklommen hat, sich die Aussicht auf einen neuen öffnet, auf eine neue Anforderung also, die es zu bewältigen gilt?

Wiederum zwölf Titel hatten sich Breuer und Wunderlich für ihre zweite LP vorgenommen:

Du bist die Welt für mich	Granada
Ich küsse ihre Hand, Madame	Be My Love
Schlaf ein, mein Blond-Engelein	Plaisir d'amour
Caro mio ben	Toselli-Serenade
Eine kleine Frühlingsweise	Weine nicht, bricht eine schöne Frau dir das Herz
Ännchen von Tharau	Still wie die Nacht

»Fritz Wunderlich war bei diesen Aufnahmen sehr fröhlich«, erzählte Breuer später. »Er wußte, daß er es schafft. Ich erinnere mich, daß er, als er nach Abschluß der Orchesterprobe den Aufnahmeraum betrat, zuerst einmal rief: ›Die Fenster auf! Ich brauche Luft!‹ Das hatte ich noch bei keinem Sänger erlebt; alle hatten ›Angst‹ vor der Luft. Trotzdem fühlte er sich dann bei der Aufnahme nicht recht wohl. Ich glaube, es war beim ›Ännchen von Tharau‹. Er hatte E-dur ausgesucht, wollte es dann lieber in Es-dur haben, probierte mit dem Orchester in Es-dur, kam aber der Farbe wegen doch wieder auf E-dur zurück. E-dur ist eben strahlender. Plötzlich zog er *coram publico* ein Taschenmesser heraus, klappte es auf und schnitt sich den Rollkragen seines schwarzen Pullis ab, so daß der Kragen, der noch an einer Stelle fest war, ihm seitlich herunterhing. ›Meine Frau hat mir den falschen Pulli herausgelegt‹, war seine Entschuldigung. Und dann klappte die Aufnahme.«[9]

Vier Tage später stand er im Herkulessaal bereits wieder vor den Mikrofonen – diesmal für die Archivproduktion der Deutschen Grammophon Gesellschaft:

Johann Sebastian Bach: Weihnachts-Oratorium

Gundula Janowitz
Christa Ludwig
Fritz Wunderlich
Franz Crass
Münchener Bach-Chor   Münchener Bach-Orchester
Dirigent: Karl Richter

In den Orchesterreihen saß übrigens ein Musiker, der ganz am Anfang einer phänomenalen Weltkarriere stand: der Startrompeter Maurice André, der hier mit seinen unverwechselbaren Trompetensilbertönen dem Orchester zusätzlichen Glanz verlieh. Mit den Aufnahmen war bereits im Februar begonnen worden;

23 Sitzungen waren für das dreistündige Werk insgesamt anberaumt worden. Wunderlich hatte ein großes Pensum zu bewältigen: mehrere Arien, ein Terzett sowie die zahlreichen Evangelistenrezitative. Die Fachpresse reagierte begeistert: »Es ist erstaunlich, mit welchem Ausdrucksvermögen der als Evangelist und Gestalter der Tenor-Solopartien eingesetzte Fritz Wunderlich dem vom Instrumentaleffekt vorausbestimmten Verlauf zweier Arien... zu entsprechen vermag. Wunderlich erweist sich in dieser Aufnahme als ein idealer Evangelist. In natürlicher Rede, Andacht und mit musikalischem Stilgefühl wird die biblische Handlung vor uns ausgebreitet.«[10]

Zwei *Don-Giovanni*-Vorstellungen folgten an der Wiener Staatsoper: Am 9. Juni sang Wunderlich erstmals an der Seite des jungen bulgarischen Bassisten Nicolai Ghiaurov; eine Woche später übernahm der legendäre Cesare Siepi die Titelpartie. Anschließend folgten zwei *Don-Giovanni*-Vorstellungen am Zürcher Stadttheater im Rahmen der Junifestwochen, diesmal an der Seite von Eberhard Wächter als verführerischem Don Giovanni. Von Vorstellung zu Vorstellung sich stets auf neue Partner einstellen, auf bekannte und unbekannte, mit und ohne Einweisungsproben, das gehört zum Job des reisenden, des gastierenden Starsängers. Für Wunderlich kein Problem – und doch ein Problem: daß nämlich das Zusammenspiel auf der Bühne kaum je optimal ausfällt oder zumindest von der Gunst der Stunde und also nicht primär von der eigenen Leistung abhängt. Kein Idealfall mithin. Einen untrüglichen Maßstab für das, was im Idealfall aber machbar wäre, lieferte ihm seit einiger Zeit die Zusammenarbeit mit dem Sängerfreund Hermann Prey. Auf der Bühne und privat verstanden sie sich famos, konnten sich gegenseitig begeistern und sich gegenseitig beraten: ein Team, das bis ins feine Detail funktionierte. Allerdings konnten sie das künstlerisch nicht in vollem Umfang ausspielen, denn nur recht selten wurden sie zusammen engagiert. Gemeinsame Schallplattenproduktionen waren seit Wunderlichs neuem Vertrag mit der Deutschen Grammophon Gesellschaft nicht mehr möglich, da Prey nach wie vor bei der Electrola unter Kontrakt stand. »Wir hatten damals beschlossen, zusammen ein Duo zu bilden«, erzählte Prey Jahre später. »Auch geschäftlich wollten wir ein Duo sein und uns fortan zusammen ›verkaufen‹. Wenn also die Met oder Covent Garden, München oder Wien beispielsweise einen *Don Giovanni* planten, hieß das: Ja, wenn Sie den Prey haben wollen, dann müssen Sie auch den Wunderlich nehmen. Und umgekehrt. So wollten wir beide die Dioskuren, die Zwillingssterne am Gesangshimmel werden.« Das sollte vorerst hauptsächlich für die drei Mozart-Opern *Die Zauberflöte, Don Giovanni* und *Così fan tutte* gelten, aber auch für Rossinis *Barbier von Sevilla* oder Verdis *Traviata*. Pläne lagen auch schon für die *Bohème* und den *Don Carlos* vor, und daß man künftig einen gemeinsamen Agenten nehmen wolle, war ebenfalls beschlossene Sache.

Auch auf privater Ebene waren kürzlich erst neue Bande geknüpft worden: Hermann Preys Gattin Bärbel wurde Patin von Wunderlichs jüngster Tochter, die ebenfalls Barbara heißt. Zudem hatte Wunderlich, kaum hundert Meter von Preys Haus in Krailing entfernt, ein eigenes Grundstück erworben, um dort bald auch ein Haus zu bauen. »Unser freundschaftlich-künstlerisches Verhältnis verschmolz in den letzten Jahren zu einer seltenen Synthese«, erzählte Prey. »Wir haben gemeinsam unzählige lustige Abenteuer und viele besinnliche Stunden erlebt. Er konnte nächtelang über die Probleme des Lebens und der Musik diskutieren. Wenn ich mit ihm auf der Bühne oder vor dem Mikrofon stand, so waren das die schönsten Stunden meiner Sängerlaufbahn. Nie haben wir eine Phrasierung oder die Färbung bestimmter Passagen angesprochen – unser Zusammenklang war einfach da.«[11] Oft saß man im geselligen Kreis zusammen, spielte vierhändig am Flügel die alten Schlager von damals. Denn auch Hermann Prey hatte sich sein Studium mit Jazzspielen verdient. Oder man diskutierte gesangliche Probleme: »Fritz war mir technisch mit seiner Gesangskunst überlegen. Er hat die meisten Töne, im Gegensatz zu vielen anderen seiner berühmten Kollegen, stets von oben genommen. Und von daher kam wahrscheinlich auch der Glanz in seiner Stimme. Er war sängerisch, technisch sehr begabt – aber nicht so begabt als Darsteller. Bei mir war das gerade umgekehrt. Ich hatte auf der Bühne allerhand auf der Falle und konnte ihm da auch helfen. Das brachte sehr viel, dieses Zusammenspiel.«[12]

Daß Wunderlich zu einem gleichaltrigen Kollegen – Prey ist ein Jahr älter – einen derart freundschaftlich-engen Kontakt pflegte, war eigentlich eine Ausnahme. Mehr hielt er sich an Ältere: an Gottlob Frick vor allem oder an Kurt Böhme; auch mit Lorenz Fehenberger hatte er einen herzlichen Kontakt und mit Hans Hotter. Unbewußt mag Wunderlich in solchen Kontakten einen Vaterersatz gesucht – und gefunden – haben. Wichtiger aber war ihm, daß er von solchen Kollegen etwas lernen konnte, daß sie ihm, was ihre eigene künstlerische Entwicklung und ihre Erfahrungen anbelangte, etwas voraus hatten. Wunderlichs ausgeprägte Instinktsicherheit beschränkte sich nicht nur auf seinen Beruf, auf die Musik und den Gesang, sondern auch auf seine Lehrmeisterkollegen – angefangen bei Ferdinand Leitner und Günther Rennert und nicht zu vergessen Hubert Giesen, Heinrich Schmidt oder Herbert von Karajan. Die Beziehung zu Hermann Prey war hingegen von anderer Art: Mit ihm ließ sich herrlich konspirieren, da war einer dem andern ebenbürtig. Das haben auch Außenstehende empfunden, zum Beispiel Klaus Hertel, Jurist und ehemaliger Freiburger Studienkollege von Wunderlich. »Einmal hatte ich dienstlich als Staatsanwalt in München zu tun. Ich schlief bei den Wunderlichs, das war ausgemacht. Eines Nachmittags saßen wir im Garten und wollten grillen – ein schönes, leckeres Essen, was für Fritz stets etwas Erstrebenswertes war. Da kam Hermann Prey vorbei und wollte Fritz abholen. Zur Zeit arbeiteten sie an der *Zauberflöten*-Premiere anläßlich der Münchner Festspiele und wollten miteinander ihre Dialoge einüben – rudernd auf dem Starnberger See. Aber Fritz hatte keine Lust und sagte: ›Jetzt bleib doch da, Hermi, ich habe gerade Besuch, und wir sind so herrlich am Grillen.‹ Es wurde ein reizender Nachmittag, mit Pils und Sekt. Irgendwann ging Fritz mal ins Haus, und ich war mit Prey einen Moment allein. ›Sie machen sich keine Vorstellung, wie toll der Mann singt‹, sagte mir Prey. ›Was ich von dem schon gelernt habe!‹ Später war ich auch mit Fritz einen Moment allein, und prompt sagte er: ›Du kannst dir nicht vorstellen, was ich von dem schon gelernt habe. Jetzt weiß ich endlich, wie man das macht, wie man sich verkauft.‹«[13]

So ernst und konzentriert Wunderlich arbeitete, sosehr war er in den Pausen auf Entspannung bedacht, stets zu Blödeleien oder kleinen, improvisierten Festivitäten aufgelegt. Vor allem bei Schallplatten- oder Rundfunkaufnahmen trat er regelmäßig als Spaßmacher auf. Aus wohlberechneter Absicht übrigens: um sich und seine Kollegen wieder aufzuheitern, um sie erneut anzukurbeln und aus jener Starre zu lösen, die eine konzentrierte, stundenlange Arbeit vor dem Mikrofon bewirkt. Besonders spaßig ging es bei den Aufnahmen der Händel-Oper *Julius Cäsar* zu, die der Bayerische Rundfunk in den ersten Julitagen produzierte. Eine erlesene Sängerschar war im Münchner Herkulessaal aufgeboten worden:

Julius Cäsar	Walter Berry
Cornelia	Christa Ludwig
Sextus	Fritz Wunderlich
Cleopatra	Lucia Popp
Ptolemäus	Karl Christian Kohn
Achillas	Hans Günter Nöcker
Nirenus	Max Proebstl
Chor des Bayerischen Rundfunks	Münchner Philharmoniker
Dirigent: Ferdinand Leitner	

Über Mittag ging man stets in eines der umliegenden Lokale zum Essen. »Fritz war immer sehr lustig dabei«, erzählte Walter Berry später. »Wenn man in Bayern ist, gibt's stets auch ein Bier beim Essen, und wenn wir dann wieder in den Herkulessaal kamen, nun ... dann lief unser Motor nicht mehr so recht. Bis Leitner uns jeweils wieder in Gang gebracht hatte! Irgendwann riß ihm die Geduld: ›Das ist doch unmöglich‹, herrschte er uns an, ›ich vertrödle den halben Nachmittag, bis ihr nach dieser blöden Mittagspause wieder fit seid und ich mit euch wieder aufnehmen kann. Von nun an verbiete ich euch, in der Mittagspause den Herkulessaal zu verlassen – ihr bleibt in der Mittagspause hier!‹ Wir wollten erst protestieren, aber Wunderlich sagte: ›In Ordnung, machen wir, das ist ja wirklich gescheiter.‹ Am nächsten Mittag blieben wir also im Herkulessaal. Da kamen plötzlich zwei Mann, von Wunderlich bestellt, mit Thermotaschen: Wodka, Champagner, Bier, Würste, Sulz, die verschiedensten Brotsorten – was es alles so gibt in München, hatte er herkommen lassen. Das wurde eine Mittagspause! Der anschließende Nachmittag fiel dann allerdings total aus. Fritz war so in einer leichten Schwipslaune, und nach jedem Rezitativ – die enden ja alle gleich, mit dem Dominant- und Tonikaakkord – begann er Don Giovannis Ständchen ›Deh vieni alla finestra‹ zu singen, als seien wir da mitten im *Giovanni.* Ferdinand Leitner klopfte jeweils ab: ›Nicht, Wunderlich, das bringt uns raus!‹ Aber es war nichts zu machen: wieder kamen die beiden Schlußakkorde eines Rezitativs, plim-plim, und wieder sang Wunderlich: ›Deh vieni alla finestra.‹ Bald wurde Leitner wütend – und irgendwann gab er nach: ›Ich kann nicht mehr.‹ Genau das wollte Wunderlich erreichen – denn Lust zum Aufnehmen hatten wir an diesem Nachmittag alle nicht. Und der Leitner hat uns letztlich angefleht: ›Bitte, gehen S' mittags wieder essen. Weil so – so ist es überhaupt unmöglich ...‹«[14]

Übrigens hat die Produktion unter solchen Zwischenfällen nicht gelitten. Im Gegenteil, entstanden ist eine beeindruckende Händel-Aufnahme. Ferdinand Leitner hat die Oper praktisch vollständig eingespielt; einzig eine Arie des Sextus ist weggelassen und in den Rezitativen einiges gestrichen worden. Zudem verrät sein Dirigat einmal mehr eine bemerkenswerte Affinität zur Alten Musik: kein romantisierendes Schwelgen in pastosem Orchesterklang, sondern ein kammermusikalisch transparentes Musizieren. Eigentlich eine schallplattenreife Aufnahme, so daß es um so fragwürdiger scheint, solche aufwendigen, von öffentlichem Geld finanzierten Produktionen, kaum daß sie zwei- oder dreimal über den Äther gegangen sind, in den Archiven der Rundfunkanstalten vor sich hin verstauben zu lassen.

Salzburger Festspielsommer 1965. Am 8. Juli wurde Fritz Wunderlich zur *Entführung* erwartet. Drei Probewochen waren ihm zudiktiert – nicht unbedingt das, was er sich für eine Partie wünschte, die er längst schon und bald bis zum Überdruß drauf hatte. Ursprünglich wollte er den Belmonte, mit dem er sich vier Jahre zuvor bereits dem Salzburger Festspielpublikum vorgestellt hatte, gar nicht mehr übernehmen. Er sei der Rolle entwachsen, ließ er Tassilo Nekola, den Generalsekretär und nachmaligen Direktor der Salzburger Festspiele, wissen. Lieber würde er sich als Don Ottavio profilieren. Doch der *Giovanni* wurde nicht aufs Festspielprogramm gesetzt, womit für 1965 nur die *Entführung* blieb – sie allerdings in einer spektakulären Neuinszenierung. Erstmals führte Giorgio Strehler in Salzburg Regie; Luciano Damiani steuerte das Bühnenbild und die Kostüme bei. Die Besetzung:

Selim, Bassa	Michael Heltau
Konstanze	Anneliese Rothenberger
Blondchen	Reri Grist
Belmonte	Fritz Wunderlich
Pedrillo	Gerhard Unger
Osmin	Fernando Corena
Chor der Wiener Staatsoper	Wiener Philharmoniker

Dirigent: Zubin Mehta

61 Wunderlich beim Lieder-Korrepetieren mit Hubert Giesen, seinem Begleiter seit dem
Frühjahr 1963. »Wenn wir in seinem Haus zusammen arbeiteten«, erzählte Giesen, »nahm er
unsere Proben auf Tonbänder auf, die er sich vorspielte, wenn ich wieder abgereist war.
Dann hatte er den Begleiter auf Band, konnte arbeiten, repetieren und Fehler korrigieren.«
Zwischen den Proben, gleichsam zur Erholung, konnten die beiden auch einmal eines der
Hornkonzerte Mozarts spielen. Sohn Wolfgang war stets ein aufmerksamer Zuhörer.

62 Liederabend mit Hubert Giesen. In seinen letzten Lebensjahren konzentrierte sich Wunderlich immer stärker auf den Liedgesang. Zwei Liedtourneen wollte er pro Jahr absolvieren – das Liedersingen wurde ihm wichtiger als die Oper. »Ich bin erst sehr spät zum Lied gekommen«, bekannte Wunderlich in einem Interview. »Aber nicht deshalb, weil ich vorher keine Beziehung dazu hatte, sondern weil ich wußte, daß ich nur dann Lieder singen kann, wenn ich meine Stimme absolut beherrsche. Das ist die wichtigste Voraussetzung für das Lied: Man darf unter keinen Umständen auch nur die geringste gesangstechnische Schwierigkeit haben.«

63 Salzburger Festspiele 1965: *Die Entführung aus dem Serail.* Von links nach rechts: Michael Heltau, Reri Grist, Fritz Wunderlich und Anneliese Rothenberger.

64 Wunderlich nach einer Aufführung im Münchner Nationaltheater, umrahmt von Autogrammjägerinnen. Eine Szene, die sich fast täglich wiederholte, in Wien, München oder Stuttgart.

65 Salzburger Festspiele 1965: mit Giorgio Strehler, der *Die Entführung aus dem Serail* inszenierte. Wunderlich empfand die Arbeit mit Strehler als lehrreich und inspirierend.

66 Im November 1965 inszenierte Wieland Wagner Strauss' *Salome*: ein Kollektivschock für das Wiener Staatsopernpublikum. Wunderlich (Narraboth) mit Anja Silja (Salome).

67 *Capriccio* an der Wiener Staatsoper. Von rechts: Wunderlich und Lucia Popp in ihren Glanzpartien als italienisches Sängerpaar, Otto Wiener (La Roche) und Robert Kerns (Graf).

68 Rennerts *Barbier*-Inszenierung an der Wiener Staatsoper (1966). Von links: Eberhard Wächter, Hilde Konetzni, Wunderlich, Reri Grist, Oskar Czerwenka und Erich Kunz.

69 Wunderlich fotografiert seinen Begleiter Heinrich Schmidt (1966).

70 Wunderlich in seinem Münchner Heim, fotografiert von seiner Frau (1966).

71 Der Begleiter Hubert Giesen, fotografiert von Fritz Wunderlich (1966).

72 Zum dritten Mal Vater geworden: Wunderlich mit seiner Tochter Barbara (1966).

73 Zum letzten Mal auf Besuch beim Freund Hermann Prey (Sommer 1966). Wunderlich
sitzt am Flügel und improvisiert Jazzmelodien aus längst zurückliegenden Jugendjahren.
»Unser freundschaftlich-künstlerisches Zusammenleben verschmolz in den letzten Jahren zu
einer seltenen Synthese«, erzählte Hermann Prey. »Wir haben gemeinsam unzählige lustige
Abenteuer und viele besinnliche Stunden erlebt. Er konnte nächtelang über die Probleme des
Lebens und über Musik diskutieren. Er verstand unheimlich viel vom Singen. Ich habe viel
von ihm gelernt.«

74 Salzburg 1965: Wunderlich im Kreise seiner Familie auf dem »Wimmerhof«, wo man während der Festspielwochen stets Quartier nahm.

75 Oft traf sich Wunderlich an den freien Tagen mit dem Hausherrn vom »Wimmerhof« zu einer Partie Schach.

76 Probe mit Hubert Giesen für den Liederabend anläßlich der Salzburger Festspiele im Mozarteum: Lieder von Beethoven und Schubert sowie Schumanns »Dichterliebe«.

77 August Everding probt mit Wunderlich und Prey Verdis *Traviata* im Nationaltheater. Premiere: 28. März 1965. Das Publikum reagierte mit einer dreiviertelstündigen Ovation.

78 Wunderlich nahm zwei LPs mit populärer U-Musik für das Polydor-Label auf. Unten sitzend: Dirigent Hans Carste und Wunderlich, dazwischen Produzent Franz Josef Breuer.

79 Münchner Festspiele 1966: *Die Zauberflöte*. An der Generalprobe fotografierte Wunderlich seine Kollegen – und ließ sich mit seiner eigenen Kamera selbst ablichten.

80 Oben: Wunderlich knipst sein Spiegelbild in der Künstlergarderobe.
Linke Seite unten: Dirigent Christoph von Dohnányi, Ferry Gruber und Prey.
Unten rechts: Papageno Hermann Prey.

81 Am 17. Juli 1966, im Rahmen der Münchner Festspiele, ging Rudolf Hartmanns
Neuinszenierung der *Zauberflöte* erstmals über die Bühne des Cuvilliés-Theater.
Weit über hundert Mal hatte Wunderlich als Tamino auf der Bühne gestanden. Besonders gern
sang er diese Rolle an der Seite von Papageno-Spaßmacher Hermann Prey.

82 Anneliese Rothenberger und Fritz Wunderlich als Pamina und Tamino in Hartmanns
Zauberflöten-Inszenierung anläßlich der Münchner Festspiele. Zum letzten Mal
standen sie am 28. August 1966 in Salzburg gemeinsam auf der Bühne – als Konstanze und
Belmonte in Giorgio Strehlers *Entführung aus dem Serail*.

83 Fritz Wunderlich – er war der ideale Tamino seiner Zeit. Und ist es geblieben, auch für unsere Zeit. Ein Mozart-Prinz, der im Vertrauen auf den Schmelz und die unerschütterliche Strahlkraft seiner Stimme allen Schrecknissen und Prüfungen in Schikaneders *Zauberflöten*-Welt sieghaft gewachsen war. Am 21. Juli 1954 stand Wunderlich zum ersten Mal überhaupt auf einer Opernbühne – als Tamino in einer Studentenvorstellung der Freiburger Musikhochschule. Am 9. September 1966 sang er seine letzte Opernvorstellung – wiederum den Tamino in einer *Zauberflöten*-Vorstellung der Stuttgarter Oper am Edinburgh Festival 1966. Ein Kreis hatte sich geschlossen.

Die Verpflichtung Strehlers und Damianis war aufgrund einer Intervention Karajans zustande gekommen. Im Vorjahr war er Mitglied des Festspieldirektoriums geworden und hatte sogleich die Absicht geäußert, vermehrt internationale Persönlichkeiten für Neuinszenierungen zu gewinnen. »Daß beide zusagten, erstaunte manche, daß sie wirklich kamen, verwunderte viele, und daß sie blieben, hatten wir bis zum Schluß nicht geglaubt. Nur Karajan glaubte es.«[15] Schwierigkeiten waren voraussehbar; zum Beispiel, als ein paar Dutzend Sandalen und Stoffe aus Mailand nicht rechtzeitig in Salzburg eintrafen und Strehler erklärte, somit könne er nicht richtig proben. Karajan konterte, daß man das Fehlende doch mit seinem Privatflugzeug in Mailand abholen möge ... »Strehler war ein absoluter Showmaster, auch bei den Proben«, erzählte Walter Hagen-Groll, der die Einstudierung der Chöre betreute. »Wenn er nur den Zuschauerraum betrat, war das bereits ein Auftritt, und alle wurden aufmerksam. Dann schritt er durch den Saal nach vorn und über einen Steg auf die Bühne: Das Theater hatte angefangen. Er spielte sich selbst, spielte aber auch den Sängern jede Rolle einzeln vor, spielte überhaupt die ganze Oper.«[16]

»Glück in Salzburg«, »Mozart aus der Scherenschnittwelt«, »Singende Schatten vor Mozarts Licht«: Die internationale Presse reagierte unterschiedlich, begeistert und verärgert, in polemisierend-bissigem sowie in schulmeisterlich-belehrendem Ton. Strehler hatte Neues gewagt. Die auffällige Diskrepanz zwischen der hausbackenen Singspielebene des *Entführung*-Librettos und der großartigen Musik, die Mozart dazu komponiert hat, versuchte Strehler nicht notdürftig zu einer Einheit zusammenzukitten, sondern gestaltete er bewußt als Diskrepanz. Auf der Bühne spielte sich in Commedia-dell'arte-Manier das Singspielgeschehen in den gesprochenen Dialogen ab, und sobald Musik dazukam, sobald ein Sänger zu einer Arie ansetzte, kam er vorn an die Rampe, trat somit aus dem realistisch gespielten Geschehen heraus in eine musikalisch überhöhte Kunstwelt. Das wurde mit einer raffinierten Lichtregie unterstützt: Die Sänger vorne an der Rampe wurden nicht beleuchtet, hoben sich also vor dem lichtblauen Bühnenhintergrund wie schwarzumrandete Scherenschnittfiguren ab. Künstliche Figuren, die sangen und all ihre Empfindungen einzig in der Musik ausdrückten. Keinerlei Mienenspiel konnte man ihren schwarzschattenen Gesichtern ablesen.

Konsequenz ließ sich dieser Inszenierung nicht absprechen; die Frage war nur, ob man das Konzept grundsätzlich für richtig oder aber für verfehlt hielt. »Es ist ein Effekt, der gewaltsam sein mag«, meinte Karl Löbl. »Doch fällt auf, wie geschickt diese ›Scherenschnitte‹ belebt sind und wie gut sie wirken. Gewiß kein Rezept, das man oft nachahmen sollte, aber als Idee zur einmaligen Verwertung interessant und amüsant.«[17] Joachim Kaiser hielt die Aufführung dagegen für einen nahezu konsequenten Irrtum: »Wie kann Strehler es nur eine Sekunde lang für richtig gehalten haben, die Figuren des *Entführungs*-Spiels in die Schwärze der Abstraktion wegzuzaubern, während sie singen, und in die Helligkeit der Opernrealität zu stellen, wenn sie handeln? Nichts liegt näher als das Gegenteil:

Solange in der *Entführung* das Gesetz eines halb harmlosen, halb marionettenhaften Librettos befolgt wird, interessieren Leiber und Gesichter keineswegs ... doch wenn die Musik das Theater verdoppelt und übersteigt ..., wenn die Handlung innehält und die reinen Seelen sich aussprechen, eben aussingen dürfen, dann müßte man sie sehen können.«[18] Wunderlich liebte die Inszenierung sehr und empfand die Arbeit mit Giorgio Strehler als lehrreich und inspirierend. Noch einmal, so meinte er, habe er der Partie des Belmonte eine neue Dimension hinzugewonnen. Daß er, mithin ein wohl konkurrenzlos erfahrener Belmonte, zum eigentlichen Ereignis der Aufführung wurde, bescheinigten auch die Kritiker: »Im Quintett der Sänger gebührt Fritz Wunderlichs Belmonte die Palme. Tenoraler Edelklang, Musikalität, ausdrucksgesättigter Stil und gewinnende Erscheinung bleiben keine Illusion und keine Wirklichkeit schuldig.«[19] Oder: »Fritz Wunderlich, der heute wohl beste Mozart-Tenor des Kontinents, findet besonders gut in die Scherenschnittwelt Eingang und bleibt jeden Augenblick der noble Spanier.«[20]

Unmittelbar nach der Premiere erhielt Wunderlich Post aus Bayreuth, datiert vom 24. Juli 1965:

Lieber Herr Wunderlich,

bevor Sie sich für nächstes Jahr anderweitig binden, bitte ich Sie herzlich, folgenden Vorschlag von mir durchzudenken:
Wir nehmen im nächsten Jahr den Tristan wieder auf, nicht zuletzt, um eine Live-Aufnahme für Professor Böhm mitzuschneiden. Mit Firmen wird noch verhandelt. Ich würde mich freuen, wenn Sie in dieser Aufnahme und in den drei Tristan-Aufführungen am 3., 13. und 26. August 66 – Proben voraussichtlich 14.–17. Juli – die ebenso schwere wie dankbare Aufgabe des Seemannes im 1. Akt übernehmen könnten, da ich nicht nur die Isolde und alle anderen Partien, sondern auch den Seemann mit einem echten Edelstein besetzen möchte. Drei Fragen: Ermöglicht es Ihnen Ihr Schallplattenvertrag, mitzumachen? Haben Sie Zeit? Haben Sie Lust?

Mit herzlichen Grüßen

Ihr sehr ergebener
Wieland Wagner

Für Wunderlich keine neue Partie, er hatte sie bereits in Stuttgart und einmal auch in München gesungen. Aber eine kleine, recht undankbare Partie. Die Frage war, ob man für sie – und für Bayreuth – andere, umfangreichere und wohl auch interessantere Projekte aufgeben sollte. Denn eigentlich hätte man es schon fast als eine Zumutung erachten können, den weltberühmten Mozart-Tenor für diese kleine Rolle zu verpflichten. Darauf ging Wunderlich in seiner Antwort vom 2. August 1965 auch ein, und zwar in der für ihn typischen witzigen Art:

Lieber Herr Wagner,

vielen herzlichen Dank für Ihr Schreiben ... Ihr Angebot ehrt mich sehr, leider habe ich das Gefühl, daß ich als lyrischer Tenor mit einer so schweren Partie wie dem Seemann in Tristan und Isolde restlos überfordert bin. Die Rolle würde mich völlig aus meinem künstlerischen Konzept bringen, und ich hätte Angst, meine kostbaren Stimmbänder zu sehr zu strapazieren. Abgesehen davon ergeben sich noch folgende Schwierigkeiten: Ich habe bereits der Münchner Oper die Neuinszenierung der Zauberflöte ..., die zu den nächsten Festspielen herausgebracht wird, zugesagt. München hat sich bereits mit Salzburg wegen der 5 Wiederholungsvorstellungen der Entführung ... verständigt. Ich fürchte, daß es mir nicht möglich sein wird, die in Frage kommenden Termine für Sie noch freizubekommen.
Ich werde trotzdem versuchen, wenigstens bei der Schallplatten-Aufnahme mitzuwirken. Da Herr Dr. Böhm die musikalische Leitung des Tristan hat, nehme ich an, daß die aufnehmende Firma die Deutsche Grammophon Gesellschaft sein wird, mit der ich einen Exklusivvertrag habe.
Ich werde versuchen, sobald ich die Salzburger und Münchner Termine weiß, mit Ihnen wegen der ganzen Angelegenheit nochmals ins Gespräch zu kommen.
In der Zwischenzeit verbleibe ich mit den allerherzlichsten Grüßen

Ihr   Fritz Wunderlich

Bereits am 4. August schrieb Wieland Wagner zurück:

Lieber Herr Wunderlich,

haben Sie herzlichen Dank für Ihre lieben Zeilen, über die ich mich sehr gefreut habe. Schade, daß Sie durch die Tatsache Ihres Exklusiv-Vertrages mit der Deutschen Grammophon unverdünntes Wasser in unseren schönen Tristan-Wein gießen. Trotzdem Herr Professor Böhm bei der Deutschen Grammophon ist, hat diese kein Interesse an einer Tristan-Aufnahme (die Gründe dürfen Sie dreimal raten!), und wir werden den Tristan bei irgendeiner anderen Firma aufnehmen. Interessenten habe ich genug nach dem rasanten Verkaufserfolg der Parsifal-Platte. Wenn Ihr Exklusiv-Vertrag Sie so bindet, daß Sie auch aus Freundschaft für unseren Tristan nicht freigegeben werden, muß ich also wohl oder übel auf Sie als Edelstein dieser Tristan-Aufnahme verzichten. Sollte aber doch noch etwas zu machen sein, rufen Sie bitte Herrn Hellwig, Betriebsbüro, an.
Mit freundlichen Grüßen und Empfehlungen

Ihr sehr ergebener
Wieland Wagner

Die Aufnahme kam zustande: mit Birgit Nilsson, Wolfgang Windgassen, Christa Ludwig, Martti Talvela und Eberhard Wächter in den Hauptpartien. Wider Erwarten wurde sie sogar von der Deutschen Grammophon produziert – aber ohne Wunderlich. Seine Verpflichtungen bei den Münchner Festspielen ließen es nicht zu; die Bayreuther Aufnahmetermine fielen genau auf Generalprobe und Premiere der Münchner Zauberflöten-Neuinszenierung. An Wunderlichs Stelle sang dann Peter Schreier den Seemann: auch er ein kostbarer Edelstein in dieser epochalen Einspielung.

Fünf Vorstellungen der *Entführung* sang Wunderlich insgesamt während des Salzburger Festspielsommers 1965. Hinzu kamen ein Liederabend sowie zwei Orchesterkonzerte. Am 24. August wirkte er in einer Aufführung von Beethovens neunter Sinfonie mit, die Karl Böhm mit den Wiener Philharmonikern im Großen Festspielhaus zur Aufführung brachte. Zwei Tage später begannen Proben für eine Karajan-Matinee, ebenfalls im Großen Festspielhaus:

Joseph Haydn: Die Schöpfung

Gundula Janowitz
Fritz Wunderlich
Hermann Prey
Kim Borg
Singverein der Gesellschaft der Musikfreunde Wien
Wiener Philharmoniker
Dirigent: Herbert von Karajan

Fast schon war Wunderlichs Zusammenarbeit mit Karajan zu einer festen Institution geworden. Der Maestro hatte ihn für einige seiner wichtigen Projekte auch schon fest eingeplant: Im Februar 1966 wollte man die *Schöpfung* in Berlin für die Deutsche Grammophon einspielen und auch Beethovens *Missa solemnis*; diese wollte Karajan dann anläßlich der ersten Salzburger Osterfestspiele im März 1967 mit Wunderlich aufführen, und für April 1968 war bereits Bachs *Matthäus-Passion* festgelegt. Wunderlich bewunderte Karajans Arbeitsstil bei den Proben, aber ebensosehr im Konzert: »Ich habe ja das Glück gehabt, mit ihm sehr viel zusammenzuarbeiten, unter ihm singen zu dürfen. Sein Geheimnis beruht darauf, daß er sich Leute nimmt, von denen er weiß, daß sie technisch perfekt sind. Er engagiert sich zum Beispiel für die *Schöpfung* einen Sopran und weiß von dem, wenn er ihn engagiert, daß er für ihn sämtliche Voraussetzungen mitbringt... Das führt zu folgendem, und ich habe es schon sehr oft studieren können: Er macht sehr wenig Proben; er macht intensive Proben, aber kurze Proben. Und er läßt einen winzigen Rest von – ich möchte fast sagen – Unsicherheit. Er hat eben das Vertrauen, daß seine Leute, die er engagiert hat und die mit ihm nun musizieren, im richtigen Moment dann den entscheidenden Funken bringen. Und das ist das Geheimnis seiner großen Abende, seiner großen Konzerte. Er geht bis fast zur Perfektion in der Vorbereitung. Und die letzte Perfektion, die kommt aus der Intuition.«[21] Ein großes Erlebnis wurde auch diese Matinee: »Das holde Wunder der Schöpfung«, titelte der *Kurier*. »Der Wiener Singverein paradierte mit Fülle und Exaktheit und war klanglich nicht minder sorgfältig abschattiert wie das Orchester. Mit Gundula Janowitz (als Gabriel und Eva) war eine stimmlich ideale, von Karajan ebenso geführte Sopranistin zur Stelle, die bloß auch ein bißchen Konsonanten singen und wortdeutlicher phrasieren sollte. Fritz Wunderlichs Uriel bot die Erfüllung schlechthin, Hermann Prey stand ihm als Adam nicht nach.«[22] Große Worte, aber nicht zu hoch gegriffene: Das Urteil läßt sich überprüfen anhand eines kürzlich veröffentlichten Live-Mitschnitts.

Wunderlichs Liederabend fand am 19. August im Mozarteum statt. Sein erster Liederabend im Rahmen der Salzburger Festspiele und eine Bewährungsprobe gegenüber namhafter Konkurrenz: Grace Bumbry, Evelyn Lear, Dietrich Fischer-Dieskau, Hermann Prey und Walter Berry hatten sich je mit einem Liederabend vorgestellt; nun war Wunderlich als letzter an der Reihe. Wiederum bot er das vielfach bewährte Programm: je eine Gruppe Beethoven- und Schubert-Lieder und nach der Pause Schumanns *Dichterliebe*. Am Flügel: Hubert Giesen. Es wurde ein Abend der Rekorde: Acht Zugaben erklatschte sich das Publikum, die erste bereits vor der Konzertpause. Selbstverständlich stellten die Kritiker Vergleiche an, etwa mit Fischer-Dieskau, der einen reinen Beethoven-Liederabend gegeben hatte. »Fritz Wunderlich... sang ›Adelaide‹ am Anfang der von ihm ausgewählten Beethoven-Lieder. Anders als Fischer-Dieskau. Aufrichtiger. Anscheinend auch etwas gedankenloser. Doch dies tatsächlich nur anscheinend. Es ist nämlich Wunderlichs besonderer Vorzug, Lieder in Freud und Leid aus der musikalischen Linie heraus zu erfühlen und offensichtlich nicht zu grübeln, nicht Geheimnisse zu suchen, nicht Nuancen erfinden zu wollen. Daß er auf diese Weise dennoch Geheimes bloßlegt und überaus nuancenreich zu überzeugen weiß, ergibt sich von selbst... Nach der Pause erfüllte sich für viele im Publikum ein Traum. Wunderlich sang die *Dichterliebe*... Unprätentiös und mit aller stimmlichen Schönheit, die Wunderlich nun einmal zu bieten hat...«[23]

Urlaub? Das Wort findet sich diesen Sommer in Wunderlichs Terminkalender nicht. Seine Festspielverpflichtungen reichten bis in den September hinein, schlossen nahtlos an die erste Produktion der neuen Spielzeit an. Festspielverpflichtungen nicht nur in Salzburg, sondern gleichzeitig auch in München. Am 30. Juli gastierte Wunderlich als Sänger in Strauss' *Rosenkavalier*, drei Tage später stand er als Don Ottavio auf der Bühne, diesmal Gegenspieler von Gérard Souzay, dem berühmten französischen Liedersänger, der in München zum ersten Mal den Giovanni sang. »Fritz Wunderlich brauchte einige Zeit, bis seine Stimme den gewohnten Glanz und die genaue Tonhöhe erreichte, sang aber von Anfang an sehr kultiviert und rechtfertigte nach der Pause wieder einmal seinen Ruf als erster Mozart-Tenor der Gegenwart.« Übermüdung oder Indisposition? Bei einer weiteren *Rosenkavalier*-Vorstellung wurden ähnliche Vorbehalte gegen Wunderlich laut, »der eine prachtvoll angelegte Sängerarie sang, durch die er jedoch in der Höhe leise Befürchtungen verursachende Einblicke bot«.[24] Hinzu kamen noch zwei Vorstellungen von Mozarts *Così fan tutte* im Cuvilliés-Theater, die gleichsam eine Hauptprobe für Wunderlichs nächsten Festspieltermin waren: Am 6. und 7. September sang er im Rahmen eines Gesamtgastspiels des Münchner Nationaltheaters in Edinburgh im King's Theatre erneut zwei Vorstellungen von

Così fan tutte. Leicht verunsichert waren die Münchner Gäste, als sie in ihren Hotels am Anschlagbrett einen Hinweis lasen: daß es verboten sei, auf den Hotelzimmern zu kochen. Natürlich – im Sommer 1958 war das gewesen, im Rahmen eines Gastspiels der Württembergischen Staatsoper. Weil damals jeder Sänger möglichst viel Devisen heimbringen und also kein Geld fürs Essen ausgeben wollte, behalf man sich mit kleinen Spirituskochern. Immerhin konnte man sich auf dem Zimmer Tee und auch ein Spiegelei oder gar eine Suppe kochen. Wunderlich tat das mit besonderer Hingabe, lud sogar einmal Ferdinand Leitner zum Mitessen ein. Doch dann gab es unerwartet Ärger – weil Kollege Josef Traxel kochenderweise einen kleinen Zimmerbrand ausgelöst hatte ... Deshalb also der Hinweis an die Gäste aus Kontinentaleuropa, daß das Kochen auf den Zimmern strikt zu unterlassen sei.

Zu Ende die Festspielsaison. Künftig sollte es nicht mehr so hektisch zugehen, das war beschlossene Sache. So wollte Wunderlich die Reiserei auf ein Minimum beschränken. Das hieß: weniger Einzelgastspiele, weniger Konzertauftritte. Selbst verlockende Angebote – etwa von Bernard Haitink, der ihn für Beethovens Neunte ins Concertgebouw Amsterdam einlud – schlug Wunderlich regelmäßig aus. Dauernd auf der Achse zu sein, zwei Tage da und zwei Tage dort, schien ihm nicht mehr erstrebenswert. Selbst umfangreichere Auslandprojekte belasteten ihn. Zwar hatte er eingewilligt, im Herbst 1966 für vier Wochen an die Metropolitan Opera New York zu kommen für eine *Don-Giovanni*-Neuinszenierung – allerdings ohne von der Sache wirklich überzeugt zu sein. Daß man als europäischer Sänger unbedingt an der Met gesungen haben müsse, um hierzulande zur absoluten Spitzenklasse gezählt zu werden, wollte ihm als Argument nicht einleuchten.

Auch eine Anfrage der Bamberger Symphoniker, ob man die im Jahr 1964 so erfolgreich verlaufene Konzerttournee mit dem *Lied von der Erde* nach Ostern 1966 noch einmal wiederholen könnte, wurde abschlägig beantwortet. Und zwar in einer für Wunderlich damals typischen Weise: Er verlangte ein immenses Honorar – diesmal 5000 Mark für eine einzige Aufführung – in der Hoffnung, daß die Agenten dann von selbst auf ihn verzichten würden. Die Bamberger taten das auch, allerdings nicht ohne den Hinweis darauf, daß Wunderlich im Jahr 1964 diese Konzerttournee noch für eine Abendgage von 2000 Mark absolviert habe und selbst Fischer-Dieskau sich mit einem wesentlich kleineren Honorar zufriedengebe ... Mißtöne blieben nicht aus, das liegt auf der Hand. Vermehrt kam Wunderlich deswegen in Verruf: Geld bedeute ihm alles. Geld bedeutete ihm zweifellos viel, aber es war für ihn nicht der ausschlaggebende Gradmesser seines Erfolgs. Und Geld war für ihn zweifellos auch wichtig – zumal er es jetzt, in seinen guten Jahren, verdienen mußte und er es erst jetzt, in diesen Jahren weitgehender Unabhängigkeit, verdienen konnte. Geld hieß aber auch: großzügig sein können, sich selbst und andern gegenüber. Kinderjahre und Kriegsjahre, die Entbehrungen während der Studienzeit – das alles war nicht vergessen. Nun wollte Wunderlich Großzügigkeit genießen, wollte Gastgeber sein, seine Freunde einladen und für sie kochen. Das war Entspannung und Hobby zugleich.

Gelegentlich überraschte er mit seinen Kochkünsten auch einen Kollegen. »Eines Abends, es war Hochsommer, klingelte es plötzlich an meiner Tür«, erzählte Gottlob Frick, »und draußen steht der Fritz, ganz überraschend. ›Was ist denn los, Fritz, ist etwas passiert?‹ ›Nein, nein, ich will dich nur besuchen. Und ich hab' dir einen tollen Spießbraten mitgebracht. Den müssen wir heute abend noch grillen und verzehren.‹ Wir stellten alles auf, und wie es so geht: Er drehte an dem Spießbraten und fing auch an zu singen. Ich sang mit, und mittlerweile wurde ein ganz hübsches Duett daraus. Plötzlich merkten wir, daß irgendwo in der Nähe sich etwas bewegte – auf den Treppen draußen –, und plötzlich standen Menschen da und hörten uns zu. Das gab natürlich ein riesiges Hallo, und der Abend ging herrlich zu Ende, unvergeßlich.«[25] Gelegentlich lud Gottlob Frick, ein passionierter Jäger, den jüngeren Kollegen zur Jagd ein, meistens nach Maulbronn. Für Wunderlich eine vertraute Welt, vertraut seit seinen Kindertagen, als ihm die Jägerei und wohl mehr noch die weiten, friedlichen Waldlandschaften seiner Pfälzer Heimat unauslöschliche Eindrücke hinterlassen hatten. Die ersten Morgenstunden im Wald, Sonnenaufgang und das Erwachen des Lebens, auch die letzten Stunden des verlöschenden Tages liebte er besonders: allein sein, ausspannen, beobachten – gleichsam am Puls der Natur. »Der abendliche Ansitz war für ihn ein Ausspannen«, bestätigte Gottlob Frick, »ein Abschalten, ja ein Ausruhen. Zwei Stunden Hochsitz war ein Labsal. Er war weit entfernt davon, ein gieriger Erleger zu sein. Dazu kam der gesellige Jagdausklang – sein sonniges Wesen, seine frohe Natur, zur großen Freude einer gemütlichen Runde. Wir sangen Volks- und Jagdlieder, meist im Duett und zur großen Begeisterung aller, oft bis zur späten Stunde. Alles, was er tat, kam von ganzem Herzen. Für mich und viele andere unvergeßlich.«[26]

Wie gesagt: Entspannung und Hobby zugleich. Was Wunderlich jeweils als nächstes Hobby interessieren könnte, fand man bald heraus. Stets lag ein Fachbuch auf seinem Nachttisch. Hieß es »Mit dem Auto unterwegs«, so stand der Kauf eines neuen Wagens bevor. Hieß es hingegen »Über die Produktion von feinen Fleisch- und Wurstwaren«, so konnte man darauf wetten, daß er sich demnächst selber in der Herstellung von Weiß- und Leberwürsten versuchen würde, und zwar in der Waschküche. Einmal wurde gar ein halbes Schwein gekauft – auch das eine vertraute Welt für Wunderlich, eine Erinnerung an seine Jugendzeit: an die Hausschlachtungen, wie sie damals auf dem Lande üblich waren. In einem Gasthof außerhalb Münchens gab er dann ein veritables kleines Schlachtfest. Gäste wurden eingeladen, Künstlerkollegen und Freunde. Unter ihnen war auch ein Fotograf, der alles ablichtete. Kammersänger Fritz Wunderlich mit umgebundener Metzgerschürze, hinter einem Schweinskopf hervoräugend und die Hände voller Würste. Für ihn, wie gesagt, eine Erinnerung an die Zeit seiner Kindheit, als es ein großes Glück und ein großes Fest war, ein halbes

Schwein zu Pfälzer Leberwürsten und Schinken zu verarbeiten. Für den Fritz-Wunderlich-Fan hingegen ein ungewohntes Bild. Und der Fotograf konnte auch nicht widerstehen und verkaufte dieses Bild an die erstbeste Redaktion. »Am nächsten Tag war in der *Abendzeitung* ein großes Bild«, erzählte Erika Köth, »der Fritz mit dem Schweinskopf. Und drunter stand als Bildlegende: ›Dies Bildnis ist bezaubernd schön.‹ Da hat er sich maßlos aufgeregt.«[27] Mit gutem Grund übrigens. Denn das rücksichtslose Ausspielen seiner Privatperson gegen das, was er als Künstler in der Öffentlichkeit symbolisierte, konnte, so oder so, nur zu seinen Ungunsten ausgehen. Wieder einmal die fatale Verwechslung von Kunst und Leben.

Ruhm, längst wußte es Wunderlich, war die Summe aller Mißverständnisse.

Wie eine Kerze, die an beiden Enden brennt: Die letzte Spielzeit

Die neue Spielzeit stand vorerst im Zeichen Mozarts. An der Wiener Staatsoper wurden gleich zwei Inszenierungen vorbereitet: Werner Düggelin probte *Die Entführung aus dem Serail*, Rudolf Hartmann frischte seine *Zauberflöten*-Inszenierung auf, die er zur Wiedereröffnung des Theaters an der Wien im Mai 1962 realisiert hatte. Abermals Tamino, abermals auch Belmonte. Stark haftete noch der Eindruck, den Giorgio Strehlers spektakuläre Salzburger Schattenrißinszenierung der *Entführung aus dem Serail* hinterlassen hatte: eine faszinierende Arbeit und, obwohl es Wunderlich damals nicht erwartet hatte, eine neue Herausforderung. Nun inszenierte Werner Düggelin – ein Mann mit Erfahrungen vor allem im Sprechtheater. Diese Erfahrungen wollte er auch für Mozarts *Entführung* fruchtbar machen. Ansatzpunkt waren die Sprechdialoge – literarisch eher unbedarfte Texte, die Düggelin mit Kammerspielpathos bedeutungsschwer belastete, als wären es scharfgeschnittene Sentenzen Schnitzlers oder Ibsens.

Wunderlich war von der Sache nicht sehr überzeugt – vielleicht auch, weil ihm diese Art von Kammerspieltheaterwelt fremd war. Drei Wochen probte Düggelin. Nicht, ohne sich einmal auch einen persönlichen Scherz mit dem Herrn Kammersänger zu leisten. Jedenfalls erzählte er vor versammelter Kollegenschar in der Kantine, was er sich diesbezüglich ausgedacht hatte: Eine der käuflichen Damen, die nächtlicherweise den Gehsteig zu säumen pflegen, habe er gefragt, ob er ihre Dienste ausnahmsweise auf eine etwas ungewohnte Art in Anspruch nehmen dürfe. Selbstverständlich bei ortsüblicher Gage. Er würde sie zu einem vereinbarten Zeitpunkt beim Künstlereingang der Staatsoper erwarten und sie dann vor die Garderobentür eines bestimmten Sängers geleiten. Dort sollte sie sich hineinstehlen und sich dem aller Voraussicht nach wohl ziemlich verdutzten Sänger mit einem einzigen Satz vorstellen: »Ich bin ein Geschenk von Herrn Düggelin.« Komme dann, was wolle. Die Dame akzeptierte, wollte aber noch wissen, wem dieses eher magere Späßchen denn gelte. »Dem Fritz Wunderlich«, gab Düggelin Bescheid. »Nein, das kommt überhaupt nicht in Frage, daß ich den veräpple«, konterte die Dame entrüstet. »Von Fritz Wunderlich hab' ich nämlich sämtliche Schallplatten ...«

Am 23. September ging Hartmanns *Zauberflöten*-Wiedereinstudierung erstmals über die Staatsopernbühne. Wunderlichs Tamino kannte und liebte man in Wien seit Jahren schon: »Fritz Wunderlich ist der idealste Tamino, der sich nur denken läßt«, schwärmte Karl Löbl, »und darüber hinaus der beste lyrische Tenor deutscher Zunge, den es momentan gibt. Ich weiß: man soll nicht klassifizieren. Aber hier muß man es, weil Wunderlich einen Maßstab schafft für stilvollen, kultivierten, männlich timbrierten und leidenschaftlich bewegten Mozart-Gesang. Er hat eine natürliche Sicherheit in der Phrasierung, Betonung und dynamischen Nuancierung, die verblüffend ist. Er singt in jedem Moment sowohl technisch als auch im Ausdruck vollkommen richtig, und das ist es wohl, was seine tenorale Demonstration, die stets ohne Allüre bleibt, so genußvoll für den Zuhörer macht. Sein Prinz ist keiner aus dem Märchen..., sondern ein Mensch aus Fleisch und Blut mit Seele, Affekten und Gefühlen. Eine wunderbare Leistung.« Weniger Glück oder besser gesagt: arges Pech hatte Lucia Popp, die sich an diesem Abend in der Staatsoper erstmals als Königin der Nacht hören ließ. »Eine Riesenenttäuschung bereitete Lucia Popp allen, die sie schon als Königin der Nacht im Theater an der Wien gehört hatten. Die erste Arie war viel zu lyrisch angelegt..., glanzlos und arg verkickst, die zweite in der Koloratur bedenklich unsauber. Was ist da los? Hoffentlich nur die Nervosität vor dem großen Haus!«[1] In der Tat: Lucia Popp hatte die Königin der Nacht arg »in den Sand gesetzt«, wie sie später erzählte. »Eigentlich verdanke ich es Fritz Wunderlich, daß ich heute überhaupt noch singe. Denn nach dieser Königin der Nacht wollte ich sofort mit Singen aufhören und wieder nach Hause zurückfahren. Fritz hat mich damals lange bearbeitet, mit guten Worten und Beispielen... Wir standen in späteren Vorstellungen oft zusammen auf der Bühne, zumal ich ja einen gewissen Mißerfolgskomplex überwinden mußte. Er schaute mich jeweils stets so wütend an, als ob er sagen wollte: Also wer soll das schon singen, wenn nicht du... Den Komplex habe ich schließlich überwunden, und ich verdanke es Fritz, daß ich damals nicht wieder zurück nach Bratislava gefahren bin.«[2]

Drei Tage später, am 26. September, war wiederum eine *Zauberflöten*-Vorstellung angesetzt. Oder genauer: Zwei Vorstellungen waren es. Abends eine reguläre und nachmittags eine »Sondervorstellung unter dem Ehrenschutz des Herrn Bundespräsidenten zu Gunsten der Hochwasserhilfe der Bundesregierung«, wie es der Theaterzettel vermerkt. Für Wunderlich waren es zudem Geburtstagsvorstellungen – und auch ein Jubiläum: Auf den Tag genau vor sechs Jahren hatte er erstmals auf der Bühne der Wiener Staatsoper gestanden, ebenfalls als Tamino. »Er war nicht nur beim Publikum, er war überall beliebt«, erinnerte sich Papageno-Kollege Erich Kunz, »bei den Bühnenarbeitern, bei den Kollegen. Ja, und einmal haben wir die *Zauberflöte* zweimal gesungen: abends regulär und nachmittags für einen wohltätigen Zweck. Denn es war ein Überschwemmungsschaden in Österreich, und Wunderlich erklärte sich sofort bereit, auch diese Vorstellung zu singen. An diesem Tag hatte er Geburtstag, und vor der zweiten

Vorstellung – eine kleine Pause hatten wir dazwischen –, als wir wieder in die Garderobe kamen, war der ganze Tisch bedeckt mit Kuchen, Torten, Kerzen und Geschenken von seinen Kollegen und vom gesamten Personal der Wiener Staatsoper.«[3] Ganz besonders freute sich Wunderlich über einen großen, reich bestickten Stoffbeutel, den Garderobieren und Schneiderinnen als Tasche für seine Schminkutensilien genäht und farbenprächtig bestickt hatten: mit allen Daten von Wunderlichs Wiener Opernpremieren.

Am 4. Oktober ging Düggelins Neuinszenierung der *Entführung aus dem Serail* erstmals über die Bühne. »Mißtöne diesseits und jenseits der Rampe«, las man tags darauf im *Express*. Schon während der Aufführung war es zu kleinen Tumulten im Publikum gekommen. Nach der Osmin-Arie »Oh, wie will ich triumphieren«, gesungen von Josef Greindl, soll jemand laut vernehmlich »Armer Mozart!« gerufen haben und dafür vom Publikum prompt mit Sonderapplaus verdankt worden sein. Am Schluß der Vorstellung weigerte sich Dirigent Josef Krips gar, vor den Vorhang zu kommen. Regisseur Düggelin zeigte sich beherzt ein einziges Mal – und sah sich erwartungsgemäß lautstarkem Protest ausgesetzt. Hauptpunkt der Streitigkeiten: Düggelin, der Schauspielregisseur, schien über dem bedeutungsschweren Inszenieren der Sprechdialoge die Musik fast ganz vergessen zu haben. Jedenfalls standen die Sänger, sobald sie zu singen und nicht zu sprechen hatten, ziemlich verloren auf der Bühne herum, vom Regisseur im Stich gelassen. »Die Chorszenen sind von einer rührenden Simplizität... Die Arien und Ensembles werden mit Blickrichtung auf den Dirigenten, wie man's sonst in der italienischen Oper zu schmähen gewohnt ist, gesungen und oft auch zu weit im Bühnenzentrum, wo die Töne statt in den Zuschauerraum eher zum Schnürboden dringen.« Daß das Singspiel solcherart kaum über die Rampe kam, wundert kaum; Humor, Komik und spielerischer Charme blieben jedenfalls so ziemlich auf der Strecke. Auch über die Sänger – Mimi Coertse (Konstanze), Olivera Miljakovic (Blondchen), Murray Dickie (Pedrillo) und Josef Greindl (Osmin) – las man wenig Begeistertes. Das Fazit? »Bleibt Fritz Wunderlich zum guten Schluß. Sein Belmonte war große Klasse, hatte klug stilisierte Leidenschaft und wunderschönen Tenorklang zu bieten und war phänomenal gesungen.«[4]

Eine Randbemerkung: Keinem war es aufgefallen, daß Wunderlich diese Premiere nur mit Mühe durchgestanden hatte. Wieder einmal litt er unter seiner Wiener Stauballergie. Gleich am nächsten Morgen stellte ihm ein Wiener Facharzt ein Zeugnis aus:

Bei Herrn Kammersänger Fritz Wunderlich besteht seit einigen Tagen eine akute Tracheobronchitis. Die gestrige Premiere an der Wiener Staatsoper konnte er nur nach entsprechender medikamentöser Vorbereitung singen. Da es zu einer sehr starken Reaktion der Stimmbänder kam, muß er in den nächsten Tagen alle Verpflichtungen absagen.

Die nächsten sechs Wochen waren ganz dem Liedgesang vorbehalten. Eine ausgedehnte Liederabendtournee durch einige deutsche Städte samt je einem Auftritt in Salzburg und in Linz stand bevor; zudem sollte Wunderlich beim Westdeutschen Rundfunk Schuberts *Schöne Müllerin* aufnehmen, und auch die Deutsche Grammophon Gesellschaft hatte Aufnahmetermine für eine erste Liedplatte anberaumt. Am Flügel assistierte stets Hubert Giesen, der erfahrene Begleiter. Für die Liederabende und die Liedschallplatte frischten sie erneut das bewährte Programm mit Beethoven- und Schubert-Liedern sowie Schumanns *Dichterliebe* auf. Seit einiger Zeit arbeiteten sie übrigens auch an einem neuen Programm: an Schuberts *Winterreise*, vielleicht einer der größten Herausforderungen, die es für einen Tenor auf dem Liedsektor gibt. Obwohl dieser Zyklus für eine Tenorstimme geschrieben ist, scheint er doch bei tieferen, dunkler timbrierten Stimmen, Bariton oder Baß, besser aufgehoben zu sein, zumal die Lieder relativ tief notiert sind. Wunderlich war da entschieden anderer Meinung. Singt nämlich ein Baß oder ein Bariton die *Winterreise*, so kommt er um Transponierungen nicht herum: bei einigen Liedern nur um einen Halbton, oft aber um mehrere Töne nach unten versetzt. Probleme ergaben sich daraus für den Pianisten, weil seine Begleitung auch in die unteren Regionen zu stehen kommt. Dort tönt der Flügel insgesamt dumpfer, unbeweglicher auch und manchmal geradezu schwerfällig. Führt man den *Winterreise*-Zyklus hingegen in der Originaltonart auf, dann hat, wie gesagt, der Tenor zwar das Nachsehen, weil die Lieder relativ tief notiert sind und die Tenorstimme in dieser Lage nicht besonders strahlend klingt. Aber Wunderlich war überzeugt, daß Schubert mit diesem fahlen Klang der Stimme gerechnet und aus diesem Grund die Lieder bewußt relativ tief notiert habe. Zumal dieser fahle Klang der Musik Schuberts – und auch den Versen Wilhelm Müllers – stimmungsgemäß genau entspreche.

Mit der *Winterreise* wollte sich Wunderlich frühestens im Frühjahr 1967 der Öffentlichkeit vorstellen. Vorläufig konzentrierte er sich nochmals auf das längst bewährte Programm. Zwölf Liederabende standen bevor, in Bielefeld, Würzburg und Regensburg, in München, Kirchheim, Ulm und einigen anderen Städten in der Bundesrepublik. Anschließend wurde das Programm – mit einigen Änderungen in der einleitenden Beethoven- und Schubert-Gruppe – im großen Saal der Hochschule für Musik in München in insgesamt fünf dreistündigen Sitzungen für die Deutsche Grammophon Gesellschaft aufgezeichnet. Am 5. November sang er das Programm im restlos ausverkauften Münchner Herkulessaal – ein Liederabend der Superlative, wenn man den Rezensionen glauben will. »Wir gestehen, die *Dichterliebe* noch nie so sehr als ein einheitliches Gebilde empfunden zu haben«, war in der *Süddeutschen Zeitung* über Wunderlich zu lesen. »Er stand in sich versunken abseits vom Klavier und sang, zumeist von seiner schönen Mezza-Voce getragen, wie für sich selbst vor sich hin, nur da, wo Entscheidendes im Text es gebot, kräftige Akzente setzend. So gelang es ihm, den Hörer zu fesseln, ja zu erschüttern.«[5] Ähnlich auch Ludwig Wismeyers Eindruck: »Es ist viel, wenn man von einem Liederabend sagen kann: Er war der schönste seit Jahren überhaupt. Ich muß weit in die Vergangenheit zurückdenken, um mich an einen Liedersänger zu erinnern, dem ein Programm so makellos gelungen ist, wie es Fritz Wunderlich seinen ergriffenen Zuhörern im Herkulessaal zu schenken möglich war.«[6] Weit in der Vergangenheit müsse man nach Gleichwertigem suchen: Heißt das umgekehrt nicht auch, daß es zu der Zeit nichts Gleichwertiges gab? Daß Wunderlich zum ersten, zum bedeutendsten deutschsprachigen Liedersänger geworden war? Solches schien sich jedenfalls herumzusprechen: Auf Vorschlag Ernst von Siemens' wurde Wunderlich einige Wochen später dazu erkoren, im Rahmen der Weltausstellung in Montreal im September 1967 als Repräsentant der Bundesrepublik Deutschland den offiziellen Liederabend zu bestreiten. Eine ehrenvolle Auszeichnung. Den Liederabend konnte Wunderlich allerdings nicht mehr geben. Doch in seinem Terminkalender steht das Datum getreulich vorgemerkt.

Am 8. November stand Wunderlich wieder einmal vor den Mikrofonen im Aufnahmestudio der SWF-Zweigstelle Kaiserslautern. Seit Jahren war er hier nicht mehr Gast gewesen. Drei Aufnahmetage waren ausschließlich für ihn reserviert worden. Wiederum betreute ihn Emmerich Smola – umsichtig und begeistert wie einst, vor mehr als zehn Jahren, als er die ersten Mikrofonversuche des damaligen Gesangsstudenten überwacht hatte. Zwei Opernarien wurden eingespielt: »Und es blitzten die Sterne« aus Puccinis *Tosca* sowie »O wie so trügerisch« aus Verdis *Rigoletto*, dazu eine Reihe beliebter Operettenlieder und Melodien der leichteren Muse.

Wieder einmal brodelte es in der Wiener Gerüchteküche. Nackt würde sie auftreten, hieß es, oder doch zumindest oben ohne. Die Rede war von Anja Silja, der 25jährigen, gertenschlanken hochdramatischen Sopranistin; und der sie solcherart auf die Bühne bringen sollte, war Wieland Wagner. Seit Anfang November probte er an der Staatsoper Richard Strauss' *Salome*, einst ein Erotikknüller erster Güte und deshalb – das Werk wurde bereits 1905 in Dresden uraufgeführt – dem Wiener Publikum durch zensurbehördlichen Beschluß bis 1918 vorenthalten.

Beinahe zehn Jahre war es her, seit Wagner in Stuttgart Orffs *Antigonae* inszeniert und der eben neu ins Ensemble der Württembergischen Oper verpflichtete Wunderlich einen der fünfzehn Thebanischen Alten gesungen hatte. Nun konnte Wunderlich ein weiteres Mal mit diesem genialen Bühnenvisionär zusammenarbeiten – eine Neuinszenierung, auf die er sich entsprechend freute, obwohl ihm die Partie des Narraboth, die er in früheren Jahren in Stuttgart schon einige Male gesungen hatte, nicht unbedingt am nächsten lag.

Wagners Inszenierungskonzept war ungewohnt. Er siedelte *Salome* in einem häßlichen Bühnenbild an – keinerlei alttestamentarische Weihe oder morgenlän-

STAATSOPER	STAATSOPER

STAATSOPER

Freitag, den 28. Mai 1965

Im Abonnement VI. Gruppe. Sehr beschr. Kartenverkauf
Preise III

DAPHNE

Bukolische Tragödie in einem Aufzug
von Joseph Gregor

Musik von Richard Strauss

Dirigent: Karl Böhm
Inszenierung: Rudolf Hartmann
Bühnenbilder und Kostüme: Rudolf Heinrich
Choreographie: Mattlyn Gavers

Peneios	Paul Schöffler
Gaea	Hilde Rössel-Majdan
Daphne	Hilde Güden
Leukippos	Fritz Wunderlich
Apollo	James King
Erster ⎫	Hans Braun
Zweiter ⎪ Schäfer	Kurt Equiluz
Dritter ⎬	Hans Christian
Vierter ⎭	Ljubo Pantscheff
Erste ⎫ Magd	Rita Streich
Zweite ⎭	Erika Mechera

Schäfer, Maskierte des bacchischen Aufzugs, Mägde

Ort: Bei der Hütte des Peneios am Flusse dieses
Namens

Spielleitung: Leo Meinert
Technische Einrichtung: Hans Felkel
Beleuchtung: Albin Rotter

Keine Pause

Anfang 20 Uhr   Ende 21.45 Uhr

Preis des Programms S 6,—

STAATSOPER

Samstag, den 11. Dezember 1965
Preise IV

Salome

Musikdrama in einem Aufzug
Nach Oscar Wildes gleichnamiger Dichtung in deutsche
Übersetzung von Hedwig Lachmann

Musik von Richard Strauss

Dirigent: Zdenek Kosler
Regie und Inszenierung: Wieland Wagner

Herodes	Gerhard Stolze
Herodias	Astrid Varnay
Salome	Anja Silja
Jochanaan	Eberhard Wächter
Narraboth	Fritz Wunderlich
Ein Page der Herodias	Margarita Lilowa
Erster ⎫	Murray Dickie
Zweiter ⎪	Heinz Zednik
Dritter ⎬ Jude	Kurt Equiluz
Vierter ⎪	Karl Terkal
Fünfter ⎭	Herbert Lackner
Erster ⎫ Nazarener	Gerd Nienstedt
Zweiter ⎭	Robert Kerns
Erster ⎫ Soldat	Tugomir Franc
Zweiter ⎭	Ljubo Pantscheff
Ein Cappadocier	Hans Christian
Eine Sklavin	Laurence Dutoit
Ein Henker	Ludwig Mikura

Technische Einrichtung: Hans Felkel
Beleuchtung: Albin Rotter
Studienleitung: Heinrich Schmidt

Anfang 20 Uhr   Ende vor 21.45

Preis des Programms S 6,—

Der Programmdienst der Bundestheater kann unter der
Rufnummer 15 18 jederzeit gehört werden

---

disch-exotische Prachtentfaltung, sondern augenfällig an eine Kloake gemahnend. Ein Kollektivschock für das konservative Wiener Opernpublikum – jedenfalls zeigte sich die lokale Presse irritiert. Was Wieland Wagner auf der Bühne zeige, gehöre ins Gebiet der Sexualpathologie und habe mit Richard Strauss kaum etwas zu tun, hieß es. In der Stadt Sigmund Freuds hätte man es eigentlich besser wissen müssen. Und ein Blick ins Programmheft hätte den nötigen Nachhilfeunterricht geboten: »Es ist bezeichnend«, schrieb dort Wieland Wagner, »daß die Vision des Mädchens mit dem abgeschlagenen Kopf des Propheten in den Händen ... ihre endgültige dichterische und musikalische Ausprägung um

die Jahrhundertwende gefunden hat. In einer Zeit unerträglich pseudoromanti-
scher Verharmlosung und Verkitschung der Liebe haben Dichter und Musiker
einer bürgerlich-satten Gesellschaft erschreckende Bilder des elementar Weib-
lichen entgegengeworfen: Ibsen mit seiner Nora, Wagner mit der Kundry, Wede-
kind mit der Lulu und Wilde mit der Salome...« Das hört sich nicht nur evident
und richtig an, sondern ist es auch; allerdings ein schwer zu verdauender Brok-
ken. Entsprechend gab es ein Buhgeschrei und wurden Pfuirufe laut, als Wieland
Wagner allein vor den Vorhang kam. Sogar Mahnungen wurden in der Presse
laut: »Sollte die Staatsoper in den kommenden Jahren tatsächlich eine der Bühnen im Wieland-Wagner-Konzern (auch den gibt es!) werden, so sollte man
wenigstens einige Opern vor dem Stilregisseur schützen... Mehr als Richard
Wagner sollte man Wieland Wagner nicht ausliefern.«[7]

Nur vier Aufführungen der *Salome* sang Wunderlich insgesamt. Bereits Anfang Dezember kehrte er für vier Vorstellungen nach Stuttgart zurück. »Gastspiel
Fritz Wunderlich« hieß es in großen Lettern auf den Plakaten, und die Stuttgarter
schienen sich ein wenig geärgert zu haben, daß dieses Gastspiel gar so aufwendig
plakatiert worden war. Denn schließlich habe der Herr Kammersänger ja einmal
zum Ensemble gehört, zudem gebe er keinem Provinzstädtchen die Ehre. Doch
die ehemaligen Kollegen begrüßten ihn mit altgewohnter Herzlichkeit; im Ensemble, bei den Orchestermusikern und den Bühnenarbeitern galt er nach wie
vor als ein beliebter Kollege. Der Garderobier hatte auch nicht vergessen, das
altbekannte Schild mit dem typischen Wunderlich-Gruß »Gott segne das ehrbare
Künstlertum« in Wunderlichs Sologarderobe zu hängen.

Diesen Gastauftritten war ein langes Hin und Her vorangegangen. Bereits im
Januar hatte Generalintendant Walter Erich Schäfer zwei Verdi-Opern angeboten: *Luisa Miller* und *Rigoletto*. Doch Wunderlich konnte sich für keine der
beiden Partien entscheiden; überhaupt äußerte er sich recht vage hinsichtlich
einer erneuten Verpflichtung nach Stuttgart. Was ihm Schäfer sehr übel nahm. In
einem ausführlichen Brief legte Wunderlich dem Stuttgarter Generalintendanten
schließlich seine Beweggründe und seine allfälligen Wünsche ausführlich dar:[8]

Sehr verehrter, lieber Herr Professor,

(...) Vielleicht habe ich mich in meinem letzten Brief, den ich etwas unter Zeitdruck
geschrieben hatte, nicht präzise genug ausgedrückt. Ich wollte unter gar keinen Umständen bei Ihnen den Eindruck erwecken, als würde ich prinzipiell nicht gerne in
Ihrem Theater singen. Wie aus vielen Gesprächen zwischen uns hervorgegangen ist, hat
sich meine Beziehung zu Ihrem Haus eher noch vertieft, seitdem ich weniger dort bin.
Ich schätze und achte die Stuttgarter Oper sehr und bin immer gern bereit, bei Ihnen zu
singen. (...)
Lieber, verehrter Herr Professor, Sie wissen vielleicht auch, daß ich im Augenblick in
der ganzen Welt sehr gefragt bin. Zwangsläufig bringt dies die Erfordernis mit sich, mit
einer erbarmungslosen Präzision zu disponieren. Ich muß mir bei der Vielfalt meiner
ausländischen Verpflichtungen jeden Tag mit den dazugehörigen Reisen und Proben
genau einrichten.

Weiter muß ich für die nächsten zehn Jahre, ohne auch nur einen Schritt davon abzuweichen, die Linie meiner künstlerischen Entwicklung weiter verfolgen. Es ist für mich noch zu früh, das Fach zu wechseln oder zu erweitern. Nur dieser Grund war es, der mich bewog, Ihnen die beabsichtigte Neuinszenierung von »Luisa Miller« abzusagen.

Ich bin aber von Herzen bereit, trotz meiner sehr großen Belastung... eine in meinem Fach liegende Partie in Ihrem Haus im Monat November zu erarbeiten. Vielleicht interessiert Sie der Hinweis, daß ich sehr gerne den »Hoffmann« singen würde. Ist es Ihnen nicht möglich, im November »Hoffmanns Erzählungen« neu herauszubringen? Wäre es sehr abwegig, eine repräsentative »Palestrina«-Neuinszenierung in Ihrem Haus zu machen?

Bitte, seien Sie, sehr verehrter Herr Professor, nochmals versichert, daß ich unter gar keinen Umständen die Bindung an Ihr Haus abreißen lassen möchte. Glauben Sie mir, daß sich in meinem sehr freundschaftlichen Gefühl für Sie nie etwas ändern wird.

Mit den herzlichsten Grüßen bin ich

Ihr
Fritz Wunderlich

Schäfer erfüllte ihm die Wünsche. Eine *Palestrina*-Neuinszenierung wurde für die Spielzeit 1967/68 veranschlagt, und im November 1965 sollte Wunderlich also erstmals den Hoffmann auf der Bühne verkörpern. Doch sowie das feststand, sagte Wunderlich seinerseits plötzlich ab. Zweifellos wäre der Hoffmann eine seiner Favoritpartien geworden, das hatte er instinktsicher gespürt; doch für die Erarbeitung dieser schillernden Figur fehlte ihm die nötige Zeit. Und so einigte man sich schließlich auf vier Gastspielabende: *Die Entführung aus dem Serail, Der Barbier von Sevilla, Die Zauberflöte* und *Der Wildschütz.*

Wunderlichs Gastspiele gingen als Sternstunden in die Annalen der Stuttgarter Oper ein. »Mozarts Belmonte, Prototyp der jugendlichen Liebhaber und lyrischen Tenöre: von allen Gestalten, die Fritz Wunderlich schon verkörpert und gesungen hat, scheint mir Belmonte diejenige zu sein, die immer wieder frische Impulse musikalischer und darstellerischer Erneuerung erhält... Wunderlich hat in dieser Partie eine Höhe der gesanglichen Vollendung, gepaart mit einer tiefen menschlichen Durchdringung, erreicht, die heute in der Oper des deutschen Sprachgebiets wohl von keinem anderen Sänger erreicht wird. Eine Sternstunde der Stuttgarter Oper.« Und über die *Zauberflöte*: »Noch souveräner als in der jugendlichen *Entführung* überströmte Wunderlich das Spätwerk Mozarts mit dem reinen Empfinden einer vielfältig schattierten und in den Höhepunkten dramatisch durchglühten Kantabilität, ohne jemals die klar abgesteckten Grenzen der klassischen Welt Mozarts zu überschreiten.« Begeisterung auch über den *Barbier*, allerdings mit einleitenden Vorbehalten: »Wenn es auch ein wenig provinziell anmutet, wieviel äußeres Gehabe – mit rotem Plakatdruck usw. – um die derzeitigen Gastspiele Fritz Wunderlichs an der Stuttgarter Staatsoper gemacht wird (denn der berühmte Herr Kammersänger gibt ja nicht einem kleinen Stadttheater die Ehre), so muß doch immer wieder das Glück gepriesen werden, wenn er die pure Schönheit seiner Stimme und sein ausgeprägtes Spieltalent zum besten gibt ... Der Charme seines unverwechselbaren Timbres, die Leichtigkeit, mit der er seine Stimme durch die Koloraturpassagen der Almaviva-Arie schlängelt, die wonnig rieselnden Belcantoströme, die er in dieser Rolle ausgießt – das alles bestätigt seine unantastbare Spitzenstellung im lyrischen Tenorfach ... Riesenbeifall.«[9] In der Tat: Vierundzwanzig Vorhänge erklatschte sich ein total begeistertes Publikum nach dieser *Barbier*-Vorstellung.

Am 14. Dezember folgte noch ein Gastspiel im *Wildschütz* – es sollte Wunderlichs letzter Auftritt auf den einst heimatlichen Brettern der Württembergischen Staatsoper werden.

Am 8. Dezember wurde Wunderlich zu einer Generalprobe im Münchner Herkulessaal erwartet:

Hans Pfitzner: Von deutscher Seele

Agnes Giebel
Hertha Töpper
Fritz Wunderlich
Otto Wiener
Chor und Symphonie-Orchester des Bayerischen Rundfunks
Dirigent: Joseph Keilberth

Ein einziges Mal hatte er das Werk bislang gesungen, 1958 in einem Konzert des Philharmonischen Chors Stuttgart unter der Leitung von Hans Mende; ein selten aufgeführtes Werk, damals wie heute. Was insgesamt bezeichnend ist für Pfitzners Stellung im zeitgenössischen Musikbetrieb. Die einen lehnen ihn leidenschaftlich ab, die andern verehren ihn als den letzten wahren Romantiker – und dazwischen liegt Gleichgültigkeit. Vielleicht liegt Pfitzners Tragik gerade darin, daß seine Apologeten in ihm die Kräfte einer nationalen Neugeburt der deutschen Musik in einem fortschrittlichen Sinne sahen, während er sich in Wahrheit eher in die romantische Welt des 19. Jahrhunderts vergrub und diese im kompositorischen Nachvollzug gleichsam noch einmal erleben wollte. Als im Jahr 1922 seine romantische Kantate *Von deutscher Seele* uraufgeführt wurde, konterte Paul Bekker, damals Musikkritiker der *Frankfurter Zeitung*, mit dem bösen Wort »von deutscher Phrase«. Und ein Jahrzehnt später wurde der Werktitel erneut suspekt – weil er nationalistisch sei und das Werk also von nationalsozialistischer Ideologie zeuge.

Nun dirigierte Keilberth, der das ausladende Werk bereits in jungen Jahren in Anwesenheit von Pfitzner wiederholt zur Aufführung gebracht hatte, zwei Aufführungen im Herkulessaal. Eine Sternstunde nicht nur für Münchens Konzertgänger, sondern auch für den Schallplattensammler: Die Deutsche Grammophon Gesellschaft war nämlich live mit dabei, schnitt schon die beiden Proben und, am

9. und 10. Dezember, die beiden Konzertaufführungen mit. Übrigens die erste Schallplattenaufnahme der Pfitzner-Kantate, und sie sollte für die kommenden fünfundzwanzig Jahre auch die einzige bleiben. »Eine wahre kulturelle Tat der Deutschen Grammophon Gesellschaft«, lobte Walter Abendroth in seiner Rezension im *Fono Forum*. »Dieser diskografischen Neuerscheinung kommt in mehreren Beziehungen außergewöhnliche Bedeutung zu: erstens, weil hier ein repräsentatives Werk der gesamten Musikromantik, insbesondere der deutschen Neuromantik unseres Jahrhunderts, erstmalig eingespielt wurde; zweitens, weil damit das bislang beschämend magere Pfitzner-Plattenrepertoire eine sehr wichtige Ergänzung gefunden hat; drittens, weil es sich um eine Interpretation handelt, für deren Authentizität schon der Name des intimen Pfitzner-Kenners Joseph Keilberth bürgt und deren Qualität auch im übrigen durch die Mitwirkung erstklassiger Kräfte garantiert ist, und letztlich, weil die Aufnahme eine der letzten großformatigen Dokumentationen einer unwiederbringlichen Sängerpersönlichkeit enthält: des allzufrüh dahingegangenen Tenors Fritz Wunderlich ... Dem schmiegsamen, warmen Organ des bewährten Pfitzner-Sängers Fritz Wunderlich waren hier die interessantesten Aufgaben gestellt; das Dokument ihrer schlackenlosen künstlerischen Bewältigung sollte ihm nun zum Denkmal werden.«[10]

Genau eine Woche später stand Wunderlich erneut vor den Mikrofonen. Diesmal im Münchner »Bürgerbräukeller«, dem bevorzugten Aufnahmeraum der Electrola, wo ein Team der Deutschen Grammophon Gesellschaft eine Gesamtaufnahme von Mozarts *Entführung aus dem Serail* produzierte. Und zwar in einer Münchner Nationaltheaterglanzbesetzung:

Bassa Selim	Rolf Boysen
Konstanze	Erika Köth
Blondchen	Lotte Schädle
Belmonte	Fritz Wunderlich
Pedrillo	Friedrich Lenz
Osmin	Kurt Böhme

Chor und Orchester der Bayerischen Staatsoper
Dirigent: Eugen Jochum

Dialogregie führte Nationaltheaterintendant Rudolf Hartmann. Er schenkte den Sängern nichts, zumal es »seine« Sänger waren, Sänger der Bayerischen Staatsoper und in der *Entführung* zu Hause wie kaum ein zweites Opernteam der Welt. Zeitweise schien der typische Münchner Föhn das Klima im »Bürgerbräukeller« arg zu vermiesen; jedermann klagte über Kopfschmerzen, und dies ausgerechnet an jenem Tag, als Wunderlichs große »Baumeisterarie« vorgesehen war. Sie glückte ihm dennoch famos; mit völlig frei strömender, glanzvoller Stimme bewältigte er die langen Kantilenen und schwierigen Koloraturen vorbildlich. Und es sollte letztlich genau diese Arie sein, welche die Rezensenten in den Schallplattenfachzeitschriften besonders hervorhoben, und dies aus einem ganz bestimmten Grunde. Wie einst bei der Produktion von Mozarts *Zauberflöte* gab es auch bei dieser *Entführung* sogleich Konkurrenz – wiederum durch die Electrola, die mit einer eigenen *Entführung* aufwartete, aufgenommen im Theater an der Wien mit Anneliese Rothenberger (Konstanze), Lucia Popp (Blondchen), Nicolai Gedda (Belmonte), Gerhard Unger (Pedrillo) und Gottlob Frick (Osmin) sowie den Wiener Philharmonikern unter der Leitung von Josef Krips. Hier aber, in der Electrola-Aufnahme, fehlt Belmontes »Baumeisterarie«. Ein Grund, aber bei weitem nicht der einzige, um Wunderlichs Belmonte den Vorrang zu geben: »Fritz Wunderlich ist ein vorbildlicher Belmonte, männlich-markant und stimmlich glänzend«, schrieb Wolf-Eberhard von Lewinski, »während Gedda mehr das Lyrische betont und fast gleichgültig-schön singt. Man kann das tun, es klingt zauberhaft, aber es nimmt sich für die Gesamtwirkung auf der Platte doch sinnvoller aus, wenn Belmonte nicht zu italienisch-weich und distanziert tönt.«[11]

»So mancher Sänger, den nur ein kärglicher 20-Abende-Vertrag an die Bayerische Staatsoper bindet, hat in unserer vielgeliebten Stadt seine Zelte aufgeschlagen. Naht Weihnachten, strömen die Goldkehligen aus allen Himmelsrichtungen herbei, um das Fest mit der Familie zu feiern. Und für uns Opernfreunde fällt auch etwas ab: ein erlauchteres *Barbier*-Ensemble deutschen Geblüts als Erika Köth, Fritz Wunderlich, Hermann Prey, Max Proebstl und Hans Hotter wird sich kaum finden.« In der Tat: Am 23. Dezember fanden sich diese Künstler zu einer vorweihnachtlichen Vorstellung von Rossinis *Barbier von Sevilla* im Cuvilliés-Theater zusammen. »Es wurde ein Abend randvoll des Glücks... Fritz Wunderlich injizierte seinem blaublütigen Liebestollen einige Ampullen Selbstironie: Man kam aus dem Lachen nicht heraus. Und mit welchem Schmelz sang er diese grausam schweren Koloraturen... Die komischste Figur, oft zwerchfellerschütternd, war wohl Hans Hotter als Basilio. Wie der internationale Lichtalberich sich als komischer Spitzbub gerierte, bei der Verleumdungsarie einige Blicke versendet, die von Pizarro auf einem Maskenfest stammen könnten, dann wieder mit dummschlauer Miene herumschnüffelt und sich sofort zu jenen schlägt, die die Argumente des stärkeren Beutels oder der geladenen Pistolen geltend machen: Das sucht wohl vergeblich seinesgleichen.« Unermüdlich erfand Hotter aus dem Stegreif neue Gags: »Im Finale I schnappt er mit der Hand ein hohes G von Figaros Mund, birgt es zuerst liebevoll in der Hand, um es dann mit verachtungsgeladener Miene in den Orchestergraben zu werfen, wo es auf die Pauke Bumbumbum aufschlägt...« Wen wundert es, daß sich das Publikum vor Lachen bog? »Das Publikum wußte, daß sich das Opern-Christkind um einen Tag mit der Bescherung verfrüht hatte; 36 Vorhänge (!) dankten den Solisten...«[12] Am nächsten Morgen lud Wunderlich seine Sängerkollegen und Freunde zu einem weihnachtlichen Sektfrühstück zu sich nach Hause ein. Bis in den späten Nachmittag hinein wurde gefeiert.

Das neue Jahr begann in Rom – mit Absagen. Im Rahmen eines Gastspiels der

Deutschen Oper Berlin hätte er als Belmonte gastieren sollen, erkrankte aber unmittelbar vor dem ersten Auftritt und mußte unverrichteter Dinge nach München zurückkehren. Im Januar und Februar 1966 hatte er sich praktisch von allen Opernverpflichtungen freigehalten. Vier Wochen Urlaub waren eingeplant, hinzu kamen Rundfunk- und Schallplattenproduktionen. Den Anfang machte der Sender Freies Berlin – zwei Musikfilmproduktionen mit Ausschnitten aus der *Verkauften Braut* und der *Entführung aus dem Serail*. Am 9. und 10. Januar fanden die Tonaufzeichnungen statt; fünf Tage später stand Wunderlich vor den Filmkameras. Wiederum das wenig ergiebige Playback-Verfahren; daß ihn diese Arbeit nicht sonderlich faszinierte, merkt man zumindest den Szenen aus der *Verkauften Braut* an.

Am 13. Februar stellte sich Wunderlich in einem der populären Münchner Sonntagskonzerte vor, seit Jahren in diesen Konzerten zu Gast – und ein sehr beliebter Gast. »Wie macht man ein Konzert zu einer rundum gelungenen Faschingsveranstaltung?« fragte ein Rezensent und verriet anschließend auch gleich das Rezept: »Man nehme Kurt Böhme und lasse ihn singen, was er will, stelle ihm Fritz Wunderlich an die Seite, der ja auch über einen guten Schuß Humor und Spaß an der Freud' verfügt, und runde schließlich ab mit der bildhübschen, launigen Ruth-Margret Pütz.« Fazit: »Der Abend war bestimmt eine der gelungensten Veranstaltungen dieses Münchner Faschings... Fritz Wunderlich sang eine Menge populärsten, süßestens Schmalzes mit unvergleichlichem Schmelz, mit Feuer und überwältigender Stimmpracht. Es begann mit der schönen *Mattinata* von Leoncavallo, wurde fortgesetzt mit dem süßen *Vergißmeinnicht*, das einst Benjamino Gigli bekannt gemacht hatte, und gipfelte in zwei Schlagern, die vor dem Zweiten Weltkrieg in der ganzen Welt gesungen wurden: ›Heute nacht oder nie‹ und ›Ob blond, ob braun‹, das er mit so herzbrecherischem Elan schmetterte, daß ihm vermutlich auch noch die grau- und weißhaarigen Damen im Saal im Geiste zu Füßen sanken...«[13]

Bereits am 21. Februar wurde Wunderlich erneut in Berlin erwartet:

Ludwig van Beethoven: Missa solemnis

Gundula Janowitz
Christa Ludwig
Fritz Wunderlich
Walter Berry
Wiener Singverein   Berliner Philharmoniker
Dirigent: Herbert von Karajan

Vier Tage lang probte Karajan mit Chor, Orchester und den Solisten – und zwar in der Jesus-Christus-Kirche. Denn neben den eigentlichen Proben fanden zugleich Aufnahmesitzungen statt: Die Deutsche Grammophon produzierte eine Gesamteinspielung der *Missa solemnis*. Vier Tage lang Proben und Aufnahmen und anschließend zwei Konzertaufführungen in der Philharmonie. »Aufnahmen mit Fritz Wunderlich machten stets großen Spaß«, erinnerte sich Produzent Hans Weber später. »Das Solistenquartett war einzigartig; sie gehörten alle vier ganz einfach zusammen, und entsprechend war die Stimmung hervorragend. Wunderlich war zu allen Schandtaten bereit. Frei heraus, wie er stets war, benahm er sich auch Karajan gegenüber, sagte ihm beispielsweise: ›Herr von Karajan, ich weiß ja, daß Sie mich als italienischen Tenor nicht mögen. Aber trotzdem, mit Ihnen möchte ich einmal eine italienische Oper machen...‹ Die Zusammenarbeit der beiden hat wunderbar funktioniert – wie ich überhaupt keinen kannte, der Wunderlich nicht mochte. Auch abends saßen wir oft zusammen. Einmal lud er mich auf sein Hotelzimmer, wo wir uns ein Fußballänderspiel am Fernsehen anschauten; da war er ganz begeistert. Und einen anderen Abend gingen wir zusammen ins Kino.«

Weil der Wiener Singverein die ganzen Tage über in Berlin war, für Proben, für Aufnahmesitzungen sowie für die beiden Konzerte, plante die Deutsche Grammophon Gesellschaft weitsichtig gleich noch eine weitere Produktion: Joseph Haydns *Schöpfung*, die man ebenfalls unter Karajans Leitung aufzunehmen gedachte. Zumindest die Chornummern wollte man gleich jetzt einspielen – das andere, die Soloarien und Ensembles, sollten zu einem späteren Zeitpunkt dann folgen. Nun gibt es in der *Schöpfung* einige Chöre, in denen die drei Solisten mitzuwirken haben, und umgekehrt gibt es einige Soloarien und Ensembles, in denen auch der Chor mitwirkt. Selbstverständlich wurden auch diese Solochornummern jetzt schon eingespielt, und zwar mit denselben Solisten, die auch für die *Missa solemnis* zur Verfügung standen: Gundula Janowitz, Fritz Wunderlich und Walter Berry. Zu diesen drei Solostimmen tritt einzig im Schlußchor der *Schöpfung* noch eine vierte: ein Soloalt, nur mehr für ein paar wenige Takte und deshalb, bei Konzertaufführungen des Oratoriums, meist nur mit einer Sängerin aus dem Chor besetzt. Da aber Christa Ludwig für die *Missa-solemnis*-Produktion anwesend war, fragte man sie, ob sie ausnahmsweise nicht diese paar Takte singen würde. Sie akzeptierte, selbstverständlich gegen ein entsprechendes Honorar: »So kam, eigentlich per Zufall, diese Luxusbesetzung zustande. Und ich erinnere mich noch gut, wie Karajan eines Morgens in die Jesus-Christus-Kirche kam und sagte: ›Mir ist heute so nach Sonnenaufgang zumute...‹«[14] Im Klartext hieß das, daß er unheimlich Lust verspürte, die Sonnenaufgangsszene im ersten Teil der *Schöpfung*, eine der berühmtesten Programmusikszenen der gesamten Musikliteratur, aufzunehmen – mit Wunderlich selbstverständlich, der das Rezitativ sang. Anschließend hatte man noch Zeit, die große Tenorarie »Mit Würd' und Hoheit angetan« im zweiten Teil des Oratoriums aufzunehmen. Das Weitere, wie gesagt, wurde auf einen späteren Termin verschoben, Herbst 1968 und April 1969 – dannzumal zu spät für Wunderlich. Seine Aufgaben übernahm Werner Krenn.

Zwei großartige Produktionen, die längst Schallplattengeschichte gemacht haben. Beide standen übrigens bald nach ihrer Veröffentlichung in den Klassikbestsellerlisten. Was im Fall der äußerst populären *Schöpfung* nicht sonderlich überrascht, um so mehr aber Erstaunen hinsichtlich der *Missa solemnis* hervorrief, zumal dieses Werk nur sehr schwer zugänglich ist – sicher also kein Publikumsfavorit, den sich jeder für sein Schallplattenregal anschafft. Kein Geringerer als der allmächtige Theodor W. Adorno sah sich in der Folge genötigt, diesem Phänomen im *Spiegel* nachzugehen: »Die Wahl der *Missa solemnis* unter Karajan überrascht. Das Werk ist abgründig, bis heute von niemand ganz enträtselt. Sein Ansehen steht in umgekehrtem Verhältnis zur Verständlichkeit: die Hörer lassen vom Meister dazu sich überreden, es handle sich um sein *œuvre le plus accompli*, ohne, wie man ohne Skrupel behaupten darf, hörend seine Qualität mitzuvollziehen; Schulfall dessen, was man autoritätsgebundenes Hören nennen mag. Dennoch ist die Favorisierung dieser Platten auch vom Phänomen her kaum zufällig. Karajan verhüllt das Rätselhafte durch Wohllaut, mit Hilfe der schönsten verfügbaren Gesangsstimmen: Gundula Janowitz, Christa Ludwig, Fritz Wunderlich, Walter Berry. Die Sorge um den Klangspiegel überwiegt jede andere; so wird das zentrale Stück, die Fuge ›Et vitam venturi‹ aus dem Credo, mit unbeschreiblicher Vorsicht und Mäßigung angefaßt, damit ja nur nichts passiere; auf Kosten der Intensität. Die Instrumentalbässe werden, nicht zum Vorteil des harmonischen Fortgangs, in den Hintergrund verbannt. Der Primat des Klangs verschleiert, bei aller Meisterschaft, Umriß und Phrasierung.«[15]

Adorno war übrigens nicht der einzige, der Karajans *Missa solemnis* kritisch zu Leibe rückte. Und daß diese Aufnahme weit eher auf Kritik stieß als die *Schöpfung*, hing mit einem nachgerade allzu bekannten Phänomen zusammen: EMI/His Master's Voice hatte gleichzeitig eine Neueinspielung der *Missa solemnis* unter der Leitung des greisen Otto Klemperer veröffentlicht. Kein Sachverständiger konnte sich dem Vergleich der beiden Aufnahmen entziehen, und der Streit um das Pro und Contra ist bis heute nicht beigelegt.

Lange geplant und stets wieder verschoben – am 10. Februar wurde es endlich Realität. Zum ersten Mal sang Wunderlich an der Deutschen Oper in Berlin. Seit Jahren waren von Berlin regelmäßig Anfragen eingetroffen; anfänglich mußte Wunderlich aus Termingründen absagen, später interessierte ihn ein einziges Gastspiel nicht mehr sonderlich. Nun hatte man sich auf drei Vorstellungen geeinigt, zu einer Gage von 6000 Mark pro Abend. Zudem sollte er in der Philharmonie noch einen Liederabend geben. Am 10. Februar gastierte er als Tamino in einer von Karl Böhm dirigierten *Zauberflöten*-Vorstellung, am 17. März sang er in der *Entführung aus dem Serail* und zwei Tage später nochmals in einer *Zauberflöten*-Vorstellung. Problemlos, wenn auch mit gewissen Einschränkungen, eroberte er sich die Gunst der Berliner Presse: »Als Mozart-Tenor par excellence hat Fritz Wunderlich sich innerhalb weniger Jahre einen

DEUTSCHE OPER BERLIN

DONNERSTAG, DEN 10. FEBRUAR 1966

Beginn: 19.00 Uhr   Ende: 22.00 Uhr

32. Aufführung

DIE ZAUBERFLÖTE

Oper in 2 Aufzügen (16 Bildern)

Text von Emanuel Schikaneder · Musik von Wolfgang Amadeus Mozart

Musikalische Leitung: Karl Böhm
Inszenierung: Gustav Rudolf Sellner
Bühnenbild: Jörg Zimmermann · Kostüme: Jürgen Rose
Chöre: Walter Hagen-Groll

Sarastro	Peter Lagger
Tamino	Fritz Wunderlich
Sprecher	Barry McDaniel
Erster Priester	Walter Dicks
Zweiter Priester	Werner Götz
Königin der Nacht	Catherine Gayer
Pamina, ihre Tochter	Evelyn Lear
Erste Dame der Königin	Annabelle Bernard
Zweite Dame der Königin	Gitta Mikes
Dritte Dame der Königin	Sieglinde Wagner
Papageno	Manfred Röhrl
Papagena	Edith Mathis
Monostatos, ein Mohr	Martin Vantin
3 Knaben (Genien)	Barbara Vogel, Helga Wisniewska
	Margarete Schröder-Giese
1. Geharnischter	Gene Ferguson
2. Geharnischter	Hanns Heinz Nissen

Priester, Sklaven, Gefolge

Abendspielleitung: Johann Georg Schaarschmidt

Technische Leitung: Hans Birr · Beleuchtung: Willi Rosumek

Pause nach dem 1. Aufzug (5. Bild)

Einlaß für Zuspätkommende auf Klingelzeichen

Das Fotografieren im Zuschauerraum ist nicht gestattet

international geachteten Namen auf dem Musiktheater gemacht. Damit ist, genaugenommen, schon gesagt, welcher Art seine Stimme ist: Sie besitzt nicht die sinnliche oder gar erotische Faszination der elementaren Tenöre südlicher Provenienz, auch fehlt ihrem Timbre jener Schmelz, der den Reiz von Rudolf Schocks und noch mehr von Franz Völkers Stimme ausmachte.«[16]

Weniger glücklich war Wunderlich über seinen Liederabend in der Philharmonie, die er, aus der Sicht des Liedersängers, als akustisch problematisch beurteilte. Wiederum sang er, von Hubert Giesen begleitet, das altbekannte Programm: mit Beethoven- und Schubert-Liedern sowie Schumanns *Dichterliebe*. Daß er mit den ungewohnten räumlichen Dimensionen der Philharmonie seine Mühe hatte, zeigt sein Einbezug mimischer und gestischer Mittel beim Singen – eine Verdeutlichung, die für einen Bühnensänger zwar selbstverständlich ist, die aber im Rahmen eines Liederabends eine gewisse Irritation auslösen mußte. »Sympathisch, wenn auch in vielen Fällen nicht ganz erschöpfend die interpretatorische Deutung der *Dichterliebe*. Da gab es falsche Akzente, vordergründige Deklamationen und naive mimische Zutat neben eindringlichen Ausdrucksmomenten, die stets im Einsatz des strahlenden hohen Registers begründet waren.«[17] Auch anderweitig reagierte die Presse mit gewissen Vorbehalten: »Fritz Wunderlich bemüht sich, das ist gewiß, mit Ernst und Verantwortungsbewußtsein um die Liedgestaltung... Andererseits ist er – auf dem Gebiet des Liedes zumindest – keine hervorragende nachschöpferische Persönlichkeit, seine Darbietungen scheinen eher Fleiß als Intuition zu verraten, seinem Vortrag fehlt das Besondere, Einmalige, Hintergründige, die weite Skala der Empfindungen, die ganz große Interpreten mitzuteilen wissen.«[18] Dennoch: Stürmischer Beifall des Publikums, das die Philharmonie immerhin zu zwei Dritteln besetzt hielt und mehrere Zugaben forderte.

Berlin war übrigens die fünfte Station der Liederabendtournee, die Wunderlich und Giesen im März 1966 in insgesamt vierzehn Städte führte: von Innsbruck bis nach Lübeck, von Hannover bis nach Nürnberg. »Wunderlich – ein großer Sänger«, »Wunderlich kam, sang und siegte«, »Im Bann einer begnadeten Stimme«, »Ein Interpret ohne Falsch«: In der Presse wurde er gefeiert. Ein Liedersänger, der sich nicht auf ausgefahrener Bahn bewegte, der alles Schablonenhafte mied und sich ganz auf seine Instinktsicherheit verließ. Impulsiv, wie er sang, konnte er auch in seinen Äußerungen sein, beispielsweise in seiner Begeisterung über die Akustik in der neuen Eninger Festhalle, wo er am 5. März gastierte. Eines nur fehle hier noch, meinte er: ein neuer Flügel. Spontan eröffnete er mit einer eigenen Spende einen Fonds zum Ankauf eines neuen Instruments. Typisch Wunderlich: »Er war ein Alles-oder-nichts-Mensch«, erzählte Begleiter Hubert Giesen, »ein Mann, der unentwegt anstrebte, das Beste aus dem zu machen, was die Natur ihm mitgegeben hatte. Was Wunderlich auszeichnete, war nicht nur die Stimme von unsagbarer Klarheit, nicht nur die Intelligenz und der Ernst, mit dem er studierte, sondern etwas, was man am besten als ›Aggressivität‹ bezeichnet –

jede Note kam geschossen aus seinem Körper, er stand hinter jeder Note, sein Herz war in jeder Note.«

Noch ein anderes Spezifikum zeichnete ihre Liederabende aus. »Gewöhnlich steht der Sänger während seines Vortrags direkt am Flügel, in der Einbuchtung; dabei lehnt er seinen Arm auf das Instrument. Ich hielt das für falsch: Warum sollte der Sänger nicht eigentlich dort stehen, wo auch der Geiger steht – einen halben Schritt hinter dem Klavierspieler? In dieser Position stört ihn der Klang des Flügels kaum, man kann Stimme und Instrument noch besser zusammenklingen lassen.« Wunderlich war der einzige Sänger, der auf Giesens Anregung einging. Als Liedersänger wollte er frei stehen und sich nicht in die Einbuchtung des Flügels lehnen, zumal ihm dort der Flügelklang zu laut tönte und er auch überzeugt war, daß er dem freien Verströmen des Flügelklanges hinderlich sei, wenn er direkt vor dem Instrument stehe.

Ein Alles-oder-nichts-Mensch: Die Intensität, mit der Wunderlich lebte, im Beruf und in der karg bemessenen Freizeit, fiel allen auf und löste nicht nur Kopfschütteln, sondern Befremden und zunehmend auch Angst aus. Angst um einen Menschen, der sich vorzeitig verschleißt – wie eine Kerze, die an beiden Enden brennt. »Er lebte aus dem vollen, tat alles mit ungeheurer Energie und Intensität, als wisse er insgeheim, daß ihm das Leben keine allzu lange Frist gelassen habe«, meinte Giesen rückblickend. »Manchmal spürte man geradezu den Streß, unter dem er lebte.«[19] Kilometerweise hat er gefilmt, und stets von neuem fotografierte er seine Kinder. Die Gegenwart schien ihm alles zu sein, und es sah aus, als könnte er nicht genug tief in sie eintauchen. Ein emotionales Getriebensein, dem er, und mit ihm auch seine Umwelt, ausgeliefert war. Andererseits war bei ihm eine zunehmende Reflexion aufs eigene Leben zu verspüren, ein Planen, Vorsorgen und Überlegen bezüglich der Anforderungen des Berufes, denen er sich nicht unbedacht ausliefern wollte. Mit ungewohnter Härte fällte er die Entscheide bezüglich seiner Karriereplanung; er wollte lange singen, sich mit Bedacht jede noch mögliche stimmliche und künstlerische Entwicklung offenhalten.

Anzeichen einer Lebenskrise, eines inneren Konflikts? Von einer Krise sprach er einmal zu Hermann Prey, allerdings nur andeutungsweise, gleichsam in einem Nebensatz. Kritisch konnte es immerhin werden, wenn das emotionale Getriebensein, das Ausgeliefertsein an die Gegenwart, mit dem rational-reflexiven Distanznehmen zu ebendieser Gegenwart kollidierte – zwei Lebenshaltungen, die sich schlecht vertrugen und vermehrt in Konflikt zueinander zu stehen kamen. Es war dies auch ein Konflikt zwischen außen und innen: Gegen außen hin, im Berufsleben oder in seinen Hobbys, war Wunderlich enorm aktiv; innerlich hingegen schien er sich vermehrt zurückzuziehen, sich zu verschließen und sich in Grübeleien um irgendwelche undefinierbaren Ängste zu verlieren.

Gleichsam ein Abbild davon waren die zwei Zeiten, in denen er lebte: die unmittelbare Gegenwart, in die er sich mit einer fast angsteinflößenden emotionalen Intensität verkrallte, und die Zeit des Terminkalenders, wo er stets drei Jahre im voraus zu leben gezwungen war, berufliche und private Entscheide aus der Distanz von drei Jahren im voraus zu treffen hatte. Zusehends schien es, als würde Wunderlich seiner inneren Einheit verlustig gehen.

Während der Liederabendtournee hatte Wunderlich in Hamburg eine ausführliche Besprechung mit der Deutschen Grammophon Gesellschaft. Pläne für die Zukunft wurden geschmiedet, Wünsche diskutiert und Terminprobleme für bevorstehende Produktionen abgesprochen. Im November 1966 plante die Schallplattenfirma, eine konzertante Aufführung von Carl Orffs *Oedipus der Tyrann* unter der Leitung von Rafael Kubelik mitzuschneiden; Wunderlich willigte ein, die Partie des Tiresias für diese Aufnahme noch einmal zu singen. Auf Anfang Dezember wurden Aufnahmesitzungen für eine Produktion von Lortzings Spieloper *Undine* festgelegt, und die ersten Märztage 1967 sollte sich Wunderlich für die *Don-Giovanni*-Gesamtaufnahme in Prag unter der Leitung von Karl Böhm freihalten. Karajan plante für seine Salzburger Osterfestspiele 1967 den Beginn eines immensen Projektes: einer integralen Aufführung von Wagners *Ring des Nibelungen*, die in gleicher Besetzung als Gesamteinspielung bei der Deutschen Grammophon Gesellschaft erscheinen sollte. Im *Rheingold*, dem Vorabend zur Tetralogie, war Wunderlich für die Partie des Froh vorgesehen.

Auch die Rundfunkanstalten meldeten ihre Termine an: Der Sender Freies Berlin beschloß, Ende November eine Christvesper mit Wunderlich zu produzieren. Der Bayerische Rundfunk plante für Februar 1967 eine Gesamtaufnahme von Mozarts *Entführung aus dem Serail* und für März eine Einspielung von Mozarts früher Oper *Idomeneo*«. Im Oktober und November 1967 sollte sich Wunderlich insgesamt fünf Wochen freihalten für eine TV-Produktion von Werner Egks *Verlobung in San Domingo*. Einige wichtige Opernpremieren waren ebenfalls bereits festgelegt: Am 8. Oktober *Don Giovanni* an der Metropolitan Opera in New York, am 16. Dezember *Don-Giovanni*-Premiere in München – eine Neuinszenierung Rudolf Hartmanns mit Kollege Hermann Prey als Giovanni. Am 2. Februar 1967 wurde Wunderlich in der Berliner Staatsoper (Ost) zu einem Liederabend erwartet. Für den September war ein Gastspiel der Wiener Staatsoper in Montreal anläßlich der Weltausstellung geplant, und für Dezember stand die *Palestrina*-Neuinszenierung an der Württembergischen Staatsoper Stuttgart bevor. Stolze Termine, zweifellos, doch Wunderlich spürte zuweilen auch, daß sie den Blick in die Zukunft einengten.

Anfang April wurde Fritz Wunderlich von Günther Rennert zu einer Neuinszenierung von Rossinis *Barbier von Sevilla* an der Wiener Staatsoper erwartet. Die musikalische Einstudierung betreute Karl Böhm. Einmal verbrachte Wunderlich während dieser Probewochen einen Abend gemeinsam mit dem Dirigenten beim Heurigen. Böhm benutzte die Gelegenheit, um ihn zu fragen, ob er in Richard

Wagners *Meistersingern von Nürnberg* die Partie des Stolzing übernehmen würde, und zwar in einer Jubiläumsinszenierung, die Wieland Wagner in Bayreuth für den Sommer 1968 plane im Gedenken an die Uraufführung des Werks vor genau hundert Jahren. Die Anfrage kam überraschend, Wunderlich zögerte, und Böhm ließ durchblicken, daß er sich mit Wieland Wagner längst besprochen habe – daß sie beide bereit wären, ihn, wenn er sich dem Stolzing noch nicht gewachsen fühle, auch als David einzusetzen. Der junge Ritter Walther von Stolzing? Oder David, Lehrbube von Hans Sachs? Wunderlich bat sich Bedenkzeit aus.

Schnell entschlossen reagierte er hingegen, als über den Rundfunk die Meldung verbreitet wurde, in Verhandlungen des Olympischen Komitees in Rom sei München definitiv zum Austragungsort der Olympischen Sommerspiele 1972 gekürt worden. Wunderlich war wie elektrisiert; das Herz des unverwüstlichen Fußballnarrs schlug begreiflicherweise höher – und sofort hatte er auch eine ganz spezielle Idee, die er, einige Tage später und wiederum in München, sofort Hans-Jochen Vogel, dem Münchner Oberbürgermeister, in einem ausführlichen Brief mitteilte:[20]

Sehr geehrter Herr Oberbürgermeister,

etwas verspätet, aber doch von ganzem Herzen möchte auch ich mich in die Reihe der Gratulanten zu Ihrem grandiosen Erfolg in Rom einfügen.
Allerdings bin ich der Ansicht, daß man nicht nur Ovationen spenden, sondern an diesem schönen Werk mitarbeiten sollte.
Als ich von der Vergabe der Olympischen Spiele 1972 an unsere schöne Stadt hörte, hatte ich sofort die Idee, eine »Olympia-Matinee« im Nationaltheater zu veranstalten, deren Reinerlös und natürlich auch eine nicht unbedeutende Publicity den Spielen zugute kommen sollte...
Hier kurz einige Details. Ich würde eine Reihe von »Opernstars« bitten, ohne Honorar bei diesem Konzert mitzuwirken. Hermann Prey und Gottlob Frick haben schon ihre Bereitschaft bekundet. Wenn es mir gelingt, etwa 12 erstklassige Sänger zu einem Opernprogramm zu verpflichten, dürfte ein wirklicher Anlaß gegeben sein, die Matinee als ganz großes Ereignis herauszustellen.
Eintrittspreise von DM 100,– pro Platz müßten im Schnitt zu erzielen sein, was bei der Kapazität des Nationaltheaters rund 220000,– DM einbringen würde. Mit dem Zweiten Deutschen Fernsehen in Mainz habe ich auch schon Fühlung genommen. Man war dort sofort begeistert und stellte mir an internationalen Übertragungsrechten weitere 70000,– bis 100000,– DM in Aussicht.
Sie müßten mir lediglich einen erfahrenen Mann zur Durchführung der technischen Organisation zur Seite stellen. Die künstlerische Disposition würde ich übernehmen. Am besten wäre es, wenn ich Sie in der nächsten Zeit einmal im Rathaus besuchen könnte...
Ich würde mich sehr freuen, wenn mir dieses Schärflein gelänge!
Mit den besten Grüßen bin ich

Ihr Fritz Wunderlich

Einmal nahm ihn Hermann Prey, der in Rennerts Wiener Neuinszenierung den Barbier sang, nach einer Probe in den Musikverein hinüber. Dort probte Karl

Richter die *Matthäus-Passion*, Hermann Prey sang die Christus-Partie, und als Evangelist stand ein noch nahezu unbekannter Tenor auf dem Podium: Peter Schreier. »Mir hat ja Fritz Wunderlich immer etwas im Nacken geschwebt«, erzählte Schreier später, »von vielen Institutionen und von vielen Medien wurde ich ja als sein Nachfolger, manchmal gar als der legitime Nachfolger Wunderlichs hingestellt. Und das war für mich nicht einfach. Weil ich zunächst mal glaube, daß wir zwei ganz verschiedene Sänger sind, daß er zwar auch Mozart gesungen hat und ich Mozart gesungen habe und noch singe, daß er aber von seiner ganzen Veranlagung, von seinem Timbre und seiner Ausdrucksweise, auch von seinem Temperament her ein ganz anderer Mensch war als ich. Ich habe ihn nur ein einziges Mal kennengelernt, in Wien im Musikverein. Prey sang mit mir in der *Matthäus-Passion* und brachte mir nach einer Probe den Wunderlich hinüber und sagte ihm: ›Jetzt mußt du den Schreier mal kennenlernen!‹ Er war ein ganz toller Kumpel, ein lockerer und selbstverständlicher Kollege, der sich ganz unbefangen mir gegenüber benahm, und so war sofort ein Kontakt da. Ich weiß, daß er mich protegiert hat, daß er mich damals für die *Entführung* in Salzburg sehr empfohlen hat. Und ich weiß auch von Bekannten und Freunden, zum Beispiel von Hermann Prey, daß er sehr oft von mir gesprochen hat und gesagt hat: ›Jetzt nehmt's doch mal den Schreier und laßt mich in Ruhe!‹ Das fand ich eigentlich ganz uneigennützig und toll von ihm; wer macht das schon unter Kollegen?«[21]

Obwohl die Proben zum *Barbier* in Wien auch über die Osterzeit liefen, fand Wunderlich doch Zeit für einen Abstecher nach München: für die Karfreitagsaufführung von Bachs *Matthäus-Passion* im Deutschen Museum. An seiner Seite: Antonie Fahberg, Hertha Töpper, Kieth Engen und Max Proebstl. Joseph Keilberth dirigierte den Münchner Lehrergesangverein und das Bayerische Staatsorchester. Noch einmal sang Wunderlich die ihm so teure Partie des Evangelisten sowie die Tenorarien. Zum letzten Mal.

Vier Wochen lang probte Rennert den *Barbier*; am 28. April ging seine Neuinszenierung erstmals über die Bühne. Die Besetzung der Hauptpartien:

Graf Almaviva	Fritz Wunderlich
Doktor Bartolo	Erich Kunz
Rosine	Reri Grist
Basilio	Oskar Czerwenka
Marzelline	Hilde Konetzni
Figaro	Eberhard Wächter

Die Premiere stand unter keinem guten Stern. Kaum hatte sich nach der Ouvertüre der Vorhang gehoben, rief eine Donnerstimme aus den oberen Rängen: »Pfui!« Ein Tumult brach los, und mitten in diese Unruhe hinein mußte Wunderlich auftreten und seine große, schwierige Kavatine singen. Die Unruhe im Parkett griff auch auf ihn über, zumal er keine Ahnung hatte, ob nicht er selber Anlaß zu dieser Unruhe gebe. Mit eiserner Beherrschung kam er zwar über die Runden, bot aber sicher nicht eine optimale Leistung. »Diesmal wirkte er heftig,

MUSIKALISCHE AKADEMIE
DES BAYERISCHEN STAATSORCHESTERS
MÜNCHEN E.V.   GEGRÜNDET 1811

Karfreitag, den 8. April 1966, 18.00 Uhr – Kongreß-Saal/Deutsches Museum

Sechstes
Akademie-Konzert

JOHANN SEBASTIAN BACH

Matthäus-Passion

für Solostimmen, Doppelchor, Doppelorchester, Cembalo und Orgel

Leitung:

Joseph Keilberth

Vokalsoli:

ANTONIE FAHBERG (Sopran), HERTHA TÖPPER (Alt)
FRITZ WUNDERLICH (Tenor-Evangelist), KIETH ENGEN (Baß-Christus)
MAX PROEBSTL (Baß)

Instrumentalsoli:

KURT GUNTNER, JOSEPH ROTTENFUSSER (Violine), WALTHER THEURER, WOLFGANG HAAG (Flöte),
MANFRED CLEMENT (Oboe), MARTIN SPANNER, WILHELM GRIMM (Oboe d'amore), HANS BRÜCKNER,
HELMUT WOLLENWEBER (Engl. Horn), OSWALD UHL (Gambe), WOLFGANG BAUMGART (Cembalo),
ELMAR SCHLOTER (Orgel)   Continuo: ADOLF SCHMIDT (Violoncello)

Chöre:

LEHRERGESANGVEREIN MÜNCHEN (Einstudierung Wolfgang Baumgart)
KNABENCHOR DES THERESIEN-GYMNASIUMS (Einstudierung Adolf Hartmut Gärtner)

Nach dem 1. Teil (ca. 40 Minuten) Pause

Dem Charakter des Werkes entsprechend bittet man, von Beifallskundgebungen Abstand zu nehmen

Konzert-Cembalo: Neupert aus dem Pianohaus Lang, Kaufingerstraße 28/I, Telefon 22 68 60 laut«, schrieb entsprechend Karl Löbl. »Schon im Ständchen wird nicht galant und leger gesungen, sondern mit Nachdruck gerufen. Auch später wechseln elegante, zärtliche Passagen immer wieder mit allzu lärmenden – auch dort, wo es die Handlung nicht erforderte.«[22]

Wieder einmal war der Streit an der altbekannten Frage entbrannt: Oper in Originalsprache oder in deutscher Übersetzung? In Wien hatte diese Grundsatzfrage zusätzliche Brisanz: zum einen, weil Karajan, der ehemalige Staatsopernchef, stets für die Originalsprache plädiert hatte und sich Kodirektor Egon Hilbert, nunmehr alleiniger Chef am Opern-Ring, ebenso vehement für deutsche Übersetzungen starkgemacht hatte. Wer jetzt also gegen den deutschen *Barbier* wetterte, gab sich zugleich als Anhänger Karajans – und Gegner Hilberts – zu erkennen. Zudem stand Rossinis *Barbier* gleichzeitig auch auf dem Spielplan der Volksoper, dort selbstverständlich in deutscher Sprache; Grund genug also, daß die Staatsoper das italienische Original bieten würde.

Hinter dieser Diskussion um Originalsprache oder Übersetzung verbarg sich noch eine andere: nämlich das Entweder-Oder zwischen Stagione- oder Ensembletheater. Günther Rennert hatte sich vertraglich ausbedungen, daß sein neuer *Barbier* nur in der Premierenbesetzung gespielt werden dürfe, also mit jenen Sängern, die sämtliche Proben mitgemacht hatten. Ein sicher löblicher Entschluß, ganz von der Idee des Ensembletheaters geleitet, zumal der Regisseur seine aufwendig erarbeitete Inszenierung nicht der Verwahrlosung eines zufälligen Stagionebetriebs überlassen wollte. Andererseits hieß das im Klartext, daß das Wiener Opernpublikum nach dieser verunglückten Premiere noch genau viermal Gelegenheit hatte, in der laufenden Saison eine *Barbier*-Vorstellung zu sehen. Bis die Premierenbesetzung in der kommenden Spielzeit wieder vollständig zur Verfügung stehen werde, würde es April werden. Also erst wieder in einem Jahr. Dannzumal aber ohne Fritz Wunderlich.

»Gott segne das ehrbare Künstlertum«:
Eine Devise verliert ihren Sinn

Die letzten Wochen der zu Ende gehenden Spielzeit verbrachte Wunderlich in Wien. Im Mai sang er neun Vorstellungen an der Staatsoper, im Juni ebenfalls. Längst hatte er mit Staatsoperndirektor Egon Hilbert einen neuen Vertrag abgeschlossen: für 32 Abende pro Spielzeit und mit einer Abendgage von 24000 Schilling. Eine kleine Abwechslung brachte in diesen letzten Wochen eine Einladung nach Prag: Im Rahmen des »Prager Frühlings« gastierte Wunderlich am 21. Mai mit einem Liederabend, am Flügel assistiert von Heinrich Schmidt. Nach Hause zurückgekehrt, fand er unerwartete Post vor:[1]

Lieber Freund!

Ich gratuliere Ihnen von ganzem Herzen zum fantastischen Schallplatten-Sieg, den Sie durch die Verleihung des Prix d'Orphée errungen haben. Diese Auszeichnung verdienen Sie für Ihre prachtvolle Leistung genauso wie GMD Prof. Dr. Karl Böhm, der ebenfalls den Preis bekommen hat.
Ich bin glücklich, daß auch einmal Künstler ausgezeichnet werden, die es wirklich ehrlich verdienen.
Mit den innigsten, besten Wünschen für Sie und Ihre Lieben von uns beiden, auch weiterhin alles erdenklich Schönste und Beste, verbleibe ich
Ihr Sie aufrichtig bewundernder Freund

Robert Stolz

Bis nach Wien an die Himmelstraße zu Robert und Einzi Stolz war die Kunde gedrungen – daß Wunderlich für seinen Tamino in der Schallplatten-Gesamtaufnahme der *Zauberflöte* unter Karl Böhm soeben mit dem Prix d'Orphée ausgezeichnet worden war. Für die beste künstlerische Leistung, wie es in der Begründung der Jury hieß.
Am 7. Juni wurde er in Zürich erwartet. Im Rahmen der Internationalen Junifestwochen sang er an der Seite von Hertha Töpper wieder einmal Gustav Mahlers *Lied von der Erde*. Joseph Keilberth, ein gerngesehener Gast in Zürich, dirigierte das Tonhalle-Orchester. »Mahlers *Lied von der Erde* ist uns selten ergreifender erschienen als in der inspirierten Aufführung dieses Abends«, kon-

statierte Willi Schuh in der *Neuen Zürcher Zeitung*. »In Fritz Wunderlich und Hertha Töpper hatte Keilberth Interpreten der Gesangsparte gewonnen, die höchste Erwartungen auf bewegende Weise erfüllten... Es gibt in diesen von Verzweiflung, Wehmut und Ergebenheit kündenden Gesängen Momente höchster Inspiriertheit: Wir denken an das refrainartig wiederholte ›Dunkel ist das Leben, ist der Tod‹ des von Fritz Wunderlich prachtvoll intonierten und durchgehaltenen ersten Liedes oder an die träumerische Vogelepisode des fünften...«[2] Zum letzten Mal sang Wunderlich dieses Werk – zum letzten Mal überhaupt stand er hier, in der Zürcher Tonhalle, im Rahmen eines Orchesterkonzerts auf dem Podium.

Am 10. und 11. Juni nahm Wunderlich zusammen mit Kollege Hermann Prey für die Polydor eine Reihe altbekannter Weihnachtslieder auf. Fritz Neumeyer, der ehemalige Lehrer aus Wunderlichs Freiburger Studienjahren und längst ein väterlicher Kollege, hatte die Lieder eigens für diese Schallplattenproduktion neu arrangiert und für ein kleines Instrumentalbegleitensemble eingerichtet. Zwei Umständen ist diese Weihnachtsplatte im wesentlichen zu verdanken. Einmal plante der Sender Freies Berlin eine Christvesper mit Wunderlich; die Aufnahmen dazu sollten im November stattfinden. Warum also das Musikmaterial, das man dort brauchen würde, nicht vorher schon für eine eigene Weihnachtsplatte nutzen? Zum andern hatten Wunderlich und Prey schon einmal gemeinsam Weihnachtslieder gesungen: zur Heiligabendfeier in der Auferstehungskirche in München-Westend. Das war als Dank gemeint an den Pfarrer, der Wunderlichs jüngste Tochter Barbara getauft hatte – und zwar im Rahmen einer Haustaufe, da Wunderlichs Kinder damals an Windpocken erkrankt waren und ein Gang in die Kirche undenkbar gewesen wäre. Spontan hatte Wunderlich bei der Taufe dem Pfarrer vorgeschlagen, daß er an der nächsten Christvesper gerne in seiner Kirche singen würde. Und Hermann Prey, bei der Taufe selbstverständlich anwesend, erklärte sich ebenso spontan bereit, hier mitzutun.

Im Frühjahr trafen sich die beiden Freunde in Wien: Es war beschlossene Sache, daß sie zusammen eine Weihnachtsplatte machen wollten, und man beratschlagte sich mit Fritz Neumeyer wegen des Programms und der dazuzuschreibenden Instrumentalsätze. Zu dritt wählten sie die Lieder – insgesamt zehn, alles alte, populäre Volksweisen, wobei acht zweistimmig gesungen wurden und jeder Sänger zudem noch eine Weise allein vortrug. Fritz Neumeyer und ein paar Instrumentalisten umrahmten diese Lieder mit einigen Instrumentalsätzen von Georg Philipp Telemann und Tommaso Albinoni; ergänzt wurde das Musikprogramm schließlich mit der Weihnachtsgeschichte aus dem Lukas-Evangelium, gelesen vom Schauspieler Will Quadflieg. Als Wunderlich mit einer Kopie des provisorisch abgemischten Bandes aus dem Aufnahmestudio nach Hause kam, verschloß er die Fensterläden, zog die Vorhänge zu, zündete Kerzen an und versammelte die ganze Familie im Musikzimmer, um ihnen das Band vorzuspielen. Beinahe eine vorweggenommene kleine Weihnachtsfeier, so empfanden es alle.

Am 23. und 25. Juni gastierte Wunderlich als Tamino in zwei Aufführungen der *Zauberflöte* im Rahmen eines Gesamtgastspiels der Wiener Staatsoper anläßlich der Internationalen Maifestspiele im Hessischen Staatstheater Wiesbaden. Am 29. Juni trieb er noch einmal seine Späße in der Partie des Sängers in einer *Rosenkavalier*-Vorstellung an der Wiener Bühne. Zum letzten Mal in dieser Spielzeit und überhaupt seine letzte Vorstellung an der Wiener Staatsoper.

Wunderlich in Wien: Eigentlich hat dieses Kapitel hier seinen Abschluß gefunden. Allerdings nicht ohne einen besonderen Akzent: Zwei Tage vor seiner letzten Vorstellung an der Staatsoper nahm Wunderlich im Großen Musikvereinssaal für Polydor eine neue Platte auf – »Wunderlich in Wien« – mit dem Wiener Staatsopernchor, dem Orchester der Wiener Volksoper und den Spilar-Schrammeln, dirigiert von Robert Stolz. Zwölf Titel, allesamt populäre Wiener Lieder, standen auf dem Programm, sieben davon hatte Karl Grell speziell für Wunderlich arrangiert:

> Wien, Wien, nur du allein
> Denk dir, die Welt wär ein Blumenstrauß
> Ich kenn' ein kleines Wegerl im Helenental
> In Wien gibt's manch winziges Gasserl
> Draußen in Sievering
> Ich weiß auf der Wieden ein kleines Hotel
> Ich muß wieder einmal in Grinzing sein
> Im Prater blüh'n wieder die Bäume
> Herr Hofrat, erinnern Sie sich noch?
> Ich hab' die schönen Maderln net erfunden
> Es steht ein alter Nußbaum draußn in Heiligenstadt
> Wien wird bei Nacht erst schön

»Ich rief den Kammersänger in München an«, erzählte Grell später, »um mit ihm die Tonarten zu besprechen und etwaige Wünsche von ihm zu hören, und war überrascht und verblüfft zugleich. Es meldete sich ein unproblematischer, freundlicher, aber musikalisch ungeheuer informierter Künstler. Es gab solche Monologe: ›Der Titel ist in D, für mich allerdings besser in E-dur, da ist mein Spitzenton ein Gis, das ist sehr gut – ich würde empfehlen, nächsten Chorus modulieren – andere Tonart, dann setz' ich gleich wieder ein, leg' mir schön Streicher drunter, einen schönen Teppich, vielleicht bei der Stelle einen Chor, das gibt einen guten Effekt...‹ Ich war sprachlos! So viel praktisches Wissen über Arrangement und Aufführungspraxis hatte ich nicht erwartet.«[3] Was Karl Grell in der Tat nicht wissen konnte: daß der Herr Kammersänger seit seinen frühen Auftritten mit den »Hutmacher«-Tanzmusikkumpels in Kusel im Komponieren und Arrangieren von Unterhaltungsmusik weitreichende Erfahrung hatte.

Auf den 27. und 28. Juni waren die Aufnahmesitzungen anberaumt. »Wäre es möglich, daß Sie vielleicht am Samstag, den 25. Juni, vormittags mit mir eine

Klavierprobe haben könnten?« fragte Robert Stolz zehn Tage vor dem ersten Aufnahmetermin brieflich bei Wunderlich an. Denn die Zeit drängte – was Stolz allerdings nicht sonderlich beunruhigte: »Sollte dies nicht möglich sein, so bin ich überzeugt, daß alles trotzdem wunderbar gehen wird; wir können vielleicht eine halbe Stunde vor den Aufnahmen beim Klavier zusammensitzen, und bei Ihrer einmaligen, grandiosen Musikalität brauchen wir nur einige Minuten, um alle Nuancen zu koordinieren.«⁴ Es war ein sehr heißer Sommertag, als sich das Team zur ersten Aufnahmesitzung im Großen Musikvereinssaal einfand. »Wunderlich war in blendender Verfassung«, erzählte Karl Grell. »Vor jeder Nummer gab es einen Schnellsiederkurs in Wiener Dialektaussprache. Ich mußte dem Kurpfälzer, der natürlich ›Wegal‹ statt ›Wegrl‹ und ›Platzal‹ statt ›Platzerl‹ sagte, das Weiche, Schlampige in der Aussprache beibringen, was aber in Kürze bei diesem herrlichen Musikanten bestens gelang. Es war eine beglückende Zusammenarbeit, die auch Fritz Wunderlich solchen Spaß machte, daß er mich beiseite zog und sagte: ›Wir müssen sofort eine weitere Produktion vereinbaren – solang der alte Stolz noch frisch ist!‹«⁵ Eine verständliche Besorgnis: Altmeister Stolz war damals immerhin 86 Jahre alt. Auch er war begeistert von den Aufnahmen und schrieb gleich am Tag nach der letzten Sitzung einen Brief an Wunderlich:⁶

Mein lieber Freund!

Innigsten Dank für die wunderbare Zusammenarbeit anläßlich der Produktion der Platte »Fritz Wunderlich in Wien«, die ich dirigierte.

Sie haben von unserem Herrgott nicht nur eine prachtvolle Stimme, die Sie durch mustergültige Schulung, Studium und Training zur Vollkommenheit entwickelt haben und beherrschen, sondern auch noch eine Musikalität, die ans Metaphysische grenzt, ein hochkünstlerisches Musikantentum verbunden mit so viel Herz, Gefühl und Können, wie es in der ganzen Musikgeschichte nur vielleicht ganz wenige Sänger gegeben hat.

Alle diese gottbegnadeten Eigenschaften eines Tenors und dazu diese Bescheidenheit, dieser Humor!

Das Musizieren mit Ihnen war für mich ein Fest. Ich danke Ihnen von ganzem Herzen und wünsche Ihnen und Ihrer lieben Gattin noch viele Jahrzehnte alles erdenklich Schönste und Beste, vor allem Gesundheit, Zufriedenheit, Glück, Erfolg und Gottes Segen sowie Lebens- und Arbeitsfreude. Im übrigen glaube ich, daß eines der Geheimnisse Ihres gigantischen Erfolges Ihre Gattin ist. Sie wissen, ›hinter jedem großen Mann steht eine kleine Frau‹, sagen die Franzosen, und sie haben recht. Ich habe das Gefühl, daß Sie in Ihrer Ehe das große Los gezogen haben, und das erklärt vieles.

In aufrichtiger Bewunderung und mit den herzlichsten Grüßen von Haus zu Haus, verbleibe ich

stets Ihr getreuer Freund   Robert Stolz

Auch ein Postskriptum findet sich am Schluß des Briefes: »Ich freue mich auf unsere Aufnahmen im September.« Mündlich hatte man sich über eine nächste Produktion schon verständigt – »solang der alte Stolz noch frisch ist«, wie

Wunderlich meinte. Das Schicksal wollte es anders: Der 86jährige Altmeister mußte einige Wochen später als Hüllentext für die soeben abgeschlossene Schallplattenproduktion einen Nachruf schreiben auf Wunderlich, den noch nicht 36jährigen.

Irgend etwas schien Wunderlich umzutreiben – davon war wiederholt schon die Rede. Irgend etwas trieb ihn an, trieb ihn vorwärts – worüber sich seine Frau, seine Kollegen und überhaupt alle Menschen, die näher mit ihm zu tun hatten, wunderten. Zu einigem Kopfschütteln Anlaß gab damals auch eine dringliche Bitte Wunderlichs, vorgebracht bei der Deutschen Grammophon Gesellschaft: Er wolle die Aufnahme von Schuberts Liederzyklus *Die schöne Müllerin*, fest eingeplant für Februar 1967, unbedingt vorziehen und gleich jetzt, Anfang Juli 1966, machen. Das war einfacher gesagt als getan, denn entsprechende Aufnahmeräumlichkeiten hätten Monate im voraus gebucht werden müssen. Doch Wunderlich hatte Glück: Produzent Hans Ritter konnte in München kurzfristig den Saal in der Akademie der Wissenschaften mieten. Vom 2. bis 5. Juli fanden die Aufnahmen statt, in je dreistündigen Sitzungen von abends 17 oder 18 Uhr an. Drei Schallplattenseiten füllte der Liederzyklus, und für die verbleibende vierte Seite des LP-Doppelalbums nahmen Wunderlich und Giesen noch sieben ausgewählte Schubert-Lieder auf: »Der Einsame«, »Frühlingsglaube«, »An Silvia«, »Heidenröslein«, »Ständchen«, »Liebhaber in allen Gestalten« sowie »An die Musik«.

Keine zehn Jahre war es her, seit sich Wunderlich mit Schuberts *Schöner Müllerin* erstmals in ein Schallplattenaufnahmestudio gewagt hatte. Damals noch unbekümmert – ein Sänger, dem man Zukunft attestierte, der, wie es im Jargon heißt, zu Hoffnungen berechtigte. Und heute, nach einem knappen Jahrzehnt? »Fritz Wunderlich, Deutschlands größte tenorale Nachkriegsbegabung«, resümierte Ulrich Schreiber in seiner Besprechung der *Schönen Müllerin*. »Wieviel Fritz Wunderlich uns erhoffen ließ, zeigt seine zweite Einspielung des Schubert-Zyklus, vergleicht man sie mit der ersten. Es tut dem Rang des Künstlers Wunderlich keinen Abbruch, wenn man den solcherart dokumentierten Gewinn reichen musikalischen Besitzes hypothetisch auf die Zukunft, die der Sänger nicht mehr erleben durfte, projiziert: wie hätte wohl eine dritte *Müllerin*, vielleicht zehn Jahre später aufgenommen, geklungen? Aber das Geschäft des Kritikers erlaubt nicht den Einbezug von Prophetie, nicht einmal jenen von Hoffnungen. Wir müssen die Gegenwart beschreiben und beurteilen, und damit zugleich die Vergangenheit. Fritz Wunderlichs letzte *Müllerin* ist die schönste der Plattengeschichte.«[7] Und Karl Löbl, der von Wien aus Wunderlichs Karriere Schritt für Schritt verfolgt hatte: »Fritz Wunderlich hat sich über die Möglichkeiten der Liedinterpretation stets viel den Kopf zerbrochen, und das, was jetzt so selbstverständlich klingt, ist ihm nicht gleichsam von selbst zugefallen ... Hört man diese

BAYERISCHE STAATSOPER
CUVILLIESTHEATER

MÜNCHNER FESTSPIELE 1966

Sonntag, 17. Juli 1966

Neuinszenierung

DIE ZAUBERFLÖTE

Oper in zwei Aufzügen von Emanuel Schikaneder

Musik von

WOLFGANG AMADEUS MOZART

Musikalische Leitung: Christoph von Dohnanyi

Inszenierung: Rudolf Hartmann

Bühnenbild: Herbert Kern

PERSONEN

Sarastro	Franz Crass
Tamino	Fritz Wunderlich
Königin der Nacht	Emilia Ravaglia
Pamina, ihre Tochter	Anneliese Rothenberger
Erste Dame	Gertrud Freedmann
Zweite Dame	Antonie Fahberg
Dritte Dame	Brigitte Fassbaender
Papageno	Hermann Prey
Papagena	Renate Holm
Monostatos	Ferry Gruber
Der Sprecher	Otto Wiener
Priester	Helmut Haupt
	Heinz Schorlemer
	Kurt Meier
	Hans Bruno Ernst
Drei Knaben	Mitglieder des Tölzer Knabenchores
Erster Geharnischter	Lorenz Fehenberger
Zweiter Geharnischter	Albrecht Peter
Drei Sklaven	Harald Baerow
	Jürgen Jung
	Jürgen Michaelis

Chöre: Wolfgang Baumgart

Technische Leitung: Emil Buchenberger
Beleuchtung: Ulrich Eckert
Anfertigung der Dekorationen: Eigene Werkstätten

Masken: Georg Rasche
Inspektion: Hermann Frieß

Schubert-Lieder, bei denen es kein Forcieren, keine technischen Schwierigkeiten, keinen einzigen unschönen Ton gibt, so ist nur noch kritiklose Bewunderung angebracht. Man kann die *Schöne Müllerin* und die übrigen Gesänge nicht richtiger, nicht herzlicher und nicht ausdrucksvoller vortragen, als es durch Fritz Wunderlich und seinen kongenialen, subtilen Begleiter auf diesen zwei Platten, die jeder Musikfreund nicht ohne innere Regung hören wird, geschieht und glücklicherweise auch künftig immer wieder geschehen kann.«[8]

Eine Randbemerkung zur *Schönen Müllerin*: Die Einführung zur Textbeilage dieser Schallplattenkassette schrieb Joseph Müller-Blattau, jener Musikhistoriker, der Anfang 1950, damals noch in Kusel, Wunderlich ein Gutachten über dessen außergewöhnliche stimmliche und sängerische Begabung ausgestellt hatte. Im Hinblick auf ein mögliches Gesangsstudium in Freiburg hatte er das damals getan – auf eine Weltkarriere hätte keiner zu spekulieren gewagt. Müller-Blattau war es nun vorbehalten, gleichsam ein Schlußwort zu dieser Künstlerkarriere zu formulieren. Seinen Beitrag beendete er mit dem Satz: »Uns allen, die wir herzlich mit ihm verbunden waren und den Menschen und Künstler gleichermaßen schätzten, wird das letzte Lied, das er für die Schallplatte sang, ›An die Musik‹, als sein Abschied vom Leben gelten müssen: ›Du holde Kunst, ich danke dir‹.«

Zur Eröffnung der Münchner Festspiele inszenierte Generalintendant Rudolf Hartmann im Cuvilliés-Theater Mozarts *Zauberflöte*. Sie sollte einen Gegenpol zu jener umstrittenen Inszenierung bilden, die Harry Buckwitz zwei Jahre zuvor für das Nationaltheater erarbeitet hatte. Einmal mehr sang Wunderlich den Tamino. An seiner Seite wirkten Hermann Prey (Papageno), Anneliese Rothenberger (Pamina) sowie Franz Crass (Sarastro) mit; die musikalische Einstudierung besorgte Christoph von Dohnányi. Während zweier Wochen probte Wunderlich Tag für Tag. Und mehr noch: Erstmals nahm er auch seine Kamera mit und fotografierte während der letzten Proben – fotografierte vor allem seine Kollegen, aber auch sich selbst. Gleichsam aus einem Drang heraus, alles festzuhalten. Dabei hatte er den Tamino weit über hundert Mal gesungen, hatte ihn mehrfach schon in Neuinszenierungen erarbeitet und würde ihn auch weiterhin singen. Nach wie vor betrachtete er diese Rolle als eine seiner wichtigsten Partien, und oft sinnierte er über Parallelen zwischen der Parsifal-Gestalt und dem Tamino: daß beide ihren Weg gehen und ihre Prüfungen bestehen müssen, daß sie über den Umweg einer schmerzlichen Trennung erst zu einer Verbindung und, in einem erweiterten Sinne, zu einer Einigung mit der Welt, den Menschen und sich selbst kommen.

Am 15. Juli war Generalprobe; alles mußte funktionieren. Doch bereits im dritten Auftritt des ersten Aktes gab es Irritationen. Wie die drei Damen der sternflammenden Königin dem Prinzen Tamino das Bildnis Paminas überreichen, auf daß er sie suche und – zuvor – seine berühmte Arie »Dies Bildnis ist bezaubernd schön« anstimme, erbleichte Wunderlich. Was ihm da aus dem Bilderrahmen als Pamina-Bildnis entgegenblickte, war ein Pin-up-Girl aus einem einschlägigen Magazin. Requisiteure hatten sich diesen billigen Scherz erlaubt. Für gewöhnlich war Wunderlich für jeden Spaß zu haben, zu jeder Schandtat aufgelegt. Jetzt aber, bei der Generalprobe zu einer Neuinszenierung, verlangte er von sich und allen anderen Ernst und Konzentration. Wütend machte er das dem Missetäter klar – in einer Aufgeregtheit, die man bei ihm sonst nicht kannte.

Zwei Tage später ging Hartmanns Neuinszenierung erstmals über die Bühne. »Ein Höhepunkt hätte Fritz Wunderlichs ›Bildnis‹-Arie werden können«, rapportierte Joachim Kaiser in der *Süddeutschen Zeitung* – was umgekehrt darauf schließen läßt, daß sie offenbar kein Höhepunkt war, denn »der Künstler, dessen Stimme einmal nicht ganz so leicht ansprach wie sonst, brachte den Spannungsbogen dieser Arie... nicht bruchlos zustande.« Was im Klartext hieß, daß Wunderlich während der Premiere mitten in seiner Arie den Text vergessen hatte. Er sang zwar weiter, mußte aber »dichten«. Was war passiert? Der Requisiteur hatte vergessen, das Pin-up-Girl-Foto gegen ein »normales« Pamina-Bildnis auszutauschen – was Wunderlich bemerkte, als er mitten in der »Bildnis«-Arie auf das Medaillon schaute. Für einen Moment verlor er den Faden, verlor er überhaupt die Konzentration und vergaß den Arientext. Zugleich staute sich in ihm maßloser Ärger an, weil seine unmißverständliche Anweisung während der Generalprobe, dieses Bild sofort auszuwechseln und den Scherz keinesfalls zu wiederholen, offenbar nicht ernst genommen oder aber einfach vergessen worden war. Er brauchte einige Zeit, um sich wieder aufzufangen: »Ganz zu sich selbst kam Wunderlich erst beim Gespräch mit dem Sprecher...«[9] Dennoch wurde die Aufführung für ihn letztlich zu einem großartigen Erfolg: »Wieder einmal müssen wir Fritz Wunderlich bestätigen, daß er der beste Tamino ist, den es heute gibt«, schrieb Helmut Schmidt-Garre. »Wie intuitiv er den Mozart-Stil beherrscht, wie haargenau er weiß, wann ein Crescendo, ein Diminuendo nötig ist, wie unglaublich musikalisch er phrasiert und mit welcher Sicherheit er vom Musikalischen her die ganze Figur aufbaut, das entzückt von Mal zu Mal mehr.«[10]

Bereits zwei Tage später sang Wunderlich seine nächste Festspielvorstellung: *Don Giovanni* im Nationaltheater. »Die sängerische Initiative ergriff Fritz Wunderlich, kaum von ernsthafter Konkurrenz bedrängt, beziehungsweise von gleichwertigen Partnern flankiert«, schrieb Karl Schumann in der *Süddeutschen Zeitung*. »Auf die beiden Arien des Don Ottavio konzentrierte sich der recht kritisch abwägende Beifall. Wunderlichs Verdienst ist es, mit der wehleidigen, überfeinerten Auffassung lyrischer Mozartrollen aufzuräumen und ihnen dramatisches Feuer zu verschaffen. Bei Wunderlich sind die Koloraturen der B-dur-Arie nicht nur schön, sondern auch belebt.«[11] Und machen so Sinn, sind nicht nur blutleerer, künstlerischer Zierat. Tags darauf trieb er einmal mehr seine Spaßigkeiten als Sänger im *Rosenkavalier*, dirigiert von Rudolf Kempe. Am 22. Juli sang er noch einmal eine *Don-Giovanni*-Festvorstellung – nachdem er am Morgen be-

Mein lieber Fritz,

wir hatten gestern wieder die Zauberflöte und ich habe bei 1000 Stellen voller Wehmut an Dich gedacht. – Das klingt alles sentimental – aber ist die Wahrheit. Zum Trost habe ich mir heute früh unser Weihnachtsband angehört. <u>Nimm Dich nur in Acht, Junge, und teile Dir die nächsten Jahre gut ein. Damit die Krise erst garnicht kommt, von der Du neulich sprachst.</u> – Mit anderen macht mir die Singerei gar keinen Spass. Wir müssen unsere Pläne verwirklichen.

Ein Liebesbrief? – Aber ich bin nicht schwul!

Dein Hermann

reits vor dem Mikrofon gestanden hatte. Für eine Querschnittplatte von Tschaikowskys Oper *Eugen Onegin*, produziert von der Deutschen Grammophon Gesellschaft, sang er die große Lenski-Arie, das Arioso aus dem ersten Akt sowie die Duellszene. Seine Partner: Dietrich Fischer-Dieskau (Onegin), Brigitte Fassbaender (Olga), Martti Talvela (Gremin) und Evelyn Lear (Tatjana), die kurzfristig für die erkrankte Teresa Stratas eingesprungen war. Eigentlich hätte Reinhard Peters dirigieren sollen, aber er verunglückte kurz vor dem ersten Aufnahmetermin, und so sprang Schallplattenproduzent Otto Gerdes kurzentschlossen in die Bresche und übernahm die musikalische Leitung.

Zwei Tage später mimte Wunderlich erneut den Sänger im *Rosenkavalier*, und am folgenden Abend verabschiedete er sich in einer *Zauberflöten*-Vorstellung vorläufig von München. Salzburg erwartete ihn für sechs Festspielaufführungen von Mozarts *Entführung aus dem Serail*.

Am 31. Juli ging die *Entführung* erstmals wieder über die Bühne des Kleinen Festspielhauses. Wiederum dirigierte Zubin Mehta, und auch die Sängerbesetzung vom Vorjahr hatte sich vollständig eingefunden. Fritz Wunderlich wurde in der Presse als weltbester Mozart-Tenor gefeiert, und eine entsprechende Bestätigung erhielt er tags darauf – einen Brief aus Bayreuth:[12]

> Lieber Herr Wunderlich,
>
> ich hoffe, daß Sie unser Meistersinger-Gespräch in Wien genauso wenig vergessen haben wie ich. Nach einem längeren Gespräch mit Dr. Böhm sind wir beide eigentlich der Meinung, daß es kaum zu verantworten ist, den weltbesten Mozart-Tenor zum Stolzing zu machen.
> Wenn ich mich recht erinnere, sprachen wir damals auch von einem Entweder–Oder, David oder Stolzing. Sowohl Herr Böhm als auch ich wären natürlich sehr begeistert, wenn Sie sich entschließen könnten, anläßlich des 100jährigen Jubiläums der Meistersinger bei den Bayreuther Festspielen 1968 in der Premiere und drei weiteren Aufführungen, die von Herrn Böhm geleitet werden, den David zu übernehmen. Die vier Aufführungen werden einschließlich der Orchesterproben von der Deutschen Grammophon live mitgeschnitten. Ich denke, das Ganze wäre doch für Sie einmal eine neue Aufgabe und reizvoller, als in der 299. Inszenierung der Zauberflöte den Tamino oder in Ihrer 104. Don-Giovanni-Inszenierung den Ottavio zu singen.
> Denken Sie bitte über meinen Vorschlag nach, und schreiben Sie mir bald Ihre Meinung: Die Festspiele 1968 sind nicht weit.
> Mit herzlichen Grüßen und allen guten Wünschen für Ihre nächsten diesjährigen Festspielabende bin ich
>
> stets Ihr   Wieland Wagner

Stolzing oder David, das war die Frage. Zehn Tage nahm sich Wunderlich Bedenkzeit – eine Zeit angespannter Unsicherheit, zumal er krank wurde und den Salzburger Festspielliederabend vom 4. August absagen mußte. Dann aber stand seine Antwort an Wieland Wagner fest:[13]

Lieber Herr Wagner,

vielen herzlichen Dank für Ihren Brief vom 30. Juli 1966. Ich habe mich, wie über alle Ihre Briefe, auch über diesen herzlich gefreut, und wie stets haben Sie mich wieder in einen Konflikt gestürzt.

Für 1968 habe ich an und für sich schon weitgehend disponiert, werde aber versuchen, für den David mich irgendwie loszureißen.

Darf ich mir noch etwa vier Wochen Bedenkzeit erbitten, ich werde Ihnen dann sofort endgültig Nachricht geben.

In der Zwischenzeit möchte ich Sie bitten, mir doch mitzuteilen, wer in den übrigen Partien besetzt ist.

Für Ihre weitere Genesung wünsche ich Ihnen von ganzem Herzen alles Gute, hoffentlich sehe ich Sie bald einmal zu einem persönlichen Gespräch.

Mit den allerherzlichsten Grüßen bin ich wie immer　　　　　　　Ihr　Fritz Wunderlich

Am 14. August konnte er schließlich seinen Salzburger Festspielliederabend im Mozarteum nachholen. Am Flügel: Heinrich Schmidt. Das Programm:

Franz Schubert	Drei Gesänge des Harfners aus Goethes »Wilhelm Meister«
Joseph Haydn	Schottische und Walisische Volkslieder Mitwirkend: Kurt Guntner (Violine) Adolf Schmidt (Violoncello)
Robert Schumann	Freisinn Lotosblume Aufträge Meine Rose Der Hidalgo
Richard Strauss	Ich trage meine Minne Ach weh mir unglückhaftem Mann Sie wissen's nicht Ständchen

Für Wunderlich wiederum eine Bewährungsprobe gegenüber einer Reihe renommierter Liedersänger: Dietrich Fischer-Dieskau, Grace Bumbry, Christa Ludwig und Walter Berry, Anneliese Rothenberger sowie Hermann Prey hatten je mit einem Liederabend im Mozarteum aufgewartet. Offensichtlich aber nicht alle mit gleichem Erfolg: »Nach den leider bereits auch auf dem Sektor der Liederabende zahlreichen und empfindlichen Enttäuschungen des heurigen Salzburger Festspielsommers durfte man beim Abend Fritz Wunderlichs nun endlich wieder ein Konzert erleben, das, sieht man von den Begleitern ab, reinste und ungemischte Freude vermittelte. Von seiner Krankheit sichtlich (und hörbar) völlig wieder hergestellt, bot der Künstler ein klug und geschmackvoll zusammengestelltes Programm ... Wunderlich, der schon glänzend begann, vermochte sich im Verlaufe des Abends immer noch mehr zu steigern, um schließlich mit der dritten Zugabe (›Zueignung‹ von Richard Strauss) einen fulminanten Schlußpunkt zu setzen.«[14]

Gleich am nächsten Abend stand Wunderlich wiederum in München auf der Bühne: *Der Rosenkavalier* im Nationaltheater, eine Galavorstellung für den XX. Internationalen Ophthalmologen-Kongreß. Lisa Della Casa bezauberte einmal mehr als Marschallin; Hertha Töpper sang den Octavian und Erika Köth die Sophie; Kurt Böhme lärmte als Ochs von Lerchenau durch die Szene. Wunderlichs Abschied von den diesjährigen Münchner Festspielen – und überhaupt sein letzter Bühnenauftritt in München.

In Salzburg hatte er noch drei Aufführungen der *Entführung* zu singen, dann war für ihn auch hier die Festspielsaison zu Ende. Noch wartete Bayreuth auf seinen definitiven Entscheid in Sachen *Meistersinger*. Wie immer tat sich Wunderlich schwer mit Absagen. Daß es eine Absage sein müsse, war ihm klar. Um Wieland Wagner, den väterlichen Förderer, mit dieser Absage nicht zu sehr zu brüskieren, nahm er in seinem Absagebrief Zuflucht zu Richard Wagners stabreimend-stolzer, gestelzt-gekünstelter Dichtersprache. Solcher Humor sollte die tiefere Tragweite seines Entscheides zumindest oberflächlich überdecken helfen:[15]

Lieber Herr Wagner,

die Frist ist um. Und abermals verkündige ich Ihnen, daß ich die nächsten 7 Jahr in Bayreuth keinen David singen werde.
 Wunderlich wartet bis Wieland der Wagner
 wohlwollend ihn würdig und wert hält
 für reißende Rolle in Richards des Großen
 riesigem Werk.

Mit anderen Worten, ich möchte doch in Bayreuth mit einer großen Partie beginnen, und wenn es einige Jahre später ist.
Abgesehen davon ist meine persönliche Meinung die, daß Gerhard Unger, mit dem ich gerade in Salzburg »Entführung« gemacht habe, in stimmlicher und darstellerischer Beziehung immer noch der beste David ist.
Mit herzlichen Grüßen bin ich wie stets

                                          Ihr
                                          Fritz Wunderlich

Am 28. August sang Wunderlich in Salzburg seine letzte *Entführung*. Anneliese Rothenberger, seine Konstanze, erinnerte sich an diese Vorstellung: »Wir beide gingen als letzte aus dem Festspielhaus und mußten noch lange Autogramme geben. Es hat später zu Spekulationen Anlaß gegeben, weil Fritz auf mehreren Bildern mit ›in memoriam‹ unterschrieben hat..., aber natürlich weiß jeder, der Wunderlich kannte, daß das nur ein Witz hätte sein sollen, ein makabrer zwar...«[16]

Am 30. August flog Wunderlich mit dem Ensemble der Württembergischen Staatsoper zu einem Gesamtgastspiel nach Edinburgh. Vier Opern hatten sie im Gepäck: *Die Zauberflöte, Lohengrin, Wozzeck* und *Lulu.* Im King's Theatre sang er in drei von insgesamt fünf *Zauberflöten*-Vorstellungen den Tamino, alternierend mit Waldemar Kmentt. Generalmusikdirektor Ferdinand Leitner dirigierte. Hinzu kam, am 4. September, ein Liederabend in der Usher Hall, vom Rundfunk direkt übertragen. Noch einmal sang er das bewährte Programm: Beethoven- und Schubert-Lieder im ersten Teil, anschließend Schumanns *Dichterliebe.* Hubert Giesen begleitete. Es wurde ein singulärer Liederabend. Die einheimische Presse reagierte begeistert, und selbstverständlich wurde vom Erfolg dieser beiden Stuttgart so eng verbundenen Künstler auch in den Stuttgarter Zeitungen berichtet. »Triumph des Liedgesangs«, titelten die *Stuttgarter Nachrichten* in fetten Lettern. »Fritz Wunderlich und der Stuttgarter Pianist Professor Hubert Giesen erlebten in einem Liederabend bei den Edinburgher Festspielen einen triumphalen Erfolg. Die beiden Künstler, die schon seit geraumer Zeit zusammen wirken, bestätigten sich als eines der wenigen bedeutenden Liederduos der Gegenwart ... Der *Daily Telegraph* schrieb: ›Wunderlich verfügt über die Vorzüge eines Liedersängers in einem Grade, der bei Opernsängern selten vorkommt ...‹ Die Londoner *Times* schrieb: ›Mr. Wunderlich erweckte einige halbvergessene, glanzvolle Beethoven-Lieder zu neuem Leben und war am überzeugendsten in der Schubert-Gruppe.‹ *Scotch Daily Mail:* ›Nach fünf Zugaben bestand Fritz Wunderlich darauf, daß er und sein bewährter Begleiter Hubert Giesen jetzt wirklich weggehen müßten. Es war ein hocherfreulicher Nachmittag. Ich möchte behaupten, daß die Wiedergabe der *Dichterliebe* das hervorragendste Beispiel einer Schumann-Interpretation war, die bei diesen Edinburgher Festspielen geboten wurde.‹«[17]

Auch einige Stuttgarter Kollegen hörten sich Wunderlichs Liederabend an, unter ihnen Hetty Plümacher und Otto von Rohr. »Im nachhinein meine ich, die *Dichterliebe* von Schumann nie beseelter und vollendeter gehört zu haben«, erzählte Hetty Plümacher Jahre später. »Wir waren so beeindruckt und zugleich aufgewühlt, daß wir auf dem Heimweg in eine nahegelegene Kirche gingen, um uns zu beruhigen. Beide hatten wir das Gefühl, etwas Außergewöhnliches erlebt zu haben. Und am nächsten Tag sangen wir mit Fritz zusammen die *Zauberflöte.* Keiner ahnte, daß es seine letzte Vorstellung sein würde.«[18] Im Künstlerzimmer nahm Wunderlich nach dieser Vorstellung seinen Garderobier in die Arme und verabschiedete sich von ihm mit einem herzlichen Kuß. Der Getreue hatte jenen aus frühester Stuttgarter Opernzeit stammenden Pappkarton mit den aufgemalten Worten »Gott segne das ehrbare Künstlertum« selbst nach Edinburgh mitgebracht und ihn in Wunderlichs Garderobe aufgehängt. Kurze Zeit nachdem sich Wunderlich verabschiedet hatte, kehrte er nochmals in seine Garderobe zurück, nahm den Pappkarton herunter, schaute ihn an und zerriß ihn plötzlich. »Den brauchen wir nicht mehr.« Und ging.[19]

»Nach dieser Aufführung«, erzählte Dirigent Ferdinand Leitner, »kam Wunderlich zu mir und sagte: ›Könnten wir nicht zusammen ein Glas Wein trinken? Ich möchte Sie so vieles fragen, wir kommen sonst ja nie dazu.‹ Wir setzten uns also zusammen, und er fragte: ›Wie war das heute?‹ Ich sagte: ›Gott, Fritzchen ... Heute war das ein großer Kammersänger. Aber der Fritz vor elf Jahren, der hat mir einen viel größeren Eindruck gemacht. Selbstverständlich haben Sie heute die Erfahrung. Aber das damals, das war einmalig.‹ Da sagte er: ›Das fühle ich auch, und darum will ich so nicht weitermachen. Ich will jetzt eine Pause einlegen mit dem Tamino, um wieder neu herangehen zu können ...‹ Dann fragte er noch: ›Werden Sie mir die Stellen alle sagen?‹ Ich sagte: ›Ja, kommen Sie zu mir; das muß man in Ruhe besprechen.‹ Und wir verabredeten uns für den übernächsten Sonntag. ›Ich mache nächste Woche noch Aufnahmen, und dann werde ich am Sonntag zu Ihnen kommen. Sie müssen mir alle Stellen sagen, wo es nicht gut war, damit ich das aufarbeiten kann.‹«[20]

Am 6. September kehrte Wunderlich nach München zurück. Tags darauf wurde er im Kongreßsaal erwartet, wo die Deutsche Grammophon Gesellschaft eine Querschnittplatte von Verdis *Traviata* produzierte. Hilde Güden sang die Titelpartie, Dietrich Fischer-Dieskau den Vater Germont und Wunderlich den Alfred. Bruno Bartoletti dirigierte den Chor und das Symphonie-Orchester des Bayerischen Rundfunks. Die Stückauswahl konzentrierte sich auf die Soloszenen; leider wurde Wunderlichs große Arie im zweiten Akt nicht aufgenommen – sie hätte auf der Platte, mit je 27 Minuten Musik pro Seite schon fast übervoll, keinen Platz mehr gefunden. Vier Aufnahmesitzungen, am letzten Tag zwei zu je drei Stunden; anschließend ein freier Sonntag; und bereits am Montag stand Wunderlich erneut vor den Mikrofonen der Deutschen Grammophon Gesellschaft. Diesmal im Kulturraum in Bamberg, wo ein Querschnitt von Lortzings Oper *Zar und Zimmermann* eingespielt wurde. Hans Gierster dirigierte den Chor des Bayerischen Rundfunks sowie die Bamberger Symphoniker; neben Wunderlich sangen Ingeborg Hallstein (Marie), Friedrich Lenz (Peter Iwanow), Karl Christian Kohn (van Bett) und erneut Dietrich Fischer-Dieskau (Zar Peter). »Wunderlich gefiel mein sehr breites Tempo für das Zarenlied nicht sonderlich«, erzählte Fischer-Dieskau, »und er sagte mir das auch offen heraus. Ich ging auf seine Kritik ein und habe davon profitiert.«[21]

Eine Randbemerkung zu dieser *Zar-und-Zimmermann*-Aufnahme: Auf der Platte ist Wunderlich nur mit der Arie des Chateauneuf vertreten: »Lebe wohl, mein flandrisch' Mädchen«, die letzte Melodie überhaupt, die er für die Schallplatte gesungen hat. Drei weitere Titel – das Finale des ersten Aktes (Nr. 7 in der Partitur), das »Brautlied« (Nr. 11) sowie »So scheid' ich denn von euch« aus dem Finale des zweiten Aktes (Nr. 16) – wurden zwar aufgenommen, fanden aber keinen Platz auf der Platte. Im ersten dieser Titel wirkte auch Wunderlich mit – ungehörte Wunderlich-Töne, bis heute.

Zu Ende der Festspielsommer, zu Ende die Saison. Bereits in zehn Tagen sollte Wunderlich nach New York fliegen: *Don Giovanni* an der Metropolitan Opera. Doch vorerst wollte er ausruhen. Fünf Tage Urlaub standen bevor, im Landhaus eines befreundeten Ingenieurs in Oberderdingen in der Nähe von Pforzheim. Am Mittwoch, 14. September, fuhr er nachmittags los; fürs Wochenende sollte seine Frau nachkommen.

So war es zumindest geplant.

Epilog

Mittwoch, *14. September 1966.* Am späten Nachmittag fuhr Wunderlich von seinem Haus an der Rauheckstraße Nummer vier los – zunächst ins Stadtzentrum in die Nähe des Hauptbahnhofes, wo er einen befreundeten Arzt, der ebenfalls zum Urlaub mit eingeladen war, abholte, und anschließend weiter in Richtung Pforzheim. Als sie München verließen, war es ungefähr achtzehn Uhr dreißig: zweieinhalb Stunden später trafen sie in Oberderdingen ein. Nach einer allgemeinen Begrüßung durch den Gastgeber übernahm dessen Frau die Zimmerverteilung. Die Gäste sollten im ersten Stockwerk untergebracht werden; Wunderlich aber zog es vor, im Souterrain Quartier zu beziehen – im Schlafzimmer einer Einliegerwohnung, welches er bei seinen früheren Besuchen stets bewohnt hatte. Bis um Mitternacht saßen die Freunde anschließend noch im Wohnzimmer zusammen; dann ging jeder schlafen.

Donnerstag, 15. September 1966. Am Morgen nahm man um acht Uhr dreißig gemeinsam das Frühstück ein. In der Folge fuhr Wunderlich nach Stuttgart-Zuffenhausen, wo er seinen Wagen zum Kundendienst ablieferte. Anschließend trafen sich die drei Freunde unterwegs zum Mittagessen und fuhren dann wieder in die Villa des Gastgebers zurück. Für den Nachmittag war eine Rebhuhnjagd geplant, doch plötzlich aufkommender Regen vereitelte das Vorhaben. Statt dessen badete man im Swimmingpool vor der Villa. Wiederholt sagte Wunderlich, daß er sehr müde sei. Um fünf Uhr nachmittags gingen die drei Freunde mit zwei Jägern im Revier auf den Anstand; gegen zwanzig Uhr kehrten sie wieder ins Haus des Gastgebers zurück. Kurze Zeit später fuhren sie zu dritt zu einem Jagdfreund nach Knittlingen, einer Nachbargemeinde. Bis gegen Mitternacht blieben sie dort, hielten eine kräftige Brotzeit und kehrten dann, nachdem Wunderlich zum Abschied noch ein Lied gesungen hatte, zusammen in die Villa des Gastgebers zurück.

Freitag, 16. September 1966. Kurz nach Mitternacht trafen sie im Haus des Gastgebers ein. Wunderlich machte den Vorschlag, noch etwas zu trinken, und so setzten sie sich in die Küche und tranken zu dritt eine Flasche Bier. Dann verabschiedeten sie sich, und jeder suchte sein Zimmer auf: der Hausherr auf derselben Etage, der befreundete Arzt im oberen Stockwerk und Wunderlich im Souterrain, das man über eine zwölfstufige Holztreppe, mit einem Haargarnläufer belegt und an den Kanten rutschfest mit einem gummiartigen Material überklebt, erreichte. Das untere Treppenpodest war mit Steinfliesen ausgelegt. Rechts neben dem Podest, unmittelbar angrenzend, befand sich Wunderlichs Schlafzimmer.

Es war null Uhr dreißig. Trotzdem wollte Wunderlich noch seine Frau anrufen. Da im Souterrain zur Zeit umgebaut wurde, war der Apparat ausgeschaltet, und so mußte Wunderlich nochmals die Treppen hochsteigen ins Erdgeschoß, wo sich im Wohnzimmer ein weiterer Apparat befand. Für Wunderlichs Frau war dieser Anruf mitten in der Nacht nichts Außergewöhnliches, zumal Wunderlich, wenn er auswärts war, auf Gastspielreise oder auf einer Liedertournee, oft noch spät in der Nacht anrief. Wunderlich erzählte, daß es ihm gutgehe und daß er einen schönen Tag verbracht habe. Für morgen sei eine größere Jagd geplant, und daher hätten sich alle Beteiligten schon zurückgezogen. Er selbst habe angeordnet, daß man ihn um halb vier Uhr wecken möge. Weiter sagte Wunderlich seiner Frau noch, daß er bereits am kommenden Sonntag nach Hause komme und nicht wie geplant erst Anfang der folgenden Woche. Die letzten paar Tage vor der Abreise nach New York wolle er mit ihr verbringen.

Durch das Geräusch eines dumpfen Aufpralls wurden der Gastgeber und seine Frau geweckt. Zuerst dachten sie, daß eines ihrer drei Kinder aus dem Bett gefallen sei. Während die Frau in den Kinderzimmern nachschaute, entdeckte der Gastgeber Licht, welches aus dem Treppenhaus in die Jagddiele heraufschien. Die Tür zum Treppenhaus stand offen. Als der Gastgeber hinuntersah, erkannte er Wunderlich, der auf dem unteren Treppenabsatz lag, quer zur Treppe, mit der Schulter an der Wand, den Kopf auf dem Steinfliesenboden. Sofort sprang er die Treppe hinab; Wunderlich war nur noch mit Mühe ansprechbar, sein Kopf lag in einer großen Blutlache. Zudem stellte man fest, daß der Handlauf, bestehend aus einer dicken Kordel, oben aus der Wand herausgerissen war und unten am Treppenfuß lag. Außerdem lagen auf der ganzen Treppe Holzsplitter, herrührend von einer Holzschraube und einem Holzdübel, mit denen die Kordel im Mauerwerk verankert gewesen war.

Wunderlich muß auf der Treppe das Gleichgewicht verloren haben – vielleicht weil er beim Hinabsteigen auf einen Schnürsenkel getreten war. Jedenfalls fand man den linken Schuh mit einem doppelten Knoten verschlossen, und die Enden der Schnürsenkel, das längere 29 Zentimeter, das kürzere 15 Zentimeter, hingen hinunter. Der Schnürsenkel des rechten Schuhs war gelockert und nur einfach verknotet. Im Fallen muß Wunderlich versucht haben, sich an der Kordel zu halten, riß diese aus ihrer Halterung und fiel dann, mit einer halben Drehung, direkt mit dem Hinterkopf auf die Steinfliesen des unteren Treppenabsatzes. Sofort wurde der befreundete Arzt, der im ersten Stockwerk logierte, herbeigerufen. Er leistete Erste Hilfe. Zudem avisierte man einen zweiten Arzt und einen

Krankenwagen. Das in der Nähe gelegene Kreiskrankenhaus in Bretten wurde ebenfalls informiert: Ein Patient mit Schädelbruch werde demnächst eingeliefert. Die Diagnose bei der Aufnahme: in die Schädelbasis auslaufende rechtsseitige Schädelfraktur mit ausgedehnter Hirnquetschung.

Am frühen Morgen wurde Eva Wunderlich benachrichtigt: Ihr Mann habe sich bei einem Treppensturz eine Gehirnerschütterung zugezogen, wurde ihr schonend mitgeteilt. Der Privatchauffeur von Wunderlichs Gastgeber holte sie wenig später ab und fuhr sie nach Oberderdingen, wo sie gegen Mittag eintrafen. Sofort fuhr sie in Begleitung der beiden Freunde Wunderlichs ins Krankenhaus nach Bretten. Der Chefarzt teilte ihr mit, daß ihr Mann einen Schädelbasisbruch erlitten habe. Einen Augenblick lang durfte sie ihren Mann sehen. Ansprechbar war er nicht mehr.

Im Lauf des Nachmittags wurde eine Neurochirurgin aus der Universitätsklinik Heidelberg zugezogen. Nach einem ausführlichen Konzilium mit dem Chefarzt wurde Wunderlich noch am selben Abend nach Heidelberg verlegt, wo die im Kreiskrankenhaus Bretten erhobene Diagnose eines Schädelbasisbruches bestätigt wurde. In der Neurochirurgischen Abteilung der Heidelberger Klinik führte man anschließend im rechten Schläfenbereich eine Schädeleröffnung durch, wobei eine schwere Hirnquetschung mit Blutung ins Hirngewebe registriert wurde. Fernmündlich informierte man die Angehörigen in Oberderdingen stündlich über den Gesundheitszustand Wunderlichs.

Samstag, 17. September 1966. Früh um fünf teilte man aus der Heidelberger Universitätsklinik mit, daß die Herztätigkeit des Patienten zunehmend schwächer werde und es zweckmäßig wäre, wenn sich die Angehörigen in Heidelberg einfänden. Als sie um sieben Uhr eintrafen, war Fritz Wunderlich bereits tot. Drei Tage später stand es in den Zeitungen: »Das Schicksal hat uns alles genommen.«

Quellen

ABERT, HERMANN: *W. A. Mozart*, Neubearbeitete und erweiterte Ausgabe von Otto Jahns Mozart. Drei Bände. Leipzig 1983 (10. Auflage).

BAUER, PAUL: *Kampf um den Himalaja*. München und Ulm 1952.

BIBA, OTTO (Hrsg.): *»Eben komme ich von Haydn...«*, Georg August Griesingers Korrespondenz mit Joseph Haydns Verleger Breitkopf & Härtel 1799–1819. Zürich 1987.

BÖHM, KARL: *Ich erinnere mich ganz genau*, Die Autobiographie des großen Dirigenten. Zürich 1968.

CELLETTI, RODOLFO: *Il teatro d'opera in disco*. Milano 1978.

DECKER, MARIANNE: *Fritz Wunderlich, Mein Bruder und ich*. Manuskript (25 Seiten). Fritz-Wunderlich-Sammlung des Heimatmuseums Kusel.

DECKER, MARIANNE: *Im Gespräch mit Karin Lautschke, Joop Markus, Hans van Zwol, Emil Decker, Peter Decker, Eric Bultman, Monika Dietrich und Karin Güttler*. Kusel, September 1980. Tonbandaufzeichnung des Gesprächs in der Fritz-Wunderlich-Sammlung des Heimatmuseums Kusel.

DERMOTA, ANTON: *Tausendundein Abend*, Mein Sängerleben. Wien und Berlin 1972.

DICK, RAINER: *Es dirigiert: Fritz Wunderlich*; in: Westrich-Kalender, Kusel 1984, S. 128ff.

Die Oper in Stuttgart, 75 Jahre Littmann-Bau, Herausgeber Staatstheater Stuttgart, Generalintendant Wolfgang Gönnewein. Stuttgart 1987.

EGK, WERNER: *Die Zeit wartet nicht*, Künstlerisches, Zeitgeschichtliches, Privates aus meinem Leben. München 1981 (ergänzte Ausgabe).

ENGEL, PAUL: *Musik-Export aus der Heimat in die weite Welt*; Musiklandschaft – wissenschaftlich erforscht; Die Reise über den großen Teich; in: Pfälzer Bergland – Kuseler Musikantenland, Sonderdruck aus »Pfalz am Rhein« der Jahrgänge 1981, 1986, 1987 und 1988, S. 26ff.

EWANS, MICHAEL: *Janáčeks Opern*. Stuttgart 1981.

Festliche Oper, Geschichte und Wiederaufbau des Nationaltheaters in München, Herausgegeben vom Freistaat Bayern unter der Mitwirkung der Freunde des Nationaltheaters e.V. und der Landeshauptstadt München. München 1964.

FISCHER-DIESKAU, DIETRICH: *Nachklang*, Ansichten und Erinnerungen. Stuttgart 1987.

GIESEN, HUBERT: *Am Flügel: Hubert Giesen*, Meine Lebenserinnerungen. Frankfurt am Main 1972.

GRELL, KARL: *Ein Leben voll Musik*. Belvedere Musik, Edition International [undatiert].

HAEUSSERMANN, ERNST: *Herbert von Karajan, Biographie*. Gütersloh 1968.

HARTMANN, RUDOLF: *Das geliebte Haus*, Mein Leben mit der Oper. München 1975.

HARTMANN, RUDOLF: *Richard Strauss*, Die Bühnenwerke von der Uraufführung bis heute. München 1980.

HERZFELD, FRIEDRICH (Hrsg.): *Ferenc Fricsay, Ein Gedenkbuch*. Berlin 1964.

HEYWORTH, PETER (Hrsg.): *Gespräche mit Klemperer*. Frankfurt am Main 1974.

HEYWORTH, PETER: *Otto Klemperer*, Dirigent der Republik 1885–1933. Berlin 1988.
HINKELMANN, ROLAND: *Aus dem »Braunen Haus« flog Brot*, Vor 40 Jahren: Das Kriegsende in Kusel; in: Rheinpfalz, 19. März 1958.
HONOLKA, KURT: *3000mal Musik*, Stars und Premieren in Stuttgart und anderswo. Stuttgart und Aalen 1977.
JAEGER, STEFAN (Hrsg.): *Das Atlantisbuch der Dirigenten*, Eine Enzyklopädie. Zürich 1985.
KAINDL-HÖNIG, MAX (Hrsg.): *Resonanz*, 50 Jahre Kritik der Salzburger Festspiele. Mit einem Vorwort von Bernhard Paumgartner. Salzburg 1971.
KAUT, JOSEF: *Festspiele in Salzburg*, Eine Dokumentation. Salzburg 1969.
PANOFSKY, WALTER: *Wieland Wagner*. Bremen 1964.
PRAWY, MARCEL: *Die Wiener Oper*. Zürich und München 1969.
PREY, HERMANN: *Premierenfieber*, Aufgezeichnet von Robert D. Abraham. München 1981.
RENNERT, GÜNTHER: *Opernarbeit*, Inszenierungen 1963–1973. Werkstattbericht, Interpretation, Bilddokumente. München 1974.
SCHÄFER, WALTER ERICH: *Bühne eines Lebens*, Erinnerungen. Stuttgart 1975.
SCHÄFER, WALTER ERICH: *Günther Rennert*, Regisseur in dieser Zeit. Bremen 1962.
SCHÄFER, WALTER ERICH: *Wieland Wagner*, Persönlichkeit und Leistung. Tübingen 1970.
SCHARF, FRED: *Fritz Wunderlich zur Erinnerung*, Verzeichnis seiner Rundfunk- und Schallplatten-Aufnahmen. Stockelsdorf 1987 (Eigenverlag).
SCHWAIGER, EGLOFF: *Warum der Applaus*. München 1968.
SCHWARZKOPF, ELISABETH: *On and Off the Record*, A Memoir of Walter Legge. London 1982.
SCHWORM, ERNST: *Kusel*, Geschichte der Stadt. Kusel 1988.
SEIDL, KLAUS JÜRGEN (Hrsg.): *Das Prinzregententheater in München*. Nürnberg 1984.
Staatliche Musikhochschule Freiburg im Breisgau, Festschrift zur Einweihung des Neubaus 1984. Herausgegeben von der Staatlichen Musikhochschule. Freiburg im Breisgau 1984.
STADER, MARIA: *Nehmt meinen Dank*, Erinnerungen. Nacherzählt von Robert D. Abraham. München 1979.
STRAUSS, RICHARD – ZWEIG, STEFAN: *Briefwechsel*, Herausgegeben von Willi Schuh. Frankfurt am Main 1957.
WESSLING, BERNDT W.: *Hans Hotter*. Bremen 1966.
WESSLING, BERNDT W.: *Gustav Mahler*, Ein prophetisches Leben. Hamburg 1974.
WESSLING, BERNDT W.: *Astrid Varnáy*. Bremen 1965.
WESSLING, BERNDT W.: *Wolfgang Windgassen*. Bremen 1967.
Zwanzig Jahre Musik im Westdeutschen Rundfunk, Eine Dokumentation der Hauptabteilung Musik 1948–1968. Herausgegeben vom Westdeutschen Rundfunk Köln.

*

Das war Fritz Wunderlich, Der legendäre Tenor in der Erinnerung seiner Kollegen. Von Robert Werba. Gesprächspartner: Walter Berry, Erika Köth, Hans Hotter, Melitta Muszely, Hermann Prey, Christa Ludwig, James King, Ferdinand Leitner, Erich Kunz, Dietrich Fischer-Dieskau, Gottlob Frick, Eberhard Wächter, Lucia Popp, Wolfgang Sawallisch, Edith Mathis, Peter Schreier, Sena Jurinac, Werner Krenn. Eine Sendung des Österreichischen Rundfunks. (1986)
Der Fritz-Wunderlich-Platz, Gesprächspartner: Ferdinand Leitner, Hermann Prey, August Everding, Walter Hagen-Groll. Eine Sendung des Bayerischen Rundfunks. (1986)
Erinnerungen an Fritz Wunderlich, Von Wolf-Dieter Peter und Bernd Loebe. Gesprächspartner: Ingeborg Hallstein, Hermann Prey, Karl Schumann. Eine Sendung des Hessischen Rundfunks. (1986)
Fritz Wunderlich, Ein musikalisches Selbstportrait. Fritz Wunderlich im Gespräch mit Egloff Schwaiger. Eine Sendung des Bayerischen Rundfunks. (1963)
Fritz Wunderlich, Portrait eines Sängers. Eine Filmproduktion des ZDF. Kamera: Wolfgang Schallon; Ton: Wolfgang Jentsch; Produktionsleitung: Hubert Böhm; Redaktion: Hans Moltkau; Buch und Regie: Manfred Seide. (1971)

Fritz Wunderlich im Gespräch mit Wolf-Eberhard von Lewinski, Eine Sendung des Südwestfunks. (1966) – Dieses Gespräch bildet die Grundlage zum Fritz-Wunderlich-Kapitel im Buch Egloff Schwaigers: Warum der Applaus.

Geboren in Kusel, Fritz Wunderlich, Eine Filmproduktion des SWF von Alexander Wischnewski. Kamera: Lutz Gericke, Dieter Baum; Ton: Rudolf Prell, Rüdiger Urban. (1971)

Gedenksendung für Fritz Wunderlich, Österreichischer Rundfunk. (1986)

Gedenksendung zum 10. Todestag Fritz Wunderlichs. Von Klaus Geitel. Gesprächspartner: Ingeborg Hallstein, James King. RIAS Berlin. (1976)

Große Interpreten als Gäste des Südfunks, Eine Sendung des Süddeutschen Rundfunks. (1976)

In memoriam Fritz Wunderlich, Eine Sendung des Süddeutschen Rundfunks. Fritz Wunderlich im Gespräch mit Günther Hauswald und Egloff Schwaiger. (1986)

Mehr als eine Legende, Portrait von Wolf-Dieter Peter. Gesprächspartner: Werner Hollweg, Peter Seiffert, Hermann Prey, August Everding, Eva Wunderlich. Eine Sendung des Bayerischen Rundfunks zum 20. Todestag Fritz Wunderlichs. (1986)

Ü-Wagen I in Kusel, Eine Sendung des Südwestfunks. Gesprächspartner: Julius Gerlach, Roland Hinkelmann. Fritz Wunderlich in Gesprächen mit Wolf-Eberhard von Lewinski und Ludwig Kusche. (1976)

Zauber der Musik, Eine Sendung des Südwestfunks mit Emmerich Smola. (1976)

Nachweise

PROLOG
1 tz München, 9. Juli 1976.

ERSTER TEIL: Kusel, Kaiserslautern, Freiburg, 1930 – 1955

ERSTES KAPITEL

1 Paul Bauer: Kampf um den Himalaja, 9.
2 Ernst Schworm: Kusel, 430.
3 Paul Engel: Musik-Export aus der Heimat in die weite Welt; Musiklandschaft – wissenschaftlich erforscht; Die Reise über den großen Teich.
4 Ernst Schworm: Kusel, 424.
5 In: Das war Fritz Wunderlich.
6 Marianne Decker: Fritz Wunderlich, Mein Bruder und ich.
7 Ernst Schworm: Kusel, 445ff.
8 Marianne Decker: Fritz Wunderlich, Mein Bruder und ich.
9 Ernst Schworm: Kusel, 466ff.
10 Überblick über die Schullaufbahn von Fritz Wunderlich, ausgestellt am 19. Februar 1990 vom Staatlichen Gymnasium Kusel.
11 Interview des Autors mit Eva Wunderlich, 4./8. Dezember 1989.

ZWEITES KAPITEL

1 Der Bericht folgt Roland Hinkelmann: Aus dem »Braunen Haus« flog Brot, sowie Marianne Decker: Fritz Wunderlich, Mein Bruder und ich.

2 In: Ü-Wagen I in Kusel.
3 In: Große Interpreten als Gäste des Südfunks.
4 Interview des Autors mit Hans-Martin Hackbarth, 24. November 1989.
5 Interview des Autors mit Liselotte Sulanke-Walter, 11. November 1989.
6 Kuseler Anzeiger; die Premiere in Kusel fand am 2. Dezember 1948 statt.
7 Interview des Autors mit Liselotte Sulanke-Walter, 11. November 1989.
8 Die Aufführung in Kusel fand am 16. Dezember 1948 im Kinosaal statt.
9 Interview des Autors mit Eva Wunderlich, 4./8. Dezember 1989.
10 In: Zauber der Musik.
11 Rainer Dick: Es dirigiert: Fritz Wunderlich.
12 In: Geboren in Kusel.
13 In: Geboren in Kusel.
14 Interview des Autors mit Dorothea Ammann-Goesch, 13. Oktober 1989.
15 Marianne Decker: Fritz Wunderlich, Mein Bruder und ich.

DRITTES KAPITEL

1 Illustrierte Funkwelt, 23. Oktober 1949.
2 Staatliche Musikhochschule Freiburg im Breisgau, Festschrift zur Einweihung des Neubaus 1984.
3 In: In memoriam Fritz Wunderlich.
4 Als »Pfälzer Heimatlied« bekannt geworden; gekürzt um die ersten drei Strophen, sang es Fritz Wunderlich 1965 für die Schallplatte.
5 Interview des Autors mit Hans-Martin Hackbarth, 24. November 1989.
6 Marianne Decker: Fritz Wunderlich, Mein Bruder und ich.
7 Interview des Autors mit Hans-Martin Hackbarth, 24. November 1989.
8 In: Geboren in Kusel.
9 Interview des Autors mit Dorothea Ammann-Goesch, 13. Oktober 1989.
10 In: Fritz Wunderlich, Portrait eines Sängers.
11 Interview des Autors mit Klaus Hertel, 15. Dezember 1989.
12 In: Fritz Wunderlich, Ein musikalisches Selbstportrait.
13 Interview des Autors mit Dorothea Ammann-Goesch, 13. Oktober 1989.
14 Marianne Decker: im Gespräch.
15 In: Geboren in Kusel.
16 Interview des Autors mit Dorothea Ammann-Goesch, 13. Oktober 1989.
17 Interview des Autors mit Manfred Schuler, 14. November 1989.
18 Interview des Autors mit Dorothea Ammann-Goesch, 13. Oktober 1989.
19 Egloff Schwaiger: Warum der Applaus, 317f.
20 Interview des Autors mit Manfred Schuler, 14. November 1989.
21 Interview des Autors mit Hans-Martin Hackbarth, 24. November 1989.

VIERTES KAPITEL

1 Esslinger Allgemeine Zeitung, 29. Dezember 1952.
2 Fritz Wunderlich im Gespräch mit Wolf-Eberhard von Lewinski.
3 Der Brief, undatiert, stammt von Anfang Juni 1952.
4 Badische Zeitung, 24. November 1953.
5 Südwest-Rundschau, 24. November 1953.
6 Interview des Autors mit Klaus Hertel, 15. Dezember 1989.
7 Südwest-Rundschau, 16. Dezember 1953.
8 Badische Zeitung, 18. Dezember 1953.
9 Interview des Autors mit Manfred Schuler, 14. November 1989.
10 Interview des Autors mit Katharina von Mikulicz, 15. Dezember 1989.

1 Interview des Autors mit Hans-Martin Hackbarth, 24. November 1989.
2 Sämtliche Angaben bezüglich Wunderlichs Aufnahmen im Freiburger Landesstudio des Südwestfunks nach Fred Scharf: Fritz Wunderlich zur Erinnerung, Verzeichnis seiner Rundfunk- und Schallplatten-Aufnahmen.
3 Sämtliche Angaben bezüglich Wunderlichs Aufnahmen in der Zweigstelle Kaiserslautern des SWF Baden-Baden nach der Karteikarte der SWF-Zweigstelle.
4 In: Zauber der Musik.
5 Interview des Autors mit Hans-Martin Hackbarth, 24. November 1989.
6 Interview des Autors mit Klaus Hertel, 15. Dezember 1989.
7 Interview des Autors mit Hans-Martin Hackbarth, 24. November 1989.
8 Interview des Autors mit Katharina von Mikulicz, 15. Dezember 1989.
9 Abgedruckt in: Kuseler Tagblatt, 27. Juli 1954.
20 Abgedruckt in: Kuseler Tagblatt, 27. Juli 1954.
21 In: Geboren in Kusel.
22 Interview des Autors mit Manfred Schuler, 14. November 1989.
23 Badische Zeitung, 2. Dezember 1954.
24 Rolf Ummenhofer, Brief vom 31. Januar 1990 an den Autor.
25 Allgemeine Zeitung, 30. März 1955.
26 Volkswille, 12. April 1955.
27 Interview des Autors mit Ferdinand Leitner, 23. November 1989.
28 Interview Wolfgang Wunderlichs mit Ferdinand Leitner, 1986.
29 Interview des Autors mit Manfred Schuler, 14. November 1989.
30 Datiert vom 28. Juni 1955.

ZWEITER TEIL: Stuttgart, 1955 – 1960

FÜNFTES KAPITEL

1 Kurt Honolka: Die Ära Schäfer 1945–1972, 91.
2 Kurt Honolka: 3000mal Musik, 164.
3 Walter Erich Schäfer: Bühne eines Lebens, 136. – Die Ansprache Thomas Manns ist vom S. Fischer Verlag, Frankfurt am Main, aufgenommen und als Langspielplatte bei der Deutschen Grammophon Gesellschaft veröffentlicht worden, zuletzt in einer 4-LP-Kassette »Thomas Mann liest«, DG 2755008.
4 Interview des Autors mit Eva Wunderlich, 4./8. Dezember 1989.
5 Interview des Autors mit Walter Hagen-Groll, 7. Dezember 1989.
6 Interview des Autors mit Eva Wunderlich, 4./8. Dezember 1989.
7 Interview des Autors mit Hans Günter Nöcker, 24. Januar 1990.
8 Stuttgarter Nachrichten, 19. Dezember 1955.
9 Berndt W. Wessling: Wolfgang Windgassen, 93.
10 Walter Erich Schäfer: Bühne eines Lebens, 183f.
11 Interview des Autors mit Walter Hagen-Groll, 7. Dezember 1989.
12 Hetty Plümacher, Brief vom 7. November 1989 an den Autor.
13 Interview des Autors mit Ferdinand Leitner, 23. November 1989.
14 Interview des Autors mit Hans Günter Nöcker, 24. Januar 1990.
15 Interview des Autors mit Josef Dünnwald, 10. Januar 1990.
16 Fritz Wunderlich, Brief vom 24. Januar 1956 an Margarethe von Winterfeldt.
17 Walter Erich Schäfer: Bühne eines Lebens, 214ff.
18 Friedrich Hölderlin: Anmerkungen zur Antigonae.
19 Interview des Autors mit Walter Hagen-Groll, 7. Dezember 1989.
20 Musica, 5/1956.
21 In: Ü-Wagen I in Kusel.

SECHSTES KAPITEL

1 Interview des Autors mit Josef Dünnwald, 10. Januar 1990.
2 Interview des Autors mit Eva Wunderlich, 4./8. Dezember 1989.
3 Südkurier Konstanz, 20. März 1956.
4 8-Uhr-Blatt Nürnberg, 3. April 1956.
5 Interview des Autors mit Eva Wunderlich, 4./8. Dezember 1989.
6 Interview des Autors mit Josef Dünnwald, 10. Januar 1990.
7 Hermann Abert: W. A. Mozart, Band 1, 36.
8 Stuttgarter Zeitung, 2. Juli 1956.
9 Stuttgarter Nachrichten, 13. Juli 1956.
10 Dietrich Fischer-Dieskau: Nachklang, 258.
11 Stuttgarter Nachrichten, 29. September 1956.
12 Nach einem Brief von Klaus Gottschall vom 4. Januar 1988 an Werner Jordan.
13 Interview des Autors mit Eva Wunderlich, 4./8. Dezember 1989.
14 Telegraf, 2. Oktober 1956; Spandauer Volksblatt, 2. Oktober 1956.
15 Der Live-Mitschnitt ist 1982 als 2-LP-Kassette veröffentlicht worden: Melodram MEL 223(2).
16 Interview des Autors mit Ferdinand Leitner, 23. November 1989.
17 Interview des Autors mit Klaus Hertel, 15. Dezember 1989.
18 Stolze hat später für John Cranko verschiedentlich Ballettmusiken komponiert und arrangiert: das legendäre Onegin-Ballett (UA 13.4.1965), Kyrie eleison (UA 17.12.1967) und Der Widerspenstigen Zähmung (UA 16.3.1969).
19 In: Mehr als eine Legende.

SIEBTES KAPITEL

1 Fritz Wunderlich, Brief vom 24. Januar 1956 an Margarethe von Winterfeldt.
2 Augsburger Anzeiger, 14. Oktober 1956.
3 Stuttgarter Zeitung, 27. November 1956.
4 Interview des Autors mit Josef Dünnwald, 10. Januar 1990.
5 Max Kaindl-Hönig (Hrsg.): Resonanz, 50 Jahre Kritik der Salzburger Festspiele, 216.
6 Interview des Autors mit Ferdinand Leitner, 23. November 1989.
7 Interview des Autors mit Hans Günter Nöcker, 24. Januar 1990.
8 Stuttgarter Zeitung, 31. Dezember 1956.
9 Interview des Autors mit Walter Hagen-Groll, 7. Dezember 1989.
10 Interview des Autors mit Hans Günter Nöcker, 24. Januar 1990.
11 Stuttgarter Nachrichten, 4. Februar 1957.
12 Stuttgarter Zeitung, 28. Februar 1956.
13 Interview des Autors mit Hans Günter Nöcker, 24. Januar 1990.
14 Benno Kusche, Brief von Ostern 1986 an Werner Jordan.
15 Interview des Autors mit Eva Wunderlich, 4./8. Dezember 1989.
16 Il Piccolo, 9. April 1957.
17 Allgemeine Zeitung, 16. April 1957.
18 Esslinger Zeitung, 18. April 1957.
19 Die Uraufführung vom 9. Mai 1957 wurde vom SDR Stuttgart live mitgeschnitten.
20 Werner Egk: Die Zeit wartet nicht, 488f.
21 Egloff Schwaiger: Warum der Applaus, 322.

ACHTES KAPITEL

1 Interview des Autors mit Hans Günter Nöcker, 24. Januar 1990.
2 Allgemeine Zeitung, 11. September 1957.

3 Werner Egk: Die Zeit wartet nicht, 490f.
4 Egloff Schwaiger: Warum der Applaus, 320.
5 Walter Erich Schäfer: Bühne eines Lebens, 205.
6 In: Geboren in Kusel.
7 Interview des Autors mit Josef Dünnwald, 10. Januar 1990.
8 Interview des Autors mit Eva Wunderlich, 4./8. Dezember 1989.
9 Interview des Autors mit Josef Dünnwald, 10. Januar 1990.
10 Interview des Autors mit Ferdinand Leitner, 23. November 1989.
11 Interview des Autors mit Eva Wunderlich, 4./8. Dezember 1989.
12 Walter Erich Schäfer: Bühne eines Lebens, 283.
13 In: Fritz Wunderlich, Portrait eines Sängers.
14 Walter Erich Schäfer: Bühne eines Lebens, 283.
15 Stuttgarter Zeitung, 17. März 1958.
16 Stuttgarter Nachrichten, 17. März 1958.
17 Interview des Autors mit Eva Wunderlich, 4./8. Dezember 1989.
18 Express, 5. April 1958.
19 Neckar- und Enzbote, 19. April 1958.
20 Werner Egk: Die Zeit wartet nicht, 494f.
21 Stuttgarter Zeitung, 21. Juni 1958; Ludwigsburger Kreiszeitung, 21. Juni 1958.

NEUNTES KAPITEL

1 Der Opernfreund, 9/1958.
2 Walter Erich Schäfer: Bühne eines Lebens, 169.
3 Interview des Autors mit Hans Günter Nöcker, 24. Januar 1990.
4 Stuttgarter Nachrichten, 29. Oktober 1958.
5 Interview des Autors mit Katharina von Mikulicz, 15. Dezember 1989.
6 Aachener Volkszeitung, 21. November 1958.
7 Über die Grundzüge seiner Rossini-Inszenierungen hat Günther Rennert berichtet in: Opernarbeit, 103ff.
8 Interview des Autors mit Eva Maria Rogner, 22. November 1989.
9 Stuttgarter Nachrichten, 16. Dezember 1958.
10 Interview des Autors mit Eva Maria Rogner, 22. November 1989.
11 In: Zauber der Musik.
12 In: Geboren in Kusel.
13 Die Welt, 26. März 1959.
14 Die Tamino-Arie ist, wie übrigens auch der Ausschnitt aus Wilhelm Kienzls *Kuhreigen* und Händels *Largo*, 1986 auf einer CD veröffentlicht worden: ACANTA 43267. Ebenso steht die Rundfunkaufnahme von Schuberts *Fierrabras* als CD-Veröffentlichung zur Verfügung: MYTO RECORDS MCD 89001.
15 Nach einem Gespräch von Heiko Bockstiegel mit Ernst Stankovski, Quakenbrück, 10. Oktober 1987.
16 Diese Aufnahme wurde im Rahmen eines LP-Doppelalbums veröffentlicht: RCA VL 30318.
17 Eduard Gröninger in: Zwanzig Jahre Musik im Westdeutschen Rundfunk, XIf.
18 Interview des Autors mit Ferdinand Leitner, 23. November 1989.
19 Aktennotiz des WDR, Abteilung Sinfonie und Oper, Köln 26. Mai 1959.
20 Westfälische Zeitung, 20. Mai 1959; Kölner Rundschau, 17. Mai 1959.
21 Düsseldorfer Nachrichten, 19. Mai 1959.
22 Neue Rhein-Zeitung, 22. Mai 1959.
23 Nach einem Brief von Gustav Grefe vom 16. Mai 1987 an Werner Jordan.
24 Stuttgarter Zeitung, 17. März 1958.

ZEHNTES KAPITEL

1 Zur Geschichte der Salzburger Festspiele vgl. Josef Kaut: Festspiele in Salzburg, Eine Dokumentation. Salzburg 1969.
2 Theodor W(iesenthal) Adorno: Richard Strauss. In: Gesammelte Schriften Band 16, 565.
3 Richard Strauss, Brief vom 13. Juni 1935 an Stefan Zweig.
4 In: Das war Fritz Wunderlich.
5 Süddeutsche Zeitung, 10. August 1959.
6 Die Presse, 1. August 1959.
7 Hetty Plümacher, Brief vom 7. November 1989 an den Autor.
8 Neuer Kurier, 24. August 1959.
9 Express am Morgen, 25. August 1959. – Ein Live-Mitschnitt dieser Aufführung ist 1981 von Melodram als 2-LP-Kassette veröffentlicht worden: MEL 705(2).
10 Dietrich Fischer-Dieskau: Nachklang, 142ff.
11 Dietrich Fischer-Dieskau: Nachklang, 258.
12 Interview des Autors mit Christfried Bickenbach, 11. Dezember 1989.
13 Stuttgarter Nachrichten, 16. Oktober 1959.
14 Fritz Wunderlich im Gespräch mit Wolf-Eberhard von Lewinski.

DRITTER TEIL: München, 1960–1963

ELFTES KAPITEL

1 Express am Morgen, 23. November 1959.
2 Süddeutsche Zeitung, 21. November 1959.
3 Express am Morgen, 23. November 1959.
4 Interview des Autors mit Eva Maria Rogner, 22. November 1989.
5 Walter Erich Schäfer: Bühne eines Lebens, 220f.
6 Friedrich Hölderlin: Der Gesichtspunkt, aus dem wir das Altertum anzusehen haben.
7 Vgl. Walter Erich Schäfer: Günther Rennert, 60f.
8 Berndt W. Wessling: Astrid Várnay, 108.
9 Abendzeitung München, 12. Dezember 1959.
10 Interview des Autors mit Eva Wunderlich, 4./8. Dezember 1989.

ZWÖLFTES KAPITEL

1 Interview des Autors mit Eva Wunderlich, 4./8. Dezember 1989.
2 Süddeutsche Zeitung, 25. Januar 1960.
3 Der Tag, 2. Februar 1960.
4 Der Kurier, 1. Februar 1960.
5 Interview des Autors mit Maria Stader, 13. September 1989. – Maria Staders Erinnerungen in ihrem Buch »Nehmt meinen Dank«, S. 367, trügen. Nicht zwei Wochen vor Wunderlichs Tod, sondern sechs Jahre früher – am 30. Januar, 1. und 2. Februar 1960 – sang sie an der Seite Fritz Wunderlichs unter Karajans Leitung das Requiem von Mozart.
6 Hans Zanotelli, Brief vom 23. Oktober 1986 an Heiko Bockstiegel.
7 Interview des Autors mit Christfried Bickenbach, 11. Dezember 1989.
8 Fono Forum, 3/1961.
9 Opernwelt, 6/1975.
10 Interview des Autors mit Eva Wunderlich, 4./8. Dezember 1989.
11 Friedrich Herzfeld: Ferenc Fricsay, 65.
12 In: Das war Fritz Wunderlich.

13 Interview des Autors mit Georg F. Grischa Asagaroff, 18. Februar 1990.
14 Deutsche Zeitung, 22. März 1960.
15 Generalanzeiger Bonn, 30. März 1960; Deutsche Zeitung, 22. März 1960.
16 Express, 25. März 1960.
17 Trierische Landeszeitung, 5. April 1960.
18 Fono Forum, 1/1962.
19 Stuttgarter Nachrichten, 14. Juni 1960.
20 Interview des Autors mit Eva Wunderlich, 2./3. März 1990.
21 Die Presse, 5. Juni 1960. – Ein Live-Mitschnitt dieses Konzerts ist von der Firma Stradivarius 1988 als CD veröffentlicht worden: STR 10003.
22 Express, 20. Juni 1960.
23 Die Presse, 21. Juni 1960.
24 Fred Filippi im Brief vom 30. Juni 1986 an Heiko Bockstiegel.
25 Nach Berndt W. Wessling: Gustav Mahler, 237.
26 Kurier, 20. Juni 1960.
27 Express, 20. Juni 1960.

DREIZEHNTES KAPITEL

1 Interview des Autors mit Eva Wunderlich, 4./8. Dezember 1989.
2 Interview des Autors mit Christfried Bickenbach, 11. Dezember 1989.
3 Egloff Schwaiger: Warum der Applaus, 232.
4 Interview des Autors mit Christfried Bickenbach, 11. Dezember 1989.
5 Interview des Autors mit Eva Wunderlich, 4./8. Dezember 1989.
6 Express, 13. August 1960.
7 Interview des Autors mit Eva Wunderlich, 4./8. Dezember 1989.
8 Kurier, 25. August 1960.
9 Fischer-Dieskau, Nachklang, 278.
10 Diese WDR-Aufnahmen sind verschiedentlich und in stets neuen Koppelungen auf Platten
   veröffentlicht worden: RCA VL 30318 (2 LP), ACANTA 23567 (1 LP), Fonoteam 74505 (1
   CD).
11 In: Das war Fritz Wunderlich. Sowie in: Fritz Wunderlich, Portrait eines Sängers.
12 Heinz Wallberg, Brief vom 24. November 1986 an Heiko Bockstiegel.
13 Frankfurter Allgemeine Zeitung, 14. November 1960.
14 Interview des Autors mit Eva Maria Rogner, 22. November 1989.
15 In: Das war Fritz Wunderlich.
16 Abendpost Frankfurt, 14. Dezember 1960.
17 Süddeutsche Zeitung, 3. Dezember 1960.
18 Berndt W. Wessling: Wolfgang Windgassen, 102.
19 Stuttgarter Nachrichten, 2. Januar 1961.
20 Stuttgarter Zeitung, 2. Januar 1961.
21 Interview des Autors mit Eva Wunderlich, 4./8. Dezember 1989.
22 In: Das war Fritz Wunderlich.
23 Süddeutsche Zeitung, 8. Februar 1961.
24 Deutsche Zeitung, 28. März 1961.
25 Interview des Autors mit Ferdinand Leitner, 23. November 1989.
26 Interview des Autors mit Eva Wunderlich, 4./8. Dezember 1989.
27 Stuttgarter Zeitung, 28. März 1961.
28 Stuttgarter Nachrichten, 28. März 1961.
29 Badische Neueste Nachrichten, 29. März 1961.
30 Frankfurter Allgemeine Zeitung, 29. März 1961.
31 Pilar Lorengar, Brief (undatiert) an Werner Jordan.

32 Christa Ludwig, Brief vom 27. August 1986 an Heiko Bockstiegel.
33 Walter Erich Schäfer im Brief vom 10. Mai 1961 an Fritz Wunderlich.
34 Dietrich Fischer-Dieskau: Nachklang, 258f.
35 Interview des Autors mit Christfried Bickenbach, 11. Dezember 1989.
36 Egloff Schwaiger: Warum der Applaus, 322.

VIERZEHNTES KAPITEL

1 Fritz Wunderlich im Brief vom 22. Dezember 1960 an Oscar Fritz Schuh.
2 Express am Morgen, 6. August 1961.
3 Ein Live-Mitschnitt der Premiere vom 4. August 1961 ist 1985 von der Firma Frequenz Memoria als 2-CD-Box veröffentlicht worden: CMF 2.
4 Süddeutsche Zeitung, 16. August 1961.
5 Interview des Autors mit Hans Günter Nöcker, 24. Januar 1990.
6 Abendzeitung, 19. August 1961.
7 Süddeutsche Zeitung, 21. August 1961.
8 Anneliese Rothenberger, Brief vom 21. Oktober 1989 an den Autor.
9 Interview des Autors mit Eva Wunderlich, 4./8. Dezember 1989.
10 In: Das war Fritz Wunderlich.
11 Münchner Merkur, 30. November 1961.
12 Interview des Autors mit Christfried Bickenbach, 11. Dezember 1989.
13 Ulrich Wenk, Brief vom 23. Juli 1987 an Heiko Bockstiegel.
14 Interview des Autors mit Hans Günter Nöcker, 24. Januar 1990.
15 Salzburger Volkswille, 10. Januar 1962.
16 Süddeutsche Zeitung, 28. Dezember 1961.
17 Erinnerungen an Fritz Wunderlich. – Die genaue Besetzung dieser TV-Aufzeichnung:

Larina, Gutsbesitzerin	Hertha Töpper
Tatjana	Ingeborg Bremert
Olga	Brigitte Fassbaender
Filipjewna, Wärterin	Lilian Benningsen
Eugen Onegin	Hermann Prey
Lenski	Fritz Wunderlich
Fürst Gremin	Mino Yahia
Ein Hauptmann	Carl Hoppe
Saretzki	Josef Knapp
Triquet, ein Franzose	Ferry Gruber
Vorsänger	Wolfgang Anheisser
Guillot	Erich Ringel

Inszenierung: Rudolf Hartmann
Bühnenbild: Helmut Jürgens
Kostüme: Liselotte Erler
Musikalische Leitung: Joseph Keilberth
18 Interview des Autors mit Eva Wunderlich, 4./8. Dezember 1989.
19 Rudolf Hartmann: Das geliebte Haus, 316.
20 Kurier, 16. Februar 1962.
21 Die Presse, 17. Februar 1962.
22 Express am Morgen, 17. Februar 1962.
23 In: Fritz Wunderlich, Portrait eines Sängers.
24 Offenburger Tagblatt, 28. März 1962.
25 Interview des Autors mit Eva Maria Rogner, 22. November 1989.
26 Express, 6. April 1962.
27 Kurier, 6. April 1962.
28 Süddeutsche Zeitung, 14. April 1962.

29 Egloff Schwaiger: Warum der Applaus, 319.
30 Stuttgarter Zeitung, 4. Mai 1962.

FÜNFZEHNTES KAPITEL

1 Fono Forum 1/1963.
2 Interview des Autors mit Christfried Bickenbach, 11. Dezember 1989.
3 Fono Forum, 4/1963.
4 Opernwelt, 12/1972.
5 Rolf Alexander Wilhelm, Brief vom 20. Juli 1987 an Heiko Bockstiegel.
6 Münchner Stadt-Anzeiger, 22. Juni 1962.
7 Kölner Stadt-Anzeiger, 27. Juni 1962.
8 Express, 23. Juni 1962.
9 Badische Allgemeine Zeitung, 14. August 1962.
10 In: Erinnerungen an Fritz Wunderlich. Sowie in: Gedenksendung für Fritz Wunderlich, Österreichischer Rundfunk.
11 Süddeutsche Zeitung, 14. August 1962.
12 In: Das war Fritz Wunderlich.
13 Vgl. Vierzehntes Kapitel, Anmerkung 17.
14 Egloff Schwaiger: Warum der Applaus, 322f.
15 Interview des Autors mit Christfried Bickenbach, 11. Dezember 1989.
16 Die fünf Strauss-Lieder sind 1977 erstmals auf einer Langspielplatte veröffentlicht worden: Philips 6520022.
17 Interview des Autors mit Georg F. Grischa Asagaroff, 18. Februar 1990.
18 Interview des Autors mit Hans Günter Nöcker, 24. Januar 1990.
19 Fritz Wunderlich, Brief vom 22. Dezember 1960 an Oscar Fritz Schuh.
20 In: Erinnerungen an Fritz Wunderlich.
21 Stuttgarter Nachrichten, 28. Januar 1963.

VIERTER TEIL: Wien, 1963 – 1966

SECHZEHNTES KAPITEL

1 Anton Dermota: Tausendundein Opernabend, 331.
2 Interview des Autors mit Christfried Bickenbach, 11. Dezember 1989.
3 Fono Forum, 2/1964.
4 Fritz Wunderlich, Brief vom 16. November 1962 an Ferdinand Leitner.
5 Münchner Merkur, 21. März 1963.
6 Abendzeitung, 21. März 1963.
7 Süddeutsche Zeitung, 21. März 1963.
8 Süddeutsche Zeitung, 26. März 1963.
9 Abendzeitung, 17. April 1963.
10 Am Flügel: Hubert Giesen, 252f.
11 Interview des Autors mit Eva Wunderlich, 4./8. Dezember 1989.
12 Interview des Autors mit Josef Dünnwald, 10. Januar 1990.
13 Fritz Wunderlich, Brief vom 20. April 1963 an Julius Gerlach.
14 Otto Biba: »Eben komme ich von Haydn...«, 51f.
15 Die Presse, 28. Mai 1963.
16 Express, 27. Mai 1963.
17 Nachgeprüft werden kann das Urteil anhand einer Schallplattenveröffentlichung: Philips hat 1977 den Beethoven-Zyklus sowie die Haydn-Lieder als Mitschnitt des ORF publiziert: LP 6520022, CD 420852-2.

18 Walter Panofsky, Brief vom 30. August 1963 an Fritz Wunderlich.
19 Textheft zur *Wildschütz*-Gesamteinspielung der Electrola: EMI 149-28534/36.
20 Fono Forum, 4/1964.
21 Opernwelt, 5/1964.

SIEBZEHNTES KAPITEL

 1 Ernst Haeussermann, Herbert von Karajan, 130.
 2 Neue Zürcher Zeitung, 12. Juni 1963, Abendausgabe.
 3 Münchner Merkur, 28. Juni 1963.
 4 Die Presse, 24. Juni 1963.
 5 Egloff Schwaiger: Warum der Applaus, 319.
 6 Abendzeitung, 15. Juli 1963.
 7 Abendzeitung, 3. September 1963.
 8 Süddeutsche Zeitung, 2. September 1963.
 9 Stuttgarter Zeitung, 14. Oktober 1963.
10 Stuttgarter Nachrichten, 14. Oktober 1963.
11 Werner Egk: Die Zeit wartet nicht, 506f.
12 Interview des Autors mit Hans Günter Nöcker, 24. Januar 1990.
13 Werner Egk: Die Zeit wartet nicht, 508f.
14 Dietrich Fischer-Dieskau, Nachklang, 259.
15 Süddeutsche Zeitung, 28. Oktober 1963.
16 Münchner Merkur, 28. Oktober 1963.
17 Süddeutsche Zeitung, 29. November 1963.
18 Interview des Autors mit Hans Günter Nöcker, 24. Januar 1990.
19 Abendzeitung, 13. Dezember 1963; Schwäbische Zeitung, 14. Dezember 1963.
20 Süddeutsche Zeitung, 16. Dezember 1963.
21 Abendzeitung, 24. Dezember 1963.
22 Süddeutsche Zeitung, 24. Dezember 1963.
23 Abendzeitung, 24. Dezember 1963.
24 Interview des Autors mit Christfried Bickenbach, 11. Dezember 1989.
25 Interview des Autors mit Wolfgang Gülich, 12. Dezember 1989.

ACHTZEHNTES KAPITEL

 1 Egloff Schwaiger: Warum der Applaus, 323.
 2 Interview des Autors mit Eva Wunderlich, 4./8. Dezember 1989.
 3 Neues Österreich, 8. März 1964.
 4 Express, 9. März 1964.
 5 Express, 23. März 1964.
 6 Express, 16. März 1964.
 7 Dietrich Fischer-Dieskau: Nachklang, 142f.
 8 Bamberger Volksblatt, 4. April 1964.
 9 Fränkischer Tag, 4. April 1964.
10 Dietrich Fischer-Dieskau: Nachklang, 143f.
11 Neue Rhein-Zeitung, 13. April 1964.
12 Dietrich Fischer-Dieskau: Nachklang, 258.
13 Stuttgarter Nachrichten, 20. April 1964.
14 Schwäbische Donau Zeitung, 28. April 1964.
15 Kleine Zeitung, 30. April 1964.
16 Südost-Tagespost, 30. April 1964.
17 In: Gedenksendung für Fritz Wunderlich, Österreichischer Rundfunk.
18 Express, 25. Mai 1964.

19 Kurier, 25. Mai 1964.
20 Die Presse, 12. Mai 1964.
21 Express, 13. Juni 1964.
22 Dietrich Fischer-Dieskau: Nachklang, 259.
23 Fono Forum, 12/1965.
24 Süddeutsche Zeitung, 22. Juli 1964.
25 Dragan Debeljevic, Brief vom 19. August 1986 an Heiko Bockstiegel.
26 Abendzeitung, Nachtausgabe, 27. Juli 1964.
27 Interview des Autors mit Hermann Prey, 8. April 1990.
28 Münchner Merkur, 3. August 1964.
29 Karl Münchinger, Brief vom 13. März 1986 an Heiko Bockstiegel.
30 Süddeutsche Zeitung, 12. August 1964.

NEUNZEHNTES KAPITEL

1 Interview des Autors mit Eva Wunderlich, 2./3. März 1990.
2 Süddeutsche Zeitung, 14. September 1964.
3 Berndt W. Wessling: Hans Hotter, 129f.
4 Interview des Autors mit Hans Günter Nöcker, 24. Januar 1990.
5 Oper und Konzert, 11/1964.
6 Münchner Merkur, 26. Oktober 1964.
7 Oper und Konzert, 11/1964.
8 Badische Zeitung, 30. Oktober 1964.
9 Fono Forum, 6/1967.
10 Interview des Autors mit Hans Hotter, 5. April 1990.
11 Interview des Autors mit Eva Wunderlich, 4./8. Dezember 1989.
12 Kurier, 16. Dezember 1964.
13 Express, 16. Dezember 1964.
14 Franz Josef Breuer, Brief vom 8. Januar 1987 an Heiko Bockstiegel.
15 Aschaffenburger Volksblatt, 19. Januar 1965.
16 Badisches Tagblatt, 20. Januar 1965.
17 Rheinpfalz, 22. Januar 1965.
18 Hamburger Abendblatt, 23. Januar 1965.
19 Hildesheimer Allgemeine Zeitung, 27. Januar 1965.
20 Schwarzwälder Bote, 3. Februar 1965.
21 In: Das war Fritz Wunderlich.
22 The Financial Times, 24. Februar 1965.
23 Interview des Autors mit Elisabeth Schwarzkopf, 5. April 1990.
24 In: Der Fritz-Wunderlich-Platz. Sowie in: Mehr als eine Legende.
25 Interview des Autors mit Georg F. Grischa Asagaroff, 18. Februar 1990.
26 In: Der Fritz-Wunderlich-Platz. Sowie in: Mehr als eine Legende.
27 Schwäbische Zeitung, 1. April 1965.
28 Süddeutsche Zeitung, 30. März 1965.
29 Hamburger Abendblatt, 17. April 1985. – Der Live-Mitschnitt ist 1989 von den Giuseppe di Stefano Records SRL Milano als 2-CD-Set veröffentlicht worden: GDS 106.

ZWANZIGSTES KAPITEL

1 Karl Böhm: Ich erinnere mich ganz genau, 54f.
2 Opernwelt, 3/1966.
3 Fono Forum, 5/1965.
4 Kurier, 5. Mai 1965.
5 Mannheimer Morgen, 1. Mai 1965.

6 Das rote Recht, 19. Mai 1965.
7 Stuttgarter Nachrichten, 21. Mai 1965.
8 Hamburger Abendblatt, 22. Mai 1965.
9 Franz Josef Breuer, Brief vom 8. Januar 1987 an Heiko Bockstiegel.
10 Fono Forum, 12/1965.
11 Hermann Prey: Premierenfieber, 262f.
12 In: Mehr als eine Legende.
13 Interview des Autors mit Klaus Hertel, 15. Dezember 1989.
14 In: Das war Fritz Wunderlich.
15 Ernst Haeussermann: Herbert von Karajan, 247.
16 Interview des Autors mit Walter Hagen-Groll, 7. Dezember 1989.
17 Express, 29. Juli 1965.
18 Theater heute, 9/1965.
19 Kurier, 30. Juli 1965.
20 Die Presse, 30. Juli 1965.
21 In: Gedenksendung zum 10. Todestag Fritz Wunderlichs.
22 Kurier, 30. August 1980.
23 Die Presse, 21. August 1965. – Ein Live-Mitschnitt dieses Liederabends wurde auf einer CD
    veröffentlicht: ACANTA 43529.
24 Oper und Konzert, 9/1965.
25 In: Das war Fritz Wunderlich.
26 Gottlob Frick, Brief vom 19. Mai 1986 an Heiko Bockstiegel.
27 In: Das war Fritz Wunderlich.

EINUNDZWANZIGSTES KAPITEL

1 Express, 24. September 1965.
2 In: Das war Fritz Wunderlich.
3 In: Geboren in Kusel.
4 Express, 5. Oktober 1965.
5 Süddeutsche Zeitung, 11. November 1965.
6 Münchner Merkur, 11. November 1965.
7 Die Presse, 27./28. November 1965.
8 Fritz Wunderlich, Brief vom 11. Januar 1965 an Walter Erich Schäfer.
9 Stuttgarter Zeitung, 7. Dezember 1965; 14. Dezember 1965; 9. Dezember 1965.
10 Fono Forum, 3/1967.
11 Opernwelt, 9/1966.
12 Oper und Konzert, 1/1966.
13 Oper und Konzert, 3/1966.
14 Interview des Autors mit Hans Weber, 19. April 1990.
15 Der Spiegel, 46/1968.
16 Berliner Morgenpost, 12. März 1966.
17 Der Kurier, 10. März 1966.
18 Tagespost, 11. März 1966.
19 Am Flügel: Hubert Giesen, 255f.
20 Fritz Wunderlich, Brief vom 3. Juli 1966 an Hans-Jochen Vogel.
21 In: Das war Fritz Wunderlich.
22 Express, 29. April 1966.

ZWEIUNDZWANZIGSTES KAPITEL

1 Robert Stolz, Brief vom 13. Mai 1966 an Fritz Wunderlich.
2 Neue Zürcher Zeitung, 9. Juli 1966, Abendausgabe.

3 Karl Grell: Ein Leben voller Musik, 21.
4 Robert Stolz, Brief vom 17. Juni 1966 an Fritz Wunderlich.
5 Karl Grell: Ein Leben voller Musik, 21.
6 Robert Stolz, Brief vom 29. Juni 1966 an Fritz Wunderlich.
7 Hifi Stereophonie, 4/1967.
8 Express, 21. November 1966.
9 Süddeutsche Zeitung, 19. Juli 1966.
10 Münchner Merkur, 19. Juli 1966.
11 Süddeutsche Zeitung, 21. Juli 1966.
12 Wieland Wagner, Brief vom 30. Juli 1966 an Fritz Wunderlich.
13 Fritz Wunderlich, Brief vom 10. August 1966 an Wieland Wagner.
14 Die Presse, 16. August 1966.
15 Fritz Wunderlich, Brief vom 24. August 1966 an Wieland Wagner.
16 Anneliese Rothenberger, Brief vom 21. Oktober 1989 an den Autor.
17 Stuttgarter Nachrichten, 10. September 1966.
18 Hetty Plümacher, Brief vom 7. November 1989 an den Autor.
19 Interview des Autors mit Josef Dünnwald, 10. Januar 1990.
20 Interview Wolfgang Wunderlichs mit Ferdinand Leitner, 1986.
21 In: Das war Fritz Wunderlich.

Diskographie Fritz Wunderlich

Schallplatten, das weiß jeder Musikfreund, haben nur eine begrenzte, manchmal eine allzu kurze Lebensdauer – vor allem, was ihre Verfügbarkeit im öffentlichen Fachhandel anbelangt. Seit dem fulminanten Siegeszug der Compact Disc fristet die herkömmliche Langspielplatte bekanntlich nur noch ein Schattendasein. Wer sich auf die Suche nach alten Wunderlich-Schallplatten macht, weiß ein Lied davon zu singen.

In der nachfolgenden Diskographie werden die Schallplattenaufnahmen Fritz Wunderlichs aufgelistet, wobei auch die bekannteren mitwirkenden Künstler, Chor, Orchester und Dirigent genannt werden – mit einigem Anspruch auf lückenlose Vollständigkeit, soweit dieser Anspruch, vor allem im Hinblick auf die frühen Aufnahmen für den Europäischen Phonoklub, überhaupt einzulösen ist.

In zweierlei Hinsicht war jedenfalls Beschränkung geboten. Zum einen fand Wunderlichs Schallplattentätigkeit bekanntlich zum großen Teil noch in einer Zeit statt, wo man nicht grundsätzlich ein vollständiges, d. h. zwei Langspielplattenseiten füllendes Musikprogramm aufnahm, sondern sich oft nur für eine oder zwei Arien vor die Mikrofone stellte. Entsprechend sind diese einzelnen Aufnahmen in unzähligen verschiedenen Koppelungen auf diversen Schallplatten veröffentlicht und wiederveröffentlicht worden, auf Singles und später auch auf Langspielplatten – gleichsam alter Wein in neuen Schläuchen, so daß auf eine lückenlose Auflistung all dieser zahllosen Wiederauflagen und Neuzusammenstellungen des altbekannten Wunderlich-Repertoires verzichtet wird.

Zweitens werden seit einigen Jahren Rundfunkaufnahmen von Fritz Wunderlich – Bandübernahmen vom Südwestfunk, vom Bayerischen und vom Westdeutschen Rundfunk – im Schallplattenfachhandel angeboten; und auch die Veröffentlichung von Live-Mitschnitten aus Opernhäusern und Konzertsälen stößt auf ein stets wachsendes Interesse. Lückenlose Vollständigkeit ist wohl auch bei einer Auflistung all dieser Rundfunk- und Live-Dokumente nicht zu erreichen, zumal sie mehrheitlich in der legalen Grauzone des Schallplattenfachhandels veröffentlicht werden und deshalb das Angebot an lieferbaren Tonträgern von Land zu Land unterschiedlich ist. Besonders gravierend fällt das bei den Live-Mitschnitten ins Gewicht: Viele dieser Dokumente, heute ausnahmslos auf Compact Disc veröffentlicht, werden nur in vergleichsweise geringen Mengen hergestellt und sind deshalb bereits nach kurzer Zeit nicht mehr lieferbar.

Da von Wunderlichs Schallplatten nur mehr ein verschwindend kleiner Bruchteil im Handel verfügbar ist, andererseits aber das Wunderlich-Repertoire Schritt für Schritt auf Compact Discs wiederum zugänglich gemacht wird, scheint es geboten, dem interessierten Leser und Sammler von Wunderlich-Aufnahmen auch einen Überblick über die im Handel zur Zeit verfügbaren Compact Discs zu geben (Stand Herbst 1990).

BACH: *Jagd-Kantate* mit Kupper, Köth, Fischer-Dieskau; Chor der St. Hedwigs-Kathedrale Berlin, Berliner Symphoniker; Karl Forster.
(+ Telemann: Kanarienvogel-Kantate) LP: 063-28160

BACH: *Johannes-Passion* (Gesamtaufnahme) mit Grümmer, Ludwig, Traxel, Fischer-Dieskau, Kohn; Chor der St. Hedwigs-Kathedrale Berlin, Berliner Symphoniker; Karl Forster.
LP: 147-28589/91

FALL: *Der fidele Bauer* (Querschnitt) mit Fassbaender, Hoppe, Kusche; Symphonie-Orchester Graunke; Carl Michalski. LP: 061-28189

FALL: *Die Rose von Stambul* (Querschnitt) mit Muszely, Görner, Friedauer; Symphonie-Orchester Graunke; Carl Michalski. LP: 061-28187

FLOTOW: *Martha* (Querschnitt) mit Rothenberger, Plümacher, Frick; Chor der Deutschen Oper Berlin, Berliner Symphoniker; Berislav Klobucar. LP: 80593; CD: 252215 2

LEHÁR: *Der Zarewitsch* (Querschnitt) / *Das Land des Lächelns* (Querschnitt) mit Muszely, Görner, Friedauer; Bayerisches Symphonie-Orchester; Carl Michalski. LP: 061-28188

LORTZING: *Wildschütz* (Gesamtaufnahme) mit Rothenberger, Litz, Schädle, Ollendorff, Prey; Chor und Orchester der Bayerischen Staatsoper München; Robert Heger.
LP: 149-28534/36; CD: 763205 2

LORTZING: *Zar und Zimmermann* (Querschnitt) mit Hildebrand, Frick, Cordes, Schmidt, Wiemann; Chor der Deutschen Oper Berlin, Berliner Symphoniker; Berislav Klobucar.
LP: 047-28565; CD: 2522212

MAHLER: *Das Lied von der Erde* mit Ludwig; Philharmonia und New Philharmonia Orchestras; Otto Klemperer. LP: 91639; CD: 747231 2

MILLÖCKER: *Der Bettelstudent* (Querschnitt) mit Köth, Töpper, Schock, Neidlinger; Berliner Symphoniker; Werner Schmidt-Boelcke. LP: 047-28167

MOZART: *Don Giovanni* (Querschnitt) mit Grümmer, Hillebrecht, Köth, Prey, Kohn, Stewart; Chor der Deutschen Oper Berlin, Berliner Symphoniker; Hans Zanotelli.
LP: 063-28418; CD: 252217 2

NICOLAI: *Die lustigen Weiber von Windsor* (Gesamtaufnahme) mit Pütz, Litz, Mathis, Gutstein, Engen, Frick; Chor der Bayerischen Staatsoper München, Bayerisches Staatsorchester; Robert Heger. LP: 91265/67; CD: 769348 2

PUCCINI: *La Bohème* (Querschnitt) mit Rothenberger, Pütz, Frick, Cordes; Chor der Komischen Oper Berlin, Berliner Symphoniker; Berislav Klobucar. LP: 063-28529; CD: 252213 2

PUCCINI: *Madame Butterfly* (Querschnitt) mit Lorengar, Wagner, Prey; Chor der Komischen Oper Berlin, Berliner Symphoniker; Berislav Klobucar. LP: 063-29000; CD: 769214 2

SCHUBERT: *Messe in Es-dur* mit Lorengar, Allen, Schmidt, Greindl; Chor der St. Hedwigs-Kathedrale Berlin, Berliner Philharmoniker; Erich Leinsdorf. LP: 053-80005

SMETANA: *Die verkaufte Braut* (Gesamtaufnahme) mit Lorengar, Wagner, Frick, Cordes, Sardi; RIAS-Kammerchor, Bamberger Symphoniker; Rudolf Kempe.
LP: 149-30967/69; CD: 749279 2

STRAUSS, J.: *Eine Nacht in Venedig* (Querschnitt) mit Otto, Schirrmacher, Schock; Berliner Symphoniker; Fried Walter. LP: 047-28127

THOMAS: *Mignon* (Querschnitt) mit Lorengar, Frick; großes Opernorchester; Berislav Klobucar. LP: 80639

TSCHAIKOWSKY: *Eugen Onegin* (Querschnitt) / *Pique Dame* (Querschnitt) mit Muszely, Prey, Frick; Orchester der Bayerischen Staatsoper; Meinhard von Zallinger. LP: 063-29011

WAGNER: *Der fliegende Holländer* mit Frick, Schech, Schock, Wagner, Fischer-Dieskau; Chor und Orchester der Staatsoper Berlin; Franz Konwitschny.
LP: 183-30226/28; CD (Querschnitt): 252381 2

WAGNER: *Tannhäuser* mit Grümmer, Schech, Otto, Hopf, Fischer-Dieskau, Frick; Chor und Orchester der Staatsoper Berlin; Franz Konwitschny. LP: 153-00683/86; CD: 763214 2

*

Freunde, das Leben ist lebenswert FW singt berühmte Operettenarien. »Freunde, das Leben ist lebenswert« (Giuditta, Lehár), »Wolgalied« (Der Zarewitsch, Lehár), »Komm, Zigany«, »Grüß mir mein Wien« (Gräfin Mariza, Kálmán), »Das Lied vom Leben des Schrenk« (Die große Sünderin, Künneke), »O Rose von Stambul«, »Zwei Augen« (Die Rose von Stambul, Fall), »Zwei Märchenaugen« (Die Zirkusprinzessin, Kálmán). LP: 061-28163

Fritz Wunderlich, der große deutsche Tenor »Folget der Heißgeliebten«, »Welch ein graunvolles Bild« (Don Giovanni, Mozart), »Konstanze, dich wiederzusehen« (Die Entführung aus dem Serail, Mozart), »Ombra mai fu« (Xerxes, Händel), »Komm, o holde Dame« (Die weiße Dame, Boieldieu), »Welche Huld und welche Reize« (Der Liebestrank, Donizetti), »Bleiben soll ich«, »Ihr Weib? Mein teures Weib!« (Der Wildschütz, Lortzing), »So leb' ich noch« (Der Barbier von Bagdad, Cornelius), »Wie das schmettert, wie das plappert« (Martha, Flotow), »Fenton! Mein Mädchen« (Die lustigen Weiber von Windsor, Nicolai), »Ich schloß die Augen« (Manon, Massenet), »Leb wohl, Mignon«, »Wo bin ich? Wie strahlt das Glück« (Mignon, Thomas), »Komm, mein Söhnchen«, »So find ich dich, Feinsliebchen« (Die verkaufte Braut, Smetana), »Wohin bist du entschwunden«, »Mein Feind! Wie konnte es geschehen« (Eugen Onegin, Tschaikowsky), »Voll Unruh ist mein Sehnen – Ich muß sie sprechen« (Pique Dame, Tschaikowsky), »Selig sind, die Verfolgung leiden« (Der Evangelimann, Kienzl), »Freundlich blick' ich«, »O wie so trügerisch« (Rigoletto, Verdi), »O du süßestes Mädchen«, »In einem Wagen? – Ach, Geliebte« (Bohème, Puccini), »Ja, es ward Abend – Mädchen, in deinen Augen«, »Leb wohl, mein Blütenreich« (Madame Butterfly, Puccini), »Ach, wie so herrlich zu schau'n«, »Willkommen, meine Freunde«, »Komm in die Gondel« (Eine Nacht in Venedig, Strauss), »Durch diesen Kuß sei unser Bund geweiht« (Der Bettelstudent, Millöcker), »Freunde, das Leben ist lebenswert« (Giuditta, Lehár), »Hab' ich nur dich allein«, »Willst du? – Kosende Wellen« (Der Zarewitsch, Lehár), »Von Apfelblüten einen Kranz« (Das Land des Lächelns, Lehár), »Wenn es Abend wird – Grüß mir mein Wien«, »Auch ich war einst ein feiner Csardaskavalier – Komm, Zigan« (Gräfin Mariza, Kálmán), »So frag mich nicht, mein süßer Schatz« (Der fidele Bauer, Fall), »Man sagt uns nach – O Rose von Stambul«, »Willst du an die Welt vergessen«, »Ihr stillen, süßen Frau'n«, »Zwei Augen, die wollen mir nicht aus dem Sinn«, »Wenn sich ein Mädchen stolz dir zeigt« (Die Rose von Stambul, Fall), »Der Rattenfänger« (Neuendorff), »Zwei dunkle Augen« (Heins). CD: 762993 2

Fritz Wunderlich, Ein Opernabend FW singt »Freundlich blick' ich« und »O wie so trügerisch« (Rigoletto, Verdi), ergänzt mit Ausschnitten aus Operngesamtaufnahmen und -querschnitten. LP: 063-28173

Fritz Wunderlich in neun Opernpartien FW singt »Konstanze, Konstanze« (Die Entführung aus dem Serail, Mozart), »Dies Bildnis ist bezaubernd schön« (Die Zauberflöte, Mozart), »Der Odem der Liebe« (Così fan tutte, Mozart), »Ach, ihres Auges Zauberblick« (Traviata, Verdi), »Freundlich blick' ich«, »O wie so trügerisch« (Rigoletto, Verdi), ergänzt mit Ausschnitten aus Operngesamtaufnahmen und -querschnitten. LP: 80606

Fritz Wunderlich Recital FW singt »Nur ihrem Frieden« (Don Giovanni, Mozart), »Der Odem der Liebe« (Così fan tutte, Mozart), »Dies Bildnis ist bezaubernd schön« (Die Zauberflöte, Mozart), »Ach so fromm« (Martha, Flotow), »Horch, die Lerche« (Die lustigen Weiber von Windsor, Nicolai), »Lebe wohl, mein flandrisch Mädchen« (Zar und Zimmermann, Lortzing), »Mit Gewitter und Sturm« (Der fliegende Holländer, Wagner), »Heimlich aus ihrem Auge« (Der Liebestrank, Donizetti), »Ach, ihres Auges Zauberblick« (Traviata, Verdi), »Wie eiskalt ist dein Händchen« (Bohème, Puccini), »Es muß gelingen« (Die verkaufte Braut, Smetana), »Wohin seid ihr entschwunden« (Eugen Onegin, Tschaikowsky), »Dein ist mein ganzes Herz« (Das Land des Lächelns, Lehár), »Wolgalied« (Der Zarewitsch, Lehár), »Zwei Märchenaugen« (Die Zirkusprinzessin, Kálmán), »Das Lied vom Leben des Schrenk« (Die große Sünderin, Künneke). CD: 747685 2

Fritz Wunderlich singt Lieder 8 Studentenlieder (Neumeyer), »Ständchen«, »Ihr Bild« (Schubert), »Nimmersatte Liebe«, »Der Musikant«, »Fußreise« (Wolf), »Zueignung«, »Heimliche Aufforderung«, »Wie sollten wir geheim sie halten« (R. Strauss); Rolf Reinhardt (Klavier); Kammerorchester des Saarländischen Rundfunks, Karl Ristenpart. LP: 063-30145

Innsbruck, Die Hofkapelle Maximilians I. FW singt »O schönes Weib« (Heinrich Fink), »Mein' Freud' allein« (Heinrich Isaac). LP: 037-46523

Komm, o holde Dame FW singt berühmte Opernarien. »Largo« (Xerxes, Händel), »Komm, o holde Dame« (Die weiße Dame, Boieldieu), »Welche Huld und welche Reize«, »Heimlich aus ihrem Auge« (Der Liebestrank, Donizetti), »Ach, ihres Auges Zauberblick« (Traviata, Verdi), »Ich schloß die Augen« (Manon, Massenet), »Folget der Heißgeliebten« (Don Giovanni, Mozart), »Vor deinem Fenster die Blumen« (Der Barbier von Bagdad, Cornelius)), »Horch, die Lerche singt im Hain« (Die lustigen Weiber von Windsor, Nicolai), »Es muß gelingen« (Die verkaufte Braut, Smetana), »Selig sind, die Verfolgung leiden« (Der Evangelimann, Kienzl).
LP: 063-28420

Leipzig, Das Collegium musicum der Universität FW singt »Amanda, darf man dich wohl küssen...« (Adam Krieger). LP: 037-45576

2. Deutsche Grammophon / Polydor

BACH: *Weihnachts-Oratorium* (Gesamtaufnahme) mit Janowitz, Ludwig, Crass; Münchener Bach-Chor, Münchener Bach-Orchester; Karl Richter. LP 2710004; CD: 413625-2

BEETHOVEN: *Missa solemnis* (Gesamtaufnahme) mit Janowitz, Ludwig, Berry; Wiener Singverein, Berliner Philharmoniker; Herbert von Karajan. LP: 2707030; CD: 423913-2

BERG: *Wozzeck* (Gesamtaufnahme) mit Lear, Fischer-Dieskau, Kohn, Melchert, Stolze; Chor und Orchester der Deutschen Oper Berlin; Karl Böhm. LP: 2707023

HAYDN: *Die Schöpfung* (Gesamtaufnahme) mit Janowitz, Ludwig, Krenn, Fischer-Dieskau, Berry; Wiener Singverein, Berliner Philharmoniker; Herbert von Karajan. LP: 2707044

KÁLMÁN: *Die Csardasfürstin* (Querschnitt) mit Talmar, Holm, Kusche; Großes Operetten-Orchester; Franz Marszalek (Aufnahme: WDR Köln, Januar 1959). LP: 237158

LORTZING: *Zar und Zimmermann* (Querschnitt) mit Hallstein, Lenz, Fischer-Dieskau, Kohn; Chor des Bayerischen Rundfunks, Bamberger Symphoniker; Hans Gierster. LP: 2537004

MONTEVERDI: *L'Orfeo* (Gesamtaufnahme) mit Krebs, Guilleaume, Günter; Chor der Staatlichen Hochschule für Musik Hamburg, Instrumentalkreis der Sommerlichen Musiktage Hitzacker 1955; August Wenzinger. LP: 14057/58

MOZART: *Caro mio Druck und Schluck* (Quartett) mit Guilleaume, Krebs, Nöcker; Frit Neumeyer.   ELP 45: 3712

MOZART: *Die Entführung aus dem Serail* (Gesamtaufnahme) mit Köth, Schädle, Lenz, Böhme Chor und Orchester der Bayerischen Staatsoper München; Eugen Jochum.

LP: 139213/15; CD (Querschnitt): 423868-

MOZART: *Die Zauberflöte* (Gesamtaufnahme) mit Lear, Peter, Otto Crass, Hotter, Fischer Dieskau; RIAS-Kammerchor, Berliner Philharmoniker; Karl Böhm.

LP: 2720058; CD: 427881-

PFITZNER: *Von deutscher Seele* (Gesamtaufnahme) mit Giebel, Töpper, Wiener; Chor un Sinfonie-Orchester des Bayerischen Rundfunks; Joseph Keilberth.   LP: 139157/5

SCHUBERT: *Die schöne Müllerin* (Gesamtaufnahme) und sieben ausgewählte Lieder: »De Einsame«, »Frühlingsglaube«, »An Silvia«, »Heidenröslein«, »Ständchen«, »Liebhaber in alle Gestalten«, »An die Musik«; mit Hubert Giesen.   LP: 139219/20; CD: 423956-

SCHUMANN: *Dichterliebe op. 48* sowie ausgewählte Lieder: »Adelaide«, »Resignation«, »Ic liebe dich«, »Der Kuß« (Beethoven); »Im Abendrot«, »An die Laute«, »Die Forelle«, »Lied eine Schiffers an die Dioskuren«, »Der Musensohn« (Schubert); mit Hubert Giesen.

LP: 139125; CD: 429993-

STRAUSS, R.: *Daphne* (Gesamtaufnahme) mit Güden, Streich, King, Schöffler; Wiener Staats opernchor, Wiener Symphoniker; Karl Böhm.   LP: 138956/57; CD: 423579-

TSCHAIKOWSKY: *Eugen Onegin* (Querschnitt) mit Lear, Fassbaender, Fischer-Dieskau, Talvela Chor und Orchester der Bayerischen Staatsoper München; Otto Gerdes.   LP: 13643

VERDI: *La Traviata* (Querschnitt) mit Güden, Fischer-Dieskau; Chor und Sinfonie-Orchester des Bayerischen Rundfunks; Bruno Bartoletti.   LP: 2537022; CD: 42387

*

Du bist die Welt für mich FW singt die berühmtesten Lieder seiner großen Kollegen. »Du bis die Welt für mich«, »Ich küsse Ihre Hand, Madame«, »Schlaf ein, mein Blond-Engelein«, »Car mio ben«, »Eine kleine Frühlingsweise«, »Ännchen von Tharau«, »Granada«, »Be my Love« »Plaisir d'amour«, »Toselli-Serenade«, »Weine nicht«, »Still wie die Nacht«. Symphonie-Orche ster Graunke, Singgemeinschaft R. Lamy; Hans Carste.   LP: 23844

Eine Weihnachtsmusik mit Prey, Quadflieg; Fritz Neumeyer.   LP: 24909

Ein Lied geht um die Welt FW singt Welterfolge großer Tenöre. »Mattinata«, »O sole mio« »La Danza«, »Vergiß mein nicht«, »Santa Lucia«, »Ave Maria«, »Ein Lied geht um die Welt« »Tiritomba«, »Funiculi-Funicula«, »Mein Herz ruft immer nur nach dir, Marischka«, »Heut nacht oder nie«, »Ob blond, ob braun«. Symphonie-Orchester Graunke, Singgemeinschaft R Lamy; Hans Carste.   LP: 23810

Ein Städtchen liegt im Pfälzerland (Fritz Wunderlich), *Euch grüßt die Heimat* (Franz Jose Breuer). Symphonie-Orchester Graunke, Singgemeinschaft R. Lamy; Hans Carste.

EPL 45: 5407

Fritz Wunderlich singt »Holdes Laubgezweig«, »Der Gedanke an die Flammen der Liebe« »Bleibt ihr treu dem, der euch so vertraut?«, »Finstre Furien« (Xerxes, Händel), »Erwacht i meinem Herzen«, »Nur weinen lernte ich«, »Keine Schlange läßt sich töten« (Julius Cäsar Händel), »Nur einen Wunsch«, »Und du behauptest noch, daß du mich liebest« (Iphigenie au Tauris, Gluck), »Hier nimm den Ring der Treue« (Die Nachtwandlerin, Bellini), »Strahlt au mich der Blitz des Goldes«, »Ist er's wirklich?« (Der Barbier von Sevilla, Rossini), »Ich denk ih

lieber mir… Liebe ist Seligkeit« (Rigoletto, Verdi), »Sie ist verloren – Er ist's!« (Don Carlos, Verdi), »Ach, Geliebte! Nie kehrst du mir wieder!« (Bohème, Puccini), »Und es blitzten die Sterne« (Tosca, Puccini), »Man wird ja einmal nur geboren« (Der Waffenschmied, Lortzing), »Der Tempel Brahmas strahlt« (Die Perlenfischer, Bizet), »O schweige still« (Das Glöckchen des Eremiten, Maillart), »Doch nun zu dir – Trenne nicht das Band der Liebe« (Das Nachtlager von Granada, Kreutzer); mit Ludwig, Köth, Prey; Symphonie-Orchester des Bayerischen Rundfunks, Münchner Philharmoniker, Münchner Rundfunkorchester, Südwestfunk-Orchester; Rafael Kubelik, Ferdinand Leitner, Kurt Eichhorn, Horst Stein, Emmerich Smola, Hans Moltkau. (Bandübernahmen vom Bayerischen Rundfunk München und vom Südwestfunk Baden-Baden)
LP: 2700709

Große Stimmen: Fritz Wunderlich »Dies Bildnis ist bezaubernd schön« (Zauberflöte, Mozart), »Hier soll ich dich denn sehen«, »Wenn der Freude Tränen fließen« (Die Entführung aus dem Serail, Mozart), »O Freunde, so leeret in vollen Zügen«, »O laß uns fliehen« (Traviata, Verdi), »Wohin seid ihr entschwunden« (Eugen Onegin, Tschaikowsky), »Lebe wohl, mein flandrisch Mädchen« (Zar und Zimmermann, Lortzing), »Man wird ja einmal nur geboren« (Der Waffenschmied, Lortzing), »Strahlt auf mich der Blitz des Goldes« (Der Barbier von Sevilla, Rossini), »Ich denk ihn lieber mir… Liebe ist Seligkeit« (Rigoletto, Verdi), »Sie ist verloren – Er ist's« (Don Carlos, Verdi), »Infame Feder – Welch scheußlicher Pinsel« (Bohème, Puccini), »Und es blitzten die Sterne« (Tosca, Puccini), »Heidenröslein« (Schubert), »Ich liebe dich« (Beethoven), »Funiculi-Funicula«, »Ein Lied geht um die Welt«.
CD: 431110-2

Wunderlich in Wien »Wien, Wien nur du allein«, »Denk dir, die Welt wär' ein Blumenstrauß«, »Ich kenn' ein kleines Wegerl«, »In Wien gibt's manch winziges Gasserl«, »Draußen in Sievering«, »Ich weiß auf der Wieden ein kleines Hotel«, »Ich muß wieder einmal in Grinzing sein«, »Im Prater blühn wieder die Bäume«, »Herr Hofrat, erinnern Sie sich noch?« »Ich hab' die schönen Maderln net erfunden«, »Es steht ein alter Nußbaum«, »Wien wird bei Nacht erst schön«, Wiener Staatsopernchor, Orchester der Wiener Volksoper, Die Spilar-Schrammeln; Robert Stolz.
LP: 249085

3. Philips

BACH: *Magnificat, Kantate BWV 31* mit Sailer, Bence, Messthaler, Stuttgarter Chor und Orchester; Marcel Couraud (FW unter dem Pseudonym Werner S. Braun). LP: 77410

BACH: *Oster-Oratorium BWV 249, Kantate BWV 200* mit Sailer, Bence, Messthaler, Stuttgarter Chor und Orchester; Marcel Couraud (FW unter dem Pseudonym Werner S. Braun).
LP: 77412

Fritz Wunderlich – unveröffentlichte Aufnahmen »An die ferne Geliebte« (Beethoven), 6 Schottische und Walisische Lieder (Haydn), »Heimliche Aufforderung«, »Ich trage meine Minne«, »Ständchen«, »Morgen«, »Zueignung« (R. Strauss); mit Weller, Beinl, Heinrich Schmidt; Sinfonie-Orchester des Bayerischen Rundfunks; Jan Koetsier. (Bandübernahmen vom Österreichischen und Bayerischen Rundfunk) LP: 6520022; CD: 420852-2

4. Opera, Europäischer Phonoklub
(später von ariola/eurodisc teilweise wiederveröffentlicht)

MASCAGNI: *Cavalleria Rusticana* (Querschnitt) mit Siemeling, Wenglor, Arndt-Chor, Orchester der Städtischen Oper Berlin; Richard Kraus. LP: 1104

MOZART: *Die Zauberflöte* (Querschnitt) mit Vivarelli, Giebel, Günter, Chor und Orchester de Staatsoper Hamburg; Arthur Rother.

LP: 113

PUCCINI: *La Bohème* (Querschnitt) mit Eipperle, Pütz, Brauer, Chor und Orchester der Städt schen Oper Berlin; Richard Kraus.

LP: 110

PUCCINI: *Madame Butterfly* (Querschnitt) mit Eipperle, Hildebrand, Vanton, Chor und Orche ster der Städtischen Oper Berlin; Richard Kraus.

LP: 110

RAYMOND: *Maske in Blau* (Querschnitt), mit Schirrmacher, Gottschalk, Marcony-Operetten chor, Großes Film-, Funk-, Bühne-Orchester Berlin; Gerhard Becker.

LP: 317

SCHUBERT: *Die schöne Müllerin* (Gesamtaufnahme) mit Kurt Heinz Stolze.

LP: 117

SCHUBERT: *Lieder* »Der Musensohn«, »Ständchen«; mit Rolf Reinhardt.

ELP 45: 412

STRAUSS, J.: *Die Fledermaus* (Querschnitt) mit Robert, Paul, Samland, Chor und Sinfonie Orchester des Süddeutschen Rundfunks; Hans Müller-Kray.

LP: 311

*

Deutsche Liebeslieder »Mailied« (Beethoven), »Immer leiser«, »Vergebliches Ständchen«, »Min nelied« (Brahms), »Die blauen Frühlingsaugen« (Franz), »Das Veilchen« (Mozart), »Unge duld«, »Ganymed« (Schubert), »Unterm Fenster« (Schumann); mit Sailer, Rolf Reinhardt.

LP: 313

Die Stimme der Sehnsucht »Sonne Italiens« (Winkler), »Das ist der Liebe Freud und Leid (Winkler), »O sole mio« (di Capua), »Granada« (Lara); Das Film-, Funk-, Bühne-Orcheste Berlin; Gerhard Becker.

LP: 412

Es muß ein Wunderbares sein »Caro mio ben« (Giordani), »Largo« (Xerxes, Händel), »Es mu ein Wunderbares sein« (Liszt), »Nur wer die Sehnsucht kennt« (Tschaikowsky); Berliner Sym phoniker; Gerhard Becker.

LP: 423

Frühlings- und Liebeslieder »Andenken« (Beethoven), »Nachtigall«, »O liebliche Wangen« »Von ewiger Liebe«, »Meine Liebe ist ganz grün« (Brahms), »Ein Stündlein wohl« (Franz), »De Zauberer« (Mozart), »Ich denke dein«, »Tanzlied«, »Er und sie« (Schumann); mit Sailer, Rol Reinhardt.

LP: 313

Grüß euch Gott, alle miteinander! »Grüß euch Gott, alle miteinander!« (Der Vogelhändler Zeller), »Ich hab' kein Geld« (Der Bettelstudent, Millöcker), »Wer uns getraut – als flotte Geist« (Der Zigeunerbaron, J. Strauss), »Lagunenwalzer« (Eine Nacht in Venedig, J. Strauss) »Ich setz' den Fall, ich hätte Geld« (Der Bettelstudent, Millöcker), »Wie mei Ahnl zwanzi Jahr« (Der Vogelhändler, Zeller); mit Sailer, Lamy-Chor, Orchester des Bayerischen Rund funks; Werner Schmidt-Boelke.

LP: 320

Opernarien »Vater, Mutter, Schwestern, Brüder« (Undine, Lortzing), »Man wird ja einmal nu geboren« (Der Waffenschmied, Lortzing), »Ach so fromm« (Martha, Flotow), »Selig sind, die Verfolgung leiden« (Der Evangelimann Kienzl); Berliner Symphoniker, Schöneberger Sänger knaben; Arthur Rother.

ELP 45: 423

Opernarien »Keiner schlafe«, »O weine nicht, Liu« (Turandot, Puccini), »Wie sich die Bilde gleichen«, »Und es blitzten die Sterne« (Tosca, Puccini); Orchester der Deutschen Oper Berlin Richard Kraus.

LP: 423

Opernarien »Freundlich blick' ich«, »O wie so trügerisch« (Rigoletto, Verdi), »Wohl drang au ihrem Herzen« (Der Liebestrank, Donizetti); Berliner Symphoniker; Richard Kraus. LP: 423

Schön ist die Welt Der Tenor in der Wiener Operette. »Schön ist die Welt« (Schön ist die Welt Lehár), »Ich knüpfte manche zarte Bande« (Der Bettelstudent, Millöcker), »O Mädchen, mein

Mädchen« (Friederike, Lehár), »Treu sein, das liegt mir nicht« (Eine Nacht in Venedig, J. Strauss), »Freunde, das Leben ist lebenswert« (Giuditta, Lehár), »Wolgalied« (Zarewitsch, Lehár), »Komm in die Gondel« (Eine Nacht in Venedig, J. Strauss), »Zwei Märchenaugen« (Zirkusprinzessin, Kálmán); Berliner Rundfunk-Symphoniker; Alois Melichar.   LP: 3170

Vergiß mein nicht »Alle Tage ist kein Sonntag« (Clewing), »Ich bin nur ein armer Wandergesell« (Künneke), »Unterm Sternenzelt« (Roland), »Vergiß mein nicht« (de Curtis), »Ich knüpfte manche zarte Bande« (Millöcker); Berliner Symphoniker; Gerhard Becker.   LP: 4235

5. Diverse Schallplattenfirmen

BACH: *Matthäus-Passion* (Gesamtaufnahme) mit Ameling, Höffgen, Pears, Prey, Krause; Stuttgarter Hymnus-Chorknaben, Stuttgarter Kammerorchester; Karl Münchinger.
LP: DECCA 6.35115 FK; CD: DECCA 414057-2

BACH: *Messe h-moll* (Gesamtaufnahme) mit Sailer, Bence, Wenk; Schwäbischer Singkreis, Orchester des Deutschen Bachfestes; Hans Grischkat.   LP: eurodisc 71414 XK

BEETHOVEN: *Sinfonie Nr. 9 d-moll op. 125* mit Wachmann, Bence, von Rohr; Stuttgarter Philharmoniker, Grischkat-Singkreis; Isaie Diesenhaus.   LP: Intercord 993-03 B

*

Liebe, du Himmel auf Erden Operettenlieder und -duette. »Heimat, deine Lieder« (Ungarische Hochzeit, Dostal), »Liebe, du Himmel auf Erden« (Paganini, Lehár), »Ein Walzer zu zweien« (Monika, Dostal), »Bauernpolka« (Schwarzwaldmädel, Jessel), »Du warst von Anbeginn« (Zauberin Lola, Künneke), »Nur für Natur« (Der lustige Krieg, J. Strauss), »Sei nicht bös« (Der Obersteiger, Zeller), »Nur das eine bitt' ich dich« (Der Bettelstudent, Millöcker), »Marsch« (Boccaccio, Suppé), »Hab' nur dich allein« (Der Zarewitsch, Lehár); mit Sailer; Stuttgarter Philharmoniker; Fritz Marszalek.   LP: VOX CX 20900

6. Live-Mitschnitte, Veröffentlichung von Rundfunkaufnahmen

BEETHOVEN: *Missa solemnis* (Gesamtaufnahme) mit Janowitz, Ludwig, Berry; Wiener Singverein, Berliner Philharmoniker; Herbert von Karajan. (Berlin, 26. Januar 1966)
CD: Hunt CDKAR 214

BEETHOVEN: *Sinfonie Nr. 9 d-moll op. 125* mit Lipp, Boese, Crass; Singverein der Gesellschaft der Musikfreunde Wien, Philharmonia Orchestra; Otto Klemperer. (Wien, 14. Juni 1960)
CD: stradivarius STR 10003

HÄNDEL: *Alcina* (Gesamtaufnahme) mit Sutherland, Procter, Monti, Hemsley; Kölner Rundfunk-Chor, Cappella Coloniensis; Ferdinand Leitner. (Köln, 19. Mai 1959)
CD: Melodram MEL 37002

HÄNDEL: *Judas Maccabäus* (Gesamtaufnahme) mit Giebel, Falk, Pöld, Welter; Chor und Sinfonie-Orchester des Bayerischen Rundfunks; Rafael Kubelik. (München, 25. Oktober 1963)
CD: Melodram MEL 28026

HÄNDEL: *Julius Cäsar* (Gesamtaufnahme) mit Popp, Ludwig, Berry, Kohn, Nöcker; Chor des Bayerischen Rundfunks; Münchner Philharmoniker; Ferdinand Leitner. (München, Juli 1965)
CD: Melodram MEL 37059

HAYDN: *Die Schöpfung* (Gesamtaufnahme) mit Janowitz, Prey, Borg; Wiener Singverein, Wiener Philharmoniker; Herbert von Karajan. (Salzburg, 29. August 1965) CD: Hunt CDKAR 203

MOZART: *Requiem* mit Price, Rössel-Majdan, Berry; Wiener Singverein, Wiener Philharmoniker; Herbert von Karajan. (Salzburg, 24. August 1960)   CD: FSM PL 16573

MOZART: *Requiem* mit Lipp, Rössel-Majdan, Engen; Chor der Gesellschaft der Musikfreunde Wien, Wiener Symphoniker; Herbert von Karajan, (Wien, 2. November 1963)
CD: Hunt CDKAR 202

MOZART: *Zaide* (Gesamtaufnahme) mit Stader, Munteanu; Südfunk-Chor, Radio-Sinfonieorchester Stuttgart; Alfons Rischner. (Stuttgart, 24. Oktober 1956)   LP: Melodram MEL 223(2)

SCHMIDT: *Das Buch mit sieben Siegeln* (Gesamtaufnahme) mit Güden, Malaniuk, Dermota, Berry; Singverein der Gesellschaft der Musikfreunde Wien, Wiener Philharmoniker; Dimitri Mitropoulos. (Salzburg, 23. August 1959)   LP: Melodram MEL 705(2)

SCHUBERT: *Fierrabras* (Gesamtaufnahme) mit Plümacher, Kahmann, von Rohr, Wolanksy; Berner Stadtorchester, Südfunk-Chor, Kammerchor von Radio Bern; Hans Müller-Kray. (Bern, April 1959)   CD: MYTO Records MCD 89001

STRAUSS, R.: *Die Frau ohne Schatten* mit Rysanek, Ludwig, Popp, Thomas, Berry, Hoffman; Chor der Wiener Staatsoper, Wiener Philharmoniker; Herbert von Karajan. (Wien, 11. Juni 1964)   CD: Nuova Era 2288/90

STRAUSS, R.: *Die schweigsame Frau* (Gesamtaufnahme) mit Güden, Alaire, Hotter, Prey; Chor der Wiener Staatsoper, Wiener Philharmoniker; Karl Böhm. (Salzburg, 8. August 1959)
CD: Melodram MEL 27071

VERDI: *La Traviata* (Gesamtaufnahme) mit Stratas, Fassbaender, Prey; Chor und Orchester der Bayerischen Staatsoper; Giuseppe Patané. (München, 28. März 1965)
CD: Giuseppe di Stefano Records GDS 106

*

Fritz Wunderlich »Largo« (Xerxes, Händel), »Tröste Dich... Alle Tale macht hoch erhaben«, »Der da thronet im Himmel...«, Du zerschlägst sie« (Der Messias, Händel), »Gefesselt steht der breite See...«, Hier steht der Wandrer nun« (Die Jahreszeiten, Haydn), »Beschlossen ist's, ich löse seine Ketten!« (Fierrabras, Schubert), »Vater, Mutter, Schwestern, Brüder« (Undine, Lortzing), »War einst ein junger Springinsfeld« (Der Waffenschmied, Lortzing), »O welche Lust« (Fidelio, Beethoven), »Der Welt entsag' ich... Er ist's, Carlos« (Don Carlos, Verdi), »Dies Bildnis ist bezaubernd schön« (Die Zauberflöte, Mozart), »Con ossequio, con rispetto«, »Misero, o sogno!« (Mozart), »Ja, nun laß das Schicksal wüten« (Zaide, Mozart), »Man wird ja einmal nur geboren« (Der Waffenschmied, Lortzing), »Lug, Dursel, lug« (Der Kuhreigen, Kienzl), »Mein Sohn, sei Allahs Frieden hier auf Erden« (Der Barbier von Bagdad, Cornelius); mit Nöcker, Wolansky, Böhme; Radio-Sinfonieorchester Stuttgart, Berner Stadtorchester, Chor des Süddeutschen Rundfunks; Carl Schuricht, Alfons Rischner, Heinz Mende, Hans Müller-Kray. (Bandübernahmen vom SDR)
LP: Acanta 4883; Ausschnitte daraus auf CD: Acanta 43267

Fritz Wunderlich – Eine Stimme, die nie verklingt »Freunde, das Leben ist lebenswert« (Giuditta, Lehár), »Wolgalied« (Der Zarewitsch, Lehár), »Wer hat die Liebe uns ins Herz gesenkt«, »Dein ist mein ganzes Herz«, »Bei einem Tee à deux«, »Von Apfelblüten einen Kranz« (Das Land des Lächelns, Lehár), »Wenn es Abend wird«, »Mein lieber Schatz« (Gräfin Mariza, Kálmán), »Komm her, du mein reizendes Mäderl«, »Ich bin erstaunt«, »Ich öffne da vorhin das Fenster« (Ein Walzertraum, O. Straus), »Grüß euch Gott, alle miteinander«, »Schenkt man sich Rosen im Tirol«, »Wie mein Ahnl zwanzig Jahr« (Der Vogelhändler, Zeller), »Dieser Anstand, so manierlich«, »Nein, mit solchen Advokaten«, »So muß allein ich bleiben« (Die Fledermaus,

J. Strauss), »O Rose von Stambul«, »Ein Walzer muß es sein«, »Zwei Augen, die wollen mir nicht aus dem Sinn«, »Ihr stillen, süßen Frauen«, »Sie glauben, mein Herz« (Die Rose von Stambul, Fall); mit Fahberg, Stankovski, Hartung, Hofmann; Kölner Rundfunkorchester, Rundfunkorchester des Südwestfunks; Franz Marszalek, Emmerich Smola. (Bandübernahmen vom WDR und SDR)   LP: RCA VL 30318; Ausschnitte daraus auf CD: FonoTeam 74505

Fritz Wunderlich – eine Stimme, eine Legende »Freunde, das Leben ist lebenswert« (Giuditta, Lehár), »Wolgalied« (Der Zarewitsch, Lehár), »Dein ist mein ganzes Herz«, »Immer nur lächeln« (Das Land des Lächelns, Lehár), »O Rose von Stambul« (Die Rose von Stambul, Fall) »Komm mit mir zum Souper« (Die Fledermaus, J. Strauss), »Wie mein Ahnl zwanzig Jahr«, »Grüß euch Gott, alle miteinander«, »Nur im Märchenland« (Der Vogelhändler, Zeller), »Wenn es Abend wird... Grüß mir mein Wien«, »Auch ich war einst ein feiner Csardaskavalier« (Gräfin Mariza, Kálmán), »Der Zauber liegt nur ganz allein« (Pfälzer Wein, Triebel), »Brüderlein und Schwesterlein« (Die Fledermaus, J. Strauss). (Bandübernahmen vom WDR und SWF)   LP: Acanta 4883; CD: Acanta 43567

Fritz Wunderlich – Salzburger Liederabend 1965 »Adelaide«, »Mailied«, »Wachtelschlag«, »Resignation«, »Der Kuß« (Beethoven), »Der Einsame«, »Nachtstück«, »An die Laute«, »Lied eines Schiffers an die Dioskuren«, »An Silvia«, »Der Musensohn« (Schubert), »Dichterliebe« (Schumann); Zugaben: »Im Abendrot«, »Ungeduld« (Schubert); mit Hubert Giesen. (Salzburg, 19. August 1965)   LP: Acanta 40.23529; CD: Acanta

Fritz Wunderlich's Last Concert »Dichterliebe« (Schumann), Zugaben: »Die Lotosblume« (Schumann), »Ungeduld«, »An die Musik« (Schubert); mit Hubert Giesen. (Edinburgh, 4. September 1966) Sowie: »Adelaide«, »Mailied«, »Der Wachtelschlag«, »Resignation«, »Der Kuß« (Beethoven), »Der Einsame«, »Nachtstück«, »An die Laute«, »Lied eines Schiffers an die Dioskuren«, »An Silvia«, »Der Musensohn«, »Im Abendrot« (Schubert); mit Hubert Giesen. (Salzburg, 19. August 1965)   CD: MYTO Records MCD 89011

Rundfunkproduktionen Fritz Wunderlich

Das nachfolgende Verzeichnis der Rundfunkproduktionen basiert im wesentlichen auf einer Zusammenstellung der in den ARD-Anstalten produzierten Aufnahmen mit Fritz Wunderlich. Bei wichtigeren Produktionen werden auch mitwirkende Künstler, Chor, Orchester und Dirigent verzeichnet.

Die Aufnahmen mit dem Großen Unterhaltungsorchester des SWF Baden-Baden, ausnahmslos in Kaiserslautern unter der Leitung von Emmerich Smola realisiert, werden nach der auf Wunderlichs Namen ausgestellten Karteikarte der SWF-Zweigstelle Kaiserslautern zitiert. Bei den Aufnahmen Wunderlichs mit Fritz Stech und dem Kleinen Unterhaltungsorchester des Südwestfunks im Landesstudio Freiburg folge ich der Zusammenstellung von Fred Scharf (siehe »Quellen«).

Lückenlose Vollständigkeit dürfte kaum erreicht worden sein, zumal einerseits nicht alle Rundfunkproduktionen Wunderlichs erhalten geblieben, andererseits die entsprechenden Aufnahmeprotokolle oft verlorengegangen sind.

Abkürzungen

BR   Bayerischer Rundfunk (München)
HR   Hessischer Rundfunk (Frankfurt am Main)
NDR Norddeutscher Rundfunk (Hannover)

SDR Süddeutscher Rundfunk (Stuttgart)
SR   Saarländischer Rundfunk (Saarbrücken)
SWF Südwestfunk (Baden-Baden)
WDR Westdeutscher Rundfunk (Köln)

*

ANDERS: »Nacht überm See«.   SWF Freiburg 1954

ANDERS: »Wenn der Mund schweigt«, »Wolken gehn am Himmel«.
                                                               SWF Kaiserslautern 1954

BACH: *Johannes-Passion* (Gesamtaufnahme) mit Giebel, Höffgen, Rotzsch, Günter, Rehfuß;
Freiburger Bachchor, Südwestfunk-Orchester; Theodor Egel.   SDR 1958

BACH: *Weihnachtsoratorium* (Teile I – III sowie die beiden letzten Nummern des Teiles VI);
mit Sailer, Winkler, Swedberg; Stuttgarter Hymnus-Chorknaben, Sinfonieorchester des SDR;
August Langenbeck.   SDR 1955

BAUSZNERN: *Putputput* mit Mikulicz, Harlan, Hackbarth; Chor und Orchester der Staatlichen
Hochschule für Musik Freiburg.   SWF Freiburg, 1954

BEETHOVEN: *Christus am Ölberg* mit Spoorenberg, Schey; Radio Filharmonik Orkest; Spruit
Henk.   Niederländischer Rundfunk (NOS) 1957

BEETHOVEN: *Fidelio* Chor der Gefangenen; mit Nöcker; Männerchor des SDR, Sinfonieorchester des SDR; Alfons Rischner.   SDR 1957

BEETHOVEN: *Lieder* »Adelaide«, »Resignation«, »Der Wachtelschlag«, »Mailied«, »Der Kuß«;
mit Hubert Giesen.   NDR 1965 (Konzertmitschnitt)

BELLINI: *Die Nachtwandlerin* »Hier nimm den Ring der Treue«; mit Köth; Münchner Rundfunkorchester; Kurt Eichhorn.   BR 1963

BERNER: »Carissima mia«.   SWF Freiburg 1955

BIZET: *Die Perlenfischer* »Nadir, du stehst wirklich vor mir«; mit Prey; Münchner Rundfunkorchester; Horst Stein.   BR 1963

BIXIO: »Sprich von mir zu Liebe, Mariu«.   SWF Kaiserslautern 1958

BÖRSCHEL: »Laß mich niemals mehr allein«.   SWF Freiburg 1955

BUSCH: »Viele schöne Tage«.   SWF Freiburg 1956

BUXTEHUDE: »Wachet auf, ruft uns die Stimme« (Kantate); mit Münch, Werdermann, Hug.
                                                                      SDR 1956

BUXTEHUDE: »O wie selig sind, die zu dem Abendmahl des Lammes berufen sind« (Aria sub
Communione).   SDR 1957

CHERUBINI: *Der Wasserträger* (Gesamtaufnahme) mit Hillebrecht, Cordes, Messthaler; Südfunk-Chor und Sinfonieorchester des SDR; Hans Müller-Kray.   SDR 1962

COLEMANN: »Walzer der Liebe«.   SWF Freiburg 1954

CORNELIUS: *Der Barbier von Bagdad* »Mein glücklich neu Genesender«; mit Böhme; Sinfonieorchester des SDR; Hans Müller-Kray.   SDR 1957

DOSTAL: *Der Kurier der Königin* »Ihr schönen Frauen, wer kann an euch vorübergehen«.
                                                               SWF Freiburg 1956

DOSTAL: *Extra Blätter* »Wie tanzen dort die Paare«, »Es ist doch äußerst interessant«; mit
Assmann.   SWF Kaiserslautern 1955

GK: *Columbus (Neufassung 1951)* (Gesamtaufnahme) mit Gutstein, Fiedler, Ferenz; Chor und Sinfonie-Orchester des BR; Werner Egk. BR 1963

GK: *Die Verlobung in San Domingo* (Gesamtaufnahme) mit Lear, Bence, Nöcker, Yahia; Bayerisches Staatsorchester München; Werner Egk. BR 1963 (Mitschnitt der Uraufführung)

GK: *Furchtlosigkeit und Wohlwollen* mit Chor und Sinfonie-Orchester des BR; Istvan Kertesz. BR 1959

RWIN: »Ich küsse Ihre Hand, Madame«. SWF Kaiserslautern 1965

ALL: *Die Rose von Stambul* (Gesamtaufnahme) mit Hartung, Bartos; Philharmonischer Chor Köln, Orchester des WDR; Franz Marszalek. WDR 1962

ALL: *Die Rose von Stambul* »O Rose von Stambul«. SWF Kaiserslautern 1965

EISCHNER: *Zirkus Carambas* (Gesamtaufnahme) mit Günter, Litz, Kusche; Chor des SDR, Sinfonieorchester des SDR; Hans Müller-Kray. SDR 1957

GEORGY-ENGELHARDT: »Gondel, gleite du hinaus«. SWF Freiburg 1956

GILBERT: *Das Weib in Purpur* »Niemals kann Liebe ganz vergehn«, »Mädels gibt's auf der Welt«; mit Wachmann. SWF Kaiserslautern 1957

GILBERT: *Die keusche Susanne* »Wer kann dafür«, »Wenn die Füßchen sich erheben«; mit Wachmann. SWF Kaiserslautern 1957

GILBERT: *Uschi* »Liebe und Glück kehrt nie zurück«; mit Wachmann. SWF Kaiserslautern 1957

GLUCK: *Die gerechtfertigte Unschuld* »Alte Eichen an schwindelnden Hängen«. SWF Kaiserslautern 1959

GLUCK: *Iphigenie auf Tauris* (Gesamtaufnahme) mit Jurinac, Engen, Prey; Chor und Sinfonie-Orchester des BR; Rafael Kubelik. BR 1965

GRANDI: »Plorabo die ac nocte« (Motette); mit Guilleaume, Winkler, Werdermann. SDR 1957

GRAUPNER: »Wie bald hast du gelitten« (Passionskantate); mit Guilleaume, Münch, Werdermann. SDR 1956

GROTHE: »Kleine Melodie«, »Serenade der Nacht«, »Mon Bijou«. SWF Freiburg 1954/1957

GRUA: *Dulcis Jesu* (Motette) mit Orchester des Collegium Musicum Regensburg; Ernst Schwarzmeier. BR 1962

HÄNDEL: *Alcina* (Gesamtaufnahme) mit Sutherland, Procter, Hemsley, Monti; Cappella Coloniensis; Ferdinand Leitner. WDR 1959

HÄNDEL: *Judas Maccabäus* (Gesamtaufnahme) mit Giebel, Falk, Pöld, Welter; Chor und Sinfonie-Orchester des BR; Rafael Kubelik. BR 1963

HÄNDEL: *Julius Cäsar* (Gesamtaufnahme) mit Popp, Ludwig, Berry, Nöcker, Kohn; Chor des BR, Münchner Philharmoniker; Ferdinand Leitner. BR 1965

HÄNDEL: *Der Messias* (Gesamtaufnahme) mit Briem, Bence, von Rohr; Philharmonischer Chor Stuttgart, Südfunk-Sinfonieorchester; Heinz Mende. SDR 1959 (Konzertmitschnitt)

HÄNDEL: *Xerxes* (Gesamtaufnahme) mit Töpper, Hallstein, Kohn, Proebstl; Chor und Sinfonie-Orchester des BR; Rafael Kubelik. BR 1962

HÄNDEL: *Xerxes* »Ombra mai fu« (Largo); mit Sinfonieorchester des SDR; Alfons Rischner. SDR 1959

HASENPFLUG: »Von Liebe und vom Glück«.   SWF Freiburg 195.

HAYDN: *Die Jahreszeiten* (Gesamtaufnahme) mit Giebel, Engen; Chor des HR, Südfunk-Chor Sinfonieorchester des SDR; Hans Müller-Kray.   SDR 1959 (Konzertmitschnitt

HAYDN: *Die Schöpfung* mit Schädle, Schey; Radio Filharmonik Orkest; Bernhard Haitink.
                                                        Niederländischer Rundfunk (NOS) 195

HAYDN: *Messe B-dur »Theresienmesse«* mit Schädle, Benningsen, Engen; Chor und Orcheste des Collegium Musicum Regensburg; Ernst Schwarzmeier.   BR 196:

HELM: *Die Belagerung von Trottenburg* (Gesamtaufnahme) mit Plümacher, Fehringer, Fühler Südfunk-Chor; Sinfonieorchester des SDR; Hans Müller-Kray.   SDR 195(

HOLZBAUER: *Günther von Schwarzburg* (Ausschnitte); mit Verlooy. SWF Kaiserslautern 195

INCZEDY: »Glückswalzer«,»Das Lied der Liebe sing ich Dir allein«.   SWF Freiburg 195

JÄGER:»Mädele«.   SWF Freiburg 195:

JANÁČEK: *Die Ausflüge des Herrn Brouček* (Gesamtaufnahme) mit Fehenberger, Alexander Lipp, Engen, Fahberg; Kölner Rundfunkchor, Kölner Rundfunk-Sinfonieorchester; Joseph Keil berth.   WDR 195

KAISER: »Veilchen, Liebe, Frühling und Du«.   SWF Freiburg 195:

KALMAN, CH.: *Der große Tenor* »Wann kommt die eine, die ich liebe«, »Ich träume nur vor Liebe«, »Du allein schenkst mir das Leben«; mit Assmann.   SWF Kaiserslautern 195

KÁLMÁN, E.: *Gräfin Mariza* (Gesamtaufnahme) mit Hartung, Kusche, Hofmann, Görner Philharmonischer Chor Köln, Kölner Rundfunk-Sinfonieorchester; Franz Marszalek.
                                                                           WDR 1962

KÁLMÁN, E.: *Gräfin Mariza* »Grüß mir mein Wien«; mit Südfunk-Unterhaltungsorchester Willy Mattes.   SDR 196:

KÁLMÁN, E.: *Kaiserin Josephine* »Schön ist der Tag«, »Du bist die Frau«; mit Hennig; Süd funk-Unterhaltungsorchester; Fritz Mareczek.   SDR 1958

KASPAR: »Bella Maria«.   SWF Freiburg 195

KATT: »Wenn mein Herz Heimweh hat«.   SWF Freiburg 1957

KATTNIGG: »Man sagt sich du«.   SWF Freiburg 1956

KIENZL: *Der Kuhreigen* »Lug, Dursel, lug... Zu Straßburg auf der Schanz'«; mit Männerchor des SDR, Sinfonieorchester des SDR; Alfons Rischner.   SDR 1959

KOWALSKI: »Singende Gitarre«.   SWF Freiburg 195

KREUTZER: *Das Nachtlager von Granada* »Doch nun zu dir, du Holde... Trenne nicht das Band der Liebe«; mit Köth, Prey; Münchner Rundfunkorchester; Kurt Eichhorn.   BR 1962

KRIEGER: »Wo willst du hin, weil's Abend ist« (Geistliches Konzert); mit Michaelis, Werdermann.   SDR 1956

KROME: »Sonne über Capri«, »Übers Meer grüss' ich dich«.   SWF Freiburg 1957

KÜNNEKE: *Die große Sünderin* »Das Lied vom Leben des Schrenk«; Münchner Rundfunkorchester; Hans Moltkau.   BR 1962

KÜNNEKE: *Die lockende Flamme* »Ich träume mit offenen Augen«; Münchner Rundfunkorchester; Hans Moltkau.   BR 1962

398

ᴌᴀʀᴀ: »Granada«. SWF Kaiserslautern 1965

ᴌᴇʜÁʀ: *Das Land des Lächelns* »Immer nur lächeln«, »Bei einem Tee à deux«, »Von Apfelblü-
en einen Kranz«, »Wer hat die Liebe uns ins Herz gesenkt«; mit Fahberg, Stankowski; Kölner
ᴙundfunk-Sinfonieorchester; Franz Marszalek. WDR 1962

ᴌᴇʜÁʀ: *Der Zarewitsch* »Wolgalied«. SWF Kaiserslautern 1965

ᴌᴇʜÁʀ: *Giuditta* »Freunde, das Leben ist lebenswert«. SWF Kaiserslautern 1965

ᴌᴇʜÁʀ: *Paganini* »Niemand liebt dich so wie ich«; mit Pütz; Münchner Rundfunkorchester;
ᴚiegfried Köhler. BR 1966

ᴌᴇʜÁʀ: *Schön ist die Welt* »Schön ist die Welt«; mit Münchner Rundfunkorchester; Hans
Moltkau. BR 1962

ᴌᴇᴏɴᴄᴀᴠᴀʟʟᴏ: *Mattinata* mit Münchner Rundfunkorchester; Siegfried Köhler. BR 1966

ᴌᴇᴜᴛᴡɪʟᴇʀ: »Es gibt eine Zeit«, »Florentiner Mai«, »Narzissen aus Montreux«.
SWF Freiburg 1957

ᴌᴏʀᴛᴢɪɴɢ: *Undine* »Ich ritt zum großen Waffenspiele«; mit Sailer. SWF Kaiserslautern 1957

ᴌᴏʀᴛᴢɪɴɢ: *Undine* »Vater, Mutter, Schwestern, Brüder«; mit Münchner Rundfunkorchester;
Meinhard von Zallinger. BR 1959

ᴌᴏʀᴛᴢɪɴɢ: *Undine* »Vater, Mutter, Schwestern, Brüder«; mit Sinfonieorchester des SDR; Alfons Rischner. SDR 1957

ᴌᴏʀᴛᴢɪɴɢ: *Der Waffenschmied* »Man wird ja einmal nur geboren«; mit Münchner Rundfunkorchester; Hans Moltkau. BR 1962

ᴌᴏʀᴛᴢɪɴɢ: *Der Waffenschmied* »Man wird ja einmal nur geboren«, »War einst ein junger
Springinsfeld«; mit Sinfonieorchester des SDR; Alfons Rischner. SDR 1957

ᴍᴀʜʟᴇʀ: *Das Lied von der Erde* mit Merriman; Sinfonieorchester des NDR; Hans Schmidt-
Isserstedt. NDR 1965 (Konzertmitschnitt)

ᴍᴀɪʟʟᴀʀᴛ: *Das Glöcklein des Eremiten* »Oh, schweige still«; mit Münchner Rundfunkorchester; Hans Moltkau. BR 1962

ᴍᴀʀᴛɪɴ: *In terra pax* (Gesamtaufnahme) mit Giebel, Höffgen, Brauer, Sandoz; Freiburger
Bachchor, Philharmonisches Orchester Freiburg; Theodor Egel.
SWF Freiburg 1953 (Konzertmitschnitt)

ᴍᴀᴛᴛᴇs: »Deine Liebe ist mein ganzes Leben«, »Melodia con passione«; mit Südfunk-Unterhaltungsorchester ; Willy Mattes. SDR 1963

ᴍᴀʏ: »Ein Lied geht um die Welt«. SWF Kaiserslautern 1965

ᴍᴀʏ: »Der Duft, der eine schöne Frau begleitet«. SWF Freiburg 1956

ᴍᴇʜʀɪɴɢ: »Ich lebe für dich«. SWF Freiburg 1956

ᴍᴇɪsᴇʟ: »Schön ist jeder Tag, den du mir schenkst, Marie Louise«. SWF Freiburg 1956

ᴍᴇʏᴇʀ: »O cara Marie«. SWF Freiburg 1956

ᴍɪʟʟÖᴄᴋᴇʀ: *Die Dubarry* »Mein Weg führt immer noch zu dir zurück«, »Wie schön ist alles«;
mit Münchner Rundfunkorchester; Hans Moltkau. BR 1962

ᴍᴏʟᴛᴋᴀᴜ: »Geh nicht fort«, »Niemals lass' ich dich allein«. SWF Freiburg 1955/1956

ᴍᴏᴢᴀʀᴛ: *Die Entführung aus dem Serail* »Ich baue ganz auf deine Stärke«; mit Münchner
Rundfunkorchester; Horst Stein. BR 1963

MOZART: *Die Entführung aus dem Serail* »Hier soll ich dich denn sehen«; mit Studio-Orcheste Berlin; Horst Stein.
Sender Freies Berlin 196(

MOZART: *Die Zauberflöte* »Dies Bildnis ist bezaubernd schön«; mit Radio-Sinfonieorcheste Stuttgart; Carl Schuricht.
SDR 195(

MOZART: *Don Giovanni* »Folget der Heißgeliebten«; mit Münchner Rundfunkorchester; Han Moltkau.
BR 196:

MOZART: *Große Messe c-moll* mit Giebel, Bak, Hessenbruck; Chor des SDR, Bach-Cho Stuttgart, Sinfonieorchester des SDR; Hans Müller-Kray.
SDR 195:

MOZART: »Misero! O sogno!«, »Con ossequio, con rispetto«; mit Südfunk-Sinfonieorchester Hans Müller-Kray.
SDR 196:

MOZART: *Requiem* mit Giebel, Malaniuk, von Rohr; Chor des SDR, Bach-Chor Stuttgart Sinfonieorchester des SDR; Hans Müller-Kray.
SDR 1958 (Konzertmitschnitt

MOZART: *Zaide* (Gesamtaufnahme) mit Stader, Munteanu, Günter; Chor und Sinfonieorche ster des SDR; Alfons Rischner.
SDR 195(

NEUMEYER: *8 Studentenlieder* mit Kammerorchester des Saarländischen Rundfunks; Karl Ri stenpart.
SR 196(

NICOLAI: *Die lustigen Weiber von Windsor* »Horch, die Lerche singt im Hain«; mit Münchne Rundfunkorchester; Hans Moltkau.
BR 196:

ORFF: *Oedipus der Tyrann* (Gesamtaufnahme) mit Stolze, Domgraf-Faßbaender, Várnay; Cho und Orchester der Württembergischen Staatsoper; Ferdinand Leitner.
SDR 1959 (Mitschnitt der Uraufführung.

PAISIELLO: *La Molinava* »Nel cor più non mi sento«; mit Verlooy.   SWF Kaiserslautern 195;

PFITZNER: *Von deutscher Seele* (Gesamtaufnahme) mit Kupper, Bence, Dengen; Philharmoni scher Chor Stuttgart, Sinfonieorchester des SDR; Heinz Mende.
SDR 1958 (Konzertmitschnitt,

PONCE: »Estrellita«.
SWF Kaiserslautern 196;

PUCCINI: *La Bohème* »Ach, Geliebte, nie kehrst du mir wieder«; mit Prey; Münchner Rund funkorchester; Kurt Eichhorn.
BR 196(

PUCCINI: *Madame Butterfly* »Mädchen, in deinen Augen liegt ein Zauber«; mit Lorengar Münchner Rundfunkorchester; Kurt Eichhorn.
BR 196;

PUCCINI: *Tosca* »Und es blitzen die Sterne«.
SWF Kaiserslautern 196;

RAPHAEL: *Palmström-Sonate* mit Triebskorn, Schimmer; Rolf Reinhardt.
SDR 1957

REUTTER: *Triptychon* mit Südfunk-Chor, Südfunk-Sinfonieorchester; Hans Müller-Kray.
SDR 196(

REICHARDT: *Brenno* (Ausschnitt): mit Verlooy.
SWF Kaiserslautern 195;

RIGHINI: *Alcide al Bivio* (Ausschnitte); mit Verlooy, Bence, Nöcker.
SWF Kaiserslautern 1957/195;

ROSSINI: *Der Barbier von Sevilla* »Strahlt auf mich der Blitz des Goldes«; »Ist er's wirklich«; mit Köth, Prey; Münchner Rundfunkorchester; Kurt Eichhorn.
BR 1962

ROSSINI: *Cenerentola* »Warum schlägt so rasch mein Herz«; mit Köth; Münchner Rundfunkor chester; Kurt Eichhorn.
BR 196;

SCARLATTI, D.: *Rosaura* »Quel povero core«.
SWF Kaiserslautern 1959

400

SCHUBERT: *Die schöne Müllerin* (Gesamtaufnahme) mit Hubert Giesen.   SDR 1964

SCHUBERT: *Die Wunderinsel* (Querschnitt mit verbindendem Text von Kurt Honolka) mit Sailer, McDaniel, Brauer; Südfunk-Chor, Radio-Sinfonieorchester Stuttgart; Josef Dünnwald.
SDR 1958

SCHUBERT: *Fierrabras* (Gesamtaufnahme) mit von Rohr, Wolansky, Plümacher; Kammerchor von Radio Bern, Südfunk-Chor, Berner Stadtorchester; Hans Müller-Kray.   SDR 1959

SCHUBERT: *Lieder* »Der Einsame«, »Nachtstück«, »An die Laute«, »Lied eines Schiffers an die Dioskuren«, »An Silvia«, »Der Musensohn«; mit Hubert Giesen.
NDR 1966 (Konzertmitschnitt)

SCHÜTZ: *Zwei Weihnachtsmotetten* (aus Cantiones sacrae), »Es steht Gott auf« (Deutsches Konzert), »Was betrübst du dich« (Psalm); mit Guilleaume, Münch, Werdermann, Michaelis.
SDR 1956

SCHUMANN: *Dichterliebe* mit Hubert Giesen.   NDR 1966 (Konzertmitschnitt)

SENFL: »Entlaubet ist der Wald«, »Lust hab ich ghabt zur Musica«, »Ein alt bös Weib«, »Ich armes Käuzlein kleine«, »Wie wohl ich trag«, »Unsäglich Schmerz«; mit Nauber, Seiler, Klein, Wilke.   SWF Freiburg 1954

SMETANA: *Die verkaufte Braut* »Armer Narr, glaubtest du mich zu fangen«; mit Münchner Rundfunkorchester; Hans Moltkau.   BR 1962

SMETANA: *Die verkaufte Braut* »Komm, mein Söhnchen, auf ein Wort«; »Warum sollten wir nicht froh sein«; mit Hallstein, Böhme; Studio-Orchester Berlin; Horst Stein.
Sender Freies Berlin 1966

SPOLIANSKY: »Heute nacht oder nie«; mit Münchner Rundfunkorchester; Siegfried Köhler.
BR 1966

STOLZ: *Mädi* »Mädi, mein kleines Mädi«, »Du bist mein schönstes Rendez-vous«; mit Ilse Hübner.   SWF Kaiserslautern 1954

STOLZ: *Prinzessin Ti-Ti-Pa* »Einmal hat mir zur Frühlingszeit das Glück gelacht«.
SWF Kaiserslautern 1954

STOLZ: *Signorina* »Arrivederci, bella Italia«, »Zwei sind verliebt«; mit Assmann.
SWF Kaiserslautern 1955

STOLZ: *Venus in Seide* »Erst hab ich ihr Komplimente gemacht«.   SWF Kaiserslautern 1954

STRAUS, O.: *Ein Walzertraum* »Alles, was keck und fesch«, »Leise, ganz leise«, »O du lieber, o du g'scheiter«; mit Kölner Rundfunkorchester; Franz Marszalek.   WDR 1960

STRAUSS, J.; *Eine Nacht in Venedig* »Treu sein, das liegt mir nicht«, »Sei mir gegrüßt, du holdes Venezia«; mit Münchner Rundfunkorchester; Hans Moltkau.   BR 1962

STRAUSS, J.: *Die Fledermaus* »Nein, mit solchen Advokaten«, »Komm mit mir zum Souper«, »So muß allein ich bleiben«, »Im Feuerstrom der Reben«, »Brüderlein, Schwesterlein«, »Ich stehe voll Zagen«; mit Fahberg, Bartos, Hofmann; Kölner Rundfunk-Sinfonieorchester; Franz Marszalek.   WDR 1959

STRAUSS, R.: *Daphne* (Gesamtaufnahme) mit Woytowitz, Töpper, King, Frick; Chor und Sinfonie-Orchester des BR; Joseph Keilberth.   BR 1964

STRAUSS, R.: *Der Rosenkavalier* (Gesamtaufnahme) mit Watson, Köth, Töpper, Böhme, Wiener; Chor und Sinfonie-Orchester des BR; Joseph Keilberth.   BR 1965 (Konzertmitschnitt)

STRAUSS, R: *Die schweigsame Frau* (Gesamtaufnahme) mit Hallstein, Böhme, Grumbach; Chor und Orchester der Bayerischen Staatsoper; Heinz Wallberg.   BR 1962

STRAUSS, R.: *Die schweigsame Frau* (Querschnitt) mit Hallstein, Hotter, Prey; Sinfonie-Orchester des BR; Heinz Wallberg. BR 1960

STRAUSS, R.: *Lieder* »Heimliche Aufforderung«, »Ich trage meine Minne«, »Ständchen«, »Zueignung«, »Morgen«; mit Sinfonie-Orchester des BR; Jan Koetsier. BR 1962

STRAWINSKY: *Oedipus Rex* (Gesamtaufnahme) mit Höffgen, Cordes, von Rohr, Jelden; Chor des Stuttgarter Lehrergesangvereins, Chor und Sinfonieorchester des SDR; Hans Müller-Kray.
SDR 1959 (Konzertmitschnitt)

STRAWINSKY: *Persephone* (Gesamtaufnahme) mit Schade; Chor des SDR, Chor des HR, Schwanheimer Kinderchor, Sinfonieorchester des HR; Dean Dixon. HR 1960

TAUBER: *Du bist die Welt für mich* »Der singende Traum«; mit Südfunk-Unterhaltungsorchester; Willy Mattes. SDR 1963

TELEMANN: »Warum verstellst du die Gebärden« (Kantate). SDR 1958

TRIEBEL: *Pfälzer Wein* »Es gibt eine Frau, die mein Schicksal ist«, »Der Zauber liegt nur ganz allein«, »Pfälzer Wein«; mit Sailer, Cordes; Chor des Pfalztheaters Kaiserslautern.
SWF Kaiserslautern 1957

VERDI: *Don Carlos* »Sie ist verloren – Er ist's«; mit Wolansky, Messthaler; Sinfonieorchester des SDR; Hans Müller-Kray. SDR 1959

VERDI: *Don Carlos* »Sie ist verloren – Er ist's«; mit Prey; Münchner Rundfunkorchester; Horst Stein. BR 1963

VERDI: *Rigoletto* »Ich denk ihn lieber mir von einem Stande ... Liebe ist Seligkeit«; mit Köth; Münchner Rundfunkorchester; Kurt Eichhorn. BR 1961

VERDI: *Rigoletto* »O wie so trügerisch«. SWF Kaiserslautern 1965

VERDI: *La Traviata* (Gesamtaufnahme) mit Stratas, Prey; Chor und Orchester der Bayerischen Staatsoper; Giuseppe Patané. BR 1965 (Live-Mitschnitt)

VERDI: *Messa da Requiem* (Gesamtaufnahme) mit Stader, Höffgen, Frick; Stuttgarter Lehrergesangverein, Südfunk-Chor, Bach-Chor Stuttgart, Südfunk-Sinfonieorchester; Hans Müller-Kray. SDR 1960 (Konzertmitschnitt)

ZELLER: *Der Vogelhändler* »Grüß euch Gott«, »Nur im Märchenland kommt das vor«, »Schenkt man sich Rosen im Tirol«, »Wie mei Ahnl«; mit Kölner Rundfunkchor und Sinfonieorchester; Franz Marszalek. WDR 1961

Register

413

Dank

Ich möchte allen danken, die mir auf die eine oder andere Art geholfen haben, dieses Buch zu schreiben.

Hauptsächlich danke ich der Familie Wunderlich und ganz besonders Eva Wunderlich – für ihre tatkräftige, unermüdliche Mithilfe ebenso wie für ihr rücksichtsvolles Gewährenlassen. Besonders dankbar bin ich, daß sie mir vollumfänglich Einblick in ihre Dokumentation über das Leben und Wirken ihres Gatten gewährte und mir in ausführlichen Gesprächen jede meiner zahllosen Fragen zu beantworten versuchte.

Die ersten Anregungen zu diesem Buch gingen von der Fritz Wunderlich-Gesellschaft in Kusel aus – insbesondere von Ilse Hinkelmann, die mich in Kusel freundlich aufnahm und mir wiederholt mit Rat und Tat hilfreich zur Seite stand. Wertvolle Hinweise und Anregungen bekam ich ferner von Heiko Bockstiegel (Quakenbrück) sowie von Werner Jordan (Bad Godesberg/Bonn). Beide steuerten aus ihren umfangreichen Sammlungen über das Wirken Fritz Wunderlichs freigiebig bei, was mir nicht zugänglich war.

Bei meinen Recherchen unterstützten mich in besonderer Weise Christfried Bickenbach (EMI Electrola, Köln), Wolfgang Heidenreich (Südwestfunk, Landesstudio Freiburg), Alfred Kaine (Deutsche Grammophon Gesellschaft, Hamburg) und Jörg Spörri (EMI Records Switzerland AG, Zürich).

Danken möchte ich schließlich nochmals all denjenigen, die mir in persönlichen Gesprächen Auskünfte über Fritz Wunderlich gegeben haben:

Dorothea Ammann-Goesch (Zürich), Georg F. Grischa Asagaroff (Wien), Josef Dünnwald (Stuttgart), Wolfgang Gülich (EMI Electrola, Köln), Hans-Martin Hackbarth (Konstanz), Walter Hagen-Groll (Salzburg), Klaus Hertel (Freiburg im Breisgau), Hans Hotter (München), Benno Kusche (München), Ferdinand Leitner (Forch/Zürich), Katharina von Mikulicz (Freiburg im Breisgau), Hans Günter Nöcker (München), Hetty Plümacher (Steinenbronn), Hermann Prey (München), Gladys Richter (Erlenbach/Zürich), Christoph E. Riess (Universitätsspital, Zürich), Eva Maria Rogner (Zürich), Anneliese Rothenberger (Salenstein), Manfred Schuler (Freiburg im Breisgau), Elisabeth Legge-Schwarzkopf (Zumikon/Zürich), Maria Stader (Zürich), Liselotte Sulanke-Walter (Kaiserslautern), Rolf Ummenhofer (Freiburg im Breisgau), Hans Weber (Deutsche Grammophon Gesellschaft, Hamburg) und Irene Zapp (Kaiserslautern).

Bildnachweis

Wer für Fotos, deren Rechtsinhaber der Verlag nicht finden konnte, Urheberrechte geltend machen kann, melde sich bitte beim Schweizer Verlagshaus, Zürich.

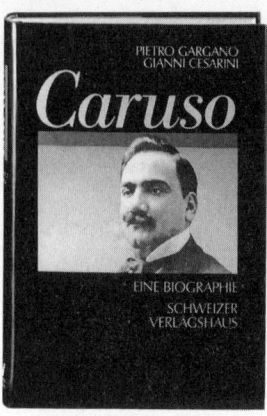